A GUIDE TO PANINI

AN ENGLISH SUMMARY OF PANINI'S APHORISMS ON SANSKRIT GRAMMAR

A GUIDE TO PANINI

AN ENGLISH SUMMARY OF PANINI'S APHORISMS ON SANSKRIT GRAMMAR

S. VENCATAVARADIENGAR

GYAN

Published by

Gyan Publishing House
5, Ansari Road
Daryaganj, New Delhi-110002
Phone: 011-47034999, 9811692060
E-mail: books@gyanbooks.com

Distribution Network
gyanbooks.com
India, USA, Canada, UK, Australia, France

ISBN : 978-81-212-3445-0 (PB)
First Published, Bangalore, 1887

2nd Impression 2020

Printed at: Gyan Press, Delhi.

GUIDE TO PÁNINI,

AN ENGLISH SUMMARY OF PÁNINI'S APHORISMS,

ON

SANSKRIT GRAMMAR,

BY

S. VENCATAVARADIENGAR B. A., M. L.

BANGALORE:

PRINTED AT THE CAXTON PRESS,

10, SOUTH PARADE.

1887.

TO

ALL STUDENTS OF SANSKRIT,

THIS BOOK IS DEDICATED,

AS AN HUMBLE ATTEMPT

TO FACILITATE

THEIR LABOURS,

BY

THE AUTHOR.

PREFACE.

This is a rough draft of a book in which it is intended to offer the essence of *Páṇini's* aphorisms on SANSKRIT GRAMMAR. The claims of this language are now universally acknowledged. Though its grammatical intricacies seem at first sight formidable, there can be no doubt that they can be thoroughly mastered by a critical study of *Páṇini's* excellent system. But his work called *Ashtádhyáyi* seems rather an index for reference than a treatise from which one not familiar with his system can hope easily to learn it. Nor does the *Siddhánta koumudi* of *Bhattoji Díkshit,* valuable as it is in its own way, appear to help us better to a connected and clear view of the system. Nay, our difficulties become greater in the latter. The aphorisms which we find given together in one place in the former, and which collectively contribute to furnish a clear idea of the scope of a rule with its exceptions and limitations are found in the latter scattered about in different places and thus we often meet not only with rules without their exceptions but also with tho exceptions before the rules, while there is nothing to show that they are exceptions to rules, not rules themselves. Owing to these difficulties, when I studied *Páṇini,* I thought it would be useful to make notes of his aphorisms with reference to the several subjects treated of, arranging the subjects in what seemed a more natural order of sequence than that followed in both the *Ashtádhyáyi* and the *Siddhánta koumudi.* These notes, condensed in compliance with the wishes of my friends, some of whom are preparing for the higher examinations in Sanskrit, appear in this book. But as I have said it is only as a first draft that I venture to present it to my fellow students. This course I have considered necessary, on account of the nature of my attempt, the more so, as I have not been able to get from my *Pandit* friends the assistance I expected; and not only for the filling in of many minor details in the work but also for the more important task of conducting it through the press, my other duties have compelled me to depend almost entirely upon the kindness of some of my young friends possessed of little experience in this line. The typographical and other errors that have crept into the book from all these causes have however been, though partially, as I apprehend, pointed out in a list appended. In this list, I have also inserted some points omitted at first but which since have appeared to me likely to add to the completeness of the work. By supplying these omissions in the form of separate additional notes the bulk of the list could perhaps have been considerably reduced; but I have desired to point out the exact place where the omitted parts should have occured in the body of the book. There are doubtless many other errors and defects in the book. But as regards these I look forward to the good-will of my fellow students whom I would ask kindly to favour me with a notice of the same. For though I crave their forbearance for myself personally for all the shortcomings of the book, yet I entreat them to subject the book itself to a searching criticism. Facilities for this examination exist in the indexes which for this purpose have been made fuller than they should otherwise have been. Aided by the light which the scrutiny of my fellow students will thus throw upon the defects of the book, I shall hereafter, if from its reception I find that they approve the general plan of it, endeavour to revise it thoroughly so as to make it more worthy of their patronage, and to extend its usefulness shall have it printed with the Sanskrit portion in the *Devanágarı* character instead of in *Kanarese* as it is now. Perhaps this may be a day-dream. But whatever may be the actual fate of the book, I would fain indulge the hope that at all events it will awaken among the students a genuine interest in *Páṇini's* system which appears to contain the only efficient clue to the apparent labyrinthine intricacies of SANSKRIT GRAMMAR.

As I have already said, the arrangement of the subjects in this work is entirely new. But I have endeavoured carefully to adhere to *Páṇini's* system and to preserve his technical phraseology which is the most essential part of his system. In one or two places where I have deemed it convenient to limit somewhat the signification of his technical terms, I have given my reasons for so doing, and have distinctly pointed out their modified meaning. I have also quoted my authority for every rule and important statement contained in the book. Here besides the works of DR. BALLANTYNE and Professors MAX MULLER and MONIER WILLIAMS, to which I have had occasion to refer here and there, I have made use not only of the *Ashtádhyáyi* and the *Siddhánta koumudi* but also of the *Kásiká*, an excellent original commentary upon the *Ashtádhyáyi*, a study of which I particularly recommend to my fellow students as being calculated to give a more intelligent grasp of the precise effect of *Páṇini's* aphorisms than that of the *Siddhánta koumudi*. But I have omitted not only all the grammatical rules relating specially to the language of the Vedas and to "*svara*" or accentuation, but also those referring to the derivation of irregularly formed primitive and secondary nouns. These rules I have reserved for a separate volume which I contemplate bringing out after ascertaining the destiny of the one now placed at the service of my fellow students.

The work is divided into six parts. The first, after treating of the alphabet, gives an idea of the way in which the words occurring in Sanskrit have been resolved and arranged for grammatical purposes and of the general character of the processes through which the elements after their resolution are held to pass before the words attain their actual form. And *Páṇini*, after giving the rules according to which the elements undergo the processes in question, requires certain general principles to be understood in the interpretation of his rules. These principles, however, it is very difficult to apply in practice in many cases. For this reason, I have generally tried to avoid the necessity of a recourse to these principles of interpretation by giving the rules themselves more fully than otherwise would have been necessary. Still, some of the principles so obviate the necessity of repetition and otherwise simplify language that I have considered it useful to explain them all in one place, so that they may be borne in mind in the construction of the rules not so fully dealt with. And I have thought it well to explain also some others not absolutely necessary to be known so far as the present work is concerned, because a knowledge of them may give facilities for an independent study of *Páṇini's* original aphorisms.

The second part treats of *Sandhi*. Here I have first adverted to certain rules whose object seems to be the simplification of conjunct consonants which, occurring in certain groups and situations, are apt to produce a more or less undesirable harshness of sound. On the other hand, there are some rules which not only require the doubling of certain consonants but allow an option of doubling others, though the doubling in the latter case must necessarily be useless. These rules also I have dealt with first. For when the rules on both the above subjects are disposed of, the task with regard to the other rules of *Sandhi* becomes comparatively easy, whether they relate to the concurrence of vowels with vowels, of vowels with consonants, or of consonants with consonants. These latter rules have been next referred to. Then, having noticed the changes caused by the concurrence of certain letters though more or less apart, this section ends with an enumeration of the changes peculiar to some particular kinds of expressions, and of some others which take place irregularly, that is, in a manner not sanctioned by the rules already adverted to. Explanatory tables and examples illustrating them as fully as possible have been given. The benefit of these tables will, I trust, be great to beginners.

Part III is devoted to verbs and Part IV to nouns. Whether verbs as held by the followers of *Páṇini*, or nouns as held by those who follow the school of *Kanáda*, are naturally entitled to occupy the first place in human thought, there can be little doubt that for grammatical purposes it is highly convenient to advert to the *Sanskrit* verbs before the nouns. As for the former, so for the latter, with a few, if any, exceptions, the original material consists of roots, and many of the rules regulating the application of the affixes by which verbs are formed are generally applicable also to other affixes which, operating upon the roots, produce nouns. There are about 2,000 such roots; but from them other roots can be derived by the help of certain affixes which may be called the *derivation* affixes. From these derivative roots as well as the rest, verbs are formed by the application to them of certain affixes which indicate their voices and tenses and then of certain other affixes which determine their number and person. The former I have called the *tense affixes*, and the latter the *personal affixes*. By applying to the roots certain other affixes, participles and gerunds as well as the infinitive are formed, the affixes in the case of the present and future participles being applied after the roots have received their proper tense affixes. In Sanskrit, the infinitive, participles, and gerunds are all classed as primitive nouns. Other primitive nouns are formed likewise from the roots by the use of certain affixes. Here the function of affixes operating upon roots, which I have termed the *verbal affixes,* end. Though the general rules according to which these affixes produce verbs and primitive nouns are similar, the affixes themselves are distinguishable into two broad classes technically called *Sárvadhátuka* and *A'rdhadhátuka.* According as the affixes belong to the one class or the other, are determined the changes which they themselves undergo and which they produce upon the bases to which they are attached. Now, another class of affixes which operate not upon roots but upon nouns, and which therefore have been called the *noun affixes,* come into play. Some of them are employed to designate the feminine gender of nouns and some others to turn them into secondary nouns, while a third set of affixes determine their number and case. Whether the affixes are verbal affixes or noun affixes, the rules relating to them are found to require either the augmentation of the affixes or the change of the bases receiving them, by transformation, reduplication, or other augmentation or alteration. These different changes and other matters incidental to them have been separately discussed in their natural sequence. In order that the practical result produced by all the rules in the formation of the verbs and nouns may clearly appear in one view, I have tried to give complete models after which roots can be turned into verbs and crude nouns, and crude nouns into *nouns.* And I may add that to these models it will be enough for learners to confine their attention in the early stage of their studies; for these, together with the tables of *Sandhi* already alluded to, will enable them to understand the forms of the words they may meet with and to decline and conjugate the nouns and verbs with tolerable ease and accuracy.

In Part V, compound and irregular nouns and noun-roots are considered. In no other language does the power of composition appear to exist to such an extent as in Sanskrit. This, made use of with good taste and discrimination, adds considerably to the vigour and beauty of the language. But it is liable to be often abused as the servant of pedantry. Indeed, in the more modern writers it is not difficult to point out instances in which the length of their compound words appears to have been assumed as the standard of beauty. Great care is therefore required in this respect. But when rightly used the power of composition existing in the language confers upon it an elasticity exceedingly useful and conducive to harmony and elegance without detriment to perspicuity. The mistake often made in some quarters in imagining that words can be compounded just as one likes, should also be avoided. Here, as elsewhere, the requirements of grammar are not a few and should be strictly conformed to. Equally valuable is the liberty allowed in Sanskrit for turning nouns into roots and using them as verbs. The rules bearing upon both these subjects as well as those which refer to irregular nouns have been given in detail in this part.

Part VI treats of syntax. Being an inflective language, Sanskrit has very little to do with the arrangement of words. The order of words in a sentence is not important and may be changed without interfering with the meaning. The connection between the words which in languages not inflective is indicated by their position is, in Sanskrit, shown by similarity of inflections. Elegance and clearness may recommend a certain arrangement as being more natural than another, but as a matter of grammatical propriety there can be no more objection to the one than to the other. The rules of syntax accordingly refer generally to the government of words. These therefore find a place in this part together with some others which regulate the use of the tenses of verbs or the reiteration of words, all of which also may be regarded as belonging rather to syntax than to any other part.

My acknowledgments are due to REV. J. A. VANES, B. A., Principal of the Wesleyan Mission High School for his kindness in perusing almost the whole of the manuscript and making some valuable suggestions which I have thankfully adopted.

BANGALORE:
1st September, 1867.

CONTENTS.

PART I.

CHAPTER I.

3 *a*

CHAPTER II.

CHAPTER III.

CONTENTS.

PART II.

CHAPTER.

PART III.

CHAPTER I.

3 *b*

CHAPTER II.

PART IV.

CHAPTER I.

CHAPTER II.

CHAPTER III.

CHAPTER X.

PART V.

CHAPTER I.

CHAPTER II.

CHAPTER III.

PART VI.

CHAPTER I.

CHAPTER II.

CHAPTER III.

Explanation of the signs and abbreviations used in this work and not explained in the body of it.

A. Names of Books quoted.

Sid. = *Siddhánta koumudi* (Edited by Táranátha Tarkavachaspati, 1870).

Kàs. = *Kásika* (Pandit Bálá Sastri's Edition, Benares, 1878).

Kav. = *Kavikalpa druma.*

M. N. = Monier William's Sanskrit Grammar, 1876.

M. M. = Max Muller's Sanskrit Grammar, 1866.

B. = Dr. Ballantyne's *Laghu koumudi*, Benares, 1878.

Ragh. = Raghuvansa

Note.—1. In the case of *Siddhánta koumudi*, the Roman figure refers to the volume and the Arabic figure to the page.

2. In the case of Max Muller's and Monier William's Grammar as well as Dr. Ballantyne's *Laghu koumudi*, the figures refer to the numbered paragraphs.

3. In the case of Raghuvansa, the Roman figure refers to the *sarga* and the Arabic figure to the ṣloka or verse.

4. In the case of figures occurring without the name of any book, the reference is to *Páṇini's Ashtádhyáyi*, the Roman figure referring to the *Adhyáya* or lecture, the first Arabic figure to the *Páda* or chapter, and the second Arabic figure to the *Sútra* or aphorism.

B. Words.

(*a.*) Represented by letters.

Aor. = Aorist.

Pass. = Passive.

1st Fut. = First Future.

2nd Fut.	=	Second Future.
Perf.	=	Perfect.
Imp.	=	Imperfect.
Ben.	=	Benedictive.
Impv.	=	Imperative.
O.	=	Optative.
Refl. or Reflec.	=	Reflective.
Inf.	=	Infinitive.
Ger.	=	Gerund.
Nish.	=	Nishṭhá.
A'rdha.	=	A'rdhadhátuka.
Cond.	=	Conditional.
Per.	=	Person,
Compar.	=	Comparative.
Super.	=	Superlative.
Mas. or M.	=	Masculine.
Fem. or F.	=	Feminine.
Neut.	=	Neuter.
Sing.	=	Singular.
Pl., Plu. or Plur.	=	Plural.
Nom. or N.	=	Nominative.
Voc. or V.	=	Vocative.
Acc. or A.	=	Accusative.
Ins. or I.	=	Instrumental.
Dat. or D.	=	Dative.
Abl.	=	Ablative.
Gen. or G.	=	Genitive.
Loc. or L.	=	Locative.
Comp.	=	Compound.
Tatp.	=	Tatpurusha.
Avya.	=	Avyayìbháva.
Karm.	=	Karmadháraya.
Bah.	=	Bahuvríhi.
Fin.	=	Final.
N. Fin.	=	Not Final.
Aff.	=	Affix.
Affs.	=	Affixes.
Sub.	=	Substitute.

@ *l.* = altered by the lengthening of the

@ *s.* = altered by the shortening of the

@ *g.* = altered by the *gunation* of the

@ *v.* = altered by the *vriddhiation* of the

@ *sam.* = altered by the *samprasárṇation* of the

a ... for = altered by the substitution of the letter which occurs between the first letter (@) and the second word (for) for the letter which follows the second word.

p. = penultimate letter.

ap. = ante-penultimate letter.

f. = final letter.

$(f + p)$ = final and penultimate letters.

\+ ... before = add the letter following the sign + before the letter following the word "before."

$(p + ap)$ = penultimate and ante-penultimate.

(*b.*) Represented by figures.

$\bar{1}$ = *lukated.*

$\bar{2}$ = *sluated.*

$\bar{3}$ = *lupated.*

$\bar{4}$ = *lopated.*

$\bar{5}$ = elided by displacement.

(*c.*) Represented by Signs.

× = elide.

* before ಯ, ಲ, ವ, ಶ, ಸ, = nasalized.

೩ = prolated.

(*d*) Represented by Words.

Vowel affixes = affixes beginning with vowels.

Consonantal affixes = affixes beginning with consonants.

ವರ್ಗ affixes = affixes beginning with ವರ್ಗ letters.

For signs and abbreviations used in the body of the work, see the following pages :—

Part II. page 5; Part III. pages 3, 4, 5, 6, 15, 20, 30, 31, 34, 68, 303 and 304; Part IV. pages 24, 25, 26, 28 and 72.

KEY TO TRANSLITERATION.

VOWELS.

a = ಅ, *á* = ಆ, *i* = ಇ, *ì* = ಈ, *u* = ಉ, *ú* = ಊ, *ṛi* = ಋ, *ṛì* = ೠ, *lṛi* = ಌ, *lṛì* = ೡ, *e* = ಎ, *ai* = ಐ, *o* = ಒ, *ou* = ಔ, *ḥ* = ಃ.

CONSONANTS.

k = ಕ್, *kh* = ಖ್, *g* = ಗ್, *gh* = ಘ್, *ṇ* = ಙ್, *ch* = ಚ್, *chh* = ಛ್, *j* = ಜ್, *jḥ* = ಝ್, *ñ* = ಞ್, *ṭ* = ಟ್, *ṭh* = ಠ್, *d* = ಡ್, *dh* = ಢ್, *ṇ* = ಣ್, t = ತ್, *th* + ಥ್, *d* = ದ್, *dh* = ಧ್, *n* = ನ್, *p* = ಪ್, *ph* = ಫ್, *b* = ಬ್, *bh* = ಭ್, *m* = ಮ್, *y* = ಯ್, *r* = ರ್, *l* = ಲ್, *v* = ವ್, *ṣ* = ಶ್, *sh* = ಷ್, *s* = ಸ್, *h* = ಹ್.

SIGNS.

× Between a letter and a ಕ್ or ಖ್ = *Jihvámuìlìya.*

ೲ Between a letter and a ಪ್ or ಫ್ = *Upadhmánìya.*

AUTHORITIES QUOTED.

PÁṆINI.

The first Arabic figure refers to the aphorism, the Roman figure refers to the Part of this work, and the succeeding figures refer to the page.

LECTURE I. CHAPTER 1.

1	I. 29.
2	I. 29.
3	I. 29.
4	III. 43, 44, 49.
5	III. 43, 49.
6	III. 49,* 308.
7	I. 12 *
8	I. 5.
9	I. 6.
10	I. 6*.
11	II 54, 61.
12	II. 61.
14	II. 61.
15	II. 61.
16	II. 61.
17	II. 61.
18	II. 61.
20	I. 15.*
21	I. 38.
22	IV. 26.
23	IV. 33.
24	IV. 33.
25	IV. 33.*
26	III. 22.
27	IV. 32, 34.
28	V. 78.
29	V. 78.*
30	V. 78.
31	V. 78.
32	V. 78.
33	IV. 34, 35, 114.
34	IV. 34.
35	IV. 34.
36	IV. 34.*
37	I. 20, 21; IV. 181.
38	IV. 181.
39	IV. 181, 184.
40	IV. 181.
41	V. 7, 78.
42	IV. 20.
43	IV. 20.
44	III. 30.*
45	I. 29.
46	I. 36.
47	I. 37.
48	I. 5; IV. 31.
50	I. 37.
51	I. 29* III. 44, 45, 49,* 60.
52	I. 38.
53	I. 39.
54	I. 38.
55	I. 39; I. 40.
56	I. 42.
57	I. 42.
58	I. 44.*
59	III. 56.*
60	I. 27.*
61	I. 27.
62	I. 41.*
63	I. 41.
64	I. 30.
65	I. 30.
66	I. 38.
67	I. 38.
69	I. 8, 9.*
70	I. 9.
71	I. 4.
73	IV. 35.
74	IV. 35.
75	IV. 35.

LECTURE I. CHAPTER 2.

1	III. 304, 321, 376.
2	III. 364.
3	III. 323.
4	III. 2, 110, 111.
5	III. 18,* 110.
6	III. 354.
7	III. 308, 328, 356, 362, 363.
8	III. 331, 351, 356, 364, 365, 378, 382*
9	III. 16, 31, 78.
10	III. 16, 31, 78.
11	III. 111.
12	III. 17, 111, 306.
13	III. 330.
14	III. 380.
15	III. 358.
16	III. 358.
17	III. 341, 344, 346, 373.
18	III. 20, 31, 32, 285, 338.
19	III. 310, 347, 356* 368, 378, 382*
20	III. 357.
21	III. 20, 278.
22	III. 350.
23	III. 285.
24	III. 313, 324, 364
25	III. 313, 357, 382*
26	III. 16, 78, 285.
27	I. 5*
28	I. 5.*
29	I. 5*
30	I. 5.
31	I. 5.
41	I. 30.
42	V. 4,* 7.
43	V. 33.
44	V. 33, 52.
45	I. 15.
46	I. 17,* 23*

47 IV. 30.
48 V. 52.
49 V. 52*
50 V. 52*
58 IV. 186.
59 IV. 186.
60 V. 100.
63 V. 100.
64 IV. 204.
65 IV. 204.
66 IV. 204.
67 IV. 205.
68 IV. 206.
69 IV. 205.
70 IV. 206.
71 IV. 206.
72 IV. 205*
73 IV. 205.

LECTURE I. CHAPTER 3.

1 I. 15*
2 I. 28.
3 I. 4* 28.
4 I. 28; IV. 21.
5 I. 28.
6 I. 28.
7 I. 28.
8 I. 28.
9 I. 4.
10 I. 37.
12 I. 18.* 29; III. 11.
13 I. 18.*
14 III. 10.
15 III. 10.
16 III. 10.*
17 III. 299.
18 III. 294.*
19 III. 295.
20 III. 296.
21 III. 292, 293, 294, 296, 297, 299, 301.
22 III. 300.
23 III. 300.
24 III. 300.
25 III. 300, 301.
26 III. 300.
27 III. 295.
28 III. 297, 301.
29 III. 291, 294, 296, 297, 299, 300.
30 III. 291, 301.
31 III. 301.
32 III. 291, 292.
33 III. 291, 292.
34 III. 292.
35 III. 292.
36 III. 296.
37 III. 297.
38 III. 293.
39 III. 293.
40 III. 293.
42 III. 293.*
43 III. 293.
44 III. 295.
45 III. 295.
46 III. 295.
47 III. 298.
48 III. 299.
49 III. 298.
50 III. 299.
51 III. 294
52 III. 294.
53 III. 295.
54 III. 295.
55 III. 291, 296.
56 III. 297.
57 III. 336, 344, 370, 377
58 III. 336.
59 III. 370.
60 III. 367.
61 III. 356.
62 III. 11*
63 III. 247.
64 III. 298.
65 III. 294.
66 III 297.
67 III. 13, 14.
68 III. 377
69 III. 331, 364.
70 III. 361.
71 III. 326.
72 I. 18; III. 9.
73 III. 299.
74 III. 11.
75 III. 297, 298.
76 III. 295.
77 III. 9, 11.
78 I. 18.
79 III. 291.
80 III. 294.
81 III. 299.
82 III. 297, 299.
83 III. 290, 298.
84 III. 298.
85 III. 290, 298.
86 III. 313, 321, 335, 352, 358.
87 III. 12.
88 III. 12.
89 III. 349* 350, 357, 358, 360, 363.
90 V. 147, 153, 156*
91 III. 302, 310, 313, 327, 360,* 367.
92 III. 313, 327, 367,
93 III. 327.

LECTURE I. CHAPTER 4.

3 IV. 32.
4 IV. 31, 32; V. 104.
5 IV. 31, 32; V. 104.
6 IV. 31, 32.
7 IV. 31; V. 113.
8 V. 104.
10 I. 5.
11 I. 6.
12 I. 5.
13 I. 15.
14 I. 23.*
15 I. 149.

16 IV. 21.
17 IV. 21.
18 IV. 21*
19 IV. 61.
21 I. 23.
22 I. 23.
23 VI. 1.
24 VI. 2.
25 VI. 21.
26 VI. 22.
27 VI. 22.
28 VI. 22.
29 VI. 22.
30 VI. 22.*
31 VI. 22.*
32 VI. 1.*
33 VI. 37.
34 VI. 33.
35 VI. 33.
36 VI. 32.*
37 VI. 37.*
38 VI. 37.*
39 VI. 33.*
40 VI. 34.
41 VI. 34.
42 VI. 1.
43 VI. 39.
44 VI. 39.
45 VI. 2.
46 VI. 29.
47 VI. 30.
48 VI. 30.
49 VI. 1.
50 VI. 1.
51 VI. 7.*
52 VI. 8.
53 VI. 1, 11.
54 III. 7.
55 III. 7.
56 I. 18; IV, 181.
57 I. 19.
58 I. 18.
59 I. 25.*
60 I. 24; IV. 181.
61 IV. 181,* 183, 184.
62 IV. 184.
63 IV. 184.
64 IV. 184.
65 IV. 181.
66 IV. 181, 182.
67 II. 64 (*a*) IV. 181.
68 IV 181.
69 IV, 182.
70 IV. 182.
71 IV. 182.
72 IV. 182.
73 IV. 182.
74 II. 64 (*a*) IV. 28,183, 184.*
75 IV. 182.
76 IV. 182.
77 IV. 183.
78 IV. 183.
79 IV. 183.
80 I. 24*
83 I. 24*
84 I. 24.
85 I. 24.
86 I. 24.
87 I. 24.
88 I. 24; I. 25.
89 I. 25.
90 I. 24.
91 I. 24.
92 I. 24.
93 I. 24, 25*
94 I. 24.
95 I. 25.
96 I. 25.
97 I. 25.
98 I. 25.
99 I. 18.
100 I. 18; III. 274.
101 I. 17.
102 I. 17.
103 I. 23.
104 I. 23*
105 I. 17.
106 VI. 61*
107 I. 17.
108 I. 17.
109 I. 10*
110 I. 10.

LECTURE II. CHAPTER 1.

1 V. 2*
3 V. 2*
4 V. 3*
5 V. 3*
6 V. 4, 32, 40.
7 V. 5.
8 V. 5.
9 V. 41.
10 V. 41.
12 V. 32.
13 V. 32.
14 V. 5, 32.
15 V. 6, 32.
16 V. 6, 32.
17 V. 78, 85.
18 V. 6, 38.
19 V. 6.
20 V. 24* 78.
21 V. 7.
22 V. 3*
23 V. 4* 24*
24 V. 18, 37.
25 V. 6, 13.
26 V. 18.
27 V. 6, 13.
28 V. 18.
29 V. 18.
30 V. 19.
31 V. 19.
32 V. 19, 22.
33 V. 19.
34 V. 20.
35 V. 20.
36 V. 20.
37 V. 20, 37
38 IV. 98; V. 21, 22*
39 V. 21.
40 V. 21, 38.
41 V. 21.
42 V. 21.
43 V. 22.
44 V. 22.
45 V. 22.
46 V. 22.
47 V. 22.
48 V. 83.
49 V. 24, 35.
50 V. 23*
51 V. 23.
52 V. 24.
53 V. 39.

LECTURE II. CHAPTER 2.

LECTURE II. CHAPTER 3.

LECTURE II. CHAPTER 4.

1	V. 77.	26	V. 73.	55	II. 65* III. 333.
2	V. 28, 77.	27	V. 99.	56	III. 316.
3	V. 28.	29	V. 72.	58	IV. 178.
4	V. 29.	30	V. 81, 99.	60	IV. 178.
5	V. 28.	31	IV. 198*	62	IV. 179.
6	V. 29.	32	IV. 34* V. 141* 142.	64	IV. 180.
7	V. 28.	33	IV. 34*, 141*, 142.	66	IV. 178, 179, 180.
8	V. 28, 29.	34	IV. 34. V. 141.	71	I. 23* *see* V. 42, 147.
9	V. 28, 29.	36	III. 317.	72	III. 16.
10	V. 28.	37	III. 302. 317.	74	III. 16.
11	V. 87*	40	III. 317.	75	III. 16.
12	V. 29, 30.	41	III. 365.	77	III. 320, 340, 345, 346, 349, 354, 372.
13	V. 30.	42	III. 379.		
14	V. 87.	43	III. 379.		
15	V. 30.	44	III. 379.	78	III. 311, 333, 346, 374.
16	V. 30.	45	III. 320.		
17	V. 24, 71.	46	III. 320.		
18	V. 71.	47	III. 320.	79	III. 309, 328, 338, 355, 372.
19	V. 71.	48	III. 321.		
20	V. 71.	49	III. 321.		
21	V. 72.	50	III. 321.	81	III. 113.
22	V. 72.	51	III. 321.	82	I. 24.
23	V. 72.	52	III. 319.	83	V. 78.
24	V. 72.	53	III. 352.	84	V. 79.
25	V. 72.	54	II. 65* III. 333.	85	III. 17, 18*, 96.

LECTURE III. CHAPTER 1.

1	I. 15; IV. 3*	25	III. 4, 15, 16, 72; V. 155.	48	III. 17* 313, 369.
2	I. 16.			49	III. 346, 370.
5	III. 290.	26	III. 7, 16.	52	III. 319, 329, 362.
6	III. 290.	27	III. 289.	53	III. 311, 381.
7	III. 7, 16, 78.	28	III. 288, 290.	54	III. 311, 381.
8	I. 21* V. 146, 147.	29	III. 302, 324.	55	17* 302, 310, 313. 327, 345, 360* 367, 377.
9	I. 21* V. 146.	30	III. 11, 302, 324.		
10	I. 21* V. 146.	31	III. 288, 290, 302,		
11	I. 21* V. 146.	32	I. 16, 324.	56	III. 323, 368, 374.
12	I. 21* V. 156.	33	III. 17, 90, 93*, 96.	57	III 17*
13	I. 21* V. 147, 156.	35	III. 113; 304.	58	III. 305, 337.
14	I. 21* V. 154.	36	III. 113, 324.	60	III. 349.
15	I. 21* V. 154.	37	III. 318, 320, 340.	61	III. 314, 315, 335. 351, 352.
16	I. 21* V. 155.	38	III. 322, 336, 364.		
17	I. 21* V. 155.	39	III. 353, 354, 381.	62	III. 17*
18	I. 21*	40	III. 247.	63	III. 343.
19	I. 21* V. 154, 155,	41	III. 364; IV. 3*	64	III. 361.
20	I. 21* V. 155.	43	III. 17, 22*	65	III. 338.
21	I. 21* V. 155.	44	III. 17.	66	III. 17.
22	III. 7, 16, 76.	45	III. 17, 110.	67	III. 17.
23	III. 7*	46	III. 382*	68	III. 16.
24	III. 331, 371.	47	III. 343.	69	III. 16.

70 III. 327.
71 III. 6*
72 III. 6*
73 III. 16, 87, 88.
74 III. 370.
77 III. 16.
78 III. 17, 88*
79 III. 17, 88.
80 III. 309.
81 III. 17, 88, 89.
82 III 3*
83 III. 17; 89.
87 I. 18.
88 III. 338*
89 III. 342; 375.
90 III. 325* 359.
93 I. 17.
94 IV. 7*
95 I. 17; IV. 6.
96 IV. 6.
97 IV. 6, 15.
98 IV. 6, 15.
110 IV. 6, 15.
124 IV. 6, 15*
125 IV. 6* 15.
133 IV. 3, 12*
135 IV. 12*
136 IV. 3, 12*
141 IV. 3,* 12.
150 IV. 4.

LECTURE III. CHAPTER 2.

1 IV. 3, 12.
3 IV. 3,* 12*
58 II. 59.
59 II. 55; 59.
60 II. 59.
75 IV. 3.
76 IV. 3.
78 IV. 3.
79 IV. 3.
80 IV. 3.
81 IV. 3.
102 III. 20.
105 III. 20*
106 III. 20*
107 III. 20.
110 I. 16*; VI. 45.
111 I. 16; VI. 45.
112 VI. 60.
113 VI. 60.
114 VI. 60.
115 I. 16* VI. 45.
116 VI. 59.
117 VI. 60.
118 VI. 57.
119 VI. 57.
120 VI. 57.
121 VI. 57.
122 VI. 58.
123 I. 16.
124 III. 20.
125 III. 20
126 III. 20*
127 III. 22*
129 IV. 4, 13*
135 IV. 4, 13*
148 IV. 4, 13.
149 IV. 4. 13.
152 IV. 13*
168 IV. 4, 12.
177 IV. 4, 13*
178 IV. 4, 13*
188 III. 274; 275.

LECTURE III. CHAPTER 3.

1 I. 17; IV. 1.
2 IV. 1*
4 VI. 57.
5 VI. 57.
6 VI. 58*
7 VI. 58.
8 VI. 58.
9 VI. 59.
10 IV. 4* 13.
11 IV. 6*
12 IV. 13.
13 I. 16*; VI. 46.
14 III. 20.
15 I. 16. VI. 46.
18 IV. 5* 15.
19 IV. 4,* 13,* 14,* 15*
20 IV. 5, 13.
23 IV. 13.
43 IV. 169*
56 IV. 5,* 14.
57 IV. 14.
88 IV. 5* 14.
89 IV. 5* 14, 15.
94 IV. 5* 13.
102 IV. 5* 13.
103 IV. 5* 13.
104 IV. 13*
106 IV. 4,* 5,* 13.
107 IV. 5,* 13.
109 IV. 5,* 14.
110 IV. 5,* 14.
111 IV. 5.
112 IV. 5,* 13.
113 IV. 2. 5*, 6.
114 IV. 5*
115 IV. 5.
116 V. 16*, 32*.
117 IV. 5*
118 IV. 5* 14.
121 IV. 5* 14.
126 IV. 5, 15.
128 IV. 5, 15.
131 VI. 57.
132 VI. 58.
133 VI. 58.
134 VI. 59.
135 VI. 45. 46.
136 VI. 47.
137 VI. 47.
138 VI. 47.

139	I. 16; VI. 49, 54, 55, 56.
140	VI. 49.
141	VI. 54, 55, 56.
142	VI. 53.
143	VI. 53, 54.
144	VI. 54.
145	VI. 55.
146	VI. 56.
147	VI. 56.
148	VI. 54*
149	VI. 54.
150	VI. 55.
151	VI. 55.
152	VI. 49.
153	VI. 48*
154	VI. 49, 60*
155	VI. 49, 61.
156	VI. 49, 61.
157	VI. 48.
158	III. 20.
159	VI. 48.
160	VI. 59.
161	I. 16; VI. 47.
162	I. 16; VI. 47*
163	IV. 6; VI. 48.
164	VI. 48.
165	VI. 48.
166	VI. 48.
167	III. 20.
168	VI. 49.
169	IV. 3, 6, 12;* VI. 49.
170	IV. 4.
171	IV. 6.
172	VI. 49.
173	I. 16.
174	IV. 4.
175	VI. 61*
176	VI. 61*

LECTURE III. CHAPTER 4.

1	VI. 51.
2	VI. 51, 52.
3	VI. 52.
4	VI. 52.
5	VI. 52.
18	III. 288*
19	III. 20,* 288*
20	III. 20,* 288*
21	III. 20, 285, 288*
22	III. 20, 285.
23	III. 285, 288*
24	V. 13, 288*
25	III. 288*
26	III. 288*
26	III. 288*
27	III. 288*
28	III. 288*
29	III. 288*
30	III. 288*
31	III. 288*
32	III. 288*
33	III. 288*
34	III. 288*
35	III. 288*
36	III. 288*
37	III. 288*
38	III. 288*
39	III. 288*
41	III. 288*
42	III. 288*
43	III. 288*
44	III. 288*
45	III. 288*
46	III. 288*
47	V. 13.
48	III. 288;* V. 14*
49	III. 288;* V. 14*
50	III. 288;* V. 14*
51	III. 288;* V. 14*
52	III. 288;* V. 14
53	III. 288;* V. 14.
54	III 288;* V. 14.
55	III. 288;* V. 14.
56	III. 288;* V. 15.
57	III. 288;* V. 15.
58	III. 288;* V. 15.
59	III. 288; * V. 15* 16.
60	III. 288;* V. 15, 16.
61	III. 288;* V. 16.
62	III. 288;* V. 16.
63	III. 288;* V. 16.
64	III. 288;* V. 16.
65	III. 288*
66	III. 20.
67	I. 17*
69	I. 16.
70	III. 274; IV. 6.
71	III. 274.
72	III. 274.
76	IV. 5.
78	I. 17; III. 18, 19* 22.
79	III. 18, 113, 114.
80	III. 18.
81	III. 18.
82	III. 18. 113.
83	III. 365.
84	III. 352, 353.
85	III. 18.
86	III. 18.
87	III. 18, 111, 113.
89	III. 18*
90	III. 18.
91	III. 18.
92	III. 18.
93	III. 18
99	III. 18, 19.
100	III. 19.
101	III. 18, 19.
102	III. 23.
103	III. 23, 111.
104	III. 23, 111.
105	III. 19.
106	III. 19.
107	III. 23.
108	III. 19.
109	III. 19, 112, 335, 340, 365.
110	III. 19.
111	III. 19, 112.
112	III. 345.
113	III. 1.
114	III. 1.
115	III. 1.
116	III. 1; VI. 50*

LECTURE IV. CHAPTER 1.

Note	Reference
1	I. 22; IV. 23*
2	21, 23; IV. 30. 206, 207, 208.
3	I. 21.
4	IV. 68; V. 93.
5	IV. 69.
6	IV. 69; V. 96*
7	IV. 60, 69; V. 75.
8	V. 92.
9	V. 92.
10	IV. 69; V. 96.
11	IV. 69.
12	V. 75, 76.
13	IV. 69; V. 75, 76.
14	V. 74.
15	IV. 66. 83, 95, V. 74.
16	I. 21; IV. 84.
20	IV. 67.
21	V. 71, 76.
22	V. 77, 97.
23	V. 77.
24	V. 77.
25	V. 99
26	V. 99.
27	V. 96, 97.
28	V. 76.
29	V. 76.
30	V. 89, 90.
32	V. 97.
33	V. 96.
34	V. 96*
35	V. 96.
36	V. 97.
37	V. 97.
38	V. 97.
39	IV. 61, 67, V. 74.
40	IV. 67.
41	IV. 67; V. 90, 92; 94, 95, 97, 98.
42	V. 89.
43	V. 92.
44	IV. 68.
45	IV. 68; V. 88 to 93.
48	IV. 67.
49	V. 97.
50	V. 95.
51	IV. 67.
52	V. 76.
53	V. 76.
54	V. 74. 75.
55	V. 75.* 95.
56	V. 75.
57	V. 75.
58	V. 75.
60	V. 74.
61	V. 99.
62	V. 98
63	IV. 67.
64	V. 95.
65	IV. 68.
66	IV. 68.
67	V. 74.
68	IV. 68.
69	V. 73.
70	V. 74, 95.
72	V. 88.
73	IV. 84; V. 91, 92, 95, 97.
74	IV. 84.
75	V. 94.
76	I. 21*
77	V. 98*
78	IV. 172, 176, 180.
79	IV. 172, 176, 180.
83	IV. 123.
84	IV. 91. 133.
85	IV. 169, 172.
89	IV. 180.
90	IV. 179.
91	IV. 179.
92	IV. 176.
93	IV. 178.
94	IV. 178.
95	IV. 172, 173, 174, 176.
96	V. 97
101	IV. 172.
112	IV. 174.
113	IV. 173.
114	IV. 171.
120	IV. 173.
121	IV. 173.
122	IV. 172, 173.
131	IV. 174.
135	IV. 171.
152	IV. 171.
153	IV. 171.
156	IV. 171. 176.
157	IV. 171, 180.
159	V. 71*
160	IV. 180*
162	IV. 177.
163	IV. 143.
164	IV. 177.
165	IV. 177*
166	IV. 177.
167	IV. 177.
168	IV. 170.
170	IV. 170.
171	IV. 170.
172	IV. 170.
174	IV. 177.
177	IV. 179.
178	IV. 179.

LECTURE IV. CHAPTER 2.

Note	Reference
1	IV. 117.
3	IV. 116.
4	IV. 115.
6	V. 71*
7	IV. 116.
8	IV. 108, 113, 116.
10	IV. 117.
14	IV. 117.
16	IV. 117.
21	IV. 117.
24	IV. 120
34	IV. 119, 120.
37	IV. 121.
39	IV. 91, 120.
44	IV. 91, 121.
46	IV. 91, 120.
47	IV. 91, 121.
52	IV. 118.
55	IV. 118*
56	IV. 118.
57	IV. 119.
58	IV. 118.
59	IV. 119.
64	IV. 119.
65	IV. 119.
66	IV. 119.
67	IV. 118.

68 IV. 122*
69 IV. 122*
70 IV. 122*
71 IV. 122.
72 IV. 123.
73 IV. 122.
79 IV. 122.
81 IV. 122.
85 IV. 121.
104 IV 129.
107 V. 71.*
109 IV. 129.
110 IV. 129.
112 IV. 126.
113 IV. 126.
114 IV. 127, 128.
115 IV. 128, 139.
117 IV. 126.
118 IV. 126.
119 IV. 125.
120* IV. 125.
121 IV. 125.
123 IV. 125.
124 IV. 125.
125 IV. 124, 135.
126 IV. 116.
132 IV. 124. 125, 135.
141 IV. 124.

LECTURE IV. CHAPTER 3.

1 IV. 127.
2 IV. 35, 127.
3 IV. 35.
11 IV. 120, 124.
12 IV. 127.
16 IV. 119, 123, 155.
23 IV. 123, 129.
25 IV. 129.
37 IV. 123.
38 IV. 138.
39 IV. 138.
41 IV. 138.
43 IV. 138.
44 IV. 138.
47 IV. 138.
51 IV. 138.
52 IV. 139.
53 IV. 131, 155.
55 IV. 130.
63 IV. 130.
64 IV. 130.
66 IV. 131.
67 IV. 131.
68 IV. 130.
69 IV. 130.
72 IV. 131.
74 IV. 133.
75 IV. 132.
77 IV. 133.
78 IV. 132.
80 IV. 132.
81 IV. 133.
82 IV. 133.
83 IV. 139.
85 IV. 139.
86 IV. 139.
87 IV. 133.
89 IV. 139.
90 IV. 134.
91 IV. 134.
95 IV. 135.
96 IV. 134.
99 IV. 135.
100 IV. 135.
101 IV. 136.
105 IV. 135.
112 IV. 136.
113 IV. 136.
115 IV. 139*
116 IV. 139.
117 IV. 139.
120 IV. 137.
123 IV. 137.
125 V. 71*
126 IV. 91, 116, 120, 132, 137.
127 IV. 116, 132, 136.
130 IV. 137.
134 IV. 142.
135 IV. 144.
137 IV. 142.
139 IV. 142.
140 IV. 142.
143 IV. 142.
144 IV. 141.
153 IV. 141.
154 IV. 141.
155 IV. 145.
156 IV. 140.
163 IV. 143*

LECTURE IV. CHAPTER 4.

2 IV. 146*
3 IV. 146.
4 IV. 146.
5 IV. 146.
7 IV. 146.
8 IV. 147.
20 IV. 5,* 14.
22 IV. 147.
26 IV. 147.
30 IV. 147.
32 IV. 147.
33 IV. 147.
35 IV. 148.
43 IV. 148.
47 IV. 145.
49 IV. 145.
50 IV. 148.
51 IV. 148.
55 IV. 149.
57 IV. 149.
61 IV. 149.
63 IV. 146.
64 V. 71*
65 IV. 149.
66 IV. 149.
69 IV. 149.
71 IV. 150.
83 IV. 140, 158.
98 IV. 150.

LECTURE V. CHAPTER 1.

2 IV. 151.
5 IV. 151.
6 IV. 150.
12 IV. 151*
15 IV. 151.
16 IV. 151.
18 IV. 140, 156, 157.
19 IV. 152.
22 IV. 140, 152.
23 IV. 140, 152.
28 V. 71*
37 IV. 153.
38 IV. 153.
39 IV. 153.
45 IV. 153.
47 IV. 152.
48 IV. 152.
52 IV. 154.
56 IV. 154.
57 IV. 155.
58 IV. 155.
59 IV. 32, 33.
60 IV. 114.
62 IV. 32, 39.
63 IV. 155.
73 IV. 41.
79 IV. 156.
80 IV. 156.
81 IV. 156.
93 IV. 156.
94 IV. 157.
95 IV. 157.
96 IV. 155.
99 IV. 157
109 IV. 157.
115 IV. 106.
116 IV. 106.
117 IV. 106.
119 IV. 160.
120 IV. 158, 160.
121 V. 71*
123 IV. 158, 159.
124 IV. 159.
128 IV. 158.
129 IV. 159.
131 IV. 159.
132 IV. 159.
133 V. 71*
134 IV. 158.
135 IV. 158.
137 IV. 167.

LECTURE V. CHAPTER 2.

1 IV. 160.
26 IV. 161.
37 IV. 161.
39 IV 33.
40 IV. 33.
41 IV. 33.
42 IV. 114.
43 IV. 114.
45 IV. 32.
46 IV. 32.
47 IV. 115, 162.
48 IV. 109.
49 IV. 109.
51 IV. 108, 109, 111, 112.
52 IV. 111.
53 IV. 111.
54 IV. 108.
55 IV. 108.
56 IV. 110.
57 IV. 111.
58 IV. 110.
59 IV. 164.
60 IV. 164.
66 IV. 162.
68 IV. 162.
78 IV. 162.
81 IV. 163.
82 IV. 163.
86 IV. 163.
87 IV. 163*
94 IV. 164, 168.
95 IV. 164.
96 IV. 167.
97 IV. 165, 166.
115 IV. 167.
121 IV. 104, 108.
127 IV. 165.
128 IV. 165, 166.
130 IV. 166.
137 IV. 168.

LECTURE V. CHAPTER 3.

1 IV. 26*
3 IV. 35.
4 IV. 35.
5 IV. 35.
6 IV. 94*
7 IV. 94.
8 IV. 94.
9 IV. 94.
10 IV. 95, 96.
11 IV. 96.
12 IV. 96.
15 IV. 94, 95.
16 IV. 94.
17 IV. 95*
18 IV. 94, 95*
19 IV. 94.
21 IV. 95.
23 IV. 93.
24 IV. 93.
25 IV. 93.
27 IV. 99,* 100*
28 IV. 100.
29 IV. 99, 100.
31 IV. 100.
32 IV. 100.
34 IV. 99.
35 IV. 99, 100, 101.
36 IV. 100, 101.
37 IV. 100, 101.
38 IV. 100, 101.

39 IV. 99.
40 IV. 99.
41 IV. 99.
42 IV. 101, 102.
43 IV. 101, 102.
44 IV. 101.
45 IV. 101.
46 IV. 101.
47 IV. 88.
48 IV. 108.
49 IV. 108, 109.
50 IV. 109.
51 IV. 109.
53 IV. 91*
54 IV. 137, 169*
55 IV. 92.
56 III. 272.
57 III. 272. IV 92.
58 IV. 92.
59 IV. 3,4, 12,* 13,* 92.
60 V. 79*
61 V. 79*
62 V. 79*
63 V. 79*
64 V. 79*
65 IV. 92, 164.
66 III. 273. IV. 91.
67 III. 273. IV. 90.
68 I. 16. IV. 90.
69 IV. 90.
71 IV. 70. 87, 88.
72 IV. 59.
73 III. 273. IV. 87.
74 III. 273. IV. 88.
75 IV. 88.
76 III. 273, IV. 89.
77 III. 273. IV. 89.
78 V. 88*
79 V. 88*
80 V. 88*
81 IV. 89.
83 V. 88*
85 III. 273; IV. 87.
86 IV. 88.
87 IV. 88.
92 IV. 34.
93 IV. 34.
94 IV. 34.
95 IV. 88.
96 IV. 89.
97 IV. 89.
98 IV. 89*
99 IV. 89.
106 V. 88*

LECTURE V. CHAPTER 4.

1 IV. 99.
2 IV. 33, 39.
4 IV. 90. 103.
5 IV. 90.
11 III. 272. IV. 107.
14 IV. 169*
17 IV. 102.
18 IV. 102.
19 IV. 102.
20 IV. 103.
21 IV. 91, 169.
22 IV. 91.
42 IV. 98.
43 IV. 98.
44 IV. 96
45 IV. 96. 97.
46 IV 96.
47 IV. 96.
48 IV. 96
49 IV. 98.
50 IV. 103.
52 IV. 103, 104.
53 IV 104.
54 IV. 105.
55 IV. 105.
57 IV. 105.
68 I. 23.
69 V. 58.
70 V. 58
71 V. 59.
72 V. 58, 81.
73 IV. 41. V. 66.
74 V. 60.
75 V. 83*
76 V. 60, 81.
77 V 81,* 84,* 86,* 87*
78 V. 84*
79 V. 83.
80 V. 83.
81 V. 84.
82 V. 81.*
83 V. 81.*
84 V. 81.
85 V. 61.
86 V. 62.
87 V. 63, 84.
88 V. 58.
89 V. 58.
90 V. 58.
91 V. 62.
92 V. 62
93 V. 62.
94 V. 64.
95 V 84.
96 V. 84
97 V. 64.
98 V. 84.
99 V. 63.
100 V. 85.
101 V 63, 85.
102 V. 63.
104 V. 64.
105 V 84, 85.
106 V. 76.
107 V. 61.
108 V. 61.
109 V. 61.
110 V. 61.
111 V. 61.
112 V. 61.
113 V. 67.
114 V. 67.
115 IV. 106, V. 67.
116 IV. 106; V. 65.
117 IV. 106; V, 84.
118 V. 56. 67. 82.
119 V. 56, 68.
120 V. 87.
121 V. 87.
122 V. 87.
124 V. 68.
125 V. 87.
126 V. 87.
127 V. 66.
128 V. 87.
129 V 87*
130 V. 87*
131 V. 99*
132 V. 56.
133 V. 56*
134 V. 56.
135 V. 56.
136 V. 56.
137 V. 56.
138 V. 57.

139	V. 98.	147	V. 81	154	V. 69.
140	V. 57.	148	V. 85	155	V. 69.
141	V. 57.	149	V. 85.	156	V. 69.
143	V. 57.	150	V. 82.	157	V. 69.
144	V. 57.	151	V. 68, 69, 84.	159	V. 69.
145	V. 57.	152	V. 65.	160	V. 85.
146	V. 57.	153	V. 66.		

LECTURE VI. CHAPTER 1.

1	III. 55.	37	I. 41*	88	II. 9.
2	III. 55.	38	III. 365.	89	II. 52, 54.
3	III. 55.	39	III. 365. IV. 61.	90	II. 52.
4	III. 55.	40	III. 40, 365.	91	II. 53.
5	III. 55.	41	III. 366.	92	II. 53.
6	III. 333, 334, 335, 340, 368. V. 101.	42	III. 337.	93	IV. 30, 58, 207.
		43	III. 366.	94	II. 53.
7	IV. 60.	44	III. 366.	95	II. 58.
8	III 54.	45	III. 37.	96	II. 9.
9	III. 54.	46	III. 366*	97	II. 8, 9.
10	III. 54.	48	III. 321, 328, 336.	98	II. 60.
11	III. 54.	49	III. 373.	99	II. 60.
12	III. 334.	50	III. 312, 342.	100	IV. 105.*
13	V. 48.	51	III. 361.	101	II. 9.
14	V. 48.	53	II. 330.	102	IV. 30, 53, 55, 58, 206, 207.
15	III. 303, 311, 362, 363, 366, 370, 378, 382.	54	III. 334, 377.	103	IV. 30, 55, 207.
		55	III. 365.	104	IV. 30, 53, 55.
		56	III. 353.	105	IV. 30, 53.
16	III. 44, 312, 332, 337, 351, 355, 363, 365, 366.	57	III. 377.	107	IV. 30, 207.
		58	III. 343, 374.	108	I. 29.
		59	III. 39.	109	II. 9; IV. 30.
17	III. 312, 317, 332, 337, 362 to 366, 370. 378.	63	V. 107.	110	IV. 30, 208.
		64	II. 50.	111	IV. 30, 58, 208.
		65	II. 46.	112	IV. 30, 208; V. 104, 113, 158.
18	III. 378.	66	II. 2; III. 46.*		
19	III. 316, 347, 366,* 378.	67	IV. 6.	113	II. 18.
		68	III. 19, 113; IV. 30. 206, 207.	114	II. 22.*
20	III. 363.				
21	III. 334.	69	IV. 30, 207.	121	II. 58.
22	III. 376.	71	III. 38.	122	II. 58.
23	III. 372.	73	II. 19.	123	II. 58.
24	III. 369.	74	II. 63.	124	II. 58.
25	III. 369.	75	II. 19.	125	II. 60.
26	III. 369.	76	II. 19.	127	II. 9.*
27	III. 370, 382*	77	II. 9.	128	II. 9, 17.*
28	III. 351.	78	II. 9.	129	II. 62*
29	III. 351.	79	IV. 56, 59; V. 151.	130	II. 62*
30	III. 370.	80	III. 45*	131	V. 126.
31	III. 370.	81	II. 63.	132	II. 64 (*b*).
32	III. 382.	82	II. 63.	134	II. 64 (*a*).
33	III. 382.	87	II. 9.	136	III. 326.*

137	III. 326.
138	III. 326.
139	III. 326.
140	III. 326.
141	III. 326.
142	III. 326.
143	V. 80.
144	V. 80.
146	V. 80.
147	V. 80.
148	V. 80.
149	V. 80.
150	V. 80.
152	V. 80.
153	V. 80.
154	V. 80.
155	V. 80.
156	V. 80.

LECTURE VI. CHAPTER 3.

2	V. 43.*
3	V. 43.
4	V. 43.
5	V. 43.
6	V. 43.
7	V. 81.
8	V. 81.
9	V. 44.
10	V. 44.
11	V. 85.
12	V. 44.
13	V. 45.
14	V. 44.
15	V. 87.*
16	V. 44.
17	V. 45.
18	V. 45.
19	V. 45.
20	V. 45.
21	V. 43.
22	V. 44.
23	V. 44.
24	V. 44.
25	V. 55.
26	V. 55.
27	V. 55.
28	V. 55.
29	V. 55.
30	V. 55.
31	V. 55.
32	V. 85.
34	V. 49, 50.
35	IV. 51, 52.
36	V. 49, 148.
37	IV. 85; V. 50, 148.
38	IV. 52, 85; V. 50, 148.
39	IV. 85, 86; V. 50, 148.
40	V. 50, 148.
41	IV. 51, 52; V. 50, 148.
42	V. 49.
43	IV. 56; V. 49.
44	IV. 57; V. 49, 51.
45	IV. 52, 57; V, 49.
46	V. 54, 85.
47	IV. 32.
48	IV. 32.
49	IV. 32.*
50	V. 86.
51	V. 86.
52	V. 86.
54	V. 86.
56	V. 86.
57	V. 56.
58	V. 86.
59	V. 56.
60	V. 87.
61	V. 51.
63	V. 48.
64	IV. 55, 57.
65	V. 83.
66	V. 46.*
67	V. 46.
68	V. 46.
69	V. 87.*
70	V. 83.
71	V. 87.*
72	V. 52.
73	V. 12.
74	V. 12.
75	V. 86.
76	IV. 43.
77	V. 81.
78	V. 52.
79	V. 53.
80	V. 53.
81	V. 53.
82	V. 53.
83	V. 53.
84	V. 53.
85	V. 53.*
86	V. 53.*
87	V. 53.*
88	V. 53.
89	II. 59.
90	II. 59.
91	II. 59; IV. 33.
92	V. 114, 118, 119.*
93	V. 118.
94	V. 118.
95	V. 118.
97	V. 57.
98	V. 58. 81.
99	IV. 34, 128; V. 53.
100	V. 53.
101	V. 54.
102	V. 54.
103	V. 54.
104	V. 54.
105	V. 54.
106	V. 54.
107	V. 54.
109	V. 84.
110	V. 123.*
111	II. 19.
112	II. 54.*
115	V. 46.
116	V. 47.
117	V. 79.
119	IV. 53.*
121	V. 47.
122	V. 47.
123	V. 47.
124	II. 58.*
125	V. 47.
127	V. 58.
128	V. 80.
129	V. 79.
130	V. 79.
137	V. 46, 80.
138	V. 47.*
139	V. 48.

LECTURE VI. CHAPTER 4.

2 V. 53.
3 IV. 59.
4 V. 129.
6 V. 102.
7 IV. 59.
8 IV. 59.
10 IV. 61. V. 121.
11 IV. 57; V. 102, 125.
12 IV. 59; V. 103.
13 IV. 59; V. 102, 103.
14 IV. 59, 60.
15 III. 49; V. 151.
16 III. 44, 321, 379.
17 III. 338.
18 III. 328.*
19 III. 52; V. 151.
20 III. 307, 315.
21 III. 52.
22 III. 113.
23 III. 53.*
24 III. 53, 348.
25 III. 46, 308, 378.
26 III. 359.
30 III. 318; V. 119.
31 III. 375, 377.
32 III. 53, 348.
33 III. 382*
34 III. 368.
35 III. 368.
36 III. 379.
37 III. 309, 328, 330, 338, 347,* 355, 357, 360, 379.
38 III. 330, 338,* 347,* 357, 360.
39 III. 330.
40 III. 330.
41 III. 51.
42 III. 329, 334, 372.
43 III. 329, 334, 372.
44 III. 338.
47 III. 355.
48 III. 40, 45.
49 III. 40.
50 V. 154*
51 III. 15, 16, 72*
52 III. 15, 16, 72.
55 III. 15. 16, 72*
56 III. 72*
57 III. 319*
59 III. 382*
60 III. 312*
61 III. 72, 382*
62 III. 17, 23, 32, 90, 93,* 331, 343, 380.
64 III. 40, 41.
65 III. 41.
66 III. 308, 310, 341, 344, 346, 349, 373, 374, 380.
67 III. 308, 310, 341, 346, 373, 374, 380.
68 III. 41.
69 III. 308, 310, 373, 374.
70 III. 382*
71 III. 54.
72 III. 54.
74 III. 54.
77 III. 16, 43, 44, 87; IV. 56,* 207.
78 III. 60,* 87.
79 V. 104.
80 V. 104.
81 III. 320; IV. 56.
82 III. 43; IV. 56, 207.
83 IV. 56, 207.*
84 V. 102.
85 V. 102.
87 III. 16, 87,* 88, 381.
88 III. 354.
89 III. 330.
90 III. 342.
91 III. 342.
92 III. 40, 47, 48.
93 III. 43. 47, 48, 314.
95 III. 382.*
98 III. 329, 332, 335, 379.
101 III. 18, 111, 113, 381.
104 III. 19,* 112.*
105 III. 18, 113.
106 III. 18, 113.
107 III. 16, 17, 87, 88.
108 III. 326.
109 III. 326.
110 III. 326.
111 III. 16, 17, 88,* 319.
112 III. 17, 41, 88, 89, 340,* 341, 345.
113 III. 17, 41, 88, 89,* 341, 345.
114 III. 340.
115 III. 353.
116 III. 380.
117 III. 380.
118 III. 380.
119 III. 319, 341, 345.
120 III. 46, 64.
121 III. 46, 64.
122 III. 311, 351.
123 III. 360.
124 III. 337, 339, 354, 355.
125 III. 311, 315, 351, 353, 360.
126 III. 64, 339, 368.
127 V. 124.
128 V. 98, 123.
130 V. 92, 122.
131 IV. 61.
132 V. 99, 128.
133 V. 98, 123, 124.
134 IV. 60; V. 103.
135 IV. 60.
136 IV. 60.
137 IV. 60.
138 V. 114.
139 V. 114, 118.
140 IV. 54, 207.
142 IV. 110.
143 III. 17, 96; IV. 49.
144 I. 30; IV. 49.
145 IV. 49.*
146 IV. 56.
147 IV. 56.
148 IV. 53, 55, 58.
149 V. 97.
150 IV. 86.*
151 IV. 86.
152 IV. 86; V. 151.
154 IV. 3, 4, 12,* 13,* 92.
155 IV. 49.
156 V. 79.*
157 V. 79.*
158 V. 79.*
159 V. 79.*
160 V. 79.*
161 V. 79.*
163 IV. 49, 53.
164 IV. 49.
166 III. 341; IV. 49.
167 III. 341; IV. 49.
168 IV. 49.
170 IV. 49.

LECTURE VII. CHAPTER 1.

1	IV. 6, 26.
2	IV. 26.
3	III. 18, 19.
4	III. 18,* 19, 112, 333, 335, 340.
5	III. 18, 19, 112.
6	III. 368.
7	III. 365.*
9	IV. 30, 208.
11	V. 139, 141.
12	IV. 30, 208.
13	IV. 30, 208.
14	IV. 30, 208.
15	IV. 30, 208.
16	IV. 251.*
17	IV. 30, 206.
18	IV. 30, 206.
19	IV. 30, 206.
20	IV. 20, 30, 207.
21	IV. 30; V. 125.
22	IV. 30, 207.
23	IV. 30, 206, 207.
24	IV. 30, 206, 207.
25	V. 101.
27	V. 134.
28	V. 134.
29	V. 134.
30	V. 134.
31	V. 134.
32	V. 134.
33	V. 134.
34	III. 18, 113.
35	III. 18. 113.
36	III. 365.*
37	III. 20, 285.
51	V. 154.
52	IV. 46.
53	IV. 32.
54	IV. 46.
55	IV. 46; V. 129.
56	III. 285.
58	III. 53.
59.	III. 311, 325, 356, 364.
60	III. 303. 348, 382.*
61	III. 359.
62	III. 359.
63	III. 312.
64	III. 361, 382.*
65	III. 382.*
69	III. 361, 382.*
70	IV. 47; V. 114.
71	V. 120.
72	IV. 47.
73	IV. 48.
74	IV. 48.
75	V. 114.
78	V. III. 18;* IV. 47.
79	IV. 47.
80	IV. 49.
81	IV. 49.
82	V. 128.
83	IV. 23.
84	V. 126.
85	V. 125.
86	V. 125.
87	V. 125.
88	V. 125.
89	V. 127.
90	IV. 58.
91	III. 18,* 111.
92	V. 113.
93	V. 113.
94	IV. 57, 206; V. 127.
95	V. 112.
96	V. 97.*
97	V. 112.
98	IV. 32; V. 128.
99	V. 128.
100	III. 44, 45.
101	III. 49.
102	III. 44,* 45.*

LECTURE VII. CHAPTER 2.

1	III. 42.
2	III. 47.
3	III. 24, 47, 48, 363, 367.
4	III. 47, 48.
5	III. 48, 305, 328, 335, 370, 371.
6	III. 322.
7	III. 48.
8	III. 24.
9	III. 24, 32.
10	III. 25, 376.
11	III. 32, 33, 306, 358, 361, 369, 376, 379.*
12	III. 32, 303, 306, 330, 331, 361, 375, 376.
13	III 32, 33.* 306, 313, 326, 354, 370, 374, 375.
14	III. 34, 338,* 370.
15	III. 33,* 305 306, 315, 338, 340, 347, 348, 350, 359, 362, 372, 373, 379.
16	III. 34.
17	III. 34.
18	III. 314, 316, 327, 347, 351.
19	III. 347, 368.
20	III, 314.
21	III. 314.
22	III. 314,* 325.
23	III. 332.
24	III. 318.
25	III. 318.
26	III. 367.
27	III. 314, 337, 350, 376.
28	III. 315, 316, 332.
29	III. 382.
30	III. 334.
35	III. 24, 352.
36	III. 327, 376.
37	III. 331.
38	III. 24, 306.
39	III. 24, 306
40	III. 24, 306.
41	III. 31, 78,* 306.
42	III. 32,* 306.
43	III. 32.*
44	III. 31, 32,* 78,* 347, 373, 379.

LECTURE VII. CHAPTER 3.

96	III. 37, 319
98	III. 317, 344, 360, 371, 378.
99	III. 317, 334, 360, 371, 378.
100	317.*
101	III. 40,* 46.
102	IV. 53.
103	IV. 53.
104	IV. 53.
105	IV. 54.
106	IV. 54.
107	IV. 54, 207.
108	IV. 55, 57.
109	IV. 55.
110	IV. 57.
111	IV. 55, 208.
112	IV. 46.
113	IV. 46.
114	IV. 46.
115	IV. 113.
116	IV. 30, 208; V. 101.
117	IV. 30, 208.
118	IV. 30.
119	IV. 30, 55, 208.
120	IV. 30, 208.

LECTURE VII. CHAPTER 4.

1	III. 50, 60.*
2	III. 50, 368.
3	III. 309, 338, 353.
4	III. 350.
5	III. 373.
6	III. 333.
7	III. 50.
8	III. 59.
9	III. 302, 344.
10	III. 44.
11	III. 45, 323.
12	III. 312, 344, 350, 369.
13	IV. 54.*
14	V. 52.*
15	V. 52.*
16	III. 44, 343.
17	III. 319.
18	III. 370.
19	III. 349.
20	III 362.
21	III. 368.
22	III. 368.
23	III. 322.
24	III. 320.
25	III. 45.
26	IV. 55.
27	III. 45;* IV. 58; V. 151.
28	III. 44, 45.
29	III. 45, 323.
30	III. 45; 323.
31	III. 333, 347.
32	IV. 53.
33	V. 150.
34	V. 154.
40	III. 310, 373, 374.
41	III. 311.
42	III. 345.
43	III. 380.
46	III. 341, 344.
47	III. 341,* 344.*
48	V. 125.
49	III. 51.*
50	III. 17, 96,* 319.
51	III. 17, 96.
52	III. 17, 96.
53	III. 308.
54	III. 310, 312, 341, 344, 345, 346, 349, 360, 367, 382.*
55	III. 319, 324, 336.*
56	III. 339.*
57	III. 356.
58	III. 310, 312, 319, 336, 339, 341, 242, 344, 345, 346, 349, 356, 361, 367, 382.*
59	III. 60.*
60	III. 61.*
61	III. 61.
62	III. 61.
63	III. 325, 242.
66	III. 60, 332, 342, 374.*
67	III. 342, 345, 378.
68	III. 366.
69	III. 320.
70	III. 63.
71	III. 63.
72	III. 318.
73	III. 354.
75	III. 307.
76	III. 63, 310,* 382.*
77	III. 63.
79	III. 61.
80	III. 59.
81	III. 307,* 314, 352, 371.
82	III. 62.
83	III. 62.
84	III. 03, 313, 325, 349. 375.
85	III. 62.
86	III. 307.
87	III. 351.
88	III. 351.
89	III. 351.
90	III. 62.
91	III. 62.*
92	III. 62.*
93	III. 17,* 61,* 107,* 108, 307, 352, 371.*
94	III. 61.
95	III. 312, 344, 352, 375, 376.
96	III. 307.*
97	III. 329.

LECTURE VIII. CHAPTER 1.

2	VI. 61.
4	VI. 61.
5	I. 21.
7	I. 21.*
8	VI. 62.
9	IV. 35.
10	VI. 62.
11	VI. 62.
12	VI. 62.
13	I. 21.
14	I. 21.
15	VI. 63.*
20	V. 134, 136.
21	V. 134.
22	V. 134.
23	V. 134.
24	V. 134, 136.*
25	V. 134, 136.
26	V. 134, 135.
72	V. 136.
73	V. 136.
74	V. 136.*

LECTURE VIII. CHAPTER 2.

1	I. 34. 47.
2	IV. 23.*
3	V. 141.*
7	II. 58; IV. 23.
8	22*
9	IV. 28.
10	IV. 28.
11	IV. 28.*
19	II. 63.
20	III 331.*
21	III. 331.*
23	II. 2,
24	II. 2, 49.
25	III. 49,* 51,* 96.
26	II. 1.
27	II. 52.
28	II. 1, 52.
29	II. 1, 2, 3.
30	II. 4, 19, 20.
31	II. 4, 19.
32	II. 54.
33	II 54.
34	II. 55.
35	II. 55; III. 352.
36	II. 4, 19, 55,
37	II. 56.
38	II. 55.
39	II. 4.
40	II. 20, 52.
41	II. 20.
42	III. 20, 52,* 278.
43	III. 20, 278.
44	III. 20, 278.
45	III. 20, 278.
46	III. 312,* 328.*
47	III. 369.
48	III. 382.*
49	III. 382.*
50	III. 382.*
51	III. 382*
52	III. 382*
53	III. 382*
54	III. 372.
55	III. 352. 382*
56	III. 312,* 333,* 382*
57	III. 305,* 329,* 350*
58	III. 364*
59	III. 382*
60	III. 323*
62	II. 55, 59.
63	II. 55.
64	II. 56.
65	II. 56.
66	II. 4,* 59.
68	II. 64 (*b*); V. 122.
69	II. 64 (*b*); V. 122.
72	II. 55, 59; IV. 22; V. 128.
73	III. 51.
74	III. 51.
75	III. 52.
76	II. 53.
77	II. 53; III. 44.*
78	II. 53; III. 49*
79	II. 53.
80	V. 141.
81	V. 141.
83	II. 62*
84	II. 60.
85	II. 60.
86	II. 60.

LECTURE VIII. CHAPTER 3.

2	II. 19, 65.
3	II. 65.
4	II. 19, 65.
5	II. 65.*
6	II. 65.
7	II. 19, 64 (*b*).
10	II. 64 (*b*).
12	II. 65.
13	II. 1.
14	II. 1.
15	II. 4, 22.
16	IV. 22.*
17	II. 18, 22, 64 (*b*).
18	II. 17,* 18.*
19	II. 9. 18.
20	II. 64 (*b*.)*
21	II. 60.
22	II. 22, 64 (*b*).
23	II. 21.
24	II. 20, 21.
25	II. 63.
26	II. 22.
27	II. 22.
28	II. 21.
29	II. 21.
30	II. 21.
31	II. 19.

32	II. 6.	62	II. 70,	87	II. 51, 74*
33	II. 61.	63	II. 51, 71, 72.	88	II. 75.
34	II. 22.*	64	II. 2,* 51, 70, 73.	89	II. 75.
35	II. 22.	65	II. 70, 71.	90	II. 75.
36	II. 22*	66	II. 71,	91	II. 76.
37	II. 22.	67	II. 71.	92	II. 77.
38	V. 149; IV. 22*	68	II. 71.	93	II. 75*
39	V. 149; IV. 22*	69	II. 71.	94	II. 75.
40	II. 64 (*a*).	70	II. 72. 73, 75.	95	II. 76; V. 85.
41	II. 56.	71	II. 71,* 75.	96	II. 76.
42	II. 52*, 64 (*a*).	72	II 74.	97	II. 77.
43	II. 64.	73	II. 74.	98	II. 76.
44	II. 57.	74	II 74.	99	II 76.
45	II. 57.	76	II. 74.	100	II. 75, 76.
46	II. 64.	77	II. 74.	101	IV 22*
47	II. 64.	78	II. 52; III. 19.	102	II. 75
48	II. 64 (*a*).	79	II 52.	110	II. 77*
54	II. 21.	80	II. 76.	111	II. 49, 50.
55	II. 21.	81	II. 76.	113	II. 71.
56	II. 70 V. 80.	82	II. 75. 76.	114	II. 77*
58	II. 49	83	II. 76.	115	II. 72.
59	II 49, 50.	84	II. 76,	116	II. 73.
60	II. 70*	85	II. 76.	117	II. 70, 73.
61	II. 51,* 70, 72	86	II. 76.	118	II. 73.

LECTURE VIII. CHAPTER 4.

1	II. 43, 44.	22	II. 68.	45	II. 21.
2	II. 43, 48.	23	II. 68.	46	II. 5, 6*
3	II. 45.	24	II. 68.	47	II. 5, 6*
4	II. 65; V. 79.	25	II. 67.	48	II. 8*
5	II. 66.	28	II. 67*	49	II. 6.
6	II. 66.	29	II. 46.	50	II. 8*
7	II. 66.	30	II. 47.	51	II. 8*
8	II. 66.	31	II. 47.	52	II. 8*
9	II. 67.	32	II. 46.	53	II. 21.
10	II. 67.	33	II. 68.	54	III. 61.
11	II. 45.	34	II. 69.	55	II. 21.
12	II. 45.*	35	II. 46, 48*	56	II. 4*
13	II. 45.	36	II. 69.	57	II. 62.*
14	II. 46.	37	II. 44.	58	II. 20, 21.
15	II. 68.*	38	II. 45, 48; IV. 21	59	II. 21.
16	II. 47.	39	II. 70.	60	II. 20.
17	II. 48.*	40	II. 20, 22*	61	II. 63.
18	II. 48.	41	II. 20, 22*	62	II. 21.
19	II. 68.	42	II. 20; IV. 22.	63	II. 21.
20	II. 68.	43	II. 20*	64	II. 2*
21	II. 68.	44	II. 20*	65	II. 1.

SIDDHANTA KOUMUDI.

1.—*The first Arabic figure refers to the page of Siddhanta Koumudi, while the Roman figure refers to the part and the succeeding figures refer to the page of this work.*

2.—*The asterisk refers to the page in which the pages of Siddhanta Koumudi referred to occur according to the list of corrections and additions.*

VOLUME I.

1	I. 3.
2	I. 4.
3	I. 3, 4.
5	I. 5*
9	I. 5,* 6.
10	I. 7*
11	I. 8.
12	I. 34.
18	I. 6.
30	I. 33.
31	I. 32, 33.
40	II. 63; IV. 56*
42	II. 18.
44	II. 54, 63.
45	II. 63.
46	II. 54.
47	II. 54,* 62, 63.
48	II. 60,* 62, 63*
51	II. 58.
52	I. 31; II. 0,* 17,* 62.
53	II. 62*
54	II. 62*
55	II. 62.
56	I. 18.
60	II. 21, 58; IV. 22.
61	II. 20,* 63.
63	II. 21,* 44.
64	II. 21.
66	II. 65*
67	IV. 2.*
68	II. 65*
73	IV. 22*; V. 149..
74	II. 56.
75	II. 57.
76	II. 64 (*a*.)
80	II. 64 (*b*.)
81	I. 33; II. 22*
86	I. 22.
89	IV. 206.
96	I. 30, 40; V. 77*
97	IV. 34, 45.
98	I. 35; IV. 34, 186.
100	IV. 186.
101	IV. 44; V. 78.
102	IV. 113.
103	V. 109.
106	I. 44, 47.
107	V. 109.
108	IV. 54.
111	IV. 206.
112	IV. 29, 208; V. 113.
113	IV. 186; V. 84, 113, 114.
115	IV. 44, 185; V. 130.
116	V. 78.
119	V. 101.
120	V. 158*
122	V. 102.
123	IV. 48; V. 112.
124	II. 43; V. 102.
128	I. 22; IV. 34.
129	IV. 46, 54, 113, 206, 207, 208; V. 109.
130	I. 34; II. 21*
131	II. 58; V. 107.
132	V. 130.
133	I. 22; V. 114, 129.
134	V. 105. 106.
135	IV. 31.
136	IV. 31.
138	II. 45.
139	IV. 207*
140	V. 101.
141	V. 109.
142	IV. 54; V. 114.
143	IV. 31, 48.
144	V. 112, 114.
145	IV. 48.
147	II. 56*
149	II. 58.
151	I. 31*; II. 58;* V. 130, 131, 145*
152	IV. 30, 40, 45.
153	I. 39.
154	V. 141,* 145.
155	I. 44, 47.
159	I. 36.
160	V. 123*
161	I. 41*
162	IV. 22; V. 78,* 125*
163	V. 125*
164	II. 55; V. 125.
165	II. 19, 20, 55, 59; V. 120.
166	II. 59*
167	IV. 35; V. 145*
169	V. 145.
175	V. 136.
176	V. 135, 136.
177	V 135, 136.
180	V. 119.
181	I. 35*
182	IV. 59. 60; V. 121.
183	IV. 47*
184	II. 59.
185	II. 49, 59.
187	I. 47; II. 3, 4, 49.
188	IV. 61; V. 127.
189	V. 145.

3. *h*

190 V. 141.
192 II. 49.
193 IV. 22; V. 123, 127, 128.
194 II. 59; IV. 47; V. 101, 123.
197 V. 126.
200 IV. 185.
203 IV. 181.
204 IV. 184.
205 IV. 70.
207 V. 73, 93*
208 IV. 69; V. 73, 94, 96.
209 IV. 60, 69; V. 73, 75.
210 V. 76.
211 V. 98.
212 V. 98.
213 IV. 62.
214 V. 98.
215 V. 76.
216 IV. 83.
217 IV. 84; V. 92.*
218 IV. 84.
219 V. 93.
220 V. 94.
222 V. 97.
223 V. 89.
225 V. 74.
226 V. 92,* 93.
227 V. 88, 90, 94, 95, 97, 98.
228 V. 89, 94, 97, 98.
229 V. 89.
230 IV. 37, 68; V. 88, 90,* 91, 92, 93, 95.
231 V. 91, 93, 94, 97.
232 V. 76, 91,* 94.
233 V. 91.
234 IV. 36.
235 V. 74, 75, 93.
238 IV. 37, 67.
239 IV. 68.
240 V. 74, 97.
241 V 88, 92, 95, 97.
242 I. 22; IV. 84; V. 97.
243 I. 22.
247 VI. 4.*
252 VI. 5.
253 VI. 7.
255 VI. 6.*
257 VI. 8, 18.
258 VI. 9, 10, 17*
259 VI. 7, 8, 9, 11, 17.*
260 VI. 11.
261 VI. 30.
262 VI. 29.
263 I. 24.
267 VI. 31.*
270 VI. 20.
274 VI. 20, 23.
275 VI. 1, 20.
276 VI. 29, 32.
280 VI. 20, 24, 34.
281 VI. 21, 25.
282 VI. 21, 38*
283 VI. 41.
285 VI. 21,* 60.
288 VI. 27, 38.
289 VI. 27.*
290 VI. 34.
291 VI. 32, 35.
292 VI. 26.
293 VI. 42.*
294 VI. 23.
295 VI. 26.
296 VI. 29.
300 VI. 12.
301 VI. 13.
302 VI. 13.
303 VI. 14.*
304 VI. 13*
305 VI. 15.
308 VI. 25, 35,* 36.
309 VI. 44.
310 VI. 44.
314 VI. 39.
315 VI. 36.
320 V. 3.
321 V. 5, 42.
323 V. 85.
324 V. 6.
325 V. 6.
326 V. 5.
331 V. 85.
332 V. 7, 78.
336 V. 18.*
337 V. 18, 31.
339 V. 19.
340 V. 19.
341 V. 11.
343 IV. 98; V. 11, 25.
344 V. 11.*
345 V. 8.
349 V. 38, 52.
350 V. 48.
351 V. 12.*
353 V. 32.
354 V. 83.
360 V. 23, 34, 54, 85.
361 IV. 27.
362 V. 39.
365 V. 17.
367 V. 82, 85.
368 V. 3,* 17, 85.
369 V. 5, 13.
370 V. 3, 4.
372 IV. 184*
374 IV. 28, 184.*
375 IV. 183.
376 V. 16, 17, 32.
377 V. 16.
378 V. 32, 41.
380 V. 13.
382 V. 84.
383 II. 70.
384 V. 58.
388 IV. 32; V. 54,* 80.
389 V. 79.
390 IV. 32, 102.
391 V. 19, 72*
392 IV. 198;* V. 99.
395 V. 56, 71, 99.
397 V. 72.
402 IV. 31.
404 V. 50, 65.
405 IV. 51, 52; V. 50.
406 IV. 51, 52, 53.
407 IV. 51; V. 85.
408 IV. 85; V. 50.
411 IV. 41; V. 73.*
413 V. 26, 53.
414 V. 62.
415 V. 67.
416 II. 45, 67*; V. 84.
417 V. 82.
418 V. 68.
422 V. 57.
423 V. 98.
425 V. 69,* 84.
426 V. 69.
427 V. 52.
428 IV. 39; V. 36.
429 V. 36, 41, 87.
431 V. 27.
432 V. 37, 84,* 86, 87*
433 V. 36, 37.
434 V. 86.
435 V. 29.
436 V. 28, 29.
437 V. 87*

438	V. 28, 29, 30.
439	V. 30,* 87.
441	V. 55.
447	IV. 205.
450	V. 3.
451	V. 57, 60, 81.
452	V. 60, 83.
453	V. 81, 84, 86, 87*
457	V. 43, 85.
459	V. 44.
460	V. 85.
461	V. 87.
462	V. 81, 86.
464	V. 49.
465	V. 86.
467	V. 86.
468	V. 51. 52, 87.
469	I. 34, 35.; V. 48.
470	V. 57, 66, 83.
471	V. 52, 83.
472	V. 53.
473	II. 59.
474	II. 59,* 75,* 76.
475	IV. 128; V. 53.
476	V. 84.
477	V. 54, 84, 85.
478	V. 47, 79
481	II. 66; V. 79.
482	II. 67.
484	IV. 21; V. 80.
487	V. 81.
498	IV. 177.
504	IV. 174.
529	IV. 27.
530	IV. 55.
538	IV. 87*
540	IV. 133.
561	IV. 35.
576	IV. 123, 124, 125.
586	IV. 133.
599	IV. 141.
603	IV. 143, 144.
626	IV. 151.
647	IV. 157.
651	IV. 106.
664	IV. 114, 121, 160.
665	IV. 140.
667	IV. 87, 161.
669	IV. 40.
670	IV. 108.
676	VI. 35.
678	IV. 164.
681	IV. 165.
684	IV. 166, 167.
687	IV. 165.
702	IV. 60.
706	IV. 70.
711	IV. 34.
727	IV. 96.
732	IV. 105.
735	VI. 61.
737	VI. 62.
738	IV. 35; VI. 52, 53, 63.

VOLUME II.

2	I. 17*
9	III. 354.
11	III. 61*
14	III. 40.
23	III. 247.
24	III. 56.
25	III. 21.
34	II. 50.
40	II. 1.
41	II 46.
47	III. 63,
62	III. 107, 108.
65	II. 63.
69	III. 371.
70	III. 87, 88*
81	III. 47.
85	III. 47.
97	III. 374.
102	III. 309, 339; 378.
104	III. 312, 339, 343, 376.
108	III. 370.
112	III. 14, 53.
113	III. 305.
115	III. 58.
119	III. 320, 321.
120	III. 362.
121	III. 6.
122	III. 357.
125	III. 340.
126	III. 368.
127	III. 308.
140	III. 048.
158	II. 44; III. 43.
167	III. 328, 355.
170	III. 6.
177	III. 6; V. 147.
181	III. 309.
184	III. 59.
185	III. 6; V. 147, 152.
187	III. 76.
188	III. 6.
193	III. 361*
194	VI. 14.
196	III. 359.
197	III. 8, 322.
198	II. 56; III. 322.
199	III. 78.
202	III. 8.
203	V. 155.
204	III. 59.
205	III. 8; IV. 85, 169*
206	III. 323.
207	III. 55.
209	III. 379.
211	III. 43.
213	III. 113.
214	III. 333.
215	III. 22.
216	III. 62, 323.
217	III. 76.
218	III. 46. 52*
220	IV. 23*; V. 251.
221	V. 146, 154.
222	II. 50; V. 145.
223	V. 151, 156.
224	V. 146, 149 157.
225	V. 149, 154, 157.
226	V. 153, 156*
227	I. 26; V. 150.
228	V. 147, 156.
229	V. 154, 155.
230	V. 155.
231	V. 154,* 155.
232	V. 147, 148,* 152; 155, 156, 157.
233	V. 152; 153, 157.
234	I. 30; V. 152, 153.

235 V. 157.
236 IV. 49; V. 152, 153.
268 III. 72*
271 III. 47.
272 III. 308.
274 I. 16.
278 III. 17, 90,* 106.* 301, 309, 353; V. 153.
281 VI. 45, 46*
282 VI. 58.
285 VI. 60*
288 V. 156*
289 VI. 56.
292 VI. 48.
295 VI. 52.
296 VI. 52.
298 II. 70.
300 II. 68, 69.
306 IV. 15.
310 III. 51*
324 IV. 12.
341 IV. 3*
342 IV. 3*
350 III. 352*
351 III. 352*
354 III. 310,* 356*
355 III. 278.
364 III. 20*
468 III. 288*
475 V. 15*
625 to 638 IV. 187 to 203.

KÁSIKA.

Paṇini.			*This work.*		*Paṇini.*			*This work.*	
Lecture.	Chapter.	Aphorism.	Part.	Page.	Lecture.	Chapter.	Aphorism.	Part.	Page.
I.	1	33	IV.	34	III.	2	60	II.	59
I.	1	56	I.	42	III.	3	116	V.	32 *
I.	3	20	III.	296	IV.	1	6	IV.	69
I.	3	21	III.	292	IV.	1	15	V.	95
I.	3	22	III.	300	IV.	2	8	IV.	108, 113, 116
I.	3	25	III.	301	IV.	2	72	IV.	123
I.	3	28	III.	291	V.	1	47	IV.	152
I.	3	30	III.	291	V.	2	117	IV.	165
I.	3	44	III.	295	V.	2	127	IV.	165
I.	3	55	VI.	32	V.	2	37	IV.	161
I.	3	67	III.	11	V.	2	47	IV.	40
I.	3	70	III.	361	V.	2	97	IV.	166
I.	3	86	III.	346	V.	2	127	IV.	165
I.	3	87	III.	317	VI.	1	3	III.	55
I.	3	89	III.	346	VI.	1	9	III.	54
I.	4	2	I.	33	VI.	1	66	II.	2
II.	1	32	V.	22	VI.	3	28	V.	55
II.	4	52	III.	319	VI.	3	121	V.	47 *
II.	4	55	III.	333	VI.	3	137	V.	46
II.	4	56	III.	316	VI.	4	16	III.	321
II.	4	58	IV.	178	VI.	4	38	III.	338
II.	4	66	IV.	178, 179	VI.	4	42	III.	334
III.	1	13	V.	156 *	VI.	4	48	III.	45
III.	1	40	III.	247	VI.	4	143	IV.	49
III.	1	41	III.	364	VII.	2	14	III.	338
III.	1	48	III.	324	VII.	2	36	III.	327
III.	1	49	III.	370	VII.	2	44	III.	379

Paṇini.			*This work.*		*Paṇini.*			*This work.*	
Lecture.	Chapter.	Aphorism.	Part.	Page.	Lecture.	Chapter.	Aphorism.	Part.	Page.
VII.	2	45	III.	359	VIII.	2	46	III.	328 *
VII.	2	49	III.	338, 340, 349	VIII.	2	76	II.	53
VII.	2	68	III.	343	VIII.	3	18	II.	64 (b)*
VII.	2	75	III.	331	VIII.	3	33	II.	61
VII.	2	78	III.	335	VIII.	3	36	II.	22 *
VII.	3	34	III.	325	VIII.	3	64	II.	51
VII.	3	85	III.	336	VIII.	3	101	IV.	22 *
VII.	4	1	III.	60*	VIII.	4	1	II.	44
VII.	4	54	III.	360	VIII.	4	2	II.	48
VII.	4	85	III.	62	VIII.	4	3	II.	45
VII.	4	90	III.	62	VIII.	4	14	II.	46
VII.	4	93	III.	108	VIII.	4	17	II.	48
VIII.	2	29	II.	3	VIII.	4	39	II.	70
VIII.	2	36	II.	55					

BALLANTYNE'S LAGHU KOUMUDI.

The first Arabic figure refers to the paragraph in the Koumudi while the Roman figure refers to the part, and the succeeding figures to the pages of this work.

5	I.	28.	453	II.	48.	965	V.	4, 42.
14	I.	8*	454	II.	48.	967	V.	31.
16	I.	7*	504	III.	113, 247.	988	V.	32, 73.
28	II.	2.	510	III.	25, 28, 306,	995	V.	7.
36	I.	28.			338, 358, 361.	997	V.	49.
41	II.	62.			368, 369, 370,	1000	V.	31.
53	I.	19.			376.	1006	V.	31.
93	II.	21.	516	III.	82.	1008	V.	24.
100	II.	22.	636	III.	20.	1011	V.	4.
112	II.	65.	638	III.	323.	1031	V.	72, 73.
132	II.	22.	679	III.	342.	1038	V.	25.
181	I.	36, 40.	753	III.	8.	1054	V.	27.
203	V.	113.	766	III.	354	1103	IV.	115.
222	IV.	56	799	III.	7.	1169	IV.	49.
231	IV.	46.	822	IV.	6.	1243	V.	79*
261	IV.	53.	882	IV.	2*	1327	IV.	87.
271	I.	41; IV. 55.	902	IV.	1.	1334	IV.	53.
303	I.	39.	961	V.	2, 4.	1354	IV.	68.
379	II.	49.	962	V.	2.	1355	IV.	68.
399	IV.	185*	964	V.	1, 2.			

MAX MULLER'S GRAMMAR.

3	I.	5*	149 Note 2	IV.	185.
6	I.	15*	231	IV.	33*
23	I.	27*	326	IV.	304.

MONIER WILLIAM'S GRAMMAR.

52	I.	16.	378	VI.	51*
199 Note	IV.	37.	510	III.	62.
349	I.	25.			

SUPPLEMENT.

AUTHORITIES QUOTED.

PÁṆINI.

LECTURE I. CHAPTER 1.	
7 I. 10.	20 III. 15.*

LECTURE I. CHAPTER 2.	
11 III. 17.*	12 III. 32.*

LECTURE I. CHAPTER 3.	
41 III. 293.* 72 I. 29. 86 III. 382.*	89 III. 382.* 91 III. 332.*

LECTURE I. CHAPTER 4.	
3 IV. 31.* 15 V. 149. 19 IV. 21.*	30 VI. 24.* 31 VI. 24. 61 IV. 107.*

LECTURE II. CHAPTER 1.	
14 V. 40.* 20 V. 7.*	51 V. 24.* 59 V. 12.*

LECTURE II. CHAPTER 2.	
25 V. 36.*	30 V. 37.

LECTURE II. CHAPTER 3.	
16 VI. 23,* 42.*	55 VI. 39.*

LECTURE III. CHAPTER 1.	
24 III. 307,* 333,* 382.* 31 III. 324. 55 III. 382.*	58 III. 370.* 61 III. 382.* 75 III. 6.* 76 III. 6.*

LECTURE III. CHAPTER 2.
123 VI. 45.

LECTURE III. CHAPTER 3.	
9 V. 87.* 10 III. 20,*288* 12 IV. 4. 19 IV. 5.* 57 IV. 5.*	104 IV. 5.* 134 VI. 58.* 158 III. 288.* 167 III. 288.* 173 VI. 50.*

LECTURE III. CHAPTER 4.	
24 III. 288.* 40 III. 288.* 47 III. 288.* 65 III. 288.* 66 III. 288.*	92 III. 111. 110 III. 320,* 341,* 345,* 346,* 349,* 372.*

LECTURE IV. CHAPTER 1.

2 I. 21, 23. 27 V. 91.*	51 V. 74.*	163 IV. 177.

LECTURE V. CHAPTER 2.

44 IV. 34.*

LECTURE V. CHAPTER 4.

152 V. 69.

LECTURE VI. CHAPTER 1.

16 III. 382.* 17 III 311, 382,* 54 III. 382.* 58 III. 382.*	91 II. 54. 92 II. 54. 94 II. 54. 107 IV. 206.*	111 IV. 57.* 145 V. 80. 157 V. 81.*

LECTURE VI. CHAPTER 3.

45 IV. 57.* 85 V. 87.* 86 V. 87.*	87 V. 87.* 88 V. 87.* 112 III. 373,* 382.*	119 V. 87.* 120 V. 87.* 128 V. 83.*

LECTURE VI. CHAPTER 4.

2 II. 53. 12 V. 102.* 16 III. 320.* 25 III. 382.* 38 III. 309,* 328,* 355.*	60 III. 382.* 67 III. 349.* 69 III. 344,* 346,* 349,* 380.* 77 V. 102.* 122 III. 382.*	164 IV. 50. 166 IV. 50. 167 IV. 50. 168 IV. 50. 170 IV. 50.

LECTURE VII. CHAPTER 1.

59 III. 382.*	61 III. 382.*	63 III. 382.*

LECTURE VII. CHAPTER 2.

5 III. 42.	44 III. 33,* 382.*	72 III. 378.*
15 III. 382.*	45 III. 343.	74 III. 323.*
27 III. 382.*	65 III. 374.*	103 V. 145.*

LECTURE VII. CHAPTER 3.

36 III. 382.*	75 III. 308.*	100 III. 317.*
37 III. 366,* 375.	80 III. 382.*	114 IV. 54.
44 IV. 61.*	86 III. 382.*	118 V. 104,* 113.*
74 III. 382.*	98 III. 334.	

LECTURE VII. CHAPTER 4.

3 III. 382,*	58 III. 342.	87 III. 333.*
13 IV. 53.*	63 III. 342.	88 III. 333.
25 V. 150.	84 III. 303, 364.*	93 III. 314.*
38 III. 309.*	86 III. 382.*	95 III. 313,* 377,* 382.*
52 III. 319.*		

LECTURE VIII. CHAPTER 2.

8 IV. 22.*	48 III. 317.*	86 II. 61.*
46 III. 382.*		

LECTURE VIII. CHAPTER 3.

71 II. 72.	99 II. 75.*	110 II. 50.
98 II. 75.*		

LECTURE VIII. CHAPTER 4.

64 II. 1.*	68 I. 8*	

SIDDHÁNTA KOUMUDI.

VOLUME I.

49	II. 17.*
50	II. 17.*
52	IV. 22.*
54	II. 61.*
96	V. 71.*
133	V. 132.
137	V. 102.*
138	V. 102.*
142	IV. 53.*
145	V. 114.*
162	IV. 33.*
170	V. 145.*
171	V. 145.*
172	V. 145.*
173	V. 145.*
174	V. 145.*
194	VI. 14.
197	IV. 47.*
204	V. 79.*
205	I. 25.*
208	V. 88.
211	IV. 61,* 62; V. 99.*
221	V. 89.*
222	V. 91.*
224	V. 96.*
235	V. 94.*
241	V. 91.*
243	V. 98.*
252	III. 288.*
256	VI. 12.*
258	VI. 18.
262	VI. 30.
266	VI. 31.*
274	VI. 32.*
278	VI. 32.*
282	VI, 23,* 42.*
287	VI. 26.*
289	VI. 29.*
294	VI. 42.*
296	VI. 42.*
297	VI. 42.*
298	VI. 42.*
299	VI. 42.*
304	VI. 42.*
306	VI. 41.*
313	VI. 36.*
321	V. 87.*
323	V. 4.*
325	V. 4.*
326	V. 32.*
327	V. 5.*
331	V. 78.*
332	V. 23.*
333	V. 7.*
334	V. 84,* 87.*
344	V. 8,* 10.*
345	V. 16.*
351	V. 21.*
352	V. 21,* 22.*
360	V. 87.*
361	V. 35.*
364	V. 39.*
388	V. 83.*
389	IV. 32.*
390	V. 87.*
394	IV. 186.*
395	VI. 15.*
405.	V. 25;* VI. 15.*
406	V. 96.*
407	V. 148.*
408	IV. 37.*
409	V. 50.*
428	IV. 43;* V. 25.*
429	IV. 43;* V. 37.*
437	V. 28.*
440	V. 30,* 55.*
444	IV. 204.*
447	V. 73.*
448	IV. 205.*
451	V. 72.*
455	V. 58.*
460	V. 87.*
465	IV. 52,* 57.*
474	II. 75,* 76.*
476	V. 54.*
483	II. 70.*
740	VI. 63.*

VOLUME II.

3	I. 16.*
13	III. 382.*
15	III. 18.*
16	III. 23.*
21	I. 24;* II. 48.*
22	I. 24,* 26.*
23	III. 113.*
25	III. 60.*
26	III. 319.*
28	II. 50,* 52.*
32	III. 296.*
33	III. 64.*
36	II. 52.*
44	II. 50.*
45	III. 63.*
48	III. 316.*
56	II. 71.*
57	III. 113.*
59	III. 290.*
60	III. 72.*
62	III. 324.*
70	III. 309.*
75	III. 332.*
76	III. 332.*
78	III. 356.*
83	III. 382.*
85	III. 6.*
91	III. 352.*
96	III. 382.*
98	III. 378.*
99	II. 48;* III. 64.*
100	III. 344.
102	II. 71,* 73,* 74.*
103	I. 26.*
105	III. 290.*
109	III. 324,* 332.*
112	III. 333.*
113	III. 333.*
114	III. 111,* 368.*

VOLUME II.

KÁSIKA.

Páṇini.			*This work.*		*Páṇini.*			*This work.*	
Lecture.	Chapter.	Aphorism.	Part.	Page.	Lecture.	Chapter.	Aphorism.	Part.	Page.
II.	2	11	V.	16.*	VI.	4	38	III.	309,* 355.*
II.	3	56	VI.	40.*	VI.	4	48	III.	40.*
III.	1	52	III.	329.*	VII.	3	37	III.	382.*
III.	4	66	III.	288.*	VII.	3	44	IV.	61.*
VI.	3	45	IV.	57.*	VII.	3	88	III.	382.*
VI.	4	21	III.	52.*	VIII.	2	73	III.	51.*

MAX MULLER'S GRAMMAR.

6 19	I. I.	5.* 15.*	326.	III.	304.*

MONIER WILLIAM'S GRAMMAR.

74 b. 784	I. I.	16 25*	890	VI.	51*

A GUIDE TO PAṆINI.

PART I.

INTRODUCTION.

CHAPTER I.

THE ALPHABET.

1. There are 9 vowels and 33 consonants in Sanskrit as follows :—

VOWELS.

అ ఇ ఉ ఋ ఌ ఎ ఐ ఒ ఔ.

CONSONANTS.

క్ ఖ్ గ్ ఘ్ ఙ్ చ్ ఛ్ జ్ ఝ్ ఞ్ ట్ ఠ్ డ్ ఢ్ ణ్ త్
థ్ ద్ ధ్ న్ ప్ ఫ్ బ్ భ్ మ్ య్ ర్ ల్ వ్ శ్ ష్ స్ హ్.

2. The letters ఙ్ ఞ్ ణ్ న్ మ్ are commonly, though irregularly, written as a single cipher, thus (○); but they are written thus only in the middle of words, except మ్ which is written thus both in the middle of words and at the end.

3. The consonants, however, are generally pronounced and written with the letter అ attached to them thus :—

క ఖ గ ఘ ఙ చ ఛ జ ఝ ఞ ట ఠ డ ఢ ణ త థ
ద ధ న ప ఫ బ భ మ య ర ల వ శ ష స హ.

But it should be borne in mind that this is done simply for convenience of articulation, and that, therefore, when the consonants are actually followed by అ itself or by any other vowel, the inefficient ಅ should not be attached either in pronunciation or writing. Thus, a ಕ್ followed by ಅ should be written only as ಕ, and pronounced likewise only as *ka* and nothing else.

4. In this work, when we have occasion to refer to any consonant so far as it is a letter only we propose to give it with the ಅ attached to it for the sake of pronunciation, indicating how different such a consonant is from one actually followed by an efficient ಅ by styling the latter an open consonant. Thus, we shall call a ಕ of the latter description an open-ಕ, in distinction from an entirely consonantal ಕ, which we may likewise, when we wish to distinguish it from an open ಕ, call a close ಕ.

5. The vowels are commonly called ಸ್ವರಾಃ, *Svaráḥ*, and they are divided into ಸಮಾನಾಕ್ಷರಾಣಿ, *monophthongs* and ಸಂಧ್ಯಕ್ಷರಾಣಿ, *diphthongs*, as follows :—

Monophthongs : ಅ ಇ ಉ ಋ ಌ ; Diphthongs : ಎ ಐ ಒ ಔ .

6. The consonants are commonly called ವ್ಯಂಜನಾನಿ, *Vyanjanáni*

7. All the above letters except ರ are named by adding the expression ಕಾರ, to their sounds. Thus, ಅ is called *akára*, ಕ *kakára*, and so on. But ರ is called ರೇಫಃ, *Rephaḥ* (burring).

8. Besides the above 42 letters, there are :—

(*i*). ಅನುಸ್ವಾರಃ, *Anusváraḥ* (after sound) which is a character following a vowel in the shape of a ಬಿಂದು, (*Bindu*) *i. e.* cipher (ο)

(*ii*). ವಿಸರ್ಗಃ, *Visargaḥ*, (emission) which is likewise a character following a vowel in the shape of a ದ್ವಿಬಿಂದು (*Dvibindu*) *i. e.*, double cipher (ಃ).

(*iii*). ಅರ್ಧವಿಸರ್ಗಃ, *Ardhavisargaḥ*, (half emission) which is a character following a vowel in the shape of two semicircles, thus, (⌣⌢) and commonly, though irregularly, of two ciphers also.

9. The *Ardhavisargaḥ* is called ಜಿಹ್ವಾಮೂಲೀಯಃ, *Jihvámúlíyaḥ*, (tongue root letter) when it stands before ಕ or ಖ, and ಉಪಧ್ಮಾನೀಯಃ, *Upadhmáníyaḥ*, (to be breathed upon), when it stands before ಪ or ಫ, it being represented often by the sign × ವಜ್ರಾಕೃತಿಃ, *Vajrákṛitiḥ*, (thunderbolt shaped), when *Jihvámúlíyaḥ* and by the sign ⌣⌢, ಗಜಕುಂಭಾಕೃತಿಃ, *Gajakumbhákṛitiḥ*, (elephant front bone shaped) when *Upadhmáníyaḥ*.

10. Of consonants the following is a general classification, *viz.*,

ಕವರ್ಗಃ—*kavargaḥ*	ಕ ಖ ಗ ಘ ಙ.
ಚವರ್ಗಃ—*chavargaḥ*	ಚ ಛ ಜ ಝ ಞ.
ಟವರ್ಗಃ—*ṭavargaḥ*	ಟ ಠ ಡ ಢ ಣ.
ತವರ್ಗಃ—*tavargaḥ*	ತ ಥ ದ ಧ ನ
ಪವರ್ಗಃ—*pavargaḥ*	ಪ ಫ ಬ ಭ ಮ.
ಅಂತಸ್ಥಾಃ—*antasthάḥ*	ಯ ರ ಲ ವ.
ಊಷ್ಮಾಣಃ—*úshmáṇáḥ*	ಶ ಷ ಸ ಹ.

11. It will be necessary, in treating of the letters, to take them in groups of two or three or more, and therefore the following aphorisms have been given in the Sanskrit grammar.

ಅ ಇ ಉ ಣ್ (೧), ಋ ಲೃ ಕ್ (೨), ಏ ಓ ಙ್ (೩), ಐ ಔ ಚ್ (೪), ಹ ಯ ವ ರ ಟ್ (೫), ಲ ಣ್ (೬), ಞ ಮ ಙ ಣ ನ ಮ್ (೭), ಝ ಭ ಞ್ (೮), ಘ ಢ ಧ ಷ್ (೯), ಜ ಬ ಗ ಡ ದ ಶ್ (೧೦), ಖ ಫ ಛ ಠ ಥ ಚ ಟ ತ ವ್ (೧೧), ಕ ಪ ಯ್ (೧೨), ಶ ಷ ಸ ರ್ (೧೩), ಹ ಲ್ (೧೪). (Sid. I. 1).

12. The manner in which from the above aphorisms the groups are to be made is as follows :—

Firstly. Take the vowel ಅ in the consonants ಹ and so forth, as being merely for the sake of articulation." Sid. I. 3.

Secondly. Take the final pure consonants in the several aphorisms as ఇత్, non-efficient. (Sid. I. 3 ; I. 3. 9.)

Thirdly. Take the vowel అ attached to ల in the aphorism లణ్ as a non-efficient letter also, though it is there for the sake of articulation too as already stated. (Sid. I. 3.)

Fourthly. Take in the aphorisms any letter which is not a non-efficient letter and join it to any non-efficient letter at pleasure ; this will give you a name which will stand for the former efficient letter and for all the other letters intervening between it and the non-efficient letter, excluding, of course, all the non-efficient letters if any intervene. (I. 1. 71.)

13. Thus, అణ్ formed of అ as its initial letter and ణ్ as its final, will be the name of itself and of ఇ and ఉ which intervene between అ and ణ్. So, అచ్ will be the name of అ ఇ ఉ ఋ ఌ ఏ ఐ ఓ ఔ, that is to say, of all the vowels; హల్, of all consonants; and అల్, of all the letters together, *i. e.*, both vowels and consonants.

14. The name of a class of letters thus formed is ప్రత్యాహారః, *Pratyáháraḥ*.

15. Though many *pratyáháras* could be made according to the rules above, it is actually necessary to make only 42 *pratyáháras* for the purpose of Sanskrit grammar as follows :—*viz.*,

౧ అణ్, ౨ అక్, ౩ ఇక్, ౪ ఉక్, ౫ ఏఙ్, ౬ అచ్, ౭ ఇచ్, ౮ ఏచ్, ౯ ఐచ్, ౧౦ అట్, ౧౧ ఇణ్, ౧౨ ఉణ్, ౧౩ ఎణ్, ౧౪ అమ్, ౧౫ ఎమ్, ౧౬ ఙమ్, ౧౭ యఞ్, ౧౮ ఝష్, ౧౯ భష్, ౨౦ అశ్, ౨౧ ఇశ్, ౨౨ ఉశ్, ౨౩ హశ్, ౨౪ ఝశ్, ౨౫ జశ్, ౨౬ భవ్, ౨౭ యయ్, ౨౮ మయ్, ౨౯ ఝయ్, ౩౦ ఖయ్, ౩౧ యర్, ౩౨ ఝర్, ౩౩ ఖర్, ౩౪ బర్, ౩౫ శర్, ౩౬ అల్, ౩౭ హల్, ౩౮ వల్, ౩౯ రల్, ౪౦ ఝల్, ౪౧ శల్, ౪౨ ర.

16. The vowels, with regard to their time or prosodial length, are divided into ಹ್ರಸ್ವಾಃ, *short*, ದೀರ್ಘಾಃ, *long*, and ಪ್ಲುತಾಃ, *prolated*, the short having one ಮಾತ್ರಾ, *mátrá* (measure,) the long, two, and the prolated, three. The vowel having one *mátrá* is called ಲಘುಃ, *light*, and the vowel having more than one *mátrá*, ಗುರುಃ, *heavy*. (I. 4. 10; I. 4. 12.)

17. The vowels again are severally three fold, according to the tone with which they are uttered, those uttered with a high tone being ಉದಾತ್ತಾಃ, *acute*, *i. e.*, acutely accented, those with a low tone, ಅನುದಾತ್ತಾಃ, *grave*, *i. e.*, gravely accented, and those with both the above tones in combination, ಸ್ವರಿತಾಃ, *circumflex*, *i. e.*, circumflexly accented. (I. 2. 30. 31.)

18. The vowels again are divisible according as they are pronounced with the mouth alone, or with the mouth along with the nose. In the latter case, they are called ಅನುನಾಸಿಕಾಃ, *nasal*. (I. 1. 8.)

19. Thus, the vowels should have each 18 different modifications, but as it is considered that the vowel ಌ has no long prosodial time, there are for it only 12 modifications. And as the letters ಏ ಐ ಓ and ಔ are considered to possess no short prosodial time, they likewise have only 12 modifications.

20. It is stated that a long ಌ occurs sometimes in Sanskrit as a mere grammatical invention.

21. It is likewise to be remarked that grammatically the letters ಏ ಐ ಓ and ಔ are said sometimes to have been shortened. But the meaning here is only that, instead of those letters, their homogeneous short letters have come in, that is, the letter ಇ for ಏ and ಐ, and ಉ for ಓ and ಔ. (I. 1. 48.)

21. Each consonant by itself is said to have fully half the time of a short vowel, *i. e.*, half a *mátrá*, and therefore when it occurs, its prosodial time is added to that of the vowel that precedes it, the result, if the vowel is short, being however to raise the measure of the vowel to two *mátrás*, in-

stead of 1½ *mátrá,* as no fractions of a *mátrá* are in practice recognized. But when a consonant precedes a vowel, its time is merged in that of the subsequent vowel, and the time of this vowel remains as it would otherwise have been. Thus, ಅಕ್ has two *mátrás,* though ಅ had only one, but ಕ which, properly speaking, is the sum of the letters ಕ್ and ಅ, has only one *mátrá.* (I. 4. 11.)

22. Besides the vowels, the consonants ಯ, ಲ, and ವ, are capable of being pronounced nasally and therefore the distinction into nasal and non-nasal obtains in respect of them also. (Sid. I. 18.)

23. Two letters having the same organ or place of origin (ಆಸ್ಯ), such as the palate and so forth, and attended with the same effort of utterance are called ಸವರ್ಣ, *homogeneous, i. e.,* homogeneous one with another. (I. 1. 9.)

24. The throat is the organ of ಅ and of *kavargaḥ,* and also ಹ and *visarga;* the palate, of ಇ and *chavargaḥ,* and of ಯ and ಶ; the roof of the mouth of ಋ and the *ṭavargaḥ,* and of ರ and ಷ; the teeth, of ಌ and *tavargaḥ,* and of ಲ and ಸ; the lips, of ಉ and *pavargaḥ,* and of *upadhmáníyaḥ,* and the root of the tongue, of the *jihvámúlíyaḥ.* Of the fifth letter in each *vargaḥ,* the nose also is an organ in addition to the organ of the *vargaḥ* to which it belongs. These five fifth letters are therefore called the nasal letters of those *vargas,* and in distinction from those letters which may or may not be pronounced nasally, these fifth letters may be called ಸಹಜಾನುನಾಸಿಕಾಃ, *i.e.,* the natural nasals, the other nasal letters being called ವ್ಯಪದಿಷ್ಟಾನುನಾಸಿಕಾಃ or artificial nasals. The organs of ಏ and ಐ are the throat and the palate; of ಓ and ಔ, the throat and the lips; and of ವ, the teeth and the lips. The nose is the organ of *anusváraḥ.* (Sid. I. 9.)

25. Though the organ for *visarga* is generally stated to be the throat, yet the proper organ of it is said specially to be the chest. (ಉರಸ್).

26.. The effort in utterance is twofold, that which takes

place within the mouth, and that which is external as regards the mouth. The former is of five kinds, as follows :—

(*i*). *Letters formed by complete contact of the tongue,* ಸ್ಪೃಷ್ಟಾಃ, *Spṛishṭáḥ*.

The five *vargas* of consonants. These letters are therefore called ಸ್ಪರ್ಶಾಃ, *sparṣáḥ*.

(*ii*). *Letters formed by slight contact of the tongue,* ಈಷತ್ಸ್ಪೃಷ್ಟಾಃ, *íshaṭspṛishṭáḥ*.

The ಅಂತಸ್ಥಾಃ, *antastháḥ, i. e.,* the semivowels ಯ, ರ, ಲ, and ವ.

(*iii*). *Letters formed by slight opening of the organs of speech,* ಈಷದ್ವಿವೃತಾಃ, *íshaḍvivṛiṭáḥ*.

The ಊಷ್ಮಾಣಃ, *úshmáṇáḥ, i. e.,* the sibilants, ಶ. ಷ. ಸ. and ಹ.

(*iv*). *Letters formed by complete opening of the organs,* ವಿವೃತಾಃ, *vivṛitáḥ*.

The vowels except short ಅ.

(*v*). *Letters formed by contraction of the organs,* ಸಂವೃತಾಃ, *samvṛitáḥ*.

The short ಅ.

27. The effort in utterance external as regards the mouth is of eleven kinds, *viz.,* ವಿವಾರಃ, *vivárah* (expansion of the throat, producing hard articulation) ; ಸಂವಾರಃ, *samvárah,* (contraction of the throat producing soft articulation) ; ಶ್ವಾಸಃ, *ṣvásaḥ* (sighing) ; ನಾದಃ, *nádaḥ* (sounding), ಘೋಷಃ, *ghóshaḥ* (low and preparatory murmur), ಅಘೋಷಃ, *aghóshaḥ,* absence of such murmur, ಅಲ್ಪಪ್ರಾಣಃ, *alpapráṇaḥ* (slight aspiration ;) ಮಹಾಪ್ರಾಣಃ, *mahápráṇaḥ,* (strong aspiration ;) and the efforts of acute, grave, and circumflex accentuation. The results of the last three efforts which only relate to the vowels have been already alluded to. The other efforts belong only to the consonants, thus :—

(i) Letters in the utterance of which there are the three efforts of vivárah, ṣvásaḥ and aghóshaḥ; (hard or surd letters) (ಖರ್).

The first two letters in each of the five *vargáḥ* ; and ಶ, ಷ, and ಸ.

(ii). Letters in the utterance of which there are the three efforts of samváraḥ, nádaḥ, and ghóshaḥ; (soft or sonant letters) (ಹಶ್).

The three last letters of each of the five *vargáḥ* and the semivowels (ಯಣ್), also ಹ.

(iii). Letters which are unaspirated.
The first, third and fifth letters in each of the five *vargáḥ* and the semivowels (ಯಣ್.)

(iv). Letters which are aspirated.
The second and fourth letters of each of the five *vargáḥ*, and the *úshmáṇáḥ*, (ಶಲ್).

28. Though taking the above definition of homogeneous letters strictly, the short ಅ must be held to be not homogeneous with any of the other vowels, owing to the organ in the enunciation of it being contracted, yet, so far as a grammatical operation is concerned, it is held to be homogeneous with the long ಆ. And likewise notwithstanding that the organ of ಌ is the teeth and that of ಋ is the roof of the mouth, these letters also should be taken as homogeneous, the one with the other. (8-4-68. Sid. I. 11.)

29. The general rule, so far as a grammatical operation is concerned, is—

(*a*). To take a reference to any vowel or semivowel as including also the letters homogeneous with it. (I. 1. 69.)

(*b*). To take any of the *Sparṣa* letters when used with an indicatory vowel ಉ affixed to it, as including also the letters homogeneous with it. (I. 1. 69.)

Thus, by simply naming అ for a grammatical operation, its eighteen varieties will be denoted. And so as to ఇ and ఉ also. The mention of ఋ will include its own eighteen varieties, and the twelve varieties of ఌ. So ఌ will denote its own twelve varieties, and the eighteen varieties of ఋ. The letters ఏ, ఐ, and ఔ are each the name accordingly ot their respective varieties. So, the non-nasal form of య, ల, and వ implies the nasal form also. But it is to be remarked, (*a*) that the rule obtains only when the letters so used are not grammatical affixes, ప్రత్యయాః, (*Pratya-yáḥ*) which will be treated of presently, and (*b*) that a vowel followed or preceded by the letter త్ is the name only of the letter which has the same prosodial length. (I. 1. 70.) Thus, అ and ఉ, which will be found mentioned hereafter as affixes, do not include ఆ and ఊ, and likewise any grammatical operation enjoined as regards అ and ఉ, by quoting the letters as అత్ and ఉత్, does not apply to ఆ and ఊ.

30. The subjoined table exhibits all the letters of the Sanskrit alphabet classified and arranged with reference to the above observations.

		Hard or surd.			Soft or Consonant.						
		Consonants.			Consonants.				Vowels.		
									Monophthongs.		
		Unaspirated.	Aspirated.	Sibilants.	Unaspirated.	Aspirated.	Nasals.	Semi-vowels.	Short.	Long.	Diphthongs.
1	Gutturals. ...	క	ఖ	...	గ	ఘ హ	ఙ	...	అ	ఆ	
2	Palatals ...	చ	ఛ	శ	జ	ఝ	ఞ	య	ఇ	ఈ	
3	Cerebrals ...	ట	ఠ	ష	డ	ఢ	ణ	ర	ఋ	ౠ	
4	Dentals ...	త	థ	స	ద	ధ	న	ల	ఌ	ౡ	
5	Labials ...	ప	ఫ	×	బ	భ	మ	...	ఉ	ఊ	
6	Gutturo-palatals.	...	...	...	...	...	...	...	...	...	ఏ. ఐ.
7	Gutturo-labials...	...	...	...	...	...	...	...	...	...	ఓ. ఔ.
8	Dento labials ...	...	...	...	...	...	...	వ	...	...	...
9	Linguals or belonging to the root of the tongue	...	...	ᳵ	..	...	...	...	...	...	...

Anusváraḥ. ం *Visargaḥ.* ః

E

31. The letters have hitherto been treated of merely as standing isolated by themselves, and now we will consider them as accompanied by other letters. And here, it should be first observed that, when two consonants come together unseparated by a vowel, they are called సంయోగాక్షరాః, (*letters in conjunctian*), (I. 1. 7.) in distinction from letters in mere proximity, which are then said to be in సంహితా. (*contact.*) (I. 1. 109.)

32. The vowels, when they come together, do not take any change in their form. Thus :—

అ ఆ ఇ ఈ ఉ ఊ ఋ ౠ ఌ ౡ ఎ

ఐ ఒ ఔ are merely in సంహితా.

33. A consonant in conjunction with a vowel which precedes it will likewise take no change. Thus, అ with క్ following it, is to be written అక్. So, as other letters in a similar arrangement, we may give the following :—

అస్ మణ్ పత్ జస్ టవ్.

34. The consonants in the above case are said to be followed by a విరామః (*virámaḥ*), or అవసానం, (*avasánam*), stoppage or pause. (I. 4. 110.)

35. But consonants in conjunction with a vowel following them will take the form given in the following table :—

క	కా	కి	కీ	కు	కూ	కృ	కౄ	కౢ	కె	కై	కొ	కౌ.
ka	*ká*	*ki*	*kí*	*ku*	*kú*	*kṛi*	*kṛí*	*klṛi*	*ké*	*kai*	*kó*	*kou*
ఖ	ఖా	ఖి	ఖీ	ఖు	ఖూ	ఖృ	ఖౄ	ఖౢ	ఖె	ఖై	ఖొ	ఖౌ.
kha	*khá*	*khi*	*khí*	*khu*	*khú*	*khṛi*	*khṛí*	*khlṛí*	*khé*	*khai*	*khó*	*khou*
గ	గా	గి	గీ	గు	గూ	గృ	గౄ	గౢ	గె	గై	గొ	గౌ
ga	*gá*	*gi*	*gí*	*gu*	*gú*	*gṛi*	*gṛí*	*glṛi*	*gé*	*gai*	*gó*	*gou*
ఘ	ఘా	ఘి	ఘీ	ఘు	ఘూ	ఘృ	ఘౄ	ఘౢ	ఘె	ఘై	ఘొ	ఘౌ.
gha	*gḥá*	*ghi*	*ghí*	*ghu*	*ghú*	*ghṛi*	*ghṛí*	*ghlṛi*	*ghé*	*ghai*	*ghó*	*ghou*
చ	చా	చి	చీ	చు	చూ	చృ	చౄ	చౢ	చె	చై	చొ	చౌ
cha	*chá*	*chi*	*chí*	*chu*	*chú*	*chri*	*chṛí*	*chlṛi*	*ché*	*chai*	*chó*	*chou*

ಛ ಛಾ ಛಿ ಛೀ ಛು ಛೂ ಛೃ ಛೄ ಛೢ ಛೆ ಛೈ ಛೋ ಛೌ
chha chhá chhi chhí chhu chhú chhṛi chhṛí chhlṛi chhé chhai chhó chhou

ಜ ಜಾ ಜಿ ಜೀ ಜು ಜೂ ಜೃ ಜೄ ಜೢ ಜೆ ಜೈ ಜೊ ಜೌ.
ja já ji jí ju jú jṛi jṛí jlṛi jé jai jó jou

ಝ ಝಾ ಝಿ ಝೀ ಝು ಝೂ ಝೃ ಝೄ ಝೢ ಝೆ ಝೈ ಝೊ ಝೌ.
jha jhá jhi jhí jhu jhú jhṛi jhṛí jhlṛi jhé jhai jhó jhou

ಟ ಟಾ ಟಿ ಟೀ ಟು ಟೂ ಟೃ ಟೄ ಟೢ ಟೆ ಟೈ ಟೊ ಟೌ.
ṭa ṭá ṭi ṭí ṭu ṭú ṭṛi ṭṛí ṭlṛi ṭé ṭai ṭó ṭou

ಠ ಠಾ ಠಿ ಠೀ ಠು ಠೂ ಠೃ ಠೄ ಠೢ ಠೆ ಠೈ ಠೊ ಠೌ.
tha thá thi thí thu thú thṛi thṛi thlṛi thé thai thó thou

ಡ ಡಾ ಡಿ ಡೀ ಡು ಡೂ ಡೃ ಡೄ ಡೢ ಡೆ ಡೈ ಡೊ ಡೌ
da dá di dí du dú dṛi dṛí dlṛi dé dai dó dou

ಢ ಢಾ ಢಿ ಢೀ ಢು ಢೂ ಢೃ ಢೄ ಢೢ ಢೆ ಢೈ ಢೊ ಢೌ.
ḍha ḍhá ḍhi ḍhí ḍhu ḍhú ḍhṛi ḍhṛí ḍhlṛi ḍhé ḍai dó dou

ಣ ಣಾ ಣಿ ಣೀ ಣು ಣೂ ಣೃ ಣೄ ಣೢ ಣೆ ಣೈ ಣೊ ಣೌ.
ṇa ṇá ṇi ṇí ṇu ṇú ṇṛi ṇrú ṇlri ṇé ṇai ṇó ṇou

ತ ತಾ ತಿ ತಿ ತು ತೂ ತೃ ತೄ ತೢ ತೆ ತೈ ತೊ ತೌ.
ta tá ti tí tu tú tṛi tṛí tlṛi té tai tó tou

ಥ ಥಾ ಥಿ ಥೀ ಥು ಥೂ ಥೃ ಥೄ ಥೢ ಥೆ ಥೈ ಥೊ ಥೌ.
tha thá thi thí thu thú thṛi thṛí thlṛi thé thai thó thou

ದ ದಾ ದಿ ದೀ ದು ದೂ ದೃ ದೄ ದೢ ದೆ ದೈ ದೊ ದೌ.
da dá di dí du dú dṛi dṛí dlṛi dé dai dó dou

ಧ ಧಾ ಧಿ ಧೀ ಧು ಧೂ ಧೃ ಧೄ ಧೢ ಧೆ ಧೈ ಧೊ ಧೌ.
dha dhá dhi dhí dhu dhú dhṛi dhṛí dhlṛi dhé dhai dhó dhou

ನ ನಾ ನಿ ನೀ ನು ನೂ ನೃ ನೄ ನೢ ನೆ ನೈ ನೊ ನೌ
na ná ni ní nu nú nṛi nṛú nlṛi né nai nó nou

ಪ ಪಾ ಪಿ ಪೀ ಪು ಪೂ ಪೃ ಪೄ ಪೢ ಪೆ ಪೈ ಪೊ ಪೌ.
pa pá pi pí pu pú pṛi pṛí plṛi pé pai pó pou

ಫ ಫಾ ಫಿ ಫೀ ಫು ಫೂ ಫೃ ಫೄ ಫೢ ಫೆ ಫೈ ಫೊ ಫೌ.
pha phá phi phí phu phú phṛi phṛí phlṛi phé phai phó phou

ಬ ಬಾ ಬಿ ಬೀ ಬು ಬೂ ಬೃ ಬೄ ಬೢ ಬೆ ಬೈ ಬೊ ಬೌ.
ba bá bi bí bu bú bṛi bṛí blṛi bé bai bó bou

ಭ	ಭಾ	ಭಿ	ಭೀ	ಭು	ಭೂ	ಭೃ	ಭೄ.	ಭೢ	ಭೆ	ಭೈ	ಭೊ	ಭೌ
bha	*bhá*	*bhi*	*bhí*	*bhu*	*bhú*	*bhṛi*	*bhṛí*	*bhlṛi*	*bhé*	*bhai*	*bhó*	*bhou*
ಮ	ಮಾ	ಮಿ	ಮೀ	ಮು	ಮೂ	ಮೃ	ಮೄ	ಮೢ	ಮೆ	ಮೈ	ಮೊ	ಮೌ.
ma	*má*	*mi*	*mí*	*mu*	*mú*	*mṛi*	*mṛí*	*mlṛi*	*mé*	*mai*	*mó*	*mou*
ಯ	ಯಾ	ಯಿ	ಯೀ	ಯು	ಯೂ	ಯೃ	ಯೄ	ಯೢ	ಯೆ	ಯೈ	ಯೊ	ಯೌ.
ya	*yá*	*yi*	*yí*	*yu*	*yú*	*yri*	*yṛí*	*ylṛi*	*yé*	*yai*	*yó*	*you*
ರ	ರಾ	ರಿ	ರೀ	ರು	ರೂ	ರೃ	ರೄ	ರೢ	ರೆ	ರೈ	ರೊ	ರೌ
ra	*rá*	*ri*	*rí*	*ru*	*rú*	*rṛi*	*rṛí*	*rlṛi*	*ré*	*rai*	*ró*	*rou*
ಲ	ಲಾ	ಲಿ	ಲೀ	ಲು	ಲೂ	ಲೃ	ಲೄ	ಲೢ	ಲೆ	ಲೈ	ಲೊ	ಲೌ.
la	*lá*	*li*	*lí*	*lu*	*lú*	*lṛi*	*lṛí*	*llṛi*	*lé*	*lai*	*ló*	*lou*
ವ	ವಾ	ವಿ	ವೀ	ವು	ವೂ	ವೃ	ವೄ	ವೢ	ವೆ	ವೈ	ವೊ	ವೌ.
va	*vá*	*vi*	*ví*	*vu*	*vú*	*vṛi*	*vṛí*	*vlṛi*	*vé*	*vai*	*vọ*	*vou*
ಶ	ಶಾ	ಶಿ	ಶೀ	ಶು	ಶೂ	ಶೃ	ಶೄ	ಶೢ	ಶೆ	ಶೈ	ಶೊ	ಶೌ.
ṣa	*ṣá*	*ṣi*	*ṣí*	*ṣu*	*ṣú*	*ṣṛi*	*ṣṛí*	*ṣlṛi*	*ṣé*	*ṣai*	*ṣó*	*ṣou*
ಷ	ಷಾ	ಷಿ	ಷೀ	ಷು	ಷೂ	ಷೃ	ಷೄ	ಷೢ	ಷೆ	ಷೈ	ಷೊ	ಷೌ.
sha	*shá*	*shi*	*shí*	*shu*	*shú*	*shṛi*	*shṛí*	*shlṛi*	*shé*	*shai*	*shó*	*shon*
ಸ	ಸಾ	ಸಿ	ಸೀ	ಸು	ಸೂ	ಸೃ	ಸೄ	ಸೢ	ಸೆ	ಸೈ	ಸೊ	ಸೌ.
sa	*sá*	*si*	*sí*	*su*	*sú*	*sṛi*	*sṛí*	*slṛi*	*sé*	*sai*	*só*	*sou*
ಹ	ಹಾ	ಹಿ	ಹೀ	ಹು	ಹೂ	ಹೃ	ಹೄ	ಹೢ	ಹೆ	ಹೈ	ಹೊ	ಹೌ.
ha	*há*	*hi*	*hí*	*hu*	*hú*	*hṛi*	*hṛí*	*hlṛi*	*hé*	*hai*	*hó*	*hou*

36. When the consonants are in conjunction, they are to take form as in the subjoined table.

ಕ್ಕ	ಕ್ಖ	ಕ್ಚ	ಕ್ತ	ಕ್ತ್ಯ	ಕ್ತ್ರ	ಕ್ತ್ರ್ಯ	ಕ್ತ್ವ	ಕ್ನ
kka,	*kkha,*	*kcha,*	*kta,*	*ktya,*	*ktra,*	*ktrya,*	*ktva,*	*kna,*
ಕ್ನ್ಯ	ಕ್ಮ	ಕ್ಯ	ಕ್ರ	ಕ್ರ್ಯ	ಕ್ಲ	ಕ್ವ	ಕ್ವ್ಯ	ಕ್ಷ
knya,	*kma,*	*kya*	*kra,*	*krya,*	*kla,*	*kva,*	*kvya,*	*ksha,*
ಕ್ಷ್ಮ	ಕ್ಷ್ಯ	ಕ್ಷ್ವ	ಖ್ಯ	ಖ್ರ	ಗ್ಯ	ಗ್ರ		
kshma,	*kshya,*	*kshva,*	*khya,*	*khra,*	*gya,*	*gra,*		
ಗ್ರ್ಯ	ಘ್ನ	ಘ್ನ್ಯ	ಘ್ಮ	ಘ್ಯ	ಘ್ರ	ಙ್ಕ	ಙ್ಕ್ತ	
grya ;	*ghna,*	*ghnya,*	*ghma,*	*ghya,*	*ghra,*	*ṅka,*	*ṅkta,*	
ಙ್ಕ್ತ್ಯ	ಙ್ಕ್ಯ	ಙ್ಕ್ಷ	ಙ್ಕ್ಷ್ವ	ಙ್ಖ	ಙ್ಖ್ಯ	ಙ್ಗ		
ṅktya,	*ṅkya,*	*ṅksha,*	*ṅkshva,*	*ṅkha,*	*ṅkhya,*	*ṅga,*		

ಙ್ಗ್ಯ ಙ್ಘ ಙ್ಘ್ಯ ಙ್ಘ್ರ ಙ್ಙ ಙ್ಮ ಙ್ಯ.

ṅgya, ṅgha, ṅghya, ṅghra, ṅṅa, ṅma, ṅya.

ಚ್ಚ ಚ್ಛ ಚ್ಛ್ರ ಚ್ಞ ಚ್ಮ ಚ್ಯ ಛ್ಯ

chcha, chchha, chchhra, chña, chma, chya, chhya,

ಛ್ರ ಜ್ಜ ಜ್ಝ ಜ್ಞ ಜ್ಞ್ಯ ಜ್ಮ ಜ್ಯ ಜ್ರ ಜ್ವ ಞ್ಚ

chhra, jja, jjha, jña, jñya, jma, jya, jra, jva, ñcha,

ಞ್ಚ್ಮ ಞ್ಚ್ಯ ಞ್ಛ ಞ್ಜ ಞ್ಞ ಞ್ಯ

ñchma, ñchya, ñchha, ñja, ñña, ñya.

ಟ್ಟ ಟ್ಯ ಠ್ಯ ಠ್ರ ಡ್ಗ ಡ್ಗ್ಯ ಡ್ಘ ಡ್ಘ್ರ

ṭṭa, ṭya, ṭhya, ṭhra, ḍga, ḍgya, ḍgha, ḍghra,

ಡ್ಮ ಡ್ಯ ಢ್ಯ ಢ್ರ ಣ್ಟ ಣ್ಠ ಣ್ಡ ಣ್ಡ್ಯ ಣ್ಡ್ರ

ḍma, ḍya, ḍhya, ḍhra, ṇṭa, ṇṭha, ṇḍa, ṇḍya, ṇḍra,

ಣ್ಡ್ರ್ಯ ಣ್ಢ ಣ್ಣ ಣ್ಮ ಣ್ಯ ಣ್ವ.

ṇḍrya, ṇḍha, ṇṇa, ṇma, ṇya, ṇva.

ತ್ಕ ತ್ಕ್ರ ತ್ತ ತ್ತ್ಯ ತ್ತ್ರ ತ್ತ್ವ ತ್ಥ ತ್ನ ತ್ನ್ಯ ತ್ಪ

tka, tkra, tta, ttya, ttra, ttva, ttha, tna, tnya, tpa,

ತ್ಪ್ರ ತ್ಮ ತ್ಮ್ಯ ತ್ಯ ತ್ರ ತ್ರ್ಯ ತ್ವ ತ್ಸ ತ್ಸ್ನ ತ್ಸ್ನ್ಯ

tpra, tma, tmya, tya, tra, trya, tva, tsa, tsna, tsnya,

ತ್ಸ್ಯ ಥ್ಯ ದ್ಗ ದ್ಘ ದ್ಘ್ರ ದ್ದ ದ್ದ್ಯ ದ್ಧ

tsya, thya, dga, dgha, dghra, dda, ddya, ddha,

ದ್ಧ್ಯ ದ್ನ ದ್ಬ ದ್ಭ ದ್ಭ್ಯ ದ್ಮ ದ್ಯ ದ್ರ ದ್ರ್ಯ

ddhya, dna, dbà, dbha, dbhya, dma, dya, dra, drya,

ದ್ವ ದ್ವ್ಯ ಧ್ನ ಧ್ನ್ಯ ಧ್ಮ ಧ್ಯ ಧ್ರ ಧ್ರ್ಯ

dva, dvya, dhna, dhnya, dhma, dhya, dhra, dhrya,

ಧ್ವ ನ್ತ ನ್ತ್ಯ ನ್ತ್ರ ನ್ದ ನ್ದ್ರ ನ್ಧ ನ್ಧ್ರ ನ್ನ

dhva, nta, ntya, ntra, nda, ndra, ndha, ndhra, nna,

ನ್ಪ ನ್ಪ್ರ ನ್ಮ ನ್ಯ ನ್ರ ನ್ಸ.

npa, npra, nma, nya, nra, nsa.

ಪ್ತ ಪ್ತ್ಯ ಪ್ನ ಪ್ಪ ಪ್ಮ ಪ್ಯ ಪ್ರ ಪ್ಲ ಪ್ವ ಪ್ಸ

pta, ptya, pna, ppa, pma, pya, pra, pla, pva, psa,

ಪ್ಸ್ವ ಬ್ಘ ಬ್ಜ ಬ್ದ ಬ್ಧ ಬ್ನ ಬ್ಬ ಬ್ಭ ಬ್ಭ್ಯ
psva, bgha, bja, bda, bdha, bna, bba, bbha, bbhya,

ಬ್ಯ ಬ್ರ ಬ್ವ ಭ್ನ ಭ್ಯ ಭ್ರ ಭ್ವ ಮ್ನ ಮ್ಪ
bya, bra, bva, bhna, bhya, bhra, bhva, mna, mpa,

ಮ್ಪ್ರ ಮ್ಬ ಮ್ಭ ಮ್ಮ ಮ್ಯ ಮ್ರ ಮ್ಲ ಮ್ವ.
mpra, mba, mbha, mma, mya, mra, mla, mva.

ಯ್ಯ ಯ್ವ ಲ್ಕ ಲ್ಪ ಲ್ಮ ಲ್ಯ ಲ್ಲ ಲ್ವ ವ್ನ
yya, yva, lka, lpa, lma, lya, lla, lva, vna,

ವ್ಯ ವ್ರ ವ್ವ.
vya, vra, vva.

ಶ್ಚ ಶ್ಚ್ಯ ಶ್ನ ಶ್ಯ ಶ್ರ ಶ್ರ್ಯ ಶ್ಲ ಶ್ವ ಶ್ವ್ಯ
ścha, śchya, śna, śya, śra, śrya, śla, śva, śvya,

ಶ್ಶ ಷ್ಟ ಷ್ಟ್ಯ ಷ್ಟ್ರ ಷ್ಟ್ರ್ಯ ಷ್ಟ್ವ ಷ್ಠ ಷ್ಣ
śśa; shṭa, shṭya, skṭra, shṭrya, shṭva, shṭha, shṇa,

ಷ್ಣ್ಯ ಷ್ಪ ಷ್ಪ್ರ ಷ್ಮ ಷ್ಯ ಷ್ವ ಸ್ಕ ಸ್ಖ ಸ್ತ
shṇya, shpa, shpra, shma, shya, shva, ska, skha, sta,

ಸ್ತ್ಯ ಸ್ತ್ರ ಸ್ತ್ವ ಸ್ಥ ಸ್ನ ಸ್ನ್ಯ ಸ್ಪ ಸ್ಫ ಸ್ಮ
stya, stra, stva, stha, sna, snya, spa, spha, sma,

ಸ್ಮ್ಯ ಸ್ಯ ಸ್ರ ಸ್ವ ಸ್ಸ.
smya, sya, sra, sva, ssa.

ಹ್ಣ ಹ್ನ ಹ್ಮ ಹ್ಯ ಹ್ರ ಹ್ಲ ಹ್ವ
hṇa, hna, hma, hya, hra, hla, hva.

37. The conjunct consonants, when followed by vowels, may, so far as the vowels are concerned, be written in the same manner as simple consonants. Thus, ಕ್ಷ in conjunction with the vowels following it, may be written as follows :—

ಕ್ಷ ಕ್ಷಾ ಕ್ಷಿ ಕ್ಷೀ ಕ್ಷು ಕ್ಷೂ ಕ್ಷೃ ಕ್ಷೄ ಕ್ಷೢ ಕ್ಷೆ ಕ್ಷೈ ಕ್ಷೊ ಕ್ಷೌ.

38. The *anusvárah* and *visargaḥ* are written in conjunction with other letters, whether vowels or consonants, without any change. Thus, ಅ and ಕ with *anusvárah* are written as ಅಂ and ಕಂ and with *visargaḥ*, as ಅಃ and ಕಃ.

39. When it is difficult to write or print two or three consonants in conjuction as above, it is sometimes the practice to write the first of the letters separately in its original non-conjunct form, and write the other letters, in conjunction or otherwise, according as there may remain only one letter or more letters. The letters ಯು ಙ್ಕ್ಷ್ವ may thus be written ಯುಙ್‌ಕ್ಷ್ವ.

NUMERICAL FIGURES.

40. The numerical figures in Sanskrit are :—

೧ ೨ ೩ ೪ ೫ ೬ ೭ ೮ ೯ ೧೦.

PUNCTUATION.

41. There are only two signs of punctuation, *viz.*, the sign | which is used at the end of a sentence, and also of a portion of a verse called ಪಾದಃ, (*pádaḥ, quarter*), and the sign || which is used at the end of a longer sentence

Chapter II.

CLASSFICATION OF SANSKRIT WORDS.

1. The elements ot Sanskrit words are, (1) ಪ್ರಾತಿಪದಿಕಾಃ, (*Prátipadikáḥ*) (I. 2. 45) (2) ಧಾತವಃ, (*Dhátavaḥ*) (I. 3. 11), and (3) ಪ್ರತ್ಯಯಾಃ, (*Pratyayaḥ,*) (III. 1. 1). These may be rendered in English as (1) crude nouns, (2) roots, and (3) affixes respectively.

2. The affixes are of two kinds ; (1) those which belong to the crude nouns, and (2) those which belong to the roots. The former may be called the noun affixes, and the latter the verbal affixes.

3. And the crude nouns and roots, in relation to their respective affixes, are called generally ಪ್ರಕೃತಯಃ, (*Prakṛitayaḥ*) and specially when taken as having any of their respective affixes actually present after them, and in the form in which they appear before the affixes, ಅಂಗಾಃ (*angáḥ,*) (*bases*). (I. 4. 13).

4. The affixes generally follow the bases, but one of them. *i. e.*, ಬಹು, which technically is called ಬಹುಚ್, comes before the

bases. (III. 1. 2; V. 3. 68); *e. g.*, base ಭವ + affix ತಿ = ಭವತಿ, but base ಪಟು + affix ಬಹು = ಬಹುಪಟು.

5. It is usual in English to express the action conveyed by a root by adding "to," the sign of the infinitive, to it. But it must be noted that no root taken by itself denotes any more than the simple idea of the action, and that the addition of the sign of the infinitive is merely for convenience. Thus, the root ಅದ್, for instance, is rendered as "to eat," though there is in the root itself no more than the simple idea of eating. (M. W. 52).

6. The roots may be divided into *original*, ಅಪಾರಿ ಧಾತುಕಾಃ, and *derivative*, ಪಾರಿ ಧಾತುಕಾಃ, *i. e.*, those which are formed by the application, to the original roots, of a class of verbal affixes. These affixes may be called the *verbal derivation affixes*.

7. The roots, whether original or derivative, are of two sorts; (1) ಸಕರ್ಮಕಾಃ, *transitive* and (2) ಅಕರ್ಮಕಾಃ, *intransitive*. And they have four voices; (1) the voice denoting the ಕರ್ತೃ, *agent*, *i. e.*, the active, (2) the voice denoting the ಕರ್ಮ, *object*, *i. e.*, the passive, (3) the voice denoting the ಕರ್ಮಕರ್ತೃ, *object* and *agent* together, *i. e.*, the reflective, (4) the voice denoting the ಭಾವಂ, *state or condition*, *i. e.*, the impersonal. The three first voices relate to transitive roots, and the first and last, to intransitive roots. (III. 4. 69 · Sid. II. 274). But we may conveniently, so far as grammar is concerned, call all the other voices than the active, the passive voice.

8. There are ten ಲಕಾರಾಃ, grammatical tenses, which the roots take in general, (III. 2. 123, 15; III. 3. 15, 162, 173; III. 2. 111; III. 3. 161; III. 2. 110; III. 3. 139), *viz.* :—

ಲಟ್	*Present*	ಲಙ್	*Imperfect*
ಲಿಟ್	*Perfect*	ವಿಧಿಲಿಙ್	*Optative*
ಲುಟ್	*First future*	ಆಶೀರ್ಲಿಙ್	*Benedictive*
ಲೃಟ್	*Second future*	ಲುಙ್	*Aorist*
ಲೋಟ್	*Imperative*	ಲೃಙ್	*Conditional*

9. There is another tense termed ಲೇಟ್, which may be called the subjunctive. But it occurs only in the Védas. (Sid. I. 2)

10. The voices and tenses except in the perfect and benedictive are denoted by another class of verbal affixes. These affixes may be called *tense affixes*.

11. And there are two other kinds of verbal affixes, (1) ಕೃತ್ (*kṛit*) affixes, (III. 1. 93) and (2) ತಿಙ್ (*tiṅ*) affixes. (III. 4. 78).

12. The *Kṛit* affixes turn the roots into a large class of derivative crude nouns which are said afterwards to take the noun affixes exactly as the original crude nouns already mentioned do (I. 1. 46). These *kṛit* affixes may be called *primitive affixes*, and the crude nouns formed by them, *primitive crude nouns*, or simply *primitive nouns*.

13. Some of the primitive affixes are called ಕೃತ್ಯ (*kṛitya*) affixes and some ಉಣಾದಿ, (*uṇádi*) affixes. These we may call, respectively, *passive primitive affixes*, and *miscellaneous primitive affixes*, calling the rest *active primitive affixes*. (III. 1. 95; III. 3. 1).

14. The object of the *tiṅ* affixes is to denote the number and person of the roots, and thus, either with or without the tense affixes turn them into ಕ್ರಿಯಾಪದಾಃ, or complete verbs These affixes may be called *personal affixes*.

15. Three numbers and three persons are denoted in the above manner, (III. 4. 78; I. 4. 101, 102, 105, 107, 108) *viz*:—

NUMBERS.

ಏಕವಚನಂ, *singular*; ದ್ವಿವಚನಂ, *dual*; ಬಹುವಚನಂ, *plural*.

PERSONS.

ಪ್ರಥಮಪುರುಷಃ, lowest person, (3rd person) ಮಧ್ಯಮಪುರುಷಃ, middle person, (2nd person) and ಉತ್ತಮಪುರುಷಃ, highest person, (1st person.)

16. There are two modes of conjugating the verbs *viz*, (1) ಪರಸ್ಮೈಪದಿ, *parasmaipadi*, and (2) ಆತ್ಮನೇಪದಿ, *átmanépadi* (I. 4. 99, 100). The verbs in the active voice are generally conjugated in both the modes,—generally, we say, for there are exceptions, as will be seen by and by. (I. 2. 12; I. 3. 72, 78). The passive voice admits of only the *átmanépadi* mode (I. 2. 13; III. 1. 87).

17. To express some changes in the sense of verbs which have been formed as above said, some other affixes are afterwards attached. These are called ತದ್ಧಿತಾಃ, secondary affixes. To distinguish them from some affixes of the same name, which are attached to crude nouns, these may be called *verbal secondary affixes.*

18. Some of the crude nouns are called ನಿಪಾತಾಃ, *nipátáḥ*, (crude form *nipáta*) particles, (I. 4. 56). Literally, *nipáta* means that which arbitrarily "falls into language," that is, which in form is anomalous, and does not admit of an explanation by the recognized rules of grammar. In this sense, many other crude nouns can be included in the term, but its special technical use is as above stated.

19. The following are particles, *viz.*,

LIST I ಪ್ರಾದಯಃ (I. 4. 58).

ಪ್ರ, *before.*
ಅನು, *after.*
ವಿ, *apart.*
ಅಪಿ, *verily.*
ಅಭಿ, *opposite.*
ಪರಾ, *opposite.*
ಅವ, *down.*
ಆಙ್, *as far as.*
ಅತಿ, *beyond.*
ಉತ್, *up.*
ಪ್ರತಿ, *back, again.*
ಅಪ, *off.*
ನಿಸ್ or ನಿರ್, *out.*
ನಿ, *within.*
ಸು, *well.*
ಪರಿ, *around, afar from.*
ಸಮ್, *with.*
ದುಸ್ or ದುರ್, *ill.*
ಅಧಿ, *over.*
ಉಪ, *next to.*

LIST II ಚಾದಯಃ (I. 4. 57. I. 1. 37).

ಚ *and.*

ವಾ *or.*

ಹ *(an expletive).*

ಅಹ *(vocative particle).*

ಏವ *only, exactly.*

ಏವಂ *so, thus.*

ನೂನಂ *certainly.*

ಶಶ್ವತ್ *continually.*

ಯುಗಪತ್ *at once.*

ಭೂಯಸ್ *repeatedly.*

ಕೂಪತ್ *excellently.*

ಸೂಪತ್ *excellently.*

ಕುವಿತ್ *abundantly.*

ನೇತ್ *or* ಚೇತ್ *if.*

ಚಣ್ *if (the* ಣ *is indicatory).*

ಯತ್ರ *where.*

ತತ್ರ *there.*

ಕಚ್ಚಿತ್ *(a particle implying wish, desire, or hope).*

ನಹ *no.*

ಹಂತ *ah !*

ಮಾಕಿಂ, ಮಾಕೀಂ *or* ನಕಿಃ *do not.*

ಆಕೀಂ *indeed.*

ಮಾಙ್ *do not.*

ನಞ್ *not.*

ಯಾವತ್ *as much as.*

ತಾವತ್ *so much.*

ತ್ವೈ, ನ್ವೈ, *or* ದ್ವೈ *perhaps.*

ರೈ *(disrespectful interjection).*

ಶ್ರೌಷಟ್, ವೌಷಟ್, ವಷಟ್, *and* ಸ್ವಾಹಾ — *exclamations used when making an offering to gods.*

ಸ್ವಧಾ *an exclamation used when making an offering to the manes.*

ಓಂ *(mystical ejaculation typical of the three great deities of the Hindu mythology).*

ತುಂ, *thouing, (using the expression "thou").*

ತಥಾಹಿ *thus (introducing an explanation).*

ಖಲು *certainly.*

ಕಿಲ *indeed.*

ಅಥ *now, (auspicious inceptive).*

ಸುಷ್ಠು *excellent.*

ಸ್ಮ *(attached to the present tense, gives it a past signification.)*

ಆದಹ *fie !*

20. The collection of words which List II contains is called ಆಕೃತಿಗಣಃ, *i. e.*, a collection, each of the various individual words composing which, is to be recognized by its own shape *a posteriori*, and is not discoverable by a consideration of its constituent parts, *a priori*. Some other collections of words given in Sanskrit Grammar are also thus designated. The suggestion in all these cases is that the lists are not exhaustive, and that other words which belong to them may be found in authors of authority (B. 53).

21. Other grammatically anomalous crude nouns which do not however come technically under the term "particles," are as follows :—

LIST III (I. 1. 37).

ಸ್ವರ್ *heaven.*

ಅಂತರ್ *midst.*

ಪ್ರಾತರ್ *in the morning.*

ಪುನರ್ *again.*

ಸನುತರ್ *in concealment.*

ಉಚ್ಚೈಸ್ *high.*

ನೀಚೈಸ್ *low.*

ಶನೈಸ್ *slowly.*

ಋಧಕ್ *rightly.*

ಋತೆ *except.*

ಯುಗಪತ್ *at once.*

ಆರಾತ್ *far, near.*

ಪೃಥಕ್ *apart,*

ಹ್ಯಸ್ *yesterday.*

ಶ್ವಸ್ *to-morrow.*

ದಿವಾ *by day.*

ರಾತ್ರೌ *in the night.*

ಸಾಯಂ *at eve.*

ಚಿರಂ *a long time.*

ಮನಾಕ್ *a little.*

ಈಷತ್ *a little.*

ಜೋಷಂ *silently.*

ತೂಷ್ಣೀಂ *silently.*

ಬಹಿಸ್ *outside.*

ಅವಸ್ *outside.*

ಸಮಯಾ *near.*

ನಿಕಷಾ *near.*

ಸ್ವಯಂ *of one's self.*

ವೃಥಾ *in vain.*

ಅಂತರಾ *or* ಅಂತರೇಣ *without, except.*

ಜ್ಯೋಕ್ *quickly.*

ಕಂ *water, ease.*

ಶಂ *ease.*

ಸಹಸಾ *hastily.*

ವಿನಾ *without.*

ನಾನಾ *various.*

ಸ್ವಸ್ತಿ *greeting.*

ಅಲಂ *enough.*

ಅನ್ಯತ್ *otherwise.*

ಅಸ್ತಿ *existence.*

ಉಪಾಂಶು *privately.*

ಕ್ಷಮಾ *patience, pardon.*

ವಿಹಾಯಸಾ *aloft in the air.*

ದೋಷಾ *in the evening.*

ಮೃಷಾ *or* ಮಿಥ್ಯಾ *falsely.*

ಮುಧಾ *in vain.*

ಪುರಾ *formerly.*

ಮಿಥೊ *or* ಮಿಥಸ್ *mutually.*

ಪ್ರಾಯಸ್ *frequently.*

ಮುಹುಸ್ *repeatedly.*

ಪ್ರವಾಹುಕಂ *or* ಪ್ರವಾಹಿಕಾ *at the same time.*

ಆರ್ಯಹಲಂ *violently.*

LIST III (I. 1. 37).

ನಕ್ತಂ *at night.*
ನಞ್ *not.*
ಹೇತೌ *by reason of.*
ಇದ್ಧಾ *truly.*
ಅದ್ಧಾ *evidently.*
ಸಾಮಿ *half.*
ವತ್ *like.* (*e.g.*, ಬ್ರಾಹ್ಮಣವತ್ *priestly*, ಕ್ಷತ್ರಿಯವತ್ *like a kshatriya.*)
ಸನಾ *perpetually.*
ಉಪಧಾ *division.*
ತಿರಸ್ *crookedly.*
ಸನತ್ *or* ಸನಾತ್ *perpetually.*
ಅಭೀಕ್ಷ್ಣಂ *repeatedly.*
ಸಾಕಂ or ಸಾರ್ಧಂ *with.*
ನಮಸ್ *reverence.*
ಹಿರುಕ್ *without.*
ಧಿಕ್ *fie !*
ಅಥ *thus.*
ಅಂ *quickly.*
ಆಂ *indeed, yes.*
ಪ್ರತಾಂ *with fatigue.*
ಪ್ರಶಾನ್ *alike.*
ಪ್ರತಾನ್ *widely.*
ಮಾ or ಮಾಙ್ *do not.*

22. The following words also may be noticed in this connection :—

ಪರಿ ಪರಿ, *far from*, (VIII. 1. 5). ಉಪ ಪರಿ, *immediately above*, ಅಧ್ಯಧಿ, *next*, ಅಧೋಧಃ, *immediately below*, ಯಥಾ ಯಥಂ, *according as one is in one's own nature*, or *according as whatever appertains to one is* (VIII. 1. 14) ಪ್ರಿಯ ಪ್ರಿಯೇಣ, *easily*, ಸುಖ ಸುಖೇನ, *easily*. (VIII. 1. 13.)

23. The noun affixes are, (1) ಸ್ತ್ರೀಪ್ರತ್ಯಯಾಃ, *feminine affixes*, (IV. 1. 3). (2) ತದ್ಧಿತಪ್ರತ್ಯಯಾಃ, *secondary affixes*, (IV. 1. 12). (3) ಸುಪ್ಪ್ರತ್ಯಯಾಃ, *case affixes*, (IV. 1. 2) and (4) ನಾಮಧಾತುಪ್ರತ್ಯಯಾಃ, *noun-root affixes.* (VII. 1. 8 to 21.)

24. Nouns are of three genders, (1) ಪುಲ್ಲಿಂಗಾಃ, *masculine*, (2) ಸ್ತ್ರೀಲಿಂಗಾಃ, *feminine*, and (3) ನಪುಂಸಕಲಿಂಗಾಃ, *neuter*. But some of them are invariably of one or another of the above genders, being on this account called ನಿತ್ಯಪುಲ್ಲಿಂಗಾಃ, ನಿತ್ಯಸ್ತ್ರೀಲಿಂಗಾಃ, and ನಿತ್ಯನಪುಂಸಕಲಿಂಗಾಃ, as the case may be, while others admit of all genders according to circumstances.

25. Observe that the feminine forms of the crude nouns, even when by taking the feminine affixes as aforesaid, they vary in form from the original crude nouns, are to be taken as included in a grammatical reference to the crude nouns in question. (ಪ್ರಾತಿಪದಿಕಗ್ರಹಣೇ ಲಿಂಗವಿಶಿಷ್ಟಸ್ಯಾಪಿಗ್ರಹಣಂ) (Sid. I. 242, note 123; Sid. I. 86.) Thus, because by a rule to be noticed by and by, ಸರ್ವ is to be called a *sarvanáma*, ಸರ್ವಾ, which is the feminine form derived from it, by the use of the proper feminine affix, is to be called likewise a *sarvanáma*. (Sid I. 128). But this rule does not hold good as regards declension (ವಿಭಕ್ತೌ ಲಿಂಗವಿಶಿಷ್ಟಾಗ್ರಹಣಂ). Thus, the declension of ಸರ್ವಾ is not to be taken as being like that of ಸರ್ವ. (Sid. I. 133.) And it must be remarked that even in a few other, though rare, cases, the above rule does not strictly apply. (ಲಿಂಗವಿಶಿಷ್ಟಪರಿಭಾಷಾಯಾ ಅನಿತ್ಯತ್ವಂ). (Sid. I. 243, note 123).

26. The secondary affixes, which, except in a few cases to be specified by and by, are attached to the crude nouns after they have taken the feminine affixes, when they are feminine, and as such have to take feminine affixes, (Sid. I. 86), convert them into secondary crude nouns, modifying their original signification in various ways. These affixes may be called the *nominal secondary affixes*.

27. Observe that the secondary crude nouns, though, when derived from feminine words, they have had the secondary affixes which formed them attached, after they have taken their proper feminine affixes, lose their feminine character, and should therefore take again their proper feminine affixes, if they are to be used in the feminine gender afterwards.

28. The case affixes are attached to the crude nouns, whether secondary or other, (Sid. I. 86), after they have taken the feminine affixes, when these are to be used as abovesaid (IV. 1. 1); and they, besides denoting their numbers which are

singular, dual, and plural, as in the case of verbs, (I. 4. 103 22, 21), render the nouns declinable in eight cases as follows, (IV. 1. 2) :—

ಪ್ರಥಮಾವಿಭಕ್ತಿಃ	*first case —Nominative,*
ಸಂಬೋಧನಪ್ರಥಮಾವಿಭಕ್ತಿಃ	*—Vocative,*
ದ್ವಿತೀಯಾವಿಭಕ್ತಿಃ	*second case—Accusative,*
ತೃತೀಯಾವಿಭಕ್ತಿಃ	*third case—Instrumental,*
ಚತುರ್ಥೀವಿಭಕ್ತಿಃ	*fourth case—Dative,*
ಪಂಚಮೀವಿಭಕ್ತಿಃ	*fifth case—Ablative,*
ಷಷ್ಠೀವಿಭಕ್ತಿಃ	*sixth case—Genitive,*
ಸಪ್ತಮೀವಿಭಕ್ತಿಃ	*seventh case—Locative,*

29. The vocative singular is called ಸಂಬುದ್ಧಿ, *sambuddhi.* (II. 3. 49).

30. The case affixes and personal affixes are called ವಿಭಕ್ತಿಪ್ರತ್ಯಯಾಃ or ವಿಭಕ್ತಯಃ, *inflective affixes.* And the crude nouns and roots, after having the inflective affixes attached to them, are called ಪದಾಃ, *padáḥ* (crude form *pada*), complete words. The *padáḥ* from roots, we will call *verbs,* and the *padáḥ* from crude nouns, *substantives.*

31. The noun-root affixes are said to be attached to the crude nouns generally after they have taken the case affixes, and they produce a class of derivative roots, by turning the nouns into ನಾಮಧಾತವಃ, or *noun-roots,* which afterwards become fit to take the verbal affixes, just as other roots, after being turned into crude nouns by the primitive affixes, become fit to take the noun-affixes.

32. From substantives, a class of crude nouns may be made by ಸಮಾಸಃ, *composition.* These crude nouns may be called the ಸಮಸ್ತಪ್ರಾತಿಪದಿಕಾಃ, *compound crude nouns.*

33. There is a class of secondary affixes which are attached to compound words simply to complete their character as compound words. These affixes are called ಸಮಾಸಾಂತಾಃ, *compound endings*

34. It should be remembered that the roots and crude nouns so formed from substantives take afterwards respectively the verbal affixes and case affixes, just as any other class of roots and crude nouns do, the crude nouns taking the feminine affixes also when necessary.

35. But some nouns, both original and derivative, are held to drop the feminine affixes and the case affixes which they have taken, and thus to become ಅವ್ಯಯಾಃ, *indeclinables,* their form remaining the same in all genders, cases, and numbers. (II. 4. 82).

36. Some nouns again are said to be prefixed to the verbs and primitive words, to determine the particular meaning in which the roots from which they have been derived have been used, when the roots have more than one meaning, and then these nouns are called ಗತಯಃ, *gatayaḥ* (crude form *gati*). (I. 4. 60).

37. The particles in List I are one class of such nouns. But they should be used as such prefixes only when they do not take the name of ಕರ್ಮಪ್ರವಚನೀಯಾಃ, *karmapravachanīyāḥ.* (Sid I. 263). They take this name under the following circumstances :—

LIST V.

ಅನು, when it means *because, alongside of, along with, destitute of, as regards, share of,* or *each.* (I. 4. 84, 85, 86, 90).

ಉಪ, when it means *more than,* or *destitute of.* (I. 4. 87).

ಪ್ರತಿ, when it means *because of, as regards, share of, each, in the room of,* or *in exchange for.* (I. 4. 90, 92).

ಪರಿ, when it means *off, because of, as regards, share of,* or *each* and also when it is used as a mere expletive. (I. 4. 88, 93).

ಅಭಿ, when it means *because of, as regards,* or *each,* and also when it is used as a mere expletive. (I. 4. 91, 93).

ಸು, when it means *excellently.* (I. 4. 94).

ಅಪ, when it means *off*. (1. 4. 88.)

ಆಙ್, when it means *as far as and inclusive of*, or *as far as and exclusive of*. (I. 4. 89).

ಅತಿ, when it means *excessively* or *excellently*. (I. 4. 95).

ಅಪಿ, when it means *somewhat, even* (in the sense of such great person or thing), *even*, (in the sense of what is disgraceful,) *and*, or *as you please*. (I. 4. 96).

ಅಧಿ, when it means *being as lord, or having as lord*, but optionally when the word used with it in that sense is a verb or primitive word derived from the root ಕೃಞ್. (I. 4. 97, 98).

38 Observe that the particles in List I. come as prefixes to the verbs and primitive words derived from roots, often not singly, but in twos, and occasionally in threes also. *e. g.*, ಉಪ+ ಆ, come as prefixes to the verb ಗಚ್ಛತಿ from the verbal root ಗಮ್ಲೃ. or to the primitive word ಗಂತೃ from the same root; ಪ್ರತಿ + ಉದ್ + ಆ come likewise as prefixes to the verb ಹರತಿ from the root ಹೃ, or to the primitive word ಹೃತಃ from the same root.

39. The particles aforesaid are called ಉಪಸರ್ಗಾಃ (*upasargáḥ*) as well as *gatayaḥ*, when they come as prefixes to verbs and primitive words.

40. The other class of nouns coming as prefixes to roots consists of secondary words formed by certain secondary affixes and of some others. These nouns also are, of course, as we have said, *gatayaḥ* ; but they are *gatayaḥ* only and not *upasargáḥ* also. This distinction is important and should be well remembered. And it should also be noted that these prefixes are found to come only singly, not in twos or threes, as is the case with the particles already mentioned. The prefixes alluded to we will give in detail in the chapter on compound words, as there will be an occasion to refer to them as well as to the particles in List I, in connection with the primitive words with which they enter into composition.

4

41. It should, however, be remembered that, when the nouns abovesaid are prefixes to verbs and primitive words, we should not, before the verbs and primitive words are completely formed, consider the nouns as prefixed to their roots. (Sid. II 227.) Thus, take ಅನು, a prefix of this kind, and ಚರ್, a verbal root. We shall, according to rules to be noticed by and by, get ಅಚರತ್ as the 3rd person singular of the aorist, and ಚಚಾರ, as the 3rd person singular of the perfect, in the *parasmaipadi* ; now, we should not first prefix ಅನು to ಚರ್, and then try to derive from ಅನುಚರ್ whatever may be the forms of the 3rd person singular in the aorist and perfect, but derive ಅಚರತ್, and ಚಚಾರ first, and then attach ಅನು to ಅಚರತ್ and ಚಚಾರ ; the correct word therefore being ಅನುಚರತ್ and ಅನುಚಚಾರ.

42. It has been said above that the *gati* prefixes enter into composition with the primitive words alluded to. But we should note that between the *gati* prefixes and the verbs referred to there could be no such composition.

43. For convenience of reference we may call verbs and primitive words preceded by *gati* prefixes *complex verbs*, and *complex primitive words* respectively.

44. It will be seen that the grammatical classification of Sanskrit words is entirely different from that of English words. There is no grammatical distinction of the words as nouns, pronouns, adjectives, adverbs, prepositions, conjunctions, and interjections. Whatever is not a verb is a crude noun at first, and when completely formed by the application to it of its appropriate affixes, is a substantive. Hence, in the latter class which includes all words—whether primitive or secondary, and whether simple or compound,—we have to seek for adjectives, and pronouns—whether personal, demonstrative, relative, interrogative, possessive, reflexive, indefinite, reciprocal, or distributive,—as well as for adverbs, prepositions, conjunctions, and interjections. And the comparative and superlative forms of adjectives and adverbs as well as their positive forms are likewise in this class. And in the same manner, participles, gerunds, and infinitives, we are to find only under the head of crude nouns.

Chapter III.

General Grammatical Processes and Principles.

1. The bases and affixes, in being combined into words pass through two grand processes, which we may designate as the preliminary process of preparation, and the subsidiary process of euphonization. The former process, ಪ್ರಕ್ರಿಯಾ, *prakriya,* chisels out the crude bases and affixes, as it were, into a fit state for union, and the latter, ಸಂಧಿ, *sandhi,* afterwards polishes them up and makes them free from the phonetic irregularities which their letters still exhibit.

2. Even when the words, after being completely formed by the union of the bases and the affixes, come together for actual use in language, the second process of *sandhi* must be undergone. Indeed, every sentence in Sanskrit may, by *sandhi,* be made into one unbroken chain of letters, the words in it being, as it were, glued together, and consequently the absence of the *sandhi* alone will in many cases be sufficient to mark the stop which, in other languages, will have to be shewn by punctuation. (M. 22.)

3. Both processes involve three principal operations, *viz., elision, addition,* and *substitution,* of expression or letters; or rather two operations only, because *elision* is held to be only the substitution of a blank for the expression or letter elided. What is added is called ಆಗಮಃ, *augment,* and what is substituted ಆದೇಶಃ *substitute,* that which the *substitute* takes the place of being called the ಸ್ಥಾನೀ, *the former occupant.* And when blank is held to have been substituted, it is called ಲೋಪಃ, *lópaḥ,* (crude form, *lópa*) generally, (I. 1. 69), and ಲುಕ್, *luk,* or ಶ್ಲು, *ṣlu,* or ಲುಪ್, *lup,* in some special cases in regard to affixes. (I. 1. 61). The object of this distinction will be explained by and by.

4. The augments and substitutes have generally certain indicatory letters (ಅನುಬಂಧಾಃ, or ಇತಃ), attached bodily to them, denoting the manner in which they should affect the bases and affixes, whenever they are prescribed for the bases and affixes in question. And the affixes and also the roots have such indica-

tory letters attached to them, denoting sometimes the particular augments and substitutes they take, and sometimes certain other specialities to be noted in connection with them. As these letters are merely indicatory, they should carefully be expunged in the expressions which contain them, when they are actually used.

5. An *augment* or a *substitute* or an *affix* or a *root*, in the form in which it appears with the indicatory letters attached to it, is called an ఉపదేశః, *original enunciation, i. e.*, an expression which occurs only in grammar as a technical expression, and which is not a word ready for use; though one of the original elements of a word. (B. 5).

6. The rules as to how the indicatory letters are to be distinguished from others are as given below :—

A. For original enunciations in general.

1. A nasal vowel is indicatory. (I. 3. 2).
2. A final consonant is indicatory. (I. 3. 3).

B. For roots.

3. The expressions ఞి, టు, and డు, initials, are indicatory. (I. 3. 5).

C. For affixes.

4. ష initial is indicatory. (I. 3. 6).
5. చు and టు, initials, are indicatory. I. 3. 7).
6. ల, శ, and కు, initials, are indicatory. (I. 3. 8).
7. But ల, శ, and కు, initials, in a *secondary* affix are not indicatory. (I. 3. 8).
8. Nor are తు, స, and ము, standing in a *vibhakti* indicatory. (I. 3. 4).

7. It is however to be observed with regard to rule 1 that in the work of *Pàṇini* there is no visible sign of the *nasality* of a vowel; hence we can know a vowel to be nasal only from his explicitly asserting that it is so, or from our finding that he treats it in such a way that we must conclude he regarded it as *nasal*. (B. 36).

8. And here it must further be observed, that it may be necessary to find in many cases how the final indicatory vowel is accented, for the accent also determines some grammatical peculiarity of the word having the vowel as its indicatory letter. Thus, take ಆಸ, a root, where the final vowel is indicatory: here, as this vowel is gravely accented, the root admits only of the *átmanépadi* mode of conjugation. But take ಯುಜ, another root, where also the final vowel is indicatory; here as the vowel is circumflexly accented, this root admits of the *átmanépadi* as well as of the *parasmaipadi* mode of conjugation at option. (I. 3. 12, 27).

9. The following examples illustrate the other rules above given:—

1.	ಸುಪ್	=ಸು	12.	ಣಲ್	=ಅ	21.	ಲಟ್	=ಲ
2.	ಞಿಧೃಷಾ	=ಧೃಷ್	13.	ಲ್ಯುಟ್	=ಯು	22.	ಶ	=ಶ
3.	ಟುವೇಪೃ	=ವೇಪ್	14.	ಶಪ್	=ಅ	23.	ಕನ್	=ಕ
4.	ಡುಕೃಞ್	=ಕೃ	15.	ಕ	=ಅ	24.	ಖ	=ಖ
5.	ಷ್ವುನ್	=ವು	16.	ಖಲ್	=ಅ	25.	ಘ	=ಘ
6.	ಸ್ಫಞ್	=ಫ	17.	ಗ್ಸ್ನು	=ಸ್ನು	And *vibhakti* *affixes*,		
7.	ಜಸ್	=ಅಸ್	18.	ಘಞ್	=ಅ	26.	ಅತ್	=ಅತ್
8.	ಞ್ಯ	=ಯ	19.	ಙಿ	=ಎ	27.	ರನ್	=ರನ್
9.	ಟ	=ಅ	20.	ಙಸ್	=ಅಸ್	28.	ಙಸ್	=ಅಸ್
10.	ಠಕ್	=ಠ	But the *secondary*			29.	ಅಙ	=ಅಙ
11.	ಡ	=ಅ	*affixes*,					

10. In connection with the general grammatical operations referred to, the undermentioned technical expressions are used, *viz*:—

1. ಗುಣಃ, *guṇaḥ* (crude form *guṇa*) short ಅ and ಏಙ್ substituted for ಇಕ್ (I. 1. 2, 3.)

2. ವೃದ್ಧಿಃ, *vṛiddhiḥ* (crude form *vṛiddhi*) long ಆ and ಐಚ್ substituted for ಇಕ್. (I. 1. 1, 3.)

3. ಸಂಪ್ರಸಾರಣಂ, *samprasáraṇam* = ಇಕ್ substituted in the place of ಯಣ್ and of the vowels that follow the ಯಣ್. (I. 1. 45; VI. 1. 108).

4. ಉಪಧಾ, *upadhá*=penultimate. (I. 1. 65).

5. ಅಪೃಕ್ತಃ *apṛiktaḥ*=an affix which consists of a single letter, exclusive of its indicatory letters. (I. 2. 41.)

6. ಟಿ *ṭi*=the final portion of a word beginning with the last of the vowels in the word (I. 1. 64), taking, in the case of a word which, through having been altered by *samprasáraṇam*, stands as a monosyllabic word, the vowel that had followed the ಯಣ್ as still existing, though the ಇಕ್ substituted for the ಯಣ್ has actually displaced this vowel. (VI. 4. 144 ; Sid II. 234). *e. g.*,

ಜ್ಯಾ = ಜಿ. ಆ = ಜಿ
ವ್ಯಧ್ = ವಿ. ಅಧ್ = ವಿಧ್
ವ್ಯಚ್ = ವಿ. ಅಚ್ = ವಿಚ್
ವ್ಯೇಞ್ = ಉ. ಆಯ್ = ಉಯ್ (the substitute of ವೇಞ್)
ವಶ್ = ಉ. ಅಶ್ = ಉಶ್
ವಚ್ = ಉ. ಅಚ್ = ಉಚ್
ಸ್ವಪ್ = ಸು. ಅಪ್ = ಸುಪ್
ಜ್ವರ್ = ಜು. ಅರ್ = ಜುರ್
ತ್ವರ್ = ತು. ಅರ್ = ತುರ್
ವ್ರಶ್ಚ = ವೃ. ಅಶ್ಚ = ವೃಶ್ಚ
ಗ್ರಹ್ = ಗೃ. ಅಹ್ = ಗೃಹ್
ಪ್ರಚ್ಛ್ = ಪೃ. ಅಚ್ಛ್ = ಪೃಚ್ಛ್
ಭ್ರಸ್ಜ್ = ಭೃ. ಅಸ್ಜ್ = ಭೃಸ್ಜ್

11. We have in the explanation of *apṛiktaḥ* pointed out that whether an affix is single or not, should be determined after excluding its indicatory letters. And we may here add that in the case of all expressions whatever, we should, if we have to judge of them as consisting of one or more letters, keep out of consideration all their indicatory letters (ನಾನುಬಂಧಕೃತಮನೇಕಾಲ್ತ್ವಂ) (Sid. I. 96).

12. We shall for the sake of convenience use the verbs *guṇate*, *vṛiddhiate*, *samprasàraṇate*, *lopate*, *lupate*, *lukate*, and *ṣlúate* when we wish to say that some letter has taken *guṇa* or

vriddhi or *samprasáraṇam* or has been elided by *lòpa*, *lup*, *luk* or *ślu*.

13. In some cases, it will be found stated that an expression or letter stands for itself and for another preceding or following it (ಏಕಾದೇಶಃ *yekádéśaḥ)*. In fact the substance of such a statement is that the latter letter is to be *elided*.

14. The following general principles are observed :—

(A). For grammatical operations in general.

(1). A grammatical operation enjoined for an expression affects that expression with all that has been introduced into the *middle* of it (ತನ್ಮಧ್ಯಪತಿತಸ್ತದ್ಗ್ರಹಣೇನಗೃಹ್ಯತೇ). Thus, take ಕಿಮ್, a crude noun, and ಸ್, a case affix ; by a rule relating to this noun, whereby ಕ (open) is prescribed as a *substitute* for it when a case affix follows it, the *complete word* from it *plus* the *affix* becomes ಕಸ್. Now, according to another rule, ಕಿಮ್, in taking ಅಕಚ್, a *secondary affix*, gets itself separated into ಕ್ and ಇಮ್, and receives ಅಕ್, the efficient portion of ಅಕಚ್ after that separated ಕ್, and before the separated ಇಮ್, becoming ultimately ಕಕಿಮ್. But, if afterwards a case affix such as ಸ್ above mentioned is to be attached to it, then too, by the rule under consideration, ಕ್ should come as the substitute for the whole expression ಕಕಿಮ್, making the complete word ಕಸ್ only as before, because ಅಕಚ್ is an *affix* which has been introduced into the *middle* of ಕಿಮ್ (Sid. I. 15, 1).

(2). When an operation has been enjoined, if the carrying out of any other prescribed operation would render the rule prescribing the former operation entirely abortive, the latter operation should not take place (ವಿಧಿಸಾಮರ್ಥ್ಯನ್ಯಾಯಃ) (Sid I. 52). For example, the words ಚಕ್ರೀ + ಅತ್ರ meaning the *discus-armed Vishnu here* become ಚಕ್ರಿ ಅತ್ರ, having the final ಈ of the first word shortened into ಇ by a rule of *sandhi*; and according to another rule by which the final ಇ or ಈ of one word is to coalesce with the initial ಅ of another word into ಯ (open), the expression ಚಕ್ರಿ ಅತ್ರ, which has been obtained by the application of the former rule, will become ಚಕ್ರ್ಯತ್ರ. This however, would have resulted equally from applying the latter rule directly to the words ಚಕ್ರೀ ಅತ್ರ as they originally stood, for the ಯ would have been the substitute of ಈ + ಅ as well as of ಇ + ಅ ;thus the former rule would be made entirely abortivo by applying the latter rule. Hence, by the general principle now under consideration, after the former rule has been applied, the expression ಚಕ್ರಿ ಅತ್ರ must be left as it is without applying the latter rule.

(3.) When the cause for an operation is to cease to exist subsequently, that operation is not to be made or rather is unmade immediately the cause so ceases to exist (ಅಕೃತವ್ಯೂಹಾಃ ಪಾಣಿನೀಯಾಃ ನಿಮಿತ್ತಂವಿನಾಶೋನ್ಮುಖಂ ದೃಷ್ಟ್ವಾ ತತ್ಪ್ರಯುಕ್ತಂ ಕಾರ್ಯನ್ನಕುರ್ವನ್ತಿ ಜಾತಮಪಿಕಾರ್ಯಂ ನೋಚ್ಚಾರಯನ್ತಿ) (Sid I. 31. Note 17). Thus take ನಿಷೇದಿವಸ್, a word formed by ವಸ್ a *primitive affix*, and a *verbal base*, and which is equal to ನಿಷೇದ್ + ಇ + ವಸ್ ; here the ಇ between ನಿಷೇದ್ and ವಸ್ is an *augment* of ವಸ್ prescribed by a rule on account of the affix beginning with ವ. And now take ಈ a *feminine* affix, and let it be required to attach this affix to the word ನಿಷೇದಿವಸ್ ; here by another rule relating to the changes which bases formed by the affix ವಸ್ should undergo before affixes beginning with vowels, the ವ should by *samprasáraṇation* be changed into ಉ. The question then is should the *augment* ಇ of ವಸ್ remain before the ಉ. The answer according to the principle under notice is that as the cause of the *augment* was the ವ of the affix ವಸ್, the *augment* should not in this case either have been originally inserted, or rather should, simultaneously with the *samprasáraṇation*, be rejected, because the *samprasáraṇated* affix begins with ಉ, not with ವ.

(4). When operations enjoined by several rules, and referring to the same subject appear to be in conflict, the operation to be actually performed is to be judged by determining the relative strength of the rules as follows :—

(a) An *exception* is stronger than the general rule (ಉತ್ಸರ್ಗಾಪವಾದನ್ಯಾಯಃ).

(*b*) A rule enjoining an operation which is to affect a case as an individual case, or a case belonging to a lower species, is stronger than one which affects it only as one contained in a species, or higher species, or *genus* (ಅನ್ತರಂಗ ಬಹಿರಂಗನ್ಯಾಯಃ).

(*c*) A rule enjoining an operation which is to affect the subject *always*, is stronger than one which affects it sometimes and does not affect it at other times (ನಿತ್ಯಾನಿತ್ಯನ್ಯಾಯಃ).

(d) An operation enjoined by a *subsequent* rule (in *Páṇini*) is stronger generally than one enjoined by a *prior* rule (ವಿಪ್ರತಿಷೇಧೇಪರಂಕಾರ್ಯಂ) (Kas. on I. 4. 2), though in some cases (which are to be ascertained only from commentaries upon *Páṇini*) the latter is the stronger (ಪೂರ್ವವಿಪ್ರತಿಷೇಧೇನ).

(e) And further, as between the principles *(a)* to *(d)* aforesaid, the *prior* one is stronger than all the *subsequent* ones in their order. (Sid. I. 31).

(5). And the *superior* strength of a rule is generally to debar the operations enjoined by all the other rules in conflict with that rule, (ಸಕೃದ್ಗತೌವಿಪ್ರತಿಷೇಧೇಯದ್ಬಾಧಿತಂತದ್ಬಾಧಿತಮೇವ), but in some cases (which are to be ascertained from commentaries) it only gives a priority to the operations enjoined by the rule without entirely shutting them out. (Sid. I. 81, note 13).

(6). And as between an operation which is to affect any case as an *individual* case, or as a case contained in a *lower species* and an operation which is to affect it as a case contained in a *species*, or *higher species*, or *genus*, the latter operation is to be held as not having taken place, until the former operation has been performed (ಬಹಿರಂಗಮಂತರಂಗೇಅಸಿದ್ಧಂಭವತಿ), that is, the former operation is to be performed first, and then the latter operation. (Sid. I. 30 note 16).

(7). Observe that besides the cases which are to be ascertained from commentaries as aforesaid, *Páṇini* himself has enumerated in the last three chapters of the eighth lecture of his grammar some cases of this kind. In these cases, the *prior* rules take effect as if the *subsequent* rules had no existence, that is, not only do the rules in the prior chapters prevail over the rules in the last three chapters, but also the prior rules in the last three chapters prevail over the subsequent rules in them, so far as these subsequent rules are in conflict with them. (VIII. 2. 1). Hence, the effect of a subsequent rule neither furnishes a cause for an operation enjoined by a prior rule, nor is to be regarded in performing an operation enjoined by a prior rule. (Sid. I. 12 note 39).

(8). When an operation is enjoined in respect of an *affix*, the operation applies not to that affix as an *affix only*, but to a *word* formed by that affix, and standing as a word ending in that affix, and also to a word which ends with a word so ending in that affix. (Sid. I. 130.note 12). Thus take ಇಞ್, a *secondary affix* to which another secondary affix ಆಯನ technically called ಫಕ್ is prescribed by a rule. Now this *affix*, ಆಯನ is to be attached not to the *affix*, but to such a word as ದಾಕ್ಷಿ which has been formed by ಇಞ್ from the word ದಕ್ಷ, in the form in which it stands immediately after such formation, as also to such a word as ಪರಮ ದಾಕ್ಷಿ, which is a compound word made from the words ಪರಮ and ದಾಕ್ಷಿ and has the word formed by ಇಞ್ at the end.

(9). And in the application of the above principle, a word by having taken a *feminine affix* alone will not cease to be a word standing in the form in which it was after its formation by another affix. (Sid. I. 469). Thus, take a rule by which, the *samprasáraṇation* of ಷ್ಯಙ್, a secondary affix, is enjoined when it is followed by the word ಪುತ್ರ, and the word ಕಾರೀಷಗಂಧ which takes ಷ್ಯಙ್, and immediately after ಷ್ಯಙ್, the affix ಚಾಪ್ which is a feminine affix. The preceding principle will not apply, if by reason of the ಚಾಪ್, the word ಕಾರೀಷಗಂಧ್ಯ, which results from ಕಾರೀಷಗಂಧ and ಷ್ಯಙ್, and which with the ಚಾಪ್ becomes ಕಾರೀಷಗಂಧ್ಯಾ, according to rules to be mentioned further on, is not taken as standing in the form in which it was after its formation by ಷ್ಯಙ್. Hence the principle under consideration, which prevents the applicability of the preceding principle to such a case as this. Thus, ಕಾರೀಷಗಂಧ್ಯಾ + ಪುತ್ರ, becomes, by *samprasáraṇation* according to the rule aforesaid, and by an elongation of the vowel substituted in accordance with another rule, ಕಾರೀಷ ಗಂಧೀ ಪುತ್ರ; and for the same reason this word when compounded with another word such as the word ಪರಮ, for instance, becomes ಪರಮ ಕಾರೀಷಗಂಧೀಪುತ್ರ.

(10). But a feminine affix will nevertheless interfere in the case of a word at the end of a compound word, if that word is merely an ಉಪಸರ್ಜನಂ, *a subordinate member*, a term which will be explained fully further on. (Sid. I. 469). Thus, take ಅತಿಕಾರೀಷಗಂಧ್ಯಾ where the word ಕಾರೀಷಗಂಧ್ಯಾ is merely a *subordinate member*; this when it is followed by ಪುತ್ರ will not be *samprasáraṇated,* and so the *resultant compound* will be ಅತಿಕಾರೀಷ ಗಂಧ್ಯಾ ಪುತ್ರ, not ಅತಿಕಾರೀಷಗಂಧೀಪುತ್ರ.

(11). And it should also be remembered that the general principle referring to operations relating to an affix applies only to operations enjoined in respect of the affix, not to a mere technical name assigned to the affix. (Sid. I. 98). Thus, take ತರಪ್ a *secondary affix*: though this affix is one of the affixes technically called ಘ (*gha*), the word ಪಟುತರ which is formed from ಪಟು by ತರಪ್ does not come under the name of *gha*.

(12). When an operation is enjoined in respect of a *root,* the operation will apply as well to words derived from that root by *verbal affixes,* whether these are *verbs* or *primitive words.* (Sid. I. 180). Thus take a word ending in ಅ such as ಅಯ for instance, and ಕೃ a root as to which a grammatical rule prescribes the prefixing of the letter ಸ when it comes after a word ending in ಅ. Now, according to the principle under consideration, the ಸ

will come not only before ಕರೋತಿ a verb derived from ಕೃ, but ಕಾರ which is a primitive word from the root, making the words ಅಯಸ್ಕರೋತಿ and ಅಯಸ್ಕಾರ.

(13). When any grammatical operation is enjoined in respect of a *pada* or an *anga* the operation applies also to what ends with that *pada* or *anga*. (B. 181). And the same is the case also when the *pada* or *anga* has been partially altered (B, 181); for the rule is that what is *partially altered* does not thereby become *something quite different*; and this is illustrated by the case of a *dog* which having *lost* its *ears* does not thereby lose its *personal identity*. For example, the word ಜರಸ್ being the substitute for ಜರಾ under certain circumstances, will under the same circumstances become the substitute also for ನಿರ್ಜರ, just as in English the *substitution* in the plural of *geese* for *goose* applies also to the case of *wild geese*, and this notwithstanding that in the latter word, ಜರಾ which has the ಆ long does not occur, but ಜರ having the ಅ short. (B. 81).

(14). When an operation is enjoined in respect of a base as ending in ಅನ್, ಇನ್, ಅಸ್, or ಮನ್, whether this ಅನ್, ಇನ್, ಅಸ್, or ಮನ್ is entirely an affix or not does not matter, and the operation is to be performed upon the base. (Sid. I. 159. note 45). Thus in ರಾಜನ್, the ಅನ್ is *an affix*, but in ಸಾಮನ್, it is only a *part* of an affix; in ದಂಡಿನ್, ಇನ್ is an *affix*, but in ವಾಗ್ಮಿನ್, it is not; in ಸುಪಯಸ್, ಅಸ್ is an *affix*, but in ಸುಸ್ರೋತಸ್, it is not; and in ಸುಶರ್ಮನ್, ಮನ್ is an *affix*, but in ಪ್ರಥಮನ್, it is not: yet an operation enjoined in respect of bases on account of their ending expressions as aforesaid, should be performed upon all those bases *alike*.

(*B*). *For augments.*

(15). When the augments in their original enunciation are distinguished by an indicatory ಟ or ಕ, they respectively precede or follow the word they augment, (I. 1. 46). For example take ಧುಟ್, ಕುಕ್, and ಟುಕ್ which under certain circumstances come as augments of ಸ, ಙ್, and ಛ, in the words ಸಂತ್ಸ, ಪ್ರಾ ಙ್, and

ಸುಗಣ್, in the expressions ಷಟ್ ಸಂತಃ, ಪ್ರಾಙ್ ಷಷ್ಠಃ, and ಸುಗಣ್ ಷಷ್ಠಃ. Now, according to the principle under consideration the position of the augments will be as follows :—

ಷಡ್ ಧ್ಸಂತಃ ; ಪ್ರಾಙ್ಕ್ ಷಷ್ಠಃ; ಸುಗಣ್ಟ್ ಷಷ್ಠಃ.

(16). An augment, which has ಮು as its indicatory letter, comes after the last of the vowels and become the final portion of that which it augments (I. 1. 47). For example, take ನುಮ್ which, under certain circumstances, comes as the augment of the word ಜ್ಞಾನ. According to the principle under consideration, the ನ which remains from this augment after the expunging of the indicatory letters is to be annexed to the final ಅ of the word, and is to be regarded as a portion thereof.

(*C*). *For substitutes.*

(17). When a common term is given as a substitute, the actual substitute to be used is that which, of all the significates of that term, is most like to that which it replaces (I. 1. 50). For example, let it be required to substitute ಯಣ್ letters for ಇಕ್ letters in any case; owing to the principle under consideration, the letters ಯ, ವ, ರ, and ಲ will severally in their order have to be substituted for ಇ, ಉ, ಋ, and ಌ.

(18). When there is an equal number of substitutes and of expressions for which they are to be substituted, the assignment of the former in place of the latter is in the order of their enumeration. (I. 3. 10). For example, let it be required to substitute ಅಯ್, ಅವ್, ಆಯ್, and ಆವ್, for the letters ಏಚ್; then the latter expressions, according to the principle under consideration, will severally in their order have to be substituted for the letters ಏ, ಓ, ಐ, and ಔ, denoted by ಏಚ್.

(19). A substitute enjoined generally for any expression must affect only the final letter of that expression ; a substitute enjoined for whatever is stated as preceding something else must affect only the final letter of that which immediately so precedes that; but a substitute enjoined for whatever is stated as following something else must affect only the first letter of that which immediately so follows that. (I. 1. 52, 54, 66, 67). For example, let it be required to *lopate* what ends in a compound consonant as ಸುದ್ಧ್ಯ for instance, in accordance with a rule to be explained hereafter; then by the principle under consideration only the final letter ಯ in the word will have to be *lopated*, not the whole word itself. So let it be required to make a substitution of letters, in any expression as ಸುಧಿ ಉಪಾಸ್ಯಃ, for instance, in accordance with another rule according to which ಯ is to be substituted for ಇ when the latter is followed by a vowel; then by the principle under consideration the ಯ should be substituted for the ಇ in ಸುಧಿ which immediately precedes the word ಉಪಾಸ್ಯಃ. So let it be required to make another substitution of letters in any expression as ಉದ್-ಸ್ಥಾನಂ for instance, because of another rule according to which a letter belonging to the class of the prior is to be substituted when the word ಸ್ಥಾನಂ follows the word ಉದ್; then by the principle under consideration the substitution should be made only in the room of the first letter ಸ in ಸ್ಥಾನಂ and not for any other letters.

(20). And for the purpose of the preceding rule, an expression containing only one single letter is to be regarded as having an initial or final letter as the case may require. (I. 1. 21). For example, take ಭ್ಯಾಂ one of the case affixes: let it be required to attach this affix to the expression (ಅ). Now, under the rule already mentioned as to an ಅ coming before a case affix beginning with the letters ಯಞ್, the base ಅ before ಭ್ಯಾಂ has to be lengthened, the whole word including both the base and the affix becoming ಆಭ್ಯಾಂ thereby. But a caviller might object that the *solitary* ಅ is *initial* and cannot therefore be *final*. This objection the principle under consideration guards against, by declaring that the ಅ which is solitary is to be regarded as either as the case may require.

(21.) But the above rule is to hold good only :—

(*a*) When the original expression is a significant one; for if it is a non-significant expression, the whole expression will be affected unless it is a *reduplicate* derived by reduplication according to the rules relating to reduplication of bases to be noticed by and by (Sid. I. 153, B. 303). For example, referring to a rule according to which the part ಇದ್ in the expression ಇದಂ is to be *lopàted* under certain circumstances, it may be said that under the rule above mentioned the substitution of a blank grammatically implied by the *lopation* should be only for the final letter ದ of ಇದ್, not for the whole ಇದ್ itself. But as this part ಇದ್ regarding which a substitution is enjoined is a non-significant expression the whole ಇದ್, by the principle under consideration, must be *lopated*. But take root ಪ್ರಾ and its reduplicate which according to the rules of reduplication alluded to is ಪ. Now a rule in connection with this ಪ enjoins the substitution of ಇ. If we apply the general rule relating to non-significant expressions, the ಇ will displace the whole ಪ, for ಪ is non-significant. But the exception to that rule in favor of such expressions relating to reduplication allows the ಅ only of ಪ to be changed into ಇ.

(*b*). When the substitute has a single letter only; for, if there are more letters in it and it has no ಙ್ as its indicatory letter, it will affect the whole of the original expression, though when it has a ಙ್ as its indicatory letter, it, except it is ತಾತಙ್ the substitute of ತು a verbal affix which will be referred to hereafter, will affect the initial or the final letter only as the case may be. (I. 1. 53, 55). For example, refer again to the substitution of ಜನಸ್ for ಜಾ; now, since the substitute has more letters than one, it comes in the room not of the final letter only but of the whole expression ಜಾ. But take ಅವಙ್ which is prescribed by a rule to be noticed hereafter as the substitute for ಗೋ, under certain circumstances. Here, though the substitute contains more letters than one, yet, because it has a ಙ್ as its indicatory letter, it comes in place of only the last letter of

ಸಖಿ, not of the whole expression. Take, however, ತಾತಙ್ the substitute of ತು already alluded to; here, the substitute comes in the room of the whole expression ತು, not of the final letter only (Sid. II. 14).

(*c*). Even when the substitute has a single letter, only if it does not contain a ಶ as an indicatory letter; for if it does, it will affect the whole expression. (I. 1. 55). For example take ಇಶ್ which is enjoined by a rule as the substitute of ಇದಂ under certain circumstances; here, though the substitute contains only one letter, because it has an indicatory ಶ, it comes in place of the whole expression ಇದಂ; and

(*d*). Even when the substitute is a single letter, if together with its indicatory letter it was an expression having more than one letter, only when it is not a substitute enjoined for an affix; for if it is such, the whole expression for which it is enjoined as a substitute will be affected. (Sid. I. 96). Thus, take ಶೀ which by a rule relating to case affixes is given as a substitute for ಜಸ್, a case affix; this ಶೀ will be a substitute not for the last letter only, but for the whole expression ಜಸ್.

(22). But notwithstanding anything to the contrary though without prejudice to the rule regarding partial alteration of a *pada* or an *anga*, a substitute shall take the place of that only which is specifically exhibited when the substitute is enjoined, (B. 181). For example, referring again to ಜರಸ್ the substitute for ಜರಾ, when under rule, (13), the same substitute is to be put in place of ಜರಾ when it is preceded by the particle ನಿರ್, it may, under *(b)* of Rule 21, be said that the substitution of ಜರಸ್ should displace the whole expression ನಿರ್ಜರಾ. But the principle under consideration debars this, and requires that in this expression ನಿರ್ಜರಾ the substitute should come only in the room of the part ಜರಾ, because this part is the only expression specifically exhibited when the substitution of the substitute ಜರಸ್ was enjoined.

(23). The substitution by *samprasáraṇation* should be made upon the last ಯಣ್ in the expression in respect of which the substitution is enjoined. (Sid. I. 6; 1. 37, 161). Thus, take ಯುವನ್ a crude noun, and though by a rule relating to it a substitution by *samprasáraṇation* is enjoined, only the ವ of the noun should, in accordance with the principle under consideration, be changed into ಉ, not the ಯು of it into ಇ, though both ವ and ಯು are ಯಣ್.

(24). And when an affix is elided by the substitution of any of the blanks comprised under the name of ಲು, *i. e., luk, ṣlu,* or *lup,* as distinguished from the ordinary blank termed *lopa,* the effect which it is competent to cause in respect of a base shall not generally take place; (I. 1. 63) generally, for, *Patanjali* declares that the rule is not invariable. (B. 271). For example, take ಜಸ್ one of the case affixes, and let it be required to *lukate* this affix after any word, say ಕತಿ, for instance. Now although a short ಇಕ್ vowel before ಜಸ್ is generally to be *guṇated* according to a rule, the final ಇ in ಕತಿ will not undergo this change by virtue of the principle under consideration. But, as one among the rare exceptional cases wherein this rule is not strictly adhered to, take the crude noun ವಾರಿ + ಸು which is a case affix. Here while a rule requires the *guṇation* of the final ಇ of ವಾರಿ before this affix, another rule enjoins the *lukation* of the affix itself. Now, though according to the general rule under notice, the final ಇ should not be *guṇated,* yet, under the above authority of *Patanjali,* the word may appear as ವಾರೆ with the *guṇated* ಇ. These few exceptional cases will be pointed out as occasion arises.

(25). But when an affix is elided by the blank termed *lopa* the affix should still exert its influence as if it were actually present, that is, the base should retain its character as a base and as such should have performed upon it all the operations of which the *lopated* affix is the cause *as an affix,* in distinction from operations dependent merely upon the individual parts of the affix, *i. e.,* its letters. (I. 10. 62). For example, take ಸು one of the case affixes and let it be required to *lopate* this affix after any word,

F

say, ಧೀಮಂತ್ for instance. Now, because the penultimate vowel of a word thus ending, when the affix ಸು follows, has to be lengthened according to a certain rule, the penultimate ಅ in the word should be thus lengthened in accordance with the principle under consideration.

(26). A substitute is like that of which it takes the place, *i. e.*, it operates and is operated upon like the latter. (I. 1. 56). For example, take ಙೆ one of the case affixes and also a rule relating to this affix, according to which ಯ will have to be substituted for ಙೆ in a certain case; then, by the principle under consideration, this ಯ will be entitled to the name of a case affix equally with ಙೆ and will have to be treated as such. So the substitute of a secondary, a primitive, or a personal affix, will take severally the name of a secondary, a primitive, or a personal affix, and should be dealt with as such. So also, the substitute of a root is a root; of a base, a base; of an indeclinable, an indeclinable; and of a pada, a pada (Kas. on I. 1. 56).

(27). But, generally, the rule of a substitute being like its *former occupant* does not hold good in regard to an operation the occasion for which is furnished by the *letters* of the *original* expression—that is, an operation which has to take place upon the letters themselves or on account of them, *i. e.*, by reason of their coming before, or behind, or between them and so forth. (I. 1. 56). Thus, in the case above mentioned, though ಯ becomes a case affix, it, owing to the principle under notice, cannot be held to consist of the same letters as ಙೆ, and therefore, by a rule according to which an ಅ coming before a case affix beginning with the letters ಯಞ್ has to be lengthened, though no such lengthening takes place before ಙೆ, this lengthening must take place before the affix ಯ, notwithstanding it is only a substitute for ಙೆ.

(28). The above restriction, however, is not to be observed in respect of a substitute coming in the room *of a vowel*, if the substitution is caused (*a*) by something that follows, and (*b*) if a rule would else take effect on what stands anterior to, but not necessarily immediately before, the original vowel. (I. 1. 57). For example, take ణి one of the verbal affixes and let it be required to attach this affix to any verbal base ending in అ, as కథ, for instance. Now, by a rule to be referred to hereafter there should be *lopation* of the అ of what ends in that letter at the time when the class of affixes to which ణి belongs are attached, that is, there should be, grammatically speaking, the substitution of a blank for the అ, and according to another rule, when affixes, having an indicatory ణ like ణి are attached, the penultimate vowel of the base has to be *vriddhiated.* Hence, (by the general rule already mentioned in regard to a substitute not being like its *former occupant* as to an operation the occasion for which is furnished by the letters of the original expression,) since the *lopation* of the final అ to be made in కథ, according to the first of the above rules, is such an operation, the blank substituted for అ is not to be treated as the అ itself, and thus the అ preceding the థ in the word after taking the rank of a penultimate will have to be *vriddhiated.* But the principle under consideration bars this *vriddhiation* by enjoining the treatment of the blank as the అ for which it has been substituted, because, 1stly, the అ is a vowel ; 2ndly, the substitution of a blank is caused by the affix ణి which follows the అ ; and 3rdly, the rule regarding *vriddhiation* of the penultimate owing to the indicatory ణ in the affix will else take effect upon the vowel అ preceding the థ, which stands anterior to the *lopated* అ, thus making the base కథ *plus* the ణి as కాథి instead of కథి as it ought correctly to be. Take again the word దిద్యుః, which is formed from the root దివ్ by its reduplication, a process of which we shall learn by and by, and the addition of ఉస్ a verbal affix, and which is equal to దివ్ + దివ్ + ఉస్, and by the change of the ఇ of the second దివ్ into యు according to a rule on account of the ఉ of ఉస్ following the ఇ. Now according to another rule which lays down that the short ఇక్ vowels preceding a penultimate వ్ of a root should be lengthened, when the వ్ is followed by a consonant, the ఇ of the first దివ్ should be lengthened ; for the యు is a consonant and follows the ವ of the second ವಿ which is the penultimate of a root. But the principle under consideration prevents this lengthening of the ಋ by directing the assumption of the ಯ as the original ಋ, because, 1stly, the ಋ is a vowel; 2ndly the substitution of ಯ for ಋ is required by the ಉ following the ಋ; and 3rdly, the ಇ of the first ವಿ upon which the rule regarding lengthening would else take effect is anterior to the substituted ಯ. (Sid. II. 42).

(29). Some say that a *lopated* vowel will exert its influence if the *lopation* is on account of anything that follows it, not only when a rule would else take effect upon something that precedes the *lopated* vowel, but also when a rule would else take effect upon something that follows the vowel on account of something that precedes it. (Sid. I. 106, 155, note 32). But this view is not well supported.

(30). But, notwithstanding the above rule, the general restriction will prevail if the substitute in the room of a vowel alluded to is a *lopa*, and the operation which the *lopa* substitute would else affect is (1) the lengthening of a vowel, or (2) the *lopation* of the letter ಯ. And the general restriction in spite of the above rule will prevail also in the case of any other substitute of a vowel than *lopa*, if the operation which the substitute would else affect is (1) an operation relating to the end of a *pada*; (2) a reduplication of expressions; (3) the change of letters into homogeneous letters; (4) the change of a letter into *anusvára*; (5) the change of letters into corresponding ಜಶ್ letters, or (6) the change of letters into corresponding ಚರ್ letters. (Sid. II. 58). For example, take the root ಕಂಡೂಯ + the affix ತಿ. Here, according to a rule, the final ಅ of the root is *lopated* and the root thus remains only as ಕಂಡೂಯ್ before ತಿ. But according to another rule by which the *lopation* of ಯ before ತ is enjoined, the ಯ of the root could be elided if the *lopated* ಅ is held not to exert its influence, but could not be so, if the *lopated* ಅ is taken into account. The latter alternative which would give ಕಂಡೂಯ್ತಿ ultimately as the word, the rule under notice removes, thus making the word appear finally as ಕಂಡೂತಿ, the ಯ getting *lopated*, because of its position before ತ. So, take the crude noun ದಿವನ್ and the case affix ಆ which, according to a rule, causes the ಅ preceding the ನ to be *lopated.* Then, according to another rule the short ಇ preceding the ವ is to be lengthened, if we take the ವ as being followed by a consonant, but is to remain unchanged if we take it as being followed by the *lopated* ಅ under the authority of the preceding rule. The former alternative the rule under consideration provides for, making the word appear correctly as ದೀವ್ನಾ, not ದಿವ್ನಾ. But take the crude noun ಗಿರಿ + ಓಃ which is a case affix, and two rules according to one of which the final ಇ of ಗಿರಿ before ಓ becomes ಯ್, and according to the other, the other ಇ is to be lengthened, if the ರ is taken as being followed by the original ಇ, the word in the first case becoming ಗಿರ್ಯೋಃ and in the second case ಗೀರ್ಯೋಃ. Now, since the substitution of ಯ್ is not *lopation*, the rule under notice does not apply, while the preceding rule does; hence the correct word is ಗಿರ್ಯೋಃ. So take the crude noun ವಾಯು + the same affix ಓಃ, and a rule which requires the change of ಉ in ಯು into ವ before ಓ of the affix. Here, as by a rule which requires the *lopation* of ಯ್ before ವ, the *lopation* of the ಯ್ preceding the substituted ವ in the word in question would become necessary if the original ಉ is not held to exert its influence, the applicability of the preceding rule is secured by restricting the force of the present rule to *lopation*. Hence the word finally becomes ವಾಯ್ವೋಃ, not ವಾವ್ವೋಃ. Again, take the words ಕೌ and ಸ್ತಃ, the latter being the result of the root ಅಸ್ + the affix ತಃ, after *lopation* of the ಅ of the root by virtue of a rule to be noticed hereafter. Here if we take the *lopated* ಅ as still exerting its influence, then according to a rule which requires the change of ಔ into ಆವ್ before ಅ, the ಔ of ಕೌ would become ಆವ್ accordingly, and the whole expression would become ಕಾವ್ಸ್ತಃ. But the rule under notice prevents this result as the operation regarding ಔ is one belonging to the end of a *pada*, the word ಕೌ being a complete word. So take the words ಯಾನಿ and ಸಂತಿ, the latter of which is from ಅಸ್ and ಅಂತಿ with the ಅ of ಅಸ್ *lopated* according to a rule. Here, because the ಇ of ಯಾನಿ is at the end of a complete word, the rule under notice, by preventing the *lopated* ಅ from exerting its influence, saves the ಇ from the liability to become ಯ which another rule would otherwise impose upon it, making the whole expression appear finally as ಯಾನ್ಯ ಸಂತಿ instead of ಯಾನಿಸಂತಿ as it ought correctly to be. So take ದಧಿ + ಅತ್ರ. Here also the ಇ of ದಧಿ should, as has already been seen, become ಯ before ಅ, the whole expression becoming thus ದಧ್ಯತ್ರ. Now, according to a certain rule the ಧ before ಯ can be doubled, if we do not regard the original ಇ as still present, as the rule of reduplication alluded to requires, that the letter to be doubled should not be one followed by a vowel. For this result the rule under notice provides by excluding the operation of the preceding rule from cases in which reduplication of expressions is concerned. Hence the word may be written as ದದ್ಧ್ಯತ್ರ. So take the expression ಶಿನಡಿ, which by a rule after getting the ಅ *lopated* becomes ಶಿನ್ಡಿ. Here by another rule the ನ should become homogeneous with ಡ of ಡಿ, *i. e.*, ಣ, if the *lopated* ಅ is disregarded, and accordingly for this result the rule under consideration provides. Hence the word finally becomes ಶಿಣ್ಡಿ. So, take the expression ಶಿನಷಂತಿ which by a rule, after getting the ಅ *lopated*, becomes ಶಿನ್ಷಂತಿ. Here by another rule the ನ is to be changed into *anusvára*, if we consider it as being followed by ಷ as it actually is, and not by the *lopated* ಅ as we might take it under the preceding rule. Accordingly, the rule under consideration secures the change into *anusvára* by excepting cases of such change from the scope of the preceding rule. Hence the word finally becomes ಶಿಂಷಂತಿ. So take the expression ಸಘಧಿ which by a rule after getting the ಅ *lopated* becomes ಸಘ್ಧಿ. Here, according to a rule the ಘ, if we hold it as preceding ಧ, as it actually does, is to be changed into ಗ, but not if we hold it to have the *lopated* ಅ after it. Accordingly, for the first alternative, the rule under consideration provides. Hence ultimately the word becomes ಸಗ್ಧಿ. So, take the expression ಜಘಸತುಃ which by a rule after getting the ಅ of ಘ *lopated* becomes ಜಘ್ಸತುಃ. Here by another rule the ಘ as being followed by ಸ is to be changed into ಕ, and this change it will get only if we leave the *lopated* ಅ out of the account. Accordingly, the rule under notice excludes cases of such change from the scope of the preceding rule. Hence the word becomes ಜಕ್ಷತುಃ.

(31). And the general restriction prohibiting the representative character of a substitute in the case of a letter will, though the letter is a vowel, prevail also in some other cases, the most important of which is the *sandhi* of consonants. Thus, take ರಾಜನ್ and ಜಸ್, a case affix. Now when ಜಸ್ comes after ರಾಜನ್, the ಅ of ಜ of ರಾಜನ್ is to be *lopated* according to a rule. If this *lopated* ಅ is taken as still exerting its influence, there will be no alteration of ನ of ರಾಜನ್ on account of the *sandhi* between it and the preceding ಜ according to another rule; but ನ according to this rule will have to be altered into ಞ if the *lopated* ಅ is left out of consideration. But the exception under notice, by treating this as one of the exceptional cases within its scope, causes such alteration. (VIII. 2. 1; Sid. I. 106, 155, 187). (ಪೂರ್ವತ್ರಾಸಿದ್ಧೀನ ಸ್ಥಾನಿವತ್ ತಸ್ಯದೋಷಃ ಸಂಯೋಗಾದಿಲೋಪಲತ್ವಣತ್ವೇಷು). It is however to be observed that the example above given applies only when we accept the interpretation of the general rule by those who say that a *lopated* vowel would exert its influence when a rule would else take effect upon something preceding as well as upon something following the vowel.

(32). On the other hand, there are certain cases in which, although a substitution is only on account of a letter, the substitute is to be treated as the original occupant though under none of the principles already noticed there is sanction to its being so treated. These cases also relate mostly to *sandhi* but to the *sandhi* of vowels. Thus, take the words ಅಸೌ and ಆದಿತ್ಯಃ. Here, by a rule the final ಔ of the first word and the ಆ of the second word should combine into ಆವಾ and finally into ಆ, ಆ, the ವ್ of ಆವ್ in the expression ಆವಾ which is to be considered as at the end of a *pada* like ಔ for which it has come in as a substitute, being *lopated* optionally according to a rule to be noticed hereafter, and then by another rule as homogeneous vowels should combine into a long vowel of the same kind, both ಆ of ಆವ್ and ಆ of ಆದಿತ್ಯಃ aforesaid should together become one ಆ only. Now if this takes place, we shall have ಅಸಾದಿತ್ಯಃ, but if it does not take place, we shall have ಅಸಾಆದಿತ್ಯಃ. The exception under notice by treating this as one of the exceptional cases prevents the blending of ಆ and ಆ into ಆ, and so makes the latter result correct.

PART II.

SANDHI.

1. *Sandhi*, as has been seen, is of two kinds, (1) that of bases and affixes, and (2) that of complete words. The former may be called the internal, and the latter, the external *sandhi*.

2. The first step in the process in both kinds of *sandhi* is to get rid of the *euphonic* harshness that may arise from the concurrence of some consonants in groups of three or more. The rules in this respect are :—

(i). The letters ಸ and ಕ coming before a consonant, when a ಝಲ್ letter follows this consonant, should be *lopated*. (VIII. 2. 29).

(ii). The letter ಸ coming after a ಝಲ್ letter, should, when a ಝಲ್ letter follows it, be *lopated*, provided that all the three letters alluded to are in the same *pada*. (VIII. 2. 26 ; Sid. II. 40. note).

(iii). Subject to the above rule, the ಝರ್ letters, when they come after consonants, may likewise be optionally *lopated*, when homogeneous ಝರ್ letters follow. (VIII. 4. 65): *e. g.*,

(1) ಭೃಸ್ಜ್+ತಃ=ಭೃಜ್+ತಃ (2) ತಕ್ಷ್+ತವಾನ್=ತಷ್+ತವಾನ್. (3) ಅಗೌಪ್+ಸ್+ತಾಂ=ಅಗೌಪ್ತಾಂ. (4) ಉತ್ಥ್ಥಾನಂ=ಉತ್ಥಾನಂ or ಉತ್ಥ್ಥಾನಂ. (5) ಕೃಷ್ಣರ್ದ್ಧಿಃ=ಕೃಷ್ಣರ್ಧಿಃ or ಕೃಷ್ಣರ್ದ್ಧಿಃ. (6) ಶಿಣ್ಡ್ಢಿ=ಶಿಣ್ಢಿ or ಶಿಣ್ಡ್ಢಿ. But ಸೋಮ ಸುತ್+ಸ್ತೋತಾ where of the concurrent ತ, ಸ, and ತ, the first ತ is in a word different from that in which the other two letters occur,=ಸೋಮಸುತ್ಸ್ತೋತಾ.

3. For the same reason, the concurrence of the letter ರ or ಢ with another ರ or ಢ respectively is prevented by *lopating* the preceding ರ or ಢ as the case may be. (VIII. 3. 14, 13). *e. g.*; (1) ಪುನರ್+ರಮತೇ=ಪುನ+ರಮತೇ. (2) ಹರಿರ್+ರಮ್ಯಃ=ಹರಿ+ರಮ್ಯಃ. (3) ಶಂಭುರ್ + ರಾಜತೇ=ಶಂಭು +ರಾಜತೇ. (4) ಜರ್ಘೃರ್+ರ್=ಜರ್ಘೃ+ರ್. (5) ಲಿಢ್

+ಢಃ=ಲಿ+ಢಃ. (6) ತೃಢ್+ಢಃ=ತೃ+ಢಃ. (7) ವೃಢ್+ಢಃ=ವೃ+ಢಃ. But ಶ್ವಲಿಢ್+ಢೌಕತೆ=ಶ್ವಲಿಡ್ಢೌಕತೆ.

4. So, the concurrence of the letters ವ or ಯ with ವ or other ವಲ್ letters is avoided by *lopating* the ವ or ಯ, except when such concurrence is in the original enunciation of a word. (VI. 1. 61, 66). *e. g.*, (1) ಕ್ನೂಯ್+ತಃ=ಕ್ನೂ+ತಃ. (2) ತುರ್ವ್+ನಃ=ತುರ್+ನಃ. But root ವ್ರಶ್ಚ್, where the ವ is followed by ರ in the original enunciation of the root=ವ್ರಶ್ಚ್.

5. Observe that even when the succeeding letters are themselves to disappear according to any rule, the *lopation* of the ವ or ಯ should take place before the *lopation* of the succeeding letters. Thus, in ಲೋಲೂಯ್+ವಿ which belongs to a primitive affix, though the ವಿ itself is, according to a rule to be noticed by and by, to be eliminated, the ಯ should be dropped first on account of its concurrence with a ವಲ್ and then the ವಿ eliminated. (Kās. on VI. 1. 66).

6. If the prevention of the concurrence of more than two consonants as far as possible, and of double ರ, of double ಢ, and of ವ or ಯ with ವಲ್, in the above manner, is necessary equally in both kinds of *sandhi*, it is further necessary in the case of *sandhi* of complete words not only to prevent the concurrence of even compound consonants, but also to prevent the words ending in any consonant at all except in a few. The rules on the subject are :—

A. For compound consonants.

(i). The final of that word which ends in a compound consonant should be *lopated.* (VIII. 2. 23).

(ii). But such elision should not take place, if the final letters are ಯಣ್. (B. 23).

(iii). Nor shall such elision take place in the case of any other letter if it is preceded by ರ, and is not ಸ. (VIII. 2. 24).

(iv). Nor shall the elision take place in the case of any letter whether ಯಣ್, ಸ, or any other, if it is preceded by ಸ or ಕ. (VIII. 2. 29).

(v). But in the last mentioned case the preceding ಸ and ಕ should be *lopated*. (VIII. 2. 29). *e. g.*, (1) ಸುವಲ್ಗ್ನ್ಸ=ಸುವಲ್, (2) ಮಾತುರ್ಸ್=ಮಾತುರ್, (3) ಪಿತುರ್ಸ್=ಪಿತುರ್, (4) ಕ್ರೋಷ್ಟುರ್ಸ್=ಕ್ರೋಷ್ಟುರ್, (5) ಚಿಕೀರ್ಸ್=ಚಿಕೀರ್. But (6) ಸುಧ್ಧ್ಯ=ಸುಧ್ಧ್ಯ, (7) ಮದ್ಧ್ವ=ಮದ್ಧ್ವ, (8) ಧಾತ್ತ್ರ=ಧಾತ್ತ್ರ, (9) ಉರ್ಕ್=ಉರ್ಕ್, (10) ಅವರಿವರ್ತ್=ಅವರಿವರ್ತ್, (11) ಅಮಾರ್ಟ್=ಅಮಾರ್ಟ್, (12) ಭೃಸ್ಜ್=ಭೃಜ್, (13) ತಕ್ಷ್=ತಷ್, (14) ರಕ್ಷ್=ರಷ್, (15) ಚಕ್ಷ್=ಚಷ್.

(vi). Provided that in the application of the last preceding rule,

(*a*). A ಯಣ್ following the ಕ or ಸ, if derived from the change of ಇಕ್ into ಯಣ್ under rules to be referred to hereafter, should be taken not as ಯಣ್, but as ಇಕ್ only. (Kás. on VIII. 2. 29). *e. g.*, ವಾಸ್ಯ (where the final ಯ is the substitute for ಇ of ವಾಸಿ under rules to be mentioned,)+ಅರ್ಥಂ=ವಾಸ್ಯರ್ಥಂ; ಕಾಶಿ+ಅರ್ಥಂ=ಕಾಶ್ಯರ್ಥಂ.

(*b*). A conjunct consonant beginning with ಕ or ಸ, though at the end of a *pada* actually, should not be held to be such, if, before the *pada* became such, there was a vowel following the conjunct consonant, which had become *lopated* on account of something that previously followed the vowel, and then got itself elided. (Sid. I. 187). *e. g.*, ತಕ್ಷ್ or ರಕ್ಷ್+ಇ of ಣಿಚ್, a verbal affix,+ಕ್ವಿಪ್ which also is a verbal affix = ತಕ್ಷ್ or ರಕ್ಷ್ only first, because both ಇ and ಕ್ವಿಪ್ have been elided according to rules to be mentioned hereafter, and then = ತಕ್ or ರಕ್ only, because ಕ should not go, but ಷ only, in accordance with rule (1) above. But ತಕ್ಷ್ or ರಕ್ಷ್ not derived as aforesaid = ತಷ್ or ರಗ್ only; not ತಕ್ or ರಗ್.

(*c*). A conjunct consonant beginning with a ಕ, if the ಕ is derived by the change of ಚ into ಕ, or by the change of ಛ or ಶ first into ಷ, and then of this ಷ into ಕ, according to rules to be given by and by, should not be considered as beginning with ಕ. (Sid. I. 187). *e. g.*, ಪಿಪಕ್ಷ್ where the original elements were ಪಿಪಚ್+ಸ್ and the ಕ is derived from ಚ according to rules to be mentioned = ಪಿಪಕ್ ; ವಿವಕ್ಷ್ where the original elements were

ವಿವಶ್+ಸ್, and the ಕ is derived by the change of ಶ್ into ಷ and then of this ಷ into ಕ್ = ವಿವಕ್.

B. For Simple Consonants.

(vii). Instead of the ಚು letters except ಛ, final in a *pada*, there should be ಕು. (VIII. 2. 30); instead of ಛ and ಶ, ಷ; (VIII. 2. 36), instead of ಹ, ಢ; (VIII. 2. 31), instead of all ಝಲ್ letters excluding ಸ but including the ಕು letters, ಷ, and ಢ so substituted, ಜಶ್; (VIII. 2. 39), and instead of ಸ, ರು, *i. e.*, ರ which, when it is a ರ substituted for ಸ in the above manner, is, in distinction from other ರ, always called ರು.

(viii). But when a pause ensues, instead of ಝಲ್ there may be optionally ಚರ್. (VIII. 4. 46), and instead of ರ, whether original or derived from ರು, the substitute for ಸ as above mentioned, there should be *visargaḥ*. (VIII. 3. 15).

(ix). Provided that in the application of the last preceding rule, a ಕ derived by a change of ಷ into ಕ according to rules to be given hereafter, should not be considered as ಕ, but as ಷ only. (Sid. I. 187).

Table for Simple Consonants.

	Without a pause.	With a pause.
ಕ. ಖ. ಗ. ಘ. ಚ. ಜ. ಝ. ...	ಗ	ಗ or ಕ
ಙ. ಞ. ...	ಙ	ಙ
ಟ. ಠ. ಡ. ಢ. ಹ. ಛ. ಶ. ಷ. ...	ಡ	ಡ or ಟ
ತ. ಥ. ದ. ಧ. ...	ದ	ದ or ತ
ಪ. ಫ. ಬ. ಭ. ...	ಬ	ಬ or ಪ
ಸ. ರ. ...	ರ	ಃ
ಣ. ನ. ಮ. ಯ. ಲ. ವ. ...	ಣ. ನ. ಮ. ಯ. ಲ. ವ	ಣ. ನ. ಮ. ಯ. ಲ. ವ.

Examples. (1) ಸುಯುಜ್=ಸುಯುಗ್.=(2) ವಾಚ್=ವಾಕ್=ವಾಗ್. (3) ಲಿಹ್=ಲಿಢ್=ಲಿಡ್. (4) ದಿಶ್=ದಿಗ್ (5) ಚಿತ್ರಲಿಖ್=ಚಿತ್ರಲಿಗ್. (6) ದ್ವಿಷ್=ದ್ವಿಡ್. (7) ರಾಮಸ್=ರಾಮರ್. And ಸುಯುಜ್ with a pause=ಸುಯುಗ್ or ಸುಯುಕ್. ವಾಚ್ with a pause=ವಾಗ್ or ವಾಕ್. ಲಿಹ್ with a pause=ಲಿಡ್ or ಲಿಟ್. ಚಿತ್ರಲಿಖ್ with a pause=ಚಿತ್ರಲಿಗ್ or ಚಿತ್ರಲಿಕ್. ದ್ವಿಷ್ with a pause=ದ್ವಿಡ್ or ದ್ವಿಟ್. ಪುನರ್ with a pause=ಪುನಃ. ರಾಮಸ್ with a pause=ರಾಮರ್=ರಾಮಃ. ವಿವಿಕ್ಷ್=ವಿವಿಕ್=ವಿವಿಕ್ಷ್=ವಿವಿಡ್ and with a pause=ವಿವಿಡ್ or ವಿವಿಟ್.

7. The result of the above rules, it will be found, is that no complete word can end in any simple consonant except ಗ, ಡ, ದ, ಬ, ಙ, ಞ, ನ, ಮ, ಯ, ರ, ಲ, and ವ; and as no words in Sanskrit are found to end in ಯ and ವ, these two letters also may be excluded. But it will at the same time be seen that, when there is a pause, the words which end in ಗ, ಡ, ದ, and ಬ, may optionally end in ಕ, ಟ, ತ, and ಪ also, and that the word which ends in ರ, whether original or derived from ರು, the substitute for ಸ should end in *visargaḥ*. And as to compound consonants, it will likewise be seen that no word can end in such consonants except they be ಗ್ಗ, ಡ್ಡ, ದ್ದ, or ಪ್ಪ, or, when there is a pause, optionally ಕ್ಕ, ಟ್ಟ. ತ್ತ, and ಪ್ಪ also. And as to vowels, it must be said that all vowels may come at the end of a word except ಋ.

8. Another euphonic arrangement which seems to be of a somewhat opposite character to the above is the doubling of consonants under certaiu circumstances. The rules on this subject are :—

(i). Every ಯರ್ consonant except ರ, ಹ, or ವ, may optionally be doubled if proceded by a vowel, and this, though between the consonant and the vowel there is ರ or ಹ. (VIII. 4. 46, 47).

(ii). But if the ಯರ್ consonant is followed also by a vowel, the doubling should not take place, (*a*) in the case of all ಯರ್ consonants when there is no intervening ರ or ಹ, and (*b*) in the case of only ಶರ್ consonants when there is an intervening ರ or ಹ. (VIII. 4. 49).

(iii). Notwithstanding the above rules, when the consonants ಙಮ್ preceded by a short vowel come before a vowel, they receive the augment ಙಮುಟ್, that is to say, they should be doubled, provided they are at the end of a word. (VIII. 3. 32.)

Table for the doubling of Consonants.

Letters which precede.	Letters which follow, *viz.*, ಯರ್ letters except ರ, ಢ, and ವ.								
	ಶರ್ letters.		others.						
			With intervening ರ or ಹ	With no intervening ರ or ಹ.					
				Not being ಙಮ್ letters.		ಙಮ್ letters.			
						Final in a word.		Not final in a word.	
	Followed by vowels.	Not followed by vowels.		Followed by vowels.	Not followed by vowels.	Followed by vowels.	Not followed by vowels.	Followed by vowels.	Not followed by vowels.
Short vowels / Long vowels.	...	... / O.D.	... / O.D.	...	... / O.D.	... / D. (short vowels); ... (long vowels)	... / O.D.	...	... / O.D.

Observe that in the above table, three dots imply that the letters are to remain unchanged; D, that the letters are to be doubled; and O. D, that the letters are to be doubled optionally. Observe also that when two signs are used together with a line between, one being above, and the other below the line, the upper one refers to the letters opposite to it in the left hand column, while the lower one applies to the letters above in the column at the top, and that when only one sign is used, it applies to the letters shewn in both the left hand and the top column. And it should be remarked that not only will the dots be used with the same signification but also the same plan will be followed as regards the use of signs singly and jointly in some other tables to be given hereafter in connection with *sandhi*, and further, that when two expressions are used together with a line between in the same manner, the uppor one shews the change of the letters in the left hand column, while the lower one shows that of the letters in the top column, and that when only one expression is used it shews the change into which the letters in both the left hand and top columns together pass.

Examples. (1) ದಾಸ್ಯ, (2) ವಾಸ್ತವ್ಯ, (3) ದೃಶ್ಯ= (1) ದಾಸ್ಸ್ಯ, or ದಾಸ್ಯ, (2) ವಾಸ್ಸ್ತವ್ಯ or ವಾಸ್ತವ್ಯ, (3) ದೃಶ್ಶ್ಯ or ದೃಶ್ಯ. (ಶರ್ not followed by vowels).

(1) ಅರ್ಕ, (2) ಮಾರ್ಗ, (3) ಗಾರ್ಗ್ಯ, (4) ಅರ್ಚ್ಯ, (5) ಬ್ರಹ್ಮ, (6) ಅಪಹ್ನುತೆ, (7) ಬ್ರಾಹ್ಮ್ಯ,= (1) ಅರ್ಕ್ಕ or ಅರ್ಕ, (2) ಮಾರ್ಗ್ಗ or ಮಾರ್ಗ, (3) ಗಾರ್ಗ್ಗ್ಯ or ಗಾರ್ಗ್ಯ, (4) ಅರ್ಚ್ಚ್ಯ or ಅರ್ಚ್ಯ, (5) ಬ್ರಹ್ಮ or ಬ್ರಹ್ಮ್ಮ, (6) ಅಪಹ್ನ್ನುತೆ or ಅಪಹ್ನುತೆ, (7) ಬ್ರಾಹ್ಮ್ಮ್ಯ or ಬ್ರಾಹ್ಮ್ಯ, (ಯರ್ not being ಶರ್ with intervening ರ or ಹ).

(1) ಸುಧ್ಯು, (2) ಮಧ್ವ. (3) ಪಾಕ್, (4) ಷಟ್, (5) ತತ್= (1) ಸುದ್ಧ್ಯು or ಸುಧ್ಯು. (2) ಮದ್ಧ್ವ or ಮಧ್ವ (3) ಪಾಕ್ಕ್ or ವಾಕ್. (4) ಷಟ್ಟ್ or ಷಟ್. (5) ತತ್ತ್, or ತತ್. (ಯರ್ not being ಶರ್ and not being ಙಮ್ and not followed by vowels).

(1) ಸುಗಣ್+ಈಶಃ=ಸುಗಣ್ಣೀಶಃ, (2) ಸನ್+ಅಚ್ಯುತಃ=ಸನ್ನಚ್ಯುತಃ, (3) ಪ್ರತ್ಯಙ್+ಆತ್ಮಾ=ಪ್ರತ್ಯಙ್ಙಾತ್ಮಾ, (4) ಧಾವನ್+ಅಶ್ವಃ=ಧಾವನ್ನಶ್ವಃ, (5) ಹಸನ್+ಆಗತಃ=ಹಸನ್ನಾಗತಃ, (6) ಚಿಂತಯನ್+ಇಹ=ಚಿಂತಯನ್ನಿಹ, (7) ಸೃಜನ್+ಈಶ್ವರಃ =ಸೃಜನ್ನೀಶ್ವರಃ (8) ಸ್ಮರನ್+ಉವಾಚ=ಸ್ಮರನ್ನುವಾಚ, (ಙಮ್ final in a word and followed by vowels).

(1) ಪ್ರಾಙ್+ಸಃ=ಪ್ರಾಙ್ಙ್ಸಃ or ಪ್ರಾಙ್ಸಃ (2) ಸುಗಣ್+ಗಚ್ಛತಿ=ಸುಗಣ್ಣ್ಗಚ್ಛತಿ or ಸುಗಣ್ಗಚ್ಛತಿ, (3) ಸುಗಣ್+ಷಟ್ಕಂ=ಸುಗಣ್ಣ್ಷಟ್ಕಂ or ಸುಗಣ್ಷಟ್ಕಂ. (ಙಮ್ not followed by vowel).

But ಲೇಹ್ಯ=ಲೇಹ್ಯ (ಹ್ not being ಯರ್)

(1) ಗ್ಲ್ಲಾನಿ, (2) ಕಾರ್ಶ್ನ್ಯ, (3) ಹ್ನುತೆ, (4) ಹ್ಮಲಯತಿ= (1) ಗ್ಲಾನಿ, (2) ಕಾರ್ಶ್ಯ, (3) ಹ್ನುತೆ, (4) ಹ್ಮಲಯತಿ (ಯರ್ not preceded by vowels).

(1) ರಸ, (2) ಪಾಶ, (3) ವಿಷ, (4) ಚತುರ್ಷು, (5) ದರ್ಶ= (1) ರಸ, (2) ಪಾಶ, (3) ವಿಷ, (4) ಚತುರ್ಷು. (ಶರ್ followed by vowels).

(1) ರಜ, (2) ನಾದ, (3) ಜೀವ= (1) ರಜ, (2) ನಾದ, (3) ಜೀವ, (ಯರ್ not being ಶರ್ and not being ಙಮ್ followed by vowels).

(1) ಕಲಾಪಿನ್+ಔ=ಕಲಾಪಿನೌ, (2) ಸುಗಣ್+ಇ=ಸುಗಣಿ. (ಙಮ್ not final in a word though followed by vowels).

(1) ಪ್ರಾಙ್+ಅಸ್ತಿ=ಪ್ರಾಙಸ್ತಿ, (2) ಕವೀನ್+ಆಹ್ವಯಸ್ವ=ಕವೀನಾಹ್ವಯಸ್ವ, (3) ಮಹಾನ್+ಆಗ್ರಹಃ=ಮಹಾನಾಗ್ರಹಃ, (4) ಸಾಧೂನ್+ಆದ್ರಿಯಸ್ವ=ಸಾಧೂನಾದ್ರಿಯಸ್ವ, (5) ಭ್ರಾತೄನ್+ಅನುಗೃಹ್ಣೀಷ್ವ=ಭ್ರಾತೄನನುಗೃಹ್ಣೀಷ್ವ, (ಙಮ್ final in a word and followed by vowels but preceded by long vowels).

9. Note that in this work the above rule regarding the prevention of a concurrence of consonants though only optional will be taken as absolute, while on the other hand those relating to the optional doubling of consonants will be disregarded entirely; for, to retain more letters than are absolutely necessary in a word is practically useless.

10. Bearing in mind the above remarks as to preventing the concurrence of consonants and as to complete words not ending in certain consonants, and as to the doubling of consonants in certain cases, it may then be generally said that both kinds of *sandhi* are made in accordance with the same rules, and that only in a few cases the internal *sandhi* differs from the external.

11. Now, the general rules relating to both kinds of *sandhi* in connection with vowels, are as follows :—

(i). When ಅ not final in a *pada* is followed by another ಅ, the following ಅ is the single substitute for both. (VI. 1. 97.)

(ii). Subject to the above rule, when a homogeneous vowel follows ಅಕ್ letters, the corresponding long vowel is the single substitute for both. (VI. 1. 101).

(iii). When any vowel not homogeneous (except the letter ಋ which, as has been seen, includes technically ಌ also, and except ಏಚ್ and except ಉ followed by ಸ್), comes after the letter ಅ, *guṇa* is the single substitute for both. (VI. 1. 87).

(iv). But when ಉ followed by ಸ comes after the *letter* ಅ, the form of the subsequent vowel is the single substitute for both, that is, the letter ಅ is elided. (VI. 1. 96).

(v). When the letters ಋ and ಌ follow the letter ಅ, *guṇa* followed by the letters ರ and ಲ respectively is the single substitute for both, the letter ಅ when at the end of a *pada* being optionally allowed to have the following letter unchanged if it is ಋ short and in this case being itself shortened, if long. (VI. 1. 128; I. 1. 51).

(vi). When ಏ or ಓ comes after ಅ not final in a *pada*, the following ಏ or ಓ is the single substitute for both itself, and the preceding ಅ. (VI. 1. 97).

(vii). Subject to the above rule, when ಏಚ್ follow the letter ಅ, *vṛiddhi* is the single substitute for both. (VI. 1. 88).

(viii). When ಇಕ್ is followed by a vowel not homogeneous, the former is changed into ಯಣ್, (VI. 1. 77); the ಇಕ್ at the end of a *pada* being optionally allowed to remain unchanged, and being in this case, when long, shortened. (VII. 1. 27).

(ix). When a vowel follows, instead of ಏಚ್, there are in due order ಅಯ್, ಅವ್, ಆಯ್ and ಆವ್. (VI. 1. 78); the ಯ್ and ವ್ being *lopated* optionally at the end of a *pada*, (VIII. 3. 19), but when the short ಅ follows ಏಙ್ final in a *pada*, the preceding vowel is the single substitute for both, (VI. 1. 109), a character termed ಅರ್ಧಾಕಾರ, "half the letter ಅ," being generally written in the place of the ಅ left out.

2 B

Table II. for vowels.

Letters which precede.		Letters which follow.												
		ಅ	ಆ	ಇ	ಈ	ಉ	ಊ	ಋ	ೠ	ಌ	ಎ	ಐ	ಒ	ಔ
ಅ.	N. Fin :	×	ಅ	×										
		…	×	ಎ		… or ಒ	ಒ	ಅರ್		ಅಲ್	…			
	Fin :	ಆ		×										
		×		ಎ		ಒ		ಅರ್ or ಅಋ	ಅರ್	ಅಲ್ or ಅಌ	…			
ಇ.	N. Fin :	…		×										
		×		ಎ		… or ಒ	ಒ	ಅರ್		ಅಲ್	ಐ	…	ಔ	…
	Fin :	…		×										
		×		ಎ		ಒ		ಅರ್ or ಅಋ or …	ಅರ್	ಅಲ್ or ಅಌ or …	ಐ	…	ಔ	…
ಉ.	N. Fin :	ಯ್				ಯ್								
		…		ಈ		…								
	Fin :	ಯ್ or …		×		ಯ್ or…								
		…				…								
ಋ.	N. Fin :	ಯ್				ಯ್								
		…		…		…								
	Fin :	ಯ್ or ಇ or…		×		ಯ್ or ಇ or…								
		…				…								

Table II. for vowels. (Continued).

Letters which precede.		Letters which follow.												
		ಅ	ಆ	ಇ	ಈ	ಉ	ಊ	ಋ	ೠ	ಌ	ಎ	ಐ	ಒ	ಔ
ಉ.	N. Fin:	ವ್ / …				ಊ / ×		ವ್ / …						
	Fin:	ವ್ or … / …						ವ್ or… / …						
ಊ.	N. Fin:	ವ್ / …				… / ×		ವ್ / …						
	Fin:	ವ್ or ಉ or… / …						ವ್ or ಉ or … / …						
ಋ.	ೠ	ರ್ / …						ೠ / ×			ಲ್ / …			
ಌ.		ಲ್ / …						ಌ / ×			ರ್ / …			
ಎ.	N. Fin:	ಅಯ್ / …												
	Fin:	… / ×	ಅಯ್ or ಅ / …											

Table II. for vowels. (Continued).

<table>
<tr><th rowspan="2" colspan="2">Letters which precede.</th><th colspan="13">Letters which follow.</th></tr>
<tr><th>ಅ</th><th>ಆ</th><th>ಇ</th><th>ಈ</th><th>ಉ</th><th>ಊ</th><th>ಋ</th><th>ೠ</th><th>ಌ</th><th>ಏ</th><th>ಐ</th><th>ಓ</th><th>ಔ</th></tr>
<tr><td rowspan="4">ಐ.</td><td rowspan="2">N. Fin ;</td><td colspan="13">ಆಯ್</td></tr>
<tr><td colspan="13">...</td></tr>
<tr><td rowspan="2">Fin ;</td><td colspan="13">ಆಯ್ or ಆ</td></tr>
<tr><td colspan="13">...</td></tr>
<tr><td rowspan="4">ಓ.</td><td rowspan="2">N. Fin ;</td><td colspan="13">ಅವ್</td></tr>
<tr><td colspan="13">...</td></tr>
<tr><td rowspan="2">Fin ;</td><td>...</td><td colspan="12">ಅವ್ or ಅ</td></tr>
<tr><td>×</td><td colspan="12">...</td></tr>
<tr><td rowspan="4">ಔ.</td><td rowspan="2">N. Fin ;</td><td colspan="13">ಆವ್</td></tr>
<tr><td colspan="13">...</td></tr>
<tr><td rowspan="2">Fin ;</td><td colspan="13">ಆವ್ or ಆ</td></tr>
<tr><td colspan="13">...</td></tr>
</table>

ಅ.

ಭವ+ಅಂತಿ=ಭವಂತಿ. ಅಜ+ಆ=ಅಜಾ. ಏಧ+ಇ=ಏಧೆ. ಭವ+ಎ=ಭವೆ. ರಾಮ+ಔ=ರಾಮೌ. (*a*).

ಅತ್ರ+ಅಸ್ತಿ=ಅತ್ರಾಸ್ತಿ. ಈಕ್ಷೇತ+ಆಗಮನಂ=ಈಕ್ಷೇತಾಗಮನಂ. ಭಜ+ಇಂದ್ರಂ=ಭಜೇಂದ್ರಂ. ತ್ಯಜ+ಈಪ್ಸಾಂ=ತ್ಯಜೇಪ್ಸಾಂ. ಸಂಸ್ಮರ+ಉತ್ಸವಂ=ಸಂಸ್ಮರೋತ್ಸವಂ. ವರಯ+ಊಢಾಂ=ವರಯೋಢಾಂ. ಭವ+ಋಕ್ಷೇಶಃ= ಭವರ್ಕ್ಷೇಶಃ or ಭವಋಕ್ಷೇಶಃ. ಮಮ+ೠಕಾರಃ=ಮಮರ್ಕಾರಃ. ತವ+ಌಕಾರಃ=ತವಲ್ಕಾರಃ or ತವ ಌಕಾರಃ. ಅಭವತ+ಏವ=ಅಭವತೈವ. ಪಚಯ+ ಐಶ್ವರ್ಯಂ=ಪಚಯೈಶ್ವರ್ಯಂ. ಅದೀವ್ಯತ+ಓಜಃ=ಅದೀವ್ಯತೌಜಃ. ಪಶ್ಯ+ಔಪಮ್ಯಂ=ಪಶ್ಯೌಪಮ್ಯಂ. (*b*).

ಆ.

ಗಾ+ಅ=ಗಾ. ಯಾ+ಆನಿ=ಯಾನಿ. ರಮಾ+ಈ=ರಮೆ. ಭಿಂದ್ಯಾ+ಉಸ್=ಭಿಂದ್ಯುಸ್=ಭಿಂದ್ಯುಃ. (*a*).

ಯದಾ+ಅನಕ್ತಿ=ಯದಾನಕ್ತಿ. ವಿದ್ಯಾ+ಆಲಯಃ=ವಿದ್ಯಾಲಯಃ. ತದಾ+ ಇಚ್ಛಾ=ತದೇಚ್ಛಾ. ಯಥಾ+ಈಕ್ಷತೆ=ಯಥೇಕ್ಷತೆ. ಸಾ+ಉವಾಚ= ಸೋವಾಚ. ತಥಾ+ಊಚುಃ=ತಥೋಚುಃ. ಬ್ರಹ್ಮಾ+ಋಷಿಃ=ಬ್ರಹ್ಮರ್ಷಿಃ or ಬ್ರಹ್ಮಾ ಋಷಿಃ or ಬ್ರಹ್ಮಋಷಿಃ. ಯುಕ್ತಾ+ೠಕಾರೇಣ=ಯುಕ್ತರ್ಕಾರೇಣ. ಸಭಾ+ಏಕಾಕಿನೀ= ಸಭೈಕಾಕಿನೀ. ಮಾತಾ+ಐರಾವತಸ್ಯ=ಮಾತೈರಾವತಸ್ಯ. ಕೃಷ್ಣಾ+ಓಷಧಿಃ=ಕೃಷ್ಣೌಷಧಿಃ. ಲಭ್ಯಾ+ಔಚಿತ್ಯೇ=ಲಭ್ಯೌಚಿತ್ಯೇ. (*b*).

ಇ.

ಬಿಭಿ+ಅತಿ=ಬಿಭ್ಯತಿ. ಮತಿ+ಆಮ್=ಮತ್ಯಾಮ್. ಶಕ್ತಿ+ ಈಃ=ಶಕ್ತೀಃ. ಜಿಗಿ+ಉಃ= ಜಿಗ್ಯುಃ. ದಿ+ಊತಮ್=ದ್ಯೂತಮ್. ಮತಿ+ಎ=ಮತ್ಯೆ. ಮತಿ+ಐ=ಮತ್ಯೈ. ಗಿರಿ+ಓಃ= ಗಿರ್ಯೋಃ. (*a*).

ದಧಿ+ಅತ್ರ=ದಧ್ಯತ್ರ or ದಧಿ ಅತ್ರ. ಕವಿ+ಅಧೀಶ್ವರಃ=ಕವ್ಯಧೀಶ್ವರಃ. ಇತಿ+ಆಹ= ಇತ್ಯಾಹ or ಇತಿ ಆಹ. ಅತಿ+ಆಚಾರಃ=ಅತ್ಯಾಚಾರಃ. ಅಸ್ತಿ+ಇಹ=ಅಸ್ತೀಹ. ಅಪಿ+ ಈಕ್ಷತೆ=ಅಪೀಕ್ಷತೆ. ಇತಿ+ಉಕ್ತಂ=ಇತ್ಯುಕ್ತಂ or ಇತಿ ಉಕ್ತಂ. ಅಭಿ+ ಉದಯಃ= ಅಭ್ಯುದಯಃ. ಸರ್ಪತಿ+ಊಷ್ಮಾಗಮಃ=ಸರ್ಪತ್ಯೂಷ್ಮಾಗಮಃ or ಸರ್ಪತಿ ಊಷ್ಮಾಗಮಃ. ಪ್ರತಿ+ಊಹಃ=ಪ್ರತ್ಯೂಹಃ. ಯಾತಿ+ಋಷಭಃ=ಯಾತ್ಯೃಷಭಃ or ಯಾತಿಋಷಭಃ. ಪಠತಿ+ೠಕಾರಂ=ಪಠತ್ಯೄಕಾರಂ or ಪಠತಿೠಕಾರಂ. ಗಮಯತಿ+ಌಕಾರಂ=ಗಮಯತ್ಯ್ಌಕಾರಂ or ಗಮಯತಿ ಌಕಾರಂ. ವದತಿ+ಏಷಃ=ವದತ್ಯೇಷಃ or ವದತಿ. ಏ

ಷಃ. ಪ್ರತಿ+ಏಕಂ=ಪ್ರತ್ಯೇಕಂ. ಪ್ರಾಪ್ನೋತಿ+ಐಶ್ವರ್ಯಂ=ಪ್ರಾಪ್ನೋತ್ಯೈಶ್ವರ್ಯಂ or ಪ್ರಾಪ್ನೋತಿಐಶ್ವರ್ಯಂ. ಪ್ರತಿ+ಓಜಯತಿ=ಪ್ರತ್ಯೋಜಯತಿ or ಪ್ರತಿ ಓಜಯತಿ. ಅತಿ+ಓಜಸ್ಕಃ=ಅತ್ಯೋಜಸ್ಕಃ. ಪಿಬತಿ+ಔಷಧಂ=ಪಿಬತ್ಯೌಷಧಂ or ಪಿಬತಿ ಔಷಧಂ. (*b*).

ಈ.

ನದೀ+ಅಃ=ನದ್ಯಃ. ಗೌರೀ+ಐ=ಗೌರ್ಯೈ. ಗೌರೀ+ಓಃ=ಗೌರ್ಯೋಃ. ಗೌರೀ ಔ= ಗೌರ್ಯಾ. (*a*).

ಚಕ್ರೀ+ಅತ್ರ=ಚಕ್ರ್ಯತ್ರ or ಚಕ್ರೀಅತ್ರ or ಚಕ್ರಿಅತ್ರ. ನದೀ+ಅಂಬು=ನದ್ಯಂಬು. ಮಾನಿನೀ+ಆಜಗಾಮ=ಮಾನಿನ್ಯಾಜಗಾಮ or ಮಾನಿನೀ ಆಜಗಾಮ or ಮಾನಿನಿ ಆಜಗಾಮ. ಗೌರೀ+ಆನಯನಂ=ಗೌರ್ಯಾನಯನಂ. ನದೀ+ಇಹ=ನದೀಹ. ಭಾಮಿನೀ+ಉಪಾಗಮತ್=ಭಾಮಿನ್ಯುಪಾಗಮತ್ or ಭಾಮಿನೀ ಉಪಾಗಮತ್ or ಭಾಮಿನಿ ಉಪಾಗಮತ್. ಭಾಮಿನೀ+ಉತ್ಸವಃ=ಭಾಮಿನ್ಯುತ್ಸವಃ. ಸುದತೀ+ಊಹತೇ= ಸುದತ್ಯೂಹತೇ or ಸುದತೀಊಹತೇ or ಸುದತಿಊಹತೇ. ಕಾಮಿನೀ+ಊಹಾ=ಕಾಮಿನ್ಯೂಹಾ. ಜ್ಞಾನಿ+ಋಚ್ಛತಿ=ಜ್ಞಾನ್ಯೃಚ್ಛತಿ or ಜ್ಞಾನೀಋಚ್ಛತಿ or ಜ್ಞಾನಿಋಚ್ಛತಿ. ಬಲೀ+ಋಷಭಃ=ಬಲ್ಯೃಷಭಃ. ಜ್ಞಾನೀೠಕಾರಃ= ಜ್ಞಾನ್ಯೄಕಾರಃ or ಜ್ಞಾನೀ ೠಕಾರಃ or ಜ್ಞಾನಿ ೠಕಾರಃ. ಜ್ಞಾನೀ+ಌಕಾರಃ=ಜ್ಞಾನ್ಯ್ಌಕಾರಃ or ಜ್ಞಾನೀಌಕಾರಃ or ಜ್ಞಾನಿಌಕಾರಃ. ನದೀ+ಏವ=ನದ್ಯೇವ or ನದೀಏವ or ನದಿ. ಏವ. ನದೀ+ಐಧತ=ನದ್ಯೈಧತ or ನದೀ ಐಧತ or ನದಿಐಧತ. ಸತೀ+ಐಕ್ಯಂ=ಸತ್ಯೈಕ್ಯಂ. ವಾಪೀ+ಓಖತಿ=ವಾಪ್ಯೋಖತಿ or ವಾಪೀ ಓಖತಿ or ವಾಪಿ ಓಖತಿ. ಕುಮಾರೀ+ಔಖತ್=ಕುಮಾರ್ಯೌಖತ್ or ಕುಮಾರೀಔಖತ್ or ಕುಮಾರಿಔಖತಾ ವಾಣೀ+ಔಚಿತ್ಯಂ. ವಾಣ್ಯೌಚಿತ್ಯಂ. (*b*).

ಉ.

ತನು+ಅಂತಿ= ತನ್ವಂತಿ. ಸುನು+ಆಥಾಂ= ಸುನ್ವಾಥಾಂ. ಭಾನು+ಓಃ= ಭಾನ್ವೋಃ (*a*).

ಮಧು+ಅಸ್ತು= ಮಧ್ವಸ್ತು or ಮಧು ಅಸ್ತು. ಮಧು+ಅರಿಃ=ಮಧ್ವರಿಃ. ವಸು+ಆಪಯತಿ= ವಸ್ವಾಪಯತಿ or ವಸುಆಪಯತಿ. ಸಾಧು+ಆಚಾರಃ= ಸಾಧ್ವಾಚಾರಃ. ಮಧು+ಇವ=ಮಧ್ವಿವ or ಮಧುಇವ. ಭಾನು+ಇತರಃ=ಭಾನ್ವಿತರಃ. ಮಧು+ಈಖತಿ ಮಧ್ವೀಖತಿ or ಮಧು ಈಖತಿ. ಗುರು+ಈಪ್ಸಿತಃ=ಗುರ್ವೀಪ್ಸಿತಃ. ಸಾಧು+ಉಕ್ತಂ=ಸಾಧೂಕ್ತಂ. ಸುಷ್ಟು+ಊಚುಃ= ಸುಷ್ಟೂಚುಃ. ಅಸ್ತು+ಋಷಿಃ=ಅಸ್ತ್ವೃಷಿ

ಷಿಃ or ಅಸ್ತುಋಷಿಃ. ಅಸ್ತು+ೠಕಾರಃ=ಅಸ್ತ್ವ್ೠಕಾರಃ or ಅಸ್ತು ೠಕಾರಃ. ಅಸ್ತು+ಌಕಾರಃ=ಅಸ್ತ್ವ್ಌಕಾರಃ or ಅಸ್ತುಌಕಾರಃ. ಯಾತು+ಏಷಃ=ಯಾತ್ವೇಷಃ or ಯಾತುಏಷಃ. ಅನು+ಏಷಣಂ=ಅನ್ವೇಷಣಂ. ಸ್ಮಶ್ರು+ಐಧತ=ಸ್ಮಶ್ರ್ವೈಧತ or ಸ್ಮಶ್ರು ಐಧತ. ಅನು+ಐಚ್ಛೈಷ್ಟ=ಅನ್ವೈಚ್ಛೈಷ್ಟ. ಆಶು+ಓಖತಿ=ಆಶ್ವೋಖತಿ or ಅಶುಓಖತಿ. ರಕ್ಷತು+ಔದಾರ್ಯಂ=ರಕ್ಷತ್ವೌದಾರ್ಯಂ or ರಕ್ಷತು ಔದಾರ್ಯಂ. ಪ್ರಭು+ಔದಾರ್ಯಂ=ಪ್ರಭ್ವೌದಾರ್ಯಂ. (b).

ಊ.

ವಧೂ+ಅಃ=ವಧ್ವಃ. ಹೂಹೂ+ಆ=ಹೂಹ್ವಾ. ವಧೂ+ಏ=ವಧ್ವೇ. ಚಮೂ+ಓಃ=ಚಮ್ವೋಃ. (a).

ಪ್ರಸೂ+ಅಪಾಂಗಂ=ಪ್ರಸ್ವಪಾಂಗಂ. ವಧೂ+ಆನಯನಂ=ವಧ್ವಾನಯನಂ. ಪುನರ್ಭೂ+ಇಚ್ಛಾ=ಪುನರ್ಭ್ವಿಚ್ಛಾ. ಅನೂ+ಈಶ್ವರಃ=ಅನ್ವೀಶ್ವರಃ. ವಧೂ+ಉತ್ಸವಃ=ವಧೂತ್ಸವಃ. ಭೂಃ+ಊರ್ಧ್ವಂ=ಭೂರ್ಧ್ವಂ. ಕರಭೋರೂ+ಋತಂ=ಕರಭೋರ್ವೃತಂ or ಕರಭೋರೂಋತಂ or ಕರಭೋರು ಋತಂ. ಕರಭೋರೂ+ೠಕಾರಃ=ಕರಭೋರ್ವ್ೠಕಾರಃ. ಕರಭೋರೂ+ಌಕಾರಃ=ಕರಭೋರ್ವ್ಌಕಾರಃ or ಕರಭೋರೂಌಕಾರಃ or ಕರಭೋರುಌಕಾರಃ ವಾಮೋರೂ+ಏಕಾ=ವಾಮೋರ್ವೇಕಾ or ವಾಮೋರೂ ಏಕಾ or ವಾಮೋರುಏಕಾ. ವಧೂ+ಐಶ್ವರ್ಯಂ=ವಧ್ವೈಶ್ವರ್ಯಂ. ಸರಯೂ+ಓಘಃ=ಸರಯ್ವೋಘಃ. ವಧೂ+ಔದಾರ್ಯಂ=ವಧ್ವೌದಾರ್ಯಂ. (b).

ಋ.

ಪಿತೃ+ಆ=ಪಿತ್ರಾ. ಹೋತೃ+ಏ=ಹೋತ್ರೇ. ಸ್ವಸೃ+ಓಃ=ಸ್ವಸ್ರೋಃ. (a)

ಧಾತೃ+ಅಂಶಃ=ಧಾತ್ರಂಶಃ. ಪಿತೃ+ಆದೇಶಃ=ಪಿತ್ರಾದೇಶಃ. ಜ್ಞಾತೃ+ಇಚ್ಛಾ=ಜ್ಞಾತ್ರಿಚ್ಛಾ. ಭ್ರಾತೃ+ಈಪ್ಸಿತಂ=ಭ್ರಾತ್ರೀಪ್ಸಿತಂ. ಪಿತೃ+ಉಪದೇಶಃ=ಪಿತ್ರುಪದೇಶಃ. ಸ್ವಸೃ+ಊಹಾ=ಸ್ವಸ್ರೂಹಾ. ಭ್ರಾತೃ+ಋದ್ಧಿಃ=ಭ್ರಾತೃದ್ಧಿಃ. ಹೋತೃ+ಌಕಾರಃ=ಹೋತ್ರ್ಌಕಾರಃ. ಮಾತೃ+ಏಷಣಾ=ಮಾತ್ರೇಷಣಾ. ಪಿತೃ+ಐಶ್ವರ್ಯಂ=ಪಿತ್ರೈಶ್ವರ್ಯಂ. ಸ್ಮರ್ತೃ+ಓಕಃ=ಸ್ಮರ್ತ್ರೋಕಃ. ವಿಧಾತೃ+ಔದಾರ್ಯಂ=ವಿಧಾತ್ರೌದಾರ್ಯಂ. (b).

ಌ.

ಌ+ಆಕೃತಿಃ=ಲಾಕೃತಿಃ. (b).

ಏ.

ಶೇ+ಅನಂ=ಶಯನಂ. ಶೇ+ಆತೇ=ಶಯಾತೇ. ಅಶೇ+ಇಷ್ಟ=ಅಶಯಿಷ್ಟ. ಶೇ+ಈರನ್=ಶಯೀರನ್. ಶೇ+ಏ=ಶಯೇ. ಶೇ+ಐ=ಶಯೈ. (a).

ಹರೇ+ಅವ= ಹರೇ.ವ ಸಖೇ+ಆಗಚ್ಛ=ಸಖಯಾಗಚ್ಛ or ಸಖ ಆಗಚ್ಛ. ಹರೇ+ ಇಹ=ಹರಯಿಹ or ಹರ ಇಹ. ಸಖೇ+ಈಹಸೇ=ಸಖಯೀಹಸೆ or ಸಖ ಈಹಸೆ. ಸಖೇ+ ಉಚ್ಯತಾಂ=ಸಖಯುಚ್ಯತಾಂ or ಸಖ ಉಚ್ಯತಾಂ. ಅರ್ಜುನೇ+ಊರ್ವಶೀಚ್ಛಾ= ಅರ್ಜುನಯೂರ್ವಶೀಚ್ಛಾ or ಅರ್ಜುನ ಊರ್ವಶೀಚ್ಛಾ. ರಾಮೇ+ಋತಂ=ರಾಮಯೃತಂ or ರಾಮ ಋತಂ. ಲತೇ+ಏತೇ=ಲತಯೇತೆ or ಲತ ಏತೆ. ಸಖೇ+ಐಷೀಃ= ಸಖಯೈಷೀಃ or ಸಖ ಐಷೀಃ. ಇಂದ್ರೇ+ ಓಜಸ್ವಿನಿ= ಇಂದ್ರಯೋಜಸ್ವಿನಿ or ಇಂದ್ರ ಓಜಸ್ವಿನಿ. ವೈಕುಂಠೇ+ಔತ್ಸುಕ್ಯಂ=ವೈಕುಂಠಯೌತ್ಸುಕ್ಯಂ or ವೈಕುಂಠ ಔತ್ಸುಕ್ಯಂ. (*b*).

ಐ.

ನೈ+ಅಕಃ=ನಾಯಕಃ. ರೈ+ಆ=ರಾಯಾ. ರೈ+ಇ=ರಾಯಿ. ರೈ+ಎ= ರಾಯೆ ರೈ+ಓಃ=ರಾಯೋಃ. (*a*).

ತಸ್ಮೈ+ಅದಾತ್ = ತಸ್ಮಾಯದಾತ್ or ತಸ್ಮಾ ಅದಾತ್. ರೈ+ ಆಢ್ಯಃ= ರಾಯಾಢ್ಯಃ. ಶ್ರಿಯೈ+ಇಚ್ಛತಿ=ಶ್ರಿಯಾಯಿಚ್ಛತಿ or ಶ್ರಿಯಾ ಇಚ್ಛತಿ. ರೈ+ ಈಶ್ವರಃ= ರಾಯೀಶ್ವರಃ. ಇಂದ್ರಾಣ್ಯೈ+ಉತ್ಸುಕಃ= ಇಂದ್ರಾಣ್ಯಾಯುತ್ಸುಕಃ or ಇಂದ್ರಾಣ್ಯಾ ಉತ್ಸುಕಃ. ಗೌರ್ಯೈ+ಊರ್ವಶೀ=ಗೌರ್ಯಾಯೂರ್ವಶೀ or ಗೌರ್ಯಾ ಊರ್ವಶೀ. ಶ್ರಿಯೈ+ ಋಚ್ಛತಿ=ಶ್ರಿಯಾಯೃಚ್ಛತಿ or ಶ್ರಿಯಾ ಋಚ್ಛತಿ. ಶ್ರಿಯೈ+ ಏತೇ=ಶ್ರಿಯಾಯೇತಿ or ಶ್ರಿಯಾ ಏತೆ. ಭುಕ್ತ್ಯೈ+ ಐಶ್ವರ್ಯಂ= ಭುಕ್ತ್ಯಾಯೈಶ್ವರ್ಯಂ or ಭುಕ್ತ್ಯಾ ಐಶ್ವರ್ಯಂ. ರೈ+ ಓಕಃ=ರಾಯೋಕಃ. ಶ್ರಿಯೈ+ಔತ್ಸುಕ್ಯಂ= ಶ್ರಿಯಾಯೌತ್ಸುಕ್ಯಂ or ಶ್ರಿಯಾ ಔತ್ಸುಕ್ಯಂ. (*b*).

ಓ.

ಭೋ+ಅನಂ=ಭವನಂ. ಗೋ+ಆ=ಗವಾ. ಭೋ+ಇತಾ=ಭವಿತಾ. ವಿಷ್ಣೋ+ಎ= ವಿಷ್ಣವೆ. ಗೋ+ಓಃ=ಗವೋಃ. (*a*).

ವಿಷ್ಣೋ+ಅತ್ರ=ವಿಷ್ಣೋತ್ರ. ಗುರೋ+ಆಗಚ್ಛ=ಗುರವಾಗಚ್ಛ or ಗುರ ಆಗಚ್ಛ. ಶಂಭೋ+ಇಹ=ಶಂಭವಿಹ or ಶಂಭ ಇಹ. ಪ್ರಭೋ+ಈಹಸೆ=ಪ್ರಭವೀಹಸೆ or ಪ್ರಭ ಈಹಸೆ. ವಾಯೋ+ಉದ್ಧರ=ವಾಯವುದ್ಧರ or ವಾಯ ಉದ್ಧರ. ಸಿಂಧೋ+ ಊರ್ಮಿಮಾನಸಿ=ಸಿಂಧವೂರ್ಮಿಮಾನಸಿ or ಸಿಂಧ ಊರ್ಮಿಮಾನಸಿ. ಗೋ+ ಋಷಭಃ= ಗವೃಷಭಃ or ಗೊ ಋಷಭಃ. ವಿಷ್ಣೋ+ಏಹಿ= ವಿಷ್ಣವೇಹಿ or ವಿಷ್ಣ ಏಹಿ. ಮನೋ + ಐಧಿಷ್ಯಸೆ=ಮನವೈಧಿಷ್ಯಸೆ or ಮನ ಐಧಿಷ್ಯಸೆ. ಭಾನೋ+ಓಷಸಿ = ಭಾನವೋಷಸಿ or ಭಾನ ಓಷಸಿ. ಪ್ರಭೋ+ಔಷಧಂ=ಪ್ರಭವೌಷಧಂ or ಪ್ರಭ ಔಷಧಂ. (*b*).

ಔ.

ಪೌ+ಅಕಃ=ಪಾವಕಃ. ನೌ+ಆ=ನಾವಾ. ನೌ+ಇ=ನಾವಿ. ಭೌ+ಉಕಃ=ಭಾವುಕಃ. ಗ್ಲೌ+ ಎ=ಗ್ಲಾವೆ. ಗ್ಲೌ+ಓಃ= ಗ್ಲಾವೋಃ. ನೌ+ಔ= ನಾವೌ. (*a*)

ರವೌ+ಅಸ್ತಮಿತೇ=ರವಾವಸ್ತಮಿತೇ or ರವಾ ಅಸ್ತಮಿತೇ. ಹರೌ+ಆಶ್ರಿತಃ=ಹರಾವಾಶ್ರಿತಃ or ಹರಾ ಆಶ್ರಿತಃ. ಗತೌ+ ಇಮೌ=ಗತಾವಿಮೌ or ಗತಾ ಇಮೌ. ತೌ+ ಈಶ್ವರೌ=ತಾವೀಶ್ವರೌ or ತಾ ಈಶ್ವರೌ. ಭಾನೌ+ಉದಿತೇ= ಭಾನಾವುದಿತೇ or ಭಾನಾ ಉದಿತೇ. ವಿಧೌ+ಊರ್ಧ್ವಗೇ=ವಿಧಾವೂರ್ಧ್ವಗೇ or ವಿಧಾ ಊರ್ಧ್ವಗೇ. ಗುರೌ+ಋಚ್ಛತಿ= ಗುರಾವೃಚ್ಛತಿ or ಗುರಾ ಋಚ್ಛತಿ. ನೌ+ಏವ=ನಾವೇವ or ನಾ ಏವ. ಮತೌ+ಐಕ್ಯಂ ಮತಾವೈಕ್ಯಂ or ಮತಾ ಐಕ್ಯಂ. ಗ್ಲೌ+ಓಜಃ=ಗ್ಲಾವೋಜಃ or ಗ್ಲಾ ಓಜಃ. ಶಂಭೌ+ ಔತ್ಸುಕ್ಯಂ=ಶಂಭಾವೌತ್ಸುಕ್ಯಂ or ಶಂಭಾ ಔತ್ಸುಕ್ಯಂ. (*b*)

Observe that of the two forms given in the above table fo

× ×

the *sandhi* of the letter ಅ with ಉ, *viz.*,—and—the former

... ಓ

should be used always only when the ಉ is followed by ಸ, and the letter ಅ is N. Fin; the latter being the form to be used in all other cases.

Observe further that although for the *sandhi* of ಇಕ್ with other vowels not homogeneous, two forms for short ಇಕ್ and three forms for long ಇಕ್ result from the rules, and have accordingly been shewn in the table, only one form has been given in the ex_ amples in certain cases, because by a rule which will be noticed hereafter and which refers to the composition of words from other words the other forms are prohibited, and the examples in question are of such compound words. All these examples have been distinguished by a black line being drawn under them.

Observe also that of the examples above given,. those in division (*a*) are of *sandhi* between letters of which the one that precedes is not final in a *pada*, and those in division (*b*) are of *sandhi* between letters of which the one that precedes is final in a *pada*.

(12). Generally speaking, there occurs no change on account of *sandhi* when vowels and consonants meet. *e. g.*,

ಮರುತ್+ಇ=ಮರುತಿ. ಯುಧ್+ಇ=ಯುಧಿ. ವಾಚ್+ಇ=ವಾಚಿ. ದಿಗ್+ಅಂತಃ=ದಿಗಂತಃ. ವಾಗ್+ಆಡಂಬರಃ=ವಾಗಾಡಂಬರಃ. ತ್ವಗ್+ಇಂದ್ರಿಯಂ= ತ್ವಗಿಂದ್ರಿಯಂ. ವಾಗ್+ಈಶಃ=ವಾಗೀಶಃ. ಸಮ್ಯಗ್+ಉಕ್ತಂ=ಸಮ್ಯಗುಕ್ತಂ. ಧಿಗ್+ಋಣಕಾರಿ

ಣಂ=ಧಿಗ್ಘೃಣಕಾರಿಣಂ. ಪ್ರಾಗ್+ಏವ=ಪ್ರಾಗೇವ. ಧಿಗ್+ಐಶ್ವರ್ಯಮತ್ತಂ= ಧಿಗೈಶ್ವರ್ಯಮತ್ತಂ. ಸಮ್ಯಗ್+ಓಜಃ=ಸಮ್ಯಗೋಜಃ. ವಾಗ್+ಔಚಿತ್ಯಂ=ವಾಗೌಚಿತ್ಯಂ. ಜಗದ್+ಅಂತಃ = ಜಗದಂತಃ. ಜಗದ್+ಆದಿಃ=ಜಗದಾದಿಃ. ಜಗದ್+ಇಂದ್ರಃ=ಜಗದಿಂದ್ರಃ. ಜಗದ್+ಈಶಃ=ಜಗದೀಶಃ. ಭವದ್+ಊಹನಂ=ಭವದೂಹನಂ. ಭವದ್+ಋಣಂ=ಭವದೃಣಂ. ಜಗದ್+ ಏತತ್=ಜಗದೇತತ್. ಮಹದ್+ಐಶ್ವರ್ಯಂ=ಮಹದೈಶ್ವರ್ಯಂ. ಮಹದ್+ಓಜಃ=ಮಹದೋಜಃ. ಮಹದ್+ಔಷಧಂ=ಮಹದೌಷಧಂ. ಪಿಪುರ್+ಅತಿ=ಪಿಪುರತಿ. ಗಿರ್+ಅಃ=ಗಿರಃ. ಗಿರ್+ಔ=ಗಿರೌ. ಕವಿರ್+ಅಯಂ=ಕವಿರಯಂ. ಪುನರ್+ಆಗತಃ=ಪುನರಾಗತಃ. ಭೂರ್+ಇಯಂ=ಭೂರಿಯಂ. ರವೇರ್+ಉದಯಃ=ರವೇರುದಯಃ. ವಧೂರ್+ಏಷಾ= ವಧೂರೇಷಾ. ಪರಿವ್ರಾಡ್+ಅಯಂ=ಪರಿವ್ರಾಡಯಂ. ಅಜ+ಅಂತಃ=ಅಜಂತಃ. ಅಬ್+ಇಂಧನಂ=ಅಬಿಂಧನಂ. ಅ+ಭವತ್=ಅಭವತ್. ಆ+ಕೃತಿಃ= ಆಕೃತಿಃ. ರಾಜಾ+ಸಾರ್ವಭೌಮಃ= ರಾಜಾಸಾರ್ವಭೌಮಃ. ಇ+ಷೀಷ್ಟ=ಇಷೀಷ್ಟ. ಜೀ+ನಃ=ಜೀನಃ. ವಿಧೂ+ರಾಜತೇ=ವಿಧೂರಾಜತೇ. ಮಧು+ ಪ್ರಕರ್ಷೇಣ=ಮಧುಪ್ರಕರ್ಷೇಣ. ಸುಂದರೀ+ಭಾಷಾ=ಸುಂದರೀಭಾಷಾ. ಪಿತೃ+ವಾಕ್ಯಪರಿಪಾಲನಂ=ಪಿತೃವಾಕ್ಯಪರಿಪಾಲನಂ. ಋ+ಕಾರಃ=ಋಕಾರಃ. ಬಾಲೇ+ತವ=ಬಾಲೇತವ. ತಸ್ಮೈ+ದದಾತ್= ತಸ್ಮೈದದಾತ್. ಹರೌ + ರೇಮೇ=ಹರೌರೇಮೇ. ಗುರೋ+ಮಾಂಪರಿಪಾಲಯ=ಗುರೋಮಾಂಪರಿಪಾಲಯ.

(13). **But in a few cases changes take place on account of *sandhi* even as between vowels and consonants as follows :—**

(i). Instead of ರು coming after ಅ there comes ಉ when an ಅ follows, (VI. 1. 113), and instead of ರು coming after ಅ and followed by other vowels than ಅ, and of ರು coming after ಆ and followed by any vowel, there is ಯ substituted, (VIII. 3. 17), the ಯ further being *lopated* at option (VIII. 3. 19). *e. g.*,

ರಾಮಸ್+ಅರ್ಚ್ಯಃ=ರಾಮರ್+ಅರ್ಚ್ಯಃ=ರಾಮಉ+ಅರ್ಚ್ಯಃ= ರಾಮೋಽರ್ಚ್ಯಃ. ಕುತಸ್+ಆಗತಃ=ಕುತರ್+ಆಗತಃ=ಕುತಯ್+ಆಗತಃ=ಕುತಯಾಗತಃ or ಕುತಆಗತಃ. ನರಸ್+ಇವ=ನರಯಿವ or ನರಇವ. ಕಸ್+ಈಹತೇ=ಕಯೀಹತೇ or ಕಈಹತೇ. ಚಂದ್ರಸ್+ಉದೇತಿ= ಚಂದ್ರಯುದೇತಿ or ಚಂದ್ರಉದೇತಿ. ಇತಸ್+ ಊರ್ಧ್ವಂ= ಇತಯೂರ್ಧ್ವಂ or ಇತಊರ್ಧ್ವಂ. ದೇವಸ್+ಋಷಿಃ=ದೇವಯೃಷಿಃ or ದೇವಋಷಿಃ. ಉಚ್ಚಾರಿತಸ್+ೠಕಾರಃ= ಉಚ್ಚಾರಿತಯೄಕಾರಃ or ಉಚ್ಚಾರಿತೠಕಾರಃ. ಕಸ್+ ಏಷಃ=ಕಯೇಷಃ or ಕಏಷಃ. ಕುತಸ್+ಐಕ್ಯಂ=ಕುತಯೈಕ್ಯಂ or ಕುತಐಕ್ಯಂ. ಭಾಷಿತಸ್+ಓಕಾರಃ= ಭಾಷಿತಯೋಕಾರಃ or ಭಾಷಿತಓಕಾರಃ. ರಾಜ್ಞಸ್+ ಔದಾರ್ಯಂ= ರಾಜ್ಞಯೌದಾರ್ಯಂ or ರಾಜ್ಞಔದಾರ್ಯಂ. ಅಶ್ವಾಸ್+ ಅಮೀ= ಅಶ್ವಾಯಮೀ or ಅಶ್ವಾಅಮೀ. ನರಾಸ್+ಆಗತಾಃ=ನರಾಯಾಗತಾಃ or ನರಾಆಗತಾಃ. ಗಜಾಸ್+ಇಮೇ=

ಗಜಾಯಿಮೆ or ಗಜಾಇಮೆ. ತಾರಾಸ್+ಉದಿತಾಃ=ತಾರಾಯುದಿತಾಃ or ತಾರಾಉದಿತಾಃ. ಆಗತಾಸ್+ಋಷಯಃ=ಆಗತಾಯ್ಋಷಯಃ or ಆಗತಾಋಷಯಃ. ಭಟಾಸ್+ಏತೇ=ಭಟಾಯೇತೇ or ಭಟಾಏತೇ. But ಕವಿಸ್+ಅಯಂ=ಕವಿರ್+ಅಯಂ=ಕವಿರಯಂ ರವಿಸ್+ಉದೇತಿ=ರವಿರುದೇತಿ. ಬಂಧುಸ್+ಆಗತಃ=ಬಂಧುರಾಗತಃ. ವಿಷ್ಣುಸ್+ಏಧತೇ=ವಿಷ್ಣುರೇಧತೇ. ಗೌಸ್+ಇಚ್ಛತಿ=ಗೌರಿಚ್ಛತಿ.

(ii). And when the letter ಛ follows a vowel, the augment ತುಕ್ which by rules to be given further on is equal to ಚ comes after the vowel, (VI. 1. 73, 75), but when it comes after a long vowel final in a *pada* the augment is only optional (VI. 1. 76) *e. g.*,

ಶಿವ+ಛಾಯಾ=ಶಿವತ್ಛಾಯಾ= ಶಿವಚ್ಛಾಯಾ. ಇಛತಿ=ಇಚ್ಛತಿ. ಮ್ಲೇಛಃ=ಮ್ಲೇಚ್ಛಃ. ಅವಛೇದಃ=ಅವಚ್ಛೇದಃ. ಸ್ವಛಃ=ಸ್ವಚ್ಛಃ. ಲಕ್ಷ್ಮೀಛಾಯಾ=ಲಕ್ಷ್ಮೀಚ್ಛಾಯಾ or ಲಕ್ಷ್ಮೀಛಾಯಾ.

(iii). Instead of short ಅಣ್ letters preceding ರ or ಢ which has respectively caused another ರ or ಢ to be *lopated* on account of the concurrence of two such letters, there should be corresponding long letters. (VI. 3. 111). *e. g.*,

ಪುನರ್+ರಮತೇ=ಪುನ+ರಮತೇ=ಪುನಾರಮತೇ. ಹರಿರ್+ರಮ್ಯಃ=ಹರೀರಮ್ಯಃ. ಶಂಭುರ್+ರಾಜತೇ=ಶಂಭೂರಾಜತೇ. ಪುನರ್+ರೋಗೀ=ಪುನಾರೋಗೀ. ಭ್ರಾತರ್‌ರಕ್ಷ=ಭ್ರಾತಾರಕ್ಷ. ನಿರ್+ರಸಃ=ನೀರಸಃ. ನಿರ್+ರೋಗಃ=ನೀರೋಗಃ. ಲಿಢ್+ಢಃ= ಲೀಢಃ. But ತೃಢ್+ಢಃ=ತೃಢಃ—ವೃಢ್+ಢಃ=ವೃಢಃ

14. The following are the rules relating to the *sandhi* of consonants.

(i). When ಝಲ್ letters follow, instead of the letters ಚು except ಛ and ಞ, there should be corresponding ಕು letters ; instead of ಛ, and ಶ, ಷ ; and instead of ಹ, ಢ. (VIII. 2. 30, 31, 36 ; Sid. I. 165).

(ii). To ನ final in a *pada* there is optionally the augment ತುಕ್, when ಶ follows. (VIII. 3. 31).

(iii). And instead of ನ final in a *pada* when ಛವ್ follows, the ಛವ್ being followed by the letters ಅಮ್, there should be ರು nasalized or coupled with an *anusvāra*. (VIII. 3. 2, 4, 7).

(iv). In the room of the letter ನ not final in a *pada*, there is *anusvára*, when ಝಲ್ follows, (VIII. 3. 24), the *anusvára* being further changed into a letter homogeneous with the latter, when the letters which so follow are ಯ ಯ್, (VIII. 4. 58), but becoming ನ again when the ಯ ಯ್ for any reason becomes absent. (Sid. I. 165).

(v). Subject to the above rules regarding ನ, instead of the letters ತು including the ತ of the augment ತುಕ್ above mentioned there should be corresponding,

(*a*) ಚು letters when ಶ, or ಚುletters, follow.

(*b*). ಟು letters when ಟು letters follow. (VIII. 4. 40,44, 41; VIII. 2. 30).

(vi). Instead of ತು letters, when the letter ಲ follows, one homogeneous with the latter should be substituted, the ಲ substituted for the ತು letters being a nasal. (VIII. 4. 60).

(vii). Instead of the letters ತ or ಥ, when they come after ಝಷ್, there should be ಧ (VIII. 2. 40), and subject to this rule, instead of the ತು letters, there should be corresponding ಟು letters when they come after ಟು letters that are not final in a *pada*. (VIII. 4. 41, 42).

(viii). Instead of the ತು letters, there should be corresponding ಟು letters when they come after ಷ. (VIII. 4. 41).

(ix). Instead of the letter ಸ, there should be,

(*a*). ಶ when it comes before ಶ, or ಚು letters.

(*b*). ಷ when it comes before ಷ or ಟು letters. (VIII. 4. 40, 44, 41).

(x). Instead of the letter ಸ, there should be ಕ when it comes after ಷ or ಢ, and subject to this rule, there should be ಷ when the ಸ comes after ಟು letters that are not final in a *pada*. (VIII. 2. 41 ; VIII. 4. 41, 42).

(xi). And to ಸ coming after ಙ final in a *pada*, there may be optionally the augment ಧುಟ್[6], (VIII. 3. 29), and the same augment may optionally come also when ಸ comes after a *pada* ending in ನ. (VIII. 3. 30).

(xii). Instead of the ಝಲ್[6] letters including the letters of this description derived under the preceding rules, there should be ಜ ಶ್[6], when ಝಶ್[6] follow, and ಚ ರ್[6] letters, when ಖ ರ್[6] follow. (VIII. 4. 53, 55).

(xiii). But ಕ್, ಚ್, ಟ್, ತ್, and ಪ may, when followed by ಶರ್[6] letters, be optionally changed into, ಖ, ಛ, ಠ, ಥ and ಫ. (Sid. I. 64).

(xiv). In the room of ಯ ರ್[6] letters, except ಯ, ರ, ಲ, and ವ, final in a *pada*, when a nasal follows, there may optionally be a nasal. (VIII. 4. 45 ; Sid. I. 60, note 5).

(xv). For ಶ coming after ಝ ಯ್, there is optionally ಛ when the letters ಅ ಟ್ follow. (VIII. 4. 63 ; B. 93).

(xvi). And instead of ಹ coming after ಝಯ್, there should be optionally a letter homogeneous with the prior, *i, e.*, the fourth letter of each *varga*. (VIII. 4. 62).

(xvii). To ಙ and ಣ respectively, when ಶ ರ್[6] follow, there are optionally the auguments ಕುಕ್[6] and ಟುಕ್[5] (VIII. 3. 28).

(xviii). And in the room of the letter ಮ not final in a *pada*, there is *anusvara* when ಝಲ್[6] follows, (VIII. .3. 24) ; further, even in place of ಮ final in a *pada*, there is *anusvára* when any consonant follows, (VIII. 3. 23, 24), the *anusvára* being, as in the case of ನ, changed into a letter homogeneous with the following letters under the same circumstances, but only optionally so when the *anusvára* is one substituted for ಮ final in a *pada*, (VIII. 4. 58, 59), and this substituted letter, when it is ನ, not being affected by the rule that two such letters should not concur ; and provided further that when the letter ಹ follows, being itself followed by ಮ್, ಯ್, ವ್, ಲ್, or ನ್, the substitute for a preceding ಮ್ may be optionally nasalized ಮ್, ಯ್, ವ್, ಲ್, or ನ್ respectively. (VIII. 3. 26, 100, 27).

(xix). Instead of ರು coming after ಅ, when ಹಶ್ follows, there is ಉ, and instead of ರು coming after ಆ under the same circumstances, there should be *lopated* ಯ್. (VIII. 3. 17, 22). And it is to be remarked that so far as this substitution of ಉ for ರು should take place, even when such ರು comes before ರ್, there is nothing to hinder it, from the rule directing the elision of one ರ್ when there are two such letters in concurrence. (VI. 3. 111 B. 132).

(xx). Subject to the above rule, instead of the letter ರ್ final in a *pada*, whether original or derived from the substitute ರು, when it is followed by ಖರ್ letters, there should be *visarga*, (VIII. 3. 15); the *visarga* remaining as it is when it is followed by ಖಯ್, followed by ಶರ್ (VIII. 3. 35), but being changed in other cases (*a*) optionally into *jihvámulíya* and *upadhmáníya*, respectively, when the following letters are ಕು or ಪು letters (VIII. 3. 37); (*b*) optionally into ಸ್ or into the blank called *lopa*, when the following letters are ಶರ್ followed by ಖರ್ (Kás. on VIII. 3. 34); (*c*) optionally into ಸ್ when the following letters are ಶರ್ not followed by ಖರ್; and (*d*) absolutely into ಸ್ otherwise; and the ಸ್ so substituted being changed into ಶ್ before ಶ್ and ಚು letters, and into ಷ್ before ಷ್ and ಟು letters. (VIII. 3. 34).

TABLE V. Showing the *sandhi* of consonants with other consonants.

(A). Sandhi between ಝಯ್ and ಝಯ್ and between ಹ and ಝಯ್.

ಕ್ ಖ್ ಗ್ ಘ್ ಚ್ ಜ್ ಝ್	+ ಕ್ ಖ್ ಚ್ ಛ್ ಟ್ ಠ್ ಪ್ ಫ್	=	ಕ್ / — / ...
ಛ್	+ ಕ್ ಖ್ ಚ್ ಛ್ ಟ್ ಠ್ ಪ್ ಫ್	=	ಷ್ / — / ...

ಕ ಖ ಗ ಚ ಜ ... +ತ ಥ = ಕ / ...

ಛ ... ... +ತ ಥ = ಷ / ಟ ಠ

ಘ ಝ ... ... +ತ ಥ = ಗ / ಧ

ಕ ಖ ಗ ಘ ಚ ಜ ಝ +ಗ ಘ ಜ ಝ ಡ ಢ ದ ಧ ಬ ಭ = ಗ / ...

ಛ ... +ಗ ಘ ಜ ಝ ಡ ಢ ಬ ಭ = ಡ / ...

ಛ ... ... +ದ ಧ = ಡ / ಡ ಢ

ಟ ಠ ಡ ಢ ಹ ... +ಕ ಖ ಚ ಛ ಟ ಠ ಪ ಫ = ಟ / ...

ಟ ಠ N. Fin : ಡ ... +ತ ಥ = ಟ / ಟ ಠ

Fin : ಡ ... ... +ತ ಥ = ಟ / ...

ಢ ಹ ... ... +ತ ಥ ದ = × / ಢ

ಟ ಠ ಡ ಢ ಹ ... +ಗ ಘ ಜ ಝ ಡ ಢ ಬ ಭ = ಡ / ...

ಟ ಠ N. Fin : ಡ ... +ದ ಧ = ಡ / ಡ ಢ

Fin : ಡ ... ... +ದ ಧ = ಡ / ...

ಢ ಹ ... ... +ದ = ಡ / ಢ

ತ ಥ ದ ಧ	... ...	+ಕ ಖ ಪ ಫ	= ತ / ...
ತ ಥ ದ ಧ	... ...	+ಚ ಛ	= ಚ / ...
ತ ಥ ದ ಧ	... ...	+ಟ ಠ	= ಟ / ...
ತ ಥ ದ	... ...	+ತ ಥ	= ತ / ...
ಧ	... ...	+ತ ಥ	= ದ / ಧ
ತ ಥ ದ ಧ	... ...	+ಗ ಘ ದ ದ ಬ ಭ	= ದ / ...
ತ ಥ ದ ಧ	... ...	+ಜ ಝ	= ಜ / ...
ತ ಥ ದ ಧ ...	...	+ಡ ಢ	= ಡ / ...
ಪ ಫ ಬ ಭ ...	...	+ಕ ಖ ಚ ಛ ಟ ಠ ಪ ಫ	= ಪ / ...
ಪ ಫ ಬ ...	...	+ತ ಥ	= ಪ / ...
ಭ ...	...	+ತ ಥ	= ಬ / ಧ
ಪ ಫ ಬ ಭ...	...	+ಗ ಘ ಜ ಝ ಡ ಢ ದ ಧ ಬ ಭ	= ಬ / ...

(B). *Sandhi* between ಝಯ್ and ಜಶ್ and between ಸ and ಜಶ್.

ಕ ಖ N. Fin : ಗ ಘ ಪ ಫ N. Fin : ಬ ಭ ಹ	+	ಜ ಞ ಣ ನ ಮ	= ...
ಚ ಛ N. Fin : ಜ ಝ	+	ಜ ಞ ಣ ಮ	= ...
			...

ಚ ಛ N. Fin : ಜ ಝ		+ನ	= … / ಞ
Fin : ಗ	…	… +ಙ ಞ ಣ ನ ಮ	= … or ಙ / …
Fin : ಜ	…	… +ನ	= … or ಞ / ಞ
Fin : ಜ	…	… +ಙ ಞ ಣ ಮ	= … or ಞ / …
Fin : ಬ	…	… +ಙ ಞ ಣ ನ ಮ	= … or ಮ / …
ಟ ಠ N. Fin : ಡ ಢ ಹ		+ಙ ಞ ಣ ಮ	= …
ಟ ಠ N. Fin : ಡ ಢ …		+ನ	= … / ಣ
ಹ	…	… +ನ	= …
Fin : ಡ	…	… +ಙ ಞ ಣ ನ ಮ	= … or ಣ / …
ತ ಥ N. Fin : ದ ಧ …		+ಞ	= ಚ ಛ ಜ ಝ / …
ತ ಥ N. Fin : ದ ಧ …		+ಣ	= ಟ ಠ ಡ ಢ / …
ತ ಥ N. Fin : ದ ಧ …		+ಙ ನ ಮ	= …
Fin : ದ	…	… +ಙ ನ ಮ	= … or ನ / …
Fin : ದ	… …	+ಞ	= ಜ or ಞ / …
Fin : ದ	… …	+ಣ	= ಡ or ಣ /

(*C*). *Sandhi* between ಝಯ್ and ಯಣ್ and between ಹ and ಯಣ್.

ಕ ಖ ಗ ಘ ಚ ಛ ಜ ಝ ಟ ಠ ಡ ಢ ಹ ಪ ಫ ಬ ಭ	...	+ಯ ರ ಲ ವ	= ...
ತ ಥ ದ ಧ	...	+ಲ	= *ಲ / ...
ತ ಥ ದ ಧ	...	+ಯ ರ ವ	= ...

(*D*). *Sandhi* between ಝಯ್ and ಶಲ್ and between ಹ and ಶಲ್.

ಕ ಖ ಗ ಘ ಚ ಜ ಝ	...	+ಶ+ಅಚ್	= ಕ / ... or ಛ or ಖ / ...
ಕ ಖ ಗ ಘ ಚ ಜ ಝ	...	+ಶ	= ಕ or ಖ / ...
ಛ ...	...	+ಶ	= ಷ / ...
ಟ ಠ ಡ ಢ ಹ	...	+ಶ+ಅಚ್	= ಟ / ... or ಛ or ಠ / ...
ಟ ಠ ಡ ಢ ಹ		+ಶ	= ಟ or ಠ / ...
ತ ಥ ದ ಧ	...	+ಶ+ಅಚ್	= ಚ / ... or ಛ or ಛ / ...
ತ ಥ ದ ಧ	...	+ಶ	= ಚ or ಛ / ...
ಪ ಫ ಬ ಭ	...	+ಶ+ಅಚ್	= ಪ / ... or ಛ or ಫ / ...
ಪ ಫ ಬ ಭ	...	+ಶ	= ಪ or ಫ / ...

ಕ ಖ ಗ ಘ ಚ ಜ ಝ			+ಷ	= $\frac{\text{ಕ or ಖ}}{\dots}$
ಛ	...	...	+ಷ	= $\frac{\text{ಷ}}{\dots}$
ಟ ಠ ಡ ಢ ಣ		...	+ಷ	= $\frac{\text{ಟ or ಠ}}{\dots}$
ತ ಥ ದ ಧ ...		...	+ಷ	= $\frac{\text{ತ or ಥ}}{\dots}$
ಪ ಫ ಬ ಭ ...		...	+ಷ	= $\frac{\text{ಪ or ಫ}}{\dots}$
ಕ ಖ ಗ ಘ ಚ ಛ ಜ ಝ			+ಸ	= $\frac{\text{ಕ or ಖ}}{\dots}$
ಟ ಠ N. Fin : ಡ		...	+ಸ	= $\frac{\text{ಟ or ಠ}}{\text{ಷ}}$
Fin : ಡ	...	...	+ಸ	= $\frac{\text{ಟ or ಠ}}{\dots}$
ಢ ಣ	...	...	+ಸ	= $\frac{\text{ಕ or ಖ}}{\dots}$
ತ ಥ ದ ಧ		...	+ಸ	= $\frac{\text{ತ or ಥ}}{\dots}$
ಪ ಫ ಬ ಭ		...	+ಸ	= $\frac{\text{ಪ or ಫ}}{\dots}$
ಕ ಖ ಗ ಘ ಚ ಜ ಝ ...			+ಹ	= $\frac{\text{ಗ}}{\text{... or ಘ}}$
ಛ	...	...	+ಹ	= $\frac{\text{ಷ}}{\dots}$

ట ఠ డ ఢ హ	…	+హ	= డ / … or ఢ
త థ ద ధ	…	+హ	= ద / … or ధ
ప ఫ బ భ	…	+హ	= బ / … or భ

(*E*). *Sandhi* between ఙమ్ and హల్.

ఙ ఞ	…	… +ఙ ఞ ణ మ క ఖ గ ఘ చ ఛ జ ఝ ట ఠ డ ఢ త థ ద ధ ప ఫ బ భ య ర ల వ	= …
ఙ	…	… +న	= …
ఞ	…	… +న	= … / ఞ
ఙ ఞ	…	… +శ+అచ్	= ఙ or ఙ్క or ఙ్ఖ / … or ఛ or ఙ్ఖ / …
ఙ ఞ	…	… +శ ష స	= ఙ or ఙ్క or ఙ్ఖ / …
N. Fin : ణ		… +త థ ద ధ	= … / ట ఠ డ ఢ
N. Fin : ణ		… +న	= … / ణ
N. Fin : ణ		… +స	= … or ణ్ట or ణ్ఠ / ష
Fin : ణ	…	… +స	= … or ణ్ట or ణ్ఠ / …

ಣ	...	... +ಶ+ಅಷ್	=	... or ಣ್ಟ or ಣ್ಠ / ...or ಛ
ಣ	...	... +ಶ ಷ	=	... or ಣ್ಟ or ಣ್ಠ / ...
Fin : ಣ	...	... +ತ ಥ ದ ಧ ನ	=	...
ಣ	...	... +ಕ ಖ ಗ ಘ ಚ ಛ ಜ ಝ ಟ ಠ ಡ ಢ ಪ ಫ ಬ ಭ ಹ ಙ ಞ ಣ ಮ ಯ ರ ಲ ವ	} =	...
N. Fin : ನ		... +ಕ ಖ ಗ ಘ	=	ಙ / ...
N. Fin : ನ		... +ಪ ಫ ಬ ಭ	=	ಮ / ...
Fin : ನ		... +ಚ ಛ+ಅಷ್	=	ಂ ಶ or *ಶ / ...
ನ	...	... +ಚ ಛ ಜ ಝ	=	ಞ / ...
Fin ; ನ	...	... +ಟ ಠ+ಅಷ್	=	ಂ ಷ or *ಷ / ...
ನ	...	... +ಟ ಠ ಡ ಢ	=	ಣ / ...
Fin : ನ	...	... +ತ ಥ+ಅಷ್	=	ಂ ಸ or *ಸ / ...
ನ	...	... +ಞ	=	ಞ / ...
ನ	...	... +ಣ	=	ಣ / ...

ನ	...	... +ಲ	= *ಲ / ...
N. Fin : ನ		... +ಶ ಷ ಸ ಹ	= o / ...
Fin : ನ	...	... +ಶ+ಅಟ್	= ಞ or ಞ್ಚ / ... or ಛ
Fin : ನ	...	... +ಶ	= ಞ or ಞ್ಚ / ...
Fin : ನ	...	... +ಸ	= ... / ... or ತ್ಸ
Fin : ನ	...	... +ಕ ಖ ಗ ಘ ಪ ಫ ಬ ಭ ಷ ಹ	= ...
ನ	...	... +ತ ಥ ದ ಧ ಜ ನ ಮ ಯ ರ ವ	= ...
N. Fin : ಮ		... +ಕ ಖ ಗ ಘ	= ಙ / ...
Fin : ಮ		... +ಕ ಖ ಗ ಘ	= o or ಙ / ...
N. Fin : ಮ		... +ಚ ಛ ಜ ಝ	= ಞ / ...
Fin : ಮ		... +ಚ ಛ ಜ ಝ	= o or ಞ / ...
N. Fin : ಮ		... +ಟ ಠ ಡ ಢ	= ಣ / ...
Fin : ಮ		... +ಟ ಠ ಡ ಢ	= o or ಣ / ...
N. Fin : ಮ		... +ತ ಥ ದ ಧ	= ನ / ...

Fin : ಮ	...	+ತ ಥ ದ ಧ	= o or ನ / ...
N. Fin : ಮ	...	+ಪ ಫ ಬ ಭ	= ...
Fin : ಮ	...	+ಪ ಫ ಬ ಭ	= o or ... / ...
N. Fin : ಮ	...	+ಙ ಞ ಣ ನ ಮ ಯ ರ ಲ ವ	= ...
Fin : ಮ	...	+ಙ	= o or ಙ / ...
Fin : ಮ	...	+ಞ	= o or ಞ / ...
Fin : ಮ	...	+ಣ	= o or ಣ / ...
Fin : ಮ	...	+ನ	= o or ನ / ...
Fin : ಮ	...	+ಮ	= o or ... / ...
Fin : ಮ	...	+ಯ	= o or *ಯ / ...
Fin : ಮ	...	+ರ	= o / ...
Fin : ಮಂ	...	+ಲ	= o or *ಲ / ...
Fin : ಮ	...	+ವ	= o or *ವ / ...
ಮ	...	+ಶ ಷ ಸ	= o / ...

ಮ	...	+ಹ+ಮ ಯ ವ ಲ ನ	= o or ಮ *ಯ *ವ *ಲ ನ / ...
ಮ	...	+ಹ	= o / ...

(*F*). *Sandhi* between ಯಣ್ and ಹಲ್.

N. Fin : ರ and ರು	...	+ಕ ಖ ಚ ಛ ಟ ಠ ತ ಥ ಪ ಫ+ಶರ್	= ಃ / ...
Fin : ರ and ರು	...	+ಕ ಖ	= × or ಃ / ...
Fin : ರ and ರು	...	+ಚ ಛ	= ಶ / ...
Fin : ರ and ರು	...	+ಟ ಠ	= ಷ / ...
Fin : ರ and ರು	...	+ತ ಥ	= ಸ / ...
Fin : ರ and ರು	...	+ಪ ಫ	= ≍ or ಃ / ...
Fin : ರ and ರು	...	+ಶ+ಖರ್	= × or ಶ or ಃ / ...
Fin : ರ and ರು	...	+ಶ	= ಶ or ಃ / ...
Fin : ರ and ರು	...	+ಷ+ಖರ್	= × or ಷ or ಃ / ...

Fin : ರ and ರು ...	+ಷ	= ಷ or ಃ / ...
Fin : ರ and ರು ...	+ಸ+ಖರ್	= × or ಸ or ಃ / ...
Fin : ರ and ರು ...	+ಸ	= ಸ or ಃ / ...
ಅ+ರು ...	+ಗ ಘ ಜ ಝ ಡ ಢ ದ ಧ ಬ ಭ ಙ ಞ ಣ ನ ಮ ಯ ರ ಲ ವ ಹ	= ಉ / ...
ಆ+ರು ...	+ಗ ಘ ಜ ಝ ಡ ಢ ದ ಧ ಬ ಭ ಙ ಞ ಣ ನ ಮ ಯ ರ ಲ ವ ಹ	= × / ...
ರ and ರು not being ಅ+ರು or ಆ+ರು	+ರ	= × / ...
Fin : ರ and ರು not being ಅ+ರು or ಆ+ರು ...	+ಗ ಘ ಜ ಝ ಡ ಢ ದ ಧ ಬ ಭ ಙ ಞ ಣ ನ ಮ ಯ ಲ ವ ಹ	= ...
N. Fin : ರ ...	+any consonant except ರ	= ...
ಯ ಲ ವ ...	+any consonant	= ...

(G). *Sandhi* between ಶರ್ and ಹಲ್.

ಶ ...	+ಕ ಖ ಚ ಛ ಟ ಠ ಪ ಫ ಶ ಷ ಹ	= ಷ / ...
ಶ ...	+ತ ಥ	= ಷ / ಟ ಠ
ಷ ...	+ದ ಧ	= ಡ / ಡ ಢ

ಶ	…	+ಗ ಘ ಜ ಝ ಡ ಢ ಬ ಭ	=	ಡ / …
ಶ	…	+ಸ	=	ಕ / …
ಶ	…	+ಜ ಞ ಣ ನ ಮ ಯ ರ ಲ ವ	=	…
ಷ	…	+ತ ಥ	=	… / ಟ ಠ
ಷ	…	+ದ ಧ	=	ಡ / ಡ ಢ
ಷ	…	+ಗ ಘ ಜ ಝ ಡ ಢ ಬ ಭ	=	ಡ / …
ಷ	…	+ನ	=	… / ಣ
ಷ	…	+ಸ	=	ಕ / …
ಷ	…	+ಕ ಖ ಚ ಛ ಟ ತ ಪ ಫ ಜ ಞ ಣ ಮ ಯ ರ ಲ ವ ಶ ಷ ಹ	=	…
ಸ	…	+ಚ ಛ ಞ ಶ	=	ಶ / …
ಸ	…	+ಜ ಝ	=	ಜ / …
ಸ	….	+ಟ ಠ ಣ ಷ	=	ಷ / …
ಸ	…	+ಡ ಢ	=	ಡ / …
ಸ	…	+ಗ ಘ ದ ಧ ಬ ಭ	=	ದ / …

ಸ ... +ಕ ಖ ತ ಥ ಪ ಫ ಜ ನ
ಮ ಯ ರ ಲ ವ ಸ
ಹ } = ...

EXAMPLES.

As to *sandhi* between letters of which the one that precedes is not final in a *pada*.

ಶಾಶಕ್+ತಃ. ಥ. ಧಿ. ಯಾತ್. ವಃ. ಮಃ. ಸಿ =ಶಾಶಕ್ತಃ. ಶಾಶಕ್ಥ. ಶಾಶಗ್ಧಿ. ಶಾಶಕ್ಯಾತ್. ಶಾಶಕ್ವಃ. ಶಾಶಕ್ಮಃ. ಶಾಶಕ್ಸಿ. (ಶಾಶಕ್ಷಿ). or ಶಾಶಖ್ಷಿ.

ರಾರಖ್+ತಃ &c., ರಾರಕ್ತಃ. ರಾರಕ್ಥ. ರಾರಗ್ಧಿ, ರಾರಖ್ಯಾತ್. ರಾರಖ್ವಃ. ರಾರಖ್ಮಃ. ರಾರಕ್ಸಿ. (ರಾರಕ್ಷಿ). or ರಾರಖ್ಷಿ.

ರಾರಗ್+ತಃ &c., ರಾರಕ್ತಃ. ರಾರಕ್ಥ. ರಾರಗ್ಧಿ. ರಾರಗ್ಯಾತ್. ರಾರಗ್ವಃ. ರಾರಗ್ಮಃ. ರಾರಕ್ಸಿ. (ರಾರಕ್ಷಿ). or ರಾರಖ್ಷಿ.

ದಾದಘ್+ತಃ &c., ದಾದಗ್ಧಃ. ದಾದಗ್ಧ. ದಾದಗ್ಧಿ. ದಾದಘ್ಯಾತ್. ದಾದಘ್ವಃ. ದಾದಘ್ಮಃ. ದಾದಕ್ಸಿ. (ದಾದಕ್ಷಿ). or ದಾದಖ್ಷಿ.

ಪಾಪಚ್+ತಃ &c., ಪಾಪಕ್ತಃ. ಪಾಪಕ್ಥ. ಪಾಪಗ್ಧಿ. ಪಾಪಚ್ಯಾತ್. ಪಾಪಚ್ವಃ. ಪಾಪಚ್ಮಃ. ಪಾಪಕ್ಸಿ. (ಪಾಪಕ್ಷಿ). or ಪಾಪಖ್ಷಿ.

ಜಾಗಜ್+ತಃ &c., ಜಾಗಕ್ತಃ. ಜಾಗಕ್ಥ. ಜಾಗಗ್ಧಿ. ಜಾಗಜ್ಯಾತ್. ಜಾಗಜ್ವಃ. ಜಾಗಜ್ಮಃ. ಜಾಗಕ್ಸಿ. (ಜಾಗಕ್ಷಿ). or ಜಾಗಖ್ಷಿ.

ಜಾಜಝ್ರ್+ತಃ &c., ಜಾಜಗ್ಧ್ರಃ. ಜಾಜಗ್ಧ್ರ. ಜಾಜಗ್ಧ್ರಿ. ಜಾಜಝ್ರ್ಯಾತ್. ಜಾಜಝ್ರ್ವಃ. ಜಾಜಝ್ರ್ಮಃ. ಜಾಜಕ್ಸ್ರಿ. (ಜಾಜಕ್ಷ್ರಿ). or ಜಾಜಖ್ಷ್ರಿ.

ಚಾಕಟ್+ತಃ &c., ಚಾಕಟ್ಟಃ. ಚಾಕಟ್ಠ. ಚಾಕಡ್ಢಿ. ಚಾಕಟ್ಯಾತ್. ಚಾಕಟ್ವಃ. ಚಾಕಟ್ಮಃ. ಚಾಕಟ್ಷಿ. or ಚಾಕಠ್ಷಿ.

ರಾರಠ್+ತಃ &c., ರಾರಟ್ಟಃ. ರಾರಟ್ಠ. ರಾರಡ್ಢಿ. ರಾರಠ್ಯಾತ್. ರಾರಠ್ವಃ. ರಾರಠ್ಮಃ. ರಾರಟ್ಷಿ. or ರಾರಠ್ಷಿ.

ಚೋಕೂಡ್+ತಃ &c., ಚೋಕೂಟ್ಟಃ. ಚೋಕೂಟ್ಠ. ಚೋಕೂಡ್ಢಿ. ಚೋಕೂಡ್ಯಾತ್., ಚೋಕೂಡ್ವಃ. ಚೋಕೂಡ್ಮಃ. ಚೋಕೂಟ್ಷಿ. ಚೋಕೂಠ್ಷಿ.

ಡೋಢುಂಢ್+ತಃ &c., ಡೋಢುಂಢಃ. ಡೋಢುಂಢ. ಡೋಢುಂಢಿ. ಡೋಢುಂಢ್ಯಾತ್. ಡೋಢುಂಢ್ವಃ. ಡೋಢುಂಢ್ಮಃ. ಡೋಢುಂಕ್ಷಿ. ಡೋಢುಙ್ಕ್ಷಿ. ಡೋಢುಙ್ಖ್ಷಿ.

ಚಾಚಹ್+ತಃ &c., ಚಾಚಾಢಃ. ಚಾಚಾಢ. ಚಾಚಾಢಿ. ಚಾಚಹ್ಯಾತ್. ಚಾಚಹ್ವಃ. ಚಾಚಹ್ಮಃ. ಚಾಚಕ್ಸಿ. (ಚಾಚಕ್ಷಿ). or ಚಾಚಖ್ಷಿ.

ತೋತೂರ್ಣ+ತಃ &c., ತೋತೂರ್ಣ್ಟಃ. ತೋತೂರ್ಣ್ಠ. ತೋತೂರ್ಣ್ಢಿ. ತೋತೂರ್ಣ್ಯಾತ್. ತೋತೂರ್ಣ್ವಃ. ತೋತೂರ್ಣ್ಮಃ. ತೋತೂರ್ಣ್ಷಿ or ತೋತೂರ್ಣ್ಟ್ಷಿ. or ತೋತೂರ್ಣ್ಟ್ಷಿ.

ಯಾಯುತ್+ತಃ &c., ಯಾಯುತ್ತಃ. ಯಾಯುತ್ಥ. ಯಾಯುದ್ಧಿ. ಯಾಯುತ್ಯಾತ್. ಯಾಯುತ್ವಃ. ಯಾಯುತ್ಮಃ. ಯಾಯುತ್ಸಿ. or ಯಾಯುತ್ಥ್ಸಿ.

ಮಾಮಥ್+ತಃ &c., ಮಾಮತ್ತಃ. ಮಾಮತ್ಥ. ಮಾಮದ್ಧಿ. ಮಾಮಥ್ಯಾತ್. ಮಾಮಥ್ವಃ. ಮಾಮಥ್ಮಃ. ಮಾಮತ್ಸಿ. or ಮಾಮತ್ಥ್ಸಿ.

ಚಾಕ್ಲದ್+ತಃ &c., ಚಾಕ್ಲತ್ತಃ. ಚಾಕ್ಲತ್ಥ. ಚಾಕ್ಲದ್ಧಿ. ಚಾಕ್ಲದ್ಯಾತ್. ಚಾಕ್ಲದ್ವಃ. ಚಾಕ್ಲದ್ಮಃ. ಚಾಕ್ಲತ್ಸಿ.

ಜಾಗಾಧ್+ತಃ &c., ಜಾಗಾದ್ಧಃ. ಜಾಗಾದ್ಧ. ಜಾಗಾದ್ಧಿ. ಜಾಗಾಧ್ಯಾತ್. ಜಾಗಾಧ್ವಃ. ಜಾಗಾಧ್ಮಃ. ಜಾಗಾತ್ಸಿ. ಜಾಗಾತ್ಸಿ.

ಶಾಶಾನ್+ತಃ &c., ಶಾಶಾನ್ತಃ. ಶಾಶಾನ್ಥ. ಶಾಶಾನ್ಧಿ. ಶಾಶಾನ್ಯಾತ್. ಶಾಶಾನ್ವಃ. ಶಾಶಾನ್ಮಃ. ಶಾಶಾಂಸಿ

ತಾತಪ್+ತಃ &c., ತಾತಪ್ತಃ. ತಾತಪ್ಥ. ತಾತಬ್ಧಿ. ತಾತಪ್ಯಾತ್. ತಾತಪ್ವಃ. ತಾತಪ್ಮಃ. ತಾತಪ್ಸಿ or ತಾತಫ್ಸಿ.

ರಾರಫ್+ತಃ &c., ರಾರಪ್ತಃ. ರಾರಪ್ಥ. ರಾರಬ್ಧಿ. ರಾರಫ್ಯಾತ್. ರಾರಫ್ವಃ. ರಾರಫ್ಮಃ. ರಾರಪ್ಸಿ. or ರಾರಫ್ಸಿ.

ಚೇಕ್ಲೀಬ್+ತಃ &c., ಚೇಕ್ಲೀಪ್ತಃ. ಚೇಕ್ಲೀಪ್ಥ. ಚೇಕ್ಲೀಬ್ಧಿ. ಚೇಕ್ಲೀಬ್ಯಾತ್. ಚೇಕ್ಲೀಬ್ವಃ. ಚೇಕ್ಲೀಬ್ಮಃ. ಚೇಕ್ಲೀಪ್ಸಿ or ಚೇಕ್ಲೀಫ್ಸಿ.

ಲಾಲಭ್+ತಃ &c., ಲಾಲಬ್ಧಃ. ಲಾಲಬ್ಧ. ಲಾಲಬ್ಧಿ. ಲಾಲಭ್ಯಾತ್. ಲಾಲಭ್ವಃ. ಲಾಲಭ್ಮಃ. ಲಾಲಪ್ಸಿ or ಲಾಲಫ್ಸಿ.

ಸಾಸಾಮ್+ತಃ &c., ಸಾಸಾನ್ತಃ. ಸಾಸಾನ್ಥ. ಸಾಸಾನ್ಧಿ. ಸಾಸಾಮ್ಯಾತ್ ಸಾಸಾಮ್ವಃ. ಸಾಸಾಮ್ಮಃ. ಸಾಸಾಂಸಿ.

ತಾತಾಯ್ + ತಃ &c., ತಾತಾಯ್ತಃ (ತಾತಾತಃ) ತಾತಾಯ್ಥ (ತಾತಾಥ) ತಾತಾಯ್ಧಿ (ತಾತಾಧಿ) ತಾತಾಯ್ಯಾತ್ ತಾತಾಯ್ವಃ (ತಾತಾವಃ) ತಾತಾಯ್ಮಃ (ತಾತಾಮಃ) ತಾತಾಯ್ಸಿ (ತಾತಾಸಿ)

ಜೋಗೂರ್+ತಃ &c., ಜೋಗೂರ್ತಃ. ಜೋಗೂರ್ಥ. ಜೋಗೂರ್ಧಿ. ಜೋಗೂರ್ಯಾತ್. ಜೋಗೂರ್ವಃ. ಜೋಗೂರ್ಮಃ. ಜೋಗೂರ್ಸಿ. (ಜೋಗೂರ್ಷಿ).

ಜಾಜಲ್+ತಃ &c., ಜಾಜಲ್ತಃ. ಜಾಜಲ್ಥ. ಜಾಜಲ್ಧಿ. ಜಾಜಲ್ಯಾತ್. ಜಾಜಲ್ವಃ. ಜಾಜಲ್ಮಃ. ಜಾಜಲ್ಸಿ.

ಪೋಪ್ರುಷ್+ತಃ &c., ಪೋಪ್ರುಷ್ಟಃ. ಪೋಪ್ರುಷ್ಠ. ಪೋಪ್ರುಡ್ಢಿ. ಪೋಪ್ರುಷ್ಯಾತ್. ಪೋಪ್ರುಷ್ವಃ. ಪೋಪ್ರುಷ್ಮಃ. ಪೋಪ್ರುಕ್ಷಿ. (ಪೋಪ್ರುಕ್ಷಿ).
ಬಾಭಾಸ್+ತಃ &c., ಬಾಭಾಸ್ತಃ. ಬಾಭಾಸ್ಥ. ಬಾಭಾದ್ಧಿ. ಬಾಭಾಸ್ಯಾತ್ ಬಾಭಾಸ್ವಃ. ಬಾಭಾಸ್ಮಃ. ಬಾಭಾಸ್ಸಿ.

Other miscellaneous examples of the same *sandhi*.

ಯುಂಜ್+ಧಿ=ಯುಂಗ್ಧಿ. ಯಜ್+ನಃ=ಯಜ್ಞಃ. ಯಜ್+ನೇ=ಯಜ್ಞೇ. ಜಜ್+ನಾತೇ=ಜಜ್ಞಾತೇ. ಜಜ್+ನಿಷೇ=ಜಜ್ಞಿಷೇ. ಜಜ್+ನಿಧ್ವೇ=ಜಜ್ಞಿಧ್ವೇ. ರಾಜ್+ನಾ=ರಾಜ್ಞಾ. ರಾಜ್+ನೀ=ರಾಜ್ಞೀ. ಯಾಚ್+ನಾ=ಯಾಚ್ಞಾ. ವಚ್+ಧಿ=ವಗ್ಧಿ. ವಚ್+ಮಿ=ವಚ್ಮಿ. ವಾಚ್+ಯಃ=ವಾಚ್ಯಃ. ಅದುಘ್+ಧ್ವಂ=ಅದುಗ್ಧ್ವಂ. ದ್ವಿತ್+ಧಿ=ದ್ವಿದ್ಧಿ. ಈಟ್+ತೇ=ಈಟ್ಟೇ. ಮೃಡ್+ನಾಮಿ+ಮೃಡ್ಣಾಮಿ. ಗೃಧ್+ಯತೇ=ಗೃಧ್ಯತೇ. ಮಾಮಥ್+ತಿ=ಮಾಮತ್ತಿ. ಅದ್+ಸಿ=ಅತ್ಸಿ. ವೇಷ್+ಸ್ಯಾಮಿ=ವೇಕ್ಷ್ಯಾಮಿ. ವೇಷ್+ತೇ=ವೇಷ್ಟೇ. ವಿಷ್+ಧ್ವಂ=ವಿಡ್ಢ್ವಂ. ದ್ವೇಷ್+ಸಿ=ದ್ವೇಕ್ಷಿ. ಅದ್ವಿಷ್+ಸ=ಅದ್ವಿಕ್ಷ. ಪ್ರೋಷ್+ಸ್ಯತಿ=ಪ್ರೋಕ್ಷ್ಯತಿ. ದ್ವಿಷ್+ತಃ=ದ್ವಿಷ್ಟಃ. ದ್ವಿಷ್+ಧ್ವಂ=ದ್ವಿಡ್ಢ್ವಂ. ಚಕ್ಷ್+ಸೇ=ಚಕ್ಷೇ. ಚಕ್ಷ್+ಧ್ವೇ=ಚಡ್ಢ್ವೇ. ಪುಷ್+ನಾತಿ=ಪುಷ್ಣಾತಿ. ಉತ್ಕೃಷ್+ತಃ=ಉತ್ಕೃಷ್ಟಃ. ಪಿಷ್+ಥಃ=ಪಿಷ್ಠಃ. ಸರ್ಪೀನ್+ಸಿ=ಸರ್ಪೀಂಸಿ. (ಸರ್ಪೀಂಷಿ). ವಸ್+ಸೇ=ವಸ್ಸೇ. ಲಿಹ್+ಢೇ=ಲೀಢೇ. ಆಶನ್+ಕತೇ=ಆಶಙ್ಕತೇ. ಆಲಿನ್+ಗತಿ=ಆಲಿಙ್ಗತಿ. ಪ್ರೇನ್+ಖಣೀಯಂ=ಪ್ರೇಙ್ಖಣೀಯಂ. ವನ್+ಚಯತಿ=ವಞ್ಚಯತಿ. ವಾನ್+ಛತಿ=ವಾಞ್ಛತಿ. ರನ್+ಜಯತಿ=ರಞ್ಜಯತಿ. ವನ್+ಟಯತಿ=ವಣ್ಟಯತಿ. ಉತ್ಕನ್+ಠತೇ=ಉತ್ಕಣ್ಠತೇ. ಮನ್+ಡಯತಿ=ಮಣ್ಡಯತಿ. ಗನ್+ತುಮ್=ಗನ್ತುಮ್. ನನ್+ದಿತುಂ=ನನ್ದಿತುಂ. ಪನ್+ಥಾ=ಪನ್ಥಾ. ಕಮ್+ಪತೇ=ಕಮ್ಪತೇ. ದೃನ್+ಫತಿ=ದೃಮ್ಫತಿ. ಆಲನ್+ಬತೇ=ಆಲಮ್ಬತೇ. ಜೃನ್+ಭತೇ=ಜೃಮ್ಭತೇ. ಹನ್+ಯಃ=ಹನ್ಯಃ. ತನ್+ವನ್=ತನ್ವನ್. ರಮ್+ಸ್ಯತೇ=ರಂಸ್ಯತೇ. ಗಮ್+ತಾ=ಗನ್ತಾ. ಕ್ಷಾಮ್+ತಿಃ=ಕ್ಷಾನ್ತಿಃ. ಕಾಮ್+ಯಃ=ಕಾಮ್ಯಃ. ಶಾಮ್+ತಮ್=ಶಾನ್ತಮ್. ತಾಮ್+ರಮ್=ತಾಮ್ರಮ್. ಆಮ್+ಲಃ=ಆಮ್ಲಃ. ಲಭ್+ಸ್ಯೇ=ಲಪ್ಸ್ಯೇ. ಲಭ್+ತಃ=ಲಬ್ಧಃ. ಕ್ಷುಭ್+ನಾತಿ=ಕ್ಷುಭ್ನಾತಿ. ಲುಭ್+ಯಃ=ಲುಭ್ಯಃ. ಧಿಭ್+ಸತಿ=ಧಿಪ್ಸತಿ.

As to *Sandhi* between letters of which the one that precedes is final in a *pada*.

ಸಂಯುಙ್+ಕರೋತಿ. ಖೇಲತಿ. ಗಚ್ಛತಿ. ಘಟತೇ. ಜಃ. ಚೇಟಯತಿ. ಛರ್ದತಿ. ಜಾಗರ್ತಿ. ಝಷತಿ. ಞಃ. ಟಙ್ಕಯತಿ. ಠಙ್ಕಾರಮ್. ಡಿಪಯತೇ. ಢೌಕತೇ. ಣಃ. ತ

ನೋತಿ. ಘುಡತಿ. ದದಾತಿ. ಧಿನೋತಿ. ನಮತಿ. ಪಾತಿ. ಫುಲ್ಲತಿ. ಬೋಧತಿ. ಭಾತಿ. ಮನತಿ. ಯತತೇ. ರೋಚತೇ. ಲೀನಾತಿ. ವೃಣಾತಿ. ಶ್ಚ್ಯೋತತೆ. ಶೇತೇ. ಷಟ್ಕಃ. ಸಹತೇ. ಹ್ವಯತಿ=ಸುಯುಕ್ಕರೋತಿ. ಸುಯುಕ್ಖೇಲತಿ. ಸುಯುಗ್ಗಚ್ಛತಿ. ಸುಯುಗ್ಘಟತೇ. ಸುಯುಗ್ಙಃ or ಸುಯುಙ್ಙಃ. ಸುಯುಕ್ಚೇಟಯತಿ. ಸುಯುಕ್ಛರ್ದತಿ. ಸುಯುಗ್ಜಾಗರ್ತಿ. ಸುಯುಗ್ಝಷತಿ. ಸುಯುಗ್ಞಃ or ಸುಯುಞ್ಞಃ. ಸುಯುಕ್ಟಙ್ಕಯತಿ. ಸುಯುಕ್ಠಙ್ಕಾರಃ. ಸುಯುಗ್ಡಪಯತೇ. ಸುಯುಗ್ಢೌಕತೇ. ಸುಯುಗ್ಣಃ or ಸುಯುಙ್ಣಃ. ಸುಯುಕ್ತನೋತಿ. ಸುಯುಕ್ಥುಡತಿ. ಸುಯುಗ್ದದಾತಿ. ಸುಯುಗ್ಧಿನೋತಿ. ಸುಯುಗ್ನಮತಿ or ಸುಯಙ್ನಮತಿ. ಸುಯುಕ್ಪಾತಿ. ಸುಯುಕ್ಫುಲ್ಲತಿ. ಸುಯುಗ್ಬೋಧತಿ. ಸುಯುಗ್ಭಾತಿ. ಸುಯುಗ್ಮನತಿ or ಸುಯುಙ್ಮನತಿ. ಸುಯುಗ್ಯತತೇ. ಸುಯುಗ್ರೋಚತೇ. ಸುಯುಗ್ಲೀನಾತಿ. ಸುಯುಗ್ವೃಣಾತಿ. ಸುಯುಕ್ಶ್ಚ್ಯೋತತಿ. ಸುಯುಕ್ಛ್ಚ್ಯೋತತಿ. ಸುಯುಕ್ಶೇತೇ or ಸುಯುಕ್ಛೇತೇ. or ಸುಯುಃಶೇತೇ. ಸುಯುಕ್ಷಟ್ಕಃ or ಸುಯುಖ್ಷಟ್ಕಃ ಸುಯುಕ್ಸಹತೇ or ಸುಯುಖ್ಸಹತೇ. ಸುಯುಗ್ಹ್ವಯತಿ or ಸುಯುಗ್ಘ್ವಯತಿ.

ಪ್ರಾಙ್+ಕರೋತಿ &c., ಪ್ರಾಙ್ಕರೋತಿ. ಪ್ರಾಙ್ಖೇಲತಿ. ಪ್ರಾಙ್ಗಚ್ಛತಿ. ಪ್ರಾಙ್ಘಟತೇ. ಪ್ರಾಙ್ಙಃ. ಪ್ರಾಙ್ಚೇಟಯತಿ. ಪ್ರಾಙ್ಛರ್ದತಿ. ಪ್ರಾಙ್ಜಾಗರ್ತಿ. ಪ್ರಾಙ್ಝಷತಿ. ಪ್ರಾಙ್ಞಃ. ಪ್ರಾಙ್ಟಙ್ಕಯತಿ. ಪ್ರಾಙ್ಠಙ್ಕಾರಮ್. ಪ್ರಾಙ್ಡಪಯತೇ. ಪ್ರಾಙ್ಢೌಕತೇ. ಪ್ರಾಙ್ಣಃ. ಪ್ರಾಙ್ತನೋತಿ. ಪ್ರಾಙ್ಥುಡತಿ. ಪ್ರಾಙ್ದದಾತಿ. ಪ್ರಾಙ್ಧಿನೋತಿ. ಪ್ರಾಙ್ನಮತಿ, ಪ್ರಾಙ್ಪಾತಿ. ಪ್ರಾಙ್ಫುಲ್ಲತಿ. ಪ್ರಾಙ್ಬೋಧತಿ. ಪ್ರಾಙ್ಭಾತಿ. ಪ್ರಾಙ್ಮನತಿ. ಪ್ರಾಙ್ಯತತೇ. ಪ್ರಾಙ್ರೋಚತೇ. ಪ್ರಾಙ್ಲೀನಾತಿ. ಪ್ರಾಙ್ವೃಣಾತಿ. ಪ್ರಾಙ್ಶ್ಚ್ಯೋತತಿ or ಪ್ರಾಙ್ಕ್ಶ್ಚ್ಯೋತತಿ. or ಪ್ರಾಙ್ಛ್ಚ್ಯೋತತಿ ಪ್ರಾಙ್ಶೇತೆ or ಪ್ರಾಙ್ಕ್ಶೇತೆ or ಪ್ರಾಙ್ಛೇತೆ or ಪ್ರಾಙ್ಕ್ಛೇತೆ. or ಪ್ರಾಙ್ಕ್ಶೇತೆ. ಪ್ರಾಙ್ಷಟ್ಕಃ or ಪ್ರಾಙ್ಕ್ಷಟ್ಕಃ or ಪ್ರಾಙ್ಖ್ಷಟ್ಕಃ. ಪ್ರಾಙ್ಸಹತೆ or ಪ್ರಾಙ್ಕ್ಸಹತೆ. or ಪ್ರಾಙ್ಖ್ಸಹತೆ. ಪ್ರಾಙ್ಹ್ವಯತಿ.

ಪರಿವ್ರಾಟ್+ಕರೋತಿ &c., ಪರಿವ್ರಾಟ್ಕರೋತಿ. ಪರಿವ್ರಾಟ್ಖೇಲತಿ. ಪರಿವ್ರಾಡ್ಗಚ್ಛತಿ. ಪರಿವ್ರಾಡ್ಘಟತೆ. ಪರಿವ್ರಾಡ್ಙಃ or ಪರಿವ್ರಾಣ್ಙಃ. ಪರಿವ್ರಾಟ್ಚೇಟಯತಿ. ಪರಿವ್ರಾಟ್ಛರ್ದತಿ. ಪರಿವ್ರಾಡ್ಜಾಗರ್ತಿ. ಪರಿವಾಡ್ಝಷತಿ. ಪರಿವ್ರಾಡ್ಞಃ or ಪರಿವ್ರಾಣ್ಞಃ. ಪರಿವ್ರಾಟ್ಟಙ್ಕಯತಿ. ಪರಿವ್ರಾಟ್ಠಙ್ಕಾರಮ್. ಪರಿವ್ರಾಡ್ಡಪಯತೆ. ಪರಿವ್ರಾಡ್ಢೌಕತೆ. ಪರಿವ್ರಾಡ್ಣಃ or ಪರಿವ್ರಾಣ್ಣಃ. ಪರಿವ್ರಾಟ್ತನೋತಿ. ಪರಿವ್ರಾಟ್ಥುಡತಿ. ಪರಿವ್ರಾಡ್ದದಾತಿ. ಪರಿವ್ರಾಡ್ಧಿನೋತಿ. ಪರಿವ್ರಾಡ್ನಮತಿ or ಪರಿವ್ರಾಣ್ಣಮತಿ. ಪರಿವ್ರಾಟ್ಪಾತಿ. ಪರಿವ್ರಾಟ್ಫುಲ್ಲತಿ. ಪರಿವ್ರಾಡ್ಬೋಧತಿ. ಪರಿವ್ರಾಡ್ಭಾತಿ. ಪರಿವ್ರಾಡ್ಮನತಿ or ಪರಿವ್ರಾಣ್ಮನತಿ. ಪರಿವ್ರಾಡ್ಯತತೆ. ಪರಿವ್ರಾಡ್ರೋಚತೆ. ಪರಿವ್ರಾಡ್ಲೀನಾತಿ. ಪರಿವ್ರಾಡ್ವೃಣಾತಿ. ಪರಿವ್ರಾಟ್ಶ್ಚ್ಯೋತತಿ. or ಪರಿವ್ರಾಟ್ಛ್ಚ್ಯೋತತಿ. ಪರಿವ್ರಾಟ್ಶೇತೆ or ಪರಿವ್ರಾಟ್ಛೇತೆ or ಪರಿವ್ರಾಟ್ಶೇತೆ. ಪರಿವ್ರಾಟ್ಷಟ್ಕಃ or ಪರಿವ್ರಾಟ್ಷಟ್ಕಃ. ಪರಿವ್ರಾಟ್ಸಹತೆ or

ಪರಿವ್ರಾಟ್ತ್ಸಹತೆ or ಪರಿವ್ರಾಟ್ಸಹತೆ. ಪರಿವ್ರಾಡ್ಢ್ವಯತಿ or ಪರಿವ್ರಾಢ್ವಯತಿ.

ಸುಗಣ್ + ಕರೋತಿ &c., ಸುಗಣ್ಕರೋತಿ. ಸುಗಣ್ಖೇಲತಿ. ಸುಗಣ್ಗಚ್ಛತಿ. ಸುಗಣ್ಘಟತೆ. ಸುಗಣ್ಙಃ. ಸುಗಣ್ಚೇಟಯತಿ. ಸುಗಣ್ಛರ್ದತಿ. ಸುಗಣ್ಜಾಗರ್ತಿ. ಸುಗಣ್ಝಷತಿ. ಸುಗಣ್ಞಃ. ಸುಗಣ್ಟಙ್ಕಯತಿ. ಸುಗಣ್ಠಙ್ಕರಮ್. ಸುಗಣ್ಡಿಪಯತೆ. ಸುಗಣ್ಢೌಕತೆ. ಸುಗಣ್ಣಃ. ಸುಗಣ್ತನೋತಿ. ಸುಗಣ್ಥುಡತಿ. ಸುಗಣ್ದದಾತಿ. ಸುಗಣ್ಧಿನೋತಿ. ಸುಗಣ್ನಮತಿ. ಸುಗಣ್ಪಾತಿ. ಸುಗಣ್ಫಲ್ಲತಿ. ಸುಗಣ್ಬೋಧತಿ. ಸುಗಣ್ಭಾತಿ. ಸುಗಣ್ಮನತಿ. ಸುಗಣ್ಯಾತತೆ. ಸುಗಣ್ರೋಚತೆ. ಸುಗಣ್ಲೀನಾತಿ. ಸುಗಣ್ವೃಣಾತಿ. ಸುಗಣ್ಟ್ಶ್ಚ್ಯೋತತಿ or ಸುಗಣ್ಟ್ಛ್ಚ್ಯೋತತಿ or ಸುಗಣ್ಶ್ಚ್ಯೋತತಿ. ಸುಗಣ್ಶೇತೆ. or ಸುಗಣ್ಟ್ಶೇತೆ. or ಸುಗಣ್ಛೇತೆ or ಸುಗಣ್ಟ್ಛೇತೆ. ಸುಗಣ್ಷಟ್ಕಃ. or ಸುಗಣ್ಟ್ಷಟ್ಕಃ or ಸುಗಣ್ಟ್ಷಟ್ಕಃ. ಸುಗಣ್ಸಹತೆ or ಸುಗಣ್ಟ್ಸಹತೆ. or ಸುಗಣ್ತ್ಸಹತೆ. ಸುಗಣ್ಹ್ವಯತಿ.

ಸೋಮಸುದ್+ಕರೋತಿ &c., ಸೋಮಸುತ್ಕರೋತಿ. ಸೋಮಸುತ್ಖೇಲತಿ. ಸೋಮಸುದ್ಗಚ್ಛತಿ. ಸೋಮಸುದ್ಘಟತೆ. ಸೋಮಸುದ್ಙಃ or ಸೋಮಸುನ್ಙಃ. ಸೋಮಸುಚ್ಚೇಟಯತಿ. ಸೋಮಸುಚ್ಛರ್ದತಿ. ಸೋಮಸುಜ್ಜಾಗರ್ತಿ. ಸೋಮಸುಜ್ಝಷತಿ. ಸೋಮಸುಜ್ಞಃ or ಸೋಮಸುಞ್ಞಃ. ಸೋಮಸುಟ್ಟಙ್ಕಯತಿ. ಸೋಮಸುಟ್ಠಙ್ಕರಮ್. ಸೋಮಸುಡ್ಡಿಪಯತೆ. ಸೋಮಸುಡ್ಢೌಕತೆ. ಸೋಮಸುಡ್ಣಃ or ಸೋಮಸುಣ್ಣಃ. ಸೋಮಸುತ್ತನೋತಿ. ಸೋಮಸುತ್ಥುಡತಿ. ಸೋಮಸುದ್ದದಾತಿ. ಸೋಮಸುದ್ಧಿನೋತಿ. ಸೋಮಸುದ್ನಮತಿ or ಸೋಮಸುನ್ನಮತಿ. ಸೋಮಸುತ್ಪಾತಿ. ಸೋಮಸುತ್ಫಲ್ಲತಿ. ಸೋಮಸುದ್ಬೋಧತಿ. ಸೋಮಸುದ್ಭಾತಿ. ಸೋಮಸುದ್ಮನತಿ or ಸೋಮಸುನ್ಮನತಿ. ಸೋಮಸುದ್ಯಾತತೆ. ಸೋಮಸುದ್ರೋಚತೆ. ಸೋಮಸು*ಲ್ಲೀನಾತಿ. ಸೋಮಸುದ್ವೃಣಾತಿ. ಸೋಮಸುಚ್ಶ್ಚ್ಯೋತತಿ. or ಸೋಮಸುಚ್ಛ್ಚ್ಯೋತತಿ. ಸೋಮಸುಚ್ಶೇತೆ or ಸೋಮಸುಚ್ಛೇತೆ. or ಸೋಮಸುಚ್ಛ್ಶೇತೆ. ಸೋಮಸುತ್ಷಟ್ಕಃ or ಸೋಮಸುತ್ಷಟ್ಕಃ. ಸೋಮಸುತ್ಸಹತೆ or ಸೋಮಸುತ್ಸಹತೆ. ಸೋಮಸುದ್ಹ್ವಯತಿ or ಸೋಮಸುದ್ಧ್ವಯತಿ.

ರಾಜನ್+ಕರೋತಿ &c., ರಾಜನ್ಕರೋತಿ. ರಾಜನ್ಖೇಲತಿ. ರಾಜನ್ಗಚ್ಛತಿ. ರಾಜನ್ಘಟತೆ. ರಾಜನ್ಙಃ. ರಾಜಂಶ್ಚೇಟಯತಿ or ರಾಜ*ಶ್ಚೇಟಯತಿ. ರಾಜಂಶ್ಛರ್ದತಿ or ರಾಜ*ಶ್ಛರ್ದತಿ. ರಾಜಞ್ಜಾಗರ್ತಿ. ರಾಜಞ್ಝಷತಿ. ರಾಜಞ್ಞಃ. ರಾಜಂಷ್ಟಙ್ಕಯತಿ. ರಾಜಂಷ್ಠಙ್ಕರಮ್. ರಾಜಣ್ಡಿಪಯತೆ. ರಾಜಣ್ಢೌಕತೆ. ರಾಜಣ್ಣಃ. ರಾಜಂಸ್ತನೋತಿ or ರಾಜ*ಸ್ತನೋತಿ. ರಾಜಂಸ್ಥುಡತಿ or ರಾಜ*ಸ್ಥುಡತಿ. ರಾಜನ್ದದಾತಿ. ರಾಜನ್ಧಿನೋತಿ. ರಾಜನ್ನಮತಿ. ರಾಜನ್ಪಾತಿ. ರಾಜನ್ಫಲ್ಲತಿ. ರಾಜನ್ಬೋಧತಿ. ರಾಜನ್ಭಾತಿ. ರಾಜನ್ಮನತಿ ರಾಜನ್ಯಾತತೆ. ರಾಜನ್ರೋಚತೆ. ರಾಜ*ಲ್ಲೀನಾತಿ. ರಾಜನ್ವೃಣಾತಿ. ರಾಜಞ್ಶ್ಚ

ತತಿ or ರಾಜಷ್ಛ್ರೀತತಿ. ರಾಜಞ್ಶ್ಯೇತೆ or ರಾಜಞ್ಛ್ಯೇತೆ or ರಾಜಞ್ಛ್ಯೇತೆ or ರಾಜಞ್ಛ್ಯೇತೆ. ರಾಜನ್ಷಟ್ಕಃ. ರಾಜನ್ಸಹತೆ or ರಾಜನ್ತ್ಸಹತೆ. ರಾಜನ್ಹ್ವಯತಿ. But ರಾಜನ್+ತ್ಸರುಕಃ=ರಾಜನ್ತ್ಸರುಕಃ.

ಗುಬ್+ಕರೋತಿ &c., ಗುಪ್ಕರೋತಿ. ಗುಪ್ಖೇಲತಿ. ಗುಬ್ಗಚ್ಛತಿ. ಗುಬ್ಘಟತೆ. ಗುಬ್ಙಃ. or ಗುಮ್ಙಃ. ಗುಪ್ಚೇಟಯತಿ. ಗುಪ್ಛರ್ದತಿ. ಗುಬ್ಜಾಗರ್ತಿ. ಗುಬ್ಝಷತಿ. ಗುಬ್ಞಃ or ಗುಮ್ಞಃ. ಗುಪ್ಟಙ್ಕಯತಿ. ಗುಪ್ಠಙ್ಕರಮ್. ಗುಬ್ಡಿಪಯತೆ. ಗುಬ್ಢೌಕತೆ. ಗುಬ್ಣಃ or ಗುಮ್ಣಃ. ಗುಪ್ತನೋತಿ. ಗುಪ್ಥುಡತಿ. ಗುಬ್ದದಾತಿ. ಗುಬ್ಧಿನೋತಿ. ಗುಬ್ನಮತಿ or ಗುಮ್ನಮತಿ. ಗುಪ್ಪಾತಿ. ಗುಪ್ಫುಲ್ಲತಿ ಗುಬ್ಬೋಧತಿ. ಗುಬ್ಭಾತಿ. ಗುಬ್ಮನತಿ. or ಗುಮ್ಮನತಿ. ಗುಬ್ಯತತೆ. ಗುಬ್ರೋಚತೆ. ಗುಬ್ಲೀನಾತಿ. ಗುಬ್ವೃಣಾತಿ. ಗುಪ್ಶ್ಯೋತತಿ or ಗುಪ್ಶ್ಯೋತತಿ. ಗುಪ್ಶೇತೆ or ಗುಫ್ಶೇತೆ. or ಗುಪ್ಛೇತೆ. ಗುಪ್ಷಟ್ಕಃ ಗುಫ್ಷಟ್ಕಃ. ಗುಪ್ಸಹತೆ. or ಗುಫ್ಸಹತೆ ಗುಬ್ಹ್ವಯತಿ or ಗುಬ್ಭ್ವಯತಿ.

ಮಧುರಮ್+ಕರೋತಿ &c., ಮಧುರಙ್ಕರೋತಿ or ಮಧುರಂಕರೋತಿ. ಮಧುರಙ್ಖೇಲತಿ or ಮಧುರಂಖೇಲತಿ. ಮಧುರಙ್ಗಚ್ಛತಿ or ಮಧುರಂಗಚ್ಛತಿ. ಮಧುರಙ್ಘಟತೆ. or ಮಧುರಂಘಟತೆ. ಮಧುರಂಙಃ or ಮಧುರಙ್ಙಃ. ಮಧುರಞ್ಚೇಟಯತಿ or ಮಧುರಂಚೇಟಯತಿ. ಮಧುರಞ್ಛರ್ದತಿ or ಮಧುರಂಛರ್ದತಿ. ಮಧುರಞ್ಜಾಗರ್ತಿ or ಮಧುರಂಜಾಗರ್ತಿ. ಮಧುರಞ್ಝಷತಿ or ಮಧುರಂಝಷತಿ. ಮಧುರಂಞಃ or ಮಧುರಞ್ಞಃ. ಮಧುರಣ್ಟಙ್ಕಯತಿ or ಮಧುರಂಟಙ್ಕಯತಿ. ಮಧುರಣ್ಠಙ್ಕರಮ್ or ಮಧುರಂಠಙ್ಕರಮ್. ಮಧುರಣ್ಡಿಪಯತೆ or ಮಧುರಂಡಿಪಯತೆ. ಮಧುರಣ್ಢೌಕತೆ or ಮಧುರಂಢೌಕತೆ. ಮಧುರಂಣಃ or ಮಧುರಣ್ಣಃ. ಮಧುರನ್ತನೋತಿ or ಮಧುರಂತನೋತಿ. ಮಧುರನ್ಥುಡತಿ or ಮಧುರಂಥುಡತಿ. ಮಧುರನ್ದದಾತಿ. or ಮಧುರಂದದಾತಿ. ಮಧುರನ್ಧಿನೋತಿ. or ಮಧುರಂಧಿನೋತಿ. ಮಧುರನ್ನಮತಿ or ಮಧುರಂನಮತಿ, ಮಧುರಮ್ಪಾತಿ or ಮಧುರಂಪಾತಿ. ಮಧುರಮ್ಫುಲ್ಲತಿ or ಮಧುರಂಫುಲ್ಲತಿ. ಮಧುರಮ್ಬೋಧತಿ or ಮಧುರಂಬೋಧತಿ. ಮಧುರಮ್ಭಾತಿ or ಮಧುರಂಭಾತಿ. ಮಧುರಮ್ಮನತಿ or ಮಧುರಂಮನತಿ. ಮಧುರಮ್ಯತತೆ or ಮಧುರ*ಯ್ಯತತೆ. ಮಧುರಮ್ರೋಚತೆ. ಮಧುರಮ್ಲೀನಾತಿ or ಮಧುರ*ಲ್ಲೀನಾತಿ. ಮಧುರಮ್ವೃಣಾತಿ or ಮಧುರ*ವ್ವೃಣಾತಿ. ಮಧುರಂಶ್ಯೋತತಿ. ಮಧುರಂಷಟ್ಕಃ. ಮಧುರಂಸಹತೆ. ಮಧುರಂಹ್ವಯತಿ or ಮಧುರ*ವ್ಹ್ವಯತಿ. ಮಧುರಮ್+ಹ್ಯಃ=ಮಧುರಂಹ್ಯಃ or ಮಧುರ*ಯ್ಹ್ಯಃ. ಮಧುರಮ್+ಹ್ಮಲಯತಿ=ಮಧುರಂಹ್ಮಲಯತಿ or ಮಧುರಮ್ಹ್ಮಲಯತಿ. ಮಧುರಮ್+ಹ್ಲಾದಯತಿ=ಮಧುರಂಹ್ಲಾದಯತಿ or ಮಧುರ*ಲ್ಹ್ಲಾದಯತಿ. ಮಧುರಮ್+ಹ್ನುತೆ=ಮಧುರಂಹ್ನುತೆ or ಮಧುರನ್ಹ್ನುತೆ.

ಪ್ರಾತರ್+ಕರೋತಿ &c., ಪ್ರಾತಃಕರೋತಿ or ಪ್ರಾತ ⨯ ಕರೋತಿ. ಪ್ರಾತಃಖೇಲತಿ or ಪ್ರಾತ ⨯ ಖೇಲತಿ. ಪ್ರಾತರ್ಗಚ್ಛತಿ. ಪ್ರಾತರ್ಘಟತೆ. ಪ್ರಾತರ್ಜಃ. ಪ್ರಾತಶ್ಚ್ಯೋಟಯತಿ. ಪ್ರಾತಶ್ಛರ್ದತಿ. ಪ್ರಾತರ್ಜಾಗರ್ತಿ. ಪ್ರಾತರ್ಝಷತಿ. ಪ್ರಾತರ್ಞಃ. ಪ್ರಾತಷ್ಟಙ್ಕಯತಿ. ಪ್ರಾತಷ್ಠಙ್ಕರಮ್. ಪ್ರಾತರ್ಡಿಪಯತೆ. ಪ್ರಾತರ್ಢೌಕತೆ. ಪ್ರಾತರ್ಣಃ. ಪ್ರಾತಸ್ತನೋತಿ. ಪ್ರಾತಸ್ಥುಡತಿ. ಪ್ರಾತರ್ದದಾತಿ. ಪಾತರ್ಧಿನೋತಿ. ಪ್ರಾತರ್ನಮತಿ. ಪ್ರಾತಃಪಾತಿ or ಪ್ರಾತಃಪಾತಿ. ಪ್ರಾತಃ ಫುಲ್ಲತಿ or ಪ್ರಾತಃಫುಲ್ಲತಿ. ಪ್ರಾತರ್ಬೋಧತಿ. ಪ್ರಾತರ್ಭಾತಿ. ಪ್ರಾತರ್ಮನತಿ. ಪ್ರಾತರ್ಯತತೆ. ಪ್ರಾತಾರೋಚತೆ. ಪ್ರಾತರ್ಲೀನಾತಿ. ಪ್ರಾತರ್ವೃಣಾತಿ. ಪ್ರಾತಶ್ಚ್ಯೋತತಿ or ಪ್ರಾತಃಶ್ಚ್ಯೋತತಿ or ಪ್ರಾತಶ್ಶ್ಚ್ಯೋತತಿ. ಪ್ರಾತಶ್ಶ್ಯೇತೆ or ಪ್ರಾತಃಶ್ಯೇತೆ. ಪ್ರಾತಷ್ಷಟ್ಕಃ or ಪ್ರಾತಃಷಟ್ಕಃ. ಪ್ರಾತಸ್ಸಹತೆ or ಪ್ರಾತಃಸಹತೆ. ಪ್ರಾತರ್ಹ್ವಯತಿ. And ಪ್ರಾತರ್+ಸ್ಥಾತಾರಃ=ಪ್ರಾತಸ್ಥಾತಾರಃ or ಪ್ರಾತಃಸ್ಥಾತಾರಃ or ಪ್ರಾತಸ್ಸ್ಥಾತಾರಃ. ಪ್ರಾತರ್+ಷ್ಮವತಿ=ಪ್ರಾತಷ್ಮವತಿ or ಪ್ರಾತಃಷ್ಮವತಿ or ಪ್ರಾತಷ್ಷ್ಮವತಿ But ಪ್ರಾತರ್+ಕ್ಷೌಮಮ್=ಪ್ರಾತಃ ಕ್ಷೌಮಮ್. ಪ್ರಾತರ್+ಪ್ಸಾತಮ್=ಪ್ರಾತಃ ಪ್ಸಾತಮ್. ಪ್ರಾತರ್+ತ್ಸರುಃ=ಪ್ರಾತಃತ್ಸರುಃ.

ಮತ್ತ್ರರ್ (from ಮತ್ತ್ರಃ)+ಕರೋತಿ. &c., ಮತ್ತ್ರಃಕರೊತಿ or ಮತ್ತ್ರ ⨯ ಕರೋತಿ. ಮತ್ತ್ರಃಖೇಲತಿ or ಮತ್ತ್ರ ⨯ ಖೇಲತಿ. ಮತ್ತ್ರೋಗಚ್ಛತಿ. ಮತ್ತ್ರೋಘಟತೆ. ಮತ್ತ್ರೋಜಃ. ಮತ್ತ್ರಶ್ಚ್ಯೋಟಯತಿ. ಮತ್ತ್ರಶ್ಛರ್ದತಿ. ಮತ್ತ್ರೋಜಾಗರ್ತಿ. ಮತ್ತ್ರೋಝಷತಿ. ಮತ್ತ್ರೋಞಃ. ಮತ್ತ್ರಷ್ಟಙ್ಕಯತಿ. ಮತ್ತ್ರಷ್ಠಙ್ಕರಮ್. ಮತ್ತ್ರೋಡಿಪಯತೆ. ಮತ್ತ್ರೋಢೌಕತೆ. ಮತ್ತ್ರೋಣಃ. ಮತ್ತ್ರಸ್ತನೋತಿ. ಮತ್ತ್ರಸ್ಥುಡತಿ. ಮತ್ತ್ರೋದದಾತಿ. ಮತ್ತ್ರೋಧಿನೋತಿ. ಮತ್ತ್ರೋನಮತಿ. ಮತ್ತ್ರಃಪಾತಿ or ಮತ್ತ್ರಃಪಾತಿ. ಮತ್ತ್ರಃ ಫುಲ್ಲತಿ or ಮತ್ತ್ರಃಫುಲ್ಲತಿ. ಮತ್ತ್ರೋಬೋಧತಿ. ಮತ್ತ್ರೋಭಾತಿ. ಮತ್ತ್ರೋಮನತಿ. ಮತ್ತ್ರೋಯತತೆ. ಮತ್ತ್ರೋರೋಚತೆ. ಮತ್ತ್ರೋಲೀನಾತಿ. ಮತ್ತ್ರೋವೃಣಾತಿ. ಮತ್ತ್ರಶ್ಚ್ಯೋತತಿ. or ಮತ್ತ್ರಃಶ್ಚ್ಯೋತತಿ or ಮತ್ತ್ರಶ್ಶ್ಚ್ಯೋತತಿ. ಮತ್ತ್ರಶ್ಶ್ಯೇತೆ or ಮತ್ತ್ರಃಶ್ಯೇತೆ. ಮತ್ತ್ರಷ್ಷಟ್ಕಃ or ಮತ್ತ್ರಃಷಟ್ಕಃ. ಮತ್ತ್ರಸ್ಸಹತೆ or ಮತ್ತ್ರಃಸಹತೆ. ಮತ್ತ್ರೋಹ್ವಯತಿ. And ಮತ್ತ್ರರ್+ಸ್ಥಾತಾರಃ=ಮತ್ತ್ರಸ್ಥಾತಾರಃ or ಮತ್ತ್ರಃಸ್ಥಾತಾರಃ or ಮತ್ತ್ರಸ್ಸ್ಥಾತಾರಃ. ಮತ್ತ್ರರ್+ಷ್ಮವತಿ=ಮತ್ತ್ರಷ್ಷ್ಮವತಿ or ಮತ್ತ್ರಃಷ್ಮವತಿ or ಮತ್ತ್ರಷ್ಷ್ಮವತಿ But ಮತ್ತ್ರರ್+ಕ್ಷೌಮಮ್=ಮತ್ತ್ರಃಕ್ಷೌಮಮ್. ಮತ್ತ್ರರ್+ಪ್ಸಾತಮ್=ಮತ್ತ್ರಃಪ್ಸಾತಮ್. ಮತ್ತ್ರರ್+ತ್ಸರುಃ=ಮತ್ತ್ರಃತ್ಸರುಃ.

ನದ್ಯಾರ್ (from ನದ್ಯಾಃ) +ಕರೋತಿ &c., ನದ್ಯಾಃಕರೊತಿ or ನದ್ಯಾ ⨯ ಕರೋತಿ. ನದ್ಯಾಃ ಖೇಲತಿ or ನದ್ಯಾಖೇಲತಿ. ನದ್ಯಾಗಚ್ಛತಿ. ನದ್ಯಾಘಟತೆ. ನದ್ಯಾಜಃ.ನದ್ಯಾಶ್ಚ್ಯೋಟಯತಿ. ನದ್ಯಾಶ್ಛರ್ದತಿ. ನದ್ಯಾಜಾಗರ್ತಿ. ನದ್ಯಾಝಷತಿ. ನದ್ಯಾ

ಇಃ. ನದ್ಯಾಷ್ಟಜ್ಞಯತಿ. ನದ್ಯಾಷ್ಟಜ್ಞಾರಮ್. ನದ್ಯಾಡಿಡಯತೆ. ನದ್ಯಾಢೌಕತೆ. ನದ್ಯಾಣಃ. ನದ್ಯಾಸ್ತನೋತಿ. ನದ್ಯಾಸ್ಥುಡತಿ. ನದ್ಯಾದದಾತಿ. ನದ್ಯಾಧಿನೋತಿ. ನದ್ಯಾನಮತಿ. ನದ್ಯಾಃಪಾತಿ or ನದ್ಯಾಃಪಾತಿ ನದ್ಯಾಃಫುಲ್ಲತಿ or ನದ್ಯಾಃಫುಲ್ಲತಿ. ನದ್ಯಾಬೋಧತಿ. ನದ್ಯಾಭಾತಿ. ನದ್ಯಾಮನತಿ. ನದ್ಯಾಯತತೆ. ನದ್ಯಾರೋಚತೆ. ನದ್ಯಾಲೀನಾತಿ, ನದ್ಯಾವೃಣಾತಿ. ನದ್ಯಾಶ್ಚ್ಯೋತತಿ. or ನದ್ಯಾಃಶ್ಚ್ಯೋತತಿ or ನದ್ಯಾಶ್ಚ್ಯೋತತಿ. ನದ್ಯಾಶ್ಯೇತೆ or ನದ್ಯಾಃಶ್ಯೇತೆ. ನದ್ಯಾಷ್ಷಟ್ಕಃ or ನದ್ಯಾಃಷಟ್ಕಃ. ನದ್ಯಾಸ್ಸಹತೆ or ನದ್ಯಾಃಸಹತೆ. ನದ್ಯಾಹ್ವಯತಿ. And ನದ್ಯಾರ್+ಸ್ಥಾತಾರಃ=ನದ್ಯಾಸ್ಥಾತಾರಃ or ನದ್ಯಾಃ. ಸ್ಥಾತಾರಃ or ನದ್ಯಾಸ್ಸ್ಥಾತಾರಃ. ನದ್ಯಾರ್+ಷ್ಠೀವತಿ=ನದ್ಯಾಷ್ಠೀವತಿ or ನದ್ಯಾಃಷ್ಠೀವತಿ. or ನದ್ಯಾಷ್ಷ್ಠೀವತಿ. But ನದ್ಯಾರ್+ಕ್ಷೌಮಮ್=ನದ್ಯಾಃಕ್ಷೌಮಮ್. ನದ್ಯಾರ್+ಪ್ಸಾತಮ್=ನದ್ಯಾಃಪ್ಸಾತಮ್. ನದ್ಯಾರ್+ತ್ಸರುಃ=ನದ್ಯಾಃತ್ಸರುಃ.

ವಿಷ್ಣೂರ್ (from ವಿಷ್ಣೂಸ್) +ಕರೋತಿ &c., ವಿಷ್ಣೂಃಕರೋತಿ or ವಿಷ್ಣೂ×ಕರೋತಿ. ವಿಷ್ಣೂಃಖೇಲತಿ or ವಿಷ್ಣೂ×ಖೇಲತಿ. ವಿಷ್ಣೂರ್ಗಚ್ಛತಿ. ವಿಷ್ಣೂರ್ಘಟತೆ. ವಿಷ್ಣೂರ್ಜಃ. ವಿಷ್ಣೂಶ್ಚ್ಯೋಟಯತಿ. ವಿಷ್ಣೂಶ್ಛರ್ದತಿ. ವಿಷ್ಣೂರ್ಜಾಗರ್ತಿ. ವಿಷ್ಣೂರ್ಝಷತಿ. ವಿಷ್ಣೂರ್ಞಃ. ವಿಷ್ಣೂಷ್ಟ್ರಜ್ಞಯತಿ. ವಿಷ್ಣೂಷ್ಠಜ್ಞಾರಮ್. ವಿಷ್ಣೂರ್ಡಿಪಯತೆ. ವಿಷ್ಣೂರ್ಢೌಕತೆ. ವಿಷ್ಣೂರ್ಣಃ. ವಿಷ್ಣೂಸ್ತನೋತಿ. ವಿಷ್ಣೂಸ್ಥುಡತಿ. ವಿಷ್ಣೂರ್ದದಾತಿ. ವಿಷ್ಣೂರ್ಧಿನೋತಿ. ವಿಷ್ಣೂರ್ನಮತಿ. ವಿಷ್ಣೂಃಪಾತಿ or ವಿಷ್ಣೂಃಪಾತಿ. ವಿಷ್ಣೂಃಫುಲ್ಲತಿ or ವಿಷ್ಣೂಃಫುಲ್ಲತಿ. ವಿಷ್ಣೂರ್ಬೋಧತಿ. ವಿಷ್ಣೂರ್ಭಾತಿ. ವಿಷ್ಣೂರ್ಮನತಿ. ವಿಷ್ಣೂರ್ಯತತೆ. ವಿಷ್ಣೂರೋಚತೆ. ವಿಷ್ಣೂರ್ಲೀನಾತಿ. ವಿಷ್ಣೂರ್ವೃಣಾತಿ. ವಿಷ್ಣೂಶ್ಚ್ಯೋತತಿ. or ವಿಷ್ಣೂಃಶ್ಚ್ಯೋತತಿ or ವಿಷ್ಣೂಶ್ಚ್ಯೋತತಿ. ವಿಷ್ಣೂಶ್ಶ್ಯೇತೆ or ವಿಷ್ಣೂಃಶ್ಯೇತೆ. ವಿಷ್ಣೂಷ್ಷಟ್ಕಃ or ವಿಷ್ಣೂಃಷಟ್ಕಃ. ವಿಷ್ಣೂಸ್ಸಹತೆ or ವಿಷ್ಣೂಃಸಹತೆ. ವಿಷ್ಣೂರ್ಹ್ವಯತಿ. And ವಿಷ್ಣೂರ್+ಸ್ಥಾತಾರಃ=ವಿಷ್ಣೂಸ್ಥಾತಾರಃ or ವಿಷ್ಣೂಃಸ್ಥಾತಾರಃ or ವಿಷ್ಣೂಸ್ಸ್ಥಾತಾರಃ. ವಿಷ್ಣೂರ್+ಷ್ಠೀವತಿ=ವಿಷ್ಣೂಷ್ಠೀವತಿ or ವಿಷ್ಣೂಃಷ್ಠೀವತಿ or ವಿಷ್ಣೂಷ್ಷ್ಠೀವತಿ. But ವಿಷ್ಣೂರ್+ಕ್ಷೌಮಮ್=ವಿಷ್ಣೂಃಕ್ಷೌಮಮ್. ವಿಷ್ಣೂರ್+ಪ್ಸಾತಮ್=ವಿಷ್ಣೂಪ್ಸಾತಮ್. ವಿಷ್ಣೂರ್+ ತ್ಸರುಃ= ವಿಷ್ಣೂಃತ್ಸರುಃ.

ಕಮಲ್+ಕರೋತಿ &c., ಕಮಲ್ಕರೋತಿ &c.,

Other miscellaneous examples of the same *sandhi*.

ವಾಗ್ + ಶತಮ್ = ವಾಕ್ಶತಮ್ or ವಾಕ್ಛತಮ್. ದಿಗ್+ಗಜಃ=ದಿಗ್ಗಜಃ. ಪ್ರಾಗ್+ಘನೋದಯಃ=ಪ್ರಾಗ್ಘನೋದಯಃ. ವಾಗ್+ಜಾಲಮ್=ವಾಗ್ಜಾಲಮ್. ದಿಗ್ಭಾಗಃ=ದಿಗ್ಭಾಗಃ. ವಾಗ್+ದಾನಮ್=ವಾಗ್ದಾನಮ್. ವಾಗ್+ಬಾಹುಳ್ಯಂ=ವಾಗ್ಬಾಹುಳ್ಯಮ್. ವಾಗ್+ರೋಧಃ=ವಾಗ್ರೋಧಃ. ದಿಗ್+ಹಸ್ತಿ=ದಿಗ್ಘಸ್ತಿ or ದಿಗ್ಹಸ್ತಿ. ದಿಗ್+ನಾಗಃ =ದಿಗ್ನಾಗಃ. or ದಿಙ್ನಾಗಃ. ಪರಿವ್ರಾಡ್ + ಭಯಮ್=ಪರಿವ್ರಾಡ್ಭಯಮ್. ಮಧುಲಿಡ್+ಚ

ಕ್ರಮ್=ಮಧುಲಿಟ್ಚಕ್ರಮ್. ಪರಿವ್ರಾಡ್+ಭಾರ್ಯಾ=ಪರಿವ್ರಾಟ್ಭಾರ್ಯಾ. ಪರಿವ್ರಾಡ್+ಜನನಮ್=ಪರಿವ್ರಾಡ್ಜನನಮ್. ಮಧುಲಿಡ್+ಹರಣಮ್=ಮಧುಲಿಡ್ಹರಣಮ್. or ಮಧುಲಿಡ್ಢರಣಮ್. ಮಧುಲಿತ್+ಝಞ್ಝಾಕರಃ=ಮಧುಲಿಡ್ಝಞ್ಝಾಕರಃ. ಭವದ್+ಚರಣಮ್=ಭವಚ್ಚರಣಮ್. ಮಹದ್+ಚಕ್ರಮ್=ಮಹಚ್ಚಕ್ರಮ್. ಉದ್+ಜ್ವಲಃ=ಉಜ್ಜ್ವಲಃ. ಮಹದ್+ಝಞ್ಝಾನಮ್=ಮಹಜ್ಝಞ್ಝಾನಮ್. ಉದ್+ಡೀನಃ=ಉಡ್ಡೀನಃ. ಮಹದ್+ಢಾಲಮ್=ಮಹಡ್ಢಾಲಮ್. ಜಗದ್+ಶರಣ್ಯಃ=ಜಗಚ್ಶರಣ್ಯಃ or ಜಗಚ್ಛರಣ್ಯಃ ಉದ್+ಹರಣಮ್=ಉದ್ಹರಣಮ್ or ಉದ್ಧರಣಮ್. ಬೃಹದ್+ಲಲಾಟಮ್=ಬೃಹ*ಲ್ಲಲಾಟಮ್. ಬೃಹದ್+ಗಹನಮ್=ಬೃಹದ್ಗಹನಮ್. ಬೃಹತ್+ಘಟಃ=ಬೃಹದ್ಘಟಃ. ಭವದ್+ದರ್ಶನಮ್=ಭವದ್ದರ್ಶನಮ್. ಮಹದ್+ಧನುಃ=ಮಹದ್ಧನುಃ. ಜಗದ್+ಬಂಧುಃ=ಜಗದ್ಬಂಧುಃ. ಮಹದ್+ಭಯಮ್=ಮಹದ್ಭಯಮ್. ಪರಿವ್ರಾಡ್+ಮಿತ್ರಮ್=ಪರಿವ್ರಾಡ್ಮಿತ್ರಮ್ or ಪರಿವ್ರಾಣ್ಮಿತ್ರಮ್. ಬೃಹದ್+ಯಾನಮ್=ಬೃಹದ್ಯಾನಮ್. ಪರಿವ್ರಾಡ್+ರಥಃ=ಪರಿವ್ರಾಡ್ರಥಃ. ಮಹದ್+ವನಮ್=ಮಹದ್ವನಮ್. ಜಗತ್+ನಾಥಃ=ಜಗದ್ನಾಥಃ or ಜಗನ್ನಾಥಃ. ಭವದ್+ಮತಮ್=ಭವದ್ಮತಮ್ or ಭವನ್ಮತಮ್. ಅಬ್+ಶಬ್ದಃ=ಅಪ್ಶಬ್ದಃ or ಅಪ್ಛಬ್ದಃ. ಅಬ್+ಹರಣಮ್=ಅಬ್ಹರಣಮ್ or ಅಬ್ಭರಣಮ್. ಅಬ್+ನದೀ=ಅಬ್ನದೀ or ಅಮ್ನದೀ. ಅಬ್+ಘಟಃ=ಅಬ್ಘಟಃ. ಅಬ್=ಭಕ್ಷಃ=ಅಬ್ಭಕ್ಷಃ. ಅಬ್+ವಾಸಃ=ಅಬ್ವಾಸಃ. ಅಬ್+ಜಯಃ=ಅಬ್ಜಯಃ. ಅಬ್+ಮಾನಮ್=ಅಬ್ಮಾನಮ್ or ಅಮ್ಮಾನಮ್.

15. We have hitherto treated of *sandhi* as it takes place between letters in close contact with each other. But there is *sandhi* in a certain manner also between letters not so situated but more or less apart. The rules on this subject are as follows :—

A. Change of ನ into ಣ.

(i). ಣ should be substituted in the place of ನ coming after ರ, ಋ, or ೠ in the same *pada* (VIII. 4. 1 ; Sid. I. 124); and this, even when a separation is caused between the ನ and the other letters abovementioned, by the intervention of the letters ಅಟ್, ಕು, ಪು, and *anusvára* singly or combined in any possible way. (VIII. 4. 2). *e. g.*, ಕರ್+ನಃ=ಕರ್ಣಃ ; ತಿಸೃ+ನಾಮ್=ತಿಸೃಣಾಂ ; ಗಿರಿ+ನಾ=ಗಿರಿಣಾ ; ಗುರು+ನಾ=ಗುರುಣಾ ; ಗೃಹ್+ನಾತಿ+ಗೃಹ್ಣಾತಿ ; ಪ್ರಾಯೇ+ನ=ಪ್ರಾಯೇಣ ; ಅರ್ಕೇ+ನ=ಅರ್ಕೇಣ; ದರ್ಪೇ+ನ=ದರ್ಪೇಣ ; ರೇಫೇ+ನ=ರೇಫೇಣ ;

ಗರ್ಭಿಣೀ+ನ= ಗರ್ಭಿಣೀಣ ; ಚರ್ಮ+ನಾ=ಚರ್ಮಣಾ ; ಬೃಹ್ಮ+ನಮ್=ಬೃಹ್ಮಣಮ್ ; ತೃಂಹ+ನಮ್=ತೃಂಹಣಮ್. But ಅರ್ಚ=ನಮ್=ಅರ್ಚನಮ್ ; ಅರ್ಣವೇ+ನ=ಅರ್ಣವೇನ ; ದರ್ಶ+ನಮ್=ದರ್ಶನಮ್ ; ಅರ್ಥೀ+ನ=ಅರ್ಥೀನ.

(ii). And ನ which, as has been seen already, becomes ಣ after ಷ becomes likewise ಣ in the same *pada*, even when a separation is caused between the ನ and ಷ by the intervention of the letters ಅಟ್, ಕು, ಪು, and *anusvára* singly, or combined in any possible way. (Kàs on VIII. 4. 1). *e. g.*, ದೂಷ+ನಮ್=ದೂಷಣಮ್ ; ನಿಷ+ನ್ನಃ= ನಿಷಣ್ಣಃ ; ಅಕ್ಷ+ನ್ವತ್=ಅಕ್ಷಣ್ವತ್.

(iii). But if the ನ is followed by ಝಲ್, since this ನ should become *anusvára,* this ನ will not come within the rule ; and this, though the *anusvāra* be changed into ನ before ತ, ಥ, ದ, ಧ, and ನ according to the rule relating to the changing of *anusvára* before ಯಮ್. (Sid I. 63 ; Sid. II. 158). And as to other consonants than ಝಲ್ following ನ, since ನ followed by ಞ, ಣ, and ಲ, is changed into ಞ, ಣ, and ಲ respectively, the ನ in these cases also does not come under the rule. The result therefore is that ನ, under the conditions mentioned in the rule, will be changed into ಣ only when it is followed by vowels or if by consonants, by only other consonants than those abovementioned, *i. e.*, by ಙ, ಮ, and ನ, and by ಯ, ರ, and ವ. *e. g.*, ರುನ್+ಧ್=ರುಂಧ್=ರುನ್ಧ್ ; ಕುರ್ವನ್+ತಿ=ಕುರ್ವಂತಿ=ಕುರ್ವನ್ತಿ.

(iv). Nor could there be a change of ನ into ಣ when the ನ is at the end of a *pada* (VIII. 4. 37). *e. g.*, ರಾಮಾ+ನ್=ರಾಮಾನ್ ; ಹರೀ+ನ್=ಹರೀನ್.

v. And though there is a cause for the change of ನ into ಣ according to the rules relating to the change of such letter in the same *pada*, such change, when the ನ is in the subsequent member of a compound and the cause is in the prior member, should take place only,—

(*a*). when the compound is an appellative, that is, not when the compound is an ordinary compound, except when the ನ is of a secondary affix ; and even in the case of an appellative compound, only when no ಗ intervenes between the ನ and the letters being the cause of the change, according to *Páṇini*, though according to *Patanjali* the last restriction is unnecessary. (VIII. 4. 3. Kás. thereon : Sid. I. 416). *e. g.*, ಚರ್ಮನ್+ನಾಸಿಕಃ=ಚರ್ಮನಾಸಿಕಃ (ordinary compound) ; ಗರ್ಗ+ಭಗಿನೀ=ಗರ್ಗಭಗಿನೀ (ordinary compound) ; ಋಗ್+ಅಯನಮ್=ಋಗಯನಮ್ (appellative but ಗ intervenes). But ಕರನ+ಪ್ರಿಯಃ=ಕರಣಪ್ರಿಯಃ (ನ is not in the subsequent member but in the prior) ; ಗರ್ಗ+ಭಗಿನೀ=ಗರ್ಗಭಗಿಣೀ, (ordinary compound but ನ belongs to a secondary affix) ; ಮಾತೃಭೋಗೀನಃ+ಮಾತೃಭೋಗೀಣಃ; (Id) ; ಖರ+ಪಾಯಿನಃ=ಖರಪಾಯಿಣಃ (Id) ;ದ್ರು+ನಸಃ=ದ್ರುಣಸಃ (appellative)ಃ ಶೂರ್ಪ+ನಖಾ=ಶೂರ್ಪಣಖಾ (Id).

(*b*). when the ನ is 1stly, one with which the compound ends at the time it operates after its formation as a crude noun, that is, at the time it takes as such the secondary, feminine, and case affixes ; 2ndly, one belonging to a *vibhakti* affix, and 3rdly, one derived from ನುಮ್ ; (VIII. 4. 11), and this invariably when the subsequent member of the compound contains a ಕು letter or a single vowel, (VIII. 4. 13) but optionally in other cases. (Sid. I. 138) *e. g.*, ಮಾಷ+ವಾಪಿನ್+ಔ=ಮಾಷವಾಪಿಣೌ or ಮಾಷವಾಪಿನೌ; ಮಾಷ+ವಾಪ+ಇನ (*vibhakti* affix)=ಮಾಷವಾಪೇಣ or ಮಾಷವಾಪೇನ ; ಮಾಷ +ವಾಪಾ+ನುಮ್+ಇ=ಮಾಷವಾಪಾಣಿ or ಮಾಷವಾಪಾನಿ. But ವಸ್ತ್ರ+ಯುಗಿನ್ +ಔ=ವಸ್ತ್ರಯುಗಿಣೌ ; ಸ್ವರ್ಗ+ಕಾಮಿನ್+ಅಃ (*vibhakti* affix)=ಸ್ವರ್ಗಕಾಮಿಣಃ ವಸ್ತ್ರ+ಯುಗ+ಇನ=ವಸ್ತ್ರಯುಗೇಣ ; ಸ್ವರ+ಯುಗಾ+ನುಮ್+ಇ=ಸ್ವರಯುಗಾಣಿ; ವೃತ್ರ+ಹನ್+ಔ=ವೃತ್ರಹಣೌ ; ಕ್ಷೀರ+ಪಾ+ಇನ=ಕ್ಷೀರಪೇಣ ; ಕ್ಷೀರ+ಪಾ+ನುಮ್ +ಇ=ಕ್ಷೀರಪಾಣಿ ;

(*c*) when between the member which contains the ನ, and the prior member which contains the cause for the change, there intervenes no *pada*. (VIII. 4. 38) *e. g.*, ಮಾಷ+ಕುಂಭ+ವಾಪಾ+ಇನ= ಮಾಷಕುಂಭವಾಪೇನ;ಚತುರ+ಅಂಗ+ಯೋಗ+ಇನ=ಚತುರಂಗಯೋಗೇನ. But ಆರ್ದ್ರ +ಗೋಮಯ+ಇನ=ಆರ್ದ್ರಗೋಮಯೇಣ (ಗೋ is not a *pada*, though the secondary affix ಮಯಟ್ is a *pada* affix). (See below) ; and (*d*). when the cause in the prior member of the compound is not a ಷ final in a *pada*. (VIII. 4. 35). *e. g.*, ಸರ್ಪಿಷ್+ಪಾನಮ್= ಸರ್ಪಿಷ್ಪಾನಮ್, ಯಜುಷ್+ಪಾನಮ್=ಯಜುಷ್ಪಾನಮ್. But ಸುಸರ್ಪಿಷ್ಕ+ಇನ= ಸುಸರ್ಪಿಷ್ಕೇಣ (ಷ is not final in a pada).

(vi). But the restriction that the ನ should be in the same *pada* does not apply to the initial ನ of those roots which, in the list of roots, are given with an initial ಣ, for though this ಣ should be changed into ನ in actually using them, it should again be changed into ಣ when coming after an *upasargaḥ* connected with the *roots in sense*, not merely in *appearance*, if there is a due cause for the change therein according to the above rules relating to the change of ನ into ಣ. (VI. 1. 65, VIII. 4. 14 *Kás* thereon). *e. g.*, ಪ್ರ and ಪರಿ + ನಮತಿ and ನಾಯಕಃ=ಪ್ರಣಮತಿ and ಪ್ರಣಾಯಕಃ and ಪರಿಣಮತಿ and ಪರಿಣಾಯಕಃ. But the expression ಪ್ರಗತಾಃ+ನಾಯಕಾಃ which by rules to be mentioned hereafter becomes ಪ್ರನಾಯಕಾಃ with the expression ಗತಾಃ dropped out, is ಪ್ರನಾಯಕಾಃ not ಪ್ರಣಾಯ ಕಾಃ, ; for the root connected actually in sense with the *upasargaḥ* is one beginningwith ಗ.

Observe that all roots beginning with ನ are given in the list of roots with an initial ಣ instead of ನ except (1) ನರ್ದ್, (2) ನಟ್ "to move or wave" (not ನಟ್ to dance), (3) ನಾಥ್, (4) ನಾದ್, (5) ನದ್, (6) ನರ್ಕ್, (7) ನೃ, and (8) ನೃತ್ or according to some grammarians, except only (1) ನಟ್, (2) ನಾಥ್, (3) ನದ್, (4) ನರ್ಕ್, and (5) ನೃತ್. (Sid. II. 41).

(vii). And when the cause for the change is in an *upsarga* as above, the change should take place in the case of ನ of a primitive affix, whatever may be the root that takes the affix in question, if the ನ is preceded by a vowel, except when the root concerned is one ending in a consonant with an *anusvára* and beginning with any other letter than ಇಚ್. (VIII. 4. 29, 32). *e. g.*, ಪ್ರ and ಪರಿ+ಯಾ+ಅನ, ಅನೀಯ, ಅನಿ, and ಇನ್ (primitive affixes)=ಪ್ರಯಾಣ, ಪರಿಯಾಣ, ಪ್ರಯಾಣೀಯ, ಪರಿಯಾಣೀಯ, ಪ್ರಯಾಣಿ, ಪರಿಯಾಣಿ, ಪ್ರ

ಯಾಯಿಣ್, ಪರಿಯಾಯಿಣ್ ; ಪ್ರ and ಪರಿ+ಯಾಯ+ಮಾನ (primitive affix) =ಪ್ರಯಾಯಮಾಣ and ಪರಿಯಾಯಮಾಣ ; ಪ್ರ and ಪರಿ+ಹೀ+ನ and ನವತ್ (primitive affixes),=ಪ್ರಹೀಣ, ಪರಿಹೀಣ, ಪ್ರಹೀಣವತ್, ಪರಿಹೀಣವತ್ ; ಪ್ರ and ಪರ+ಇಜ್ಙ (from ಇಂಜ್)+ಅನ (primitive affix)=ಪ್ರೇಜ್ಙಣ and ಪರೇಜ್ಙಣ. But ಪ್ರ+ಭುಗ್+ನ=ಪ್ರಭುಗ್ನ (ನ is not preceded by a vowel); ಪರಿ+ಮಜ್ಗ (from ಮಂಗ್)+ಅನ=ಪರಿಮಜ್ಗನ (root ending in consonant with an *anusvára* and not beginning with ಇಚ್) ; ಪ್ರ+ಇನ್ವ್+ಅನ=ಪ್ರೇನ್ವನ (root though beginning with ಇಚ್ and ending in consonant has no *anusvára*).

(viii). But the change required by the above rule is only optional.—

(*a*) If the verbal root concerned is one beginning with a consonant and having any of the ಇಚ್ letters as its penultimate (VIII. 4. 31). *e. g.*, ಪ್ರ+ಕೋಪ್+ಅನ=ಪ್ರಕೋಪಣ or ಪ್ರಕೋಪನ. But ಪ್ರ+ಈಹ್+ಅನ=ಪ್ರೇಹಣ ; ಪ್ರ+ಊಹ್+ಅನ=ಪ್ರೋಹಣ ; ಪ್ರ+ವಪ್+ಅನ=ಪ್ರವಪಣ (no ಇಚ್ as penultimate).

(*b*). If the verbal root concerned, before taking the primitive affix, has had ಣಿ, an affix which will be explained hereafter, singly or followed by any other affix, as for example, ಯಕ್ a tense affix (VIII. 4. 30). *e. g.*, ಪ್ರ+ಯಾಪ್ (which is root ಯಾ with the affix ಣಿ)+ಅನ=ಪ್ರಯಾಪಣ or ಪ್ರಯಾಪನ;ಪರಿ=ಯಾಪ್ಯ(which is root ಯಾ with ಣಿ and ಯಕ್)+ಮಾನ=ಪರಿಯಾಪ್ಯಮಾಣ or ಪರಿಯಾಪ್ಯಮಾನ.

(ix). The ನ of a verb, if it is one derived from the affix ಆನಿ of the imperative which will be adverted to hereafter is changed into ಣ when the root concerned comes after an *upasarga* which contains a cause for the change as abovesaid. (VIII. 4. 16). *e. g.*, ಪ್ರ+ಭವಾನಿ=ಪ್ರಭವಾಣಿ ; ಪರಿ+ಯಾನಿ=ಪರಿಯಾಣಿ.

(x). But in none of the cases above mentioned, should the change take place, 1stly, when between the cause for the change and the ನ there is the intervention of a *pada*, except the *upasarga* ಆಙ್ and 2ndly, when the cause for the change is a ಷ final in a *pada* (VIII. 4. 235, 38. Kàs on VIII. 4. 2). *e. g.*, ಪ್ರ+ಅವ+ನದ್ಧಮ್=ಪ್ರಾವನದ್ಧಮ್ ; ಪರಿ+ಅವ+ನದ್ಧಮ್=ಪರ್ಯವಣದ್ಧಮ್ ; ಪ್ರ+ಗಾತ್+ನಯಾಮಃ =ಪ್ರಗಾನ್ನಯಾಮಃ ; ನಿಷ್+ಪಾನಮ್=ನಿಷ್ಪಾನಮ್ ; ದುಷ್+ಪಾನಮ್=ದುಷ್ಪಾನಮ್. But ನಿರ್+ನಯಃ=ನಿರ್ಣಯಃ ; ಪರಿ+ಆ (ಆಜ್)+ನದ್ಧಮ್=ಪರ್ಯಾಣದ್ಧಮ್.

Observe that so far as the change of ನ into ಣ is concerned the word ಅಂತರ್ though not ordinarily an *upasarga* should be taken as such, and therefore cause the change according to the rules on the subject, but that ದುರ್ though an *upasarga* should not cause the change. (B. 453, 454), *e. g.*, ಅಂತರ್+ಭವಾನಿ= ಅಂತರ್ಭವಾಣಿ. But ದುರ್+ಭವಾನಿ=ದುರ್ಭವಾನಿ.

(xi). The ನ in the prefix ನಿ is changed into ಣ when preceded by an *upasarga* having a cause for the change, and when it is the prefix of the roots (1) ಗದ್, (2) ನದ್, (3) ಪತ್, (4) ಪದ್, (5) ದಾ(6)ದಾ, (3rd class) (7) ದಾ from ದೋ (8) ದಾ from ದೈ, (9) ಧಾ(10) ಧಾ from ಧೇ, (11) ಮಾ, (12) ಮಾ from ಮೇ (13) ಸೋ from ಷೋ (14) ಹನ್, (15) ಯಾ, (16) ವಾ, (17) ದ್ರಾ, (18) ಪ್ಸಾ, (19) ವಪ್, (20) ವಹ್, (21) ಶಮ್, (22) ಚಿ, and (23) ದಿಹ್ (VIII. 4. 17). *e. g.*, ಪ್ರ+ನಿಗದತಿ &c.,=ಪ್ರಣಿಗದತಿ, ಪ್ರಣಿನದತಿ, ಪ್ರಣಿಪತತಿ, ಪ್ರಣಿಪದ್ಯತೆ, ಪ್ರಣಿದದಾತಿ, ಪ್ರಣಿದಧಾತಿ, ಪ್ರಣಿಮಿಮೀತೆ, ಪ್ರಣಿಮಯತೆ, ಪ್ರಣಿಷ್ಯತಿ, ಪ್ರಣಿಹಂತಿ, ಪ್ರಣಿಯಾತಿ, ಪ್ರಣಿವಾತಿ, ಪ್ರಣಿದ್ರಾತಿ, ಪ್ರಣಿಪ್ಸಾತಿ, ಪ್ರಣಿವಪತಿ, ಪ್ರಣಿವಹತಿ, ಪ್ರಣಿಶಾಮ್ಯತಿ, ಪ್ರಣಿಚಿನೋತಿ ಪ್ರಣಿದೇಗ್ಧಿ.

(xii). And the change as above is made even when there is the augment ಅಟ್ between the ನಿ and the roots (Kàs. on VIII. 4. 17). *e. g.*, ಪ್ರ+ನಿ+ಅಗದತ್=ಪ್ರಣ್ಯಗದತ್.

(xiii). And the change as above under the same circumstances is made optionally even when the ನಿ is the prefix of other roots than those above mentioned, provided they have not had in their original enunciation a ಕ or ಖ as their initial and ಷ as their final letter. (VIII. 4. 18). *e. g.*, ಪ್ರಣಿಪಚತಿ or ಪ್ರನಿಪಚತಿ ; ಪ್ರಣಿಭಿನತ್ತಿ or ಪ್ರನಿಭಿನತ್ತಿ ; ಪ್ರ+ನಿ+ವೇಷ್ (from the root ವಿಶ್)+ತಾ and ಸ್ಯತಿ =ಪ್ರಣಿವೇಷ್ಟಾ and ಪ್ರಣಿವೇಕ್ಷ್ಯತಿ (here the final ಷ was not in the original enunciation, as the root originally was ವಿಶ್ not ವಿಷ್; but ಪ್ರನಿಕರೋತಿ, ಪ್ರನಿಖಾದತಿ, ಪ್ರನಿಪಿನಷ್ಟಿ, ಪ್ರನಿಚಕಾರ, ಪ್ರನಿಚಖಾದ (here ಚಕಾರ and ಚಖಾದ though not having an initial ಕ or ಖ as they now stand have been derived from roots which in their original enunciation had such letters as their initial letters).

B. Change of ಸ into ಷ

1. ಸ of affixes.

(i). ಷ shall take the place of ಸ when the ಸ is part of an affix following ಇಣ್, or ಕು, and is not the final letter of a *pada* (VIII. 3. 59 ; 111). *e. g.*, ಸರ್ಪಿಃ+ಸಾ=ಸರ್ಪಿಷಾ ; ಅಗ್ನಿ+ಸು=ಅಗ್ನಿಷು; ಪಿಪಠಿ+ಸ=ಪಿಪಠಿಷ ; ಗೀರ್+ಸು=ಗೀರ್ಷು ; ವಾಯು+ಸು=ವಾಯುಷು ; ಕಮಲ್+ಸು=ಕಮಲ್ಷು. ಕರ್ತೃ+ಸು=ಕರ್ತೃಷು ; ರಾಮೇ+ಸು=ರಾಮೇಷು ; ಗೋ+ಸು=ಗೋಷು ; ಕರೋ+ಸಿ=ಕರೋಷಿ ; ನೌ+ಸು=ನೌಷು ; ವಾಗ್+ಸು=ವಾಕ್ಷು ; ಪ್ರೋಕ್+ಸ್ಯತಿ=ಪ್ರೋಕ್ಷ್ಯತಿ. But ಸುಪಿಸ್+ಔ=ಸುಪಿಸೌ ; (ಸ್ not part of an affix but part of the root ಪಿಸ್) ; ಸರ್ಪಿಸ್=ಸರ್ಪಿಃ.

(ii). And not only should the substitution of ಷ not take place, when ಸ is at the end of a *pada* as above stated, but also if a ಷ substituted for ಸ at any time, on account of its not having been then at the end of a *pada*, should afterwards happen by any means to become so, the ಷ should be regarded again as ಸ and as such should be changed into ರು, or entirely *lopated*, according to the rules already given about such change and *lopation* when the ಸ is at the end of a *pada* simply or after ರ (B. 379 ; VIII. 3. 58 ; VIII. 2. 24). *e. g.,* ಪಿಪಠಿಷ (from ಪಿಪಠಿಸ)—*f*=ಪಿಪಠಿಷ್=ಪಿಪಠಿಸ್=ಪಿಪಠೀಃ (ಪಿಪಠೀಃ); see below. ದೋಃಷ=ದೋಃಸ=ದೋಃಸ್=ದೋಃ ; ಚಿಕೀರ್ಷ (from ಚಿಕೀರ್ಸ) =ಚಿಕೀರ್ಷ್=ಚಿಕೀರ್ಸ್=ಚಿಕೀರ್=ಚಿಕೀಃ (Sid. I. 185, 187, 192).

(iii). But the substitution of ಷ according to the rule should take place even when there is a separation caused between ಸ and the ಇಣ್ or ಕು severally by an *anusvára* derived from ನ of ನುಮ್, an augment which will be referred to hereafter, or by a *visarga*, or by a sibilant, (VIII. 3. 58, 59). *e. g.*, ಸರ್ಪೀ+ನುಮ್+ಸಿ=ಸರ್ಪೀಂಸಿ=ಸರ್ಪೀಂಷಿ ; ಯಜೂ+ನುಮ್+ಸಿ=ಯಜೂಂಷಿ ; ಸ

ಪಿಃ+ಸು=ಸರ್ಪಿಃಷು ; ಯಜುಃ+ಸು=ಯಜುಃಷು ; ಸರ್ಪಿಷ್+ಸು=ಸರ್ಪಿಷ್ಷು. ಯಜುಷ್+ಸು=ಯಜುಷ್ಷು. But ನಿ+ನುಕ್+ಸ್+ಸ್ವ=ನಿಂಸ್ಸ್ವ. (both ನುಕ್ and the sibilant ಸ jointly intervene) ; ಪುಮ್+ಸು=ಪುಂಸು (*anusvára* derived from ಮ್, not from ನ of ನುಕ್).

iv. 'Observe that the ಸ to get changed into ಷ as abovesaid should belong strictly to an affix, and so should not be that of an augment merely, and this even though it is an augment of an affix. (Sid. II. 222. note 11). *e. g.*, ದಧಿ+ಸುಕ್+ಯ (in which ಯ is an affix having ಸುಕ್ as an augment)=ದಧಿಸ್ಯ, not ದಧಿಷ್ಯ.

v. And the secondary affix ಸಾತಿ never changes its ಸ into ಷ thoughfollowing ಇಣ್ or ಕು (VIII. 3. 111). *e. g.*, ಅಗ್ನಿ, ದಧಿ, and ಮಧು+ಸಾತ್=ಅಗ್ನಿಸಾತ್, ದಧಿಸಾತ್, and ಮಧುಸಾತ್.

2. ಸ of roots.

(vi) The initial ಸ of roots which in the list of roots are given with an initial ಷ, though in actually using the roots the ಷ should be changed into ಸ, should be changd into ಷ when following ಇಣ್ or ಕು (VIII. 3. 59; VI. 1. 64). provided it is not the intial letter of a *pada* (VIII. 3. 111). *e. g.*, ಸಿ+ಸೇವ (from ಷಿವ್)=ಸಿಷೇವ ; ಸು+ಸ್ವಾಪ (from ಷ್ವಪ್)=ಸುಷ್ವಾಪ. But ದಧಿ and ಮಧು+ಸಿಂಚತಿ (from ಷಿಂಚ್)=ದಧಿಸಿಂಚತಿ and ಮಧುಸಿಂಚತಿ (ಸ is initial in a *pada*).

Observe that the roots given in the list of roots with an initial ಷ instead of ಸ are :—

(1) ಸ್ವಷ್ಕ್, ಸ್ವಿದ್, ಸುದ್, ಸ್ವಂಜ್, ಸ್ವಪ್, and ಸ್ಮಿ.

(2) Monosyllabic roots having vowels or pure dentals, (not dento-labials,) immedialely after their initial ಸ, except ಸೇಕ್, ಸೃಪ್, ಸೃ, ಸೃಜ್, ಸ್ತೃ, and ಸ್ತ್ಯೈ (VI. 1. 64; Sid. II. 34).

(vii) But in roots reduplicated according to the rules to be mentioned hereafter, when the cause for the change is ಇಣ್ of the *reduplicate*, a term to be explained hereafter and the reduplication is on account of the verbal affix ಸನ್ if the ಸ of ಸನ್ itself is as above stated changed into ಷ, then the ಸ of the root should remain unchanged, except in the case of roots which have had the verbal affix ಣಿ before the affix ಸನ್ was attached. (VIII. 3. 91), *e. g.*, ಸಿ+ಸಿಕ್ಷೇ=ಸಿಸಿಕ್ಷೇ, ಸು+ಸೂಷ=ಸುಸೂಷ. But ಸಿ+ಸೇವಯಿಷ=ಸಿಷೇವಯಿಷ (root has had ಣಿ before ಸನ್ was attached). ಸು+ಸುಪ್ಸತಿ=ಸುಷುಪ್ಸತಿ (ಸ of ಸನ್ not being changed into ಷ). ಪ್ರತಿ+ಇಷಿಷ=ಪ್ರತೀಷಿಷ, ಅಧಿ+ಇಷಿಷ=ಅಧೀಷಿಷ (ಸ not belonging to a reduplicate).

(viii). And in roots reduplicated for whatever cause, when the roots are preceded by *upasarga*, a ಸ of the reduplicate should not be changed into ಷ, though there is a cause for the change in the *upasarga* in question. (Kas. on VIII. 3. 64). *e. g.*, ಅಭಿ+ಸುಸೂಷತಿ=ಅಭಿಸುಸೂಷತಿ ; ಅಭಿ+ಸಿಷಾಸತಿ=ಅಭಿಸಿಷಾಸತಿ.

(ix). And in the case of roots preceded by *upasarga*, there should be no change of their ಸ into ಷ, though there is a cause for the change in the *upasarga* in question generally. (VIII. 3. 63 and the following *sutras* to the end of the chapter, from which this inference arises). *e. g.*, ಪ್ರತಿ+ಸೀದತಿ=ಪ್ರತಿಸೀದತಿ.

(x). But the ಸ of the root ಅಸ್ when it is followed by a vowel or ಯ, is changed into ಷ, if it is preceded by *upasarga* containing a cause for the change. (VIII. 3. 87) ; *e. g.*, ಅಭಿಷನ್ತಿ ; ನಿಷಂತಿ ; ವಿಷಂತಿ ; ಅಭಿಷ್ಯಾತ್ ; ನಿಷ್ಯಾತ್ ; ವಿಷ್ಯಾತ್.

(xi). And in the case of the ಸ of the root ಅಸ್, even when it is initial in a *pada*, it must be changed into ಷ if it is preceded by the word ಪ್ರಾದುಸ್. (VIII. 3. 87) *e. g.*, ಪ್ರಾದುಃಷನ್ತಿ ; ಪ್ರಾದುಃಷ್ಯಾತ್.

16. The following are rules of *sandhi* specially applicable to the letters of certain particular classes of expressions other wise than as already mentioned.

I. *Sandhi* peculiar to verbal affixes.

(1). After bases ending in ಇಣ್ *i. e.*, vowels except ಅ and ಹ ಯ, ವ, ರ, and ಲ, ಧ coming after the ಇಣ್ is changed into ಢ, if the ಧ belongs to ಧ್ವೇ of the perfect, ಧ್ವಮ್ of the aorist, or ಷೀಧ್ವಮ್ of the benedictive *átmanepadi*, and this optionally, even when the augment ಇಟ್[6] of which mention will be made hereafter comes between the ಇಣ್[6] and the ಧ (VIII. 3. 78, 79). *e. g.*, ಚಕೃಢ್ವೇ=ಚಕೃ ಢ್ವೇ ; ಲುಲುವಿಢ್ವೇ=ಲುಲುವಿಧ್ವೇ or ಲುಲುವಿಢ್ವೇ, ಅಚ್ಯೋಢ್ವಮ್=ಅಚ್ಯೋಢ್ವಮ್ ; ಅ ಲವಿಢ್ವಮ್=ಅಲವಿಧ್ವಮ್ or ಅಲವಿಢ್ವಮ್ ; ಚ್ಯೋಷೀಢ್ವಮ್=ಚ್ಯೋಷೀಢ್ವಮ್ ; ಲವಿಷೀ ಢ್ವಮ್=ಲವಿಷೀಧ್ವಮ್ or ಲವಿಷೀಢ್ವಮ್. But ಪಕ್ಷೀಧ್ವಮ್ (from ಪಚ್[6])=ಪಕ್ಷೀಧ್ವಮ್ (base does not end in ಇಣ್[6]) ; ಸ್ತುಧ್ವೇ=ಸ್ತುಧ್ವೇ ; (ಧ್ವೇ does not belong to the perfect) ; ಅಸ್ತುಧ್ವಮ್=ಅಸ್ತುಧ್ವಂ (ಧ್ವಂ does not belong to the aorist), ಆಸಿಷೀಧ್ವಮ್=ಆಸಿಷೀಧ್ವಮ್ (base does not end in ಇಣ್[6])

(2). After ಧ of the root ಧಾ, ತ, or ಥ is not changed into ಧ. (VIII. 2. 40). *e. g.*, ದಧ್[6]+ತ and ಥ=ದಧ್[6]+ತ and ದಧ್[6]+ಥ=ದತ್ತ and ದತ್ಥ.

(3). The ಸ of ಸಿಚ್[6] a tense affix of the aroist, should be *lopated* when it is (1) between ಇ and ಈ belonging respectively to ಇಟ್[6] and ಈಟ್[6] augments of verbal affixes which will be noticed hereafter and (2) between a short final vowel of a base and ಝಲ್[6] (VIII. 2. 27. 28). *e. g.*, ಲಾವಿಸ್[6]+ಈತ್[6] (where ಇ of ಲಾವಿಸ್[6] and ಈ of ಈತ್[6] belong to the augments alluded to)=ಲಾವೀತ್[6] ; ಧೃಸ್[6]+ತ and ಥಾಸ್[6] (where the ಸ of ಧೃಸ್[6] belongs to ಸಿಚ್[6])=ಧೃತ and ಧೃಥಾಸ್[6].

II. Sandhi peculiar *to substitutes.*

(1). When the substitue ಊಠ್[6] follows the letter ಅ, ಔ is the single substitute for both the vowels. (VI. 1. 89). *e. g.*, ಪ್ರಷ್ಠ+ಊ from (ಊಠ್[6])+ಹಃ=ಪ್ರಷ್ಠೌಹಃ.

(2). When the substitutte ಆಟ್[6] precedes any vowel, the vowel *vriddhiated* is the single substitute for both. (VI. 1. 90). *e. g.*, ಬಹುಶ್ರೇಯಸೀ+ಆಟ್+ಏ=ಬಹುಶ್ರೇಯಸ್ಯೈ ; ಆ+ಇಕ್ಷಿಷ್ಟ=ಐಕ್ಷಿಷ್ಟ ; ಆ+ಉಬ್ಜೀತ್=ಔಬ್ಜೀತ್.

III. *Sandhi* peculiar to words derived from roots *i. e.*, verbs and primitive words.

(*A*). *As to vowels.*

(i). Instead of short ಇಕ್ letters being the penultimate of roots ending in ರ, there should be corresponding long letters when the ರ is at the end of a *pada*. (VIII. 2. 76 ; Kàs thereon) *e. g.*, **ಗಿರ್=ಗೀರ್ (ಗೀಃ), ಧುರ್=ಧೂರ್ (ಧೂಃ). But ಅಬಿಭರ್=ಅಬಿಭರ್ (ಇ not penultimate) ; ಅಗ್ನಿರ್=ಅಗ್ನಿರ್, ವಾಯುರ್=ವಾಯುರ್ (ಇ and ಉ not of roots). ಗಿರೌ=ಗಿರೌ (not final in a *pada*).**

(ii). And instead of short ಇಕ್ letters, being the penultimate of roots, ending in ರ or ವ, there should be considerng prolong letters, when a consonant follows, (VIII. 2. 77). provided that the consonant which so follows is not a ಯ of a noun affix and except in the case of the root ಛುರ್, and of ಕೃ when it takes the form of ಕುರ್ before the tense affixes in the active voice in the present, imperative, imperfect, and optative according to rules to be adverted to hearafter. (VIII. 2. 79). *e. g.*, **ಆಸ್ತಿರ್+ನಮ್=ಆಸ್ತೀರ್ನಮ್. ಅವಗುರ್+ನಮ್=ಅವಗೂರ್ನಮ್. ಪಿಪುರ್+ತಃ=ಪಿಪೂರ್ತಃ. ದಿವ್+ಯ=ದೀವ್ಯ. But ದಿವ್+ಯತಿ=ದಿವ್ಯತಿ (hear ದಿವ್ is not of a root). So ಚತುರ್+ಯುತಿ=ಚತುರ್ಯುತಿ, ಧುರ್+ಯಃ=ಧುರ್ಯಃ (ಯ belongs to a noun affix), ಛುರ್+ಯಾತ್=ಛುರ್ಯಾತ್, ಕುರ್+ಯಾತ್=ಕುರ್ಯಾತ್.**

(iii). And instead of short ಇಕ್ letters immediately preceding a ರ or ವ being the penultimate of a root, there should be long ಇಕ್ letters, when the ರ or ವ is followed by a consonant. (VIII. 2. 78), *e. g.*, **ಹುರ್ಛ್=ಹೂರ್ಛ್, ಮುರ್ಛ್=ಮೂರ್ಛ್, ಧುರ್ವ್=ಧೂರ್ವ್ But ಚಿರಿ=ಚಿರಿ (ರ though the penultimate of a verbal root is not followed by a consonant).**

(iv). In a root ending in short ಇಕ್ letters substituted by *samprasáraṇam*, there should be, instead of those letters, corresponding long letters, when they are preceded by consonants which are part of a base. (VI. 4. 2). *e. g.*, **ಹು (from ಹ್ವೇ)+ತಃ=ಹೂತಃ ; ಜಿ+ನಃ=ಜೀನಃ. But ಉ+ತಃ=ಉತಃ (ಉ though a letter subsituted by *samprasáraṇam* is not preceded by a consonant). ನಿರ್+ಉತಂ=ನಿರುತಂ ಉ though substituted by *samprasáraṇam* and**

preceded by a consonant is not preceded by a consonant forming part of a *base*.

(v). The initial vowel of roots beginning with ಋ or ಎಜ್ and following an *upasarga* ending in ಅ, *vriddhiated* in the case of roots beginning with ಋ and unchanged in the case of roots begining with ಎಜ್, is the substitute for both itself and the following vowel optionally if they are noun-roots and invariably otherwise, provided the initial vowel is not the ಎ of the root ಇ (ಇಣ್) "to go" which has attained the form of ಎ by *guṇation* otherwise than by *sandhi* with the vowel of the particle ಆಜ್, or the ಎ of the root ಎಧ್ which has not changed its from of ಎ. (VI. 1. 89. 91. 92. 94; Sid. 1. 44). *e. g.*, ಉಪ+ಋಚ್ಛತಿ=ಉಪಾರ್ಚ್ಛತಿ. ಉಪ+ಋಷಭೀಯತಿ (noun-root)=ಉಪರ್ಷಭೀಯತಿ or ಉಪಾರ್ಷಭೀಯತಿ; ಉಪ+ಎಲಯತಿ=ಉಪೇಲಯತಿ. ಉಪ+ಎಡಕೀಯತಿ (noun-root)=ಉಪೇಡಕೀಯತಿ or ಉಪೈಡಕೀಯತಿ; ಉಪ+ಓಷತಿ=ಉಪೋಷತಿ ಉಪ+ಓದನೀಯತಿ (noun-root) =ಉಪೋದನೀಯತಿ or ಉಪೌದನೀಯತಿ. But ಉಪ+ಎತಿ (from ಇ)=ಉಪೈತಿ, ಉಪ+ಎಧತೆ=ಉಪೈಧತೆ. Still ಉಪ+ಇತ=ಉಪೇತ. ಉಪ+ಎತ (from ಆ (ಆಜ್)+ಇತ, (though from ಇಣ್)=ಉಪೇತ; ಪ್ರ+ಇದಿಧತ್ though from ಎಧ್)=ಪ್ರೇದಿಧತ್.

(vi). And the vowel of a dual personal affix in a verb, when it is ಎ final, admits of no *sandhi* with a following vowel (ಪ್ರಗೃಹ್ಯಂ). (I. 1. 11). *e. g.*, ಪಚೇತೇ+ಇತಿ=ಪಚೇತೇಇತಿ; ಪಚೇಥೇ+ಇತಿ=ಪಚೇಥೇಇತಿ.

(*B*). *As to consonants*.

(1) When ಝಲ್ follows, or at the end of a *pada*,

(*a*) ಘ is the substitute of the ಹ

(i) absolutely of the roots which in its original enunciation begins with ದ. (VIII. 2. 32). *e. g.*, ದಹ್=ದಘ್, ದುಹ್=ದುಘ್.

(ii) optionally of ದ್ರುಹ್, ಮುಹ್, ಷ್ಣುಹ್, ಷ್ಣಿಹ್ (VIII. 2. 33).

e. g., ದೃಹ್, &c., =ದೃಹ್ or ದೃಘ್, ಮುಹ್ or ಮುಘ್, ಸ್ನುಹ್ or ಸ್ನುಘ್, ಸ್ನಿಹ್ or ಸ್ನಿಘ್.

(*b*) ಧ is the substitute of the ಹ of ನಹ್. (VIII. 2. 34). *e. g.*, ನಹ್=ನದ್.

(*c*) ಷ is the substitute of the final of the roots ವ್ರಶ್ಚ್, (ವ್ರಸ್ಚ್), ಭ್ರಶ್ಜ, (ಭ್ರಸ್ಜ), ಸೃಜ್, ಮೃಜ್, and ಯಜ್ (VIII. 2. 36). *e. g.* ವ್ರಶ್ಚ್=ವ್ರಷ್, ಭ್ರಶ್ಜ್=ಭ್ರಷ್, ಸೃಜ್=ಸೃಷ್, ಯಜ್=ಯಷ್.

(2) When ಝಲ್ follows, ಧ is the substitute of the ಹ of ಆಹ್ (VIII. 2. 35) *e. g.*, ಆಹ್+ಥ=ಆತ್ಥ.

(3) At the end of a *pada*,

(*a*) ಷ is the substitute of the ಜ of ರಾಜ್ and ಭ್ರಾಜ್ (from ಟುಭ್ರಾಜ್). (VIII. 2. 36; Kàs thereon; Sid. I. 165) ರಾಜ್=ರಾಷ್=ರಾಡ್. ಭ್ರಾಜ್=ಭ್ರಾಷ್=ಭ್ರಾಡ್.

(*b*) ಷ or ಕ is the substitute of the ಶ of ನಶ್ (VIII. 2. 63). *e. g.*, ನಶ್=ನಷ್=ನಟ್ or ನಡ್, or ನಕ್=ನಗ್ or ನಕ್.

(*c*) ಕು is the substitute of a consonant of the roots ಯುಂಜ್ (from ಯುಜಿ) and ಕ್ರುಂಚ್, when they are not preceded by a word upon which they are dependent (ಉಪಪದ) (VIII. 2. 62; III. 2. 59; Kás thereon; Sid. I. 164). *e. g.*, ಯುಂಜ್=ಯುನ್ಜ್=ಯುನ್=ಯುಙ. ಕ್ರುಂಚ್=ಕ್ರುನ್ಚ್=ಕ್ರುನ್=ಕ್ರುಙ್.

(*d*) ದ is the substitute of the ಸ of ಸ್ರಂಸ್ and ಧ್ವಂಸ್. (VIII. 2, 72) *e. g.*, ಧ್ವಂಸ್=ಧ್ವಂದ್. ಸ್ರಂಸ್=ಸ್ರಂದ್.

(4) When ತ or ಥ or ಸ or ಸ್ವ or ಧ್ವ follows, the ದ of the expression ದಧ which results when the root ಧಾ is reduplicated and changed according to rules to be noticed hereafter, is changed into ಧ (VIII. 2. 38). *e. g.*, ದಧ್+ತ, or ಥ, or ಸೆ, or ಸ್ವ, or ಧ್ವಂ=ಧಧ್+ತ &c.,=ಧತ್ತಃ ಧತ್ಥಃ ಧತ್ಸೇ ಧತ್ಸ್ವ ಧದ್ಧ್ವಂ.

(5) ಭಷ್ is the substitute of ಬಶ್ belonging to that part of a

root which has but one vowel and ends in ಝಷ್ at the end of a *pada* and when ಸ or ಧ್ವ follows, (VIII. 2. 37). And remark that for the purpose of this rule, even a ಷ changed from ಸ according to a rule already mentioned should be held to be ಸ, if the ಸ is of the verbal affix ಸನ್ (Sid. II. 198). *e. g.*, ಬೊಧ್+ಸ್ಯಂತೇ=ಭೋತ್ಸ್ಯಂತೇ ; ಅಬುದ್+ಧ್ವಂ=ಅಭುದ್ಧ್ವಂ ; ಅರ್ಥಬುಧ್=ಅರ್ಥಭುತ್ ; ದೋಘ್+ಸ್ಯತೇ=ಧೋಕ್ಷ್ಯತೇ ; ಅದುಗ್+ಧ್ವಂ=ಅಧುಗ್ಧ್ವಂ ; ಗೋದುಘ್=ಗೊಧುಗ್. But ದಾಮಲಿಥ್=ದಾಮಲಿಟ್ (the syllable which ends in ಥ್ has not ಬಶ್). ಕೊ್ರಧ್+ಸ್ಯತಿ=ಕ್ರೋತ್ಸ್ಯತಿ (ಕ is not ಬಶ್). ದಾಸ್ಯತಿ=ದಾಸ್ಯತಿ (ದಾ does not end in ಝಷ್). ಬೋಧ್+ತಾ=ಬೋದ್ಧಾ (ತ follows). ದಾದಥ್+ಧಿ=ದಾದದ್ಧಿ (ಧ್ವ does not follow). ಜಿಗೃಥ್+ಸ=ಜಿಘೃಥ್+ಸ=ಜಿಘೃತ್ಷ (here ಷ has come from ಸ which belongs to ಸನ್). (Sid. I. 147).

(6) There is ನ in the room of ಮ final in a root, when it is at the end of a *pada* or when the letters ಮ and ವ follow (VIII. 2. 64, 65). *e. g.*, ಪ್ರಶಾಮ್=ಪ್ರಶಾನ್ ; ಪ್ರತಾಮ್=ಪ್ರತಾನ್ ; ಪ್ರದಾಮ್=ಪ್ರದಾನ್ ಅಗಮ್+ಮ=ಅಗನ್ಮ ; ಜಗಮ್+ವಾನ್=ಜಗನ್ವಾನ್.

IV. *Sandhi* peculiar to nouns including indeclinables.

A. As to the change of ರ final in a *pada*.

(i). Words ending in ರ whether derived from ಸ or otherwise according to the rules already stated, with ಇ or ಉ as their penultimate, except the word ಮುಹುಸ್ change the ರ into ಷ, when ಕ, ಖ, ಪ, or ಫ follows. (VIII. 3. 41. Sid. I. 74). *e. g.*, ನಿಸ್, ದುಸ್, ಬಹಿಸ್, ಆವಿಸ್, ಚತುರ್, and ಪ್ರಾದುಸ್+ಕೃತಮ್, ಖನನಮ್, ಪೀತಮ್ and ಫಲಮ್=ನಿಷ್ಕೃತಮ್, ನಿಷ್ಖನನಮ್, ನಿಷ್ಪೀತಮ್, ನಿಷ್ಫಲಮ್, &c. But ಮುಹುಸ್+ಕಾಮೊ=ಮುಹುಃಕಾಮೊ or ಮುಹು×ಕಾಮೊ.

(ii). But if the ರ is of an affix, except the primitive affixes styled *uṇádi* affixes, or of an expression that has come as a single substitute for others (ಏಕಾದೇಶ), then it should not be so changed (VIII. 3. 41 ; Sid. I. 74). *e. g.*, ಅಗ್ನಿರ್ where ರ is derived from ಸು, a case affix,+ಕರೋತಿ=ಅಗ್ನಿಃಕರೋತಿ or ಅಗ್ನಿ×ಕರೋತಿ, ; ಮಾತುರ್ where ರ belongs to ಉರ್ that comes as a single substitute for ರ of ಮಾ

ತೃ and the ಅ of ಜಸ್ another case affix + ಕರೋತಿ=ಮಾತುಃಕರೋತಿ or ಮಾತು × ಕರೋತಿ. But ಸರ್ಪಿಸ್ where ಸ belongs to an *uṇádi* affix + ಕರೋತಿ=ಸರ್ಪಿಷ್ಕರೋತಿ. So ಧನುಸ್+ಕರೋತಿ=ಧನುಷ್ಕರೋತಿ.

(iii). Nor could there be a change as above between words ending in ರ and the following words beginning with ಕ, ಖ, ಪ, and ಫ, when the words are in the same grammatical case. (ಅಧಾತ್ವಭಿಹಿತಂಸಮಾನಾಧಿಕರಣಂ). Sid. I. 75 note 14). *e. g.*, ಸರ್ಪಿಸ್+ಪವಿತ್ರಂ=ಸರ್ಪಿಃಪವಿತ್ರಂ or ಸರ್ಪಿ×ಪವಿತ್ರಂ.

(iv). And if between words ending in ರ and the following words beginning with ಕ, ಖ, ಪ, and ಫ, there is a connection in sense, *i. e.*, grammatical government, otherwise than as what exists between two words in the same grammatical case, the change of ರ into ಷ is only optional (VIII. 3. 44) ; unless the words form a compound having the word containing the ರ otherwise than as its subsequent member (ಉತ್ತರಪದಃ) ; for in the case of a compound word not having the word containing the ರ as its subsequent member the change is necessary. (VIII. 3. 45). *e. g.* ಸರ್ಪಿಸ್+ಕರೋತಿ=ಸರ್ಪಿಷ್ಕರೋತಿ or ಸರ್ಪಿಃಕರೋತಿ, or ಸರ್ಪಿ × ಕರೋತಿ ; ಸರ್ಪಿಸ್+ಪೀಯತೇ=ಸರ್ಪಿಷ್ಪೀಯತೇ or ಸರ್ಪಿಃಪೀಯತೇ or ಸರ್ಪಿ×ಪೀಯತೇ ; ಪರಮಸರ್ಪಿಸ್+ಕರೋತಿ=ಪರಮಸರ್ಪಿಷ್ಕರೋತಿ or ಪರಮಸರ್ಪಿಃ ಕರೋತಿ or ಪರಮಸರ್ಪಿ×ಕರೋತಿ. And ಸರ್ಪಿರ್+ಕುಂಡಿಕಾ=ಸರ್ಪಿಷ್ಕುಂಡಿಕಾ ; ಧನುರ್+ಕಪಾಲಂ=ಧನುಷ್ಕಪಾಲಂ ; ಸರ್ಪಿರ್+ಪಾನಂ=ಸರ್ಪಿಷ್ಪಾನಂ, ಧನುರ್+ಫಲಂ=ಧನುಷ್ಫಲಂ. (compound words and so the change is necessary). But ತಿಷ್ಠತುಸರ್ಪಿರ್ ಪಿಬತ್ವಮುದಕಂ=ತಿಷ್ಠತುಸರ್ಪಿಃಪಿಬತ್ವಮುದಕಂ or ತಿಷ್ಠತುಸರ್ಪಿ×ಪಿಬತ್ವಮುದಕಂ ; (there is no government between ಸರ್ಪಿರ್ and ಪಿಬತು). ಪರಮಸರ್ಪಿರ್+ಕುಂಡಿಕಾ=ಪರಮಸರ್ಪಿಃಕುಂಡಿಕಾ or ಪರಮಸರ್ಪಿ×ಕುಂಡಿಕಾ; ಪರಮಧನುರ್+ಕಪಾಲಂ=ಪರಮಧನುಃಕಪಾಲಂ or ಪರಮಧನು×ಕಪಾಲಂ (the word containing the ರ is the subsequent member of a compound).

B. As to other *sandhi* than that relating to the changes of ರ final in a *pada*.

(i). The ಓ of ಗೋ, when it is found at the end of a *pada*, if

2 H

it is followed by ಅ, except the ಅ of some words like ಅಕ್ಷಂ, becomes, instead of becoming the single substitute for itself and the latter vowel, optionally ಅವ, or stands as it is, but if it is followed by any other vowel, becomes ಅವ, absolutely if the vowel is the initial vowel of the word ಇಂದ್ರ, and optionally otherwise. (VI. 1. 122 to 124), *e. g.*, ಗೋ+ಅಗ್ರಮ್=ಗವಾಗ್ರಂ or ಗೋಽಗ್ರಂ or ಗೋಅಗ್ರಂ; ಗೋ+ಇಂದ್ರಃ=ಗವೇಂದ್ರಃ; ಗೋ+ಓದನಮ್=ಗೋಓದನಂ or ಗವೌದನಂ; ಗೋ+ಉಷ್ಟ್ರಂ=ಗೋಉಷ್ಟ್ರಂ or ಗವುಷ್ಟ್ರಂ. But ಗೋ+ಅಕ್ಷಂ=ಗವಾಕ್ಷಂ; for in the case of such words, ಓ becomes always ಅವ (Sid. I. 51).

(ii). The ಓ of the expression ಓಮ್ and the ಆ of the particle ಆಙ್ when they follow the letter ಅ are the single substitutes for both themselves and the proceding vowel (VI. 1. 95) *e. g.*, ಶಿವಾಯ+ಓಂ=ಶಿವಾಯೋಂ. ಅದ್ಯ+ಏಹಿ (which is equal to ಆ+ಇಹಿ)=ಅದ್ಯೇಹಿ.

(iii). Words ending in ಛ and ಶ may, when at the end of a *pada*, or when followed by ಝಲ್, be optionally changed into ಜ, the ಜ, when a pause occurs while it is at the end of a *pada*, becoming optionally ಚ, instead of becoming ಷ first, and then ಡ or ಟ. (Sid. I. 131), *e. g.*, ನಿಶ್=ನಿಜ್ or ನಿತ್, and when a pause occurs, ನಿಜ್, ನಿಚ್, ನಿಡ್ or ನಿಟ್; ಪ್ರಾಛ್=ಪ್ರಾಜ್ or ಪ್ರಾತ್, and when a pause occurs, ಪ್ರಾಜ್, ಪ್ರಾಚ್, ಪ್ರಾಡ್, or ಪ್ರಾಟ್.

(iv). Final ನ of a noun ending in that letter otherwise than as having it as a substitute for final ಮ of a verbal root should, when the noun is a *pada*, be *lopated*. (VIII. 2. 7; Sid. I. 149, 187). *e. g.*, ರಾಜಾನ್ from ರಾಜನ್=ರಾಜಾ; but ವಿದ್ವಾನ್ from ವಿದ್ವಾನ್ಸ್=ವಿದ್ವಾನ್ (ನ is not the final letter of a noun); ಪ್ರಶಾನ್ (from ಪ್ರ+ಶಮ್, a verbal root),=ಪ್ರಶಾನ್.

(v). The ನ of the words ನವತಿ and ನಗರೀ is not changed into ಣ after a ಟು final in a *pada*. (Sid. I. 60). *e. g.*, ಷಟ್+ನವತಿ or ನಗರೀ =ಷಣ್ಣವತಿ, ಷಣ್ಣಗರೀ.

(vi). In primitive words from the roots ಸ್ಪೃಶ್ and ಅಂಚ್

(ಅಂಚು) when they are in composition with a noun governed by them, (ಉಪಪದೇ), the ಶ of ಸ್ಪೃಶ್ is changed into ಗ, and the penultimate nasal of ಅಂಚ್, into ಜ್, when the letters are found at the end of a *pada*. (III. 2. 58, 59 ; VIII. 2. 62 ; Sid. I. 165, 185). *e. g.*, ಸ್ಪೃಶ್=ಸ್ಪೃಗ್ ; ಪ್ರಾನ್=ಪ್ರಾಙ್.

(vii). The noun ಋತ್ವಿಜ್, though it is from the word ಋತು and *samprasāraṇated* ಯಜ್, and the noun ಸ್ರಜ್ change their ಜ into ಗ, instead of ಷ as has been said above, when it is at the end of a *pada*. (III. 2. 59 ; VIII. 2. 62). But the ಜ of the noun ಸ್ರಜ್ is changed into ಷ only, when the word is at the end of a compound word. (Sid. I. 165, 194). *e. g.*, ಋತ್ವಿಜ್=ಋತ್ವಿಗ್ or ಋತ್ವಿಕ್; ಸ್ರಜ್=ಸ್ರಗ್, or ಸ್ರಕ್, but ವಿಶ್ವಸ್ರಜ್=ವಿಶ್ವಸ್ರಡ್.

(viii). The nouns ದಧೃಷ್ and ದಿಶ್ change their ಷ and ಶ into ಗ when at the end of a *pada*. (III. 2. 59). *e. g.*, ದಧೃಷ್=ದಧೃಗ್ ; ದಿಶ್=ದಿಗ್.

(ix). The noun ಸಜುಷ್ changes its final ಷ into ರು at the end of a *pada* (VIII. 2. 66). *e. g.*, ಸಜುಷ್+ಋಷಿಭಿಃ=ಸಜುರ್+ಋಷಿಭಿಃ.

(x). The noun ಉಷ್ಣಿಹ್, though it is from ಉ and the root ಸ್ನಿಹ್, changes its ಹ into ಗ when at the end of a *pada*, (III. 2. 29) *e. g.*, ಉಷ್ಣಿಹ್=ಉಷ್ಣಿಗ್.

(xi). ಅನಡುಹ್ changes its ಹ into ದ at the end of a *pada*. (VIII. 2. 72). ಅನಡುಹ್=ಅನಡುದ್.

(xii). ಅಸೃಜ್ (blood) which is from the root ಅಸ್, and a primitive affix, changes its ಜ into ಗ at the end of a *pada* (Sid. I. 194). *e. g.*, ಅಸೃಜ್=ಅಸೃಗ್.

(xiii). The following nouns ending in ಶ which may be used also as bases ending in ಅ as shewn opposite to them change their ಶ into ಗ at the end of a *pada*. (III. 2. 60 ; Kàs. thereon ; Sid. I. 184 ; Sid. I. 473 to 474 ; VI. 3. 89 to 91).

1. ತ್ಯಾದೃಶ್=ತ್ಯಾದೃಗ್, or ತ್ಯಾದೃಶ, or ತ್ಯಾದೃಕ್ಷ.

2. ತಾದೃಶ್=ತಾದೃಗ್, or ತಾದೃಶ, or ತಾದೃಕ್ಷ.
3. ಯಾದೃಶ್=ಯಾದೃಗ್, or ಯಾದೃಶ or ಯಾದೃಕ್ಷ.
4. ಏತಾದೃಶ್=ಏತಾದೃಗ್, or ಏತಾದೃಶ, or ಏತಾದೃಕ್ಷ.
5. ಈದೃಶ್=ಈದೃಗ್, or ಈದೃಶ, *or* ಈದೃಕ್ಷ.
6. ಕೀದೃಶ್=ಕೀದೃಗ್, or ಕೀದೃಶ, or ಕೀದೃಕ್ಷ.
7. ಸದೃಶ್=ಸದೃಗ್, or ಸದೃಶ, or ಸದೃಕ್ಷ.
8. ಅನ್ಯಾದೃಶ್=ಅನ್ಯಾದೃಗ್, or ಅನ್ಯಾದೃಶ, or ಅನ್ಯಾದೃಕ್ಷ.
9. ಅಮೂದೃಶ್=ಅಮೂದೃಗ್ or ಅಮೂದೃಶ or ಅಮೂದೃಕ್ಷ.

xiv. When a word being the imitative name of an inarticulate sound and ending in the expression ಅತ್ is followed by the word ಇತಿ the initial vowel of ಇತಿ is the single substitute,

(*a*) optionally, of both itself and the final consonant of the preceding word, if the latter is the second of a word reiterated; (See below) (VI. 1. 99) and

(*b*) absolutely, of both itself and the two last letters of the preceding word otherwise. (VI. 1. 98). *e. g.*, ಪಟತ್+ಇತಿ=ಪಟತ್ಪಟಿತಿ or ಪಟತ್ಪಟೇತಿ; ಪಟತ್+ಇತಿ=ಪಟಿತಿ.

(xv) The ಯ of ಅಯ್ and ಆಯ್ and ವ of ಅವ್ and ಆವ್ are *lopated* not only optionally but invariably when the particle ಉಞ್ follows it. (VIII. 3. 21). *e. g.* ಸಯ್ from ಸೇ+ಉ=ಸಉ.

(xvi) And no change takes place in the case of some vowels as follows :—

(1) A vowel prolated as may be done optionally in the case of the vowels in the particles ಹೇ and ಹೈ, when used along with a name, and in the case of the *ṭi* of the name, when the said particles are not used, in calling a person of that name from a distance. (VIII. 2. 84, 85 ; VI. 1. 125); *e. g.*, ರಾಮಹೈ೩+ಏಹಿ=ರಾಮಹೈ೩ಏಹಿ ; ಕೃಷ್ಣಹೇ೩+ಅತ್ರ=ಕೃಷ್ಣಹೇ೩ಅತ್ರ ; ರಾಮಾ೩+ಇದಂ=ರಾಮಾ೩ ಇದಂ ; ಕೃಷ್ಣಾ೩+ಏಹಿ=ಕೃಷ್ಣಾ೩ ಏಹಿ.

(2) The vowels in certain words termed ಪ್ರಗೃಹ್ಯಾಃ (VI. 1. 125), which are :—

(*a*) A particle consisting of a single letter with the exception of the particle ಅಜ್ (I. 1. 14). *e. g.*, ಅ+ಅಪೇಹಿ=ಅಅಪೇಹಿ, ಅ+ಏವಂ=ಅಏವಂ ; ಇ+ಇಂದ್ರ=ಇಇಂದ್ರ ; ಉ+ಉಮೇಶ=ಉಉಮೇಶ. But ಚಕಾರ+ಅತ್ರ=ಚಕಾರಾತ್ರ (no particle) ; ಪ್ರ=ಅಗ್ನ್ಯಯೇ=ಪ್ರಾಗ್ನ್ಯಯೇ (ಪ್ರ is not a particle consisting of a single letter). ; ಆ (ಆಜ್)+ಉಷ್ಣಂ=ಓಷ್ಣಂ.

(*b*) A particle ending in ಓ though it consists of more letters than one (I. 1. 15). *e. g.*, ಅಹೋ+ಈಶಾಃ=ಅಹೋಈಶಾಃ. ಭೋ or ಭಗೋ or ಅಘೋ+ಈಶಾಃ=ಭೋಈಶಾಃ &c.

(*c*) The word ಅಮೀ (I. 1. 12). *e. g.*, ಅಮೀ+ಅತ್ರ=ಅಮೀಅತ್ರ ಅಮೀ+ಆಸಾತೇ=ಅಮೀಆಸಾತೇ.

(*d*) Any other word ending with dual case affixes ending in ಈ, ಊ or ಏ, (I. 1. 11). *e. g.*, ಹರೀ+ಏತೌ=ಹರೀಏತೌ ; ವಿಷ್ಣೂ+ಇಮೌ=ವಿಷ್ಣೂಇಮೌ ; ಗಂಗೇ+ಅಮೂ=ಗಂಗೇಅಮೂ ; ಅಗ್ನೀ+ಇತಿ=ಅಗ್ನೀಇತಿ ವಾಯೂ+ಇತಿ=ವಾಯೂಇತಿ ; ಮಾಲೇ+ಇತಿ=ಮಾಲೇಇತಿ. But ವೃಕ್ಷೌ+ಅತ್ರ= ವೃಕ್ಷಾವತ್ರ ; ಕುಮಾರೀ+ಅತ್ರ=ಕುಮಾರ್ಯತ್ರ) (ಕುಮಾರೀ is singular).

(*e*) The word ಅಮೀ (I. 1. 12). *e. g.*, ಅಮೀ+ಈಶಾಃ=ಅಮೀಈಶಾಃ ಅಮೀ+ಅತ್ರ=ಅಮೀಅತ್ರ ; ಅಮೀ+ಆಸಾತೇ=ಅಮೀಆಸಾತೇ.

(*f*) Optionally a word ending in ಓ in the vocative singular, when followed by the word ಇತಿ (I. 1. 16. 17). *e. g.*,ಭಾನೋ+ಇತಿ= ಭಾನೋಇತಿ or ಭಾನವಿತಿ. But ಗೋ+ಇತಿ (in the phrase ಗೋಇತಿ ಆಹ)=ಗವಿತಿ, as ಗೋ is not in the vocative singular.

Observe that the particle ಉಞ್ though consisting of a single letter may optionally admit of *sandhi* with a vowel following it when it is preceded by any of the ಮಯ್ letters or is followed by the word ಇತಿ ; that it, when followed by ಇತಿ, may also optionally become *nasalised* ಉಁ ; and that when it is preceded by ಮಯ್, the ವ substituted for the ಉ in it is not to be changed into *anusvára* (I. 1. 17. 18 ; VIII. 3. 33. Kàs. thereon) *e. g.*, ಕಿಮು+ಉಕ್ತಂ=ಕಿಮುಕ್ತಂ or ಕಿಮುಉಕ್ತಂ ; ತದು + ಅಸ್ಯ=ತದ್ವಸ್ಯ or ತದುಅಸ್ಯ ; ಉ + ಇತಿ=ಉಇತಿ or ಊಇತಿ.

Observe that sometimes in phrases like ಮಣೀವ and ದಂಪತೀವ *sandhi* is found to have been made between the ಈ, being the dual affix, and the following vowel, even in authors of great merit ; but such *sandhi* is allowable only in cases in which there is thus a precedent (Sid. I. 55. note 73).

V. *Sandhi* peculiar to compound words.

(i) ಅಕ್ vowels other than ಋ though at the end of a *pada* and before vowels not homogeneous should not be allowed to remain unchanged in compound words. (Sid. 1. 52) *e. g.* ವಾಪಿ+ಅಶ್ವಃ=ವಾಪ್ಯಶ್ವಃ only. But ಹೋತೃ+ಋಶ್ಯಃ=ಹೋತೃಋಶ್ಯಃ as well as ಹೋತೄಶ್ಯಃ.

(ii). The ಓ of ಓತು and ಓಷ್ಠ when preceded by ಅ in a compound word blends with ಅ optionally into ಔ (Sid. I. 48) *e. g.*, ಸ್ಥೂಲ+ಓತು=ಸ್ಥೂಲೌತು or ಸ್ಥೂಲೋತು. ಬಿಂಬ+ಓಷ್ಠ=ಬಿಂಬೋಷ್ಠ or ಬಿಂಬೌಷ್ಠ.

17. We shall now advert to words which are irregular as regards *sandhi*. But we must here generally once for all, with reference to all the irregularities we may refer to in this work, whether in connection with *sandhi* or otherwise, premise that Sanskrit Grammar acknowledges no irregularity or exception to a rule, holding that a word which differs from others of its class is *sui juris* and must have a rule of its own, (B. 41) and that nevertheless we treat certain words as irregular for the sake of convenience, and only because we take certain rules given by *Panini* as the ordinary rules and consider those words which do not conform themselves to those rules in a more or less degree as irregular. Words are irregular as regards *sandhi* as follows:—

Miscellaneous.

(i. *a*). The initial vowel of the word ಏವ when it does not mean "only" becomes the single substitute for itself and a letter ಅ preceding it. (Sid. 1. 47). *e. g.*, ಕ್ವ+ಏವ=ಕ್ವೇವ. But ತವ+ಏವ (only)=ತವೈವ.

(i. *b*) The ಆ of the particles ಆಙ್ and ಮಾಙ್ receive the augment ತುಕ್ absolutely before ಛ (VI. 1. 74.) *e. g.*, ಆ+ಛಾದಯತಿ=ಆಚ್ಛಾದಯತಿ, ಮಾ+ಛಿದತ್=ಮಾಚ್ಛಿದತ್.

(i. *c*). The ರ of the *upasarga* ಪರಿ and ಪ್ರತಿ optionally and of other *upasarga* absolutely is changed into ಲ before words from the root ಅಯ್, provided that the ರ is not derived from ಸ according to rules already stated (VIII. 2, 19 ; Sid. II 65) *e. g.*, ಪ್ರ+ಅಯತೇ=ಪ್ಲಾಯತೇ, ಪರ+ಅಯತೇ=ಪಲಾಯತೇ ; ಪ್ರತಿ+ಅಯತೇ=ಪ್ರತ್ಯಯತೇ, ಪ್ಲತ್ಯಯತೇ, ಪರಿ+ಅಯತೇ=ಪಲ್ಯಯತೇ or ಪರ್ಯಯತೇ. But ನಿರ್ from ನಿಸ್ and ದುರ್ from ದುಸ್+ಅಯತೇ=ನಿರಯತೇ and ದುರಯತೇ.

(i. *d*). The initial ಸ of words derived from the root ಸ್ಥಾ or the root ಸ್ತಂಭ್ when it follows the *upasarga* ಉದ್ becomes ಥ, and this ಥ may be retained or *lopated* according to the rules relating to the optional *lopation* of ಝರ್ coming after homogeneous ಝರ್ (VIII 4. 61 ; Sid. 1. 61.) *e. g.*, ಉದ್+ಸ್ಥಾನಂ or ಸ್ತಂಭನಂ=ಉತ್ಥಾನಂ or ಉತ್ಥ್ಥಾನಂ, ಉತ್ತಂಭನಂ or ಉತ್ಥ್ತಂಭನಂ.

(i. *e*). The following words are anomalous :—(1) ಶಕಂಧು, (2) ಕರ್ಕಂಧು (3) ಕುಲಟಾ, (4) ಸೀಮ (from ಸೀಮನ್)+ಅಂತ=ಸೀಮಂತ, if the word means the separation of the hair on each side so as to leave a distinct line on the top of the head, though ಸೀಮಾಂತ otherwise, (5) ಪತಂಜಲಿ, (6) ಮಾರ್ತಂಡ, (7) ಹಲೀಷಾ, (8) ಲಾಂಗಲೀಷಾ, (9) ಸಾರ+ಅಂಗ=ಸಾರಂಗ if the word means a bird or quadruped of that name, though ಸಾರಾಂಗ otherwise (Sid. 1. 47) (11) ಮನೀಷಾ, (10) ಅಕ್ಷೌಹಿಣೀ, (11) ಸ್ವೈರ, (12) ಸ್ವೈರಿನ್, (13) ಸ್ವೈರಿಣೀ, (14) ಪ್ರೌಹ, (15) ಪ್ರೌಢ, (16) ಪ್ರೌಢಿ, (17, 18) ಪ್ರ+ಏಷ and ಏಷ್ಯ, (from iv ಇಷ್, vi ಇಷ್, and ix ಇಷ್)=ಪ್ರೈಷ, ಪ್ರೈಷ್ಯ (Sid. 1. 44) (19) ಪ್ರಾರ್ಣ (20 ವತ್ಸರಾರ್ಣ, (21) ಕಂಬಲಾರ್ಣ, (22) ವಸನಾರ್ಣ, (23) ದಶಾರ್ಣ, (24) ಋಣಾರ್ಣ, (24) ಸುಖಾರ್ತ, compound word from (ಸುಖೇನ+ಋತ) (Sid. 1 45) (25), ಸಮ್ರಾಟ್ (VIII 3. 25) (26) ಗವ್ಯೂತಿ, (a measure of distance) (Sid. 1. 40) (27) ಕ್ಷಯ್ಯ if the sense is "capable of being wasted or increased." (28) ಜಯ್ಯ if the sense is "capable of being conquered" (VI. 1. 81) (29) ಕ್ರಯ್ಯ, if it denotes things exposed for sale (VI 1 82)

As to ರ final in a pada.

(i) Before ಕ ಖ ಪ and ಫ, ಚತುರ್ changes the ರ into ಷ only optionally, when it signifies "four times," though absolutely in other cases; and likewise, the words ದ್ವಿರ್ and ತ್ರಿರ್ change the ರ into ಷ optionally when they respectively signify "two times" and "three times." (VIII. 3. 43.) *e. g.*, ಚತುರ್+ಕರೋತಿ=ಚತುಃ ಕರೋತಿ or ಚತು×ಕರೋತಿ or ಚತುಷ್ಕರೋತಿ; ಚತುರ್+ಪಚತಿ=ಚತುಃ ಪಚತಿ or ಚತು×ಪಚತಿ or ಚತುಷ್ಪಚತಿ; ದ್ವಿರ್ ಕರೋತಿ=ದ್ವಿಃಕರೋತಿ or ದ್ವಿ × ಕರೋತಿ or ದ್ವಿಷ್ಕರೋತಿ; ತ್ರಿರ್+ಕರೋತಿ=ತ್ರಿಃಕರೋತಿ or ತ್ರಿ×ಕರೋತಿ or ತ್ರಿಷ್ಕರೋತಿ. But ಚತುರ್+ಕಪಾಲಂ=ಚತುಷ್ಕಪಾಲಂ (here ಚತುರ್ does not signify "four times)."

(ii) The words ಅಧರ್ and ಶಿರರ್ when they form compounds with the word ಪದಂ or ಪದೀ, provided the former are not the subsequent members in the compound, change the ರ into ಸ. (VIII. 3. 47). *e. g.*, ಅಧರ್+ಪದಂ and ಪದೀ=ಅಧಸ್ಪದಂ and ಅಧಸ್ಪದೀ; ಶಿರರ್+ಪದಂ and ಪದೀ=ಶಿರಸ್ಪದಂ and ಶಿರಸ್ಪದೀ. But ಪರಮಶಿರರ್+ಪದಂ=ಪರಮಶಿರಃಪದಂ or ಪರಮಶಿರ×ಪದಂ (ಶಿರರ್ is a subsequent member in the compound).

(iii) And likewise even other words endi ng in ರ preceded by penultimate ಅ not being indeclinables, change the ರ into ಸ, when they form compound words with the derivatives formed from the roots ಕೃ, and ಕಮ್ by the use of primitive affixes, such as, ಕರ, and ಕಾರ from ಕೃ, and ಕಾಂತ, and ಕಾಮ from ಕಮ್, and with ಕಂಸ, ಕುಂಭ, ಪಾತ್ರ, ಕುಶಾ, and ಕರ್ಣೀ, provided the words ending in ರ as above are not the subsequent members in the compound (VIII. 3. 46). *e. g.*, ಶ್ರೇಯರ್+ಕರಃ=ಶ್ರೇಯಸ್ಕರಃ, ಅಯರ್+ಕಾರಃ=ಅಯಸ್ಕಾರಃ, ಪಯರ್+ಕಾಮಃ=ಪಯಸ್ಕಾಮಃ; ಅಯರ್+ಕಾಂತಃ=ಅಯಸ್ಕಾಂತಃ; ಪಯರ್+ಕಂಸಃ=ಪಯಸ್ಕಂಸಃ; ಅಯರ್+ಕುಂಭಃ=ಅಯಸ್ಕುಂಭಃ; ಪಯರ್+ಪಾತ್ರಂ=ಪಯಸ್ಪಾತ್ರಂ; ಅಯರ್+ಕುಶಾ=ಅಯಸ್ಕುಶಾ; ಪಯರ್+ಕರ್ಣೀ=ಪಯಸ್ಕರ್ಣೀ. But ಭಾರ್+ಕರಣಂ=ಭಾಃಕರಣಂ or ಭಾ×ಕರಣಂ(penultimate ಆ); ಗೀರ್+ಕಾರಃ=ಗೀ×ಕಾರಃ or ಗೀಃಕಾರಃ (penultimate ಈ); ಧೂರ್+ಕಾರಃ=ಧೂಃಕಾರಃ or ಧೂ×ಕಾರಃ (penultimate ಊ) ಪುನರ್+ಕಾರಃ=ಪುನಃಕಾರಃ or ಪುನ×ಕಾರಃ (ಪುನರ್ is indeclinable); ಯುಕರ್+ಕರೋತಿ=ಯುಕಃ

ಕರೋತಿ or ಯಶ×ಕರೋತಿ (no compound) ; ಪರಮಪಯರ್+ಕಾಮಃ=ಪರಮಪಯಃಕಾಮಃ or ಪರಮಪಯ×ಕಾಮಃ (word containing ರ is the subsequent member in the compound).

(iv). The words ನಮರ್ and ಪುರರ್ also change the ರ into ಸ before ಕ, ಖ, ಪ, and ಫ when they operate as *gati*, as, by virtue of a special rule to be noticed hereafter, the former word optionally and the latter word absolutely may do, when in composition with words formed from the root ಕೃಞ್ (VIII. 3. 40 ; I. 4.74, 67) *e. g.*, ನಮರ್+ಕರೋತಿ=ನಮಸ್ಕರೋತಿ ; ಪುರರ್+ಕರೋತಿ=ಪುರಸ್ಕರೋತಿ ; ನಮರ್ ಕರ್ತಾ, ಕರ್ತುಂ, and ಕರ್ತವ್ಯಂ=ನಮಸ್ಕರ್ತಾ, ನಮಸ್ಕರ್ತುಂ, and ನಮಸ್ಕರ್ತವ್ಯಂ ; ಪುರರ್+ಕರ್ತಾ, ಕರ್ತುಂ, and ಕರ್ತವ್ಯಂ=ಪುರಸ್ಕರ್ತಾ, ಪುರಸ್ಕರ್ತುಂ, and ಪುರಸ್ಕರ್ತವ್ಯಂ. But ಪುರರ್+ಪ್ರವೇಷ್ಟವ್ಯಾಃ=ಪುರಃ ಪ್ರವೇಷ್ಟವ್ಯಾಃ or ಪುರಃಪ್ರವೇಷ್ಟವ್ಯಾಃ ; ಪುರರ್+ಕರೋತಿ=ಪುರಃ ಕರೋತಿ or ಪುರ×ಕರೋತಿ (here ಪುರರ್ does not operate as *gati*).

(v). The word ತಿರರ್ changes the ರ optionally into ಸ before ಕ, ಖ, ಪ, and ಫ (VIII. 3. 42). *e. g.*, ತಿರರ್+ಕಾರ, ಕರ್ತಾ, and ಕರ್ತುಂ= ತಿರಸ್ಕಾರ, ತಿರಸ್ಕರ್ತಾ, and ತಿರಸ್ಕರ್ತುಂ.

(vi). The ರ final in the first word is changed into ಸ or ಷ in the following expressions in which there are more words than one and which are called ಕಸ್ಕಾದಿ as beginning with ಕಸ್ಕಃ, *viz.*, ಕಸ್ಕಃ, ಕೌತಸ್ಕುತಃ, ಭ್ರಾತುಷ್ಪುತ್ರಃ, ಶುನಸ್ಕರ್ಣಃ, ಸದ್ಯಸ್ಕಾಲಃ, ಸದ್ಯಸ್ಕ್ರೀಃ, ಸಾದ್ಯಸ್ಕಃ, ಕಾಂಸ್ಕಾನ್, ಸರ್ಪಿಷ್ಕುಂಡಿಕಾ, ಧನುಷ್ಕಪಾಲಂ, ಬರ್ಹಿಷ್ಪಲಂ, ಯಜುಷ್ಪಾತ್ರಂ, ಅಯಸ್ಕಾರಃ, ತಮಸ್ಕಾಂಡಃ, ಮೇದಸ್ಪಿಂಡಃ, ಭಾಸ್ಕರಃ, ಅಹಸ್ಕರಃ (ಆಕೃತಿಗಣಃ). (VIII. 3. 48).

(vii). The word ಸರ್ (ಸಃ) becomes ಸ before a vowel if by the elision of the final letter alone a verse can be completed. (VI. 1. 134) *e.g.*, ಸೇಮಾ (ಸರ್+ಇಮಾ) ಮವಿಡ್ಢಿಪ್ರಭೃತಿಂ, ಸೈಷ (ಸರ್+ಏಷ) ದಾಶರಥೀ ರಾಮಃ ; but ಸೋಽಹಮಾಜನ್ಮ ಶುದ್ಧಾನಾಂ (for here the verse can be completed without the *lopation* of the final vowel).

(viii). The words ಏಷರ್ (not ಏಷಕರ್) and ಸರ್ (not ಸಕರ್) become ಏಷ and ಸ respectively before a consonant but not if they are in a word compounded with the primitive particle ನಞ್.

(VI. 1. 132) *e. g.*, ಎಷರ್+ವಿಷ್ಣುಃ=ಎಷವಿಷ್ಣುಃ ; ಸರ್+ಶಂಭುಃ=ಸಶಂಭುಃ. But ಅಸರ್+ಶಿವಃ=ಅಸಶಿವಃ.

(ix). The ರ derived from the change into ರು of the ಸ in the particles ಭೋಸ್, ಭಗೋಸ್, and ಅಘೋಸ್ is changed into ಯ before ಅಶ್ (vowels and ಹಶ್) the ಯ being *lopated,* optionally before the vowels and invariably before ಹಶ್ (VIII. 3. 17. 22), and the ಯ when not *lopated* being optionally capable of being pronounced indistinctly ; (ಲಘುಪ್ರಯತ್ನತರ) (VIII. 3. 20 ; Kàs. thereon ; Sid. I. 78). *e. g.*, ಭೋಅಚ್ಯುತ or ಭೋಯಚ್ಯುತ ; ಭೋದೇವಾಃ, ಭೋಲಕ್ಷ್ಮಿ, ಭಗೋನಮಸ್ತೇ, ಅಘೋಯಾಹಿ and so on.

(x). The ರ in the words ಗೀರ್ and ಧೂರ್ before the word ಪತಿ, is optionally retaind without being changed (Sid. I. 80). *e. g.*, ಗೀರ್ and ಧೂರ್+ಪತಿ=ಗೀರ್ಪತಿ or ಗೀಃಪತಿ or ಗೀ಼ಪತಿ and ಧೂರ್ಪತಿ or ಧೂಃಪತಿ or ಧೂ಼ಪತಿ

ನ *final in a pada.*

(xi). The final ನ of the word ಅಹನ್ is changed into ರ, when it operates as a *pada,* except when in composition with the word ಪತಿ, before which in this case the ನ becomes either ರ or ರು and except before ರೂಪ, ರಾತ್ರಿ, ರಾತ್ರ, and ರಥಂತರ before which the ನ becomes ರು (Sid. I. 80 ; VIII. 2. 69, 68). *e. g.*, ಅಹನ್+ಅಹಃ= ಅಹರಹಃ; ಅಹನ್+ದದಾತಿ=ಅಹರ್ದದಾತಿ; ಅಹನ್+ಭುಜ್ಕ್ತೇ=ಅಹರ್ಭುಜ್ಕ್ತೇ. But ಅಹನ್+ಪತಿಃ=ಅಹರ್ಪತಿಃ or ಅಹಃಪತಿಃ or ಅಹ಼ಪತಿಃ ; ಅಹನ್+ರೂಪ, &c.,= ಅಹೋರೂಪ, ಅಹೋರಾತ್ರಿ, ಅಹೋರಾತ್ರ, ಅಹೋರಥಂತರ.

(xi *a*). The ನ final in the word ಪ್ರಶಾನ್, though followed by ಛವ್ letters followed by ಅಮ್ letters, should not be changed into ರು. (VIII. 3. 7). *e. g.*, ಪ್ರಶಾನ್+ಚಿನೋತಿ=ಪ್ರಶಾಞ್ಚಿನೋತಿ ; ಪ್ರಶಾನ್+ಛಾದಯತಿ=ಪ್ರಶಾಞ್ಛಾದಯತಿ ; ಪ್ರಶಾನ್+ಟಂಕಯಂತಿ=ಪ್ರಶಾಣ್ಟಂಕಯತಿ ; ಪ್ರಶಾನ್+ಠಂಕಾರಂ=ಪ್ರಶಾಣ್ಠಂಕಾರಂ ; ಪ್ರಶಾನ್+ತನೋತಿ=ಪ್ರಶಾನ್ತನೋತಿ ; ಪ್ರಶಾನ್+ಥುಡತಿ=ಪ್ರಶಾನ್ಥುಡತಿ.

(xi *b*). Instead of the final ನ of the word ನೄನ್, when the letter ಪ follows, there is optionally ರು, (VIII. 3. 10) the letter which precedes the ರು being at the same time made optionally to have the nasal form, or to have an *anusvàra* as an augment

(VIII. 3. 2, 4). *e. g.*, ನೄನ್+ಪಾಹಿ=ನೄನ್ಪಾಹಿ or ನೄಃಪ್ಪಾಹಿ or ನೄ*ಃ ಪಾಹಿ or ನೄಂಃಪಾಹಿ or ನೄ*ಃಪಾಹಿ.

(xii). Instead of the ನ of the word ಕಾನ್, when it is reduplicated, there is ರು (VIII. 3. 12), the letter which precedes the ರು being at the same time made optionally to have the nasal form, or to have an *anusvára* as an augment (VIII. 3. 3, 4), and the ರು itself being changed into ಸ (B. 112) *e. g.*, ಕಾನ್+ಕಾನ್=ಕಾಂಸ್ಕಾನ್ or ಕಾಁಸ್ಕಾನ್.

As to ಮ *final* in a *padu.*

(xiii). Instead of the letter ಮ of the word ಪುಮ್, when ಖಯ್ followed by ಅಮ್ come after it, there is ರು, (VIII. 3. 6) and instead of ಮ of the word ಸಮ್, when the augment ಸುಟ್ of which mention will be made hereafter follows, there is ರು ; the letter which precedes the ರು in both cases being at the same time made optionally to have the nasal form, or to have an *anusvára* as an augment. (VIII. 3. 2, 4), and the ರು itself being changed into ಸ (B. 112). *e. g.*, ಪುಮ್+ಕೋಕಿಲ=ಪುಂಸ್ಕೋಕಿಲ or ಪು*ಸ್ಕೋಕಿಲ; ಪುಮ್+ಪುತ್ರಿಃ=ಪುಂಸ್ಪುತ್ರಿಃ or ಪು*ಸ್ಪುತ್ರಿಃ ; ಪುಮ್+ಫಲಂ=ಪುಂಸ್ಫಲಂ or ಪು*ಸ್ಫಲಂ ; ಸಮ್+ಕರ್ತುಂ, ಕರ್ತವ್ಯಂ, and ಕರ್ತಾ=ಸಂಸ್ಕರ್ತುಂ &c., or ಸ*ಸ್ಕರ್ತುಂ &c. But ಪುಮ್+ದಾಸಃ=ಪುಂದಾಸಃ ; ಪುಮ್+ಗವಃ=ಪುಂಗವಃ ; (here ದ and ಗ are not ಖಯ್) ; ಪುಮ್+ಕ್ಷೀರಃ=ಪುಂಕ್ಷೀರಃ ; (here ಕ though ಖಯ್ is not followed by ಅಮ್) ಸಮ್+ಕೃತಿಃ=ಸಂಕೃತಿಃ (here ಸಮ್ is not followed by ಸುಟ್).

As to the change of ನ into ಣ, and ಸ into ಷ.

(xiv). The word ವನ should not change the ನ into ಣ even when it forms the subsequent member of an appellate compound except when it forms such compound in connection with the words ಪುರಗಾ, ಮಿಶ್ರಕಾ, ಸಿಧ್ರಕಾ, ಶಾರಿಕಾ, ಕೋಟರಾ, and ಅಗ್ರೆ (VIII. 4. 4). *e. g.*, ಕುಬೇರ, ಶತಧಾರ, and ಅಸಿಪತ್ರ+ವನಂ=ಕುಬೇರವನಮ್, ಶತಧಾರವನಮ್ and ಅಸಿಪತ್ರವನಮ್. But ಪುರಗಾವಣಮ್, ಮಿಶ್ರಕಾವಣಮ್, ಸಿಧ್ರಕಾವಣಮ್, ಶಾರಿಕಾವಣಮ್, ಕೋಟರಾವಣಮ್, and ಅಗ್ರೆವಣಮ್.

(xv). But the word ವನ changes the ನ into ಣ, when it forms the subsequent member in a compound formed with the words ಪ್ರ, ನಿರ್, ಅಂತರ್, ಶರ, ಇಕ್ಷು, ಪ್ಲಕ್ಷ, ಆಮ್ರ, ಕಾರ್ಷ್ಯ, ಖದಿರ, and ಪೀಯೂಕ್ಷಾ, though the compound is not an appellative (VIII. 4. 5). e. g., ಪ್ರವಣ, ನಿಷ್ಪಣ, ಅಂತರ್ವಣ, ಶರವಣ, ಇಕ್ಷುವಣ, ಪ್ಲಕ್ಷವಣ, ಆಮ್ರವಣ, ಕಾರ್ಷ್ಯವಣ, ಖದಿರವಣ, and ಪ್ರಿಯೂಕ್ಷಾವಣ.

(xvi). And the word ವನ changes the ನ optionally under the same circumstances as in the preceding case, when it is compounded with words signifying "*trees*" or "*annual plants*" (ಓಷಧಿ). (VIII. 4. 6), provided that the word with which ವನ forms the compound has either two or three vowels (Sid. I. 481) e. g., ದೂರ್ವಾ+ವನಮ್=ದೂರ್ವಾವನಮ್ or ದೂರ್ವಾವಣಮ್ ; ಶಿರೀಷ+ವನಮ್=ಶಿರೀಷವನಮ್ or ಶಿರೀಷವಣಮ್. But ದೇವದಾರು+ವನಮ್=ದೇವದಾರುವನಮ್ (contains more than three vowels).

(xvii). But the above rule does not hold good when the words with which ವನ is compounded are the following :—*viz*, ಇರಿಕಾ, ಮಿರಿಕಾ, ತಿಮಿರಕಾ, and ತಿಮಿರಾ (ಆಕೃತಿಗಣಃ). (Sid. I. 481). e. g ; ಇರಿಕಾವನಮ್ &ca.

(xviii). The word ಅಹ್ನ which is the substitute of ಅಹನ್ according to rules to be explained hereafter, when it comes as the subsequent member of a compound of which the prior member ends in ಅ, changes the ನ into ಣ, if the cause of the change is a ರ standing in the prior member. (VIII. 4. 7). e. g., ಪೂರ್ವ and ಅಪರ+ಅಹ್ನಃ=ಪೂರ್ವಾಹ್ಣಃ and ಅಪರಾಹ್ಣಃ. But ದೀರ್ಘ+ಅಹ್ನೀ=ದೀರ್ಘಾಹ್ನೀ ; ನಿರ್ and ದುರ್+ಅಹ್ನಃ=ನಿರಹ್ನಃ and ದುರಹ್ನಃ.

(xix). The word ವಾಹನ, when it is the subsequent member of a compound, the prior member of which signifies "a thing that can be placed by others in what is signified by that word," changes the ನ into ಣ (VIII. 4. 8). e. g. ಇಕ್ಷು, ಶರ, and ದರ್ಭ +ವಾಹನಮ್=ಇಕ್ಷುವಾಹಣಮ್, ಶರವಾಹಣಮ್, and ದರ್ಭವಾಹಣಂ. But ಇಂದ್ರ+ವಾಹನಂ=ಇಂದ್ರವಾಹನಂ (ಇಂದ್ರ not being a thing to be placed by others).

(xx). The word ಪಾನ, when it is the second member of a compound, in the prior member of which there is a cause for the change, changes the ನ into ಣ, if the compound means "a country"; and the same word under the same circumstances optionally becomes changed, if the compound means "an act," or "the instrument with which an act is performed," (VIII. 4. 9, 10), *e. g.*, ಕ್ಷೀರ+ಪಾನಾಃ=ಕ್ಷೀರಪಾಣಾಃ ; ಸುರಾ+ಪಾನಾಃ=ಸುರಾಪಾಣಾಃ ; ಸವ್ವೀರ+ಪಾನಾಃ=ಸವ್ವೀರಪಾಣಾಃ ; ಕಷಾಯ+ಪಾನಾಃ=ಕಷಾಯಪಾಣಾಃ (All these words refer to the people of a country where the drinking of the several things alluded to is a national custom). ಕ್ಷೀರ, ಕಷಾಯ, and ಸುರಾ+ಪಾನಮ್=ಕ್ಷೀರಪಾನಮ್ or ಕ್ಷೀರಪಾಣಮ್, (here ಪಾನಮ್ signifies the act of drinking) ಕ್ಷೀರ+ಪಾನಃ=ಕ್ಷೀರಪಾಣಃ or ಕ್ಷೀರಪಾನಃ) here ಪಾನಃ signifies a vessel with which the act of drinking is performed).

(xxi). So, the following words optionally change their ನ into ಣ irregularly *viz.*, ಗಿರಿನದೀ, ಚಕ್ರನದೀ, ಚಕ್ರನಿತಂಬ, ಗಿರಿನಖ, ಗಿರಿನದ್ಧ, ಗಿರಿನಿತಂಬ, ತೂರ್ಯಮಾನ, ಮಾಷೋನ, and ಆರ್ಗಯನ (ಆಕೃತಿಗಣಃ). (Sid. I. 482). *e. g.*, ಗಿರಿನದೀ or ಗಿರಿಣದೀ &c.,

(xxii). The word ಅಯನಮ್ changes the ನ into ಣ after the word ಅಂತರ್, when both the words standing together do not mean "a country" (VIII. 4. 25). *e. g.*, ಅಂತರ್+ಅಯನಮ್=ಅಂತರಯಣಮ್. But ಅಂತರ್+ಅಯನಃ=ಅಂತರಯನಃ (here the expression means "a country").

(xxiii). In the word ಸರ್ವನಾಮನ್, final ನ is not changed. (I. 1. 27, where *Páṇini* has used the word without change).

(xxiv). The word ನಸ್ when it is the substitute of the word ನಾಸಿಕ according to special rules relating thereto, changes the ನ into ಣ when the word comes after the particles ಪ್ರ and others in List I of Part I which contain a cause for the change (VIII. 3. 28 ; Sid. I. 417. note). *e. g.*, ಪ್ರ+ನಸಃ=ಪ್ರಣಸಃ.

(xxv). The roots (1) ಹಿ and (2) ಮಿಾ, when they respectively

attain the forms of హిను and హినో and మీనా and మీని according to rules to be mentioned hereafter change their న into ణ, when it comes after a cause for the change, standing in an *upasarga*. (VIII. 4. 15). *e. g.*, ప్ర+హినోతి and హినుతః=ప్రహిణోతి and ప్రహిణుతః; ప్ర+మీనాతి and మీనీతః=ప్రమీణాతి and ప్రమీణీతః.

(xxvi). The root అన్ following an *upasarga*, which has a cause for the change, changes the న into ణ, and this, even when the న is final in a *pada*. Even when this root becomes reduplicated according to rules which will be mentioned hereafter, the న of the reduplicate, under the same circumstances, is changed into ణ as well as the original న of the root. (VIII. 4. 19 to 21) *e. g.*, ప్ర+అనితి=ప్రాణితి ; పరా+అనితి=పరాణితి ; ప్ర+అన్=ప్రాణ్ : పరా+అన్=పరాణ్ : ప్ర and పరా+అనినిషతి and అనినత్=ప్రాణిణిషతి and ప్రాణిణత్ and పరాణిషతి and పరాణిణత్.

(xxvii). In the root హన్, the న is changed into ణ when the root is preceded by an *upasarga* having a cause for the change, except when the అ before the న is dropped out or lengthened according to rules to be given hereafter and except when the root comes after అంతర్, meaning "a country" (VIII. 4. 22, 24). *e. g.*, ప్ర and పరి+హన్యతే and హననమ్=ప్రహణ్యతే and పరిహణ్యతే and ప్రహణనమ్ and పరిహణనమ్. But ప్ర+ఘ్నన్తి=ప్రఘ్నన్తి, (ప్రఘ్నన్తి see below) పరి+అహాని=పర్యహాని, (పర్యఘాని, see below).

(xxviii). The న of the root హన్ is changed optionally also when it is followed by మ or వ, if the root is preceded by an *upasarga* having a cause for the change (VIII. 4. 23). *e. g.*, ప్ర and పరి+హన్వః and హన్మః=ప్రహణ్వః, పరిహణ్వః, and ప్రహణ్మః, పరిహణ్మః.

(xxix). The న of the roots నింస్, నిక్ష్, and నింద్, when these come after an *upasarga* having a cause for the change, and before primitive affixes, optionally changes the న and ణ (VIII. 4. 33. Sid. II. 300). ప్ర+నింస్ &c.,+the primitive affixes అనమ్ or ఇతవ్యం=ప్రనింసనమ్ or ప్రణింసనమ్ ; ప్రనింసితవ్యమ్ or ప్రణింసితవ్యం ; ప్రనిక్ష

ಣಮ್ or ಪ್ರಣಿಕ್ಷಣಮ್ ; ಪ್ರಸಿಕ್ಷಿತವ್ಯಮ್ or ಪ್ರಣಿಕ್ಷಿತವ್ಯಂ; ಪ್ರನಿಂದನಮ್ or ಪ್ರಣಿಂದನಮ್ ; ಪ್ರನಿಂದಿತವ್ಯಮ್ or ಪ್ರಣಿಂದಿತವ್ಯಂ.

(xxx). The ನ of primitive affixes when they come after the roots, ಭಾ, ಭೂ, ಪೂ(ಪೂಞ್), ಕಮ್, ಗಮ್, ಪ್ಯಾಯ್, and ವೇಪ್ simply, or after they have taken the verbal affix *ṇi*, is not changed into ಣ, even when they come after an *upasarga* having a cause for the change. (VIII. 4. 34 ; Sid. II. 300). ಪ್ರ+ಭಾ &c.,+ಅನಮ್ and ಅನೀಯಮ್ (primitive affixes) =ಪ್ರಭಾನಮ್, ಪ್ರಭಾನೀಯಮ್ ; ಪ್ರಭವನಮ್, ಪ್ರಭವನೀಯಮ್ ; ಪ್ರಪವನಮ್, ಪ್ರಪವನೀಯಮ್ ; ಪ್ರಕಮನಮ್, ಪ್ರಕಮನೀಯಮ್ ; ಪ್ರಗಮನಮ್, ಪ್ರಗಮನೀಯಂ ; ಪ್ರಪ್ಯಾಯನಮ್, ಪ್ರಪ್ಯಾಯನೀಯಮ್ ; ಪ್ರವೇಪನಮ್, ಪ್ರವೇಪನೀಯಮ್ ; also ಪ್ರ+ಭಾಪ್ from ಭಾ with the affix ಣಿ+ಅನಮ್ and ಅನೀಯಮ್=ಪ್ರಭಾಪನಮ್ and ಪ್ರಭಾಪನೀಯಮ್.

(xxxi). The root ನಶ್, after it has taken the form of ನಷ್ according to rules already mentioned, does not change the ನ into ಣ, even when preceded by an *upasarga* having a cause for the change. (VIII. 4. 36). *e. g.*, ಪ್ರ and ಪರಿ+ನಷ್ from ನಶ್+ತಃ= ಪ್ರನಷ್ಟಃ and ಪರಿನಷ್ಟಃ ; ಪ್ರ and ಪರಿ+ನಙ್ಕ್ಷ್ಯತಿ=ಪ್ರನಙ್ಕ್ಷ್ಯತಿ and ಪರಿನಙ್ಕ್ಷ್ಯತಿ. But ಪ್ರ+ನಶ್+ಯತಿ=ಪ್ರಣಶ್ಯತಿ. (here ನಶ್ has not attained the form of ನಷ್).

(xxxii). And the ನ should not be changed into ಣ in the words ಕ್ಷುಭ್ನಾದಿ which are :—

(*a*). ಕ್ಷುಭ್ನಾ, ಕ್ಷುಭ್ನೀ, ಕ್ಷುಭ್ನ, ನರೀನೃತ್ಯ (frequentative form of ನೃತ್ see below). ತೃಪ್ನುವ್, ತೃಪ್ನು ;

(*b*). the following words in which ನಂದಿನ್, ನಂದನ, ನಗರ, ನರ್ತನ, ಗಹನ, ನಿವೇಶ, ನಿವಾಸ, ಅಗ್ನಿ, ಅನೂಪ, and ವನ, are used as the subsequent member of an appellative compound, *viz.*, ಹರಿನಂದಿ, ಹರಿನಂದನಃ, ಗಿರಿನಗರಮ್, ಪರಿನರ್ತನಮ್, ಪರಿಗಹನಮ್, ಪರಿನಂದನಮ್, ಶರನಿವೇಶಃ, ಶರನಿವಾಸಃ, ಶರಾಗ್ನಿಃ, ದರ್ಭಾನೂಪಃ, ಇರಿಕಾವನಮ್, ತಿಮಿರವನಮ್, ಸಮೀರವನಮ್, ಕುಬೇರವನಮ್, ಹರಿವನಮ್, ಕರ್ಮಾರವನಮ್ ;

(*c*). also the following whether appellative compounds or

otherwise *viz.*, ನೃನಮನ, ಗೃಹನಮನ ಗಿರಿನಹೀ, ಚತುರ್ಹಾಯನ, ಆಚಾರ್ಯ ಭೋಗೀನ, ಆಚಾರ್ಯಾನೀ, ದೀರ್ಘಾಹ್ನ. (VIII. 4. 39; Kas. thereon; Sid. I. 383).

(xxxiii). The word ನಿರ್ವಿಣ್ಣಃ is anomalous (Sid. II. 298).

(xxxiv). The ಸ of the primitive noun ಸಾಹ್ from the root ಸಹ್, when it attains the form of ಸಾಢ್, that is, when the ಹ is at the end of a *pada* or is followed by ಝಲ್, is irregularly changed into ಷ. (VIII. 3. 56) *e. g.*, ತುರಾಷಾಡ್, ಜಲಾಷಾಡ್, ಪೃತನಾಷಾಡ್. But ಜಲಾಸಾಹಮ್, ತುರಾಸಾಹಮ್, ಪೃತನಾಸಾಹಮ್.

(xxxv). The ಸ is changed into ಷ in the roots ಶಾಸ್, ವಸ್, and ಘಸ್, when preceded by ಇಣ್ or ಕು (B. 360). *e. g.*, for ಶಸ್ :—ಅನ್ವಶಿಷತ್, ಅನ್ವಶಿಷತಾಮ್, ಅನ್ವಶಿಷನ್, ಶಿಷ್ಟಃ, ಶಿಷ್ಟವಾನ್ ; for ವಸ್ :—ಉಷಿತಃ, ಉಷಿತವಾನ್, ಉಷಿತ್ವಾ. for ಘಸ್ :—ಜಕ್ಷತುಃ, ಜಕ್ಷುಃ.

(xxxvi). When the cause for the change of ಸ into ಷ is ಇಣ್ in the reduplicate of ಸ್ತು from ಷ್ಟು reduplicated on account of the affix ಸನ್ according to rules to be mentioned hereafter, though the ಸ of ಸನ್ itself is, according to the general rule relating to the change, changed into ಷ, the ಸ of the root is also to be changed into ಷ. (VIII. 3. 61). *e. g.*, ತುಷ್ಟೂಷತಿ.

(xxxvii). ಸ್ವಿದ್ from ಷ್ವಿದ್, ಸ್ವದ್ from ಷ್ವದ್, and ಸಹ್ from ಷಹ್, when they are reduplicated on account of the affix ಸನ್ according to rules to be mentioned hereafter, retain their ಸ without changing it into ಷ, even when there is ಇಣ್ in their reduplicate, though they have had the verbal affix *ṇi* before taking the affix ಸನ್, and though the ಸ of ಸನ್ itself is according to the general rule changed into ಷ (VIII. 3. 62). *e. g.*, ಸಿಸ್ವೇದಯಿಷತಿ, ಸಿಸ್ವಾದಯಿಷತಿ, ಸಿಸಾಹಯಿಷತಿ.

(xxxviii). When there is ಇಣ್ in an *upasarga*, ಸ is changed into ಷ in the roots (1) ಷು except when it takes ಸ್ಯ, a tense affix (VIII. 3. 117, 65). *e. g.*, ಅಭಿ+ಸುನೋತಿ=ಅಭಿಷುನೋತಿ. But ಅಭಿ+ಸೋ

ಷ್ಯತಿ=ಅಭಿಸೋಷ್ಯತಿ ; (2) ಷೂ ; e. g., ಅಭಿ+ಸುವತಿ=ಅಭಿಷುವತಿ ; (3) ಷೊ ; e. g., ಅಭಿ+ಸ್ಯತಿ=ಅಭಿಷ್ಯತಿ ; (4) ಷ್ಟು, e. g., ಅಭಿ+ಸ್ತೌತಿ=ಅಭಿಷ್ಟೌತಿ ; (5) ಷ್ಟುಭ್ ; e. g., ಅಭಿ+ಸ್ತೋಭತೇ=ಅಭಿಷ್ಟೋಭತೇ ; (6) ಷ್ಠಾ ; e. g., ಅಭಿ+ಸ್ಥಾಸ್ಯತಿ=ಅಭಿಷ್ಠಾಸ್ಯತಿ ; (7) ಸೇನಯ from ಸೇನಾ+ ಣಿಚ್, a noun-root affiix which makes it a noun-root, and though this root is therefore one not given in the list of roots with ಷ. e. g., ಅಭಿ+ಸೇನಯತಿ=ಅಭಿಷೇನಯತಿ ; (8) ಷೇಧ್ except when it signifies " to go" (VIII. 3. 113). e. g., ಅಭಿ+ಸೇಧತಿ=ಅಭಿಷೇಧತಿ ; but ಪರಿ+ಸೇದಯತಿ=ಪರಿಸೇದಯತಿ (where ಸೇಧ್ is used in the sense of " going") ; (9) ಷಿಚ್ ; e. g., ಅಭಿ+ಸಿಂಚತಿ=ಅಭಿಷಿಂಚತಿ ; (10) ಷಂಜ್ ; e. g., ಅಭಿ+ಸಜತಿ=ಅಭಿಷಜತಿ ; (11) ಷ್ವಂಜ್ ; e. g., ಅಭಿ+ಸ್ವಜತೇ=ಅಭಿಷ್ವಜತೇ ; and (12) ಸ್ತಂಭ್ from ಷ್ಟಭಿ ; e. g., ಅಭಿ+ಸ್ತಭ್ನಾತಿ=ಅಭಿಷ್ಟಭ್ನಾತಿ. (VIII. 3. 65, 67).

(xxxix). And when there is ಇಣ್ in an *upsarga* not being ಪ್ರತಿ, there shall be the change as above in the case of the root ಷಿದ್. e. g., ನಿ+ಸೀದತಿ=ನಿಷೀದತಿ ; but ಪ್ರತಿ+ಸೀದತಿ=ಪ್ರತಿಸೀದತಿ. (VIII. 3. 66).

(vL). And when there is ಇಣ್ in an *upasarga* the change as above shall take place in the case of ಸ್ವನ್ also though this root is not given in the list of roots with a ಷ, provided the *upasarga* is ವಿ, and the root is used in the sense of " eating." (VIII. 3. 69). e. g., ವಿ+ಸ್ವನತಿ=ವಿಷ್ವಣತಿ. But in ವಿಸ್ವನತಿಮೃದಂಗಃ, there is no change as the sense is " to sound."

(xLi). Even after the *upasarga* ಅವ, though there is no ಇಣ್ therein , there shall be a change in the case of ಸ್ವನ್, and also of ಸ್ತಂಭ್ from ಷ್ಟಭಿ, if the latter root means " to support," or " to be near" (VIII. 3. 68). e. g., ಅವ+ಸ್ವನತಿ=ಅವಷ್ವಣತಿ; ಅವ+ಸ್ತಭ್ಯ=ಅವಷ್ಟಭ್ಯ. But ಅವ+ಸ್ತಬ್ಧಃ=ಅವಸ್ತಬ್ಧಃ (the sense being different).

(xLii). The above rules relating to the change of ಸ into ಷ, after an *upasarga* should take effect, even when the augment ಅಟ್ intervenes between the *upasarga* and the roots concerned, if they are (1) ಷು (2) ಷೂ (3) ಷೊ (4) ಷ್ಟು (5) ಷ್ಟುಭ್ (6) ಷ್ಠಾ (7) ಸೇನಯ (8) ಷೇಧ್ (9) ಷಿಚ್ (10) ಷಂಜ್ (11) ಷ್ವಂಜ್ (12) ಸ್ತಂಭ್ (13) ಷದ್ and (14) ಸ್ವನ್ (VIII. 3. 63). But in this case ಷು and ಷ್ವಂಜ್ change the ಸ into ಷ only optionally after ಪರಿ, ನಿ, and ವಿ. (VIII. 3. 71).

e. g., ಅಭಿ+ಅಸುನೋತ್ &c.=ಅಭ್ಯಷುಣೋತ್, ಅಭ್ಯಷುವತ್, ಅಭ್ಯಷ್ಯತ್, ಅಭ್ಯಷ್ಟೌತ್, ಅಭ್ಯಷ್ಟುಭತ, ಅಭ್ಯಷ್ಠಾತ್, ಅಭ್ಯಷೇಣಯತ್, ಅಭ್ಯಷೇಧಯತ್, ಅಭಷಿಂಚತ್, ಅಭ್ಯಷಜತ್, ಅಭ್ಯಷ್ವಜತ, ಅಭ್ಯಷ್ಟಭ್ನಾತ್, ಅಭ್ಯಷೀದತ್. And ವಿ and ಅವ+ಅಸ್ವನತ್=ವ್ಯಷ್ವಣತ್ and ಅವಾಷ್ವಣತ್ ; ಅವ+ಸ್ತಭ್ನಾತ್=ಅವಷ್ಟಭ್ನಾತ್. But ಪರಿ, ನಿ, and ವಿ+ಅಸ್ತೌತ್ and ಅಸ್ವಜತ=ಪರ್ಯಸ್ತೌತ್ or ಪರ್ಯಷ್ಟೌತ್, ನ್ಯಸ್ತೌತ್ or ನ್ಯಷ್ಟೌತ್, ವ್ಯಸ್ತೌತ್ or ವ್ಯಷ್ಟೌತ್, and ಪರ್ಯಸ್ವಜತ, or ಪರ್ಯಷ್ವಜತ, ನ್ಯಸ್ವಜತ or ನ್ಯಷ್ವಜತ, ವ್ಯಸ್ವಜತ or ವ್ಯಷ್ವಜತ.

(xLiii). After ಪರಿ, ನಿ, and ವಿ, the roots ಷೇವ್ and ಷಿವ್, and the root ಷಹ್, except when it attains the form of ಸೋಢ್ according to rules to be mentioned hereafter change their ಸ into ಷ ; and even when the augment ಅಟ್ intervenes, the change takes place in the case of ಷೇವ್ absolutely and in the case of ಷಿವ್ and ಷಹ್ optionally. (VIII. 3. 63, 70, 61, 115). *e. g.*, ಪರಿ, ನಿ, and ವಿ+ಸೇವತೇ=ಪರಿಷೇವತೇ, ನಿಷೇವತೆ and ವಿಷೇವತೆ; ಪರಿ, ನಿ, and ವಿ+ಅಸೇವತ=ಪರ್ಯಷೇವತ, ನ್ಯಷೇವತ, and ವ್ಯಷೇವತ ; ; ಪರಿ, ನಿ, and ವಿ+ಸೀವ್ಯತಿ=ಪರಿಷೀವ್ಯತಿ, ನಿಷೀವ್ಯತಿ, and ವಿಷೀವ್ಯತಿ; ಪರಿ, ನಿ and ವಿ+ಅಸೀವ್ಯತ್=ಪರ್ಯಸೀವ್ಯತ್ or ಪರ್ಯಷೀವ್ಯತ್, ನ್ಯಸೀವ್ಯತ್ or ನ್ಯಷೀವ್ಯತ್, and ವ್ಯಸೀವ್ಯತ್ or ವ್ಯಷೀವತ್ ; ಪರಿ, ನಿ and ವಿ+ಸಹತೆ=ಪರಿಸಹತೆ, ನಿಸಹತೆ, and ವಿಸಹತೆ ; ಪರಿ, ನಿ, and ವಿ+ಅಸಹತ=ಪರ್ಯಸಹತ or ಪರ್ಯಷಹತ, ನ್ಯಸಹತ or ನ್ಯಷಹತ, and ವ್ಯಸಹತ or ವ್ಯಷಹತ. But ಪರಿ, ನಿ, and ವಿ+ಸೋಢಃ, ಸೋಢುಮ್,and ಸೋಢವ್ಯಮ್=ಪರಿಸೋಢಃ, ಪರಿಸೋಢುಮ್, and ಪರಿಸೋಢವ್ಯಮ್ ; ನಿಸೋಢಃ, ನಿಸೋಢುಮ್, and ನಿಸೋಢವ್ಯಮ್ ; and ವಿಸೋಢಃ, ವಿಸೋಢುಮ್, and ವಿಸೋಢವ್ಯಮ್.

(xLiv). And nothwithstanding that the above rules authorizing the change of ಸ into ಷ after *upasarga* in the case of certain roots do not admit of the change being made when the roots become reduplicated according to rules to be metioned hereafter, because the reduplicates will then intervene between the *upasarga* and the roots, still the change should in the case of the ಸ of the following roots take place as if there is no such intervention, and therefore when the reduplication is on account of ಸನ್, even though the ಸ of ಸನ್ itself is] changed into ಷ, *viz.*,—(1) ಷ್ಠಾ (2) ಸೇನಯ (3) ಷೇಧ್ (4) ಷಿಚ್ (5) ಷಂಜ್ (6) ಷ್ವಂಜ್ (7) ಸ್ತಂಭ್ (8) ಷದ್ (9)

ಸ್ವನ್ (10) ಷೇವ್ (11) ಷಿವ್ and (12) ಷಹ್. And in the case of the roots ಸೇನಯ, ಸೇಧ್, ಷಿಚ್, ಷಂಜ್, ಷ್ವಂಜ್, ಷದ್, ಸ್ವನ್, ಷೇವ್, ಷಿವ್, and ಷಹ್, the ಸ of their reduplicates also is changed into ಷ after the *upasarga* (VIII. 3. 64, 70). Provided however that in the case of the roots ಷದ್ and ಷ್ವಂಜ್, when the reduplication has been made on account of the perfect tense according to the rules to be given hereafter the second ಸ should not be changed into ಷ (VIII. 3. 118). Provided further that in the case of ಸ್ತಂಭ್, ಷಿವ್, and ಷಹ್, the reduplication should not have taken place on account of ಚಙ್, a verbal affix (VIII. 3. 116). Provided also that in the case of the root ಷು which has taken the verbal affix ಸನ್ the ಸ of the root as well as of its reduplicate should not be changed into ಷ. (VIII. 3. 117). *e.g.*,

(1). ಸ್ಥಾ from ಷ್ಠಾ—ಅಭಿತಷ್ಠೌ, ಅಭಿತಾಷ್ಠಾಯತೇ.

(2). ಸೇನಯ—ಅಭಿಷೇಣಯಿಷತಿ.

(3). ಷೇಧ್—ಅಭಿಷೇಧ, ಅಭಿಷಿಷೇಧಿಷತಿ, ಅಭಿಷೇಷೇಧ್ಯತೇ.

(4) ಷಿಚ್—ಅಭಿಷಿಷಿಕ್ಷತಿ, ಅಭಿಷಿಷೇಚ, ಅಭಿಷೇಷಿಚ್ಯತೇ.

(5). ಷಞ್ಜ್—ಅಭಿಷಿಷಙ್ಕ್ಷತಿ, ಅಭಿಷಷಞ್ಜ, ಅಭಿಷಾಷಜ್ಯತೇ

(6). ಷ್ವಞ್ಜ್—ಅಭಿಷಿಷ್ವಙ್ಕ್ಷತೇ, ಅಭಿಷಾಷ್ವಞ್ಜ್ಯತೇ.

(7). ಸ್ತಂಭ್—ಅಭಿತಷ್ಟಂಭ, ಅಭಿತಾಷ್ಟಂಭ್ಯತೇ.

(8). ಷದ್—ಅಭಿಷಿಷದಿಷತಿ, ಅಭಿಷಾಷದ್ಯತೇ.

(9). ಸ್ವನ್—ಅಭಿಷಷ್ವಾಣ, ಅಭಿಷಿಷ್ವಣಿಷತಿ, ಅಭಿಷಾಷ್ವಣ್ಯತೇ.

(10). ಷೇವ್—ಅಭಿಷಿಷೇವಿಷತೇ, ಅಭಿಷೇಷೇವ್ಯತೇ.

(11). ಷಿವ್—ಅಭಿಷಿಷೇವಿಷತೇ, ಅಭಿಷೇಷೇವ್ಯತೇ, ಅಭಿಷಿಷೇವ.

(12). ಷಹ್—ಅಭಿಷೇಹೇ, ಅಭಿಷಿಷಹಿಷತೇ, ಅಭಿಷಾಷಹ್ಯತೇ.

But ಷದ್ and ಷ್ವಂಜ್ in the perfect=ಅಭಿಷಸಾದ, ಅಭಿಷಸ್ವಜೇ. And ಸ್ತಂಭ್, ಷಿವ್, and ಷಹ್ before ಚಙ್=ಅಭ್ಯತಸ್ತಂಭತ್, ಪರ್ಯಸೀಷಿವತ್, ನ್ಯಸೀಷ

ವತ್, ವ್ಯಸೀಷಿವತ್, ಪರ್ಯಸೀಷಹತ್, ನ್ಯಸೀಷಹತ್, and ವ್ಯಸೀಷಹತ್. And ಅಭಿ ಸುಸೂಷ (from ಷು+the affix ಸನ್)+the affix ಅ which according to certain special rules relating to the subject gives the whole expression the form of ಅಭಿಸುಸೂಸ್=ಅಭಿಸುಸೂಃ.

(xlv). After ಅನು, ವಿ, ಪರಿ, ಅಭಿ, and ನಿ, the root ಸ್ಯಂದ್ optionally changes the ಸ into ಷ, except when the word is applied to living beings alone. (VIII. 3. 72). *e. g.*, ಅನು &c., +ಸ್ಯಂದತೆ= ಅನು ಸ್ಯಂದತೆ or ಅನುಷ್ಯಂದತೆ &ca. And so ಅನುಷ್ಯಂದೇತೆ or ಅನುಸ್ಯಂದೇತೆ ಮತ್ಸ್ಯೋದಕೆ (the word is applied to ಮತ್ಸ್ಯ, a living being, and ಉದಕ, a thing without life in conjunction). But ಅನುಸ್ಯಂದತೆ ಮತ್ಸ್ಯಃ (the word is applied only to ಮತ್ಸ್ಯ, a living being).

(xlvi). After ಪರಿ, the root ಸ್ಕಂದ್ optionally changes the ಸ into ಷ, and so after ವಿ also except when it comes before primitive affixes called *nishṭhá.* (ನಿಷ್ಠಾ) (VIII. 3. 73, 74), *e. g.*, ಪರಿಸ್ಕಂತ್ತಾ, ಪರಿಸ್ಕಂತ್ತುಮ್, ಪರಿಸ್ಕಂತ್ತವ್ಯಮ್, or ಪರಿಷ್ಕಂತ್ತಾ, ಪರಿಷ್ಕಂತ್ತುಮ್, ಪರಿ ಷ್ಕಂತ್ತವ್ಯಮ್, ಪರಿಷ್ಕಣ್ಣಃ or ಪರಿಸ್ಕನ್ನಃ. And ವಿಷ್ಕಂತ್ತಾ, ವಿಷ್ಕಂತ್ತುಮ್, ವಿಷ್ಕಂತ್ತವ್ಯಮ್ ; or ವಿಸ್ಕಂತ್ತಾ, ವಿಸ್ಕಂತ್ತುಮ್, ವಿಸ್ಕಂತ್ತವ್ಯಮ್. But ವಿಸ್ಕನ್ನಃ= (*nishṭhá*).

(xlvii). After ನಿರ್, ನಿ, and ವಿ, the roots ಸ್ಫುರ್, and ಸ್ಫುಲ್ optionally change their ಸ into ಷ (VIII. 3. 76). *e. g.*, (ಸ್ಫುರ್) ನಿಸ್ಫು ರತಿ, ನಿಸ್ಫುರತಿ, ವಿಸ್ಫುರತಿ, or ನಿಷ್ಫುರತಿ, ನಿಷ್ಫುರತಿ, ವಿಷ್ಫುರತಿ. (ಸ್ಫುಲ್) ನಿಸ್ಫು ಲತಿ, ನಿಸ್ಫುಲತಿ, ವಿಸ್ಫುಲತಿ or ನಿಷ್ಫುಲತಿ, ನಿಷ್ಫುಲತಿ, ವಿಷ್ಫುಲತಿ.

(xlviii). After ವಿ, the root ಸ್ಕಂಭ್ changes the ಸ into ಷ always. *e. g.*, ವಿಷ್ಕಭ್ನಾತಿ, ವಿಷ್ಕಂಭಿತಾ, ವಿಷ್ಕಂಭಿತುಮ್, ವಿಷ್ಕಂಭಿತವ್ಯಮ್. (VIII. 3. 77).

(xlix). The root ಅಸ್ coming after ಇಣ್ in an *upasarga*, or after the indeclinable word ಪ್ರಾದುಸ್, when the letter ಯ or a vowel follows, changes the ಸ into ಷ. (8. 3. 87). *e. g.*, ಅಭಿ+ಸಂತಿ=ಅಭಿ ಷಂತಿ ; ಅಭಿ+ಸ್ಯಾತ್=ಅಭಿಷ್ಯಾತ್ ; ಪ್ರಾದುಸ್+ಸಂತಿ=ಪ್ರಾದುಃಷಂತಿ; ಪ್ರಾದುಸ್+ಸ್ಯಾ ರ್=ಪ್ರದುಃಸ್ಯಾತ್. But ನಿ+ಸ್ತಃ (from ಅಸ್ತಃ)=ನಿಸ್ತಃ ; ಪ್ರಾದುಸ್+ಸ್ತಃ=ಪ್ರಾದು ಸ್ತಃ (neither ಯ nor a vowel follows ಅಸ್ but ತ).

(L). After ಸು, ವಿ, ನಿರ್, and ದುರ್, the roots ಷೂ, ಷಮ್, and ಷ್ವಪ್ changed by *samprasáraṇam* into ಸುಪ್ according to rules to be mentioned hereafter, change their ಸ into ಷ (VIII. 3. 88). *e. g.*, (ಷೂ) ಸುಷೂತಿಃ, ವಿಸೂತಿಃ, ನಿಃಷೂತಿಃ, ದುಃಷೂತಿಃ—(ಷಮ್) ಸುಷಮಮ್, ವಿಷಮಮ್, ನಿಃಷಮಮ್, ದುಃಷಮಮ್.—(ಸುಪ್) ; ಸುಷುಪ್ತಃ, ವಿಷುಪ್ತಃ, ನಿಃಷುಪ್ತಃ, ದುಃಷುಪ್ತಃ.

(Li). After the *upsarga* ನಿ, and after the word ನದೀ, the root ಷ್ಣಾ when it means "to be proficient" changes the ಸ into ಷ (VIII. 3. 89). *e. g.*, ನಿಷ್ಣಾತಃ, ನದೀಷ್ಣಾತಃ. But ನಿಸ್ನಾತಃ, and ನದೀಸ್ನಾತಃ when proficiency is not meant.

(Lii). After ಪರಿ, ನಿ, and ವಿ, the words ಸಿತಃ and ಸಯುಃ change their ಸ into ಷ (VIII. 3. 70). *e. g.*, (ಸಿತಃ) ಪರಿಷಿತಃ, ನಿಷಿತಃ, ವಿಷಿತಃ. (ಸಯುಃ) ಪರಿಷಯುಃ, ನಿಷಯುಃ, ವಿಷಯುಃ.

(Liii). After ಪರಿ, ನಿ, and ವಿ, the ಸ of the augment ಸುಟ್ is changed into ಷ ; and this optionally even when the augment ಅಟ್ intervenes. (VIII. 3. 70, 71). *e. g.*, ಪರಿಷ್ಕರೋತಿ ; ಪರ್ಯಷ್ಕರೋತ್ or ಪರ್ಯಸ್ಕರೋತ್.

(Liv). The ಸ of ನಿಸ್, when followed by the root ತಪ್, if it does not mean "to do frequently" is changed into ಷ. (VIII. 3. 102). *e. g.*, ನಿಷ್ಟಪತಿ. But ನಿಸ್ತಪತಿ ಸುವರ್ಣಂ ಸುವರ್ಣಕಾರಃ (here "to heat frequently" is meant.

(Lv). The following words are anomalous :—

1. ವಿ+ಸ್ತರಃ when it means "either a tree" or "a seat" or "a verse in poetry"=ವಿಷ್ಟರಃ (VIII. 3. 92, 94).

2. ಪ್ರತಿ+ಸ್ನಾತಂ when it means "holy ablution"=ಪ್ರತಿಷ್ಣಾತಂ (VIII. 3. 90).

3. ಅಗ್ನಿ+ಸ್ತುತ್=ಅಗ್ನಿಷ್ಟುತ್ (VIII. 3. 82).

4. ಗೌರೀ+ಸಕ್ಥಃ when it means a "name"=ಗೌರೀಷಕ್ಥಃ (VIII. 3. 98 to 100).

5. ಪ್ರತಿ+ಸ್ನಿಕಾ=ಪ್ರತಿಷ್ಣಿಕಾ (*Id*).

6. ಜಲಾ+ಸಾಹಂ=ಜಲಾಷಾಹಂ (*Id*).

7. ನೌ+ಸೇಚನಂ=ನೌಷೇಚನಂ (*Id*).

8. ದುಂದುಭಿ+ಸೇವನಂ=ದುಂದುಭಿಷೇವನಂ (*Id.*)

9. ಅಂಗುಲಿ+ಸಂಗಃ=ಅಂಗುಲಿಷಂಗಃ (VIII, 3. 80).

10. ಭೀರು+ಸ್ಥಾನಂ=ಭಿರುಷ್ಠಾನಂ (VIII. 3. 81).

11. ಅಭಿನಿಸ್+ಸ್ತಾನಃ if it means the name of an "expression" =ಅಭಿನಿಷ್ಟಾನಃ (VIII. 3. 86).

12. ಗವಿ and ಯುಧಿ+ಸ್ಥಿರಃ=ಗವಿಷ್ಠಿರಃ and ಯುಧಿಷ್ಠಿರಃ (VIII. 3. 95)

13. ಸು and ದು+ಸ್ತು=ಸುಷ್ಟು and ದುಷ್ಟು.

14. ಹರಿ and ರೋಹಿಣೀ+ಸೇನಃ=ಹರಿಷೇಣಃ and ರೋಹಿಣೀಷೇಣಃ

15. ಸು, ನಿ and ದು+ಸಾಮಾ=ಸುಷಾಮಾ, ನಿಷಾಮಾ, and ದುಷಾಮಾ. (VIII. 3. 98 to 100).

16. ಸು, ನಿ, and ದು+ಸೇಧಃ=ಸುಷೇಧಃ, ನಿಷೇಧಃ, and ದುಷೇಧಃ (*Id*).

17. ಸು, ನಿ, and ದು+ಸಂಧಿಃ=ಸುಷಂಧಿಃ, ನಿಷಂಧಿಃ, and ದುಷಂಧಿಃ. (*Id*)

18. ಅಗ್ನಿ, ಜ್ಯೋತಿ, and ಆಯುಃ+ಸ್ತೋಮಃ=ಅಗ್ನಿಷ್ಟೋಮಃ, ಜ್ಯೋತಿಷ್ಟೋಮಃ, and ಆಯುಷ್ಟೋಮಃ (VIII. 3. 82, 83).

19. ಮಾತುಃ, ಪಿತುಃ, ಮಾತೃ, and ಪಿತೃ+ಸ್ವಸಾ=ಮಾತುಷ್ಷ್ವಸಾ or ಮಾತುಃಸ್ವಸಾ, ಪಿತುಷ್ಷ್ವಸಾ or ಪಿತುಸ್ವಸಾ, ಮಾತೃಷ್ವಸಾ, and ಪಿತೃಷ್ವಸಾ. (VIII. 3. 85, 84).

20. ಕಪಿ+ಸ್ಥಲಃ when it meaus "a descendant"=ಕಪಿಷ್ಠಲಃ. (VIII. 3. 91).

21. ವಿ, ಕು, ಶಮಿ, and ಪರಿ+ಸ್ಥಲಂ=ವಿಷ್ಠಲಂ, ಕುಷ್ಠಲಂ ಶಮಿಷ್ಠಲಂ and ಪರಿಷ್ಠಲಂ, (VIII. 3. 96).

22. ಪ್ರ+ಸ್ಥಃ when it means " going before."=ಪ್ರಷ್ಠಃ (VIII. 3. 92).

23. ಅಂಬ, ಆಂಬ, ಗೊ, ಭೂಮಿ, ಸವ್ಯ, ಅಪ, ದ್ವಿ, ತ್ರಿ, ಕು, ಶೇಕು, ಶಂಕು, ಅಂಗು, ಮಂಜಿ, ಪುಂಜಿ, ಪರಮೇ, ಬರ್ಹಿ, ದಿವಿ, and ಅಗ್ನಿ+ಸ್ಥಃ=ಅಂಬಷ್ಠಃ, ಆಂಬಷ್ಠಃ, ಗೋಷ್ಠಃ, ಭೂಮಿಷ್ಠಃ, ಸವ್ಯಷ್ಠಃ, ಅಪಷ್ಠಃ, ದ್ವಿಷ್ಠಃ, ತ್ರಿಷ್ಠಃ, ಕುಷ್ಠಃ, ಶೇಕುಷ್ಠಃ, ಶಂಕುಷ್ಠಃ, ಅಂಗುಷ್ಠಃ, ಮಂಜಿಷ್ಠಃ, ಪುಂಜಿಷ್ಠಃ, ಪರಮೇಷ್ಠಃ, ಬರ್ಹಿಷ್ಠಃ, ದಿವಿಷ್ಠಃ, and ಅಗ್ನಿಷ್ಠಃ. (VIII. 3. 97).

PART III.

VERBS.

Chapter I.

VERBAL AFFIXES.

1. Having disposed of *sandhi*, we shall proceed to the consideration of the other grammatical process relating to the preparation of the bases and the affixes, before their union for the formation of complete words. And in doing so, we shall first deal with roots and their affixes, as the peculiar character of the Sanskrit language seems to render this course very convenient, if not, indeed, more natural than any other.

2. The verbal affixes, as has been seen, are, (i) derivation affixes, (ii) tense affixes, (iii) personal affixes, (iv) primitive affixes, and (v) verbal secondary affixes. But an important general classification of all these except the last, is into (*a*) ಸಾರ್ವಧಾತುಕಾಃ *sárvadhátukáḥ* and (*b*) ಆರ್ಧಧಾತುಕಾಃ *árdhadhátukáḥ* as follows :—

(*A*). *Sárvadhátukáḥ.*

(1). All personal affixes except those of the perfect and benedictive. (III.4.113, 115, 116).

(2). All other affixes which have an indicatory ಶ (III.4.113).

(*B*). *Ardhadhátukáḥ.*

All affixes other than *sárvadhátukáḥ*. (III.4.114).

3. And we must first bear in mind what has been already said regarding the importance of indicatory letters, and the manner of distinguishing them when they are expressed in the affixes and other elements of the complete words. And it is to be added once for all in this connection that even when such indicatory letters are not actually expressed, there are cases in which the affixes are to be held as having certain indicatory letters, though they may not have them expressed, so that they may have the same influence which the letters when actually present would have had under any of the rules stated. Thus,

3 A

it has been said that a *sárvadhátukáḥ* affix without an indicatory ಪ should be like that which has an indicatory ಙ. (I.2.4), and accordingly an affix of the former description will exert the same influence in the formation of a word as an affix containing an expressed indicatory ಙ would have had. The other cases in which in this manner indicatory letters are to be understood will be pointed out as occasion may arise. But we may add here that for the sake of convenience we propose to adopt a notation for designating these special indicatory letters in connection with affixes in general, whether verbal or otherwise, as follows :—

1.	means that the special	indicatory	letter is	ಕ
2.	"	"	"	ಙ
3.	"	"	"	ಞ
4.	"	"	"	ಣ
5.	"	"	"	ಪ

And we propose to annex these figures to the right of the affixes concerned. For example, taking ಸನ್^{6}, a verbal affix ; we will by affixing the figure 1 to the right of it thus, ಸನ್$^{6}_{1}$, denote that this affix is distinguished by an indicatory ಕ. Sometimes an affix which has an indicatory letter expressed is said to operate optionally as if it had another indicatory letter. Thus ಣಲ್^{6}, another verbal affix, is said to take effect in a certain case as if it had a ಪ instead of ಣ as its indicatory letter. In such cases, we shall annex to the affix the figure representing the optional indicatory letter specially prescribed, denoting thereby that it optionally operates as abovesaid. Thus ಣಲ್^{6} 5 means that this affix which has an indicatory ಣ optionlly operates also as an affix having indicatory ಪ.

4. Another peculiarity relating to affixes we may conveniently advert to here, viz, that in many cases they are said to have been either *lukated, ṣluated, lupated* or *lopated* after being attached. This peculiarity requires explanation. In Sanskrit Grammar, when words take forms similar to what

they take when an affix is actually attached in consequence of the preliminary preparatory process prescribed in connection with the affix, the theory is, that the affix having been attached and having thereby caused the words to pass through the process has become elided by *lopa, lup, luk,* or *ślu* as the case may be. Examples shewing the application of the theory will be found as we proceed.

5. There is another peculiarity regarding affixes, which also we may notice here, viz, that sometimes one affix is said to come with the ಭಾವ or condition of another affix, *i. e.* with an effect like that of the other affix. Thus, ಚ್ಲಿ, a verbal affix, is sometimes said to come with ಸನ್ವದ್ಭಾವ *i. e.* an effect like that of ಸನ್. This means that the grammatical operations the former affix causes in the case, would be like what would have been, if the latter affix had been actually attached. So also ತಾಸಿ, a verbal affix, is sometimes stated to come with the effect of ಚಿಣ್, another verbal affix. We shall see more about such kind of affixes further on. Here we wish to add only that such affixes may be conveniently denoted by writing, to the right of the actual affix, the affix whose effect it causes. Thus, ಚ್ಲಿ with the effect of ಸನ್ may be written ಚ್ಲಿ–ಸನ್.

6. Before proceeding further, it will be convenient to pay some attention to the general character of the verbal roots which, as we have already seen, are divisible into *original* and *derivative.*

7. The original roots are firstly of four kinds, (1) ಗಣಪಠಿತಾಃ, *grouped roots, i. e.* roots which are to be found in the ಧಾತುಪಾಠಃ or the list of roots of ancient times, which is attributed to *Páṇini* himself; (2) ಸೌತ್ರಾಃ, *belonging to the Sútras, i. e.* roots which though not found in the ancient list referred to are found mentioned in the *Sútras* or rules of grammar; (3) ಲೌಕಿಕಾಃ, *belonging to the usage of the people, i. e.* roots which though not found either in the ancient list or in the rules of grammar, are found used in works of acknowledged authority; and (4) ಆಗಮಿಕಾಃ, *belonging to the Vedas i. e.* roots which are found employed in the Vedas only.

8. The grouped roots are classified under 9 groups called (1) భ్వాది (2) అదాది (3) జుహోత్యాది (4) దివాది (5) స్వాది (6) తుదాది (7) రుధాది (8) తనాది (9) క్ర్యాది. But it may be remarked that as the other 3 classes of roots also may well be brought under one or other of the above groups with equal propriety, we may take all the original roots as consisting of the nine classes above mentioned.

9. The derivative roots may be said to be of two kinds, (1) స్వార్థప్రత్యయాంత పారిభాషికాః and (2) విశేషార్థప్రత్యయాంత పారిభాషికాః.

10. The former are roots formed by attaching to them certain affixes which cause no alteration in the original sense of the roots, and which nevertheless have invariably to be attached to the roots to render them fit for actual use. These affixes may be called the *self-descriptive affixes* and the roots taking them, the *periphrastic derivative roots.* Of one large class of this kind of derivative roots also, there is separate mention in the ancient list under the designation of చురాది roots. (III. 1.30, 25; IV. 4.55).

11. For the sake of convenience of reference, there have been certain sub-divisions made in the list of roots, of some of the ten groups of roots above mentioned. Thus under the భ్వాది roots occur the sub-divisions (1) ద్యుతాది, (2) యుజాది, (3) జ్వలాది, (4) ఫణాది, (5) ఘటాది, and (6) వృతాది; under అదాది, there are (1) రుదాది, and (2) స్వపాది; under దివాది, there are (1) శమాది and (2) పుషాది; under తుదాది, there are (1) ముచాది and (2) కుటాది; under క్ర్యాది, there is ప్వాది; and under చురాది, there is జ్ఞపాది. So also for the same purpose, many roots have indicatory letters attached to them. These letters according to *Páṇini's* list are, (1) అ, (2) ఇ, (3) ఇర్, (4) ఈ, (5) ఉ, (6) ఊ, (7) ఋ, (8) ఌ, (9) ఎ, 10) ఒ, (11) ఞి, (12) ఞా, (13) టు, (14) డు, (15) వు, and (16) ష. But the later grammarians have added to the above, (1) ఋౡ, (2) ఇట్, (3) ఐ, (4) ఔ, (5) ఞా, (6) ఏు, and many other consonants. Reserving an explanation of

some of these indicatory letters for their proper places we have to explain the others here as follows :—(See Kav).

ಇರ್ = ದ್ಯುತಾದಿ a sub-division of ಭ್ವಾದಿ.
ಐ = ಯಜಾದಿ. Do
ಜ = ಜ್ವಲಾದಿ. Do
ಞ = ಫಣಾದಿ. Do
ಮ = ಘಟಾದಿ. Do
ಮಿ = ಘಟಾದಿ (optionally) Do
ವ = ವೃತಾದಿ. Do
ಲ = ಅದಾದಿ.
ಲು = ಸ್ವಪಾದಿ a sub-division of ಅದಾದಿ.
ಘು = ರುದಾದಿ. Do
ಕ್ಷ = ಜಕ್ಷಾದಿ. Do
ಲಿ = ಜುಹೋತ್ಯಾದಿ.
ಯ = ದಿವಾದಿ.
ಯ = ಪುಷಾದಿ a sub-division of ದಿವಾದಿ.
ಭ = ಶಮಾದಿ Do
ನ = ಸ್ವಾದಿ.
ಶ = ತುದಾದಿ.
ಶಿ = ಕುಟಾದಿ a sub-division of ತುದಾದಿ.
ಪ = ಮುಚಾದಿ. Do
ಧ = ರುಧಾದಿ. Do
ದ = ತನಾದಿ. Do
ಗ = ಕ್ರ್ಯಾದಿ.
ಗಿ = ಪ್ವಾದಿ a sub-division of ಕ್ರ್ಯಾದಿ.
ಕ = ಚುರಾದಿ.
ಕ = ಜ್ಞಪಾದಿ.
ತ = ಅದಂತ roots or roots ending in ಅ, a sub-division of ಜ್ಞಪಾದಿ.
ಕಿ = ಭ್ವಾದಿ or ಚುರಾದಿ (optionally.)
ಠ = Roots peculiar to the Vedas.

12. Observe that when roots are given in the list of roots with a final ಅ without the indicatory ತ, the roots end in close consonants, the ಅ being used merely to give an easy utterance. (See Kav).

13. It should further be observed that there are many roots belong to more than one class, going under one class or another often according to the sense in which they are used, they having thus more than one sense, and sometimes even without such a difference in sense. The latter is the case especially with regard to roots ending in ಅ; for all these as a rule come under both the 1st and the 10th class. (Sid. II. 185). And there are many other roots likewise coming under one or other of these two classes. Nay, it is said by some grammarians that all the roots grouped under the 10th class form only a part of the 1st class, and therefore take the self-descriptive affixes only optionally (Sid. II. 170). So all roots signifying "to kill" though grouped under other than the 10th class may as a rule take the self-descriptive affixes of the 10th class also optionally. (Sid. II. 177). And even other roots than those with the above signification may, it is said by some, be used with the self-descriptive affixes of the 10th class. (Sid. II. 188). These distinctions which are to be found marked only in the list of roots should be well remembered. And even when there is no sanction in the list, some roots may be found used by authors as those of one class, though they properly belong to another class. Thus in the passage "ನವಿಶ್ವಸೆದವಿಶ್ವಸ್ತಂ" the root ಶ್ವಸ which according to the list belongs to the 2nd class is used as a root of the 1st class. (Sid. II. 121). These differences of usage also should be borne in mind.

14. Observe also that there is no indicatory letter for ಭ್ವಾದಿ.

15. Taking the 10th class roots as the first kind of derivative roots, a second kind of such roots will be found to be :—

(i) Roots formed by means of affixes which give the sense of the causer of the action, such as one who directs the action to be done and so on *i. e.* causative roots. (III. 1.26).

(ii) Roots formed by means of affixes which give the sense of repetition or intensity of the action, or, if the original sense is motion, the sense of crookedness only *i. e.* roots which may be called the frequentative roots. (III. 1.22).

(iii) Roots formed by means of affixes which give the sense of wishing the action *i. e.* desiderative roots. (III. 1.7).

16. It is to be remarked with reference to the causative, frequentative, and desiderative affixes, that the employment of these affixes when the additional signification of the affixes is intended to be expressed, is by no means compulsory, and that the same meaning may be expressed by a phrase instead, if desired.

17. And it should be observed that some roots involve in their sense the force of the above derivation affixes. Thus, the root ರಮು has by itself a causative force *e. g.* ಯಜ್ಞದತ್ತಮುಪರಮತಿ. "he causes *Yajñadatta* to refrain" (B. 799). But it should be remembered that by causative roots we do not mean such roots.

18. Nor in the case of the causative is there any fixed rule as to what thing or person should be taken as the immediate agent of the action, and what, as the causer thereof. For, whatever the speaker arbitrarily chooses to treat as the former or as the latter, he is at liberty to speak of as such. For example, in the case of cooking, it is equally allowable to say that "the fire cooks" or "the cook cooks" or "the fuel cooks". But when the choice of the immediate agent has thus been made then the person who or the thing which is the mover of that agent must be called a causative agent. (I. 4.54, 55).

19. There is a peculiar way of using the causative form in Sanskrit in connection with transitive roots, and this is to take a root of this kind as denoting the simple action signified by it as abstracted from the idea of the actual performance

of it (ನಿವೃತ್ತಪ್ರೇಷಣಾ) and treat the causative form of the root as expressing the actual performance of the action, thus rendering the resultant import of the causative root equal to the ordinary import of the original root. Thus take ಅರ್ಥ, "to beg," as meaning only "begging" and the causative root from it ಅರ್ಥಿ as meaning "to perform the act of begging;" then since the resultant signification of ಅರ್ಥಿ is only equal to "to beg" and nothing more, we may derive from it the word ಅರ್ಥಯಂತಿ as the third person plural of the present tense and use it in the sense of "they beg," though when this peculiar causative form is not used, the word as formed from the original root with its proper *self-descriptive* affix of the 10th class will be ಅರ್ಥಯಂತೇ, not ಅರ್ಥಯಂತಿ, because ಅರ್ಥ is a root of the *atmanepadi* (Sid. II. 197.)

20. With regard to the desiderative affixes, they are applied only when the wish of the agent of the action has reference to the same act, for, in such a case as ಗಮನೇನೇಚ್ಛತಿ, "by going he wishes", the desiderative affix cannot be employed; here the man wishes by the going to accomplish something else, and the going is not the act wished. Nor do the affixes apply, when the wisher and the agent of the action are not the same. For, in such a case as ಶಿಷ್ಯಾಃ ಪಠಂತ್ವಿಚ್ಛತಿ ಗುರುಃ, "the teacher wishes that the pupils should read", the affixes cannot be employed; here the wisher is the teacher, and the agents of the action are the pupils (B. 753).

21. Observe that the desiderative form is also, though rarely, used to express that there is probability or little doubt, (ಆಶಂಕ,) that the action is about to happen. Thus, ಶ್ವಾ ಮುಮೂರ್ಷತಿ = "the dog is probably about to die" and ಕೂಲಂಪಿಪತಿಷತಿ = "the bank is in all probability about to fall." (Sid. II. 202).

22. But no desiderative root can be formed from a root which is already a desiderative root. (Sid. II. 205).

23. One great feature of certain classes of the verbal affixes being their liability to take the augment ಇಟ್ either in

its proper form alone, or with the ಇ elongated under certain conditions, after certain roots either optionally or absolutely, the roots themselves both original and derivative, are, with reference to this circumstance, to be divided into *aniṭ*, (ಅನಿಟ್) *seṭ*, (ಸೇಟ್) and *veṭ*, (ವೇಟ್) according as they do or do not take the augment absolutely, or take it only optionally. But it is to be observed that a root which is *aniṭ* with reference generally to one class of affixes taking the augment has often to be *seṭ* or *veṭ* absolutely or optionally, in regard to some particular affixes only. And so a root generally *seṭ* or *veṭ* has to be *aniṭ* absolutely or optionally, in relation to some particular affixes.

24. Again, the roots both original and derivative may be divided according as they admit of the *parasmaipadi* or *àtmanepadi* mode of conjugation or both. As we have already said, *àtmanepadi* is the proper mode always for the passive voice. In the active voice, though generally *parasmaipadi* mode is proper, *àtmanepadi* mode is used in this voice also in some cases which are as follows :—

(A.) As to original roots.

(i) When the verbal root is distinguished in the list of roots by a gravely accented indicatory vowel, or by an indicatory ಙ (I. 3. 12) *e. g* : ಆಸ, ವಸ, (here the final ಅ is a gravely accented indicatory vowel). ಷೂಙ್, ಶೀಙ್.

(ii) When the verbal root is distinguished by an indicatory vowel circumflexly accented, or by an indicatory ಞ, if the essential direct fruit of the action accrues to the agent (I. 3. 72) but only optionally, if this fact of the fruit of the action accruing to the agent is indicated by a word expressed along with the root (ಉಪಪದಃ) (I. 3. 77). *e. g* : ಯಜ, ಪಚ (here the final ಅ is a circumflexly accented indicatory vowel). ಷುಞ್, ಕೃಞ್. From these roots, come in the *parasmaipadi* ಯಜಂತಿ, ಪಚಂತಿ, ಸುನ್ವಂತಿ, and ಕುರ್ವಂತಿ and in the *àtmanepadi* ಯಜಂತೆ, ಪಚಂತೆ, ಸುನ್ವತೆ, and ಕುರ್ವತೆ,

the verbs in both cases meaning, "they sacrifice," "they cook," "they distill" and "they do." If the second form is used, it means that the agent of the several acts of sacrificing, cooking, &c., intends to secure for himself the essential fruit of his act, such as the merit of the sacrifice, the food got ready by the cooking, and so forth. But if the first form is used, it means that the agent does these acts for the sake of others as in the case of hired sacrificers, and cooks, who sacrifice and cook for their employers who derive the merit of the sacrifice or own the food cooked. Here that these sacrificers and cooks get fees or pay is no objection to the application of the rule; for the essential object of the employers who initiate the sacrifice and order the cooking is not the payment to the sacrificers and cooks, but the merit of the sacrifice and the food which they intend to obtain for themselves. Still, if we use the word ಸ್ವಮ್ along with the verbs, we may use either the *átmanepadi* or the *parasmaipadi*. Thus, we may say ಸ್ವಂಯಜ್ಞಂಯಜತಿ or ಸ್ವಂಯಜ್ಞಂಯಜತೇ & ಸ್ವಂಕಟಂಕರೋತಿ or ಸ್ವಂಕಟಂಕುರುತೇ; for the word ಸ್ವಮ್ shows that the act denoted by the verbs is done for the benefit of the agent himself.

(iii) When the interchange of the action denoted by the root is to be expressed, (I. 3. 14) except when the root means "to go" or "to injure." (I. 3 15) and except when the interchange is denoted distinctly by the use of the expressions ಇತರೇತರ, ಅನ್ಯೋನ್ಯ and ಪರಸ್ಪರ, along with the root. (I. 3. 19) *e. g*: ವ್ಯತಿಲುನೀತೇ (here the act of cutting denoted by the verb being considered as being the appropriate office of another, the *átmanepadi* is used). But ಇತರೇತರಸ್ಯ or ಅನ್ಯೋನ್ಯಸ್ಯ or ಪರಸ್ಪರಸ್ಯವ್ಯತಿಲುನಂತಿ. And ವ್ಯತಿಗಚ್ಛಂತಿ, ವ್ಯತಿಸರ್ಪಂತಿ and ವ್ಯತಿಹಿಂಸಂತಿ (here the verbs mean "to go" or "to injure").

B. As to derivative roots.

(i) When the affix by means of which the root is formed is distinguished by an indicatory ಙ. (I. 3. 12; III. 1. 30) except when such an affix is a *lukated* affix. (VII. 3. 94). Thus ಕಾಮಿ which is from the root ಕಮ್ + the affix ಣಿಙ್, a verbal affix *i. e.* ಣಿ with an indicatory ಙ attached to it, is conjugated in the *átmanepadi*; but ಪಾಪಚ್ which is from the root ಪಚ್ + the affix T ಯಙ್, another verbal affix, is conjugated in the *parasmaipadi.*

(ii) When the root is a desiderative root, if the original root itself from which it has been formed is one to be conjugated in the *átmanepadi* mode. (I.13.62). Thus, the desideratives from ಆಸ್ and ಶೀಙ್ are conjugated in the *átmanepadi* because ಆಸ್ and ಶೀಙ್ themselves are to be so conjugated.

(iii) When the root is a root of the 10th class, if the essential direct fruit of the action goes to the agent. (I.3.74). but only optionally if this fact of the fruit of the action accruing to the agent is indicated by words expressed along with the root. (I.3.77). Thus, from ಚುರ್, a root of the 10th class, comes ಚೋರಯತೆ, "he steals", in the *átmanepadi* if the agent steals for his own use, but ಚೋರಯತಿ as well as ಚೋರಯತೆ if the word ಸ್ವಮ್ is used along with the verb.

(iv) When the root is a causative root, if the essential direct fruit of the action accrues to the agent, (I. 3. 74) but only optionally, if this fact of the fruit of the action accruing to the agent is indicated by a word used along with the verb (I. 3. 77) and provided that the causative root is not formed from (a) original roots meaning "to eat" or "to swallow" and "to tremble," "shake" or "move" (I. 3. 87) and (b) other non-causative intransitive roots that have had an agent endowed with a will (ಚಿತ್ತವು). (I. 3. 88). Thus from ಕಾರಿ and ಪಾಚಿ the causatives from ಕೃ "to do" and ಪಚ್ "to cook" if the agent acts or cooks for his own use, come ಕಾರಯತೆ and ಪಾಚಯತೆ or ಸ್ವಂಕಾರಯತಿ, ಸ್ವಂಪಾಚಯತಿ as well as ಸ್ವಂಕಾರಯತೆ, ಸ್ವಂಪಾಚಯತೆ. But from ನಿಗಾರಿ, ಭೋಜಿ, ಕಂಪಿ and ಚಲಿ, the causatives from ನಿಗೃ "to swallow," ಭುಜ್ "to eat," ಕಂಪ್ "to shake" and ಚಲ್ "to move," though the several acts denoted by the verbs are done by the agent for his own use, come only ನಿಗಾರಯತಿ, ಭೋಜಯತಿ, ಕಂಪಯತಿ, and ಚಲಯತಿ in the *parasmaipadi*. And from ಆಸಿ and ಶಾಯಿ, the causatives from ಆಸ್ "to sit" and ಶೀ "to sleep," if a person such as *Devadatta* is caused to do the act of sitting and sleeping, though he does it for his own use, come only ಆಸಯತಿ and ಶಾಯಯತಿ in the *parasmaipadi*; for "to sit" and "to sleep" are intransitive roots and *Devadatta* is an agent endowed with a will. However if one person such as *Devadatta* causes another person *Yajñadatta* to cause a third person *Rámadatta* to do an act denoted by an intransitive root as "mounting" for instance, though *Rámadatta* mounts for his own benefit, the verb to be used in such a case is ಆರೋಹಯತೆ in the *átmanepadi* from the root ಆರುಹ್ "to mount," not ಆರೋಹಯತಿ; for the causative root is from another causative root, not from a non-causative. And from ಕಾರಿ, the causative from ಕೃ, if the person caused to do the act denoted by the verb does it for his own use, comes only ಕಾರಯತೆ though the person has a will; for the original root ಕೃ, though a non-causative root, is not an intransitive root. And from ಶೋಷಿ, the causative from ಶುಷ್, "to dry," if that which dries is a thing not possessed of a will as ವ್ರೀಹಯಃ, "paddy," for instance, though the fruit of the action, *i. e.* the drying, affects only the paddy itself, comes ಶೋಷಯತೇ in the *átmanepadi*, though "to dry" is an intransitive root:—*e. g*: ಶೋಷಯತೇ ವ್ರೀಹೀನ್ ತಪಃ, "the sunshine causes the paddy to dry."

(v) When the root is a causative root, even though the essential direct fruit of the action does not accrue to the agent, provided that the causative root is formed from a non-causative original root that governed an object, by making the object the agent, and the meaning of the non-causative root is not "to remember" or "to recollect" (I. 3. 67). Thus, taking the sentences ಆರೋಹನ್ತಿ ಹಸ್ತಿನಂ ಹಸ್ತಿಪಕಾಃ, "the elephant-keepers mount the elephant" and ಪಶ್ಯನ್ತಿ ಭೃತ್ಯಾಃ ರಾಜಾನಮ್, "the attendants see the king," if we paraphrase them into other sentences having substantially the same meaning, by making the objects "elephant and king" the subjects, and turning the verbs "ಆರೋಹನ್ತಿ" and "ಪಶ್ಯನ್ತಿ' into verbs of the causative form, these causative verbs should be in the *átmanepadi*, the paraphrases being therefore ಆರೋಹಯತೇ ಹಸ್ತೀ ಸ್ವಯಮೇವ, "the elephant makes itself to be mounted "and ದರ್ಶಯತೇ ರಾಜಾ ಸ್ವಯಮೇವ, "the king makes himself to be seen." But a similar paraphrase of

(1) ಗಣಯತಿ ಗಣಂ ಗೋಪಾಲಕಃ = ಗಣಯತಿ ಗಣಃ ಸ್ವಯಮೇವ (only *parasmaipadi* because the causative is from ಗಣಯತಿ which is itself a causative verb).

(2) ಲುನಾತಿ ದಾತ್ರೇಣ ... = ಲಾವಯತಿ ದಾತ್ರಂ ಸ್ವಯಮೇವ (only *parasmaipadi* because the instrument, not the object, is made the subject).

(3) ಸ್ಮರತಿ ವನಗುಲ್ಮಸ್ಯ ಕೋಕಿಲಃ = ಸ್ಮರಯತಿ ಕೋಕಿಲಂ ವನಗುಲ್ಮಃ ಸ್ವಯಮೇವ (only *parasmaipadi* because the verb ಸ್ಮರತಿ means "to remember" or "to recollect").

25. Observe that causative roots formed as above by making the object an agent differ from roots in the reflective voice, which also express the object as the agent, in that the latter refer to a state or action belonging to the object, while the former refer to a state or action belonging to the agent. (Kás. on I. 3. 67).

26. Observe also that in the list of roots compiled by the later native and European Sanskrit scholars, it is customary to designate by indicatory ಙ or ಞ respectively the roots distinguished by gravely accented and circumflexly accented vowels also. (See Kav.).

27. And it is to be remarked that though the general rule in regard to roots with gravely accented indicatory vowels is that they should as abovesaid be conjugated in the *átmanepadi,* yet this rule is liable to exceptions, some of these roots admitting therefore also *parasmaipadi.* Thus in the sentence ಸ್ಫಾಯನ್ನಿರ್ಮೋಕಸಂಧಿಃ, the root ಸ್ಫಾಯೀ[6] though having a gravely accented indicatory vowel has been conjugated in the *parasmapadi.* (Sid. II. 112).

28. Observe further that notwithstanding the above rules regarding the mode of conjugation, the usage of the best authors is often found at variance with them, and that the correct mode has therefore to be determined in many cases by practice alone. (See Kav.).

29. Again the roots both original and derivative, may be divided into two classes, (1) Regular and (2) Irregular, the latter consisting of those roots which take their affixes in an exceptional manner according to what may be considered the exception to the general rules, and differently from the

former which in taking the affixes may be held to conform to the general rules in question.

30. We propose to shew the distinction of roots as abovesaid by letters and signs prefixed to the roots as follows :—

I = ಭ್ವಾದಿ; II = ಅದಾದಿ; III = ಜುಹೋತ್ಯಾದಿ ; IV = ದಿವಾದಿ; V=ಸ್ವಾದಿ; VI=ತುದಾದಿ; VII=ರುಧಾದಿ; VIII=ತನಾದಿ; IX=ಕ್ರ್ಯಾದಿ; X=ಚುರಾದಿ ; *ṇi*=X roots, or causative roots, or both, as the case may be; C=Causative; F=Frequentative; D=Desiderative; E=*seṭ*; E·=*aniṭ* Œ=*veṭ*; EO=*seṭ* roots which have either ಇ, or ಈ elongated, optionally; P=*parasmaipadi ;* A=*àtmané-padi ;* U=ಉಭಯಪದಿ *(ubhayapadi) i.e* either P or A at option; PA=ordinarily A but irregularly P; AP=ordinarily P, but rregularly A ; AU=ordinarily U, but irregularly A only in some cases. PA U=ordinarily U, but irregularly P only in some cases and A only in others; R=Regular; Ir.=Irregular :—

31. And it is to be added that we propose to prefix E, EO and E· to affixes also when it is intended to speak of them as having taken ಇಟ್ or ಈಟ್, or as not having taken the augment respectively, and to prefix P, A, or U to them when we intend to denote them respectively as *parasmaipadi*, *àtmanepadi* or *ubhayapadi* affixes.

32. Confining our attention for the present only to regular roots and reserving for a future occasion a consideration of the primitive affixes except those by which the participles and gerunds as well as the infinitive are formed, and the verbal secondary affixes, we may first take a cursory glance at the remaining kinds of verbal affixes as follows :—

I.—DERIVATION AFFIXES.

(1) Affixes attached to the roots without altering their sense.	(i) ಅಯಙ್ substituted for ಣಿ (ii) 4 ಣಿ. (iii) ಣಿ. (III. 1. 30, 25 ; VI. 4. 51., 52, 55)

(2) Affixes making C roots.	(i) ಅಙ್ substituted for ಣಿ.
	(ii) $\overline{4}$ ಣಿ.
	(iii) ಣಿ. (III. 1. 30. 25, 26; VI. 4. 51, 52, 55)
(3) Affixes making F roots.	(i) ಯಙ್
	(ii) $\overline{1}$ ಯಙ್ (III. 1. 22; II. 4. 74)
(4) Affixes making D roots	(i) ಸನ್
	(ii) ಸನ್$_1$ III. 1. 7; I. 2. 9, 10, 26)

II.—TENSE AFFIXES.

1. Tense affixes for the present, the imperative, the imperfect, and the optative, in the active voice:—

For I roots comprising, besides roots of the 1st class, also all derivative roots except those formed by $\overline{1}$ ಯಙ್ ...	ಶಪ್ (III. 1.68)
,, II. roots comprising, besides roots of the 2nd class, also the derivative roots formed by $\overline{1}$ ಯಙ್	$\overline{1}$ ಶಪ್ (II. 4.72)
,, III. roots	$\overline{2}$ ಶಪ್ (II. 4.75)
,, IV. roots	ಶ್ಯನ್$_s$ (III. 1.69)
,, V. roots	(i) ನ್ಪ$_s$ substituted for ಶ್ನು$_s$;
	(ii) ನ್$_s$ substituted for ಶ್ನು$_s$;
	(iii) ಶುವ್$_s$ substituted for ಶ್ನು$_s$;
	(iv) ಶ್ನು$_s$ (VI. 4. 77, 87, 107; III. 1. 73).
,, VI. roots	ಶ$_s$ (III. 1.77).

VII. roots	(i) ನ್$_2$ substituted for ಶ್ನಮ್$_2$; (ii) ಶ್ನಮ್$_2$ (VI.4.111; III.1.78).
VIII. roots	(i) ವ್ substituted for ಉ; (ii) $\overline{4}$ ಉ; (iii) ಉ. (III. 1.79; VI. 4.87,107).
IX. roots	(i) ನೀ$_2$ substituted for ಶಾ$_2$; (ii) ನ್$_2$ substituted for ಶಾ$_2$; (iii) ಶಾನಚ್$_2$ substituted for ಶ್ನಾ$_2$. (iv). ಶ್ನಾ$_2$ (VI. 4.113, 112; III. 1.81, 83).
(2) Tense affixes for the present, the imperative, imperfect, and optative, in the passive voice ...	ಯಕ್ (III. 1. 67).
(3) Tense affixes for the aorist	(i) ಕ್ಸ, (ii) $\overline{4}$ ಕ್ಸ, (iii) ಚಙ್ (iv) ಚಙ್-ಸನ್, (v) $\overline{4}$ ಸಿಚ್, (vi) $\overline{4}$ ಸಿಚ್$_1$, (vii) ಸಿಚ್, (viii) ಸಿಚ್$_1$, (ix) ಸಿಚ್-ಚಿಣ್ (x) ಚಿಣ್ (I. 2. 12, 17; III. 1. 66, 43, 44, 45; VI. 1. 68; VI. 4. 62; VIII. 2. 27; Sid. I. 111).
(4) Tense affixes for the first future	(i) ತ್; (ii) ತಾ, (iii) ತಾಹ್; (iv) ತಾಸ್; (v) ತ್-ಚಿಣ್; (vi) ತಾ-ಚಿಣ್; (vii) ತಾಹ್-ಚಿಣ್; (viii) ತಾಸ್-ಚಿಣ್; (II. 4. 85; III. 1. 33; VIII. 2.25; VI. 4.143, 62; VII. 4. 50, 51, 52).
(5) Tense affixes for the second future and the conditional	(i) ಸ್ಯ; (ii) ಸ್ಯ-ಚಿಣ್;

III. PERSONAL AFFIXES.

(1) **Personal affixes for the present.** (VII. 1. 3, 5; VII 2. 81; III. 4. 78, 79, 80).

	3RD PERSON.			2ND PERSON.			1ST PERSON.		
	s.	*d.*	*pl.*	*s.*	*d.*	*pl.*	*s.*	*d.*	*pl.*
(i) P.	ತಿಪ್,	ತಸ್$_2$,	ಅಂತಿ$_2$ or ಅತಿ$_2$;	ಸಿಪ್,	ಥಸ್$_2$,	ಥ$_2$.	ಮಿಪ್,	ವಸ್$_2$,	ಮಸ್$_2$,
(ii) A.	ತೆ$_2$,	ಆತೆ$_2$ or ಇತೆ$_2$,	ಅಂತೆ$_2$ or ಅತೆ$_2$;	ಸೆ$_2$,	ಆಥೆ$_2$ or ಇಥೆ$_2$,	ಧ್ವೆ$_2$.	ಎ$_2$,	ವಹೆ$_2$,	ಮಹೆ$_2$

(2) **Personal affixes for the perfect.** (VII. 1. 34; III. 4. 79, 80, 81, 82).

(i) P.	ಣಲ್ or ಔ$_3$,	ಅತುಸ್ or ಅತುಸ್$_1$,	ಉಸ್ or ಉಸ್$_1$,	ಥಲ್ or ಥಲ್$_3$,	ಅಥುಸ್ or ಅಥುಸ್$_1$,	ಅ or ಅ$_1$;	ಣಲ್$_3$ or ಔ$_3$,	ವ or ವ$_1$,	ಮ or ಮ$_1$
(ii) A.	ಎಶ್ or ಏಶ್$_1$,	ಆತೆ or ಆತೆ$_1$,	ಇರೇಚ್ or ಇರಚ್$_1$;	ಸೆ or ಸೆ$_1$,	ಆಥೆ or ಆಥೆ$_1$,	ಧ್ವೆ or ಧ್ವೆ$_1$;	ಎ or ಎ$_1$,	ವಹೆ or ವಹೆ$_1$,	ಮಹೆ or ಮಹೆ$_1$,

(3) **Personal affixes for the first future.** (III. 4. 79, 80, 99; II. 4. 87).

(i) P. ಡಾ$_5$, ರೌ$_2$, ರಸ್$_2$; ಸಿಪ್, ಥಸ್$_2$, ಥ$_2$; ಮಿಪ್, ವಸ್, ಮಸ್.

(ii) A. ಡಾ$_2$, ರೌ$_2$, ರಸ್$_2$; ಸೆ$_2$, ಆಥೆ$_2$, ಧ್ವೆ$_2$, ಎ$_2$, ವಹೆ$_2$, ಮಹೆ$_2$.

(4) **Personal affixes for the second future.** (VII. 1. 3; VII. 2. 81; III. 4. 79).

(i) P. ತಿಪ್, ತಸ್$_2$, ಅಂತಿ$_2$; ಸಿಪ್, ಥಸ್$_2$, ಥ$_2$, ಮಿಪ್, ವಸ್$_2$, ಮಸ್$_2$.

(ii) A. ತೆ$_2$, ಇತೆ$_2$, ಅಂತೆ$_2$; ಸೆ$_2$, ಇಥೆ$_2$, ಧ್ವೆ$_2$, ಎ$_2$, ವಹೆ$_2$, ಮಹೆ$_2$.

(5) **Personal affixes for the imperative.** (III. 4. 86, 101, 85, 87, 92, 99, 79, 90, 91, 93; VII. 1. 35, 3, 4, 5; VII. 2. 81; VI. 4. 101, 105, 106).

(i) P. ತು$_5$ or ತಾತಙ್, ತಾಮ್$_2$, ಅಂತು$_2$ or ಅತು$_2$ $\overline{1}$; ಹಿ$_2$ or ಹಿ$_2$, ಧಿ$_2$ or ತಾತಙ್, ತಮ್$_2$, ತ$_2$; ಆನಿ$_3$, ಆವ$_3$, ಆಮ$_3$;

(ii) A. తామ్$_2$, ఆతామ్$_2$, అంతామ్$_2$; స్వ$_2$, ఆథామ్$_2$, ధ్వమ్$_2$;
or ఇతామ్$_2$ · or అతామ్$_2$ · or ఇథామ్$_2$
ఐ$_5$ - ఆవహై$_5$ - ఆమహై$_5$

(6) **Personal affixes for the imperfect.** (III. 4. 100, 85, 101, 109, 99, 111; VI. 1. 68; VII. 1. 3, 4, 5).

(i) P. త్$_5$, తామ్$_2$, అంత్$_2$; స్$_5$, తమ్$_2$, త$_2$; అమ్$_5$ వ$_2$ మ$_2$
or $\overline{4}$ త్$_5$ · or జుస్$_2$ · or $\overline{4}$ స్$_5$

(ii) A. త$_2$, ఆతామ్$_2$, అంత$_2$; థాస్$_2$, ఆథామ్$_2$, ధ్వమ్$_2$; ఇట్$_2$, వహి$_2$, మహిఙ్;
or ఇతామ్$_2$ · or అత$_2$ · or ఇథామ్$_2$.

(7) **Personal affixes for the optative.** (III. 4. 108, 105, 106).

(i) P. త్$_2$, తామ్$_2$ జుస్$_2$; స్$_2$, తమ్$_2$, త$_2$; అమ్$_2$, వ$_2$, మ$_2$.

(ii) A. త$_1$, ఆతామ్$_1$, రన్$_1$; థాస్$_1$, ఆథామ్$_1$, ధ్వమ్$_1$; అ$_1$, వహి$_1$, మహి$_1$
or త$_2$, or ఆతామ్$_2$, or రన్$_2$ or థాస్$_2$, or ఆథామ్$_2$, or ధ్వమ్$_2$ or అ$_2$ or వహి$_2$ or మహి$_2$

(8) **Personal affixes for the benedictive.** III. 4. 108, 105, 106).

(i) P. త్$_1$, తామ్$_1$, జుస్$_1$; స్$_1$, తమ్$_1$, త$_1$; అమ్$_1$, వ$_1$, మ$_1$.

(ii) A. త$_1$, ఆతామ్$_1$, రన్$_1$; థాస్$_1$, ఆథామ్$_1$, ధ్వమ్$_1$; అ$_1$, వహి$_1$, మహి$_1$
or త or ఆతామ్ or రన్ or థాస్ or ఆథామ్ or ధ్వమ్ or అ or వహి or మహి

(9) **Personal affixes for the aorist** (VII. 1. 3, 5; III. 4. 100, 109, 110; VIII. 3. 78).

(i) P. త్$_5$, తాం$_2$ అంత్$_2$; స్$_5$, తం$_2$, త$_2$; అం$_5$, వ$_2$, మ$_2$.
or జుస్$_2$

(ii) A. త$_2$, ఆతాం$_2$, అంత$_2$; థాస్$_2$, ఆథాం$_2$, ధ్వమ్$_2$; ఇట్$_2$ వహి$_2$ మహిఙ్
or $\overline{4}$ త$_2$ · or ఇయఙ్^{6}+తాం$_2$ = ఇతాం$_2$ · or అత$_2$ · or ఇయఙ్^{6}+థాం$_2$ = ఇథాం$_2$

(10) **Personal affixes for the conditional** (VII. 1. 3; III. 4. 100).

(i) P. త్$_5$, తాం$_2$, అంత్$_2$; స్$_5$, తం$_2$, త$_2$; అం$_5$, వ$_2$, మ$_2$.

(ii) A. ತ₂, ಇತಾಂ₂, ಅಂತ₂; ಥಾಸ್₂, ಇತಾಂ₂, ಧ್ವಂ₂; ಇಟ್₂, ವಹಿ₂, ಮಹಿಙ್.

IV. **Primitive affixes by which participles and gerunds, as well as the infinitive, are formed.**

(1) For Participles. (i) ಶತೃ₂, (ii) ಕ್ವಸು, (iii) ಕ್ತವತು, (iv) ತವತ್ತು. (v) ನವತು₂ substituted for ಕ್ತವತು. (vi) ಶಾನಚ್₂ (vii) ಕಾನಚ್, (viii) ಕ್ತ, (ix) ತ. (x) ನ₂ substituted for ಕ್ತ. (III. 2. 124, 107, 102; VIII. 2. 42, 43, 44, 45; I. 4. 100; I. 2. 21; III. 3. 14; III. 4. 70).

(2) For Gerunds. (i) ಲ್ಯಪ್₂ substituted for ಕ್ತ್ವಾ, (ii) ತ್ವಾ, (iii) ಕ್ತ್ವಾ, (iv) ಣಮುಲ್. (III. 4. 21, 22; I. 2. 18; VII. 1. 37).

(3) For Infinitive ತುಮುನ್. (III. 3. 158, 167; III. 4. 66).

34. Observations.

(1) The present, imperative, imperfect, and optative tenses in the active voice we shall call the special tenses, in distinction from others which we may call the general tenses.

(2) The derivative roots formed by means of the affix I ಯಙ್ are called ಚರ್ಕರೀತಾಃ (B. 636). We shall call these roots F. P. roots, and the roots formed by ಯಙ್ F. A. roots.

(3) Though FP. roots must immediately after their formation appear as the corresponding original roots from which they have been formed without any change of form and consequently are *prima facie* to be considered as being liable to all the grammatical operations that belong to the original roots in question, yet this liability is prohibited in the case of the following:—

(i) Operations which are expressed as referring to the original roots by reason of their belonging to a group (ಗಣ). Thus take F. P. ಭೂ formed from ಭೂ of the 1st class; the F. P. root will not take ಶಪ್ which the original root ಭೂ has to take in the special tenses as its tense affix, because the affix is one expressly prescribed for the group of the 1st class and has to be taken by ಭೂ owing to its being one of the roots belonging to this group.

(ii) Operations which are expressed as referring to the original roots on account of their indicatory letters. Thus the F. P. root formed from an original root having indicatory ಙ್ will not have to be conjugated in the *átmanepadi* in the active voice, though the latter root is so to be conjugated, because the liability of the latter root arises from a rule relating to an indicatory letter, namely, that roots distinguished by an indicatory ಙ್ should be conjugated in the *átmanepadi*.

(iii) Operations which are prescribed expressly for the original roots as being monosyllabic roots. Thus the F. P. root from an original monosyllabic root will not be E- root, though the latter is such, because the fact of the latter being such is due to a rule referring expressly to monosyllabic roots.

(iv) Operations prescribed for the original roots by quoting them along with their indicatory letters. Thus an operation prescribed for the original root ಶೀ by quoting it as ಶೀಙ್ will not apply to the FP. root formed from it.

(v) Operations prescribed for the original roots by quoting these roots in forms caused by attaching to them the affixes ಕಿತ್ or ಙಿತ್ *i. e.* any affix having indicatory ಕ್+ಙಿತ್. Thus an operation enjoined for the original root ಭೃ by quoting it as ಭರ (ಭೃ @ gf+ಕಿತ್) or for the original root ಸೊ by quoting it as ಸ್ಯತಿ (ಸೊ—f+ಶ್ಯನ್+ತಿಪ್) will not apply to the FP. roots formed from them (Sid. II. 25).

(vi) However, operations prescribed for the original roots by quoting these roots merely by adding ಇ to them as is often done, will not come within the prohibition relating to operations prescribed by quoting them with ಶಪ್ or ಶ್ತಿಪ್ as abovesaid. Thus, an operation enjoined for ವಚ್ or ಸ್ವಪ್ by quoting them merely as ವಚಿ and ಸ್ವಪಿ with an additional ಇ will apply to FP. roots formed from them. (Sid. II. 215).

(4) All the affixes of ಲುಙ್ are collectively called ಚ್ಲಿ.

(5) The personal affixes of each tense, which, as will have been seen, have been arranged into 18 parts are held to have been originally as follows :—

	Parasmaipadi.			Ātmanepadi.		
	Sing:	*Dual*	*Plural*	*Sing.*	*Dual.*	*Plural*
3rd person	ತಿಪ್	ತಸ್	ಝಿ	ತ	ಆತಾಂ	ಝ
2nd person	ಸಿಪ್	ಥಸ್	ಥ	ಥಾಸ್	ಆಥಾಂ	ಧ್ವಂ
1st person	ಮಿಪ್	ವಸ್	ಮಸ್	ಇಟ್	ವಹಿ	ಮಹಿಙ್

and it is held that these which may be termed the original personal affixes have, in those tenses in which they do not appear in their own form, come in only by substitutes, as aforesaid.

(6) The affixes (1) ಕ್ತ, (2) ನ$_2$ substituted for ಕ್ತ, (3) ತ, (4) ಕ್ತವತು, (5) ನವತ್$_2$ substituted for ಕ್ತವತು, and (6) ತವತು, are called *nishṭha,* and the affixes (1) ಶತೃ$_2$ and (2) ಶಾನಚ್$_2$ are called ಸತ್ *sat* (I.1.26; III 2.126).

35. We will now proceed to a consideration of some preliminary subjects the rules relating to which are to be fully remembered in order to understand the conjugation of the verbs. But it will be convenient to include the primitive affixes among the verbal affixes treated of; for the rules apply generally to all verbal affixes alike except the verbal secondary affixes, and the few exceptions relating to some particular

primitive affixes may well be noticed here in the same manner as exceptions to some particular affixes of the other kinds are noticed. And here it will be sufficient to know that we shall, in giving the rules, have occasion to refer specially to the following primitive affixes though they have not been enumerated above : viz (1) వసు, (2) క్తిన్, (3) క్తిచ్, (4) చానశ్, (5) యుత్, (6) అచ్, (7) క్విప్, (8) ణముల్, (9) ణ్యత్ and (10) వనిప్.

CHAPTER II.

AUGMENTATION OF VERBAL AFFIXES.

---

1. The augments which the verbal affixes receive before they are actually attached to the bases are *firstly* (1) యాసుట్ acutely accented, (2) సీయుట్ (3) సీయుట్-చిణ్ and (4) సుట్. The first comes to all the personal affixes of the optative and benedictive in the *parasmaipadi* (III. 4. 103), and the second to the same in the *átmanepadi* (III. 4. 102). In the *átmanepadi*, if the voice is passive, the third comes optionally in the place of the second to the personal affixes of the optative and benedictive, provided the roots concerned are roots which in their original enunciation ended in vowels, that is to say, they are original roots that ended in vowels, as well as *ṇi* roots formed from original roots. (VI. 4. 62). The fourth comes as an additional augment to the personal affixes త and ఝ్ in the *atmanepadi* (III. 4. 107). But, while in the optative, the స of యాసుట్, and of సీయుట్, and of సుట్, is *lopated*, and the యా of యాసుట్ itself is to be replaced by ఇయ్, when standing after what ends in short అ, there is no such elision and substitution in the benedictive. (VII. 2. 79 ; VII. 2. 80) *e. g.*—(a) *parasmaipadi* optative affixes :—(1) after bases ending in అ, ఏ. తామ్ &c.= ఇయ్+త్, తామ్, ఉస్, స్, తమ్, త, అమ్, వ, or మ, = ఇత్, ఇతామ్, ఇయుస్, ఇస్, ఇతమ్, ఇత, ఇయమ్, ఇవ, ఇమ—(2) after bases other than those

ending in ಅ—ತ್, ತಾಮ್ &c.= ಯಾ+ತ್ &c.= ಯಾತ್, ಯಾತಾಮ್, ಯುಸ್, ಯಾಸ್, ಯಾತಂ, ಯಾತ, ಯಾಂ, ಯಾವ, ಯಾಮ. (b) *átmanepadi* optative affixes:—ತ, ಆತಾಮ್, ಅತಾಮ್, &c. = ಈಯ + ತ, &c.= ಈತ, ಈಯಾತಾಮ್, ಈರನ್, ಈಥಾಸ್, ಈಯಾಥಾಮ್, ಈಧ್ವಮ್, ಈಯ, ಈವಹಿ, ಈಮಹಿ. (c) *parasmaipadi* benedictive affixes:— ತ್, ತಾಮ್ &c.= ಯಾಸ್+ತ್, ತಾಮ್, ಜುಸ್, ಸ್, ತಮ್, ತ ಅಮ್, ವ or ಮ= ಯಾತ್, ಯಾಸ್ತಾಂ, ಯಾಸುಸ್, ಯಾಸ್, ಯಾಸ್ತಂ, ಯಾಸ್ತ, ಯಾಸಮ್, ಯಾಸ್ವ, ಯಾಸ್ಮ.—(d) *átmanepadi* benedictive affixes:— ತ &c.= ಸೀಯ + ಸ್ + ತ, &c. = ಸೀಷ್ಟ, ಸೀಯಾತಾಂ, ಸೀರನ್, ಸೀಷ್ಠಾಸ್, ಸೀಯಾಥಾಂ, ಸೀಧ್ವಮ್, ಸೀಯ, ಸೀವಹಿ, ಸೀಮಹಿ; these in the passive voice operating like the affix ಚಿಣ್ optionally in the case of roots which in their original enunciation ended in vowels &c.

2. The augment ಇಟ್ to which reference has already been made is next to be adverted to. This augment, generally speaking, comes to all *árdhadhátuka* affixes, beginning with ವಲ್ letters, (VII. 2. 35), and also comes optionally as ಈಟ್, that is, with the letter ಇ lengthened after roots ending in ೠ long except in the case of (*a*) the affixes of the perfect, (*b*) the affixes of the benedictive *átmanepadi*, and (*c*) the affix ಸಿಚ್ in the *parasmaipadi*, (VII. 2. 38; VII 2. 39; VII. 2. 40), *e.g.* ತಾ= ಇತಾ and after roots ending in ೠ,= ಇತಾ or ಈತಾ.

3. But to the above general rule regarding the augment ಇಟ್, the first exception is in the case of a primitive affix beginning with ವಶ್ VII. 2. 8). But if the primitive affix is ವಸು to which we shall refer hereafter the augment must be inserted in the case of roots producing bases ending in long ಆ, and of roots which, when reduplicated according to rules to be adverted to further on, are reduced to a single syllable (VII. 2. 67), *e. g.* ವನಿಪ್ and ಮನಿನ್= ವನ್ and ಮನ್, not ಇವನ್, ಇಮನ್. But ಯಾ+ವಸು = ಯಾ+ಇವಸ್, ಅಶ್+ವಸ್= ಅಶ್+ಇವಸ್, (ಅಶ್ being such as when reduplicated is reduced to a single syllable).

4. The second exception is in the case of the primitive affixes (1) ಕ್ತಿನ್ and (2) ಕ್ತಿಚ್ (VII. 2. 9.) *e. g.* ಕ್ತಿನ್ and ಕ್ತಿಚ್= ತಿ not ಇತಿ.

5. The third exception must be considered separately according as the affixes concerned are those of the perfect, the primitive affixes called *nishṭha,* or other. Taking then the affixes other than those of the perfect and *nishṭha,* it is to be generally said that the augment does not come after monosyllabic roots, or, as stated by *Páṇini,* after roots having in their original enunciation a single vowel, if they are gravely accented. And applying this exception to roots ending in consonants, we find the augment excluded in the case of the following roots (VII. 2. 10) :—

LIST A.

GROUP.	ROOTS.		TOTAL NUMBER IN EACH GROUP.
Ending in ಕ್.	ಶಕ್ ಌ.	*"To be able."*	1
,, ,, ಚ್.	ಪಚ್.	*"To cook."*	
	ಮುಚ್.	*"To be free."*	
	ರಿಚ್.	*"To purge."*	
	ವಚ್.	*"To speak."*	
	ವಿಚ್.	*"To differ."*	
	ಸಿಚ್.	*"To sprinkle."*	6
,, ,, ಛ್.	ಪ್ರಛ್ಛ್.	*"To ask."*	1
,, ,, ಜ್.	ತ್ಯಜ್.	*"To abandon."*	
	ನಿಜ್.	*"To cleanse."*	
	ಭಜ್.	*"To serve."*	
	ಭಂಜ್.	*"To break."*	
	ಭುಜ್.	*"To enjoy."*	
	ಭ್ರಸ್ಜ್.	*"To fry."*	
	ಮಸ್ಜ್.	*"To merge."*	
	ಯಜ್.	*"To sacrifice."*	
	ಯುಜ್.	*"To join."*	
	ರುಜ್.	*"To be sick."*	
	ರಂಜ್.	*"To color."*	
	ವಿಜ್.	*"To differ."*	

GROUP.	ROOTS.		TOTAL NUMBER IN EACH GROUP.
Ending in ಜ.	ಸ್ವಂಜ್.	*"To embrace."*	
	ಸಂಜ್.	*"To embrace."*	
	ಸೃಜ್.	*"To abandon."*	**15**
,, ,, ದ.	ಅದ್.	*"To eat."*	
	ಕ್ಷುದ್.	*"To pound."*	
	ಖಿದ್.	*"To be distressed."*	
	ಛಿದ್.	*"To cut."*	
	ತುದ್.	*"To torment."*	
	ನುದ್.	*"To send."*	
	ಪದ್.	*"To go."*	
	ಭಿದ್.	*"To break."*	
	ವಿದ್.	*"To be."*	
	ವಿದ್.	*"To consider."*	
	ವಿದ್.	*"To acquire."*	
	ಶದ್.	*"To wither."*	
	ಸದ್.	*"To wither."*	
	ಸ್ವಿದ್.	*"To sweat."*	
	ಸ್ಕಂದ್.	*"To go."*	
	ಹದ್.	*"To evacuate."*	**16**
,, ,, ಧ.	ಕ್ರುಧ್.	*"To be angry."*	
	ಕ್ಷುಧ್.	*"To be hungry."*	
	ಬುಧ್.	*"To know."*	
	ಬಂಧ್.	*"To bind."*	
	ಯುಧ್.	*"To fight."*	
	ರುಧ್.	*"To obstruct."*	
	ರಾಧ್.	*"To accomplish."*	
	ವ್ಯಧ್.	*"To pierce."*	
	ಶುಧ್.	*"To be pure."*	
	ಸಾಧ್.	*"To accomplish."*	
	ಸಿಧ್.	*"To be accomplished."*	**11**
,, ,, ನ.	ಮನ್.	*"To think."*	
	ಹನ್.	*"To kill."*	**2**

GROUP.	ROOTS.		TOTAL NUMBER IN EACH GROUP.
Ending in ಪ.	ಆಪ್.	*"To obtain."*	
	ಕ್ಷಿಪ್.	*"To throw."*	
	ಛುಪ್.	*"To touch."*	
	ತಪ್.	*"To inflame."*	
	ತಿಪ್.	*"To drop."*	
	ತೃಪ್.	*"To be satisfied."*	
	ದೃಪ್.	*"To be proud."*	
	ಲಿಪ್.	*"To smear."*	
	ಲುಪ್.	*"To disturb."*	
	ವಪ್.	*"To sow."*	
	ಶಪ್.	*"To vow."*	
	ಸ್ವಪ್.	*"To sleep."*	
	ಸೃಪ್.	*"To creep."*	13
,, ,, ಭ.	ಯಭ್.	*"To complete."*	
	ರಭ್.	*"To begin."*	
	ಲಭ್.	*"To acquire."*	3
,, ,, ಮ.	ಗಮ್.	*"To go."*	
	ನಮ್.	*"To bow."*	
	ಯಮ್.	*"To stop."*	
	ರಮ್	*"To sport."*	4
,, ,, ಶ.	ಕ್ರುಶ್.	*"To cry aloud."*	
	ದಂಶ್.	*"To bite."*	
	ದಿಶ್.	*"To show."*	
	ದೃಶ್.	*"To see."*	
	ಮೃಶ್.	*"To perceive."*	
	ರಿಶ್.	*"To hurt."*	
,, ,, ಶ.	ರುಶ್.	*"To hurt."*	
	ಲಿಶ್.	*"To lessen."*	
	ವಿಶ್.	*"To enter."*	
	ಸ್ಪೃಶ್.	*"To touch."*	10
,, ,, ಷ.	ಕೃಷ್.	*"To attract."*	
	ತ್ವಿಷ್.	*"To shine."*	

GROUP.	ROOTS.		TOTAL NUMBER IN EACH GROUP.
Ending in ಷ.	ತುಷ್.	"*To be satisfied.*"	
	ದ್ವಿಷ್[6].	"*To hate.*"	
	ದುಷ್[6].	"*To do wrong.*"	
	ಪುಷ್[6].	"*To cherish.*"	
	ಪಿಷ್[6].	"*To grind.*"	
	ವಿಷ್[6].	"*To pervade.*"	
	ಶಿಷ್.	"*To hurt.*"	
	ಶುಷ್[6].	"*To dry.*"	
	ಶ್ಲಿಷ್[6].	"*To embrace.*"	11
,, ,, ಸ.	ಘಸ್[6].	"*To eat.*"	
	ವಸ್[6].	"*To dwell.*"	2
,, ,, ಹ.	ದಹ್[6].	"*To burn.*"	
	ದಿಹ್[6].	"*To swear.*"	
	ದುಹ್[6].	"*To milk.*"	
	ನಹ್[6].	"*To tie.*"	
	ಮಿಹ್[6].	"*To emit.*"	
	ರುಹ್[6].	"*To ascend.*"	
	ಲಿಹ್[6].	"*To lick.*"	
	ವಹ್[6].	"*To bear.*"	8
		TOTAL ...	103

6. The classification of the above roots has been thus made according to the final letters, for the sake of easy reference. But for the purposes of grammar it will be useful to divide them into two classes (*a*) comprising those which have short ಅ as their vowel, and (*b*) comprising the rest.

7. The following couplet gives the gravely accented monosyllabic roots which end in vowels (B. 510).

ಊದೃದಂತೈರ್ಯೌತಿರುಕ್ಷ್ಣು ಶೀಙ್ಸ್ನುನುಕ್ಷುಶ್ವಿಡೀಙ್ಶ್ರಿಭಿಃ । ವೃಙ್ವೃಞ್ಭ್ಯಾಂ
ಚವಿನೈಕಾಚೋಽಜಂತೇಷುನಿಹತಾಃಸ್ಮೃತಾಃ ॥

" With the exception of roots ending in ಊ and ೠ, and with the exception of the roots ಯು, *to mix*, ರು, *to sound*, ಕ್ಷ್ಣು, *to whet*, ಶೀ *to sleep*, ಷ್ಣು *to distil*, ನು, *to praise*, ಕ್ಷು *to sneeze*, ಶ್ವಿ *to increase*, ಡೀಙ್ *to fly*, and ಶ್ರಿ *to serve* and ವೃ (ವೃಙ್) *to serve* and ವೃ (ವೃಞ್) *to choose*, roots which contain a single vowel are called *gravely accented roots*."

8. And non-monosyllabic roots ending in vowels, including derivative roots all of which must of course have, as has been seen, more than one vowel, being excluded from the list A as well as from the above couplet, it will be seen that if as a general proposition it may be said that almost all monosyllabic original roots ending in vowels do not admit the augment, on the other hand, the converse may be said in the case of

(1) All derivative roots.
(2) All non-monosyllabic original roots ending in vowels.
(3) All original roots ending in consonants with the exception of those given in list A above.

The few monosyllabic roots ending in vowels and admitting the augment, if we exclude (1) ಶ್ರಿ, (2) ಶ್ವಿ, (3) ಶೀ, (4) ಡೀ, (5) ಯು, (6) ರು, (7) ಕ್ಷ್ಣು, (8) ಸ್ನು, (9) ನು, (10) ಕ್ಷು, (11) ವೃಙ್, and (12) ವೃಞ್ all of which we will advert to under the head of irregular roots,

are (*a*) All roots ending in ಊ.
(*b*) All roots ending in ೠ.

9. For the sake of easy reference it would be well to treat in a separate list B, all the roots ending in consonants and not being in the list A.

LIST B.

I. Roots having indicatory ಊ.

(*a*) Roots which have medial ಇಟ್.
(*b*) Roots which have not medial ಇಟ್.

II. Roots having indicatory ಉ.

(*a*) Roots ending in ణిచ్.
(*b*) Roots not ending in ణిచ్.

III. Others, viz :—

(*a*) Roots ending in ణిచ్.
(*b*) Roots not ending in ణిచ్ and being,

(i) Roots distinguished by an indicatory ఈ.
(2) Roots distinguished by an indicatory ఉ.
(3) Others.

10. Now taking the notation we have already proposed to adopt in this respect as applicable only to affixes referred to in the 3rd exception, and only to that portion of those affixes which are not of the perfect and which are not *nishṭha*, it will be seen that the letters to which the notation refers will have to be prefixed as follows :—

E. (1) To all derivative roots.
(2) To all non-monosyllabic original roots.
(3) To all roots ending in ఊ and ౠ and
(4) To all roots in list B.

E· (1) To all roots in list A, and
(2) To all roots ending in any other vowel except ఊ and ౠ.

And to indicate that the augment in the case of roots ending in ౠ may optionally come as an ఈ (long) we may suffix O to E the sign to be used for this class of roots as above. Thus, EO will be the general sign of these roots.

11. It is however to be observed that some of the E roots as above classified reject the augment optionally while some E· roots optionally admit it. In the first case, the option, which is called విభాషా, *vibháshá*, is technically termed ప్రాప్తవిభాషా, *práptavibháshá*, and in the latter case, అప్రాప్తవిభాషా, *apráptavibháshá*. The roots which allow the option are as follows :—

I.—PRÁPTAVIBHÁSHA.

(1) Roots which having indicatory ఊ have medial ఇక్ (I *a*. of list B) except when they come before the affixes సన్, సన్$_1$, త్వా, and క్త్వా. (VII. 2. 44; VII. 2. 49; I. 2. 10, 18).

(2) Roots which, having indicatory ఊ, have no medial ఇక్ (I *b*. of list B) except when they come before త్వా and క్త్వా. (I. 2. 18; VII. 2. 44).

(3) Roots ending in ౠ when they come before (*a*) the tense affix of the aorist in the *átmanépadi* and (*b*) the personal affixes of the benedictive in the *átmanépadi* which, as we have seen, take the augment సీయుట్, and then appear as affixes beginning with స. (VII. 2. 42).

II.—APRÁPTAVIBHÁSHA.

Roots ending in ఋ and beginning with conjunct consonants, when they come before the tense affix of the aorist in the *átmanépadi* and the personal affixes of the benedictive in the *átmanépadi* which always begin with స as aforesaid. (VII. 2. 43).

12. Now resuming our notation, it is to be mentioned that the sign Œ is proposed to be prefixed only to roots having indicatory ఊ among all the roots admitting of optional augmentation as above.

13. There are some E roots which, being such as allow D roots to be formed from them by either సన్, or సన్$_1$, reject the augment before సన్$_1$ while they take it before సన్. These roots are:—

(1) Roots which have indicatory ఊ and have medial ఇక్ or which, though not having indicatory ఊ, end in ఇవ్. (VII. 2. 49; I. 2. 10).

(2) Roots ending in ౠ. (VII. 2. 41; I. 2. 9).

14. And there are some E roots, which being such as take either ತ್ವಾ or ಕ್ತ್ವಾ as their gerundial affix, require the augment before ತ್ವಾ, while they reject it before ಕ್ತ್ವಾ. These roots are :—

(1) Roots having indicatory ಊ. (I. 2. 18).

(2) Roots having indicatory ಉ. (VII. 2. 53).

15. Some E roots which are such as allow D roots to be formed from them by ಸನ್$_1$ only, reject the augment before this affix absolutely. These are all monosyllabic roots ending in ಊ (VII. 2. 12; VII. 2. 49; VII. 2. 9). And monosyllabic roots ending in ಉ and ಋ reject the augment even before other affixes if they have indicatory ಕ್ (VII. 2. 11). On the other hand the E roots ending in ಅ, ಇ, ಈ, ಉ and ಋ absolutely require the augment before certain affixes. These affixes are—(1) ಸ್ಯ-ಚಿಣ್. (2) ಸಿಚ್-ಚಿಣ್. (3) ಸೀಯುಟ್-ಚಿಣ್. (4) ತಾಸ್-ಚಿಣ್. (5) ತಾ-ಚಿಣ್. (6) ತ್-ಚಿಣ್ and ತಾಹ್-ಚಿಣ್. (VI. 4. 62). Further, the roots ending in ಆ absolutely require the augment if the affix be ಸಿಚ್ in the *parasmaipadi*, (VII. 2. 73) and roots ending in ಋ likewise absolutely admit the augment if the affix be ಸ್ಯ (VII. 2. 70).

16. With regard to the affixes of the perfect the following verse contains a synopsis of the rules relating to the omission of the augment (VII. 2. 13; VII. 2. 61; VII. 2. 62; B—516).

ಅಜನ್ತೋಕಾರವಾನ್ವಾಯಸ್ತಾಸ್ಯ ನಿಟ್ಥಲಿವೇಡಯಮ್ | ಋದನ್ತ ಈದೃಙ್ನಿತ್ಯಾ
ನಿಟ್ಕ್ರಾದ್ಯನ್ಯೋ ಲಿಟಿಸೇಡ್ಭವೇತ್ ||

"The root which ends in a vowel or (ending in a consonant) has an ಅ, if it be devoid of ಇಟ್ when ತಾಸ್ follows, may optionally have ಇಟ್ when ಥಲ್ follows. That which ends in ಋ is under the same circumstances always devoid of ಇಟ್. Any verb except ಕ್ರಾದಿ should have ಇಟ್ when *lit* (affixes) follow" (the foregoing option in the case of ಥಲ್ being borne in mind).

17. The ಕ್ರ್ಯಾದಿ roots referred to in the verse are ದ್ರು, ಶ್ರು, ಸ್ರು, ಸ್ತು, ಕೃ, ಸೃ, ಭೃ ವೃಙ್, and ವೃಞ್.

18. It will be seen that, if we exclude the above 9 roots which include two of the irregular roots already reserved, viz, ವೃಙ್ and ವೃಞ್ and the rest of which also we propose to notice under the head of irregular roots, it may be said generally that for the affixes of the perfect the augment should come or not in the case of other roots as follows :—

(1). The augment should come for all the affixes of the perfect except ಥಲ್.

(2). Even for ಥಲ್, the augment should come generally.

(3). But for ಥಲ್ coming after roots ending in ಋ, the augment should be omitted.

(4). And further for ಥಲ್, if it comes after original roots ending in any vowel except ಋ, or after such roots in list A as have ಅ as their vowel, (*a*, of list A), the augment may be optionally left out, though it may, if so desired, be inserted.

19. As regards the *nishṭhá* affixes, the general rule is, that they should not take the augment not only after E· roots, but also after E roots provided they are the following :—

(1). Monosyllabic roots ending in ಊ and ೠ (VII. 2. 11).

(2). Roots which in the case of any other affix admit the augment optionally, that is to say :—

(i) Œ roots (VII. 2. 15); (ii) Roots having indicatory ಉ (VII. 2. 15.) (iii) Roots which though having no indicatory ಊ or indicatory ಉ, end in ಇವ್ (III. *a.* of list B.) (iv) Roots which are distinguished by an indicatory ಈ, (III. *b.* 1. of list

 3 E

B); (VII. 2. 14.) (v) Roots which are distinguished by an indicatory ಉ (III. *b.* 2. of list B.), except when they are used so as to denote the action signified by them, that is, impersonally, or so as to denote an action that has been simply begun (VII. 2. 16, 17.), and (vi) optionally roots distinguished by an indicatory ಉ (III. *b.* 2. of list B.) even when they are so used (VII. 2. 16, 17.)

20. In order to point out the position of the E, E·, EO, and Œ roots with regard to the special affixes in respect of which there is a limitation or enlargement of their general character as above stated, signs will be adopted to represent these affixes as follows:—

1= ಸ್ಯ-ಚಿಣ್. ಸಿಚ್-ಚಿಣ್. ಸೀಯುಟ್-ಚಿಣ್. ತಾಸ್-ಚಿಣ್. ತಾ-ಚಿಣ್ ತ್-ಚಿಣ್. ತಾಹ್-ಚಿಣ್.

2= ಸನ್$_1$, (desiderative).

3= ಸನ್, (desiderative).

4= ಸಿಚ್, *parasmaipadi.*

5. ಸಿಚ್$_1$, *átmanepadi.*

6. ಸಿಚ್, *átmanepadi.*

7. ಸ್ಯ.

8. The personal affixes of the benedictive having indicatory ಕ್ in the *átmanepadi.*

9. The personal affixes of the benedictive not having indicatory ಕ್ in the *átmanepadi.*

10. *Nishṭhá* affixes.

11. ಕ್ತ್ವಾ.

12. ತ್ವಾ.

13. Other affixes having indicatory ಕ್ except those of the perfect.

14. ಥಲ್.

15. Other affixes of the perfect.

21. Bearing in mind the above additional notation and using the signs e, eo, e·, and oe in the same sense in

which the signs E, EO, E· and Œ have been already used but with this difference that their signification is confined only to the specified few affixes represented by the figures suffixed to them, the result of the above rules, so far as the third exception to the general rule requiring augmentation by ఇట్[6] is concerned, we can represent in one view as follows :—

	Group.
1. All derivative roots ... ... =E. 2. All other non-monosyllabic roots ... =E. 3. Monosyllabic roots ending in consonants and not ending in ఇట్[6] and not having indicatory ఉ, ఈ, ఊ, ౠ, and not being in list A. (III *b*. 3. of list B) ... ... =E.	I.
4. Monosyllabic roots ending in consonants and not ending in ఇట్[6] and not having indicatory ఉ, ఊ, and ౠ and not being in list A but having indicatory ఈ. (III . *b* 1. of list B) E. e· 10.	II.
5. Monosyllabic roots ending in consonants and not ending in ఇట్[6] and not having indicatory ఊ, ౠ, and ఈ and not being in list A, but having indicatory ఉ. (III. *b*. 2. of list B) ... E. œ 10.	III.
6. Monosyllabic roots ending in consonants but not ending in ఇట్[6] and having indicatory ఊ. (II. *b*. of list B) ... ... E. e· 10, 11. e 12.	IV.
7. Monosyllabic roots ending in ఇట్[6] and having indicatory ఊ (II. *a* of list B). =E e· 2, 10, 11. e 3, 12.	V.
8. Monosyllabic roots ending in ౠ ... =E. e· 2, 10, 11. 13.	VI.
9. Monosyllabic roots ending in ఋ =EO. e 3, 4, 6, 9, 14, 15., eo 3, 6. . e· 2, 5, 8, 10, 11, 13.	VII.

10. Monosyllabic roots ending in consonants and having indicatory ಉ and having at the same time medial ಇಟ್ (I. *a.* of list B)= Œ· e $\underline{3, 12}$. e· $\underline{2. 10, 11}$.	VIII.
11. Monosyllabic roots ending in consonants and having indicatory ಉ without being roots having medial ಇಟ್ (I. *b.* of list B)... = Œ·e $\underline{12}$. e. $\underline{10, 11}$.	IX.
12. Monosyllabic roots which are in list A and which have ಅ as their vowel (*a.* of list A)=E· œ$\underline{14}$ e$\underline{15}$.	X.
13. Monosyllabic roots which are in list A and which have not ಅ as their vowel (*b.* of list A). E· e$\underline{14, 15}$.	XI.
14. Monosyllabic roots ending in ಇ, ಈ, and ಉ. ... ... =E· œ$\underline{14}$ e$\underline{1. 15}$.	XII.
15. Monosyllabic roots ending in ಋ and not beginning with conjunct consonants ...= E· e$\underline{1. 7, 15}$.	XIII.
16. Monosyllabic roots ending in ಋ and beginning with conjunct consonants =E· e$\underline{1, 6, 7, 9, 15}$. e· $\underline{5, 8}$.	XIV.
17. Monosyllabic roots ending in ಅ. ...= E· œ$\underline{14}$ e$\underline{1. 4. 15}$.	XV.

22. It will be seen that some affixes having the same efficient letters but differenced by indicatory ಕ್, when they come after the same roots as they may optionally do, take the augment when without the ಕ್, but reject the augment when with it. Thus in the *átmanepade* when roots beginning with conjunct consonants and ending in ಋ, and roots ending ಋೂ, take optionally ಸಿಚ್$_{1}$ or ಸಿಚ್ in the aorist and personal affixes having or not having indicatory ಕ್ in the benedictive, the affixes in both cases take the augment only when they are without the ಕ್. So also in the case of the desideratve and gerundial affixes

సన్$_1$, సన్, క్త్వా, and త్వా. This distinction which has been clearly pointed out in the above summary should be well remembered.

23. We have hitherto seen the augment ఇట్ as coming only for *árdhadhátuka* affixes, but even for *sárvadhátuka* affixes, it comes in certain cases, but always with the ఇ lengthened as follows:—

(1) Absolutely before affixes consisting of a single consonant *i. e.* త and స coming after సిచ్ (VII. 3. 96) and

(2) optionally before *sárvadhátuka* affixes distinguished by an indicatory ప, commencing with consonants, and coming after a F. P. base (VII. 3. 94) *e. g.* కృ+సిచ్+త=కృ+సిచ్+ఈత; కృ+సిచ్+స=కృ+సిచ్+ఈస; F. P. రోరుద్+తిప్=రోరుద్+ఈతి.

CHAPTER III.

TRANSFORMATION AND PRELIMINARY AUGMENTATION OF VERBAL BASES.

1. Roots which in their original enunciation end in ఎచ్ should have their final vowel transformed into ఆ generally, but before affixes having indicatory శ as their initial letter, they should remain unchanged, except when the affix is శ్య, and the root concerned is one ending in ఓ; for, the ఓ should be entirely *lopated* before శ్య (VI. 1. 45; VII. 3. 71). *e. g.* ధే=ధా. గ్లై=గ్లా. శో=శా. గ్లై+శప్=గ్లాయ. శో+శ్య=శో—4 *f*+శ్య=శ్య; but గ్లై+ఏశ=గ్లా+ఏశ.

2. There are two kinds of augmentation. One which may be called the *preliminary* augmentation, supplies certain

augments to either the end or the middle of the bases; and the other which may be called the *final* augmentation furnishes augments which have to be prefixed to the bases.

3. Augments of the 1st kind are as follows:—

(i.) ಪುಕ್ is the augment of a base ending in ಆ when the affix ಣಿ is to be attached. (VII. 3. 36) *e. g.* ಸ್ಥಾ+ಣಿ=ಸ್ಥಾ+ಪುಕ್+ಣಿ=ಸ್ಥಾ+ಪ್+ಇ=ಸ್ಥಾಪಿ.

(ii.) ಯುಕ್ is the augment of a base ending in ಆ when ಚಿಣ್ is to be attached (VII. 3. 33) *e. g.* ಸ್ಥಾ+ಚಿಣ್=ಸ್ಥಾ+ಯುಕ್+ಚಿಣ್=ಸ್ಥಾ+ಯ್+ಇ=ಸ್ಥಾಯಿ.

(iii.) ಸಕ್ is the augment of a base ending in ಆ when ಸಿಚ್ in the *parasmaipadi* is to be attached (VII. 2. 13) *e. g.* ಯಾ+ಸಿಚ್=ಯಾ+ಸಕ್+ಸಿಚ್=ಯಾ+ಸ್+ಸಿಚ್=ಯಾ ಸ್+ಇಸ್.

(iv.) ಯುಕ್ is the augment of a base ending in ಆ when a primitive affix having an indicatory ಞ or ಣ is to be attached (VII. 3. 33). *e. g.* ದಾ+ಣ್ವುಲ್=ದಾ+ಯುಕ್+ಣ್ವುಲ್=ದಾ+ಯ್+ಣ್ವುಲ್.

(v.) ತುಕ್ is the augment of a vowel when a primitive affix with an indicatory ಪ has to be attached (VI. 1. 71). *e. g.* ಚಿ+ಕ್ವಿಪ್=ಚಿತ್+ಕ್ವಿಪ್.

(vi.) ಮುಕ್ is the augment of a base ending in ಅ when the primitive affixes ಶಾನಚ್ and ಚಾನಶ್, (which, after having their indicatory letters removed, become ಆನ,) are to be attached (VII. 2, 82) *e. g.* ಪಚ+ಆನ=ಪಚ+ಮುಕ್+ಆನ=ಪಚ+ಮ್+ಆನ=ಪಚಮಾನ.

(vii.) ಅಮ್ is optionally the augment of E· roots ending in consonants with penultimate ಋ (VI.

1. 59), when followed by affixes beginning with ಝಲ್ and not having an indicatory ಕ e. g. ಸೃಪ್+ತಾ=ಸ್ರಪ್ or ಸೃಪ್+ತಾ.

3. Observe that after transformation and augmentation as aforesaid, the bases should be treated exactly as they are found in their transformed or augmented condition for all future purposes. *e. g.* ಗ್ಲೈ after becoming ಗ್ಲಾ should afterwards be treated as if it were a base ending in ಆ, and so should receive the augments ಪುಕ್, ಯುಕ್, and ನುಕ್ respectively before ಣಿ, ಚಿಣ್, and ಖಶ್. So, all bases augmented by the above augments and by ತುಕ್ will have afterwards to be treated only as bases ending in the consonants ಪ, ಯ, ನ, and ತ as the case may be, and as such they will be governed by whatever rules are hereafter given regarding bases ending in such consonants.

4. Observe likewise that the augments which the bases receive before affixes as aforesaid come to them also when such affixes come as *lopated* affixes, by virtue of one of the general principles already mentioned. ದಾ=ದಾ+ಪುಕ್, not only before ಣಿ, but also before 4 ಣಿ. In fact, it should be stated once for all that this general principle should very carefully be borne in mind in applying the rules for bases and affixes, and accordingly the rules stated in relation to an affix should as well be applied to the affix when we find it as a *lopated* affix as when we find it in its integrity.

5. Before we advert to the second kind of augmentation alluded to, it will be convenient to consider another subject *i. e.* the changes the verbal bases undergo otherwise than by what we have above called the transformation and augmentation of verbal bases.

CHAPTER IV.

ALTERATION OF VERBAL BASES OTHERWISE THAN BY TRANSFORMATION AND AUGMENTATION.

1. The first such alteration to be noticed is in connection with the augment ಇಟ್, and it consists of the *lopation* of the final ಆ of a base coming before an affix having this augment (VI. 4. 64) *e. g.* ಪಪಾ+ಇಥ=ಪಪಿಥ.

2. Other most important changes of the bases are as follows :—

(i). The ಅ at the end of a verbal base should be lengthened when followed by a *sárvadhátuka* affix beginning with the consonants ಯಞ್, or by an *árdhadhátuka* affix beginning with ಯ and distinguished by an indicatory ಕ or ಙ, if it is not a primitive one. (VII. 3. 10, 25) *e. g.* ಪಚ+ಮಿಪ್ or ವಸ್ or ಮಸ್=ಪಚಾಮಿ, ಪಚಾವಃ, ಪಚಾಮಃ; ಪಿಪಠಿಷ+ಯಕ್ or ಯಙ್=ಪಿಪಠಿಷಾಯ; but ಚಿನು+ವಸ್ or ಮಸ್=ಚಿನುವಃ, ಚಿನುಮಃ. ಪಚ+ತಸ್ or ಥಸ್=ಪಚತಃ, ಪಚಥಃ. ಕೃ+ಯ of ಲ್ಯಪ್ (primitive affix)=ಕೃ+ಯ.

(ii). But when *árdhadhàtuka* affixes other than the above follow, the ಅ of bases which end in that letter at the time when the affixes are to be attached should be entirely *lopated* (VI. 4. 48), and if the ಅ is preceded by ಯ (close) which is itself preceded by a consonant, then, provided the expression ಯ of which the ಯ and ಅ are parts is a significant part of the base *i. e. an affix*, not only the ಅ is *lopated*, but also the ಯ preceding the ಅ (VI. 4. 49) *e. g.*

చికీర్ష + ఇతుమ్ = చికీర్షితుమ్. బిభిద్య where the open య belongs to the derivative affix యఙ్ + ఇతుమ్ = బిభిదితుం; but లోలూయ + ఇతుమ్ = లోలూయితుమ్; (only అ is *lopated* not య because the open య, though it is an affix, is preceded by a vowel, not a consonant) and మవ్య + ఇతుం = మవ్యితుం (here the open య is not that of an affix, but is a part of the root మవ్య)

(iii.) There should be ఈ in the room of ఆ final in verbal bases, if they are bases reduplicated according to rules to be mentioned by and by, when *sárvadhátuka* affixes having indicatory క or ఙ, and beginning with consonants follow; but ఆ in these bases should be entirely *lopated* before such affixes beginning with vowels. (VI. 4. 112, 113) *e. g.* మిమా (reduplicate of మా) + తే = మిమీతే; మిమా + అతే = మిమ్ + అతే = మిమతే.

(iv.) And as to *árdhadhátuka* affixes, while final ఆ is changed into ఏ before యత్, a primitive affix, (VI. 4. 65; VII. 4. 73) the final ఆ should be entirely *lopated* before affixes beginning with vowels, if they have an indicatory క (VI. 4. 64). But though ఆ, before *árdhadhátuka* affixes beginning with consonants, and having indicatory క or ఙ, should generally remain unchanged, yet, it may optionally be changed into ఏ before such *árdhadhátuka* affixes of the benedictive, if the roots concerned begin with a conjunct consonant. (VI. 4. 68) *e. g.* దా + యత్ = దే + యత్ = దేయః. పపా + అతుస్[1] = పప్ + అతుస్ = పపతుః. గ్లా + యక్ = గ్లా + యక్ = గ్లాయః; గ్లా + యాత్ = గ్లా or గ్లే + యాత్ = గ్లాయాత్ or గ్లేయాత్. (*ben*).

(v.) Whether the affixes that follow are *sárvadhátuka* or *árdhadhátuka* the final ಇಕ್ vowels of bases should be *guṇated*. (VII. 3. 84) *e. g.* ಭೂ+ಶಪ್= ಭೋ+ಅ=ಭವ; ನೀ+ಶಪ್=ನೇ+ಅ=ನಯ; ತೄ+ಶಪ್=ತರ್ +ಅ=ತರ; ಕೃ+ತೃಚ್=ಕರ್+ತೃ=ಕರ್ತೃ.

(vi.) And before *sárvadhátuka* affixes beginning with consonants having indicatory ಪ್, the final ಉ of a base should be *vriddhiated*, not simply *guṇated*, if the base (*a*) is not one reduplicated under rules to be referred to hereafter, and (*b*) has been formed from a root by any *lukated* affix. (VII. 3. 89) *e. g.* ಯು+ತಿಪ್=ಯೌ+ತಿ= ಯೌತಿ; but ಯೋಯು (reduplicated ಯು)+ತಿಪ್= ಯೋಯೂತಿ.

(vii.) And likewise before the affix ಸಿಚ್, whether augmented or not with ಇಟ್ in the *parasmaipadi* all ಇಕ್ vowels should be *vriddhiated*. (VII. 2. 1, 5) *e. g.* ಚಿ, or ಕೃ+ಸಿಚ್=ಚೈ or ಕಾರ್+ಸಿಚ್= ಚೈಷ್ or ಕಾರ್ಷ್; ಲೂ+ಇ+ಸಿಚ್=ಲೌ+ಇ+ಸಿಚ್=ಲಾ ವಿಷ್.

(viii.) And even in cases other than the above, final ಇಕ್ vowels should be *vriddhiated* before all affixes, if the affixes have an indicatory ಞ or ಣ (VII. 2. 115; Kas on VI. 4. 49.) *e. g.* ನೀ, ಲೂ, and ಕೃ+ಣಿಚ್=ನೈ, ಲೌ, and ಕಾರ್+ಇ=ನಾಯಿ, ಲಾವಿ, and ಕಾರಿ.

(ix.) But before the affixes ಣಿ and 4 ಣಿ long vowels caused by *vriddhiation* as above should be shortened, if the roots to which the final ಇಕ್ vowels belonged are distinguished by indicatory ಮು, though, if, after the affix 4 ಣಿ

the affix ಚಿಣ್ or the primitive affix ಣಮುಲ್ is to be attached, the vowels so shortened may again be optionally lengthened. (VI.4.92, 93) *e.g.* ಸ್ಮೃ (distinguished by indicatory ಮು)+ಣಿಚ್ =ಸ್ಮಾರ್+ಣಿಚ್=ಸ್ಮಾರ್ @ *s. p.*+ಇ=ಸ್ಮರಿ not ಸ್ಮಾರಿ, but ಸ್ಮೃ+ಇ ಣಿಚ್+ಚಿಣ್ or ಣಮುಲ್=ಸ್ಮಾರಿ or ಸ್ಮರಿ +ಚಿಣ್ or ಣಮುಲ್.

(x.) But no *guṇation* as above stated should take place before the affix ಕ್ನು$_{*}$ and if the vowels belong to F. P. bases, before the primitive affix ಅಚ್. (I. 1. 4; Sid. II. 158, 211) *e. g.* ರು+ಕ್ನು=ರು+ನ=ರುಣು; ಲೋಲೂ, ಸೇನೀ, and ಮರೀ ಮೃಜ್ (F. P. bases)+ಅಚ್=ಲೋಲೂ, ಸೇನೀ, and ಮರೀಮೃಜ್+ಅ.

(xi.) And no *guṇation* or *vriddhiation* as above stated should take place before affixes having indicatory ಕ or ಙ (I. 1. 5) except before ಜುಸ್$_2$ beginning with a vowel *i. e.* ಜುಸ್ coming without the augment ಯಾಸುಟ್ (VII. 3. 83) *e. g.* ಚಿ+ಕ್ತ=ಚಿತ; ಸ್ತು+ಕ್ತ=ಸ್ತುತ; ಚಿನು+ತಸ್=ಚಿನುತಃ; ಜುಹು+ಜುಸ್$_2$=ಜುಹೋ+ಉಸ್=ಜುಹವುಃ; but ಜುಹು +ಯುಸ್ which is ಜುಸ್ augmented with ಯಾಸುಟ್=ಜುಹುಯುಃ.

(xii.) If however, the affixes having indicatory ಕ or ಙ begin with *vowels*, the final ಇ or ಈ of bases becomes ಇಯಙ್, though, when it belongs to a base having more vowels than one, and is not preceded by a conjunct consonant forming part of the root of which the base is formed, the substitute for it is not ಇಯಙ್, but the corresponding ಯಣ್. (VI.4.77, 82) *e. g.* ಚಿಕ್ಷಿ+ಅತುಸ್$_1$=ಚಿಕ್ಷಿ @ ಇಯ್ for *f*+ಅತುಸ್=ಚಿಕ್ಷಿಯತುಃ; but ನಿನೀ+ಅತುಸ್=ನಿನ್ಯತುಃ.

(xiii.) And before *affixes of the above description*, the final ಉ or ಊ of bases becomes ಉವಙ್. (VI. 4. 77.) *e. g.* ಲುಲೂ+ಅತುಸ್=ಲುಲೂ @ ಉವ್ for *f*+ ಅತುಸ್=ಲುಲುವತುಃ.

(xiv.) The final ಇ or ಈ and ಉ or ಊ of F. P. bases become ಇಯಙ್ and ಉವಙ್ also before the primitive affix ಅಚ್, when they get changed so before affixes having indicatory ಕ or ಙ. (I. 1. 4) *e. g.* ಲೊಲೂ+ಅಚ್=ಲೊಲುವ್+ಅ=ಲೊಲುವ ; ನೇನೀ+ಅಚ್=ನೇನಿಯ ; ಮರೀಮೃಜ್ + ಅಚ್= ಮರೀಮೃಜ.

(xv.) And as to affixes having indicatory ಕ or ಙ and beginning with consonants, if the affix that follows is the affix ಸನ್$_1$, without the augment ಇಟ್, final ಇ and ಉ should be lengthened. (VI. 4. 16) *e. g.* ಪಿ+ಸನ್$_1$=ಪೀಷ ; ಸ್ತು+ಸನ್$_1$=ಸ್ತೂಷ.

(xvi.) And before *such* ಸನ್$_1$, final ಋ should be made ಊರ್, if the ಋ is preceded by a labial or dento-labial, and ಈರ್ in other cases. (VI. 4. 16 ; VII. 1. 100 ; I. 1. 51) *e. g.* ಕೃ+ಸನ್= ಕೀರ್+ಸ=ಕೀರ್ಷ ; ಪೃ+ಸನ್=ಪೂರ್+ಸ=ಪೂರ್ಷ.

(xvii.) And final ಋ should even be *guṇated* (1) before ಅಚ್, (VII. 4. 16) and (2) before the affixes of the perfect having indicatory ಕ, if the bases begin with conjunct consonants (VII. 4. 10.) *e. g.* ಕೃ+ಅಚ್=ಕರ್+ಅಚ್=ಕರ. ಸ್ಮೃ+ಅತುಸ್$_1$=ಸ್ಮರ್ +ಅತುಸ್=ಸ್ಮರತುಃ.

(xviii.) And final ಋ should be altered into ರಿಯಙ್ if the affix that follows is ಶ (VII. 4. 28 ; VI. 4. 77) *e. g.* ಆದೃ+ಶ=ಆದೃ @ ರಿಯಙ್ for *f*+ಅ=ಆದ್ರಿಯ.

(xix.) And final ಋ of a base before affixes having indicatory ಕ or ಙ, whether thy are *sárvadhàtuka* or *àrdhadhàtuka*, becomes ಉರ್, if it is preceded by a labial or dento-labial and ಇರ್ otherwise (VI. 1. 40; VII. 1. 100. I. 1. 51.) except before such affixes of the perfect before which it is *guṇated.* (VII. 4. 11.) *e. g.* ಕೄ+ಶ$_2$=ಕಿರ್+ಅ=ಕಿರ; ಕೄ+ಅತುಸ್$_1$=ಕರ್+ಅತುಸ್ (perfect)=ಕರತುಃ.

(xx.) But notwithstanding anything to the contrary in the above rules, final ಇ and ಉ before *àrdhadhàtuka* affixes beginning with ಯ, provided they are not primitive affixes, should neither be *guṇated* nor *vriddhiated* nor left unchanged, but should always be made long (VII. 4. 25; Kas: on VI. 4. 48) *e. g.* ಚಿ or ಸ್ತು+ಯಾತ್, ಯಙ್, and ಯಕ್=ಚೀಯಾತ್, ಸ್ತೂಯಾತ್; ಚೀಯ, ಸ್ತೂಯ; and ಚೀಯ, ಸ್ತೂಯ; but ಕೃ+ಲ್ಯಪ್ (primitive affix)=ಕೃ+ಯ; ಚಿನು+ಯಾತ್ *(sárvadhátuka)*=ಚಿನುಯಾತ್.

(xxi.) And before (1) ಯಕ್ and (2) the affixes of the benedictive beginning with ಯ, final ಋ is *guṇated,* if the base begins with a conjunct consonant, and becomes ರಿಙ್, not ರೀಙ್, otherwise; and before ಯಙ್ also, final ಋ is *guṇated,* if the base begins with a conjunct consonant, though it becomes ರೀಙ್, not ರಿಙ್ otherwise. (VII. 4. 29, 28, 30; Sid. II. 25, 216). *e. g.* ಸ್ಮೃ+ಯಕ್, ಯಾತ್, and ಯಙ್=ಸ್ಮರ್+ಯ &c.=ಸ್ಮರ್ಯ, ಸ್ಮರ್ಯಾತ್, and ಸ್ಮರ್ಯ; ಕೃ+ಯಕ್ and ಯಾತ್=ಕ್ರಿ+ಯಕ್ &c.=ಕ್ರಿಯ, and ಕ್ರಿಯಾತ್. ಕೃ+ಯಙ್=ಕ್ರೀ+ಯಙ್=ಕ್ರೀಯ.

(xxii.) The penultimate అ of bases ending in య and వ should be lengthened when a *sárvadhàtuka* affix beginning with the consonants యఞ్ except య follows. (VII. 3. 101; VII. 4. 25. Sid. II. 218). *e. g.* జాహయ్+వి=జాహాయ్+వి=జాహావి. చాక్లవ్+వి=చాక్లావ్+వి=చాక్లావి.

(xxiii.) And there should be the substitution of ఎ for the penultimate అ of a base before the affixes of the perfect having indicatory క, and also before థల్, when before such affixes the base, being reduplicated, afterwords gets its reduplicated portion *lopated* according to rules to be referred to hereafter. (VI. 4. 120, 121, 126). *e. g.* పచ్ (in which according to rules to be referred to, the base has been first reduplicated and then deprived of its reduplicated portion)+అతుస్$_1$=పచ్ @ ఎ for p +అతుస్=పేచతుః.

(xxiv.) And penultimate అ of a base should be *vriddhiated* i. e. lengthened not only in the case of the perfect but in other cases also, when the affixes have an indicatory ఞ or ణ. (VII. 2. 116.) *e. g.* పపచ్+ణల్=పపాచ్+అ=పపాచ; పచ్+ణి=పాచ్+ఇ=పాచి; పచ్+ఘఞ్=పాచ్+ఘఞ్.

(xxv). But if the affix is చిణ్ or a primitive affix having indicatory ఞ or ణ, the penultimate అ is not *vriddhiated* in the case of E roots ending in మ. (VII. 3. 34.) *e. g.* E శమ్+చిణ్ and ణ్వుల్=శమి+అ, శమ్+ణ్వుల్.

(xxvi.) And if the affix is ಣಿ or ತ್ ಣಿ, the ಅ so lengthened is to be shortened, optionally if the roots concerned are distinguished by an indicatory ಞು, and invariably if they are distinguished by an indicatory ಘು, though if, after the affix ತ್ ಣಿ, the affixes ಚಿಣ್ and ಣಮುಲ್ are to be attached the vowels so shortened may in the case of roots distinguished by an indicatory ಘು also again be optionally lengthened. (VI. 4, 92, 93; Sid. II. 85. See Kav.) *e. g.* ಜ್ಞಪ್+ಣಿ or ತ್ ಣಿ=ಜ್ಞಪ್+ಣಿ or ತ್ ಣಿ; but ಜ್ಞಪ್+ ತ್ ಣಿ+ಚಿಣ್ or ಣಮುಲ್=ಜ್ಞಪ್ or ಜ್ಞಾಪ್+ ಚಿಣ್ or ಣಮುಲ್. So ಶಮು+ಣಿಚ್ or ತ್ ಣಿಚ್ &c=ಶಮು or ಶಾಮು+ಇ or ಚಿಣ್ or ಣಮುಲ್.

(xxvii.) And before the affix ತ್ ಣಿ causative, if the affix is to be followed by ಚಿಣ್ or ಣಮುಲ್, even antepenultimate ಅ may be lengthened optionally in the case of roots of the above description. (Sid. II. 81. 271) *e. g.* ಕ್ಷಂಜ್+ಚಿಣ್ or ಣಮುಲ್=ಕ್ಷಂಜ್ or ಕ್ಷಾಂಜ್ +ಚಿಣ್ or ಣಮುಲ್.

(xxviii.) And before ಸಿಚ್ without the augment ಇಟ್ in the *parasmaipadi*, penultimate ಅ of a base ending in a consonant should be *vriddhiated.* (VII. 2. 3,4.) *e.g.* ಪಚ್+ಸಿಚ್=ಪಾಚ್+ಸಿಚ್=ಪಾಕ್ಷ್.

(xxix.) And before ಸಿಚ್ without the augment ಇಟ್ in the *parasmaipadi*, antepenultimate ಅ should be *vriddhiated.* (VII. 2. 3, 4) *e. g.* ರಂಜ್+ಸಿಚ್= ರಾಂಜ್+ಸಿಚ್=ರಾಂಕ್ಷ್.

(xxx.) And even when ಸಿಚ್ in the *parasmaipadi* takes the augment ಇಟ್, penultimate ಅ should be *vriddhiated*, if the base which it follows ends in ರ or ಲ (VII. 2. 2.) and may optionally be *vriddhiated* in other cases also, if the ಅ is light, and the roots begin with a consonant (VII. 2. 7), except (1) when the roots end in ಹ, ಮ, or ಯ or (2) when the roots have an indicatory ಎ. (VII. 2. 5). *e. g.* ಕ್ಷರ್ and ಜ್ವಲ್+ಇ+ಸಿಚ್=ಕ್ಷಾರಿಸ್, and ಜ್ವಾಲಿಸ್; ಕಣ್ +ಇ+ಸಿಚ್=ಕಣಿಸ್ or ಕಾಣಿಸ್; but ರಕ್ಷ್+ಇ+ಸಿಚ್= ರಕ್ಷಿಸ್; ಅಸ್+ಇ+ಸಿಚ್=ಅಸಿಸ್; ಗ್ರಹ್+ಇ+ಸಿಚ್= ಗ್ರಹಿಸ್; ಸ್ಯಮ್+ಇ+ಸಿಚ್=ಸ್ಯಮಿಸ್; ವ್ಯಯ್+ಇ+ ಸಿಚ್=ವ್ಯಯಿಸ್: ರಗ್ from ರಗೆ (having indicatory ಎ)+ಇ+ಸಿಚ್=ರಗಿಸ್.

(xxxi.) The penultimate ಆ of bases before the affix ಣಿ or 4̄ ಣಿ should be shortened, optionally if the roots concerned are distinguished by an indicatory ಊ, and invariably if they are distinguished by an indicatory ಮ, though if, after the affix 4̄ ಣಿ, the affixes ಚಿಣ and ಣಮುಲ್ are to be attached, the vowels so shortened may again be optionally lengthened (VI. 4. 92, 93) *e. g.* ಜ್ಞಾಪ್ (indicatory ಮ)+ಣಿ=ಜ್ಞಾಪ್+ಇ=ಜ್ಞಪಿ; ಗ್ಲಾಪ್ (indicatory ಊ)+ಣಿ=ಗ್ಲಪ್ or ಗ್ಲಾಪ್+ಇ=ಗ್ಲಪಿ or ಗ್ಲಾಪಿ; ಜ್ಞಾಪ್+4̄ ಣಿ+ಚಿಣ್ or ಣಮುಲ್=ಜ್ಞಾಪ್+ಚಿಣ್ or ಣಮುಲ್.

(xxxii). Before ಸಿಚ್ without the augment ಇಟ್ in the *parasmaipadi*, penultimate ಇಕ್ vowels should be *vriddhiated*) VII. 2. 3, 4) *e. g.* ಛಿದ್+ಸಿಚ್= ಛೈದ್+ಸಿಚ್= ಛೈತ್ಸ್; ರುದ್+ಸಿಚ್ =ರೌದ್+ಸಿಚ್= ರೌತ್ಸ್.

(xxxiii). And before ಸಿಚ್ without the augment ಇಟ್ in the *parasmaipadi*, even antepenultimate ಇಕ್ vowels should be *vriddhiated* (VII. 2. 3, 4.) *e. g.* ವಿಂದ್+ಸಿಚ್=ವೈಂದ್+ಸಿಚ್=ವೈಂತ್ಸ್.

(xxxiv.) Subject to the above rules, the penultimate ಇಕ್ vowels of bases ending in consonants, if light, should be *guṇated* when affixes, whether *sárvadhátuka* or *árdhadhátuka*, follow. (VII. 3. 86.) *e. g.* ತಿಲ್, ಮುಚ್, and ದೃಪ್+ಶಪ್=ತೇಲ್, ಮೋಚ್, and ದರ್ಪ್+ಅ=ತೇಲ, ಮೋಚ, and ದರ್ಪ; ತಿಲ್, ಮುಚ್, and ದೃಪ್+ಅನ=ತೇಲನ, ಮೋಚನ, and ದರ್ಪಣ.

(xxxv.) But no *guṇa* or *vṛiddhi* of penultimate ಇಕ್ vowels should take place (1) when the vowels are derived from the augmentation of affixes by ಇಟ್ or (2) when the base is a reduplicated one and the affixes are *sárvadhátuka* affixes having indicatory ಪ and beginning with vowels, or (3) when the base is a FA base and is followed by the primitive affix ಅಚ್ (I. 1. 4.) and (4) when the affixes have indicatory ಕ or ಙ. (I. 1. 5, 6.) *e. g.* (1) ಭವಿತ್ (from ಭೂ+ಇತ್)+ಆ=ಭವಿತಾ (not ಭವೇತಾ); (2) ನೇನಿಜ್ (reduplicated)+ಆನಿ and ಆಮ=ನೇನಿಜಾನಿ and ನೇನಿಜಾಮ; (3) [illegible]; (4) ಸ್ತು+ಕ್ತವತ್ =ಸ್ತುತವತ್; ಚಿನು+ತಸ್=ಚಿನುತಃ.

(xxxvi.) If however the affixes having indicatory ಕ or ಙ begin with ಝಲ್ and also before primitive affix ಕ್ವಿಪ್, the short penultimate vowels of bases ending with a nasal should be lengthened. (VI. 4. 15.) *e. g.* ಶಮ್+ಕ್ವಿಪ್=ಶಾಮ್+ಕ್ವಿಪ್; ಶಮ್+ಕ್ತವತ್=ಶಾಮ್+ಕ್ತವತ್=ಶಾಂತವತ್; ಶಂಶಮ್+ತಸ್=ಶಂಶಾಮ್+ತಸ್=ಶಂಶಾಂತಃ.

(xxxvii.) Penultimate ಋ should be changed into ಈರ್ (VII. 1. 101.) *e. g.* ಕೄತ್+ಣಿ=ಕೀರ್ತ್+ಇ=ಕೀರ್ತಿ.

(xxxviii.) And before ಚಜ್ coming after a *ṇi* root, whether the root is one formed by ಣಿ or ಣಿ+ಣಿ, if the base as it stands before ಣಿ or ಣಿ+ಣಿ has a long penultimate vowel, this vowel should be made short. (VII. 4. 1.) *e. g.* ಧಾರ್ (from ಧೃ+ಣಿ or ಣಿ+ಣಿ)+ಚಜ್=ಧರ್+ಅ=ಧರ. ಪಾಠ್ (from ಪಠ್+ಣಿ)+ಚಜ್=ಪಠ. ಏಷ್ (from ಇಷ್)+ಚಜ್=ಇಷ. ಈಸ್ (from ಈಸ್)+ಚಜ್=ಇಸ. ಓಚ್ (from ಉಚ್)+ಚಜ್=ಉಚ. ಊಷ್ (from ಊಷ್)+ಚಜ್=ಉಷ. ಏಧ್ (from ಏಧ್)+ಚಜ್=ಇಧ. ಓಜ್ (from ಓಜ್)+ಚಜ್=ಉಜ.

(xxxix.) But in the above case when the original root before taking the ಣಿ has had ಋ or ೠ as its penultimate, we may either shorten the ante-penultimate vowel as aforesaid or take the form of the original root as the form of the derivative root, substituting however ಋ for ೠ when the latter is the penultimate vowel of the original. (VII. 4. 7.) *e. g.* ವರ್ತ್ (from ವೃತ್+ಣಿ)+ಚಜ್=ವರ್ತ್ or ವೃತ್+ಅ=ವರ್ತ or ವೃತ; ಕೀರ್ತ್ (from ಕೄತ್+ಣಿ) +ಚಜ್=ಕೀರ್ತ or ಕೃತ್+ಅ=ಕೀರ್ತ or ಕೃತ.

(xl.) And before ಚಜ್ coming after a *ṇi* root, when the original root has not had ಋ or ೠ as its penultimate, the shortening of the penultimate should not take place, if it had been distinguished by an indicatory ಋ, and this, even though it has had an indicatory ಮ or ಏ (VII. 4. 2) (See Kav.) ಓಖ್ (from ಉಖೃ) +ಚಜ್=ಓಖ, (indicatory ಮ); ಕಾಣ್ (from ಕಣೃ) +ಚಜ್=ಕಾಣ್ (indicatory ಏ).

(xli.) Final ಚ or ಜ of a base is changed into corresponding ಕು letter when the primitive affix ಣ್ಯತ್ or primitive affixes having indicatory ಘ follow. (VII. 3. 52) *e. g.* ಭಜ್+ಣ್ಯತ್=ಭಾಗ್ಯ ; ತ್ಯಜ್+ಘ=ತ್ಯಾಗ; ಪಚ್+ಘಞ್=ಪಾಕ ; ವಚ್+ಣ್ಯತ್=ವಾಕ್ಯ.

(xlii.) But this change of ಚ or ಜ should not take place when it belongs to roots that take the augment ಇಟ್ before primitive affixes called *nishṭha*. *e. g.* ಗರ್ಜ್+ಣ್ಯತ್=ಗರ್ಜ್ಯ.

(xliii.) And the change should not take place according to some grammarians even when the letters belong to roots that do not take the augment ಇಟ್ before *nishṭha*, if the roots begin with ಕು letters, though according to others whose authority seems to be more practically recognized, this rule appears not to hold good (VII. 3. 52 ; Sid. II. 3, 10). *e. g.* ಗ್ಲುಚ್+ಣ್ಯತ್= ಗ್ಲೋಚ್ or ಗ್ಲೋಚ್+ಣ್ಯತ್=ಗ್ಲೋಚ್ಯ or ಗ್ಲೋಕ್ಯ.

(xliv.) The final nasal of bases is changed into ಆ when the primitive affix ವನಿಪ್ follows. (VI. 4. 41) *e. g.* ಜನ್, ಶಣು, and ಗಣ್+ವನಿಪ್=ಜಾ, ಶಾ, and ಗಾ+ವನ್=ಜಾವನ್, ಶಾವನ್, and ಗಾವನ್.

(xlv.) And final ಸ of bases before the affix ತ್$_s$ is changed into ದ. (VIII. 2. 73) *e. g.* ಶಾಸ್+ತ್$_s$ =ಶಾದ್+ತ್$_s$=ಶಾದ್.

(xlvi.) And final ಸ of bases before the affix ಸ್$_s$ is changed into ದ or ರು (ಃ). (VIII. 2. 74) ಶಾಸ್+ ತ್$_s$=ಶಾದ್ or ಶಾರ್=ಶಾದ್ or ಶಾಃ.

(xlvii.) And final ತ ಥ ದ and ಧ of bases before the affix ಸ್$_s$ is changed into ದ or ರು. (VIII. 2. 75) *e. g.* ಯಾತ್, ಕ್ಲ್ಪಥ್, ಭಿದ್, and ಯುಧ್=ಯುದ್, or ಯುಃ, ಕ್ಲದ್ or ಕ್ಲಃ, ಭಿದ್ or ಭಿಃ, ಯುದ್ or ಯುಃ.

(xlviii.) And before the primitive affix ಕ್ವಿಪ್ and before affixes beginning with ಝಲ್ and having indicatory ಕ or ಜ, and also before affixes beginning with nasals, final ವ is changed into ಊಠ್. (VI. 4. 19). But in the above cases, final ವ coming after ರ is entirely *lopated.* (VI. 4. 21. Sid. II. 218) *e. g.* ದಿವ್+ಕ್ವಿಪ್=ದಿ+ಊ for ϝ+ಕ್ವಿಪ್=ದ್ಯೂ ; ದಿವ್+ತಸ್$_2$=ದಿವ್+ಊ for ϝ+ತಸ್=ದ್ಯೂತಃ ; but ತುರ್ವ್+ಕ್ವಿಪ್, and ತಸ್$_2$=ತುರ್ (ತೂರ್) and ತೂರ್ತ್ಃ ; ಧುರ್ವ್+ಕ್ವಿಪ್, ತ, and ನ,= ಧುರ್, (ಧೂರ್) ಧೂರ್ತ್, and ಧೂರ್ಣ.

(xlix.) And before the primitive affix ಕ್ವಿಪ್ and affixes beginning with ಝಲ್ and having an indicatory ಕ or ಜ, and also before affixes beginning with nasals, final ಛ coming after ರ should entirely be *lopated.* (VI. 4. 21) *e. g.* ಮುರ್ಛ್+ಕ್ವಿಪ್ and ತಸ್$_2$=ಮುರ್+ಕ್ವಿಪ್ and ತಸ್$_2$=ಮೂರ್ and ಮೂರ್ತ್ಃ ; ಹುರ್ಛ್+ನ=ಹುರ್+ನ=ಹೂರ್ಣ.

(l.) And before the primitive affix ಕ್ವಿಪ್ and affixes beginning with a nasal, final ಛ of bases, when it is such as to take the augment ಧುಕ್, that is, when it is preceded by vowels, that is, when it is not preceded by ರ—for there are no bases ending in ಛ that have not a vowel or ರ before the ಛ—should with its augment be changed into ಶ. (VI. 4. 19) *e.g.* ಪ್ರಾಛ್ (irregular)+ಕ್ವಿಪ್ = ಪ್ರಾಶ್+ಕ್ವಿಪ್= ಪ್ರಾಶ್=ಪ್ರಾಟ್, (irregular) ; ಪ್ರಛ್+ನ=ಪ್ರಶ್ನ.

(li.) And penultimate ನ of bases ending in consonants should be *lopated* after the affix ಕ್ನು. (III. 1. 78). *e. g.* ಭಂಜ್+ಕ್ನು=ಭನ+ನ್ಜ=ಭನ+ಜ್=ಭನಜ್.

(lii.) And before I ಯಜ್ as well as before affixes having indicatory ಕ or ಙ, the penultimate nasal of bases ending in consonants should be *lopated* optionally if the roots end in ಙ and absolutely otherwise except when the roots though having a nasal as their penultimate, are invariably written in the list of roots without it, but with an indicatory final ಇ in order to show that the nasal should always be supplied before the roots and that the *lopation* of this nasal should never take place. (VI. 4. 24, 32, VII. 1. 58, Sid. II. 112) *e. g.* ಧ್ವಂಸ್+ಯಜ್=ಧ್ವಸ್ಯ ; ಧ್ವಂಸ್+ತಸ್2=ಧ್ವಸ್ತಃ ; but ನಂದ್ (from ನದಿ)+I ಯಜ್=ನಂದ್ಯ ; ಧ್ವಂಸ್+ಇತ್ (affix not having indicatory ಕ or ಙ)=ಧ್ವಂಸಿತ್ ; ಅಂಜ್+ಕ್ತ್ವಾ=ಅಕ್ತ್ವಾ or ಅಂಕ್ತ್ವಾ.

(liii.) And before affixes beginning with ಧ, final ಸ of bases is entirely *lopated*, (VIII. 2. 25) and before *árdhadhátuka* affixes beginning with ಸ, final ಸ is changed into ತ. (VII. 4. 49) *e. g.* ಲವಿಸ್+ಧ್ವಂ=ಲವಿಧ್ವಂ ; ವಸ್+ಸ್ಯ=ವತ್ಸ್ಯ.

(liv.) And before *nishṭha* affixes, final ದ of bases is changed into ನ. (III. 8. 42) *e. g.* ಭಿದ್+ತ=ಭಿನ್+ತ=ಭಿನ್ನ.

CHAPTER V.

FINAL AUGMENTATION OF BASES.

1. The final augmentation of verbal bases takes place 1stly, by the insertion of the augments ಅಟ, and ಆಟ and 2ndly, by reduplication.

2. The augment ಅಟ acutely accented is attached to a base in the imperfect, aorist, and conditional, when the base does not begin with a vowel, and the augment ಆಟ is attached when the base begins with a vowel. (VI. 4. 71, 72). But these augments should never be inserted when the verbs are used in conjunction with the prohibitive particle ಮಾಙ್. (VI. 4. 74). *e.g.* ಗಾ=ಅಗಾ; ಇಕ್ಷ್=ಆ+ಇಕ್ಷ್=ಐಕ್ಷ್; but when in conjunction with ಮಾಙ್, ಗಾ=ಗಾ, ಇಕ್ಷ್=ಇಕ್ಷ್.

3. The augmentation by reduplication takes place:—

1stly, as to all roots to which the affixes (1) ಸನ್ or ಸನ್$_1$, (2) ಯಙ್ and (3) $\overline{1}$ ಯಙ್ *have been attached,* and it takes place also when (1) $\overline{2}$ ಶಪ್ (2) ಚಙ್ (3) ಚಙ್-ಸನ್ and (4) personal affixes of the perfect except ಆಮ *are to be attached.* (VI. 1. 8, to 11). *e. g.*

(1) E ಪಠ್+ಸನ್=ಪಠ್+ಇಸ ... ... =ಪಠಿಷ
(2) ಪಠ್+ಯಙ್ ... ... =ಪಠ್ಯ
(3) ಪಠ್+ಯಙ್ ... ... =ಪಠ್

are expressions to be reduplicated. But in the case of III. ಹ್ರೀ+$\overline{2}$ ಶಪ್, of ಅರ್ಥಿ (the *ṇi* root from X. ಅರ್ಥ)+ಚಙ್, and of ಧನ್+ಣಲ್, the roots themselves, as they were before the affixes were joined to them, should be reduplicated.

4. But no reduplication should take place when the base is one already reduplicated (Kás. on VI. 1. 9.) Thus, for example, if a root has been reduplicated once on account of

ಯುಜ್ or $\overline{1}$ ಯುಜ್. this root shoulfl not again be reduplicated though it is afterwards made to take ಸನ್ so as to form a D. root from the F. root.

5. The complete expression as formed by reduplication, is called ಅಭ್ಯಸ್ತ, "reduplicated" (VI. 1. 5); but when the former part only is alluded to, it is called ಅಭ್ಯಾಸ, "the reduplicate" (VI. 1. 4.).

6. The following rules should be observed in regard to reduplication.

(i.) The augmentation by reduplication should take place in addition, but prior to the augmentation by ಅಟ್ and ಆಟ್, when according to the foregoing rules both augmentations are to take effect. *e. g.* ಪಠ in the imperfect, aorist, and conditional, should be reduplicated first and then the augment ಅಟ್ should be attached to the reduplicated root.

(ii.) And in the case of a *ṇi* root formed by $\overline{4}$ ಣಿ, the root should for reduplication be taken as a root formed by ಣಿ. *e. g.* ಆಟ್ (from ಅಟ್ @ *s. p.*+ 4 ಣಿ) before ಚಙ್=ಆಟಿ.

(iii.) The first portion containing a single vowel, that is, the first syllable only in the base should be doubled. But when the base has more than one vowel and begins with a vowel, the second syllable is to be reduplicated omitting in the reduplication the letters ನ, ದ, ಡ, or ರ, when they occur as initial letters of a conjunct consonant being part of the second syllable, except when ರ is followed by ಯ. (VI. 1. 1 to 3; Sid. II. 207, Kàs. on VI. 1. 3.) *e. g.*

Bases.				*Portions to be reduplicated.*
ಪಠ್	...	...	...	ಪಠ್
ಊನ	...	...	...	ನ
D ಉದ್ಗಿಷ	...	...	...	ಗಿ
ಇ	...	...	...	ಇ
D ಉನ್ದಿಷ	...	...	...	ದಿ
D ಅಡ್ಡಿಷ	...	...	...	ಡಿ
ಜಾಗೃ	...	...	...	ಜಾ
D ಅರ್ಚ್ಚಿಷ	...	...	...	ಚಿ
F ಅರ್ಯ	...	...	...	ರ

(iv.) When the affix that is a cause of reduplication is an affix beginning with a vowel, if a substitute is enjoined in respect of a preceding vowel, the substitution of it should not take place whilst the reduplication is yet to be made, that is, the reduplication should be made first, and then, the substitution. (I. 1. 59). But if (*a*) the vowel part of the affix beginning with a vowel is itself necessarily to form part of the portion that has to be reduplicated according to rule iii, or (*b*) the affix begins with a consonant, or (*c*) the substitute is enjoined only in respect of a consonant, the substitution should be made before the reduplication. (Sid. II 24 note 57). Thus take ಪಾ, ಗಮ್, and ಕೃ+the affix ಅತುಸ್ of the perfect which causes the *lopation* of the final ಆ in ಪಾ, and of the penultimate ಅ in ಗಮ್ irregularly, and which by *sandhi* changes the final ಋ in ಕೃ into ರ್; and take ನೀ and ಲೂ+the affix ಣಲ್$_5$ or ಣಲ್ which *guṇates* or *vriddhiates* the final ಈ and ಊ, and then changes them by *sandhi* into ಅಯ್, ಆಯ್, ಅವ್, and ಆವ್. Now according to rule (iii), no reduplication could be made in the case of ಪಾ, ಗಮ್, and ಕೃ, because they, as changed by *lopation* and substitution as above, would severally appear in the form of the close consonants ಪ್, ಗ್, and ಕ್ರ್; and the reduplicates in the case of ನೀ and ಲೂ would be ನೆ, ನೈ, ಲೊ, and ಲೌ, not ನೀ and ಲೂ as we might expect them to be. But this anomaly the present rule removes by providing that for the purposes of reduplication the roots should be taken as they stood before they underwent the changes referred to. So again take ಊರ್ಣುನವಿಷ) from ಊರ್ಣೋನು+ಇಷ=ಊರ್ಣು @ *g. f.* +ಇಷ); here too as ಇಷ which is the cause of reduplication begins with a vowel, the root, for the purpose of determining the particular expression to be reduplicated, should be taken in its original form, viz. ಊರ್ಣು. But take D. ಅರಿಷ (from ಅರ್+ಇಷ=ಋ @ *g. f.* +ಇಷ); here according to rule (iii), as the second portion of the D. root *i. e.* ರಿ is to be reduplicated, and the ಇ of ಇಷ in consequence must, as a part of ರಿ, undergo reduplication, unlike, in this respect, the ಇ of ಇಷ of ಊರ್ಣು (*i. e.* an ಇ which though detached from the root leaves the root still capable of furnishing a second syllable for reduplication by reason of there being a second vowel in the ಣು of ಊರ್ಣು itself), the determination of the expression to be reduplicated should not depend upon the original root ಋ, but upon the D root in its fully developed form, viz. ಅರಿಷ. So take the F root ಕ್ರೀಯ (from ಕೃ @ ರೀಙ್ for *f*+ಯಕ್); here though the affix is one that should cause reduplication of the root, yet, as it begins with a consonant, the root, as it stands in its changed form of క్రియ, not in its original form of కృ, should determine which expression is to be reduplicated. So take వచ్+ the affix అతుస్ of the perfect which causes the *samprasáraṇation* of వ; here because ఉ is substituted for a consonant, the root వచ్ should by such substitution be made ఉచ్ first, and then from this expression the part to be reduplicated should be taken.

(v.) And when the letter to be reduplicated is ణ substituted for న by the rules of *sandhi* on account of its position after ర or ష or ఋ or ౠ, as has been already seen, the ణ should, in the reduplication, be taken in its original form of న, not as ణ. (Sid. II. 115 note 5). Thus, take ఊర్ణు, where ను appears as ణు on account of its position after ర; here for reduplication ఊర్ణు should be taken as if it were ఊర్ను, the letter to be reduplicated being accordingly taken as ను, not ణు.

(vi.) And in the case of a *ṇi* root, when to such a root an affix competent to cause reduplication is to be attached, the root, in order to determine the expression to be reduplicated, should be taken in the form in which it was before the affixing of the ణి, so far as a letter అ that the root originally had or has had newly introduced by the ణి is concerned. But when the ఇ of the ణి in its own proper form, or in a changed form, is necessarily to form itself part of the portion that has to be reduplicated according to rule (iii), and also when the root begins with a non-conjunct ಜ or a non-conjunct semivowel or a non-conjunct consonant of the *pavarga* the root, even in regard to its letter ಅ both original and new, should be taken in the form in which it stands immediately prior to reduplication. (VII. 4. 80; Sid II. 184, 204) *e. g.*

1. D ಊನಯಿಷ (from *ṇi* root ಊನಿ from ಊನ)=ಊನ.
ಊನಿ+ಚಙ್=ಊನ.

2. D ನಾಯಯಿಷ (from *ṇi* root ನಾಯಿ from ನೀ)=ನೀ.
ನಾಯಿ+ಚಙ್=ನೀ.

3. D ಊರ್ಣಾವಯಿಷ (from *ṇi* root ಊರ್ಣಾವಿ from ಊರ್ಣು) =ಊರ್ಣು.
ಊರ್ಣಾವಿ+ಚಙ್=ಊರ್ಣು.

4. D ನಾವಯಿಷ (from *ṇi* root ನಾವಿ from ನು)=ನು.
ನಾವಿ+ಚಙ್-ಸನ್=ನು.

5. D ಜ್ಯಾವಯಿಷ (from *ṇi* root ಜ್ಯಾವಿ from ಜ್ಯಾ)=ಜ್ಯಾ.
ಜಾವಿ+ಚಙ್-ಸನ್=ಜ್ಯ.

6. D ಬ್ರಾವಯಿಷ (from ಬ್ರಾವಿ from ಬ್ರೂ)=ಬ್ರೂ.
ಬ್ರಾವಿ+ಚಙ್-ಸನ್=ಬ್ರೂ.

7. But D ಆಟಯಿಷ (from *ṇi* root ಆಟಿ from ಅಟ್)=ಆಟಯಿಷ.
ಆಟಿ+ಚಙ್-ಸನ್=ಆಟಿ.

8. D ಆರಯಿಷ (from *ṇi* root ಆರಿ from ಋ)=ಆರಯಿಷ.
ಆರಿ+ಚಙ್-ಸನ್=ಆರಿ.

9. D ಪಾವಯಿಷ - ಭಾವಯಿಷ - ಮಾವಯಿಷ - ಯಾವಯಿಷ - ರಾವಯಿಷ - ಲಾವಯಿಷ - ಜಾವಯಿಷ (from *ṇi* roots ಪಾವಿ-ಭಾವಿ-ಮಾವಿ-ಯಾವಿ-ರಾವಿ-ಲಾವಿ-ಜಾವಿ - from ಪೂ-ಭೂ-ಮೂ-ಯು-ರು-ಲೂ-ಜ್ರು)=ಪಾವಯಿಷ-ಭಾವಯಿಷ &c.
ಪಾವಿ-ಭಾವಿ-ಮಾವಿ-ಯಾವಿ-ರಾವಿ - ಲಾವಿ - ಜಾವಿ+ಚಙ್-ಸನ್= ಪಾವಿ &c.

10. D ಣೀತರ್ಯಾಷ (from *ṇi* root ಣೀತಿ from ಕ್ರಾತ್) where no ಅ original or introduced newly by ಣಿ is concerned=ಣೀತರ್ಯಾಷ, not ಕ್ರಾತ್.

ಣೀತಿ+ಚಙ್=ಣೀತಿ.

(vii.) But in the case of a *ṇi* root to which ಚಙ್ is to be attached, if the root has a long antepenultimate vowel, this vowel, when, according to the rules already mentioned, it has to be shortened, should always be taken in the shortened form for the purpose of reduplication. Thus the expressions ಆಟಿ, ಆರಿ &c., in the above examples should be taken as ಅಟಿ, and ಅರಿ &c. in the reduplication, because according to the rules alluded to they should before ಚಙ್ appear as such. (Kás. on VI. 4. 51.)

(viii.) Generally the vowels of the reduplicate when long should be shortened (VII. 4.51), the short letter to be substituted for ಏಚ್ being ಇ for ಏ and ಐ and ಉ for ಓ and ಔ. But ಅರ್ and ಅಲ್ are respectively the substitutes of the letter ಋ and ಌ (VII. 4. 66). *e.g.* ಜಾ from ಜಾಗೃ=ಜ; ನೀ=ನಿ; ಲೂ=ಲು; ಚೀ from ಚೀಷ=ಚಿ. ನೃ from ನೃತ್=ನತ್; ಕೃ=ಕರ್; ಕ್ಲ from ಕ್ಲಪ್=ಕಲ್.

(ix.) And ಇಯಙ್ and ಉವಙ್ are the substitutes of the ಇ and ಉ of the reduplicate when a heterogeneous vowel follows. (VI. 4. 61) *e. g.*

ಇಷ್ changed into ಏಷ್ before ಣಲ್=ಇ+ಏಷ್=ಇಯೇಷ್.

ಉಷ್ changed into ಓಷ್ before ಣಲ್=ಉ+ಓಷ್=ಉವೋಷ್.

(x.) And in the reduplicate the initial consonant only is left, the other consonants being *lopated*

(VII. 4. 59). *e.g.* ಪತ್=ಪ ; ರು from ರುದ್=ರು ; ಧ್ರು from ಧ್ರೌಶ್=ಧು.

(xi.) But if in the reduplicate ಖಯ್ letters are preceded by ಶರ್, the former only remain, the other consonants being *lopated*. (VII. 4. 61). *e. g.* ಸ್ಪರ್ಧ್=ಪ, ಶ್ಚ್ಯುತ್=ಚು.

(xii.) A letter of the *chavarga* should be the substitute of one of the *kavarga* and also of ಹ in the reduplicate (VII. 4. 62). *e.g.* ಕು=ಚು, ಗಿ=ಜಿ.

(xiii.) And the letters ಜಶ್ come in the room of ಝಷ್, and ಚರ್ in the room of ಖಯ್, in the reduplicate. (VIII. 4. 54). *e. g.*

ಛು from ಫ್ರಿಯಾ ... ... =ಜಿ.
ಧು from ಧ್ರೌಕ ... ... =ದು.

7. Though the ಅ, the ಇ, and the ಉ, which alone, according to the above rules, can occur in the reduplicate should generally stand without change in the reduplicate so far as reduplication is concerned, there are the following exceptions :—

(*a*) As to reduplication on account of ಸನ್ or ಸನ್$_1$.

In the room of the ಅ of the reduplicate there should be ಇ (VII. 4. 79). *e. g.* ಪ from ಪಠಿಷ್ಯ=ಪಿ.

(*b*) As to reduplication on account of ಚಙ್ಸನ್.

(1) ಇ instead of ಅ of the reduplicate should be substituted; and

(2) there should be the lengthening of the ಇ of the reduplicate and of the ಉ when they are light and this in the case of ಇ, whether it is an ಇ substituted for ಅ according to the preceding rule or otherwise (VII. 4. 94). *e. g.*

ಪ from *ṇi* root ಪಾಪ ... ... =ಪೀ.
ನಿ „ ನಾವ ... ... =ನೀ.
ಲು „ ಲಾವ ... ... =ಲೂ.

(*c*) As to reduplication on account of ಯಙ್ or ಯಙ್.

(1) There should be the augment ನುಕ್ *i. e. anusvára,* (this remaining as *anusvára* or becoming homogeneous with the following letters when these are ಯಯ್,) in the case of the reduplicate ending in ಅ, if the ಅ is not derived from an ಆ of the original root, and if the reduplicate belongs to a root ending in a nasal (ಅನುನಾಸಿಕ) (VII. 4. 85; Kás. thereon); and the ಅ should in other cases be made long (VII. 4. 83); and while the ಅ should be augmented with ರೀಕ್ and ರೀಕ್ in the case of a reduplicate belonging to ಯಙ್ and with ರೀಕ್, ರಿಕ್, or ರುಕ್, or ಲೀಕ್, ಲಿಕ್, or ಲುಕ್ in the case of a reduplicate belonging to ಯಙ. according as the root is one having a medial ಋ or ಌ not derived by *samprasáraṇation,* it should be augmented with ರೀಕ್, ರಿಕ್, or ರುಕ್ as aforesaid in the case of a reduplicate belonging to ಯಙ್, even when the root is one ending in ಋ. (VII. 4. 90; Kás. thereon; Sid. II. 216; M. W. 510) *e. g.*

ಜ (from FA ಗಮ್ಯ or from FP ಗಮು)=ಜಂ.
ಯು (from FA ಯುಜ್ಯ or from FP ಯುಜ್)=ಯೂ.
ವ (from FA ವೃತ್ಯ or FA ವೃಶ್ಚ್ಯ)=ವರೀ.
ಚ (from FA ಕ್ಲಪ್ಯ)=ಚಲೀ.
ವ (from FP ವೃತ್ or FP ವೃಶ್ಚ್)=ವರೀ, ವರಿ, or ವರ್.
ಚ (from FP ಕ್ಲಪ್)=ಚಲೀ, ಚಲಿ, or ಚಲ್.
ಚ (from FP ಕೃ)=ಚರೀ, ಚರಿ, or ಚರ್.
But ಜ (from FA ಗೃಹ್ಯ=ಗ್ರಹ್ @ *smp*+ಯಙ್) or (from FP ಗ್ರಹ್ from ಗ್ರಹ್ @ *smp*+ಯಙ್)=ಜಾ.

(2.) The ಇಕ್ letters of a reduplicate should be *guṇated* whether the affix is ಯಙ್ or ಯಙ್. (VII. 4. 82) *e. g.* ಚಿ=ಚೆ, ಲು=ಲೊ.

(*d*) As to reduplication on account of ಶ್ಲು.

In the room of ಅ, there should be ಇ, if the reduplicates are of roots which end in the letter ಋ (VII. 4. 76, 77) *e. g.*

ಪ (from ಪೄ)=ಪಿ.

ಬ (from ಭೃ)=ಬಿ.

(*e*) As to reduplication on account of the affix of the perfect.

In the room of ಅ which is initial in the reduplicate, there should be ಆ, and the ಆ so substituted is made ಆ+ನುಟ್ *i. e.* ಆನ್, invariably if the root concerned (1) begins with ಅ and contains a double consonant or rather more than one consonant or (2) begins with the letter ಋ and ends in a consonant, and optionally if the roots concerned begin with ಆ and contain more consonants than one. (VII. 4. 70, 71; Sid. II. 47) *e. g.*

ಅ of ಅಟ್=ಆ.

ಅ of ಅಚ್=ಆ+ನುಟ್=ಆನ್.

ಅ of ಋಜ್=ಆ+ನುಟ್=ಆನ್.

But ಅ of ಋ=ಆ.

and ಆ of ಆಛ್=ಆ+ನುಟ್ or *nil*=ಆನ್ or ಆ.

8. Though in the case of the affixes of the perfect, a reduplication, as has been already said, takes place, the reduplicate is to be *lopated* before such affixes having indicatory ಕ and before ಥಲ್ that has taken the augment ಇಟ್, if the roots concerned had in their original form begun with any letter except ವ in such a manner that in the reduplication no different letters substituted in the reduplicate for the letters from the original roots are to come at the beginning of the reduplicated base, if in that part of the base which remains after *lopating* the reduplicate as above, there can be ಅ between non-conjunct consonants, and the ಅ further is not one that has come from

the *guṇation* of the letter ಋ or from the *guṇation* of the *letters* ಇ and ಉ first into ಏ and ಓ and the substitution then of ಅಯ್ and ಅವ್ for ಏ and ಓ by *sandhi*. (VI. 4. 120, 121, 126.) *e. g.* ರಣ್+ಅತುಸ್ or ಇಥ=ರರಣತುಸ್, ರರಣಿಥ=ರೇಣತುಸ್, ರೇಣಿಥ; but (1) ವಮ್ initial ವ) (2) ಶ್ರೃ (ಋ gets *guṇated*) (3) ದಿವ್ (has no ಅ between consonants) (4) ತ್ಸರ್ (has ಅ between conjunct consonants) and (5) ಕಣ್ (does not retain the ಕ in the reduplicate but changes it into ಚ)+ಅತುಸ್ and ಇಥ=ವವಮತುಸ್, ವವಮಿಥ; ಶಶರತುಸ್, ಶಶರಿಥ; ದಿದಿವತುಸ್, ದಿದಿವಿಥ; ತತ್ಸರತುಸ್, ತತ್ಸರಿಥ; ಚಕಣತುಸ್, ಚಕಣಿಥ; and ರಾಸ್ (has ಆ between consonants)+ಆಸೆ, ಆತೆ, ಇರೆ=ರರಾಸೆ, ರರಾಸಾತೆ, ರರಾಸಿರೆ; and ನೀ (ಈ gets *guṇated* first) and ಲೂ (ಊ gets *guṇated* first)+ಇಥ=ನಿನಇಥ, ಲುಲವಿಥ.

The following tables clearly explain the above rules relating to reduplication :—

A.

PARTS OF THE ROOTS ACTUALLY FOUND IN THE REDUPLICATE.

Roots.	Parts. Consonantal.	Vowel.
1. Roots beginning with ಶರ್ followed by ಖಯ್.	The ಖಯ್ letters omitting the ಶರ್.	The vowel immediately following the consonantal parts.
2. Others beginning with consonants.	The first consonant.	
3. Roots beginning with vowels and not being monosyllabic and having immediately after the initial vowel any conjunct consonants beginning with ನ, ದ, ಡ, or ರ.	The first consonant omitting the ನ, ದ, ಡ, or ರ.	

A.—(*Continued*).

PARTS OF THE ROOTS ACTUALLY FOUND IN THE REDUPLICATE.

Roots.	Parts. Consonantal.	Parts. Vowel.
4. Roots beginning with vowels and not being monosyllabic and having immediately after the initial vowel any conjunct consonants beginning with ಶರ್ and ending with ಖಯ್.	The ಖಯ್ omitting the ಶರ.	The vowel immediately following the consonantal parts.
5. Roots beginning with vowels and not being monosyllabic and having immediately after the initial vowel other consonants whether conjunct or non-conjunct.	The first consonant.	The vowel immediately following the consonantal parts.
6. Roots beginning with vowels and being monosyllabic.	*Nil.*	The vowel itself, if the root is a single vowel; otherwise, the initial vowel.

B.

CHANGES WHICH THE CONSONANTS UNDERGO IN THE REDUPLICATE.

	Original Letters.	*Letters to be substituted.*
1.	ಕ, ಖ, ಚ, and ಛ	ಚ.
2.	ಗ, ಘ, ಜ, ಝ and ಹ	ಜ.
3.	ಟ and ಠ	ಟ.
4.	ಡ and ಢ	ಡ.
5.	ತ and ಥ	ತ.
6.	ದ and ಧ	ದ.
7.	ಪ and ಫ	ಪ.
8.	ಬ and ಭ	ಬ.
9.	ಙ	ಞ.
10.	Others	*Nil.*

3 I

C.

CHANGES WHICH THE VOWELS UNDERGO IN THE REDUPLICATE.

Affixes on account of which reduplication takes place and in connection with which the vowels or expressions placed opposite to them are substituted for the original vowels under the columns (1), (2), (3) and (4) at the top.	*Original vowels.* (1) ಅ & ಆ.	(2) ಋ, ೠ & ಌ.	(3) ಇ, ಈ, ಎ & ಐ.	(4) ಉ, ಊ, ಒ & ಔ.
1. ಸನ್ or ಸನ್$_1$.	ಇ (for columns 1–3)			(a) ಉ
2. ಯಙ್.	ಅ	(b) ಅ or ಅರೀ, ಅಲೀ.	ಎ	ಒ
3. I ಯಙ್	ಅ	(c) ಅ or ಅರಿ, ಅರೀ, ಅರ್, ಅಲಿ, ಅಲೀ, ಅಲ್.	ಎ	ಒ
4. ಚಙ್-ಸನ್	ಈ (for columns 1–2)		....	ಊ
5. ಚಙ್	ಅ (for columns 1–2)		ಇ	ಉ
6. aff. of the perfect	(d) ಅ or ಆ or ಅನ್. (for columns 1–2)		(a) ಇ or ಇಯ್	(a) ಉ or ಉವ್
7. 2 ಣಿಚ್	ಅ (for columns 1–2)		(a) ಇ or ಇಯ್	(a) ಉ

66

(*a*) The second forms ഇയ് and ഉവ് come when followed by heterogeneous vowels.

(*b*) If the original letter is ഋ or ഌ arising from the medial ഋ or ഌ of original roots not derived by *samprasaraṇam*, അ should not be used, but അർ in the case of ഋ, and അൽ in the case of ഌ.

(c) If the original letter is ഋ or ഌ arising from the final or medial ഋ or ഌ of original roots not derived by *samprasáraṇam*, then അ should not be used, but അര, അർ, and അര് in the case of ഋ, and അല, അൽ, and അല് in the case of ഌ.

(*d*) അ is used generally, but if the original vowel is initial in the reduplicate ആന് is used, *invariably* if the root to which the reduplicate belongs, (1) begins with അ, and contains more than one consonant or (2) beginning with ഋ ends in consonants, and *optionally* if the root concerned begins with അ and contains more consonants than one.

CHAPTER VI.

CONJUGATION OF VERBS.

1. Conjugation of verbs consists in selecting from among the verbal affixes already adverted to such as are appropriate for the different inflectional senses intended to be expressed in connection with the roots, and forming from the roots and affixes complete words expressing the meaning intended. In considering this subject, we shall endeavour to give as completely as possible models illustrative of the rules bearing upon it. But this remark does not apply to the rules of special *sandhi* already alluded to, and as these rules have been applied to the models actually given only so far as they are concerned, care should be taken to apply to other words to be formed after the models in question the special *sandhi* required by the rules.

2. We shall now use the following abbreviations for convenience :—

(1) Roots ending in ఋ (conjunct)=Roots ending in ఋ and beginning with conjunct consonants.

(2) Roots ending in ఋ (non-conjunct)=Roots ending in ఋ and not beginning with conjunct consonants.

(3) Roots ending in ౠ (labial)=Root ending in ౠ with a labial or dento-labial before the ౠ

(4) Roots ending in ౠ (non-labial)=Roots ending in ౠ without a labial ordento-labial before the ౠ.

(5) Roots ending in ఋ (labial)=Roots ending in ఋ with a labial or dento-labial before the ఋ.

(6) Roots ending in ఋ (non-labial)=Roots ending in ఋ without a labial or dento-labial before the ఋ.

(7) Roots ending in open అ preceded by a consonant=Roots ending in open అ, the అ being a significant part of the root and being preceded by a consonant.

3. Beginning then with the formation of derivative roots, the affixes which the roots of the 10th class take in order to render themselves fit for actual use as already stated will be first adverted to. These affixes are, as we have seen, (1) ణి, (2) అయ్, and (3) $\overline{4}$ ణి, and, when actually employed along with the roots, produce derivative roots as follows :—

	1st form by ಣಿ.	2nd form by ಅಯ್.	3rd form by $\bar{4}$ಣಿ.	
Root X	ಕಥ=ಕಥ_ƒ+ಇ=ಕಥಿ.	ಕಥ–ƒ+ಅಯ್ .... =ಕಥಯ್.	ಕಥ–ƒ+ಇ–ಇ ... =ಕಥ್.	(1)
„ X	ಚಿ=ಚಿ @ vf+ಇ=ಚಾಯಿ	ಚಿ @ vf+ಅಯ್ ... =ಚಾಯಯ	ಚಿ @ vf+–ಇಇ =ಚಾಯ್	
	@ sap=ಚೆಯಿ.	@ sap=ಚೆಯಯ್.	@ sap=ಚೆಯ್.	(2)
„ X	ಸ್ಮಿ=ಸ್ಮಿ @ vf+ಇ=ಸ್ಮಾಯಿ.	ಸ್ಮಿ @ vf+ಅಯ್ ... =ಸ್ಮಾಯಯ್.	ಸ್ಮಿ @ vf+ಇ–ಇ =ಸ್ಮಾಯ್.	
„ X	ಲೀ=ಲೀ ... =ಲಾಯಿ.	ಲೀ ... . =ಲಾಯಯ್.	ಲೀ ... ... =ಲಾಯ್.	
„ X	ಯು=ಯು ... =ಯಾವಿ.	ಯು ... . =ಯಾವಯ್.	ಯು ... ... =ಯಾವ್.	
„ X	ಧೂ=ಧೂ ... =ಧಾವಿ.	ಧೂ ... ... =ಧಾವಯ್.	ಧೂ ... ... =ಧಾವ್.	
„ X	ಧೃ=ಧೃ ... =ಧಾರಿ.	ಧೃ .... =ಧಾರಯ್.	ಧೃ ... ... =ಧಾರ್.	
„ X	ಪೄ=ಪೄ ... =ಪಾರಿ.	ಪೄ ... ... =ಪಾರಯ್.	ಪೄ ... ... =ಪಾರ್.	(3)
„ X	ಜಲ್=ಜಲ್ @ vp+ಇ=ಜಾಲಿ	ಜಲ್ @ vp+ಅಯ್ ... =ಜಾಲಯ್.	ಜಲ್ @ vp+ಇ–ಇ =ಜಾಲ್.	(4)
„ X	ಜ್ಞಪ್=ಜ್ಞಪ್ =ಜ್ಞಾಪಿ	ಜ್ಞಪ್ .... =ಜ್ಞಾಪಯ್	ಜ್ಞಪ್ .... =ಜ್ಞಾಪ್.	
	@ sap=ಜ್ಞಪಿ.	@ sap=ಜ್ಞಪಯ್.	or ಜ್ಞಾಪ್ @ sap=ಜ್ಞಪ್.	(5)
„ X	ಯಮ್=ಯಮ್ =ಯಾಮಿ	ಯಮ್ .... =ಯಾಮಯ್	ಯಮ್ ... ... =ಯಾಮ್.	
	or ಯಾಮಿ @ sap=ಯಮಿ.	or ಯಾಮಯ್ @ sap ಯಮಯ್	or ಯಾಮ್ @ sap+ಯಮ್.	(6)

	1st form by ಣಿ.	2nd form by ಅಯ್.	3rd form by ಇ ಣಿ.	
Root	X ಜ್ಞಾಪ್=ಜ್ಞಾಪ್ @ sp+ಇ= ಜ್ಞಪಿ.	ಜ್ಞಾಪ್ @ sp+ಅಯ್ =ಜ್ಞಪಯ್.	ಜ್ಞಪ್ @ sp+ಇ – ಇ =ಜ್ಞಪ್.	(7)
,,	X ಸ್ಮಿಟ್=ಸ್ಮಿಟ್ @ gp+ಇ= ಸ್ಮೇಟಿ.	ಸ್ಮಿಟ್ @ gp+ಅಯ್ =ಸ್ಮೇಟಯ್	ಸ್ಮಿಟ್ @ gp+ಇ – ಇ =ಸ್ಮೇಟ್.	
,,	X ಚುರ್=ಚುರ್ =ಚೋರಿ.	ಚುರ್ .... =ಚೋರಯ್	ಚುರ್ ... ... =ಚೋರ್.	
,,	X ಪೃಥ್=ಪೃಥ್ =ಪರ್ಥಿ.	ಪೃಥ್ .... =ಪರ್ಥಯ್.	ಪೃಥ್ ... ... =ಪರ್ಥ್.	
,,	X ಕ್ಲಪ್=ಕ್ಲಪ್ =ಕಲ್ಪಿ.	ಕ್ಲಪ್ ... . =ಕಲ್ಪಯ್	ಕ್ಲಪ್ ... ... =ಕಲ್ಪ್.	(8)
,,	X ಕೃತ್=ಕೃತ್ @ ಈರ್ for p+ಇ=ಕೀರ್ತಿ.	ಕೃತ್ @ ಈರ್ for p + ಅಯ್= ಕೀರ್ತಯ್.	ಕೃತ್ @ ಈರ್ for p+ಇ – ಇ = ಕೀರ್ತ್.	(9)
,,	X ಸಾಮ್=ಸಾಮ್+ಇ=ಸಾಮಿ.	ಸಾಮ್+ಅಯ್ ... =ಸಾಮಯ್	ಸಾಮಿ+ಇ – ಇ ... =ಸಾಮ್.	
,,	X ಕೀಟ್=ಕೀಟ್ =ಕೀಟಿ.	ಕೀಟ್ ... ... =ಕೀಟಯ್.	ಕೀಟ್ ... ... =ಕೀಟ್.	
,,	X ಲೂಷ್=ಲೂಷ್ =ಲೂಷಿ.	ಲೂಷ್ .... =ಲೂಷಯ್.	ಲೂಷ್ ... . =ಲೂಷ್.	
,,	X ಲೊಕ್=ಲೋಕ್ =ಲೋಕಿ.	ಲೋಕ್ .... =ಲೋಕಯ್.	ಲೋಕ್ .... =ಲೋಕ್.	
,,	X ಚಿನ್ತ್=ಚಿನ್ತ್ =ಚಿನ್ತಿ.	ಚಿನ್ತ್ ... ... =ಚಿನ್ತಯ್.	ಚಿನ್ತಯ್ ಚಿನ್ತ್ .... =ಚಿನ್ತ್.	(10)

4. The above examples furnish 10 models according to which periphrastic derivative roots from all original roots of the 10th class can be formed, and the explanation of the models is as follows :—

(1.) Applies to original roots ending in ಅ.

(2.) Applies to original roots ending in ಇಕ್ and distinguished by an indicatory ಮ.

(3.) Applies to original roots ending in ಇಕ್ and not distinguished by an indicatory ಮ.

(4.) Applies to original roots ending in consonants with penultimate ಅ and not distinguished by an indicatory ಮ or ಣ.

(5.) Applies to original roots ending in consonants with penultimate ಅ and distinguished by an indicatory ಮ.

(6.) Applies to original roots ending in consonants with penultimate ಅ and distinguished by an indicatory ಣ.

(7.) Applies to original roots ending in consonants with penultimate ಆ and distinguished by an indicatory ಮ.

(3.) Applies to original roots ending in consonants with penultimate light ಇಕ್.

(9.) Applies to original roots ending in consonants with penultimate ಋ.ಌ.

(10.) Applies to original roots ending (1) in consonants with penultimate long ಇಕ್ vowels other than ಋ,ಌ, (2) in consonants with penultimate ಆ and not distinguished by an indicatory ಮ and (3) in conjunct consonants.

5. It is necessary now to determine when each of the three different forms of derivative roots given in each model should be used. The rules on this point are as follows :—

Use (*a*) the first form generally (III. 1. 25); but

(*b*) the second form in the perfect tense ;

(*c*) the third form when E *ni* affixes are used (VI. 4. 52) ; and

(*d*) the third form also when E *árdhadhátuka* affixes are used, and when ಸ್ಯ-ಚಿಣ್ or ಸಿಚ್-ಚಿಣ್ or personal affixes of the *benedictive* with ಸೀಯುಟ್-ಚಿಣ್ or ತ್-ಚಿಣ್ or ತಾ-ಚಿಣ್ or ತಾಸ್-ಚಿಣ್ or ತಾಹ್-ಚಿಣ್ is used. (VI. 4. 61).

6. Either of the two alternatives given under each of the forms of the 6th model may be used at pleasure. But in regard to the two alternatives given under the third form of the 5th model it should be noted that though either the one or the other may be used at option, when the derivative roots are afterwards to take the affix ಚಿಣ್, ಣಮುಲ್, ಸ್ಯ-ಚಿಣ್, ಸಿಚ್-ಚಿಣ್, ತ್-ಚಿಣ್, ತಾ-ಚಿಣ್, ತಾಸ್-ಚಿಣ್, ತಾಹ್-ಚಿಣ್, or personal affixes of the benedictive with ಸೀಯುಟ್-ಚಿಣ್, only the second alternative form should be used in other cases.

7. The causative roots are, as we have seen, formed exactly from the same affixes as the periphrastic roots of the 10th class, and therefore their forms, as derived from original roots of a corresponding description, are found fully to agree with each other. Thus, a causative root from an original root ending in ಅ may be formed after model (1) ; one from an original root ending in ಅಮ್ and distinguished by an indicatory ಮು after model (2), and so on. Only it should be remembered that the affixes as causative affixes may come after all roots whatsoever, whether original or derivative, and therefore even after the 10th class of roots after they have themselves taken

their proper self-descriptive affixes. But observe that in forming causative roots from roots of the 10th class, the latter roots with their proper self-descriptive affixes attached to them should appear in the third form, when they take all the three forms of the causative affixes, because these affixes are *àrdhadhàtuka* affixes beginning with vowels. Thus X ಚುರ್[6]+ C ಣಿ, C ಅಯು[6], and C ४ ಣಿ is ಚೋರ್[6]+ಣಿ, ಅಯು[6], and ४ ಣಿ=ಚೋರಿ, or ಚೋರಯು[6], and ಚೋರ್[6]. These C roots, it will be seen, are exactly like the original periphrastic roots, and indeed this will be found to be the case in regard to every C root formed from periphrastic roots of the 10th class.

8. Observe that the models above given do not include roots ending in ಆ or in ಎಚ್[6]. The reason is that before the affixes alluded to, whether *self-descriptive* or causative, while roots ending in ಎಚ್[6] always change the ಎಚ್[6] into ಆ, these roots after being so changed, as well as roots originally ending in ಆ, are to take the augment ಪುಕ್[6] before the affixes are actually attached as has been already said, and therefore are in fact to be operated upon by the affixes as roots ending in consonants with penultimate ಅ, producing periphrastic and C roots after model (7), if the original roots are distinguished by an indicatory ಮ, and after model (10) if otherwise. Thus X ಜ್ಞಾ which is distinguished by an indicatory ಮ gives its periphrastic root as well as its C root as ಜ್ಞಪಿ, ಜ್ಞಪಯು[6], and ಜ್ಞಪ್[6]. So X ವಾ which is not distinguished by an indicatory ಮ gives its periphrastic as well as its C root as ವಾಪಿ, ವಾಪಯು[6], and ವಾಪ್[6]. So the C root from I ಶ್ರಾ which is distinguished by an indicatory ಮ is ಶ್ರಪಿ, ಶ್ರಪಯು[6], ಶ್ರಪ್[6]; but the C root from I ಸ್ಥಾ which is not distinguished by an indicatory ಮ is ಸ್ಥಾಪಿ, ಸ್ಥಾಪಯು[6], ಸ್ಥಾಪ್[6].

9. Observe further that in model (2) no examples of original roots ending in any other vowel than ಇ have been given, because no such roots distinguished by indicatory ಮ are found belonging to the 10th class, but that in applying the

model for the formation of C roots from roots of other classes roots ending in ఋ and ౠ may be found. Thus, the C roots from స్మృ and దౄ which are distinguished by indicatory మి, are స్మరి, స్మరయు, and స్మర్, and దరి, దరయు and దర్. And note likewise that for the samereason in model (7) no examples of bases with any other penultimate long vowel except ఆ, or of those with penultimate ఆ and distinguished by indicatory ఞి, have been given, but that in applying the model to other roots than those of the 10th class, not only bases with penultimate ఆ and distinguished by indicatory ఞి may be found but also roots with penultimate ఏ and distinguished by indicatory మి. Thus, the C roots from స్నా which is distinguished by an indicatory మి and from హేడ్ are (1) స్నపి or స్నాపి, (2) స్నపయు or స్నాపయు, and (3) స్నప్ or స్నాప్; and (1) హిడి (2) హిడయు and (3) హిడ్. So, the C root from గ్లై which, as has already been seen, is to be reduced to the form of గ్లాప్ is (1) గ్లపి or గ్లాపి, (2) గ్లపయు or గ్లాపయు, and (3) గ్లప్ or గ్లాప్., because the root గ్లై is distinguished by indicatory ఞి. And it is to be said in regard to model (10) and with reference to its application to C roots from roots ending in consonants with penultimate nasals and with అ preceding the nasals, that some of these roots have an indicatory మి, and therefore should in the third form of the C root derived from them have the అ optionally lengthened, when the C root has afterwards to take the affixes చిణ్ or ణముల్ or స్య-చిణ్ and other affixes having the condition of చిణ్ Thus the third form of the C root from క్షఞ్జ్ when చిణ్ or ణముల్ is afterwards to be affixed is either క్షఞ్జ్ or క్షాఞ్జ్. In short, while in connection with C roots, it should be remembered that the ఇత్ letters referred to in model (2) and the penultimate long vowels referred to in model (7) respectively include the letter ఋ and the letter ఏ practically, as well as ఇ and ఆ found actually in the examples given under the respective models, it should not at the same time be forgotten that roots distinguished by indicatory ಏ should be excluded from model (7) and roots distinguished by indicatory ಮ with penultimate nasals as above mentioned should be excluded from model (10) and that these roots should be treated according to other models as follows:—

1st form.	*2nd form.*	*3rd form.*
ಸ್ನಾಪ from ಸ್ನಾ with indicatory ಏ. } = ಸ್ನಾಪ್ + ಇ = ಸ್ನಾಪಿ or ಸ್ನಾಪಿ @ *sap* = ಸ್ನಪಿ.	ಸ್ನಾಪ್ + ಅಯು = ಸ್ನಾಪಯು or ಸ್ನಾಪಯು @ *sap* = ಸ್ನಪಯು.	ಸ್ನಾಪ್ + ಇ — ಇ = ಸ್ನಾಪ್ or ಸ್ನಾಪ್ @ *sap* = ಸ್ನಪ್ (7 *a*).
ಕ್ಷಂಜ from ಕ್ಷಜಿ = ಕ್ಷಂಜ್ + ಇ = ಕ್ಷಂಜಿ.	ಕ್ಷಂಜ್ + ಅಯು = ಕ್ಷಂಜಯು.	ಕ್ಷಂಜ್ + ಇ — ಇ = ಕ್ಷಂ or ಕ್ಷಂಜ್ @ *lap* = ಕ್ಷಾಂಜ್. (10 *a*)

10. Again it should be observed that when C roots from D roots and F roots are to be formed, the D and F roots concerned should be dealt with after one or other of the models already given, the appropriate models with reference to their final and penultimate letters being ascertained. Thus, since, as we shall see hereafter, all D roots will end in ಅ, the C roots from them should be formed after model (1). For example, taking D ಪಿಪಠಿಷ derived from root ಪಠ್, the C root from it will be, (1) ಪಿಪಠಿಷಿ, (2) ಪಿಪಠಿಷಯು and (3) ಪಿಪಠಿಷ್. So the C root from F P ಲೋಲೂ will be (1) ಲೋಲೂವಿ (2) ಲೋಲೂವಯು, and (3) ಲೋಲೂವ್, But in forming C roots from FA roots formed from original roots which previously ended in consonants, we should not follow (1) but a different model which is not among those already given. This which may be put down as (1 *a*) is as follows :—

F A ಬೇಭಿದ್ಯ = ಬೇಭಿದ್ಯ—(*f*+*p*) + ಇ, ಅಯು, and ಇ— ಇ= (1) ಬೇಭಿದಿ (2) ಬೇಭಿದಯು and (3) ಬೇಭಿದ್.

11. Remark that so far as the formation of causative roots is concerned, original roots ending in ಮ with penultimate ಅ are with very few exceptions among roots disting-

nished by indicatory ಮ್. Thus C root from ಶಮ್ is not ಶಾಮಿ but (1) ಶಮಿ, (2) ಶಮಯ್, and (3) ಶಮ್ or ಶಾಮ್.

12. Lastly, it should be remarked that according to *Śákatáyana* roots ending in ಅ, when they take the causative affixes as well as the self-descriptive affixes of the 10th class, should not be treated after model (1) but should have their final ಅ lengthened and treated afterwards with ಪುಕ್ after model (10). Thus according to this authority, the C root from ಕಥ is (1) ಕಥಾಪಿ, (2) ಕಥಾಪಯ್ and (3) ಕಥಾಪ್, not (1) ಕಥಿ (2) ಕಥಯ್ and (3) ಕಥ್ (Sid. II. 187).

13. The F roots which, as has been seen, are formed by the affixes ಯಙ್ and T ಯಙ್, can, as a general rule, be derived only from monosyllabic roots beginning with consonants (III. 1. 22) and not ending in ಯ preceded by ವ, or in ವ except when it is preceded by ರ (Sid. II. 217), but they may be derived from such roots by the use of either the one affix or the other. The forms of the FA roots are as follows :—

FA Roots..

ಪಿ = ಪಿ @ *lf*+ಯ=ಪೀಯ and after red. ... =ಪೇಪೀಯ.
ಧು=ಧು .... =ಧೂಯ ... ... =ದೋಧೂಯ. (1)
ಸ್ತೃ=ಸ್ತೃ @ *gf*+ಯ=ಸ್ತರ್ಯ ... . =ತಾಸ್ತರ್ಯ. (2)
ಕೃ =ಕೃ @ ರೀ for *f*+ಯ=ಕ್ರೀಯ .... =ಚೇಕ್ರೀಯ. (3)
ಪೄ=ಪೄ @ ಊರ್ for *f*+ಯ=ಪೂರ್ಯ .... =ಪೋಪೂರ್ಯ. (4)
ಕೄ=ಕೄ @ ಈರ್ for *f*+ಯ=ಕೀರ್ಯ ... =ಚೇಕೀರ್ಯ. (5)
ಕೄತ್=ಕೄತ್ @ ಈರ್ for *p*+ಯ=ಕೀರ್ತ್ಯ ... =ಚೇಕೀರ್ತ್ಯ. (6)
ಭ್ರಂಶ್=ಭ್ರಂಶ್— *p*+ಯ =ಭ್ರಶ್ಯ ... =ಬಾಭ್ರಶ್ಯ. (7)
ಜ್ಞಾ=ಜ್ಞಾ+ಯ .... =ಜ್ಞಾಯ ... =ಜಾಜ್ಞಾಯ.
ನೀ=ನೀ .... =ನೀಯ ... =ನೇನೀಯ.
ಭೂ=ಭೂ ... =ಭೂಯ .... =ಬೋಭೂಯ.
ಗಮ್=ಗಮ್ ... =ಗಮ್ಯ .... =ಜಙ್ಗಮ್ಯ.
ಪತ್=ಪತ್ .... =ಪತ್ಯ ... =ಪಾಪತ್ಯ.
ದಾನ್=ದಾನ್ ... =ದಾನ್ಯ .... =ದಾದಾನ್ಯ.

ದಿವ್=ದಿವ್ ... =ದಿವ್ಯ .... =ದೇದಿವ್ಯ=ದೇದೀವ್ಯ.
ಲಿಪ್=ಲಿಪ್ .... =ಲಿಪ್ಯ ... =ಲೇಲಿಪ್ಯ.
ಕುರ್=ಕುರ್ ... =ಕುರ್ಯ .... =ಚೋಕುರ್ಯ=ಚೋಕೂರ್ಯ.
ಕ್ರೀಡ್=ಕ್ರೀಡ್ ... =ಕ್ರೀಡ್ಯ .... =ಚೇಕ್ರೀಡ್ಯ.
ಬುಧ್=ಬುಧ್ .... =ಬುಧ್ಯ .... =ಬೋಬುಧ್ಯ.
ಪೂರ್=ಪೂರ್ ... =ಪೂರ್ಯ ... =ಪೋಪೂರ್ಯ.
ಪೃಥ್=ಪೃಥ್ ... =ಪೃಥ್ಯ ... =ಪರೀಪೃಥ್ಯ.
ಲೋಷ್ಟ್=ಲೋಷ್ಟ್ .... =ಲೋಷ್ಟ್ಯ ... =ಲೋಲೋಷ್ಟ್ಯ.
ನನ್ದ್ from ನದಿ }=ನನ್ದ್ ... =ನನ್ದ್ಯ ... =ನಾನನ್ದ್ಯ.
ರವ್=ರವ್ .... =ರವ್ಯ ... =ರಾರವ್ಯ.
ಕ್ಷುರ್=ಕ್ಷುರ್ ... =ಕ್ಷುರ್ಯ ... =ಚಾಕ್ಷುರ್ಯ.
ಗರ್ವ್=ಗರ್ವ್ ... =ಗರ್ವ್ಯ ... =ಜಾಗರ್ವ್ಯ.
ಮುರ್ಛ್=ಮೂರ್ಛ್ ... =ಮೂರ್ಛ್ಯ .... =ಮೋಮೂರ್ಛ್ಯ=ಮೋಮೂರ್ಛ್ಯ. (8)

14. Explanation of the above forms is as follows :—

(1.) applies to original roots ending in ಇ or ಉ.

(2.) applies to original roots ending in ಋ (conjunct).

(3.) applies to original roots ending in ಋ (non-conjunct).

(4.) applies to original roots ending in ೠ (labial).

(5.) applies to original roots ending in ೠ (non-labial).

(6.) applies to original roots ending in consonants with penultimate ೠ.

(7.) applies to original roots ending in consonants with penultimate nasals.

(8.) applies to original roots ending otherwise than as above.

15. The forms of FP roots, it is needless to say, are, before reduplication, necessarily like the forms of the original roots from which they are formed; for the affix is ಯಙ್. Thus the FP roots from ಭ್ರಂಶ್ and ನನ್ದ್ before reduplication are ಭ್ರಂಶ್ and ನನ್ದ್, the penultimate nasal remaining unelided in the former, though it is not distinguished by an indicatory ಇ.

16. The forms for F roots as regards the roots given in the examples for FA roots are as follows :—

ಪಿ=ಪೇಪಿ ; ಧು=ದೋಧು ; ಸ್ಮೃ=ತಸ್ಸ್ಮರ್ or ತರಿಸ್ಮೃ or ತರೀಸ್ಮೃ ; ಕೃ=ಚರ್ಕೃರ್ or ಚರಿಕೃ or ಚರೀಕೃ ; ಪ್ಯಾ=ಪಾಪ್ಯಾ ; ಕ್ಯಾ=ಚಾಕ್ಯಾ ; ಕ್ಯಾತ್=ಚಾಕ್ಯಾತ್ ; ಭ್ರಂಶ್=ಬಾಭ್ರಂಶ್ ; ಕುರ್=ಚೋಕುರ್ ; ದಿವ್=ದೇದಿವ್ ; ಮುರ್ಛ್=ಮೋಮುರ್ಛ್ ; ಜ್ಞಾ=ಜಾಜ್ಞಾ ; ನೀ=ನೇನೀ ; ಭೂ=ಬೋಭೂ ; ಗಮ್=ಜಙ್ಗಮ್ ; ಪತ್=ಪಾಪತ್ , ದಾನ್=ದಾದಾನ್ ; ಲಿಪ್=ಲೇಲಿಪ್ ; ಕ್ರೀಡ್=ಚೇಕ್ರೀಡ್ ; ಬುಧ್=ಬೋಬುಧ್ ; ಪೃಥ್=ಪರ್ಪೃಥ್ or ಪರಿಪೃಥ್ or ಪರೀಪೃಥ್ ; ಲೋಪ್=ಲೋಲೋಪ್ ; ನನ್ದ್=ನಾನನ್ದ್ ; ರವ್=ರಾರವ್ ; ಕ್ಷುರ್=ಚಾಕ್ಷುರ್ ; ಗರ್ವ್=ಜಾಗರ್ವ್.

17. The D roots which, as already seen, can be formed by the affixes ಯಙ್$_1$, and ಯಙ್, can be formed from all roots whether original or derivative, whether monosyllabic or otherwise, and whether beginning with vowels or consonants ; but while some D roots can be formed by ಯಙ್$_1$ or ಯಙ್ *exclusively*, others may be formed by either of the affixes at *option*. The rule is that D roots are to be formed.

(1.) by ಯಙ್$_1$ only from

(*a*) roots ending in ಇಕ್ except roots in ಋೂ (I. 2. 9).

(*b*) E roots ending in consonants which have medial ಇಕ್ (I. 2. 10 ; Sid. II. 199).

(2.) by ಯಙ್$_1$ or ಯಙ್ from

(*a*) roots ending in ಋೂ (I. 2 9).

(*b*) Œ roots which have medial ಇಕ್. (I. 2. 10 ; Sid. II. 199).

(*c*) E roots ending in ಇವ್ (I. 2. 10).

(*d*) E roots which, beginning with consonants and ending in ರಲ್ *i. e.* any consonant except ಯ or ವ, have penultimate ಇ, ಈ, ಉ, or ಊ. (I. 2. 26).

(3.) by ಯಙ್ only (III. 1. 7) from

(*a*) roots ending in ಅ.

(*b*) E roots ending in consonants which have no medial ಇಕ್.

(c) Œ roots which have no medial ಇಕ್.

(d) E roots not ending in ಇವ್ and not being roots which, beginning with consonants and ending in ರಲ್, have ಇ, ಈ, ಉ, or ಊ as their penultimate.

18. The forms the D roots would take are as follows :—

DIVISION I.

A *e·²* *Roots.*

ಪಿ=ಪಿ @ ೀ+ಸ=ಪೀಷ and after reduplication=ಪಿಪೀಷ.

ದ್ರು .... =ದುದ್ರೂಷ.

ಇ ... . =ಈಪಿಷ.

ಉ ... . =ಊಪಿಷ. (1)

ಭೃ=ಭೃ @ ಊರ್ for ೃ+ಸ=ಭೂರ್ಷ =ಬುಭೂರ್ಷ.

ಸ್ತೃ ... . =ಸುಸ್ತೂರ್ಷ. (2)

ಕೃ=ಕೃ @ ಈರ್ for ೃ+ಸ=ಕೀರ್ಷ.... =ಚಿಕೀರ್ಷ. (3)

ನೀ .... =ನಿನೀಷ.

ಸೂ .... =ಸುಸೂಷ.

ಸಿಚ್ .... =ಸಿಸಿಕ್ಷ.

ಕ್ಷುದ್ ... . =ಚುಕ್ಷುತ್ಸ.

ದುಹ್ ... ... =ದುಧುಕ್ಷ.

ಸೃಜ್ .... =ಸಿಸೃಕ್ಷ.

ತೃಪ್ .... =ತಿತೃಪ್ಸ.

VI ವಿನ್ದ್ from ವಿದಿ.... ... =ವಿವಿನ್ತ್ಸ. (4)

B *e·³* *Roots.*

ಗಾ=ಗಾ+ಸ=ಗಾಸ ... . =ಜಿಗಾಸ.

ಸದ್ .... =ಸಿಷತ್ಸ.

ತ್ಯಜ್ ... . =ತಿತ್ಯಕ್ಷ.

ವಹ್ ... . =ವಿವಕ್ಷ.

ರಾಧ್ ... ... =ರಿರಾತ್ಸ.

ಮಸ್ಜ್ .... =ಮಿಮಕ್ಷ.

ರಂಜ್ .... =ರಿರಂಕ್ಷ. (5)

DIVISION II.

A e³ co³ e·² *Roots.*

ಪೄ=ಪೄ @ *gf*+ಇಷ or ಈಷ. or ಪೄ @ ಊರ್ for *f*+ಸ=ಪರಿಷ, ಪರೀಷ, or ಪೂರ್ಷ=ಪಿಪರಿಷ, ಪಿಪರೀಷ, or ಪಿಪೂರ್ಷ. .... (1)

ಸ್ತೄ=ಸ್ತೄ @ *gf*+ಇಸ or ಈಷ, or ಸ್ತೄ @ ಈರ್ for *f*+ಸ=ಸ್ತರಿಷ, ಸ್ತರೀಷ, or ಸ್ತೀರ್ಷ=ತಿಸ್ತರಿಷ, ತಿಸ್ತರೀಷ, or ತಿಸ್ತೀರ್ಷ. (2)

B e³ e·² *Roots.*

ದಿವ್=ದಿವ್ @ *gp*+ಇಸ, or ದಿವ್ @ ಊ for *f*+ಸ=ದೇವಿಷ or ದ್ಯೂಷ=ದಿದೇವಿಷ or ದಿದ್ಯೂಷ. .... (3)

ಸಿಧ್, ಗುಪ್, ಸ್ತೃಹ್, ಕ್ಲಪ್=ಸಿಧ್ &c., @ *gp*+ಇಷ or ಸಿಧ್ &c.,+ಸ=ಸೇಧಿಷ or ಸಿತ್ಸ &c.,=ಸಿಸೇಧಿಷ or ಸಿಸಿತ್ಸ; ಜುಗೋಪಿಷ or ಜುಗುಪ್ಸ; ತಿಸ್ತರ್ಹಿಷ or ತಿಸ್ತೃಕ್ಷ; ಚಿಕಲ್ಪಿಷ or ಚಿಕ್ಲಪ್ಸ. ... (4)

ಸ್ತೄಹ್=ಸ್ತೄಹ್ @ ಈರ್ for *p*+ಇಸ or ಸ=ಸ್ತೀರ್ಹಿಷ or ಸ್ತೀರ್ಕ್ಷ=ತಿಸ್ತೀರ್ಹಿಷ or ತಿಸ್ತೀರ್ಕ್ಷ. ... . (5)

ತೃನ್ಹ್=ತೃನ್ಹ್+ಇಸ or ತೃನ್ಹ್—*p*+ಸ=ತೃನ್ಹಿಷ or ತೃಕ್ಷ=ತಿತೃನ್ಹಿಷ or ತಿತೃಕ್ಷ. .... (6)

DIVISION III.

e²·³· *Roots.*

ಲಿಖ್, ರುಚ್=ಲಿಖ್ &c.,+ಸನ್ or ಸನ್$_1$=ಲಿಖ್ &c. *gp*+ಇಸ or ಲಿಖ್ &c., +ಇಸ=ಲೇಖಿಷ or ಲಿಖಿಷ=ಲಿಲೇಖಿಷ, ಲಿಲಿಖಿಷ; ರುರೋಚಿಷ, ರುರುಚಿಷ.

DIVISION IV.

œ³ *Roots.*

ಕ್ಷಮು=ಕ್ಷಮು+ಇಸ or ಸ=ಕ್ಷಮಿಷ or ಕ್ಷಂಸ=ಚಿಕ್ಷಮಿಷ or ಚಿಕ್ಷಂಸ.

DIVISION V.

e[3] *Roots.*

ಇಧ್=ಇಧ್ @ *gp*+ಇಸ=ಏಧಿಷ .... =ಏದಿಧಿಷ.
ಈಜ್ ... . =ಏಜಿಜಿಷ.
ಉಚ್ .... =ಓಚಿಚಿಷ.
ಊನ್ .... =ಓನಿನಿಷ.
ಋಧ್ .... =ಅರ್ದಿಧಿಷ.
ವೃಧ್ ... . =ವಿವರ್ಧಿಷ.
ಕ್ನೂಯ್ ... ... =ಚುಕ್ನೋಯಿಷ.
ವೃತ್ ... ... =ವಿವರ್ತಿಷ. (1)
ಕೄತ್=ಕೄತ್ @ ಈರ್ for *p*+ಇಸ=ಕೀರ್ತಿಷ =ಚಿಕೀರ್ತಿಷ. (2)
ಪೀವ್=ಪೀವ್+ಇಸ=ಪೀವಿಷ ... =ಪಿಪೀವಿಷ.
ಪೂರ್ ... ... =ಪುಪೂರಿಷ.
ಪೂಯ್ ... . =ಪುಪೂಯಿಷ.
ಅಕ್ ... . =ಅಚಿಕಿಷ.
ಅರ್ಚ ... . =ಅಚಿರ್ಚಿಷ.
ಆಸ್ .... =ಆಸಿಸಿಷ.
ಏಜ್ .... =ಏಜಿಜಿಷ.
ಚಲ್ .... =ಚಿಚಲಿಷ.
ಸನ್ .... =ಸಿಸನಿಷ.
ದಾನ್ .... =ದಿದನಿಷ.
ಸ್ತೇಪ್ .... =ತಿಸ್ತೆಪಿಷ.
ಚರ್ಚ .... =ಚಿಚರ್ಚಿಷ. (3)

FA ಪೋಪೂರ್ಯ = ಪೋಪೂರ್ಯ — $(f+p)$+ಇಸ=ಪೋಪೂರಿಷ= ಪೋಪೂರಿಷ. (4)

FA ಲೋಲೂಯ = ಲೋಲೂಯ—*f*+ಇಸ+ಲೋಲೂಯಿಷ=ಲೋಲೂಯಿಷ.

ಆಂದೋಲ .... =ಆಂದೋಲಿಷ=ಆಂದುದೋಲಿಷ.
ಕುಮಾರ .... =ಕಮಾರಿಷ=ಚಕುಮಾರಿಷ.
ಕಥ .... =ಕಥಿಷ=ಚಿಕಥಿಷ. (5)
C ಅರ್ಥ=ಅರ್ಥ @ *gf*+ಇಸ =ಅರ್ಥಯಿಷ=ಅತಿರ್ಥಯಿಷ.
C ಆಟ .... =ಆಟಿಟಯಿಷ.

C ಆರಿ	....	....	=ಆರಿರಯಿಷ.	
C ಪಾವಿ	....	....	=ಪಿಪಾವಯಿಷ.	
C ಮಾವಿ	....	....	=ಮಿಮಾವಯಿಷ.	
C ಯಾವಿ	....	....	=ಯಿಯಾವಯಿಷ.	
C ರಾವಿ	....	....	=ರಿರಾವಯಿಷ.	
C ಲಾವಿ	....	...	=ಲಿಲಾವಯಿಷ.	
C ಜಾವಿ	...	....	=ಜಿಜಾವಯಿಷ.	(6)
C ನಾಯಿ	....	....	=ನಿನಾಯಯಿಷ.	
C ಜ್ಯಾವಿ	....	....	=ಜುಜ್ಯಾವಯಿಷ.	
C ಬ್ರಾವಿ	....	....	=ಬುಬ್ರಾವಯಿಷ.	
C ನಾವಿ	...	...	=ನುನಾವಯಿಷ.	
C ಊರ್ಣಾವಿ	...	....	=ಊರ್ಣುನಾವಯಿಷ.	
C ಸೇವಿ	....	...	=ಸಿಷೇವಯಿಷ.	
ಜಿರಿ	...	...	=ಜಿಜಿರಯಿಷ.	
ದಿಧಿ	....	....	=ದಿದಿಧಯಿಷ.	
ಊರ್ಣು	...	...	=ಊರ್ಣುನವಿಷ.	
ಜಾಗೃ	...	....	=ಜಿಜಾಗರಿಷ.	(7)

19. Explanation of the above examples is as follows :—

(1.) of Division I applies to original roots ending in ಇ and ಉ.

(2.) of Division I applies to original roots in ಋ (labial).

(3.) of Division I applies to original roots in ಋ (non-labial).

(4.) of Division I applies to other roots ending in ಇಕ್[6] than the above and roots ending in ಋ and E· roots ending in consonants which have medial ಇಕ್[6].

(5.) of Division I applies to other roots ending in ಅ, and E· roots ending in consonants which have no medial ಇಕ್[6].

(1.) of Division II applies to roots ending in ೠ (labial).

(2.) of Division II applies to roots ending in ೠ, (non-labial).

(3.) of Division II applies to roots ending in ഇവ്.

(4.) of Division II applies to Œ roots with penultimate ഇര് other than ഡുഞ.

(5.) of Division II applies to Œ roots with penultimate ഡുഞ.

(6.) of Division II applies to Œ roots with medial ഇര് and with penultimate nasal.

Division III applies to E roots which beginning with consonants and ending in രല് have penultimate ഇ, ഈ, ഉ, and ഊ.

Division IV applies to Œ roots which have no medial ഇര്.

(1.) of Division V applies to roots (1) beginning with ഇര് vowels and ending in consonants, (2) beginning with consonants and ending in ഠാ with penultimate ഉ, and (3) beginning with consonants and ending in consonants with penultimate ഡു.

(4.) of Division V applies to roots beginning with consonants and ending in consonants with penultimate ഡുഞ.

(3.) of Division V applies to monosyllabic roots ending in consonants other than the above.

(4.) of Division V applies to non-monosyllabic roots ending in open ഠാ preceded by a consonant.

(5.) of Division V applies to non-monosyllabic roots ending in ഒ other than the above.

(6.) of division V applies to other non-monosyllabic roots ending in ഇര്.

20. Turning now to the tense affixes and first to those which belong to the special tenses the following will be found to be the bases into which the roots are converted by the affixes in question :—

ROOTS TO WHICH THE MODELS REFER. EXAMPLES.

Active Voice.

Roots of the 1st class.

Roots ending in ಇಕ್.

X. ಚೋರಿ = ಚೋರಿ + ಶಪ್ = ಚೋರಿ @ gf+ ಅ = ಚೋರಯ ; C ಚೋರಿ = ಚೋರಯ.

ಕ್ಷಿ = ಕ್ಷಯ ; ಕ್ಷೀ = ಕ್ಷಯ ; ಊ = ಅವ ; ಪೂ = ಪವ ; ಧೃ = ಧರ ; ತೄ = ತರ. (1)

Roots with penultimate light ಇಕ್.

ಪಿಟ್ = ಪಿಟ್ + ಶಪ್ = ಪಿಟ್ @ gp + ಅ = ಪೇಟ ; ಪುಷ್ = ಪೋಷ ; ದೃಪ್ = ದರ್ಪ. (2)

Other roots than the above.

D ಪಿಪೀಷ = ಪಿಪೀಷ + ಶಪ್ = ಪಿಪೀಷ + ಅ = ಪಿಪೀಷ; FA ಚೇಕ್ರೀಯ = ಚೇಕ್ರೀಯ ; ಗಾ = ಗಾ ; ದೇ = ದಯ ; ದೈ = ದಾಯ ; ದಧ್ = ದಧ ; ಭ್ರಾಜ್ = ಭ್ರಾಜ ; ನೀವ್ ನೀವ ; ಚೂಷ್ = ಚೂಷ ; ನಿಕ್ಷ್ = ನಿಕ್ಷ. (3)

Roots of the 2nd Class

FP ಚೇಕ್ರೀ + I ಶಪ್ = ಚೇಕ್ರೀ ; ಖ್ಯಾ = ಖ್ಯಾ ; ಇ = ಇ ; ಈ = ಈ ; ಕ್ಷು = ಕ್ಷು ; ಷೂ = ಷೂ ; ಜಾಗೃ = ಜಾಗೃ ; ಅದ್ = ಅದ್ ; ಶಾಸ್ = ಶಾಸ್ ; ದ್ವಿಷ್ = ದ್ವಿಷ್ ; ಈಡ್ = ಈಡ್ ; ದುಹ್ = ದುಹ್ ; ವೃಜ್ = ವೃಜ್.

Roots of the 3rd Class

ಗಾ + 2 ಶಪ್ = ಜಿಗಾ ; ಕಿ = ಚಿಕಿ ; ಭಿ = ಬಿಭಿ ; ಹು = ಜುಹು ; ಪೄ = ಪಿಪೄ ; ಭಸ್ = ಬಿಭಸ್ ; ಧಿಕ್ಷ್ = ದಿಧಿಕ್ಷ್ ; ತುರ್ = ತುತುರ್.

Roots of the 4th Class

Roots ending in ಋೂ (labial)

ಪೄ = ಪೄ + ಶ್ಯನ್$_2$ = ಪೄ @ ಊರ್ for *f* + ಯ = ಪೂರ್ಯ. ... . (1)

Roots ending in ಋೂ (non-labial.)

ಜೄ = ಜೄ + ಶ್ಯನ್$_2$ = ಜೄ @ ಈರ್ for *f* + ಯ = ಜೀರ್ಯ. ... . (2)

Roots ending in ಓ.

ಛೋ = ಛೋ + ಶ್ಯನ್$_2$ = ಛೋ — *f* + ಯ = ಛ್ಯ (3)

Other roots than the above.

ಮೂ = ಮೂ + ಶ್ಯನ್$_2$ = ಮೂ + ಯ = ಮೂಯ; ಡೀ = ಡೀಯ ; ದೂ = ದೂಯ ; ತ್ರಸ್ = ತ್ರಸ್ಯ ; ಸಾಧ್ = ಸಾಧ್ಯ ; ದಿವ್ = ದಿವ್ಯ (ದೀವ್ಯ) ; ವ್ರೀಡ್ = ವ್ರೀಡ್ಯ ; ಸುಹ್ = ಸುಹ್ಯ ; ಪೂಜ್ = ಪೂಜ್ಯ ; ನೃತ್ = ನೃತ್ಯ ; ಪುಷ್ಟ್ = ಪುಷ್ಟ್ಯ. .... (4)

ROOTS TO WHICH THE MODELS REFER.	EXAMPLES.
Roots of the 5th Class	
Roots ending in vowels.	ಚಿ=ಚಿ+ಶ್ನು₂=ಚಿನು ... 1st form ಚಿ=ನ್₂=ಚಿನ್ ... 2nd form ಚಿ+ನ್ವ₂=ಚಿನ್ವ .... 3rd form ಸು=ಸುನು, ಸುನ್, ಸುನ್ವ್; ದೄ=ದೄಣು, ದೄಣ್, ದೄಣ್ವ ; ಋ=ಋಣು, ಋಣ್, ಋಣ್ವ .... (1)
Roots ending in consonants without penultimate nasals.	ಶಕ್=ಶಕ್ + ಶ್ನು₂=ಶಕ್ + ನು = ಶಕ್ನು 1st form ಶಕ್+ನುವ್=ಶಕ್ನುವ್ .... 2nd form (2)
Roots ending in consonants with penultimate nasals.	ದಮ್ಭ = ದಮ್ಭ + ಶ್ನು₂ = ದಮ್ಭ — *p*+ ನು=ದಭ್ನು ... ... 1st form ದಮ್ಭ — *p*+ನುವ್₂=ದಭ್ನುವ್ 2nd form (3)
Roots of the 6th Class	
Roots ending in ೠ	ಕೄ=ಕೄ+ಶ₂=ಕೄ @ ಇರ್ for *f*+ಅ= ಕಿರ .... (1)
Roots ending in ಋ	ಮೃ=ಮೃ+ಶ₂=ಮೃ @ ರಿಯ್ for *f*+ ಅ=ಮ್ರಿಯ ... ... (2)
Roots ending in ಇ and ಈ.	ಕ್ಷಿ=ಕ್ಷಿ+ಶ₂=ಕ್ಷಿ @ ಇಯ್ for *f*+ಅ= ಕ್ಷಿಯ .... (3)
Roots ending in ಉ and ಊ.	ಧ್ರು=ಧ್ರು+ಶ₂=ಧ್ರು @ ಉವ್ for *f*+ ಅ=ಧ್ರುವ ; ಕು=ಕುವ ... . (4)
Roots ending in consonants.	ದಿಶ್=ದಿಶ್+ಶ₂=ದಿಶ್+ಅ=ದಿಶ; ಕುರ್= ಕುರ; ಕೂಡ್=ಕೂಡ; ತೃಪ್=ತೃಪ ; ರಿಮ್ಫ= ರಿಮ್ಫ ... . (5)
Roots of the 7th Class	
Roots with penultimate nasals.	ಭಞ್ಜ್=ಭಞ್ಜ್+ಶ್ನಮ್₂=ಭಞ್ಜ್+ನ *bef.* *p*—*p*=ಭನಜ್ .... 1st form ಭಞ್ಜ್ +ನ್₂=ಭಞ್ಜ್+ನ್ *bef.* *p*—*p* =ಭಞ್ಜ್ .... 2nd form (1)

ROOTS TO WHICH THE MODELS REFER.	EXAMPLES.
Roots without penultimate nasals.	ರುಧ್=ರುಧ್+ಶ್ನಮ್$_2$=ರುಧ್+ನ *aft. p* =ರುಣಧ್ .... 1st form ರುಧ್+ನ್$_2$=ರುಧ್+ನ್ *aft. p*=ರುನ್ಧ್ 2nd form ಭಿದ್=ಭಿನದ್, ಭಿನ್ದ್; ಯುಜ್=ಯುನಜ್, ಯುನ್ಜ್; ಛಿದ್=ಛಿನದ್, ಛಿನ್ದ್ ... (2)
Roots of the 8th Class	
Roots ending in consonants with penultimate light ಇಕ್ vowels.	ಋಣ್=ಋಣ್+ಉ=ಋಣ್ @ *gp*+ಉ= ಅರ್ಣು .... 1st form ಋಣ್+ $\bar{4}$ ಉ=ಋಣ್ @ *gp*+*nil*=ಅರ್ಣ್ 2nd form ಋಣ್+ವ್=ಋಣ್ @ *gp*+ವ್=ಅರ್ಣ್ವ 3rd form (1)
Other roots than the above.	ತನ್=ತನ್+ಉ=ತನು 1st form ತನ್+$\bar{4}$ ಉ=ತನ್ 2nd form ತನ್+ವ್=ತನ್ವ 3rd form (2)
Roots of the 9th Class	
Roots ending in vowels.	ಜ್ಞಾ=ಜ್ಞಾ+ನೀ$_2$=ಜ್ಞಾ+ನೀ=ಜ್ಞಾನೀ 1st form ಜ್ಞಾ+ನ್$_2$=ಜ್ಞಾನ್ 2nd form ಜ್ಞಾ+ಶ್ನಾ$_2$=ಜ್ಞಾನಾ 3rd form ಕ್ರೀ=ಕ್ರೀಣೀ, ಕ್ರೀಣ್, ಕ್ರೀಣಾ; ಸಿ=ಸಿನೀ, ಸಿನ್, ಸಿನಾ; ಸ್ಕು=ಸ್ಕುನೀ, ಸ್ಕುನ್, ಸ್ಕುನಾ; ಕ್ನೂ=ಕ್ನೂನೀ, ಕ್ನೂನ್, ಕ್ನೂನಾ; ಸ್ತೄ=ಸ್ತೃಣೀ, ಸ್ತೃಣ್, ಸ್ತೃಣಾ; ಪೄ=ಪೃಣೀ, ಪೃಣ್, ಪೃಣಾ. ... . (1)
Roots ending in consonants with penultimate nasals.	ಮನ್ಥ್=ಮನ್ಥ್+ನೀ$_2$=ಮನ್ಥ್—*p*+ನೀ =ಮಥ್ನೀ ... 1st (*a*) form ಮನ್ಥ್+ ಶಾನಚ್$_2$=ಮನ್ಥ್—*p*+ಆನ= ಮಥಾನ ... 1st (*b*) form

ROOTS TO WHICH THE MODELS REFER.	EXAMPLES.
	ಮನ್ಥ್ + ನ = ಮನ್ಥ್ — p + ನ = ಮಥ್ನ 2nd. form
	ಮನ್ಥ್ + ಶ್ನಾ = ಮನ್ಥ್ — p + ನಾ = ಮಥ್ನಾ 3rd form (2)
Other Roots ending in consonants.	ನಭ್ = ನಭ್ + ನೀ = ನಭ್ + ನೀ = ನಭ್ನೀ 1st (a) form
	ನಭ್ + ಶಾನಚ್ = ನಭ್ + ಆನ = ನಭಾನ 1st (b) form
	ನಭ್ + ನ = ನಭ್ನ ... 2nd form
	ನಭ್ + ಶ್ನಾ = ನಭ್ನಾ ... 3rd form (3)

21. It will be seen that more than one form of bases have been obtained in regard to roots of the 5th, 7th, 8th, and 9th Classes, and it will therefore be necessary to state when one form or other is appropriate. The rules on this subject are as follows:—

(A) *For roots of the 5th Class.*

(1.) For Model I.

Use (1) the 2nd or the 1st form when affixes beginning with the letters ಮ and ವ except ಮಿಪ್ are to be attached to the bases (VI. 4. 107; Sid. II. 70).

(2) the 3rd form when *sárvadhátuka* affixes beginning with vowels are to be attached (VI. 4. 78).

(3) the 1st form when affixes other than the above are to be attached (III. 1. 73) *e. g.* (1) ಕ್ಷಿಣೋ + ತಿ; (2) ಕ್ಷಿಣ್ವ್ + ಅನ್ತಿ; (3) ಕ್ಷಿಣ್ + ವಸ್ or ಕ್ಷಿಣೋ + ವಸ್; (4) ಕ್ಷಿಣ್ + ಮಸ್ or ಕ್ಷಿಣೋ + ಮಸ್; (5) ಕ್ಷಿಣೋ + ಮಿಪ್.

(2.) For Models II and III.

Use (1) the 2nd form when affixes beginning with vowels not distinguished by an indicatory ಪ are to be attached (III. 1. 73; VI. 4. 77).

(2) the 1st form when affixes other than the above are to be attached (III. 1. 73) *e. g.* (1) ಶಕ್ನು+ತಿ (2) ಶಕ್ನುವ್^{6}+ಅನ್ತಿ.

(B) *For roots of the 8th Class.*

Use (1) the 2nd or the 1st form when affixes beginning with the letters ಮ and ವ except ಮಿಪ್^{6} are to be attached to the bases (III. 1. 79; VI. 4. 107).

(2) the 3rd form when *sárvadhátuka* affixes beginning with vowels are to be attached (VI. 4. 87).

(3) the 1st form when affixes other than the above are to be attached (III. 1. 79) *e. g.* (1) ತನು+ತಿ (2) ತನ್ವ್^{6}+ಅನ್ತಿ (3) ತನ್^{6}+ವಸ್^{6} or ತನು+ವಸ್^{6} (4) ತನ್^{6} +ಮಸ್^{6} or ತನು+ಮಸ್^{6} (5) ತನು+ಮಿಪ್^{6}.

(C) *For roots of the 7th Class.*

Use (1) the 2nd form when *sárvadhátuka* affixes having an indicatory ಕ or ಙ are to be attached to the bases (VI. 4. 3).

(2) the 1st form when other affixes are to be attached (VIII. 1. 78.) *e. g.* (1) ರುಣಧ್^{6}+ತಿಪ್^{6}; (2) ರುನ್ಧ್^{6}+ತಸ್$^{6}{}_{2}$.

(D) *For roots of the 9th Class.*

(1.) For Model I.

Use (1) the 1st form when *sárvadhátuka* affixes beginning with consonants and having an indicatory ಕ or ಙ are to be attached to the bases (VI. 4. 113).

(2) the 2nd form when *sárvadhátuka* affixes beginning with vowels and having an indicatory ಕ or ಙ are to be attached (VI. 4. 112).

(3) the 3rd form when affixes other than the above are to be attached (III. 1. 81) *e. g.* (1) ಕ್ರೀಣೀ+ತಸ್$^{6}{}_{2}$; (2) ಕ್ರೀಣ್^{6}+ಅನ್ತಿ$_{2}$; (3) ಕ್ರೀಣಾ+ತಿಪ್^{6}.

(2). For Models II and III.

Use (1) the 1st (*a*) form when *sárvadhátuka* affixes beginning with consonants and having an indicatory ಕ or ಜ except Ī ಹಿ$_2$ are to be attached (VI. 4. 13).

(2) the 1st (*b*) form when Ī ಹಿ$_2$ is to be attached (III. 1. 83).

(3) the 2nd form when *sárvadhátuka* affixes beginning with vowels and having an indicatory ಕ or ಜ are to be attached (VI. 4. 112).

(4) the 3rd form when affixes other than the above are to be attached (III. 1. 81). *e. g.* ಮುಥ್ನೀ+ತಸ್$^6{}_2$; (2) ಮುಥಾನ+Ī ಹಿ$_2$; (3) ಮುಥ್ನ್+ಅನ್ತಿ; (4) ಮುಥ್ನಾ+ತಿಪ್^{6}; (1) ನಭ್ನೀ+ತಸ್$^6{}_2$; (2) ನಭಾನ+Ī ಹಿ$_2$; (3) ನಭ್ನ್+ಅನ್ತಿ; (4) ನಭ್ನಾ+ತಿಪ್^{6}.

22. The passive tense affix ಯಾಕ್^{6} which also, as we have seen, belongs only to the present, the imperative, the imperfect, and the optative, turns roots into bases as follows :—

ROOTS TO WHICH THE MODELS REFER.	EXAMPLES.	
Roots ending in open ಯ(ಯ್^{6}+ಅ,)preceded by a consonant.	FA ಪೊಪೂರ್ಯ=ಪೊಪೂರ್ಯ+ಯಕ್=ಪೊಪೂರ್ಯ – ಯ+ಯ=ಪೊಪೂರ್ಯ	(1)
Other roots ending in ಅ.	FA ಲೋಲೂಯ=ಲೋಲೂಯ+ಯಕ್=ಲೋಲೂಯ –*f*+ಯ = ಲೋಲೂಯ್ಯ ; D ಆಂದೋಲಿಷ=ಆಂದೋಲಿಷ್ಯ ; ಕಥ+ಯ=ಕಥ್ಯ	(2)
Roots ending in ಇ. and ಉ.	ಕ್ಷಿ=ಕ್ಷಿ+ಯಕ್=ಕ್ಷಿ @ *lf*+ಯ=ಕ್ಷೀಯ; ಉ=ಊಯ	(3)
Roots ending in ಋ	ಭೃ=ಭೃ+ಯಕ್=ಭೃ @ ರಿ for *f*+ಯ=ಭ್ರಿಯ	(4)
Roots ending in ಋೂ (labial.)	ಪೄ=ಪೄ+ಯಕ್=ಪೄ @ ಊರ್ for *f*+ಯ=ಪೂರ್ಯ	(5)

ROOTS TO WHICH THE MODELS REFER.	EXAMPLES.
Other roots ending in ಋ.	ಕೄ=ಕೄ+ಯಕ್=ಕೄ @ ಈರ್ for f+ ಯ=ಕೀರ್ಯ .... (6)
Roots with penultimate ಋ.	ಕೄತ್=ಕೄತ್+ಯಕ್=ಕೄತ್ @ ಈರ್ for f+ಯ=ಕೀರ್ತ್ಯ .... (7)
Other roots than the above.	X. ಚೋರ್+ಯಕ್=ಚೋರ್+ಯ=ಚೋರ್ಯ; ಗಾ=ಗಾಯ ; ಗ್ಲಾ from ಗ್ಲೈ=ಗ್ಲಾಯ ; ಕ್ಷಿ=ಕ್ಷೀಯ ; ಪೂ = ಪೂಯ ; ದಧ್=ದಧ್ಯ ; ಭ್ರಾಜ್=ಭ್ರಾಜ್ಯ; ಪಿಟ್=ಪಿಟ್ಯ; ನೀವ್=ನೀವ್ಯ ; ಪುಷ್=ಪುಷ್ಯ ; ಚೂಷ್ = ಚೂಷ್ಯ ; ದೃಪ್= ದೃಪ್ಯ ; ಚೇಷ್ಟ್ = ಚೇಷ್ಟ್ಯ ; ಲೋಷ್ಟ್= ಲೋಷ್ಟ್ಯ .... (8)

23. It is to be remarked that the *class* distinction of the roots disappears, as will have been observed from the examples, in regard to ಯಕ್[6], it coming equally in the case of all the roots, whatever be their class.

24. Adverting now to the bases produced by the tense affixes in other tenses, these may be divided into two parts, the first embracing those in which the final letters of the roots from which they are formed are changed by the tense affixes, and the second, those in which there is no such change. The former comprises the bases produced by the affixes in the future, the conditional, the 1st and 2nd future, and the aorist; and the latter, those in the perfect and the benedictive. To the former we shall now direct our attention.

25. The bases for the 2nd future, and the conditional in the active and passive voices are formed by ಸ್ಯ, whether the roots are original or derivative, but in the passive voice, if the roots concerned are original roots ending in vowels or *ṇi* roots, the bases may be formed optionally by ಸ್ಯ-ಚಿಣ್[6] (III. 1. 33; VI. 4. 62) as follows :—

ROOTS TO WHICH THE MODELS REFER.	EXAMPLES.
	(A) ***For both active and passive voices.***
E· *Roots except roots ending in* ಋ.	
Roots ending in ಇಕ್.	ಕ್ಷಿ=ಕ್ಷಿ+ಸ್ಯ=ಕ್ಷಿ @*gf*+ಸ್ಯ=ಕ್ಷೇಸ್ಯ ; ನೀ =ನೇಷ್ಯ ; ಚು=ಚೋಷ್ಯ .... (1)
Roots with penultimate ಇಕ್.	ಕ್ಷಿಪ್=ಕ್ಷಿಪ್+ಸ್ಯ=ಕ್ಷಿಪ್ @ *gp*+ಸ್ಯ=ಕ್ಷೇಪ್ಸ್ಯ ; ಮುಚ್=ಮೋಕ್ಷ್ಯ ; ತೃಪ್=ತರ್ಪ್ಸ್ಯ (2)
Roots other than the above.	ಪಚ್=ಪಚ್+ಸ್ಯ=ಪಕ್ಷ್ಯ ; ಯಾ=ಯಾಸ್ಯ ; ದಾ from ದೈ=ದಾಸ್ಯ; ರಾಧ್=ರಾತ್ಸ್ಯ; ಆಪ್=ಆಪ್ಸ್ಯ ; ರಞ್ಜ್=ರಙ್ಕ್ಷ್ಯ ... (3)
(2) *OE Roots.*	
Roots with penultimate ಇಕ್ other than ಋ.	ಸ್ತೃಹ್=ಸ್ತೃಹ್+ಸ್ಯ=ಸ್ತೃಹ್ @ *gp*+ ಇಸ್ಯ or ಸ್ಯ=ಸ್ತರ್ಹಿಷ್ಯ or ಸ್ತರ್ಕ್ಷ್ಯ .... (1)
Roots with penultimate ಋ.	ಸ್ತೄಹ್=ಸ್ತೄ+ಸ್ಯ=ಸ್ತೄಹ್ @ ಈರ್ for *p*+ಇಸ್ಯ or ಸ್ಯ = ಸ್ತೀರ್ಹಿಷ್ಯ or ಸ್ತೀರ್ಕ್ಷ್ಯ ... . (2)
Other roots than the above.	ಸ್ಯಂದ್=ಸ್ಯಂದ್ + ಸ್ಯ=ಸ್ಯಂದ್ + ಇಸ್ಯ or ಸ್ಯ=ಸ್ಯಂದಿಷ್ಯ or ಸ್ಯಂತ್ಸ್ಯ ... (3)
(3) *EO Roots.*	
Roots ending in ಋ.	ತೄ=ತೄ+ಇಸ್ಯ or ಈಸ್ಯ=ತೄ @ *gf*+ ಇಸ್ಯ or ಈಸ್ಯ=ತರಿಷ್ಯ or ತರೀಷ್ಯ.
(4) E roots as well as E· roots in ಋ *which are* e6 .	
Roots ending in ಇಕ್.	X. ಚೋರಿ=ಚೋರಿ+ಇಸ್ಯ=ಚೋರಿ @ *gf* +ಇಸ್ಯ=ಚೋರಯಿಷ್ಯ ; C ಭಾವಿ=ಭಾವಯಿಷ್ಯ; ಶ್ವಿ=ಶ್ವಯಿಷ್ಯ; ಯು=ಯವಿಷ್ಯ; ಭೂ= ಭವಿಷ್ಯ; ಕೃ=ಕರಿಷ್ಯ ; FP ಲೋಲೂ= ಲೋಲವಿಷ್ಯ ... ... (1)

ROOTS TO WHICH THE MODELS REFER.	EXAMPLES.	
Roots with penultimate ಇಕ್.	ಚಿತ್=ಚಿತ್+ಇಸ್ಯ=ಚಿತ್ @ *gp*+ಇಸ್ಯ =ಚೇತಿಷ್ಯ ; ದ್ಯುತ್=ದ್ಯೋತಿಷ್ಯ ; ವೃಷ್= ಮರ್ಷಿಷ್ಯ ; FP ಬೇಭಿದ್=ಬೇಭಿದಿಷ್ಯ	(2)
Roots ending in open ಯ, preceded by a consonant.	FA ಬೆಭಿದ್ಯ=ಬೇಭಿದ್ಯ + ಇಸ್ಯ=ಬೇಭಿದ್ಯ − (*f* and *p*)+ಇಸ್ಯ=ಬೇಭಿದಿಷ್ಯ	(3)
Other roots ending in ಅ.	FA ಲೋಲೂಯ= ಲೋಲೂಯ+ಇಸ್ಯ= ಲೋಲೂಯ −*f* + ಇಸ್ಯ = ಲೋಲೂಯಿಷ್ಯ ; D ಪಿಪಠಿಷ=ಪಿಪಠಿಷಿಷ್ಯ ; ಕಥ=ಕಥಿಷ್ಯ	(4)
Roots with penultimate ಋ.	ಕೃತ್=ಕೃತ್+ಇಸ್ಯ=ಕೃತ್ @ ಈರ್ for *p*+ಇಸ್ಯ=ಕೀರ್ತಿಷ್ಯ	(5)
Other roots than the above.	FP ಪಾಪಚ್=ಪಾಪಚ್+ಇಸ್ಯ=ಪಾಪಚಿಷ್ಯ; ಭ್ರಾಜ್=ಭ್ರಾಜಿಷ್ಯ ; ಮೀಲ್=ಮೀಲಿಷ್ಯ ; ಧೂಪ್=ಧೂಪಿಷ್ಯ ; ಚೇಲ್=ಚೇಲಿಷ್ಯ ; ಲೋಕ್= ಲೋಕಿಷ್ಯ ; ಢೌಕ್=ಢೌಕಿಷ್ಯ ; ರಕ್ಷ್=ರಕ್ಷಿಷ್ಯ	(6)

(B) For only passive voice optionally.

E roots, Œ roots, EO roots, and E roots. 1, Original roots ending in ಇಕ್.	ಕ್ಷಿ=ಕ್ಷಿ+ಸ್ಯ-ಚಿಣ್= ಕ್ಷಿ @ *vf*+ಇಸ್ಯ= ಕ್ಷಾಯಿಷ್ಯ; ನೀ=ನಾಯಿಷ್ಯ ; ಚು=ಚಾವಿಷ್ಯ; ಶ್ವಿ=ಶ್ವಾಯಿಷ್ಯ ; ಯು=ಯಾವಿಷ್ಯ ; ಭೂ= ಭಾವಿಷ್ಯ ; ವೃ=ವಾರಿಷ್ಯ ; ತೃ=ತಾರಿಷ್ಯ.	(1)
2. Original roots ending in ಆ.	ದಾ=ದಾ+ಸ್ಯ-ಚಿಣ್= ದಾ + ಇಸ್ಯ, and with the augment ಯ್=ದಾಯ್+ಇಸ್ಯ =ದಾಯಿಷ್ಯ ; ದಾ from ದೈ=ದಾಯಿಷ್ಯ.	(2)
3. *ṇi* roots from roots with indicatory ಮ or ಞ.	ಶಮ್ or ಶಾಮ್=ಶಮ್ or ಶಾಮ್+ಸ್ಯ- ಚಿಣ್=ಶಮ್ or ಶಾಮ್+ಇಸ್ಯ=ಶಮಿಷ್ಯ or ಶಾಮಿಷ್ಯ ; ಯಮ್=ಯಮಿಷ್ಯ or ಯಾಮಿಷ್ಯ	(3)

ROOTS TO WHICH THE MODELS REFER.	EXAMPLES.	
4. Other *ṇi* roots than the above.	X. ಚೋರ್=ಚೋರ್+ಸ್ಯ-ಚಿಣ್=ಚೋರ್+ಇಸ್ಯ=ಚೋರಿಷ್ಯ ; C ಭೇದ್=ಭೇದಿಷ್ಯ.	(4)

26. Observe that *ṇi* roots in the passive voice, if formed from roots with indicatory ಮು or ಮಿ, give 3 bases, and if formed from other roots, 2 bases. *e. g.* C from the root ಶಮು which is distinguished by indicatory ಮು=ಶಮಿಷ್ಯ or ಶಾಮಿಷ್ಯ or ಶಾಮಯಿಷ್ಯ ; C from ಭೂ and ಭಿದ್ which are not so distinguished=ಭಾವಿಷ್ಯ or ಭಾವಯಿಷ್ಯ and ಭೇದಿಷ್ಯ or ಭೇದಯಿಷ್ಯ ; X ಚೋರ್=ಚೋರಿಷ್ಯ or ಚೋರಯಿಷ್ಯ.

27. Observe further that even other roots than *ṇi*, if original roots ending in vowels, give two forms in the passive voice: *e. g.* ಕ್ಷಿ=ಕ್ಷೇಷ್ಯ or ಕ್ಷಾಯಿಷ್ಯ ; ಶ್ರಿ=ಶ್ರಯಿಷ್ಯ or ಶ್ರಾಯಿಷ್ಯ ; ದಾ=ದಾಸ್ಯ or ದಾಯಿಷ್ಯ.

28. The bases for the 1st future both in the active and the passive voice are formed by ತ್, ತಾ, ತಾಹ್, and ತಾಸ್, whether the roots are original or derivative, but in the passive voice, if the roots concerned are original roots ending in vowels, or are *ṇi* roots, the bases may be formed optionally by ತ್-ಚಿಣ್ ; ತಾ-ಚಿಣ್ ; ತಾಹ್-ಚಿಣ್ and ತಾಸ್-ಚಿಣ್ as follows :—

ROOTS TO WHICH THE MODELS REFER.	EXAMPLES.	
	(*A*) *For both active and passive voices.*	
(1) *E.* *roots.* Roots ending in ಇಕ್.	ಕ್ಷಿ=ಕ್ಷಿ+ತ್=ಕ್ಷಿ @ *gf*+ತ್=ಕ್ಷೇತ್ 1st form. ಕ್ಷಿ+ತಾ=ಕ್ಷಿ @ *gf*+ತಾ=ಕ್ಷೇತಾ 2nd form. ಕ್ಷಿ+ತಾಹ್=ಕ್ಷಿ @ *gf*+ತಾಹ್=ಕ್ಷೇತಾಹ್ 3rd form. ಕ್ಷಿ+ತಾಸ್=ಕ್ಷಿ @ *gf*+ತಾಸ್=ಕ್ಷೇತಾಸ್ 4th form. ನೀ=ನೇತ್, ನೇತಾ, ನೇತಾಹ್, ನೇತಾಸ್ ; ಚ್ಯು=ಚ್ಯೋತ್, ಚ್ಯೋತಾ, ಚ್ಯೋತಾಹ್, ಚ್ಯೋತಾಸ್; ಕೃ=ಕರ್ತ್, ಕರ್ತಾ, ಕರ್ತಾಹ್, ಕರ್ತಾಸ್.	(1)

ROOTS TO WHICH THE MODELS REFER.	EXAMPLES.	
Roots with penultimate light ಇಕ್.	ಕ್ಷಿಪ್=ಕ್ಷಿಪ್ @ *gp*+ತ, &c.=ಕ್ಷೇಪ್ತ್, ಕ್ಷೇಪ್ತಾ, ಕ್ಷೆಪ್ತಾಹ್, ಕ್ಷೇಪ್ತಾಸ; ಮುಚ್=ಮೊಕ್ತ್, ಮೊಕ್ತಾ, ಮೋಕ್ತಾಹ್, ಮೊಕ್ತಾಸ; ತೃಪ್=ತರ್ಪ್ತ್, ತರ್ಪ್ತಾ, ತರ್ಪ್ತಾಹ್, ತರ್ಪ್ತಾಸ	(2)
Other roots than the above.	ದಾ from ದೈ=ದಾತ್, ದಾತಾ, ದಾತಾಹ್, ದಾತಾಸ; ಪಚ್=ಪಕ್ತ್, ಪಕ್ತಾ, ಪಕ್ತಾಹ್, ಪಕ್ತಾಸ; ರುಧ್=ರುದ್ಧ್, ರುದ್ಧಾ, ರುದ್ಧಾಹ್, ರುದ್ಧಾಸ್; ಯೂ=ಯೂತ್, ಯೂತಾ, ಯೂತಾಹ್, ಯೂತಾಸ್; ರಞ್ಜ್=ರಙ್ಕ್ತ್, ರಙ್ಕ್ತಾ, ರಙ್ಕ್ತಾಹ್, ರಙ್ಕ್ತಾಸ್	(3)
(2) *Œ roots.* Roots with penultimate ಇಕ್.	ಸ್ತೃಹ್=ಸ್ತೃಹ್+ತ್ &c.=ಸ್ತರ್ಹ್ @ *gf*+ಇತ &c. or ತ &c.=ಸ್ತರ್ಹಿತ or ಸ್ತರ್ಢ್, ಸ್ತರ್ಹಿತಾ or ಸ್ತರ್ಢಾ, ಸ್ತರ್ಹಿತಾಹ್ or ಸ್ತರ್ಢಾಹ್, ಸ್ತರ್ಹಿತಾಸ, or ಸ್ತರ್ಢಾಸ	(1)
Roots with penultimate ಋೂ.	ಸ್ತೄಹ್ = ಸ್ತೄಹ್+ ತ &c.=ಸ್ತೄಹ್ @ ಈರ್ for *p*+ಇತ &c. or ತ &c.=ಸ್ತೀರ್ಹಿತ, or ಸ್ತೀರ್ಢ್, ಸ್ತೀರ್ಹಿತಾ, or ಸ್ತೀರ್ಢಾ, ಸ್ತೀರ್ಹಿತಾಹ್ or ಸ್ತೀರ್ಢಾಹ್, ಸ್ತರ್ಹಿತಾಸ್ or ಸ್ತೀರ್ಢಾಸ್	(2)
Roots other than the above.	ಸ್ಯಂದ್=ಸ್ಯಂದ್+ಇತ &c. or ತ &c.= ಸ್ಯಂದಿತ or ಸ್ಯನ್ತ್, ಸ್ಯಂದಿತಾ or ಸ್ಯನ್ತಾ, ಸ್ಯಂದಿತಾಹ್ or ಸ್ಯನ್ತಾಹ್, ಸ್ಯಂದಿತಾಸ್ or ಸ್ಯಂತಾಸ	(3)
(3) *EO Roots.* Roots ending in ಋೂ.	ಕೄ=ಕೄ &c.+ಇತ &c. or ಈತ &c. =ಕೄ @ *gf*+ಇತ &c. or ಈತ್ &c.= ಕರಿತ or ಕರೀತ, ಕರಿತಾ or ಕರೀತಾ, ಕರಿತಾಹ್ or ಕರೀತಾಹ್, ಕರಿತಾಸ or ಕರೀತಾಸ.	

ROOTS TO WHICH THE MODELS REFER.	EXAMPLES.
E roots.	
Roots ending in ಇಕ್	X ಚೋರಿ=ಚೋರಿ @ *gf*+ಇಟ್ &c.= ಚೋರಯಿತ್, ಚೋರಯಿತಾ, ಚೋರಯಿತಾಹ್, and ಚೋರಯಿತಾಸ್. ಭೂ=ಭವಿತ್ &c. C ಭಾವಿ=ಭಾವಯಿತ್ &c. FP ಲೋಲೂ =ಲೋಲವಿತ್ &c. ... ... (1)
Roots with penultimate light ಇಕ್.	ದ್ಯುತ್ @ *gp*+ಇಟ್ &c.=ದ್ಯೋತಿತ್ &c; ಮೃಷ್=ಮರ್ಷಿತ್ &c; FP ಬೇಭಿದ್=ಬೇಭೇದಿತ್ &c. ... ... (2)
Roots ending in open ಯ preceded by a consonant.	FA ಬೇಭಿದ್ಯ=ಬೇಭಿದ್ಯ – (*f*+*p*)+ಇಟ್ &c.=ಬೇಭಿದಿತ್ &c. .... (3)
Other roots ending in ಅ.	ಕಥ=ಕಥ –*f*+ಇಟ್ &c. = ಕಥಿತ್ &c; FA ಲೋಲೂಯ=ಲೋಲೂಯಿತ್ &c; D ಪಿಪಠಿಷ=ಪಿಪಠಿಷಿತ್ &c. .... (4)
Roots with penultimate ಋ.	ಕೃತ್=ಕೃತ್ @ ಈರ್ for *p*+ಇಟ್ &c. =ಕೀರ್ತಿತ್ &c. .... (5)
Other roots than the above.	FP ಪಾಪಚ್=ಪಾಪಚಿತ್ &c; ಭ್ರಾಜ್= ಭ್ರಾಜಿತ್ &c; ಮೀಲ್=ಮೀಲಿತ್ &c; ಧೂಪ್ =ಧೂಪಿತ್ &c; ಚೇಲ್=ಚೇಲಿತ್ &c; ಲೋಕ್ =ಲೋಕಿತ್ &c; ಢೌಕ್=ಢೌಕಿತ್ &c; ರಕ್ಷ್ =ರಕ್ಷಿತ್ &c. ... . (6)
	(B) *For only passive voice optionally.*
E roots, Œ roots, EO roots, and E roots.	
(1) Original roots ending in ಇಕ್.	ಕ್ಷಿ=ಕ್ಷಿ @ *vf*+ಇಟ್-ಚಿಣ್ &c; ಕ್ಷಾಯಿತ್, ಕ್ಷಾಯಿತಾ, ಕ್ಷಾಯಿತಾಹ್, ಕ್ಷಾಯಿತಾಸ್; ನೀ=ನಾಯಿತ್ &c; ಲೂ=ಲಾವಿತ್ &c. .... (1)

ROOTS TO WHICH THE MODELS REFER.	EXAMPLES.	
(2) Original roots ending in ಆ.	ದಾ=ದಾ+ಇತ್-ಚಿಣ್ &c. and with the augment ಯುಕ್=ದಾಯಿತ್ &c; ದಾ from ದ್ಯೈ=ದಾಯಿತ್ &c. ...	(2)
(3) *ṇi* roots from roots with indicatory ಘು or ಏು.	ಶಮ್ or ಶಾಮ್=ಶಮ್ or ಶಾಮ್+ಇತ್-ಚಿಣ್ &c.=ಶಮಿತ್ or ಶಾಮಿತ್ &c. ; ಯಮ್ ಯಮಿತ್ or ಯಾಮಿತ್ &c.	(3)
(4) Other ಣಿ roots than the above.	X. ಚೊರ್=ಚೊರ್+ಇತ್-ಚಿಣ್ &c.= ಚೊರಿತ್ &c. C ಭೆದ್=ಭೆದಿತ್ &c.	

29. As to the use of the different forms above given, including the special optional forms given for the passive voice, the rules are as follows :—

Use (1) the first form when the personal affix ಅ is to be attached to the bases (VI. 4. 143. II. 4. 85).

(2) the second form when personal affixes beginning with ಸ or ಠ or ಧ are to be attached (VI. 4. 50, VI. 4. 51. VIII. 2. 25).

(3) the 3rd form when the personal affix ಎ is to be attached (VII. 4. 52) and

(4) the 4th form in all other cases (III. 1. 33).

30. Observe that *ṇi* roots in the passive voice, if formed from roots with indicatory ಮು or ಏು, give 3 bases, and if formed from other roots, 2 bases as follows :—

C from ಶಮ್=ಶಮಿತ್ &c., or ಶಾಮಿತ್ &c., or ಶಾಮಯಿತ್ &c.

C from ಭೂ and ಭಿದ್=ಭಾವಿತ್ &c., or ಭಾವಯಿತ್ &c ; and ಭೆದಿತ್ &c. or ಭೆದಯಿತ್ &c.

X ಚೊರ್=ಚೊರಿತ್ &c. or ಚೊರಯಿತ್ &c.

31. Observe further that even other roots than *ṇi*, if original roots ending in vowels, give two forms in the passive voice as follows :—

ಕ್ಷಿ=ಕ್ಷೇತ್ or ಕ್ಷಾಯಿತ್ &c; ದಾ=ದಾತ್ or ದಾಯಿತ್ &c.

32. The tense affixes of the aorist give bases as follows:—

ROOTS TO WHICH THE MODELS REFER.	EXAMPLES.
	For only active voice but in both the PARASMAIPADI *and the* ATMANEPADI
FIRST DIVISION. (1.) *ṇi Roots from* (*a*) Roots distinguished by indicatory ಋ. (*b*.) Roots distinguished by indicatory ೠ when not treated under model (4) which see. (*c*.) Roots ending in ಅ. (*d*.) Roots ending in conjunct consonants. (*e*.) Monosyllabic roots beginning with ಋ.	ಓಣ್ from ಓಣೃ=ಓಣ್+ಚಙ್=ಓಣ್+ಅ=ಓಣ and after red.=ಓಣಿಣ; ಕಾಣ್ from ಕಣೃ=ಚಕಾಣ; ಕಥ್ from ಕಥ=ಚಕಥ; ಊನ್ from ಊನ=ಊನನ; ಅರ್ಚ್ from ಅರ್ಚ=ಅಚರ್ಚ; ರಕ್ಷ್ from ರಕ್ಷ=ರರಕ್ಷ; ಭಿಕ್ಷ್ from ಭಿಕ್ಷ=ಬಿಭಿಕ್ಷ; ಪ್ರಚ್ಛ್ from ಪ್ರಚ್ಛ=ಪಪ್ರಚ್ಛ; ಸ್ಕನ್ದ್ from ಸ್ಕನ್ದ=ಚಸ್ಕನ್ದ; ಮ್ಲೇಚ್ಛ್ from ಮ್ಲೇಚ್ಛ=ಮಿಮ್ಲೇಚ್ಛ; ಆರ್ from ಋ=ಆರಿರ; ಅರ್ಣ್ from ಋಣ್=ಅರ್ಣಿಣ .... (1)
(2.) *ṇi Roots from* (*a*.) Roots beginning with conjunct consonants and ending in ಇಕ್. (*b*.) Roots beginning with conjunct consonants with penultimate ಇಕ್. (*c*.) Monosyllabic roots beginning with other vowels than ಋ.	ಜ್ಯಾವ್ from ಜ್ಯು=ಜ್ಯಾವ್+ಚಙ್=ಜ್ಯಾವ್ @ *sp*+ಅ=ಜ್ಯವ and after red, ಜುಜ್ಯವ; ಬ್ರಾವ್ from ಬ್ರೂ=ಬುಬ್ರವ; ಕ್ಷಾಯ್ from ಕ್ಷಿ=ಚಿಕ್ಷಯ; ಪ್ರಾಯ್ from ಪ್ರೀ=ಪಿಪ್ರಯ; ಕ್ಷೇದ್ from ಕ್ಷಿದ್=ಚಿಕ್ಷಿದ; ಕ್ರೀಡ್ from ಕ್ರೀಡ್=ಚಿಕ್ರಿಡ; ಕ್ಷೋಭ್ from ಕ್ಷುಭ್=ಚುಕ್ಷುಭ; ಸ್ತೂಪ್ from ಸ್ತೂಪ್=ತುಸ್ತುಪ; ಆಟ್ from ಅಟ್=ಅಟಿಟ; ಆಮ್ from ಅಮ್=ಅಮಿಮ; ಏಷ್ from ಇಷ್=ಇಷಿಷ; ಈರ್ from ಈರ್=ಇರಿರ; ಓಚ್ from ಉಚ್=ಉಚಿಚ; ಊಷ್ from ಊಷ್=ಉಷಿಷ; ಏಧ್ from ಏಧ್=ಇದಿಧ; ಓಜ್ from ಓಜ್=ಉಜಿಜ ... ... (2)

ROOTS TO WHICH THE MODELS REFER.	EXAMPLES.	
(3.) *ṇi Roots from* Roots beginning with non-conjunct consonants and ending in consonants with penultimate ಋ or ೠ.	ವರ್ತ್ from ವೃತ=ವರ್ತ್+ಚಙ್-ಸನ್=ವರ್ತ್ @ ಋ for [*p*+*ap*]+ಅ=ವೃತ and after red. ವೀವೃತ; or ವರ್ತ್+ಚಙ್=ವರ್ತ್+ಅ and after red.=ವವರ್ತ್; ಕೀರ್ತ್ from ಕೄ=ಚೀಕೃತ or ಚಿಕೀರ್ತ್ ...	(3)
(4.) *ṇi Roots from* **A.** (*a.*) Non-monosyllabic roots beginning with vowels & having its second syllable ending in other vowels than ಅ, and not being roots ending in ಅ. (*b.*) Roots beginning with other non-conjunct consonants than those of the *pavarga*, or ಯಣ್, or ಜ, and ending in ಉ or ಊ. (*c.*) Roots beginning with non-conjunct consonants and ending in consonants with other penultimate ಇಚ್ than ಋ or ೠ (including such roots distinguished by indicatory ೠ if any when they are not treated under (1).	**A.** ಊರ್ಣ್ from ಊರ್ಣು=ಊರ್ಣ್+ಚಙ್-ಸನ್=ಊರ್ಣ್ @ *sp*+ಅ=ಊರ್ಣವ and after red, ಊರ್ಣೂನವ; ನಾವ್ from ನೂ=ನೂನವ; ಕಾವ್ from ಕೂ=ಚೂಕವ; ಕೇಲ್ from ಕಿಲ್=ಚೀಕಿಲ; ನೀಲ್ from ನೀಲ್=ನೀನಿಲ; ಗೋಜ್ from ಗುಜ್=ಜೂಗುಜ; ಧೂಪ್ from ಧೂಪ್=ದೂಧುಪ; ಚೇಲ್ from ಚೇಲ್=ಚೀಚಿಲ; ಧೂರ್ from ಧೂರ್=ದೂಧುರ	

ROOTS TO WHICH THE MODELS REFER. — EXAMPLES.

B.

(*d.*) Roots beginning with conjunct consonants and ending in ಆ.

(*e.*) Roots beginning with conjunct consonants and ending in consonants with penultimate ಅ or ಆ.

ಜ್ಞಾಪ್ from ಜ್ಞಾ=ಜಿಜ್ಞಪ; ತ್ಯಾಜ್ from ತ್ಯಜ್=ತಿತ್ಯಜ; ಭ್ರಾಜ್ from ಭ್ರಾಜ್=ಬಿಭ್ರಜ

C.

(*f.*) Roots beginning with non-conjunct consonants and ending in ಆ.

(*g.*) Roots beginning with non-conjunct consonants and ending in ಇ, ಈ, ಋ, or ೠ.

(*h.*) Roots beginning with non-conjunct *pavarga*, ಯಣ್, or ಜ, and ending in ಉ or ಊ.

(*i.*) Roots beginning with non-conjunct consonants with penultimate ಅ or ಆ (including such roots distinguished by indicatory ಋ when they are not treated under (1).

(*j.*) Non-monosyllabic roots beginning with vowels and having its second syllable ending in ಅ and not being roots ending in ಅ.

ದಾಪ್ from ದಾ=ದೀದಪ; ದಾಪ್ from ದೈ=ದೀದಪ; ನಾಯ್ from ನೀ=ನೀನಯ; ಚಾಯ್ from ಚಿ=ಚೀಚಯ; ಕಾರ್ from ಕೃ=ಚೀಕರ; ತಾರ್ from ತೄ=ತೀತರ; ಪಾವ್ from ಪೂ=ಪೀಪವ; ಮಾವ್ from ಮೂ=ಮೀಮವ; ಯಾವ್ from ಯು=ಯೀಯವ; ರಾವ್ from ರು=ರೀರವ; ಲಾವ್ from ಲೂ=ಲೀಲವ; ಜಾವ್ from ಜು=ಜೀಜವ; ಪಾತ್ from ಪತ್=ಪೀಪತ; ಮಾನ್ from ಮನ್=ಮೀಮನ; ದಾಸ್ from ದಾಸ್=ದೀದಸ; ಓಲಡ್ from ಓಲಡ್=ಓಲಿಲಡ; ಕಾಣ್ from ಕಣ್=ಚೀಕಣ; ಕಣ್ from ಕಣ್ವ=ಚೀಕಣ .... (4)

ROOTS TO WHICH THE MODELS REFER.	EXAMPLES.
	For only active voice and only Parasmaipadi.
SECOND DIVISION.	
(1.) P Roots distinguished by indicatory ಇ and ಌ (ಪುಷಾದಿ).	ಗಮ್ from ಗಮ್ಲೃ=ಗಮ್+ಅಙ್=ಗಮ್+ಅ=ಗಮ; ಪುಷ್=ಪುಷ; ಭಿದ್ (ಭಿದಿರ್)=ಭಿದ.
(2.) P Roots distinguished by indicatory ಇರ್ when not treated under the 3rd division.	
	A.
THIRD DIVISION. *Consisting of,*	
(1.) Roots distinguished by indicatory ಇರ್ when not treated under the second division and	For both active and passive voices and for both the *parasmaipadi* and the *átmanepaai* in the active voice.
(2.) Other roots not treated under Divisions I. and II. as follows:—	
	SECTION I. E· ROOTS EXCLUDING ROOTS ENDING IN ಆ.
	(*a*) *Both parasmaipadi and átmanepadi.*
Roots ending in ಶಲ್ and having penultimate ಇಕ್.	ದಿಶ್=ದಿಶ್+ಕ್ಸ=ದಿಶ್+ಸ+ದಿಕ್ಷ್ 1st form. ದಿಶ್+ಕ್ಸ=ದಿಶ್+ಸ=ದಿಕ್ಷ .... 2nd form. ಕ್ರುಶ್=(1) ಕ್ರುಕ್ಷ್ (2) ಕ್ರುಕ್ಷ; ದೃಶ್=(1) ದೃಕ್ಷ್ (2) ದೃಕ್ಷ; ತೃಷ್=(1) ತೃಕ್ಷ್ (2) ತೃಕ್ಷ; ತ್ವಿಷ್=(1) ತ್ವಿಕ್ಷ್ (2) ತ್ವಿಕ್ಷ; ತುಷ್=(1) ತುಕ್ಷ್ (2) ತುಕ್ಷ; ದಿಹ್=(1) ಧಿಕ್ಷ್ (2) ಧಿಕ್ಷ; ಮಿಹ್=(1) ಮಿಕ್ಷ್ (2) ಮಿಕ್ಷ; ದುಹ್=(1) ಧುಕ್ಷ್ (2) ಧುಕ್ಷ ... ... (1)

ROOTS TO WHICH THE MODELS REFER.	EXAMPLES.
	(*b*). *Parasmaipadi.*
(1.) P Roots ending in ಇಕ್.	ಜಿ=ಜಿ+ಸಿಚ್=ಜಿ @ *vf*+ಸ್=ಜೈಷ್; ನೀ=ನೈಷ್; ಶ್ರು=ಶ್ರೌಷ್; ನೂ=ನೌಷ್; ಸ್ತೃ=ಸ್ತಾರ್ಷ್; ತೄ=ತಾರ್ಷ್ .... (2)
(2.) P roots ending in ಸ with penultimate ಅ.	ವಸ್=ವಸ್+ಸಿಚ್=ವಸ್ @ *vp* and @ ತ for *f*+ಸ್=ವಾತ್ಸ್ .... (3)
(3.) P roots ending in other consonants than ಸ with penultimate ಅ and (4.) P roots ending in other consonants than ಶಲ್ with penultimate ಇಕ್.	ನಹ್=ನಹ್+ಸಿಚ್=ನಹ್ @ *vp*+ಸ್=ನಾಕ್ಷ್; ತೃಪ್=ತಾರ್ಪ್ಸ್; ಲುಪ್=ಲೌಪ್ಸ್; ಭಿದ್=ಭೈತ್ಸ್; ಪಚ್=ಪಾಚ್; ಕ್ಷಿಪ್=ಕ್ಷೈಪ್ಸ್. (4)
(5.) P roots ending in conjunct consonants with antepenultimate ಅ.	ದಂಶ್=ದಂಶ್+ಸಿಚ್=ದಂಶ್ @ *vap*+ಸ್=ದಾಙ್ಕ್ಷ್; ಪ್ರಚ್ಛ್=ಪ್ರಾಕ್ಷ್; ಸ್ಕನ್ದ್=ಸ್ಕಾನ್ತ್ಸ್ .... (5)
(6.) Other P roots than the above viz. (*a.*) P roots ending in consonants with penultimate ಆ excluding roots which being roots originally ending in ಆ have taken the augment ಸಕ್ and are therefore afterwards to be treated as roots ending in ಸ with penultimate ಆ. and (*b.*) P roots ending in conjunct consonants without antepenultimate ಅ.	ಸಾಧ್=ಸಾಧ್+ಸಿಚ್=ಸಾಧ್+ಸ್=ಸಾತ್ಸ್; ವಿಂದ್=ವಿಂತ್ಸ್ ... ... (6)

ROOTS TO WHICH THE MODELS REFER.	EXAMPLES.
	(c) *Átmanepadi.*
A roots ending in ಋ.	ಧೃ=ಧೃ+ಸಿಚ್$_1$=ಧೃ+ಸ=ಧೃಷ ... (7)
A roots ending in other ಇಕ letters than ಋ.	ಚಿ=ಚಿ+ಸಿಚ್=ಚಿ @ *gf*+ಸ=ಚೇಷ; ಕ್ಷಿ=ಕ್ಷೇಷ; ಕು=ಕೋಷ; ಪು=ಪೋಷ ... (8)
A roots ending in other consonants than ಶಲ with penultimate ಇಕ.	ಕ್ಷುಭ್=ಕ್ಷುಭ್+ಸಿಚ್$_1$=ಕ್ಷುಭ್+ಸ=ಕ್ಷುಪ್ಸ; ಕ್ಷಿಪ+ಕ್ಷಿಪ್ಸ; ಭಿದ=ಭಿತ್ಸ; ಸೃಜ=ಸೃಕ್ಷ ... ... (9)
A roots ending in ಸ with penultimate ಅ.	ವಸ=ವಸ+ಸಿಚ್=ವಸ @ ತ for *f*+ಸ=ವತ್ಸ ... ... (10)
Other A roots comprising. (1.) A roots ending in other consonants than ಸ with penultimate ಅ; (2.) A roots ending in consonants with penultimate ಆ; (3.) A roots ending in conjunct consonants; and (4.) A roots ending in ಆ.	ಪಚ್=ಪಚ್+ಸಿಚ್=ಪಚ್+ಸ=ಪಕ್ಷ; ಸ್ವಙ್ಜ್=ಸ್ವಙ್ಕ್ಷ; ರಾಧ=ರಾತ್ಸ, ಹಾ=ಹಾಸ; ದಾ from ದೈ=ದಾಸ; ಪ್ಯಾ from ಪ್ಯೈ=ಪ್ಯಾಸ; ಜ್ಯಾ from ಜ್ಯೋ=ಜ್ಯಾಸ ... (11)

SECTION II. EO ROOTS.

	(a). *Parasmaipadi.*
Roots ending in ೠ.	ಸ್ತೄ+ಸಿಚ್=ಸ್ತೄ @ *vf*+ಇಸ=ಸ್ತರಿಷ .... (1)
	(b). *Átmanepadi.*
Roots ending in ೠ.	ಸ್ತೄ+ಸಿಚ್$_1$=ಸ್ತೄ @ ಈರ for *f*+ಸ=ಸ್ತೀರ್ಷ or ಸ್ತೄ+ಸಿಚ್=ಸ್ತೄ+ಇಸ or ಈಸ =ಸ್ತೄ @ *gf*+ಇಸ or ಈಸ=ಸ್ತರಿಷ or ಸ್ತರೀಷ ... ... (2)

ROOTS TO WHICH THE MODELS REFER.	EXAMPLES.
	SECTION III. E ROOTS.
	(*a*). *Parasmaipadi.*
P roots ending in అ.	పిపఠిష+సిచ్=పిపఠిష–*f*+ఇస్=పిపఠిషిష్ .... (1)
P roots ending in ఇక్.	క్షు+ఇస్=క్షు @ *vf*+ఇస్=క్షావిష్ (2)
P roots ending in ర or ల with penultimate అ.	క్షర+సిచ్=క్షర @ *vp*+ఇస్=క్షారిష్; జ్వల్=జ్వాలిష్; అల్=అలిష్; హ్మల్=హ్మాలిష్; త్సర్=త్సారిష్. .... (3)
P roots beginning with consonants and ending in other consonants than ర, ల, హ, మ, and య with penultimate అ when not distinguished by indicatory ఎ.	కణ+ఇస్⁶ or కణ @ *vp* +ఇస్⁶=కణిష్ or కాణిష్; రణ్=రణిష్ or రాణిష్; తడ్=తడిష్ or తాడిష్; చల్=చలిష్ or చాలిష్ (4)
P roots which being originally roots ending in ఆ have taken the augment సక్ and are therefore to be treated as bases ending in స with penultimate ఆ.	యాస్⁶+సిచ్=యాస్+ఇస్⁶=యాసిష్; జాజ్ఞాస from FP జాజ్ఞా=జాజ్ఞాసిష్; గా from గ్యై=గాసిష్ ... . (5)
P roots ending in consonants with penultimate light ఇక్.	బుధ్ + సిచ్ = బుధ్ @ *gp*+ఇస్⁶=బోధిష్; లిఖ్⁶=లేఖిష్; నృత=నర్తిష .... (6)
P roots ending in consonants with penultimate ఋ.	కృత+సిచ్=కృత @ ఈర్ for *p*+ఇస్⁶=కీర్తిష్ ... . (7)
Other P roots than the above comprising,	

ROOTS TO WHICH THE MODELS REFER.	EXAMPLES.
(1.) P roots beginning with consonants and ending in other consonants than ರ, ಲ, ಹ, ಮ, and ಯ with penultimate ಅ, if distinguished by indicatory ಎ.	ಕಟ್ from ಕಟ=ಕಟ್+ಸಿಚ್=ಕಟಿಷ್ ; ಅಶ್=ಅಶಿಷ್; ಅಟ=ಅಟಿಷ್ ; ರಗ್=ರಗಿಷ್; ಹಸ್=ಹಸಿಷ್; ಗ್ರಹ್=ಗ್ರಹಿಷ್ ; ತ್ಯಯ್=ತ್ಯಯಿಷ್; ವವ್=ವವಿಷ್ ; ನಾಥ್=ನಾಥಿಷ್ ; ವಿಶಾಲ್=ವಿಶಾಲಿಷ್ ; ಕೂಜ್=ಕೂಜಿಷ್; ತೋಡ್=ತೋಡಿಷ್; ಢೌಕ್=ಢೌಕಿಷ್ ; ದಿವ್ಭ=ದಿವ್ಭಿಷ್ ... (8)
(2.) P roots beginning with vowels and ending in other consonants than ರ, ಲ, ಹ, ಮ, and ಯ with penultimate ಅ.	
(3.) P roots beginning with consonants and ending in ಹ, ಮ and ಯ with penultimate ಅ.	
(4.) P roots ending in consonants with penultimate ಆ, ಈ, ಊ, and ಎಚ್, excluding roots which being originally roots ending in ಆ have taken the augment ಸಕ್.	
(5,) P roots ending in conjunct consonants.	

(*b*). *Atmanepadi.*

A roots ending in open ಯ being preceded by consonants.	FA root ಬೇಭಿದ್ಯ=ಬೇಭಿದ್ಯ+ಸಿಚ್=ಬೇಭಿದ್ಯ—(f+p)+ಇಸ್=ಬೇಭಿದಿಷ್ ... (9)
Other A roots ending in ಅ.	FA ಲೋಲೂಯ=ಲೋಲೂಯ+ಸಿಚ್=ಲೋಲೂಯ—f+ಇಸ್=ಲೋಲೂಯಿಷ್ .... (10)

ROOTS TO WHICH THE MODELS REFER.	EXAMPLES.
A roots ending in ఇ,ఈ,ఉ, and ఊ including the *ni* roots in the *passive voice* only.	లూ=లూ+సిచ్=లూ @ *gf*+ఇట్=లావిష్; X చోరి=చోరయిష్; C భేజి=భేదయిష్ ... ... (11)
A roots ending in consonants with penultimate light ఇక్.	బుధ్=బుధ్+సిచ్=బుధ్ @ *gp*+ఇట్=బోధిష్.
Other A roots than the above, viz:—roots with penultimate అ, ఆ, ఈ, ఊ, ఏచ్, and roots ending in conjunct consonants.	శచ్=శచ్+సిచ్=శచ్+ఇట్=శచిష్. వాద్=వాదిష్, కూర్=కూరిష్. మోద్=మోదిష్. వర్ధ్=వర్ధిష్ .... (12)

B.

For only passive voice optionally, except in the 3rd person singular of a passive voice not being reflective.

(1.) Original roots ending in ఆ.	దా=దా+సిచ్-చిణ్=దా+ఇట్ and with augment యుట్=దాయిష్; దా from దై=దాయిష్ ... . (1)
(2.) Original roots ending in ఇక్.	శ్రి=శ్రి+సిచ్-చిణ్=శ్రి @ *vf*+ఇట్=శ్రాయిష్; నీ=నాయిష్; చ్యు=చ్యావిష్; భూ=భావిష్ .... (2)
(3.) *ni* roots from roots with indicatory మ or మి.	శమ్ or శామ్=శమ్ or శామ్+సిచ్-చిణ్=శమ్ or శామ్+ఇట్=శమిష్ or శామిష్ ... ... (3)
(4.) Other *ni* roots than the above.	X చోర్=చోర్+సిచ్-చిణ్=చోర్+ఇట్=చోరిష్; C భేద్=భేదిష్ .... (4)

C.

For reflective voice optionally and for passive voice not being reflective exclusively, in the 3rd person singular.

ROOTS TO WHICH THE MODELS REFER.	EXAMPLES.
(1.) Original roots ending in ಆ.	ದಾ=ದಾ+ಚಿಣ್=ದಾ+ಇ and with the augment ಯುಕ್=ದಾಯುಕ್+ಇ=ದಾಯಿ; ದಾ from ದೈ=ದಾಯಿ ... ... (1)
(2.) Original roots ending in ಇಕ್ vowels.	ಕ್ಷಿ=ಕ್ಷಿ+ಚಿಣ್=ಕ್ಷಿ @ *vf*+ಇ=ಕ್ಷಾಯಿ; ನೀ ನಾಯಿ; ಚ್ಯು=ಚ್ಯಾವಿ; ಶ್ವಿ=ಶ್ವಾಯಿ; ಯು=ಯಾವಿ; ಭೂ=ಭಾವಿ; ವೃ=ವಾರಿ; ತೄ=ತಾರಿ (2)

D.

For passive voice whether reflective or otherwise in the 3rd person singular.

(1.) Derivative roots ending in open ಯ being preceded by consonants.	FA ಬೇಭಿದ್ಯ=ಬೇಭಿದ್ಯ+ಚಿಣ್=ಬೇಭಿದ್ಯ-(*f*+*p*)+ಇ=ಬೇಭಿದಿ ... . (1)
(2.) Other derivative roots ending in ಅ and original roots ending in ಅ.	D ಪಿಪಠಿಷ=ಪಿಪಠಿಷ+ಚಿಣ್=ಪಿಪಠಿಷ—*f*+ಇ=ಪಿಪಠಿಷಿ. FA ಲೋಲೂಯ=ಲೋಲೂಯಿ; ಕಥ=ಕಥಿ .... (2)
(3.) Derivative roots ending in ಆ.	FP ಜಾಜ್ಞಾ = ಜಾಜ್ಞಾ+ಚಿಣ್ = ಜಾಜ್ಞಾ+ಇ and with augment ಯುಕ್=ಜಾಜ್ಞಾಯುಕ್+ಇ=ಜಾಜ್ಞಾಯಿ; FP ದಾದಾ from ದಾ from ದೈ=ದಾದಾಯಿ ... ... (3)
(4.) Derivative roots ending in ಇಕ್.	FP ಲೋಲೂ=ಲೋಲೂ+ಚಿಣ್=ಲೋಲೂ+*vf*+ಇ=ಲೋಲಾವಿ; FP ನೇನೀ=ನೇನಾಯಿ; ಯೋಯು=ಯೋಯಾವಿ .... (4)
(5.) Roots with penultimate ಅ except roots ending in ಮ.	ಜಲ್=ಜಲ್+ಚಿಣ್=ಜಲ್ @ *vp*+ಇ=ಜಾಲಿ; FP ಜಾಜಲ್=ಜಾಜಾಲಿ .... (5)
(6.) Roots with penultimate light ಇಕ್.	ಚಿತ್=ಚಿತ್+ಚಿಣ್=ಚಿತ್ @ *gp*+ಇ=ಚೇತಿ; ಗುಪ್=ಗೋಪಿ; ಗೃಧ್=ಗರ್ಧಿ; FP ಚೇಚಿತ್=ಚೇಚೇತಿ. .... (6)

ROOTS TO WHICH THE MODELS REFER.	EXAMPLES.
(7.) Roots with penultimate ಋೂ.	ಸ್ತ್ರಾಹ್=ಸ್ತ್ರಾಹ್ + ಚಿಣ್=ಸ್ತ್ರಾಹ್ @ ಈರ್ for *p*+ಇ=ಸ್ತ್ರೀರ್ಹಿ ; FP ತೇಸ್ತ್ರಾಹ್ =ತೇಸ್ತ್ರೀರ್ಹಿ .... (7)
(8.) *ṇi* roots from roots distinguished by indicatory ಮ or ಮಿ.	C ಶಮ್ or ಶಾಮ್=ಶಮ್ or ಶಾಮ್+ಚಿಣ್ =ಶಮ್ or ಶಾಮ್+ಇ=ಶಮಿ or ಶಾಮಿ .... (8)
(9.) Other roots than the above comprising,	
(*a.*) *ṇi* roots from roots other than those distinguished by indicatory ಮ or ಮಿ ; (*b.*) E Roots ending in ಮ with penultimate ಅ; (*c.*) Roots with penultimate long vowels other than ಋೂ ; and (*d.*) Roots ending in conjunct consonants.	*ṇi* ಧಾರ from ಧೃ=ಧಾರ+ ಚಿಣ್=ಧಾರ +ಇ=ಧಾರಿ ; ಶಮ್=ಶಮಿ ; FP ಶಂಶಮ್=ಶಂಶಮಿ ; ಸ್ತೂಪ್=ಸ್ತೂಪಿ ; FP ತೋಸ್ತೂಪ್= ತೋಸ್ತೂಪಿ ; ಶಾನ್=ಶಾನಿ ; FP ಶಂಶಾನ್= ಶಂಶಾನಿ ; ಶೀಕ್=ಶೀಕಿ ; FP ಶೇಶೀಕ್=ಶೇಶೀಕಿ ; ವೇಹ್=ವೇಹಿ; FP ವೇವೇಹ್=ವೇವೇಹಿ; ಲೋಕ್ =ಲೋಕಿ ; FP ಲೋಲೋಕ್= ಲೋಲೋಕಿ ; ಸ್ಪರ್ಶ್=ಸ್ಪರ್ಶಿ ; FP ಪಸ್ಪರ್ಶ್=ಪಸ್ಪರ್ಶಿ ... (9)

33. The *ṇi* roots from which bases by ಚಜ್-ಸನ್ as shown in models (3) and (4) of the first division are to be formed are (1) those which on account of their formation into *ṇi* roots have had to cause no *lopation* of any ಅಕ್ vowel from the original roots from which they were formed, (2) those whose reduplicates when they were reduplicated according to rules already mentioned cannot be followed by any other than a light (ಲಘು) vowel, (VII. 4. 93.) and (3) those in which according to the rules of reduplication the ಇ of ಣಿ itfelf will not necessarly form part of the portion that has to be reduplicated *i. e.* those which have not been formed from monosyllabic original roots beginning with vowels (Sid. II 62. note 117).

35. Observe that when a *ṇi* root is formed from a root which is itself previously a *ṇi* root, though according to rules already mentioned the previous *ṇi* root could be only one formed by ಣಿಚ್, this ಣಿಚ್ which is of course equal to *lopated* ಇ should not be held as a *lopated* ಅಕ್, so far as the application of the above rule regarding formation of bases by ಚಙ್-ಸನ್ is concerned. (Kas on VII 4. 93.)

35. Some graminarians say that there is also a further condition regulating the applicability of the affix ಚಙ್-ಸನ್, viz. that the *ṇi* root, taking it as it stands as a *ṇi* root formed by ಣಿಚ್, should have been wholly the first syllabe originally obtained for reduplication; that is, according to those graminarians, ಚಙ್-ಸನ್ cannot be applied to *ṇi* roots formed from non-monosyllabic roots, whether beginning with consonants or vowels, as well as to those formed from monosyllabic roots beginning with vowels. So, according to them, ಚಙ್-ಸನ್ cannot apply to ಊರ್ಣು. But the correctness of this view is denied by writers of more acknowledged authority. (Sid II 62.)

36. The roots belonging to model (4) of the first division which take ಚಙ್-ಸನ್ have been arranged into 3 groups purposely to show that the roots under **A** take ಚಙ್-ಸನ್ only so far as the lengthering of the vowel of the reduplicate is concerned while the roots under **B** take the affix only in respect of the changing of the ಅ of the reduplicate into ಇ, but that the roots under **C** admit of both the changing of the ಅ into ಇ and the lengthening of it afterwards.

37. Observe that when FP roots are formed from P roots distinguished by indicatory ಇ, ಋ, or ಇರ್, the P roots so formed will not take ಅಙ್, though the original P roots distinguished by those indicatory letters are themselves to take this affix, because the liability to take this affix is caused by indicatory letters. Thus, ಜಗ್ಮಾ from ಗಮ್ಲೃ will not take ಅಙ್, through ಗಮ್ will take it and so the aorist base of it must be formed by ಸಿಚ್.

38. Observe further that P roots distinguished by indicatory ಇರ್ come under both the second and third divisions, and that therefore their bases may be formed optionally according to the forms given in either the one or the other. Thus ಭಿದಿರ್ may take either ಅಜ್ giving the base ಭಿದ, or ಸಿಚ್, giving the base ಭೈತ್ಸ್. So in the case of roots distinguished by indicatory ಋ, they may come under either model (1) or model (4) of the first division.

39. Note that in the passive voice, while the base in the third person singular must be formed by the affix ಚಿಣ್ the base when the voice is reflective may in this number also be formed by ಸಿಚ್, or ಸಿಚ್-ಚಿಣ್ according to the models under A and B, if the roots concerned are original roots ending in vowels, and that also in other numbers and persons, the bases, when the roots concerned are of the aforesaid description, may be formed according to the models under A and B optionally, whether the voice is reflective or otherwise. Thus, there will be 3 bases in the case of the roots alluded to in the reflective 3rd person singular, and two bases in other numbers in both the reflective and other passive voice, though in passive voice not reflective in the 3rd person singular, there will be only one form. *e. g.* in the 3rd person singular passive not reflective, ಚಿ=ಚಾಯಿ; ಲೂ=ಲಾವಿ; ದಾ=ದಾಯಿ; but in the 3rd person singular reflective ಚಿ=ಚಾಯಿ or ಚಾಯಿಷ್ or ಚೇಷ್; ನು=ನಾವಿ or ನಾವಿಷ್ or ನೊಷ್; ಲೂ=ಲಾವಿ or ಲಾವಿಷ್ or ಲವಿಷ್; ದಾ=ದಾಯಿ or ದಾಯಿಷ್ or ದಾಸ್. But in the passive voice whether reflective or otherwise in other numbers than the above, ಚಿ=ಚಾಯಿಷ್ or ಚೇಷ್. ಶ್ರಿ=ಶ್ರಾಯಿಷ್ or ಶ್ರಯಿಷ್, ದಾ=ದಾಸ್ or ದಾಯಿಷ್.

40. Observe also that a *ṇi* root from roots distinguished by indicatory ಮ or ಮಿ gives 3 bases while a *ṇi* root from other roots gives 2 bases in the passive voice, except in the 3rd person singular. Thus, the C root from ಶಮ=ಶಮಿಷ್ or ಶಾಮಿಷ್ or ಶಮಯಿಷ್; from ಭೂ=ಭಾವಿಷ್ or ಭಾವಯಿಷ್; and from ಭಿದ=ಭೇದಿಷ್ or ಭೇದಯಿಷ್; also from X ಚೊರ=ಚೋರಿಷ್ or ಚೋರಯಿಷ್.

41. The rule regarding the use of the different forms in model (I) Section I. 3rd Division is as follows:—

Use (1) the 1st form when an *átmanepadi* affix beginning with a vowel is to be attached (VII. 3. 72) and (2) the 2nd form in other cases (III. 1. 45). *e. g.* (1) ಅದಿಙ್+A ಅತಾಹೊ ; (2) ಅದಿಙ್+A ತ. But ಅದ್ಕೃಙ್+P ಅಸ್, and ಅದ್ಕೃಙ್+P ಶ.

42. Observe that there are no tense affixes for the perfect and the benedictive.

43. We have now arrived at the stage at which, by attaching the proper personal affixes directly to the roots in the perfect and the benedictive, and to bases formed by appropriate tense affixes in other tenses, we shall be able to form complete verbs. But before proceeding further, it will be necessary to impress on our minds the rules will reference to which, in regard to certain personal affixes, indicatory letters not expressed in the personal affixes themselves are t) be considered as having been specially attached to them. The rules here are as follows:—

(1). All the affixes which come as substitutes for the original personal affixes are held to have or not exactly the same indicatory letters which their constituents had or had not unless they themselves are specially distinguished by indicatory letters, as for example, the affix ಣಲ್ is, and unless the contrary is declared by the rules hereunder mentioned.

(2). All the affixes of the present, the 1st future, the 2nd future, the imperfect, the aorist, and the conditional, which have not been distinguished by the letter ಪ originally in their own form or are not to be considered as having this letter by reason of their partaking of the character of their constituent affixes as aforesaid, must be held to have an indicatory ಜ (I. 2. 4.)

(3). An affix of the perfect not distinguished by an indicatory ಪ or ಣ is held to have an indicatory ಕ, when it does not follow a conjunct consonant (I.2. 5), and ಣಲ್ of the first person is to be held to have an indicatory ಣ also optionally (VII. 1. 91.)

(4). The affixes ತು and ಹಿ in the imperative, though their constituent affixes are distinguished by indicatory ಪ, and therefore they should be held to have this ಪ itself, must specially be held to have an indicatory ಙ (III. 4. 87 ; VI. 4. 101), and the affixes ಆವ and ಆಮ, though for the same reason they must be considered as not having ಪ, must be specially held to have ಪ as an indicatory letter (III. 4. 92). All the other affixes of the imperative which have not been distinguished by an indicatory ಪ, are to be held to have an indicatory ಙ. (I. 2. 4).

(5.) All the affixes of the optative in the *parasmaipadi* are to be held to have an indicatory ಙ (III. 4. 103), and all those of the same mode of conjugation in the benedictive are to be held to have an indicatory ಕ (III. 4. 104). And in the *átmanepadi* while the affixes of the optative are to be considered as having an indicatory ಙ, (I. 2. 4), those of the benedictive are to be considered as having an indicatory ಕ when they come without the augment ಇಟ್ (*a*) after consonants adjoining ಇಕ್ *i. e.* bases having medial ಇಕ್, and (*b*) after bases ending in ಋ or ೠ (I. 2, 11, 12) and, in othercases, to remain as they are without any indicatory letters.

44. It will have been observed that for some of the persons and numbers in the tenses, more than one affix are applicable, and consequently we should here determine when one form or another is appropriate. The following are the rules on this point:—

(1). ಅತಿ instead of ಅನ್ತಿ, and ಅತು instead of ಅನ್ತು, are to be used in the present and imperative *parasmaipadi* after bases reduplicated (VII. 1. 4), but in other cases ಅನ್ತಿ and ಅಂತು should be used. *e. g.* ದದ=ದದ+ಅತಿ or ಅತು but ಭವ=ಭವ+ಅನ್ತಿ, or ಅಂತು. And in the *átmanepadi*, ಅತೇ and ಅತಾಂ instead of ಅಂತೇ and ಅಂತಾಂ should be used in the present and imperative, except after the vowel ಅ after which ಅಂತೇ and ಅಂತಾಂ only should be used. And in the imperfect and the aorist, ಅತ should be used in the *átmanepadi* except after the vowel ಅ when ಅಂತ only should be used (VII. 1. 4, 5). *e. g.* ಸುನು=ಸುನು+ಅತೇ, ಅತಾಂ, ಅತ; but ಧರ=ಧರ+ಅಂತೇ, ಅಂತಾಂ, ಅಂತ; ದಿಕ್ಷ (aorist)=ದಿಕ್ಷ+ಅಂತ; but ಧೃಷ್=ಧೃಷ್+ಅತ.

(2). In the *parasmaipadi* imperfect, ಜುಸ್ instead of ಅಂತ್ should be used after bases reduplicated, and in other cases also optionally after what ends in ಆ; when this option is not availed of, and after what has not been reduplicated, ಅಂತ್ should be used (III. 4. 111, 109). *e. g.* ಪಾಪ್ರಾ=ಪಾಪ್ರಾ+ಜುಸ್; ಯಾ=ಯಾ+ಅನ್ತ್ or ಜುಸ್; but ಧರ=ಧರ+ಅನ್ತ್.

(3). In the aorist of the *parasmaipadi*, ಜುಸ್ instead of ಅಂತ್ should be used when ಸಿಚ್ is used as the tense affix, (III. 4. 109, 110); otherwise ಅಂತ್ should be used (III. 4. 109). *e. g.* ಕಾರ್ಷ್=ಕಾರ್ಷ್+ಜುಸ್; but ಗಮ=ಗಮ+ಅನ್ತ್.

(4). In the perfect the affix ಆಮ್ should in all persons and numbers be attached to a base which begins with ಇಚ್ and has a heavy vowel or which has more than one vowel, whether it is in the *parasmaipadi* or *átmanépadi*, the other personal affixes of the perfect being held to come after this affix ಆಮ್ in a *lukated* form ; (B. 504 ; II. 4. 81 ; III. 1. 36) and it is specially to be remembered that the ಮ in this affix is not indicatory (B. 504). But when the base has no more than a single vowel, provided it is not one that begins with ಇಟ್ having a heavy vowel, ರೆ and ರೆ, instead of ಐರ್ and ಐರ್ should be used after a root ending in ಆ (VII. 1. 34), and ಐಲ್ and ಐಲ್ after other roots (III. 4 82). *e. g.* ಈಕ್=ಈಕ್+ಅಮ್ ; ಬೊಭೂವ್=ಬೊಭೂವ್+ಅಮ್ ; but ಇಟ್=ಇಟ್+ಐಲ್ and ಐಲ್ ; ಪಾ=ಪಾ+ರೆ and ರೆ.

(5). In the imperative, ಧಿ instead of ಹಿ should be used after bases ending in ಝಲ್ (VI. 4. 101), but ಹಿ in other cases (III. 4. 87), except after bases ending in ಅ, and except after bases which have taken the affix ಶ್ನ or ಉ as their tense affixes; for in these latter cases, ಹಿ should be used (VI. 4. 105 , 106). And ತಾತಙ್ may optionally be employed when ತು or ಧಿ or ಹಿ or ಹಿ is to be used (VII. 1. 35). But if a base ends in ಅ by reason of a nasal that had followed it having been *lopated*, ಹಿ instead of ಹಿ should be attached (VI. 4. 22; Sid II. 213). *e. g.* ಅದ್=ಅದ್+ಧಿ or ತಾತಙ್ ; ಬಿನ್=ಬಿ ನ್+ಹಿ or ತಾತಙ್ ; ಭವ=ಭವ+ಹಿ or ತಾತಙ್ ; ಕೃಣು=ಕೃಣು+ ಹಿ or ತಾತಙ್ ; ತನು=ತನು+ ಹಿ or ತಾತಙ್.

(6). ತ್ and ಸ್ in the imperfect *parasmaipadi* should be used after bases ending in a consonant. (VI. 1. 68) ಬಿಭರ್=ಬಿಭರ್+ ತ್ or ಸ್.

(7). In the *átmanepadi*, in the present, the imperative, the optative, and the aorist, ಇತೆ, ಇತಾಮ್, ಇಥೆ and ಇಥಾಮ್ (III. 4. 79 ; VII. 2. 81), instead of ಅತೆ, ಅತಾಮ್, ಅಥೆ, and ಅಥಾಮ್, should be employed after bases in ಅ ; (VII. 2. 81. ; III. 4. 79) otherwise ಅತೆ, ಅತಾಮ್, ಅಥೆ,

and ಆಥಾಮ್ only. (III. 4. 79). *e. g.* ಭವ=ಭವ+ಇತೆ, ಇತಾಮ್, ಇಥ, ಇಥಾಮ್; but ತನ್ವ=ತನು+ಆತೆ, ಆತಾಮ್, ಆಥೆ, and ಆಥಾಮ್.

44. Remembering the above rules as well as the other rules that bear upon the subject, we shall proceed now to determine the forms which are produced by the actual application of the personal affixes to the bases. For this purpose the bases of the special tenses may be divided into two divisions, the first of them referring to bases in which the final letters of the roots have been modified by the tense affixes, and the second, to those which are not so. The first division may again be taken in two parts, one comprising bases formed from roots of the 1st, 4th, and 6th classes, all of which are bases ending in ಅ, and the other comprising other bases which being formed from roots of the 5th, 8th, and 9th classes end in ನು, ನೋ, ನುವ್, ನೀ, ಆನ, ನಾ, and ನ್. The bases of the second part may be taken in four sections viz. (1) containing bases ending in ನು and ನೋ, that is, bases formed from roots of the 8th class thad had ended in vowels before the tense affixes were affixed; (2) containing bases ending in ನು and ನುವ್, that is, bases from those roots of the 5th class thad had not ended in vowels before the tense affixes were attached; (3) containing bases ending in ನೀ, ನಾ, and ನ್, that is, bases formed from roots of the 9th class that had ended in vowels; and (4) containing bases ending in ನೀ, ನಾ, ನ್, and ಆನ, that is, bases from roots of the 9th class that had ended in consonants. The bases of the second division may likewise be divided into two parts, one embracing reduplicated bases, that is, bases from FP roots and from roots of the 3rd class, and the other, unreduplicated bases *i. e.* bases from roots of the 2nd and 7th classes.

45. The following are paradigms for the special tenses.

PARADIGMS.

ACTIVE VOICE

PRE

BASES.

	3RD PERSON. Singular.	Dual.	Plural.
FIRST DIVISION.	ತಿಪ್	ತಸ್$_2$	ಅಂತಿ$_2$
PART I. BASES ENDING IN ಅ.			
ಧರ .... from ಧೃ.	ಧರತಿ	ಧರತಃ	ಧರಂತಿ
ಚೋರಯ .... X ಚುರ್.	ಚೋರಯತಿ	ಚೋರಯತಃ	ಚೋರಯಂತಿ
ಚೋರಯ C ಚೋರಿ from X ಚುರ್.	ಚೋರಯತಿ	ಚೋರಯತಃ	ಚೋರಯಂತಿ
ಪಿಪಠಿಷ D ಪಿಪಠಿಷ from ಪಠ್.	ಪಿಪಠಿಷತಿ	ಪಿಪಠಿಷತಃ	ಪಿಪಠಿಷಂತಿ
ದೀವ್ಯ .... IV ದಿವ್.	ದೀವ್ಯತಿ	ದೀವ್ಯತಃ	ದೀವ್ಯಂತಿ
ತುದ ... ... VI ತುದ್.	ತುದತಿ	ತುದತಃ	ತುದಂತಿ
PART II. BASES NOT ENDING IN ಅ.			
Section I.			
ತನು or ತನ್ವ್ from VIII ತನ್.	ತನು @ gf+ತಿ =ತನೋತಿ	ತನುತಃ	ತನ್ವಂತಿ
ಸುನು or ಸುನ್ವ್ ... V ಸು.	ಸುನೋತಿ	ಸುನುತಃ	ಸುನ್ವಂತಿ
Section II.			
ಶಕ್ನು or ಶಕ್ನುವ್ from V ಶಕ್.	ಶಕ್ನು @ gf+ತಿ =ಶಕ್ನೋತಿ	ಶಕ್ನುತಃ	ಶಕ್ನುವಂತಿ
Sections III and IV.			
ಕ್ರೀಣಾ or ಕ್ರೀಣೀ or ಕ್ರೀಣ್ .... from IX ಕ್ರೀ.	ಕ್ರೀಣಾತಿ	ಕ್ರೀಣೀತಃ	ಕ್ರೀಣಂತಿ

PARASMAIPADI.

SENT.

2ND. PERSON.			1st PERSON.		
Singular.	*Dual.*	*Plural.*	*Singular.*	*Dual.*	*Plural.*
ಸಿಪ್	ಥಸ್	ಥ	ಮಿಪ್	ವಸ್	ಮಸ್
ಧರಸಿ	ಧರಥಃ	ಧರಥ	ಧರ @ lf+ಮಿ =ಧರಾಮಿ	ಧರ @ lf+ ವಃ=ಧರಾವಃ	ಧರ @ lf+ ಮಃ=ಧರಾಮಃ
ಚೋರಯಸಿ	ಚೋರಯಥಃ	ಚೋರಯಥ	ಚೋರಯಾಮಿ	ಚೋರಯಾವಃ	ಚೋರಯಾಮಃ
ಚೋರಯಸಿ	ಚೋರಯಥಃ	ಚೋರಯಥ	ಚೋರಯಾಮಿ	ಚೋರಯಾವಃ	ಚೋರಯಾಮಃ
ಪಿಪಠಿಷಸಿ	ಪಿಪಠಿಷಥಃ	ಪಿಪಠಿಷಥ	ಪಿಪಠಿಷಾಮಿ	ಪಿಪಠಿಷಾವಃ	ಪಿಪಠಿಷಾಮಃ
ದೀವ್ಯಸಿ	ದೀವ್ಯಥಃ	ದೀವ್ಯಥ	ದೀವ್ಯಾಮಿ	ದೀವ್ಯಾವಃ	ದೀವ್ಯಾಮಃ
ತುದಸಿ	ತುದಥಃ	ತುದಥ	ತುದಾಮಿ	ತುದಾವಃ	ತುದಾಮಃ(1)
ತನು@ gf+ಸಿ =ತನೋಷಿ	ತನುಥಃ	ತನುಥ	ತನು @ gf+ಮಿ =ತನೋಮಿ	ತನುವಃ or ತನ್ವಃ	ತನುಮಃ or ತನ್ಮಃ
ಸುನೋಷಿ	ಸುನುಥಃ	ಸುನುಥ	ಸುನೋಮಿ	ಸುನುವಃ or ಸುನ್ವಃ	ಸುನುಮಃ or ಸುನ್ಮಃ (2)
ಶಕ್ನು@ gf+ಸಿ =ಶಕ್ನೋಷಿ	ಶಕ್ನುಥಃ	ಶಕ್ನುಥ	ಶಕ್ನು @ gf+ಮಿ =ಶಕ್ನೋಮಿ	ಶಕ್ನುವಃ	ಶಕ್ನುಮಃ (3)
ಕ್ರೀಣಾಸಿ	ಕ್ರೀಣೀಥಃ	ಕ್ರೀಣೀಥ	ಕ್ರೀಣಾಮಿ	ಕ್ರೀಣೀವಃ	ಕ್ರೀಣೀಮಃ

BASES.	3RD PERSON. Singular.	Dual.	Plural.
ಸಭ್ನಾ or ಸಭ್ನೀ or ಸಭ್ನ್ .... from IX ಸಭ್.	ಸಭ್ನಾತಿ	ಸಭ್ನೀತಃ	ಸಭ್ನಂತಿ
SECOND DIVISION.			
PART I.			
Unreduplicated bases ...	ತಿಪ್	ತಸ್ $_2$	ಅಂತಿ $_2$
Bases ending in ಆ (2nd class) ಯಾ	ಯಾತಿ	ಯಾತಃ	ಯಾಂತಿ
Bases ending in ಉ (2nd class) ಯು	ಯು @ vf+ ತಿ=ಯೌತಿ	ಯುತಃ	ಯು @ ಉವ್ for f+ಅಂತಿ =ಯುವಂತಿ
Bases ending in ಇ&ಈ(2nd class)			
ಇ	ಇ @ gf+ತಿ= ಏತಿ	ಇತಃ	ಇ @ ಇಯ್ for f+ಅಂತಿ =ಇಯಂತಿ
ಈ	ಏತಿ	ಈತಃ	ಇಯಂತಿ
ವೀ	ವೇತಿ	ವೀತಃ	ವಿಯಂತಿ
Bases ending in ಸ (2nd class) ಸಸ್.	ಸಸ್ತಿ	ಸಸ್ತಃ	ಸಸಂತಿ
Other bases ending in consonants with penultimate ಇಕ್ (2nd class).			
ದುಹ್	ದುಹ್ @ gf+ ತಿ=ದೋಗ್ಧಿ	ದುಗ್ಧಃ	ದುಹಂತಿ
ಲಿಹ್	ಲೇಢಿ	ಲೀಢಃ	ಲಿಹಂತಿ
Other bases ending in consonants (7th Class).			
ರುಣಧ್ and ರುನ್ಧ್ ... from ರುಧ್.	ರುಣದ್ಧಿ	ರುನ್ಧಃ	ರುನ್ಧಂತಿ
ರಿಣಚ್ and ರಿಂಚ್ ... from ರಿಚ್.	ರಿಣಕ್ತಿ	ರಿಙ್ಕ್ತಃ	ರಿಞ್ಚಂತಿ
ಪಿಣಷ್ and ಪಿಂಷ್ ... from ಪಿಷ್.	ಪಿಣಷ್ಟಿ	ಪಿಂಷ್ಟಃ	ಪಿಂಷಂತಿ

PARASMAIPADI.

sent.

	2ND PERSON.			1ST PERSON.		
Singular.	*Dual.*	*Plural.*	*Singular.*	*Dual.*	*Plural.*	
ನಭ್ನಾಸಿ	ನಭ್ನೀತಃ	ನಭ್ನೀಥ	ನಭ್ನಾಮಿ	ನಭ್ನೀವಃ	ನಭ್ನೀಮಃ	(4)
ಸಿಪ್	ಥಸ್$_2$	ಥ$_2$	ಮಿಪ್	ವಸ್$_2$	ಮಸ್$_2$	
ಯಾಸಿ	ಯಾಥಃ	ಯಾಥ	ಯಾಮಿ	ಯಾವಃ	ಯಾಮಃ	(1)
ಯು @ *vf*+ ಸಿ=ಯೌಷಿ	ಯುಥಃ	ಯುಥ	ಯು @ *vf*+ಮಿ =ಯೌಮಿ	ಯುವಃ	ಯುಮಃ	(2)
ಇ @ *gf*+ಸಿ =ಏಷಿ	ಇಥಃ	ಇಥ	ಇ @ *gf*+ಮಿ =ಏಮಿ	ಇವಃ	ಇಮಃ	
ಏಷಿ	ಈಥಃ	ಈಥ	ಏಮಿ	ಈವಃ	ಈಮಃ	
ವೇಷಿ	ವೀಥಃ	ವೀಥ	ವೇಮಿ	ವೀವಃ	ವೀಮಃ	(3)
ಸಸ್ಸಿ	ಸಸ್ಥಃ	ಸಸ್ಥ	ಸಸ್ಮಿ	ಸಸ್ವಃ	ಸಸ್ಮಃ	(4)
ದುಹ್ @ *gp*+ ಸಿ=ಧೋಕ್ಷಿ	ದುಗ್ಧಃ	ದುಗ್ಧ	ದುಹ್ @ *gp*+ ಮಿ=ದೋಹ್ಮಿ	ದುಹ್ವಃ	ದುಹ್ಮಃ	
ಲೇಕ್ಷಿ	ಲೀಢಃ	ಲೀಢ	ಲೇಹ್ಮಿ	ಲೀಹ್ವಃ	ಲೀಹ್ಮಃ	(5)
ರುಣತ್ಸಿ	ರುನ್ಧಃ	ರುನ್ಧ	ರುಣಧ್ಮಿ	ರುನ್ಧ್ವಃ	ರುನ್ಧ್ಮಃ	
ರಿಣಕ್ಷಿ	ರಿಙ್ಕ್ಥಃ	ರಿಙ್ಕ್ಥ	ರಿಣಚ್ಮಿ	ರಿಞ್ಚ್ವಃ	ರಿಞ್ಚ್ಮಃ	
ಪಿಣಕ್ಷಿ	ಪಿಂಷ್ಠಃ	ಪಿಂಷ್ಠ	ಪಿಣಷ್ಮಿ	ಪಿಂಷ್ವಃ	ಪಿಂಷ್ಮಃ	

BASES.		3RD PERSON. Singular.	Dual.	Plural.
ಭನಜ್ and ಭಂಜ್ ...	from ಭಜ್.	ಭನಕ್ತಿ	ಭಜ್ಯ್ತಃ	ಭಂಜಂತಿ
PART II.				
Reduplicated bases ...	...	ತಿಪ್	ತಸ್$_2$	ಅತಿ$_2$
Bases ending in ಆ.				
ಜಹಾ ...	from III ಹಾ.	ಜಹಾತಿ	ಜಹಾ @ ಈ for *f* + ತಃ = ಜಹೀತಃ	ಜಹಾ - *f* + ಅತಿ = ಜಹತಿ
ಜಾಘ್ರಾ ...	FP ಜಾಘ್ರಾ.	ಜಾಘ್ರಾ + ತಿ or ಈತಿ = ಜಾಘ್ರಾತಿ or ಜಾಘ್ರೀತಿ	ಜೇಘ್ರೀತಃ	ಜಾಘ್ರತಿ
Bases ending in ಇ *and* ಈ, *the vowels not being preceded by conjunct consonants.*				
ಚಿಕಿ ...	from III ಕಿ.	ಚಿಕಿ @ *gf* + ತಿ = ಚಿಕೇತಿ	ಚಿಕಿತಃ	ಚಿಕಿ + ಯ್ for *f* + ಅತಿ = ಚಿಕ್ಯತಿ
ನೇನೀ ...	FP ನೇನೀ.	ನೇನೀ @ *gf* + ತಿ or ಈತಿ = ನೇನೇತಿ or ನೇನಯೀತಿ	ನೇನೀತಃ	ನೇನ್ಯತಿ
ಚೇಕಿ	FP ಚೇಕಿ.	ಚೇಕೇತಿ or ಚೇಕಯೀತಿ	ಚೇಕಿತಃ	ಚೇಕ್ಯತಿ
Bases ending in ಇ *and* ಈ, *the vowel being preceded by conjunct consonants.*				
ಚೇಕ್ರೀ	FP ಚೇಕ್ರೀ.	ಚೇಕ್ರೀ @ *gf* + ತಿ or ಈತಿ = ಚೇಕ್ರೇತಿ or ಚೇಕ್ರಯೀತಿ	ಚೇಕ್ರೀತಃ	ಚೇಕ್ರೀ @ ಇಯ್ for *f* + ಅತಿ = ಚೇಕ್ರಿಯತಿ

PARASMAIPADI.

sent.

2ND PERSON.			3RD PERSON.		
Singular.	*Dual.*	*Plural.*	*Singular.*	*Dual.*	*Plural.*
ಭನಕ್ಷಿ	ಭಜ್ಕಥಃ	ಭಜ್ಕಥ	ಭನಜ್ಮಿ	ಭಂಜ್ವಃ	ಭಂಜ್ಮಃ (6)
ಸಿಸ್	ಥಸ್ $_2$	ಥ $_2$	ವಿಸ್	ವಸ್ $_2$	ಮಸ್ $_2$
ಜಹಾಸಿ	ಜಹಾ @ ಈ for *f* + ಥಃ = ಜಹೀಥಃ	ಜಹಾ @ ಈ for *f*+ಥ= ಜಹೀಥ	ಜಹಾಮಿ	ಜಹಾ @ ಈ for *f*+ವಃ =ಜಹೀವಃ	ಜಹಾ @ ಈ for *f*+ಮಃ =ಜಹೀಮಃ
ಜಾಘ್ರ+ಸಿ or ಈ ಸಿ=ಜಾಘ್ರಸಿ or ಜಾಘ್ರೀಷಿ	ಜೇಘ್ರೀಥಃ	ಜೇಘ್ರೀಥ	ಜಾಘ್ರ+ಮಿ or ಈ ಮಿ = ಜಾಘ್ರಮಿ or ಜೇಘ್ರೀಮಿ	ಜೇಘ್ರೀವಃ	ಜೇಘ್ರೀಮಃ (7)
ಚಿತಿ @ *gf*+ಸಿ =ಚಿಕೇಷಿ	ಚಿತಿಥಃ	ಚಿತಿಥ	ಚಿತಿ @ *gf*+ಮಿ= ಚಿಕೇಮಿ	ಚಿತಿವಃ	ಚಿತಿಮಃ
ನೇನೀ @ *gf*+ಸಿ or ಈಸಿ=ನೇನೇಷಿ or ನೇನಯೀಷಿ	ನೇನೀಥಃ	ನೇನೀಥ	ನೇನೀ @ *gf*+ಮಿ or ಈಮಿ=ನೇನೇಮಿ or ನೇನಯೀಮಿ	ನೇನೀವಃ	ನೇನೀಮಃ
ಚೇಕೇಷಿ or ಚೇಕಯೀಷಿ	ಚೇಕಿಥಃ	ಚೇಕಿಥ	ಚೇಕೇಮಿ or ಚೇಕಯೀಮಿ	ಚೇಕಿವಃ	ಚೇಕಿಮಃ (8)
ಚೇಕ್ರೀ @ *gf*+ಸಿ or ಈಸಿ=ಚೇಕ್ರೇಷಿ or ಚೇಕ್ರಯೀಷಿ	ಚೇಕ್ರೀಥಃ	ಚೇಕ್ರೀಥ	ಚೇಕ್ರೀ @ *gf*+ಮಿ or ಈಮಿ=ಚೇಕ್ರೇಮಿ or ಚೇಕ್ರಯೀಮಿ	ಚೇಕ್ರೀವಃ	ಚೇಕ್ರೀಮಃ

3 r

BASES.			3RD PERSON. *Singular.*	*Dual.*	*Plural.*
ಜೇಕ್ರಿ	....	FP ಜೇಕ್ರಿ.	ಜೇಕ್ರೇತಿ or ಜೇಕ್ರಯೀತಿ	ಜೇಕ್ರಿತಃ	ಜೇಕ್ರಿಯತಿ
ಜಿಹ್ರೀ	...	III ಜಿಹ್ರೀ.	ಜಿಹ್ರೇತಿ	ಜಿಹ್ರೀತಃ	ಜಿಹ್ರಿಯತಿ
Bases ending in ಉ and ಊ.					
ದೋಧು from		FP ದೊಧು.	ದೋಧು @ *gf* + ತಿ or ಈತಿ = ದೋಧೋತಿ or ದೋಧವೀತಿ	ದೋಧುತಃ	ದೋಧು @ ಉರ್ for *f* + ಅತಿ = ದೋಧುವತಿ
ಲೋಲೂ	...	FP ಲೋಲೂ.	ಲೋಲೋತಿ or ಲೋಲವೀತಿ	ಲೋಲೂತಃ	ಲೋಲುವತಿ
Bases ending in ಋ.					
ಇಯೃ	....	from III ಋ.	ಇಯೃ @ *gf*+ ತಿ=ಇಯರ್ತಿ	ಇಯೃತಃ	ಇಯ್ರತಿ
ಪಿಪೃ	...	III ಪೃ.	ಪಿಪರ್ತಿ	ಪಿಪೃತಃ	ಪಿಪ್ರತಿ
ಅರಿಯೃ	....	FP ಅರಿಯೃ from ಋ.	ಅರಿಯರ್ತಿ or ಅರಿಯರೀತಿ	ಅರಿಯೃತಃ	ಅರಿಯ್ರತಿ
ಚರಿಕೃ	....	FP ಚರಿಕೃ.	ಚರಿಕರ್ತಿ or ಚರಿಕರೀತಿ	ಚರಿಕೃತಃ	ಚರಿಕ್ರತಿ
Bases ending in ೠ (labial).					
ಪಿಪೄ	....	from III ಪೄ.	ಪಿಪೄ @ *gf* + ತಿ =ಪಿಪರ್ತಿ	ಪಿಪೄ @ ಊರ್ for *f*+ತ= ಪಿಪೂರ್ತಃ	ಪಿಪೄ @ ಉರ್ for *f*+ಅತಿ =ಪಿಪುರತಿ

PARASMAIPADI.

sent.

2ND PERSON.			1ST PERSON.		
Singular.	*Dual.*	*Plural.*	*Singular.*	*Dual.*	*Plural.*
ಚೇಕ್ಷ್ರೇಷಿ or ಚೇಕ್ಷ್ರಯಿೀಷಿ	ಚೇಕ್ಷ್ರಿಥಃ	ಚೇಕ್ಷ್ರಿಥ	ಚೇಕ್ಷ್ರೇಮಿ or ಚೇಕ್ಷ್ರಯೀಮಿ	ಚೆಕ್ರಿವಃ	ಚೇಕ್ರಿಮಃ
ಜೆಹ್ರೇಷಿ	ಜಿಹ್ರೀಥಃ	ಜೇಹ್ರೀಥ	ಜೆಹ್ರೇಮಿ	ಜಿಹ್ರೀವಃ	ಜಿಹ್ರೀಮಃ(9)
ದೋಧು @ *gf* +ಸಿ or ಈಸಿ = ದೋಧೋಷಿ or ದೋಧವೀಷಿ	ಧೋಧ-ಥಃ	ದೋಧ-ಥ	ದೋಧು @ *gf* +ಮಿ or ಈಮಿ =ದೋಧೋಮಿ or ದೋಧವೀಮಿ	ದೋಧುವಃ	ದೋಧುಮಃ
ಲೋಲೋಷಿ or ಲೋಲವೀಷಿ	ಲೋಲೂಥಃ	ಲೋಲೂಥ	ಲೋಲೋಮಿ or ಲೋಲವೀಮಿ	ಲೋಲೂವಃ	ಲೋಲೂಮಃ (10)
ಇಯ್ಯ @ *gf*+ ಸಿ=ಇಯರ್ಷಿ	ಇಯೃಥಃ	ಇಯೃಥ	ಇಯ್ಯ @ *gf* +ಮಿ=ಇಯರ್ಮಿ	ಇಯೃವಃ	ಇಯೃಮಃ
ಪಿಪರ್ಷಿ	ಪಿಪೃಥಃ	ಪಿಪೃಥ	ಪಿಪರ್ಮಿ	ಪಿಪೃವಃ	ಪಿಪೃಮಃ
ಅರಿಯರ್ಷಿ or ಅರಿಯರೀಷಿ	ಅರಿಯೃಥಃ	ಅರಿಯೃಥ	ಅರಿಯರ್ಮಿ or ಅರಿಯರೀಮಿ	ಅರಿಯೃವಃ	ಅರಿಯೃಮಃ
ಚರಿಕರ್ಷಿ or ಚರಿಕರೀಷಿ	ಚರಿಕೃಥಃ	ಚರಿಕೃಥ	ಚರಿಕರ್ಮಿ or ಚರಿಕರೀಮಿ	ಚರಿಕೃವಃ	ಚರಿಕೃಮಃ (11)
ಪಿಪ್ರಾ @ *gf*+ ಸಿ=ಪಿಪರ್ಷಿ	ಪಿಪ್ರಾ @ ಊರ್ for *f* + ಥಃ= ಪಿಪೂರ್ಥಃ	ಪಿಪ್ರಾ @ ಊರ್ for *f*+ಥ=ಪಿಪೂರ್ಥ	ಪಿಪ್ರಾ @ *gf* +ಮಿ=ಪಿಪರ್ಮಿ	ಪಿಪ್ರಾ @ ಊರ್ for *f*+ವಃ=ಪಿಪೂರ್ವಃ	ಪಿಪ್ರಾ @ ಊರ್ for *f* + ಮಃ=ಪಿಪೂರ್ಮಃ

BASES.		3RD PERSON. *Singular.*	*Dual.*	*Plural.*
ಪಾಪ್ರಾ ...	FP ಪಾಪ್ರಾ.	ಪಾಪ್ರಾ @ *gf*+ ತಿ or ಈತಿ= ಪಾಪರ್ತಿ or ಪಾಪರೀತಿ	ಪಾಪೂರ್ತಃ	ಪಾಪುರತಿ
ವಾವ್ರಾ ...	FP ವಾವ್ರಾ.	ವಾವರ್ತಿ or ವಾವರೀತಿ	ವಾವೂರ್ತಃ	ವಾವುರತಿ
Bases ending in ೠ *(non-labial).*				
ಚಾಕ್ರಾ	FP ಚಾಕ್ರಾ.	ಚಾಕ್ರಾ @ *gf*+ ತಿ or ಈತಿ= ಚಾಕರ್ತಿ or ಚಾಕರೀತಿ	ಚಾಕ್ರಾ @ ಈರ್ for *f*+ ತಃ = ಚಾಕೀರ್ತಃ	ಚಾಕ್ರಾ @ ಇರ್ for *f* + ಅತಿ = ಚಾಕಿರತಿ
Bases ending in ಯ್ *with penultimate* ಅ.				
ಜಾಹಯ್ ...	FP ಜಾಹಯ್.	ಜಾಹಯ್ + ತಿ or ಈತಿ=ಜಾಹತಿ or ಜಾಹಯೀತಿ	ಜಾಹತಃ	ಜಾಹಯತಿ
Bases ending in a nasal with penultimate ಅ.				
ದಧನ್ ...	from III ಧನ್.	ದಧಂತಿ	ದಧನ್ @ *lp*+ ತಃ=ದಧಾಂತಃ	ದಧನತಿ

PARASMAIPADI.

sent.

	2ND PERSON.			1ST PERSON.	
Singular	*Dual.*	*Plural.*	*Singular.*	*Dual.*	*Plural.*
ಪಾಪ್ಯಾ @*gf*+ ಸಿ or ಈಸಿ= ಪಾಪರ್ಷಿ or ಪಾಪರೀಷಿ	ಪಾಪೂರ್ಥಃ	ಪಾಪೂರ್ಥ	ಪಾಪ್ಯಾ @ *gf* +ಮಿ or ಈಮಿ = ಪಾಪರ್ಮಿ or ಪಾಪರೀಮಿ	ಪಾಪೂರ್ವಃ	ಪಾಪೂರ್ಮಃ
ವಾವರ್ಷಿ or ವಾವರೀಷಿ	ವಾವೂರ್ಥಃ	ವಾವೂರ್ಥ	ವಾವರ್ಮಿ or ವಾವರೀಮಿ	ವಾವೂರ್ವಃ	ವಾವೂರ್ಮಃ (12)
ಚಾಕ್ಯಾ @*gf*+ ಸಿ or ಈಸಿ= =ಚಾಕರ್ಷಿ or ಚಾಕರೀಷಿ	ಚಾಕ್ಯಾ @ ಈರ್ for *f* + ಥಃ = ಚಾಕೀರ್ಥಃ	ಚಾಕ್ಯಾ + ಈರ್ for *f* +ಥ= ಚಾಕೀರ್ಥ	ಚಾಕ್ಯಾ @ *gf* +ಮಿ or ಈಮಿ = ಚಾಕರ್ಮಿ or ಚಾಕರೀಮಿ	ಚಾಕ್ಯಾ @ ಈರ್ for *f* + ವಃ = ಚಾಕೀರ್ವಃ	ಚಾಕ್ಯಾ+ಈರ್ *f*+ಮಃ = ಚಾಕೀರ್ಮಃ (13)
ಜಾಹಯು^{6} + ಸಿ or ಈಸಿ=ಜಾಹಸಿ or ಜಾಹಯೀಷಿ	ಜಾಹಥಃ	ಜಾಹಥ	ಜಾಹಯು^{6} @ *lp* + ಮಿ or ಜಾಹಯು^{6} + ಈಮಿ = ಜಾಹಮಿ or ಜಾಹಯೀಮಿ	ಜಾಹಯು^{6} @ *lp*+ ವಃ = ಜಾಹವಃ	ಜಾಹಯು^{6}@ *lp*+ಮಃ= ಜಾಹಮಃ (14)
ದಧಂಸಿ	ದಧನ್ @ *lp* + ಥಃ=ದಧಾಂಥಃ	ಧನ್ @ *lp* + ಥ=ದಧಾಂಥ	ದಧನ್ಮಿ	ದಧನ್ವಃ	ದಧನ್ಮಃ

BASES.			3RD PERSON. Singular.	Dual.	Plural.
ತಂತನ್	...	FP ತಂತನ್.	ತಂತನ್+ತಿ or ಈತಿ=ತಂತಂತಿ or ತಂತನೀತಿ	ತಂತನ್ @ *lp* +ತಃ=ತಂತಾಂತಃ	ತಂತನತಿ
ಕಂಕಮ್	....	FP ಕಂಕಮ್.	ಕಂಕಂತಿ or ಕಂಕಮೀತಿ	ಕಂಕಾಂತಃ	ಕಂಕಮತಿ
ಚಂಕಣ್	....	FP ಚಂಕಣ್.	ಚಂಕಣ್ಟಿ or ಚಂಕಣೀತಿ	ಚಂಕಾಣ್ಟಃ	ಚಂಕಣತಿ
Bases ending in nasal with light penultimate ಇಕ್.					
ಜರಿಘೃಣ್	....	from FP ಜಘೃಣ್.	ಜರಿಘೃಣ್ @ *gp* +ತಿ or ಜರಿಘೃಣ್ + ಈತಿ = ಜರಿಘರ್ಣ್ಟಿ or ಜರಿಘೃಣೀತಿ	ಜರಿಘೃಣ್ @ *lp* +ತಃ = ಜರಿಘೃಣ್ಟಃ	ಜರಿಘೃಣತಿ
ಜಂಜನ್	....	FP ಜಂಜನ್.	ಜಂಜನ್+ತಿ or ಈತಿ=ಜಂಜಂತಿ or ಜಂಜನೀತಿ	ಜಂಜಂತಃ	ಜಂಜನತಿ
ಜಂಜಮ್	...	FP ಜಂಜಮ್.	ಜಂಜಂತಿ or ಜಂಜಮೀತಿ	ಜಂಜಂತಃ	ಜಂಜಮತಿ
Bases ending in ತ, ಥ ದ, *and* ಧ *with penultimate light* ಇಕ್.					
ವರಿವೃತ್	...	FP ವರಿವೃತ್.	ವರಿವೃತ್ @ *gp* +ತಿ or ವರಿವೃತ್+ಈತಿ=ವರಿವರ್ತ್ತಿ or ವರಿವೃತೀತಿ	ವರಿವೃತ್ತಃ	ವರಿವೃತತಿ

PARASMAIPADI.

sent.

2ND PERSON.			1ST PERSON.		
Singular	*Dual.*	*Plural.*	*Singular.*	*Dual.*	*Plural.*
ತಂತನ್+ಸಿ or ಈಸಿ= ತಂತಂಸಿ or ತಂತನೀಷಿ	ತಂತನ್ @ *lp*+ಥಃ= ತಂತಾಂಥಃ	ತಂತನ್ @ *lp*+ಥ = ತಂತಾಂಥ	ತಂತನ್ +ಮಿ or ಈಮಿ= ತಂತನ್ಮಿ or ತಂತನೀಮಿ	ತಂತನ್ವಃ	ತಂತನ್ಮಃ
ಶಂಶಂಸಿ or ಶಂಶನೀಷಿ	ಶಂಶಾಂಥಃ	ಶಂಶಾಂಥ	ಶಂಶನ್ಮಿ or ಶಂಶನೀಮಿ	ಶಂಶನ್ವಃ	ಶಂಶನ್ಮಃ
ಚಂಕಣ್ಷಿ or ಚಂಕಣೀಷಿ	ಚಂಕಾಣ್ಠಃ	ಚಂಕಾಣ್ಠ	ಚಂಕಣ್ಮಿ or ಚಂಕಣೀಮಿ	ಚಂಕಣ್ವಃ	ಚಂಕಣ್ಮಃ (15)
ಜರಿಘೃಣ್ @ *gp*+ಸಿ or ಜರಿಘೃಣ್+ಈಸಿ =ಜರಿಘರ್ಣ್ಷಿ or ಜರಿಘೃಣೀಷಿ	ಜರಿಘೃಣ್ @ *lp* + ಥಃ = ಜರಿಘೃಾಣ್ಠಃ	ಜರಿಘೃಣ್ @ *lp* +ಥ = ಜರಿಘೃಾಣ್ಠ	ಜರಿಘೃಣ್ @ *gp*+ಮಿ or ಜರಿಘೃಣ್ + ಈಮಿ = ಜರಿಘರ್ಣ್ಮಿ or ಜರಿಘೃಣೀಮಿ	ಜರಿಘೃಣ್ವಃ	ಜರಿಘೃಣ್ಮಃ
ಜಂಜನ್ + ಸಿ or ಈಸಿ=ಜಂಜಂಸಿ or ಜಂಜನೀಷಿ	ಜಂಜಂಥಃ	ಜಂಜಂಥ	ಜಂಜನ್+ ಮಿ or ಈಮಿ= ಜಂಜನ್ಮಿ or ಜಂಜನೀಮಿ	ಜಂಜನ್ವಃ	ಜಂಜನ್ಮಃ
ಜೆಂಜೆಂಷಿ or ಜೆಂಜೆಪೀಷಿ	ಜೆಂಜಂಥಃ	ಜಂಜೆಂಥ	ಜೆಂಜೆನ್ಮಿ or ಜೆಂಜೆಪೀಮಿ	ಜೆಂಜೆನ್ವಃ	ಜಂಜೆನ್ಮಃ (16)
ವರಿವೃತ್ @ *gp* +ಸಿ or ವರಿವೃತ್+ಈಸಿ=ವರಿವರ್ತ್ಸಿ or ವರಿವೃತೀಷಿ	ವರಿವೃತ್ಥಃ	ವರಿವೃತ್ಥ	ವರಿವೃತ್ @ *gp*+ಮಿ or ವರಿವೃತ್+ಈಮಿ = ವರಿವರ್ತ್ಮಿ or ವರಿವೃತೀಮಿ	ವರಿವೃತ್ವಃ	ವರಿವೃತ್ಮಃ

Active Voice

Pre

BASES.		3rd Person. Singular.	Dual.	Plural.
ಜರ್ಗೃಧ್ ...	FP ಜರಿಗೃಧ್.	ಜರಿಗರ್ದ್ಧಿ or ಜರಿಗೃಧೀತಿ	ಜರಿಗೃದ್ಧಃ	ಜರಿಗೃಧತಿ
Bases ending in ತ, ಥ, ದ & ಧ with penultimate ಋ.				
ಚಾಕ್ಲ್ರಾತ್	from FP ಚಾಕ್ಲ್ರಾತ್.	ಚಾಕ್ಲ್ರಾತ್ @ *gp* + ತಿ or ಚಾಕ್ಲ್ರತ @ ಈತಿ for *p*+ಈತಿ = ಚಾಕರ್ತಿ or ಚಾಕೢತೀತಿ	ಚಾಕ್ಲ್ರಾತ್ @ ಈರ for *p*+ತಃ = ಚಾಕೢತ್ತಃ	ಚಾಕ್ಲ್ರಾತ್ @ ಈರ್ for *p*+ಅತಿ = ಚಾಕೢತತಿ
Bases ending in ತ, ಥ, ದ & ಧ with penultimate nasal.				
ಚಾಸ್ಕಂದ್ ...	FP ಚಾಸ್ಕಂದ್.	ಚಾಸ್ಕಂದ್+ತಿ or ಈತಿ= ಚಾಸ್ಕಂತಿ or ಚಾಸ್ಕಂದೀತಿ	ಚಾಸ್ಕಂದ್ - *p*+ತಃ = ಚಾಸ್ಕತ್ತಃ	ಚಾಸ್ಕಂದ್- *p*+ಅತಿ= ಚಾಸ್ಕದತಿ
Other bases ending in ತ, ಥ, ದ & ಧ.				
ಪಾಸ್ಪರ್ಧ್	from FP ಪಾಸ್ಪರ್ಧ್.	ಪಾಸ್ಪರ್ಧ್ + ತಿ or ಈತಿ=ಪಾಸ್ಪರ್ದ್ಧಿ or ಪಾಸ್ಪರ್ಧೀತಿ	ಪಾಸ್ಪರ್ದ್ಧಃ	ಪಾಸ್ಪರ್ಧತಿ
ಜಾಗಾಧ್ ...	FP ಜಾಗಾಧ್.	ಜಾಗಾದ್ಧಿ or ಜಾಗಾಧೀತಿ	ಜಾಗಾದ್ಧಃ	ಜಾಗಾಧತಿ
ದಾದಧ್ ...	FP ದಾದಧ್.	ದಾದದ್ಧಿ or ದಾದಧೀತಿ	ದಾದದ್ಧಃ	ದಾದಧತಿ

PARASMAIPADI.

2ND PERSON.			1ST PERSON.		
sent.					
Singular	*Dual.*	*Plural.*	*Singular.*	*Dual.*	*Plural.*
ಜರಿಘರ್ತ್ಸಿ or ಜರಿಗೃಧೀಷಿ	ಜರಿಗೃದ್ಧಃ	ಜರಿಗೃದ್ಧ	ಜರಿಗರ್ಧ್ಮಿ or ಜರಿಗೃಧೀಮಿ	ಜರಿಗೃಧ್ವಃ	ಜರಿಗೃಧ್ಮಃ (17)
ಚಾಕ್ಲೃಪ್ @ *gp* + ಸಿ or ಚಾಕ್ಲೃಪ್ @ ಈರ್ for *p* + ಈಸಿ = ಚಾಕಲ್ಪ್ಸಿ or ಚಾಕೢಪೀಷಿ	ಚಾಕ್ಲೃಪ್ @ ಈರ್ for *p* + ಥಃ = ಚಾಕೢಪ್ತಃ	ಚಾಕ್ಲೃಪ್ @ ಈರ್ for *p* + ಥ = ಚಾಕೢಪ್ತ	ಚಾಕ್ಲೃಪ್ @ *gp* + ಮಿ or ಚಾಕ್ಲೃಪ್ @ ಈರ್ for *p* + ಈಮಿ = ಚಾಕಲ್ಪ್ಮಿ or ಚಾಕೢಪೀಮಿ	ಚಾಕ್ಲೃಪ್ @ ಈರ್ for *p* + ವಃ = ಚಾಕೢಪ್ವಃ	ಚಾಕ್ಲೃಪ್ @ ಈರ್ for *p* + ಮಃ = ಚಾಕೢಪ್ಮಃ (18)
ಚಾಸ್ಕಂದ್ + ಸಿ or ಈಸಿ = ಚಾಸ್ಕಂತ್ಸಿ or ಚಾಸ್ಕಂದೀಷಿ	ಚಾಸ್ಕಂದ್ - *p* + ಥಃ = ಚಾಸ್ಕತ್ಥಃ	ಚಾಸ್ಕಂದ್ - *p* + ಥ = ಚಾಸ್ಕತ್ಥ	ಚಾಸ್ಕಂದ್ + ಮಿ or ಈಮಿ = ಚಾಸ್ಕಂದ್ಮಿ or ಚಾಸ್ಕಂದೀಮಿ	ಚಾಸ್ಕಂದ್ - *p* + ವಃ = ಚಾಸ್ಕದ್ವಃ	ಚಾಸ್ಕಂದ್ - *p* + ಮಃ = ಚಾಸ್ಕದ್ಮಃ (19)
ಪಾಸ್ಪರ್ಧ್ + ಸಿ or ಈಸಿ = ಪಾಸ್ಪರ್ತ್ಸಿ or ಪಾಸ್ಪರ್ಧೀಷಿ	ಪಾಸ್ಪರ್ದ್ಧಃ	ಪಾಸ್ಪರ್ದ್ಧ	ಪಾಸ್ಪರ್ಧ್ + ಮಿ or ಈಮಿ = ಪಾಸ್ಪರ್ಧ್ಮಿ or ಪಾಸ್ಪರ್ಧೀಮಿ	ಪಾಸ್ಪರ್ಧ್ವಃ	ಪಾಸ್ಪರ್ಧ್ಮಃ
ಜಾಘಾತ್ಸಿ or ಜಾಗಾಧೀಷಿ	ಜಾಗಾದ್ಧಃ	ಜಾಗಾದ್ಧ	ಜಾಗಾಧ್ಮಿ or ಜಾಗಾಧೀಮಿ	ಜಾಗಾಧ್ವಃ	ಜಾಗಾಧ್ಮಃ
ದಾದತ್ಸಿ or ದಾದಧೀಷಿ	ದಾದದ್ಧಃ	ದಾದದ್ಧ	ದಾದಧ್ಮಿ or ದಾದಧೀಮಿ	ದಾದಧ್ವಃ	ದಾದಧ್ಮಃ

3 Q

BASES.	3RD PERSON. Singular.	Dual.	Plural.
ಚೋಕೊರ್ದ್ ... FP ಚೋಕೊರ್ದ್.	ಚೋಕೊತ್ರಿ or ಚೋಕೊರ್ದೀತಿ	ಚೋಕೊತ್ರಃ	ಚೋಕೊರ್ದ ತಿ
ನಾನಾಥ್ ... FP ನಾನಾಥ್.	ನಾನಾತ್ತಿ or ನಾನಾಥೀತಿ	ನಾನಾತ್ತಃ	ನಾನಾಥತಿ
***Bases ending in* ಸ *with penultimate light* ಇಕ್.**			
ತೊತುಸ್ .... from FP ತೊತುಸ್.	ತೋತುಸ್ @ *gp* + ತಿ or ತೋತುಸ್ + ಈತಿ = ತೋತೋಸ್ತಿ or ತೋತುಸೀತಿ	ತೋತುಸ್ತಃ	ತೋತುಸತಿ
Bases ending in ಸ *with penultimate nasal.*			
ಚೊಕುಂಸ್ ... from FP ಚೊಕುಂಸ್ from ಕುಸಿ.	ಚೋಕುಂಸ್ + ತಿ or ಈತಿ = ಚೋಕುಂಸ್ತಿ or ಚೋಕುಂಸೀತಿ	ಚೋಕುಂಸ್ − *p* + ತಃ = ಚೋಕುಸ್ತಃ	ಚೋಕುಂಸ್ − *p* + ಅತಿ = ಚೋಕುಸತಿ
Other bases ending in ಸ.			
ಬಾಭಾಸ್ ... from FP ಬಾಭಾಸ್.	ಬಾಭಾಸ್ + ತಿ or ಈತಿ = ಬಾಭಾಸ್ತಿ or ಬಾಭಾಸೀತಿ	ಬಾಭಾಸ್ತಃ	ಬಾಭಾಸತಿ

PARASMAIPADI.

sent.

2ND PERSON.			1ST PERSON.			
Singular.	*Dual.*	*Plural.*	*Singulur.*	*Dual.*	*Plural.*	
ಚೋಕೂರ್ತ್ಸಿ or ಚೋಕೂರ್ದೀಷಿ	ಚೋಕೂರ್ತ್ಥಃ	ಚೋಕೂರ್ತ್ಥ	ಚೋಕೂರ್ದ್ಮಿ or ಚೋಕೂರ್ದೀಮಿ	ಚೋಕೂರ್ದ್ವಃ	ಚೋಕೂರ್ದ್ಮಃ	
ನಾನಾತ್ಸಿ or ನಾನಾಥೀಷಿ	ನಾನಾತ್ಥಃ	ನಾನಾತ್ಥ	ನಾನಾಥ್ಮಿ or ನಾನಾಥೀಮಿ	ನಾನಾಥ್ವಃ	ನಾನಾಥ್ಮಃ	(20)
ತೋತುಸ್ @*gp* +ಸಿ or ತೋತುಸ್+ಈಸಿ=ತೋತೋಸ್ಸಿ or ತೋತುಸೀಷಿ	ತೋತುಸ್ಥಃ	ತೋತುಸ್ಥ	ತೋತುಸ್ @ *gp*+ಮಿ or ತೋತುಸ್ + ಈಮಿ = ತೋತೋಸ್ಮಿ or ತೋತುಸೀಮಿ	ತೋತುಸ್ವಃ	ತೋತುಸ	(21)
ಚೋಕುಂಸ್+ಸಿ or ಈಸಿ=ಚೋಕುಂಸ್ಸಿ or ಚೋಕುಂಸೀಷಿ	ಚೋಕುಂಸ್ -*p*+ಥಃ= ಚೋಕುಸ್ಥಃ	ಚೋಕುಂಸ್ -*p*+ಥ= ಚೋಕುಸ್ಥ	ಚೋಕುಂಸ್+ಮಿ or ಈಮಿ = ಚೋಕುಂಸ್ಮಿ or ಚೋಕುಂಸೀಮಿ	ಚೋಕುಂಸ್ -*p* + ವಃ =ಚೋಕುಸ್ವಃ	ಚೋಕುಂಸ್ -*p*+ ಮಃ = ಚೋಕುಸ್ಮಃ	(22)
ಬಾಭಾಸ್+ಸಿ or ಈಸಿ = ಬಾಭಾಸ್ಸಿ or ಬಾಭಾಸೀಷಿ	ಬಾಭಾಸ್ಥಃ	ಬಾಭಾಸ್ಥ	ಬಾಭಾಸ್+ಮಿ or ಈಮಿ= ಬಾಭಾಸ್ಮಿ or ಬಾಭಾಸೀಮಿ	ಬಾಭಾಸ್ವಃ	ಬಾಭಾಸ್ಮಃ	(23)

ACTIVE VOICE

Pre

BASES.	3RD PERSON. Singular.	Dual.	Plural.
Bases ending in other consonants than nasals and ತ, ಥ, ದ, ಧ *&* ಸ *with light penultimate* ಇಕ್.			
ಬಿಭಿಷ್ ... from III ಭಿಷ್.	ಬಿಭಿಷ್ @ *gp*+ ತಿ=ಬಿಭೇಷ್ಟಿ	ಬಿಭಿಷ್ಟಃ	ಬಿಭಿಷತಿ
ತುತುರ್ ... III ತುರ್.	ತುತೋರ್ತಿ	ತುತೂರ್ತಃ	ತುತುರತಿ
ಜರಿಗೃಹ್ .... FP ಜರಿಗೃಹ್.	ಜರಿಗರ್ಢಿ or ಜರಿಗೃಹೀತಿ	ಜರಿಗೃಢಃ	ಜರಿಗೃಹತಿ
Bases ending in other consonants than ತ, ಥ, ದ, ಧ *&* ಸ *with penultimate* ಋ.			
ತಾಸ್ತೃಹ್. from FP ತಾಸ್ತೃಹ್.	ತಾಸ್ತೃಹ್ @ ಈರ್ for *p*+ ತಿ or ಈತಿ=ತಾಸ್ತೀರ್ಢಿ or ತಾಸ್ತೀರ್ಹೀತಿ	ತಾಸ್ತೃಹ್ @ ಈರ್ for *p*+ ತಃ = ತಾಸ್ತೀರ್ಢಃ	ತಾಸ್ತೃಹ್ @ಈರ್ for *p* + ಅತಿ= ತಾಸ್ತೀರ್ಹತಿ
Bases ending in other consonants than ತ, ಥ, ದ, ಧ, *&* ಸ *with penultimate nasals*			
ಬಾಭಂಜ್ ... from ಬಾಭಂಜ್.	ಬಾಭಂಜ್+ತಿ or ಈತಿ=ಬಾಭಙ್ಕ್ತಿ or ಬಾಭಂಜೀತಿ	ಬಾಭಂಜ್ - *p* +ತಃ= ಬಾಭಙ್ಕ್ತಃ	ಬಾಭಂಜ್-*p* +ಅತಿ=ಬಾಭಜತಿ
Bases ending in ಛ *with penultimate* ರ.			
ಮೊಮೂರ್ಛ್ ... from FP ಮೊಮೂರ್ಛ್.	ಮೋಮೂರ್ಛ್ + ತಿ or ಈತಿ = ಮೋಮೂರ್ಷ್ಟಿ or ಮೋಮೂರ್ಛೀತಿ	ಮೋಮೂರ್ಛ್ -*f* + ತಃ = ಮೋಮೂರ್ತಃ	ಮೋಮೂರ್ಛತಿ

PARASMAIPADI.

sent.

2ND PERSON.			1ST PERSON.		
Singular.	*Dual.*	*Plural.*	*Singular.*	*Dual.*	*Plural.*
ದಿಧಿಷ್ @ *gp* + ಸಿ=ದಿಧೇಷ್ಷಿ	ದಿಧಿಷ್ಠಃ	ದಿಧಿಷ್ಠ	ದಿಧಿಷ್ @ *gp*+ ಮಿ=ದಿಧೇಷ್ಮಿ	ದಿಧಿಷ್ವಃ	ದಿಧಿಷ್ಮಃ
ತುತೋರ್ಷಿ	ತುತೂರ್ಥಃ	ತುತೂರ್ಥ	ತುತೋರ್ಮಿ	ತುತೂರ್ವಃ	ತುತೂರ್ಮಃ
ಜರಿಗರ್ಕ್ಷಿ or ಜರಿಗೃಹೀಷಿ	ಜರಿಗೃಢಃ	ಜರಿಗೃಢ	ಜರಿಗರ್ಹ್ಮಿ or ಜರಿಗೃಹೀಮಿ	ಜರಿಗೃಹ್ವಃ	ಜರಿಗೃಹ್ಮಃ
ತಾಸ್ತ್ರ್ಯಾಹ್ @ ಈರ್ for *p*+ ಸಿ or ಈಸಿ=ತಾಸ್ತ್ರೇರ್ಕ್ಷಿ or ತಾಸ್ತ್ರೇರ್ಹೀಷಿ	ತಾಸ್ತ್ರ್ಯಾಹ್ @ ಈರ್ for *p*+ ಥಃ = ತಾಸ್ತ್ರೇರ್ಢಃ	ತಾಸ್ತ್ರ್ಯಾಹ್ @ ಈರ್ for *p* + ಥ = ತಾಸ್ತ್ರೇರ್ಢ	ತಾಸ್ತ್ರ್ಯಾಹ್ @ ಈರ್ for *p* +ಮಿ or ಈಮಿ= ತಾಸ್ತ್ರೇರ್ಹ್ಮಿ or ತಾಸ್ತ್ರೇರ್ಹೀಮಿ	ತಾಸ್ತ್ರ್ಯಾಹ್ @ ಈರ್ for *p* + ವಃ = ತಾಸ್ತ್ರೇರ್ಹ್ವಃ	ತಾಸ್ತ್ರ್ಯಾಹ್ @ ಈರ್ for *p*+ ಮಃ= ತಾಸ್ತ್ರೇರ್ಹ್ಮಃ (24)
ಬಾಭಂಜ್+ಸಿ or ಈಸಿ= ಬಾಭಙ್ಕ್ಷಿ or ಬಾಭಂಜೀಷಿ	ಬಾಭಂಜ್ - *p*+ಥಃ = ಬಾಭಕ್ಥಃ	ಬಾಭಂಜ್- *p*+ಥ = ಬಾಭಕ್ಥ	ಬಾಭಂಜ್+ಮಿ or ಈಮಿ = ಬಾಭಂಜ್ಮಿ or ಬಾಭಂಜೀಮಿ	ಬಾಭಂಜ್ - *p* + ವಃ= ಬಾಭಜ್ವಃ	ಬಾಭಂಜ್ - *p*+ಮಃ= ಬಾಭಜ್ಮಃ (25)
ವೋಮೂರ್ಛ್+ ಸಿ or ಈಸಿ= ವೋಮೂರ್ಷ್ಟಿ or ವೋಮೂರ್ಛೀಷಿ	ವೋಮೂರ್ಛ್ -*f*+ ಥಃ=ವೋಮೂರ್ಥಃ	ವೋಮೂರ್ಛ್-*f*+ ಥ=ವೋಮೂರ್ಥ	ವೋಮೂರ್ಛ್ -*f*+ಮಿ or ಈಮಿ=ವೋಮೂರ್ಮಿ or ವೋಮೂರ್ಛೀಮಿ	ವೋಮೂರ್ವಃ	ವೋಮೂರ್ಛ್ - *f*+ ಮಃ=ವೋಮೂರ್ಮಃ

ACTIVE VOICE

Pre

BASES.	3RD PERSON. Singular.	Dual.	Plural.
Bases ending in ವ with penultimate ರ.			
ತ್ರೋತೂರ್ವ from FP ತ್ರೋತೂರ್ವ.	ತ್ರೋತೂರ್ವ - f+ ತಿ or ತ್ರೂತ.ರ್ವ + ಈತಿ = ತ್ರೋತೂತಿ or ತ್ರೋತೂರ್ವಿತಿ	ತ್ರೋತೂರ್ವ - f+ತಃ=ತ್ರೋತೂರ್ತಃ	ತ್ರೋತೂರ್ವ ತಿ
Other bases ending in consonants comprising. 1. Bases ending in ರು with other penultimate letters than ಅ and ವ and light ಇಕ and ಋ and nasals. 2. Bases ending in nasals with other penultimate letters than short vowels and ಋ and nasals. 3. Bases ending in ಛ with other penultimate letters than ರ and light ಇಕ and ಋ and nasals. 4. Bases ending in other consonants than nasals and ತ, ಥ, ದ, ಧ, ಸ, ಛ and ವ, and without light penultimate ಇಕ and ಋ and nasals.			
ಪಾಪೃಚ್ಛ್ ... from FP ಪಾಪೃಚ್ಛ್.	ಪಾಪೃಚ್ಛ್+ತಿ or ಈತಿ=ಪಾಪೃಷ್ಟಿ or ಪಾಪೃಚ್ಛೀತಿ	ಪಾಪೃಷ್ಟಃ	ಪಾಪೃಚ್ಛತಿ
ಜಾಹರ್ಯ್....from FP ಜ್ಞಾಹರ್ಯ್.	ಜಾಹರ್ತಿ or ಜಾಹರ್ಯೀತಿ	ಜಾಹರ್ತಃ	ಜಾಹರ್ಯತಿ

Parasmaipadi

sent.

2nd Person.			1st Person.		
Singular.	*Dual.*	*Plural.*	*Singular.*	*Dual.*	*Plural.*
ತ್ರೋತೂವ್ರ್ಞ -*f* +ಽಿ or ತೊತೂ ವ್ಞ+ಈಽಿ=ತ್ರೊ ತೂಷ್ರ್ಞ or ತ್ರೊ ತೂವ್ರೀಞಷಿ	ತ್ರೋತೂವ್ಞ -*f*+ಥಃ= ತ್ರೋತೂ ಥ್ರ್ಞಃ	ತ್ರೋತೂವ್ಞ -*f*+ಥ = ತ್ರೊತೂಥ್ರ್ಞ	ತ್ರೋತೂವ್ರ್ಞ -*f*+ ವಿ or ತ್ರೊತೂವ್ಞ+ ಈವಿ = ತ್ರೊ ತೂವಿರ್ಞ or ತ್ರೊತೂವ್ರೀಞವಿ	ತ್ರೋತೂ ವ್ವ್ರ್ಞಃ	ತ್ರೋತೂ *f*+ವುಸ' ತ್ರೊತೂವುಃ
ಪಾಪ್ಪೃಚ್ಛ್ + ಽಿ or ಈಽಿ=ಪಾಪ್ಪೃ ಕ್ಷಿ or ಪಾಪ್ಪೃ ಚ್ಛೀಷಿ	ಪಾಪ್ಪೃಷ್ಠಃ	ಪಾಪ್ಪೃಷ್ಠ	ಪಾಪ್ಪೃಚ್ಛ್ + ವಿ or ಈವಿ =ಪಾಪ್ಪೃಶ್ಮಿ or ಪಾಪ್ಪೃಚ್ಛೀವಿ	ಪಾಪ್ಪೃಚ್ಛ್ವಃ	ಪಾಪ್ಪೃಚ್ಛ್ಮಃ
ಜಾಹರ್ಷಿ or ಜಾ ಹರ್ಯೀಷಿ	ಜಾಹರ್ಥಃ	ಜಾಹರ್ಥ	ಜಾಹರ್ಮಿ or ಜಾಹರ್ಯೀಮಿ	ಜಾಹರ್ವಃ	ಜಾಹರ್ಮಃ

(28)

ACTIVE VOICE

IMPE

BASES.	3RD PERSON. Singular.	Dual.	Plural.
FIRST DIVISION.	ತು$_s$ or ತಾತಙ್$_6$	ತಾಮ್$_2$	ಅನ್ತು$_3$
PART I. BASES ENDING IN ಅ.			
ಧರ ....from ಧೃ.	ಧರತು or ಧರತಾತ್	ಧರತಾಮ್	ಧರನ್ತು
ಚೋರಯ ....X ಚುರ್.	ಚೋರಯತು or ಚೋರಯತಾತ್	ಚೋರಯತಾಮ್	ಚೋರಯನ್ತು
ಚೋರಯ ... C ಚೋರಿ ....X ಚುರ್.	ಚೋರಯತು or ಚೋರಯತಾತ್	ಚೋರಯತಾಮ್	ಚೋರಯನ್ತು
ಪಿಪಠಿಷ .... D ಪಿಪಠಿಷ .... ಪಠ್.	ಪಿಪಠಿಷತು or ಪಿಪಠಿಷತಾತ್	ಪಿಪಠಿಷತಾಮ್	ಪಿಪಠಿಷನ್ತು
ದೀವ್ಯ .... IV ದಿವ್.	ದೀವ್ಯತು or ದೀವ್ಯತಾತ್	ದೀವ್ಯತಾಮ್	ದೀವ್ಯನ್ತು
ತುದ ... ... VI ತುದ್.	ತುದತು or ತುದತಾತ್	ತುದತಾಮ್	ತುದನ್ತು
PART II. BASES NOT ENDING IN ಅ.			
Section I.			
ತನು or ತನ್ from VIII ತನ್.	ತನು @ *gf*+ತು or ತನು+ತಾತ್ =ತನೋತು or ತನುತಾತ್	ತನುತಾಮ್	ತನ್ವನ್ತು
ಸುನು or ಸುನ್ ... V ಸು.	ಸುನೋತು or ಸುನುತಾತ್	ಸುನುತಾಮ್	ಸುನ್ವನ್ತು

PARASMAIPADI.

RATIVE.

2nd Person.			1st Person.		
Singular.	*Dual.*	*Plural.*	*Singular.*	*Dual.*	*Plural.*
ĩ ಹಿ$_3$ or ಹಿ$_2$ or ತಾತಜ್^{6}	ತಮ್$_2$	ತ$_2$	ಆನಿ$_5$	ಆವ$_5$	ಆಮ
ಧರ+ĩ ಹಿ$_2$=ಧರ or ಧರತಾತ್^{6}	ಧರತಮ್	ಧರತ	ಧರಾನಿ	ಧರಾವ	ಧರಾಮ
ಚೋರಯ or ಚೋರಯತಾತ್	ಚೋರಯ ತಮ್	ಚೋರಯ ತ	ಚೋರಯಾನಿ	ಚೋರಯಾ ವ	ಚೋರಯಾಮ
ಚೋರಯ or ಚೋರಯತಾತ್	ಚೋರಯ ತಮ್	ಚೋರಯ ತ	ಚೋರಯಾನಿ	ಚೋರಯಾ ವ	ಚೋರಯಾಮ
ಪಿಪಠಿಷ or ಪಿಪ ಠಿಷತಾತ್	ಪಿಪಠಿಷತಮ್	ಪಿಪಠಿಷತ	ಪಿಪಠಿಷಾನಿ	ಪಿಪಠಿಷಾವ	ಪಿಪಠಿಷಾಮ
ದೀವ್ಯ or ದೀವ್ಯ ತಾತ್	ದೀವ್ಯತಮ್	ದೀವ್ಯತ	ದೀವ್ಯಾನಿ	ದೀವ್ಯಾವ	ದೀವ್ಯಾಮ
ತುದ or ತುದ ತಾತ್	ತುದತಮ್	ತುದತ	ತುದಾನಿ	ತುದಾವ	ತುದಾಮ (1)
ತನು+ĩ ಹಿ$_3$=ತ ನು or ತನುತಾ ತ್	ತನುತಮ್	ತನುತ	ತನು @ gf+ ಆನಿ=ತನವಾನಿ	ತನು @ gf +ಆವ=ತ ನವಾವ	ತನು @ gf+ ಆಮ = ತನ ವಾಮ
ಸುನು or ಸುನು ತಾತ್	ಸುನುತಮ್	ಸುನುತ	ಸುನವಾನಿ	ಸುನವಾವ	ಸುನವಾಮ (2)

BASES.	3RD PERSON. Singular.	Dual.	Plural.
Section II.			
శక్ను or శక్నువ్ .... from V శక్.	శక్ను @ gf+తు or శక్నో+తాత్ =శక్నోతు or శక్నుతాత్	శక్నుతామ్	శక్నువన్తు.
Sections III.			
క్రీణా or క్రీణీ or క్రీణ .... from IX క్రీ.	క్రీణాతు or క్రీణీతాత్	క్రీణీతామ్	క్రీణన్తు.
Sections IV.			
స్తభ్నా or స్తభ్నీ or స్తభ్ను or స్తభాన .... from IX స్తభ్.	స్తభ్నాతు or స్తభ్నీతాత్	స్తభ్నీతామ్	స్తభ్నన్తు.
PART I.			
Unreduplicated bases	తు$_5$ or తాతఙ్	తామ్$_2$	అన్తు$_2$
Bases ending in ఆ (2nd class) యా	యాతు or యాతాత్	యాతామ్	యాన్తు
Bases ending in ఉ (2nd class) యు	యు @ vf+తు or తాత్=యౌతు or యుతాత్	యుతామ్	యు@ఉవఙ్for f+అన్తు= యువన్తు
Bases ending in ఇ&ఈ (2nd class) ఇ	ఇ @ gf+తు or ఇ+తాత్=ఏతు or ఇతాత్	ఇతామ్	ఇ@ఇయఙ్for f+అన్తు= ఇయన్తు

PARASMAIPADI.

rative.

	2ND PERSON.			1ST PERSON.	
Singular.	*Dual.*	*Plural.*	*Singular.*	*Dual.*	*Plural.*
ಶಕ್ನು + ī ಹಿ₂ = ಶಕ್ನು or ಶಕ್ನು ತಾತ್	ಶಕ್ನುತಮ್	ಶಕ್ನುತ	ಶಕ್ನು @ gf+ ಆನಿ=ಶಕ್ನವಾನಿ	ಶಕ್ನು @ gf +ಆವ=ಶಕ್ನ ವಾವ	ಶಕ್ನು @ gf+ ಆಮ = ಶಕ್ನ ವಾಮ (3)
ಕ್ರೀಣೀಂ + ಹಿ₃= ಕ್ರೀಣೀಹಿ or ಕ್ರೀಣೀತಾತ್	ಕ್ರೀಣೀತಂ	ಕ್ರೀಣೀತ	ಕ್ರೀಣಾನಿ	ಕ್ರೀಣಾವ	ಕ್ರೀಣಾಮ (4)
ನಭಾನ + ī ಹಿ₃ = ನಭಾನ or ನಭ್ನೀತಾತ್	ನಭ್ನೀತಂ	ನಭ್ನೀತ	ನಭ್ನಾನಿ	ನಭ್ನಾವ	ನಭ್ನಾಮ (5)
ಹಿ₃ or ಧಿ₃ or ತಾತಜ್	ತಂ₂	ತ₃	ಆನಿ₁	ಆವ₂	ಆಮ₃
ಯಾಹಿ or ಯಾ ತಾತ್	ಯಾತಂ	ಯಾತ	ಯಾನಿ	ಯಾವ	ಯಾಮ (1)
ಯುಹಿ or ಯು ತಾತ್	ಯುತಂ	ಯುತ	ಯು @ gf + ಆನಿ = ಯು ವಾನಿ	ಯು @ gf +ಆವ=ಯು ವಾವ	ಯು @ gf+ ಆಮ = ಯು ವಾಮ (2)
ಇ+ಹಿ=ಇಹಿ or ಇತಾತ್	ಇತಂ	ಇತ	ಇ @ gf+ಆನಿ =ಅಯಾನಿ	ಇ @ gf+ಆ ವ=ಅಯಾವ	ಇ @ gf + ಆ ಮ=ಅಯಾಮ

BASES.	3RD PERSON. *Singular.*	*Dual.*	*Plural.*
ಈ	ಏತು or ಈತಾತ್	ಈತಾಮ್	ಇಯಂತು
ವೀ	ವೇತು or ವೀತಾತ್	ವೀತಾಮ್	ವಿಯಂತು
Bases ending in ಸ್ (2nd class) ಸಸ್.	ಸಸ್ತು or ಸತ್ತಾತ್	ಸಸ್ತಾಂ	ಸಸಂತು
Other bases ending in consonants with light penultimate ಇಕ್ (2nd class).			
ದುಹ್	ದುಹ್ @ *gp*+ತು or ತಾತ್=ದೋಗ್ಧು or ದೋಗ್ಧಾತ್	ದುಗ್ಧಾಂ	ದುಹಂತು
ಲಿಹ್	ಲೇಢು or ಲೀಢಾತ್	ಲೀಢಾಂ	ಲಿಹಂತು
Other bases ending in consonants (7th class).			
ರುಣಧ್ and ರುನ್ಧ್ ... from ರುಧ್.	ರುಣದ್ಧು or ರುನ್ಧಾತ್	ರುನ್ಧಾಂ	ರುನ್ಧಂತು
ರಿಣಚ್ and ರಿಂಚ್ ... from ರಿಚ್.	ರಿಣಕ್ತು or ರಿಂಕ್ತಾತ್	ರಿಂಕ್ತಾಂ	ರಿಂಚಂತು
ಪಿಣಷ್ and ಪಿಂಷ್ ... from ಪಿಷ್.	ಪಿಣಷ್ಟು or ಪಿಂಷ್ಟಾತ್	ಪಿಂಷ್ಟಾಂ	ಪಿಂಷಂತು
ಭನಜ್ and ಭಂಜ್ ... from ಭಜ್.	ಭನಕ್ತು or ಭಂಕ್ತಾತ್	ಭಂಕ್ತಾಮ್	ಭಂಜಂತು

SECOND DIVISION.

PART II.

Reduplicated bases	ತು$_1$ or ತಾತ್	ತಾಮ್$_2$	ಅತು$_2$

PARASMAIPADI.

rative.

2ND PERSON.			3RD PERSON.		
Singular.	*Dual.*	*Plural.*	*Singular.*	*Dual.*	*Plural.*
ಈಹಿ or ಈತಾತ್	ಈತಂ	ಈತ	ಅಯಾನಿ	ಅಯಾವ	ಅಯಾಮ
ವೀಹಿ or ವೀತಾತ್	ವೀತಂ	ವೀತ	ವಯಾನಿ	ವಯಾವ	ವಯಾಮ (3)
ಸಸ್ - *f* + ಧಿ = ಸಧಿ or ಸಸ್ತಾತ್	ಸಸ್ತಂ	ಸಸ್ತ	ಸಸಾನಿ	ಸಸಾವ	ಸಸಾಮ (4)
ದುಹ್+ಧಿ=ದುಗ್ಧಿ or ದುಗ್ಧಾತ್	ದುಗ್ಧಂ	ದುಗ್ಧ	ದುಹ್ @ *gp* +ಆನಿ=ದೋಹಾನಿ	ದುಹ್ @ *gp* + ಆವ = ದೋಹಾವ	ದುಹ್ @ *gp* + ಆಮ = ದೋಹಾಮ
ಲೀಢಿ or ಲೀಢಾತ್	ಲೀಢಂ	ಲೀಢ	ಲೇಹಾನಿ	ಲೇಹಾವ	ಲೇಹಾಮ (5)
ರುಂಧ್+ಧಿ=ರುನ್ದ್ಧಿ or ರುನ್ದ್ಧಾತ್	ರುನ್ದ್ಧಂ	ರುನ್ದ್ಧ	ರುಣಧಾನಿ	ರುಣಧಾವ	ರುಣಧಾಮ
ರಿಂಚ್ = ರಿಙ್ಗ್ಧಿ or ರಿಙ್ಕ್ತಾತ್	ರಿಙ್ಕ್ತಂ	ರಿಙ್ಕ್ತ	ರಿಣಚಾನಿ	ರಿಣಚಾವ	ರಿಣಚಾಮ
ಶಿಣ್ಢಿ or ಶಿಂಷ್ಟಾತ್	ಶಿಂಷ್ಟಂ	ಶಿಂಷ್ಟ	ಶಿಣಷಾನಿ	ಶಿಣಷಾವ	ಶಿಣಷಾಮ
ಭಙ್ಗ್ಧಿ	ಭಙ್ಕ್ತಂ	ಭಙ್ಕ್ತ	ಭನಜಾನಿ	ಭನಜಾವ	ಭನಜಾಮ (6)
ಹಿ$_2$ or ತಾತಙ್	ತಂ$_2$	ತ$_2$	ಆನಿ$_3$	ಆವ$_3$	ಆಮ$_3$

BASES.			3RD PERSON. *Singular.*	*Dual.*	*Plural.*
Bases ending in ಅ.					
ಜಹಾ	...	from III ಹಾ.	ಜಹಾ+ತು or ಜಹಾ @ ಈ for f+ತಾತ್=ಜಹಾತು or ಜಹೀತಾತ್	ಜಹಾ @ ಈ for f+ತಾಮ್ = ಜಹೀತಾಂ	ಜಹಾ -f+ಅತು=ಜಹತು
ಜಾಗೃ	...	FP ಜಾಗೃ.	ಜಾಗರ್ತು or ಜಾಗೃತು or ಜಾಗೃತಾತ್	ಜಾಗೃತಾಂ	ಜಾಗ್ರತು
Bases ending in ಇ and ಈ, the vowels not being preceded by conjunct consonants.					
ಚಿಕಿ	...	from III ಕಿ.	ಚಿಕಿ @ gf+ತು or ಚಿಕಿ+ತಾತ್ = ಚಿಕೇತು or ಚಿಕಿತಾತ್	ಚಿಕಿತಾಂ	ಚಿಕಿ @ ಯ್ for f + ಅತು = ಚಿಕ್ಯತು
ನೇನೀ	...	FP ನೇನೀ.	ನೇನೇತು or ನೇನಯೀತು or ನೇನೀತಾತ್	ನೇನೀತಾಂ	ನೇನ್ಯತು
ಚೇಕೀ	....	FP ಚೇಕೀ.	ಚೇಕೇತು or ಚೇಕಯೀತು or ಚೇಕೀತಾತ್	ಚೇಕೀತಾಂ	ಚೇಕ್ಯತು
Bases ending in ಇ and ಈ, the vowel being preceded by conjunct consonants.					
ಚೇಕ್ರೀ	....	from FP ಚೇಕ್ರೀ.	ಚೇಕ್ರೀ @ gf+ತು or ಈತು or ಚೇಕ್ರೀ+ತಾತ್ = ಚೇಕ್ರೇತು or ಚೇಕ್ರಯೀತು or ಚೇಕ್ರೀತಾತ್	ಚೇಕ್ರೀತಾಂ	ಚೇಕ್ರೀ @ ಇಯ್ for f + ತು=ಚೇಕ್ರಿಯತು

PARASMAIPADI.

rative.

2nd Person.			1st Person.		
Singular	*Dual.*	*Plural.*	*Singular.*	*Dual.*	*Plural.*
ಜಹಾ@ ಈ for f+ಹಿ$_2$ = ಜಹೀಹಿ or ಜಹೀತಾತ್	ಜಹಾ @ ಈ for f+ತಮ್= ಜಹೀತಮ್	ಜಹಾ @ ಈ for f+ತ= ಜಹೀತ	ಜಹಾನಿ	ಜಹಾವ	ಜಹಾಮ
ಜಾಘ್ರೀಹಿ or ಜಾಘ್ರೀತಾತ್[6]	ಜಾಘ್ರೀತಮ್	ಜಾಘ್ರೀತ	ಜಾಘ್ರಾಣಿ	ಜಾಘ್ರಾವ	ಜಾಘ್ರಾಮ (7)
ಚಿಕಿ+ಹಿ=ಚಿಕಿಹಿ or ಚಿಕಿತಾತ್[6]	ಚಿಕಿತಂ	ಚಿಕಿತ	ಚಿಕಿ @ gf+ ಆನಿ = ಚಿಕಯಾನಿ	ಚಿಕಿ @ gf +ಆವ = ಚಿಕಯಾವ	ಚಿಕಿ @ gf +ಆಮ= ಚಿಕಯಾಮ
ನೇನೀಹಿ or ನೇನೀತಾತ್[6]	ನೇನೀತಂ	ನೇನೀತ	ನೇನಯಾನಿ	ನೇನಯಾವ	ನೇನಯಾಮ
ಚೇಕೀಹಿ or ಚೇಕೀತಾತ್[6]	ಚೇಕೀತಂ	ಚೇಕೀತ	ಚೇಕಯಾನಿ	ಚೇಕಯಾವ	ಚೇಕಯಾಮ. (8)
ಚೇಕ್ರೀಹಿ or ಚೇಕ್ರೀತಾತ್[6]	ಚೇಕ್ರೀತಂ	ಚೇಕ್ರೀತ	ಚೇಕ್ರೀ @ gf +ಆನಿ= ಚೇಕ್ರಯಾನಿ	ಚೇಕ್ರೀ@gf + ಆವ = ಚೇಕ್ರಯಾವ	ಚೇಕ್ರೀ @ gf+ ಆಮ =ಚೇಕ್ರಯಾಮ

BASES.			3RD PERSON. *Singular.*	*Dual.*	*Plural.*
ಜೇಕ್ಷಿ	....	FP ಜೇಕ್ಷಿ.	ಜೇಕ್ಷೇತು or ಜೇಕ್ಷಯೀತು or ಜೇಕ್ಷಿತಾತ್	ಜೇಕ್ಷಿತಾಂ	ಜೇಕ್ಷಿಯತು
ಜಿಹ್ರೀ	...	III ಹ್ರೀ.	ಜಿಹ್ರೇತು or ಜಿಹ್ರೀತಾತ್	ಜಿಹ್ರೀತಾಂ	ಜಿಹ್ರಿಯತು
Bases ending in ಉ *and* ಊ.					
ದೋಧು	...	from FP ದೊಧು.	ದೋಧು @ *gf*+ ತು or ಈತು or ಧೋಧು + ತಾತ್ = ದೋಧೋತು or ದೋಧವೀತು or ದೋಧುತಾತ್	ದೋಧುತಾಂ	ದೋಧು @ ಉವ್ for *f* + ಅತು = ದೋಧುವತು
ಲೋಲೂ	...	FP ಲೋಲೂ.	ಲೋಲೋತು or ಲೋಲವೀತು or ಲೋಲೂತಾತ್	ಲೋಲೂತಾಂ	ಲೋಲುವತು
Bases ending in ಋ.					
ಇಯ್ಯೃ	....	from III ಋ.	ಇಯ್ಯೃ @ *gf*+ತು or ಇಯ್ಯೃ + ತಾತ್ = ಇಯರ್ತು or ಇಯ್ಯೃತಾತ್	ಇಯ್ಯೃತಾಂ	ಇಯ್ರತು
ಅರಿಯ್ಯೃ	....	FP ಅರಿಯ್ಯೃ from ಋ.	ಅರಿಯರ್ತು or ಅರಿಯರೀತು or ಅರಿಯ್ಯೃತಾತ್	ಅರಿಯ್ಯೃತಾಂ	ಅರಿಯ್ರತು
ಪಿಪ್ಪೃ	...	III ಪೃ.	ಪಿಪರ್ತು or ಪಿಪ್ಪೃತಾತ್	ಪಿಪ್ಪೃತಾಂ	ಪಿಪ್ರತು

PARASMAIPADI.

rative.

2ND PERSON.			1ST PERSON.		
Singular.	*Dual.*	*Plural.*	*Singular.*	*Dual.*	*Plural.*
ಚೇಕ್ರಿಹಿ or ಚೇಕ್ರಿತಾತ್	ಚೇಕ್ರಿತಂ	ಚೇಕ್ರಿತ	ಚೇಕ್ರಿಯಾಣಿ	ಚೇಕ್ರಿಯಾವ	ಚೇಕ್ರಿಯಾಮ
ಜಿಹ್ರೀಹಿ or ಜಿಹ್ರೀತಾತ್	ಜಿಹ್ರೀತಂ	ಜೇಹ್ರೀತ	ಜಿಹ್ರಿಯಾಣಿ	ಜಿಹ್ರಿಯಾವ	ಜಿಹ್ರಿಯಾಮ (9)
ದೋಧುಹಿ or ದೋಧುತಾತ್	ಧೋಧುತಂ	ದೋಧುತ	ದೋಧು@ *gf* + ಆನಿ = ದೋಧವಾನಿ	ದೋಧು @ *gf* + ಆವ = ದೋಧವಾವ	ದೋಧು@ *gf*+ಆಮ =ದೋಧವಾಮ
ಲೋಲೂಹಿ or ಲೋಲೂತಾತ್	ಲೋಲೂತಂ	ಲೋಲೂತ	ಲೋಲವಾನಿ	ಲೋಲವಾವ	ಲೋಲವಾಮ (10)
ಇಯ್ಯೃಹಿ or ಇಯ್ಯೃತಾತ್	ಇಯ್ಯೃತಂ	ಇಯ್ಯೃತ	ಇಯ್ಯೃ @ *gf* + ಆನಿ = ಇಯರಾನಿ	ಇಯ್ಯೃ @ *gf* + ಆವ = ಇಯರಾವ	ಋ @ *gf* +ಆವ = ಇಯರಾಮ
ಅರಿಯ್ಯೃಹಿ or ಅರಿಯ್ಯೃತಾತ್	ಅರಿಯ್ಯೃತಂ	ಅರಿಯ್ಯೃತ	ಅರಿಯರಾನಿ	ಅರಿಯರಾವ	ಅರಿಯರಾಮ
ಪಿಪ್ಪೃಹಿ or ಪಿಪ್ಪೃತಾತ್	ಪಿಪ್ಪೃತಂ	ಪಿಪ್ಪೃತ	ಪಿಪರಾನಿ	ಪಿಪರಾವ	ಪಿಪರಾಮ

BASES.		3RD PERSON. *Singular.*	*Dual.*	*Plural.*
ಚರಿಕ್ಕೈ	FP ಚರಿಕ್ಕೈ.	ಚರಿಕರ್ತು or ಚರಿಕರೀತು or ಚರಿಕೃತಾತ್	ಚರಿಕೃತಾಂ	ಚರಿಕ್ರತು
Bases ending in ಋ (*labial*).				
ಪಿಸ್ಪೃ	from III ಸ್ಪೃ.	ಪಿಸ್ಪೃ @ *gf* + ತು or ಪಿಸ್ಪೃ @ ಊರ್ for *f* + ತಾತ್ = ಪಿಸ್ಪರ್ತು or ಪಿಸ್ಪೂರ್ತಾತ್	ಪಿಸ್ಪೃ @ ಊರ್ for *f* + ತಾಂ = ಪಿಸ್ಪೂರ್ತಾಂ	ಪಿಸ್ಪೃ @ ಉರ್ for *f* + ಅತು = ಪಿಸ್ಪುರತು
ಪಾಸ್ಪೃ ...	FP ಪಾಸ್ಪೃ.	ಪಾಸ್ಪರ್ತು or ಪಾಸ್ಪರೀತು or ಪಾಸ್ಪೂರ್ತಾತ್	ಪಾಸ್ಪೂರ್ತಾಂ	ಪಾಸ್ಪುರತು
ವಾವೃ ...	FP ವಾವೃ.	ವಾವರ್ತು or ವಾವರೀತು or ವಾವೃತಾತ್	ವಾವೂರ್ತಾಂ	ವಾವುರತು
Bases ending in ಋ, (*non-labial*).				
ಚಾಕೃ	FP ಚಾಕೃ.	ಚಾಕೃ @ *gf* + ತು or ಈತು or ಚಾಕೃ @ ಈರ್ for *f* + ತಾತ್ = ಚಾಕರ್ತು or ಚಾಕರೀತು or ಚಾಕೀರ್ತಾತ್	ಚಾಕೃ @ ಈರ್ for *f* + ತಾಂ = ಚಾಕೀರ್ತಾಂ	ಚಾಕೃ @ ಇರ್ for *f* + ಅತು = ಚಾಕಿರತು
Bases ending in ಯ *with penultimate* ಅ.				
ಜಾಹಯ್ ...	from FP ಜಾಹಯ್.	ಜಾಹಯ್ + ತು or ಈತು or ತಾತ್ = ಜಾಹತು or ಜಹಯೀತು or ಜಾಹತಾತ್	ಜಾಹತಾಂ	ಜಾಹಯತು

PARASMAIPADI.

rative.

2ND PERSON.			1ST PERSON.		
Singular	*Dual.*	*Plural.*	*Singular.*	*Dual.*	*Plural.*
ಚರಿಕೃಹಿ or ಚರಿಕೃತಾತ್	ಚರಿಕೃತಂ	ಚರಿಕೃತ	ಚರಿಕರಾನಿ	ಚರಿಕರಾವ	ಚರಿಕರಾಮ (11)
ಪಿಪ್ರೂರ್ಹಿ or ಪಿಪ್ರೂರ್ತಾತ್	ಪಿಪ್ರೂರ್ತಂ	ಪಿಪ್ರೂರ್ತ	ಪಿಪ್ರಾ @ *gf* + ಆನಿ = ಪಿಪರಾಣಿ	ಪಿಪ್ರಾ @ *gf* + ಆವ = ಪಿಪರಾವ	ಪಿಪ್ರಾ @ *gf* + ಆಮ = ಪಿಪರಾಮ
ಪಾಪ್ರೂಹಿ or ಪಾಪ್ರೂತಾತ್	ಪಾಪ್ರೂರ್ತಂ	ಪಾಪ್ರೂರ್ತ	ಪಾಪರಾಣಿ	ಪಾಪರಾವ	ಪಾಪರಾಮ
ವಾವೃಹಿ or ವಾವೃತಾತ್	ವಾವೂರ್ತಂ	ವಾವೂರ್ತ	ವಾವರಾಣಿ	ವಾವರಾವ	ವಾವರಾಮ (12)
ಚಾಕ್ರೂಹಿ or ಚಾಕೀರ್ತಾತ್	ಚಾಕ್ರಾ @ ಈ೭ for *f* + ತಂ = ಚಾಕೀರ್ತಂ	ಚಾಕ್ರಾ @ ಈ5 for *f* + ತ = ಚಾಕೀರ್ತ	ಚಾಕ್ರಾ @ *gf* + ಆನಿ = ಚಾಕರಾಣಿ	ಚಾಕ್ರಾ @ '*gf* + ಆವ = ಚಾಕರಾವ	ಚಾಕ್ರಾ @ *gf* + ಆಮ = ಚಾಕರಾಮ (13)
ಜಾಹಹಿ or ಜಾಹತಾತ್	ಜಾಹತಂ	ಜಾಹೆತ	ಜಾಹಯಾನಿ	ಜಾಹಯಾವ	ಜಾಹಯಾಮ (14)

BASES.		3RD PERSON.		
		Singular.	*Dual.*	*Plural.*
Bases ending in a nasal with penultimate ಅ.				
ದಧನ್ ...	from III ಧನ್.	ದಧನ್ + ತು or ದಧನ @ *lp*+ತಾತ್=ದಧನ್ತು or ದಧಾನ್ತಾತ್	ದಧಾಂತಾಂ	ದಧವತು
ತಂತನ್ ...	FP ತಂತನ್.	ತಂತನ್ತು or ತಂತನೀತು or ತಂತಾನ್ತಾತ್	ತಂತಾಂತಾಂ	ತಂತನತು
ಶಂಶಮ್	FP ಶಂಶಮ್.	ಶಂಶಂತು or ಶಂಶಮೀತು or ಶಂಶಾಂತಾತ್	ಶಂಶಾಂತಾಂ	ಶಂಶಮತು
ಚಂಕಣ್	FP ಚಂಕಣ್.	ಚಂಕಣ್ಟು or ಚಂಕಣೀತು or ಚಂಕಾಣ್ಟಾತ್	ಚಂಕಾಣ್ಟಾಂ	ಚಂಕಣತು
Bases ending in a nasal with light penultimate ಋ.				
ಜರಿಘೃಣ್	from FP ಜರಿಘೃಣ್.	ಜರಿಘೃಣ್ @ *gp*+ತು or ಜರಿಘೃಣ್+ಈತು or ಜರಿಘೃಣ್ @ *lp*+ತಾತ್=ಜರಿಘರ್ಣ್ಟು or ಜರಿಘೃಣೀತು or ಜರಿಘೃಾಣ್ಟಾತ್	ಜರಿಘೃಾಣ್ಟಾಂ	ಜರಿಘೃಣತು
ಜಂಜನ್	FP ಜಂಜನ್.	ಜಂಜನ್ತು or ಜಂಜನೀತು or ಜಂಜಾನ್ತಾತ್	ಜಂಜಾಂತಾಂ	ಜಂಜನತು

PARASMAIPADI.

rative.

2nd Person.			1st Person.		
Singular.	*Dual.*	*Plural.*	*Singular.*	*Dual.*	*Plural.*
ದಧನ್ಹಿ or ದಧಾನ್ತಾತ್	ದಧಾನ್ತಂ	ದಧಾನ್ತ	ದಧನಾನಿ	ದಧನಾವ	ದಧನಾಮ
ತಂತನ್ಹಿ or ತಂತಾನ್ತಾತ್	ತಂತಾಂತಂ	ತಂತಾಂತ	ತಂತನಾನಿ	ತಂತನಾವ	ತಂತನಾಮ
ಶಂಶಮ್ಹಿ or ಶಂಶಾಂತಾತ್	ಶಂಶಾಂತಂ	ಶಂಶಾಂತ	ಶಂಶಮಾನಿ	ಶಂಶಮಾವ	ಶಂಶಮಾಮ
ಚಂಕಣ್ಹಿ or ಚಂಕಾಣ್ಟಾತ್	ಚಂಕಾಣ್ಟಂ	ಚಂಕಾಣ್ಟ	ಚಂಕಣಾನಿ	ಚಂಕಣಾವ	ಚಂಕಣಾಮ (15)
ಜರಿಘ್ರಾಣ್ಹಿ or ಜರಿಘ್ರಾಣ್ಟಾತ	ಜರಿಘ್ರಾಣ್ಟಮ್	ಜರಿಘ್ರಾಣ್ಟ	ಜರಿಘರ್ಣಾನಿ	ಜರಿಘರ್ಣಾವ	ಜರಿಘರ್ಣಾಮ
ಜಂಜಾನ್ಹಿ or ಜಂಜಾನ್ತಾತ್	ಜಂಜಾನ್ತಂ	ಜಂಜಾನ್ತ	ಜಂಜನಾನಿ	ಜಂಜನಾವ	ಜಂಜನಾಮ

BASES.		3RD PERSON.		
		Singular.	*Dual.*	*Plural.*
ಜಿಂಜಿಮ್	.... FP ಜಿಂಜಿಮ್.	ಜಿಂಜಿನ್ತು or ಜಿಂಜಿಮೀತು or ಜಿಂಜೀನ್ತಾತ್	ಜಿಂಜೀಂತಾಂ	ಜಿಂಜಿಮತು
Bases ending in ತ, ಥ, ದ, *and* ಧ *with penultimate light* ಇಕ್.				
ವರಿವೃತ್	... from FP ವರಿವೃತ್.	ವರಿವೃತ್ @ *gp*+ತು or ವರಿವೃತ್+ಈತು or ತಾತ್= ವರಿವರ್ತ್ತು or ವರಿವೃತೀತು or ವರಿವೃತ್ತಾತ್	ವರಿವೃತ್ತಾಂ	ವರಿವೃತತು
ಜರಿಗೃಧ್	... FP ಜರಿಗೃಧ್.	ಜರಿಗರ್ದ್ಧು or ಜರಿಗೃಧೀತು or ಜರಿಗೃದ್ಧಾತ್	ಜರಿಗೃದ್ಧಾಂ	ಜರಿಗೃಧತು
Bases ending in ತ, ಥ, ದ & ಧ *with penultimate* ಋ.				
ಚಾಕೄತ್	... from FP ಚಾಕೃತ್.	ಚಾಕೄತ್ @ *gp*+ತು or ಚಾಕೄತ್+ಈಟ್ for *p*+ಈತು or ತಾತ್= ಚಾಕರ್ತ್ತು or ಚಾಕೀರ್ತೀತು or ಚಾಕೀರ್ತ್ತಾತ್	ಚಾಕೀರ್ತ್ತಾಂ	ಚಾಕೀರ್ತತು

PARASMAIPADI.

rative.

2ND PERSON.			1ST PERSON.		
Singular	*Dual.*	*Plural.*	*Singular.*	*Dual.*	*Plural.*
ಜಂಜೀಂಹಿ or ಜಂಜೀನ್ತಾತ್	ಜಂಜೀಂತಂ	ಜಂಜೀಂತ	ಜಂಜಿವಾನಿ	ಜಂಜಿವಾವ	ಜಂಜಿವಾಮ (16)
ವರಿವೃದ್ಧಿ or ವರಿವೃತ್ತಾತ್	ವರಿವೃತ್ತಂ	ವರಿವೃತ್ತ	ವರಿವರ್ತಾನಿ	ವರಿವರ್ತಾವ	ವರಿವರ್ತಾಮ
ಜರಿಗೃದ್ಧಿ or ಜರಿಗೃದ್ಧಾತ್	ಜರಿಗೃದ್ಧಂ	ಜರಿಗೃದ್ಧ	ಜರಿಗರ್ಧಾನಿ	ಜರಿಗರ್ಧಾವ	ಜರಿಗರ್ಧಾಮ (17)
ಚಾಕೀರ್ದ್ಧಿ or ಚಾಕೀರ್ತ್ತಾತ್	ಚಾಕೀರ್ತ್ತಂ	ಚಾಕೀರ್ತ್ತ	ಚಾಕರ್ತಾನಿ	ಚಾಕರ್ತಾವ	ಚಾಕರ್ತಾಮ, (18)

BASES.		3RD PERSON. Singular.	Dual.	Plural.
Bases ending in ತ, ಥ, ದ & ಧ with penultimate nasal.				
ಚಾಸ್ಕಂದ್ ...	from FP ಚಾಸ್ಕಂದ್.	ಚಾಸ್ಕಂದ್+ತು or ಈತು or ಚಾಸ್ಕಂದ್ - p+ತಾತ್= ಚಾಸ್ಕಂತ್ತು or ಚಾಸ್ಕಂದೀತು or ಚಾಸ್ಕತ್ತಾತ್	ಚಾಸ್ಕತ್ತಾಂ	ಚಾಸ್ಕದತು
Other bases ending in ತ,ಥ,ದ & ಧ.				
ಪಾಸ್ಫರ್ಧ್	FP ಪಾಸ್ಫರ್ಧ್.	ಪಾಸ್ಫರ್ದ್ಧ or ಪಾಸ್ಫರ್ಧೀತು or ಪಾಸ್ಫರ್ದ್ಧಾತ್	ಪಾಸ್ಫರ್ದ್ಧಾಂ	ಪಾಸ್ಫರ್ಧತು
ಜಾಗಾಧ್ ...	FP ಜಾಗಾಧ್.	ಜಾಗಾದ್ಧ or ಜಾಗಾಧೀತು or ಜಾಗಾದ್ಧಾತ್	ಜಾಗಾದ್ಧಾಂ	ಜಾಗಾಧತು
ದಾದಧ್ ...	FP ದಾದಧ್.	ದಾದದ್ಧ or ದಾದಧೀತು. or ದಾದದ್ಧಾತ್	ದಾದದ್ಧಾಂ	ದಾದಧತು
ಚೋಕುರ್ದ್ ...	FP ಚೋಕುರ್ದ್.	ಚೋಕುತ್ತ್ರ್ or ಚೋಕುರ್ದೀತು or ಚೋಕೂತ್ತ್ರಾತ್	ಚೋಕೂರ್ತ್ತಾಂ	ಚೋಕುರ್ದತು
ನಾನಾಥ್ ...	FP ನಾನಾಥ್.	ನಾನಾತ್ತು or ನಾನಾಥೀತು or ನಾನಾತ್ತಾತ್	ನಾನಾತ್ತಾಂ	ನಾನಾಥತು

PARASMAIPADI.

rative.

	2ND PERSON.			1ST PERSON.	
Singular.	*Dual.*	*Plural.*	*Singular.*	*Dual.*	*Plural.*
ಚಾಸ್ಕದ್ಧಿ or ಚಾಸ್ಕತ್ತಾತ್	ಚಾಸ್ಕತ್ತಂ	ಚಾಸ್ಕತ್ತ	ಚಾಸ್ಕಂದಾನಿ	ಚಾಸ್ಕಂದಾವ	ಚಾಸ್ಕಂದಾಮ (19)
ಪಾಸ್ಪರ್ದ್ಧಿ or ಪಾಸ್ಪರ್ದ್ಧಾತ್	ಪಾಸ್ಪರ್ದ್ಧಂ	ಪಾಸ್ಪರ್ದ್ಧ	ಪಾಸ್ಪರ್ಧಾನಿ	ಪಾಸ್ಪರ್ಧಾವ	ಪಾಸ್ಪರ್ಧಾಮ
ಜಾಗಾದ್ಧಿ or ಜಾಗಾದ್ಧಾತ್	ಜಾಗಾದ್ಧಂ	ಜಾಗಾದ್ಧ	ಜಾಗಾಧಾನಿ	ಜಾಗಾಧಾವ	ಜಾಗಾಧಾಮ
ದಾದದ್ಧಿ or ದಾದದ್ಧಾತ್	ದಾದದ್ಧಂ	ದಾದದ್ಧ	ದಾದಧಾನಿ	ದಾದಧಾವ	ದಾದಧಾಮ
ಚೋಕೂರ್ದ್ಧಿ or ಚೋಕೂರ್ತ್ತಾತ್	ಚೋಕೂರ್ತ್ತಂ	ಚೋಕೂರ್ತ್ತ	ಚೋಕೂರ್ದಾನಿ	ಚೋಕೂರ್ದಾವ	ಚೋಕೂರ್ದಾಮ
ನಾನಾದ್ಧಿ or ನಾನಾತ್ತಾತ್	ನಾನಾತ್ತಂ	ನಾನಾತ್ತ	ನಾನಾಥಾನಿ	ನಾನಾಥಾವ	ನಾನಾಥಾಮ (20)

BASES.	3RD PERSON. Singular.	Dual.	Plural.
Bases ending in స with penultimate light ఇర్.			
తొతుస్ .... FP తొతుస్.	తోతుస్@gp+తు or తోతుస్+ఈతు or తాత్ = తోతోసు, or తోతుసీతు or తోతుస్సాత్	తోతుస్సాం	తోతుసతు
Bases ending in స with penultimate nasal.			
చొకొంస్ ··· from FP చొకొంస్ from కుసి.	చోకొంస్ + తు or చోకొంస్-p + ఈతు or తాత్=చోకొంసు, or చోకుసీతు or చోకుస్సాత్	చోకుస్సాం	చోకుసతు
Other bases ending in స.			
బాభాస్ ··· from FP బాభాస్.	బాభాస్+తు or ఈతు or తాత్= బాభాసు, or బాభాసీతు or బాభాస్సాత్	బాబాస్సాం	బాభాసతు

PARASMAIPADI.

rative.

2ND PERSON.			1ST PERSON.		
Singular.	*Dual.*	*Plural.*	*Singular.*	*Dual.*	*Plural.*
ತೋತುದ್ಧಿ or ತೋತುಸ್ತಾತ್	ತೋತುಸ್ತಂ	ತೋತುಸ್ತ	ತೋತೋಸಾನಿ	ತೋತೋಸಾವ	ತೋತೋಸಾಮ (21)
ಚೋಕುದ್ಧಿ or ಚೋಕುಸ್ತಾತ್	ಚೋಕುಸ್ತಂ	ಚೋಕುಸ್ತ	ಚೋಕೋಸಾನಿ	ಚೋಕೋಸಾವ	ಚೋಕೋಸಾಮ (22)
ಬಾಭಾದ್ಧಿ or ಬಾಭಾಸ್ತಾತ್	ಬಾಭಾಸ್ತಂ	ಬಾಭಾಸ್ತ	ಬಾಭಾಸಾನಿ	ಬಾಭಾಸಾವ	ಬಾಭಾಸಾಮ (23)

BASES.		3RD PERSON. *Singular.*	*Dual.*	*Plural.*
Bases ending in other consonants than nasals and ತ, ಥ, ದ, ಧ & ಸ with light penultimate ಇಕ್.				
ದಿಧಿಷ್ ...	from III ಧಿಷ್.	ದಿಧಿಷ್ @ *gp*+ತು or ದಿಧಿಷ್+ತಾತ್ =ದಿಧೆಷ್ಟು or ದಿಧಿಷ್ಟಾತ್	ದಿಧಿಷ್ಟಾಂ	ದಿಧಿಷತು
ತುತುರ್ ...	III ತುರ್.	ತುತೋರ್ತು or ತುತೂರ್ತಾತ್	ತುತೂರ್ತಾಂ	ತುತುರತು
ಜರಿಗೃಹ್	FP ಜರಿಗೃಹ್.	ಜರಿಗರ್ಢು or ಜರಿಗೃಹೀತು or ಜರಿಗೃಢಾತ್	ಜರಿಗೃಢಾಂ	ಜರಿಗೃಹತು
Bases ending in other consonants than ತ, ಥ, ದ, ಧ & ಸ with penultimate ಋ.				
ತಾಸ್ತೃಹ್.	from FP ತಾಸ್ತೃಹ್.	ತಾಸ್ತೃಹ್ @ ಈರ್ for *p* + ತು or ಈತು or ತಾತ್ = ತಾಸ್ತೀರ್ಢು or ತಾಸ್ತೀರ್ಹೀತು or ತಾಸ್ತೀರ್ಢಾತ್	ತಾಸ್ತೃಹ್ @ ಈರ್ for *p*+ತಾಮ್= ತಾಸ್ತೀರ್ಢಾಮ್	ತಾಸ್ತೃಹ್ @ಈರ್for *p* + ಅತು = ತಾಸ್ತೀರ್ಹತು

PARASMAIPADI.

rative

2ND PERSON.			1ST PERSON.		
Singular.	*Dual.*	*Plural.*	*Singular.*	*Dual.*	*Plural.*
ದಿಧಿಡ್ಢಿ or ದಿಧಿಷ್ಟಾತ್	ದಿಧಿಷ್ಟಂ	ದಿಧಿಷ್ಟ	ದಿಧಿಷ್ @ *gp* + ಆನಿ = ದಿಧೇಷಾನಿ	ದಿಧಿಷ್ @ *gp* + ಆವ = ದಿಧೇಷಾವ	ದಿಧಿಷ್ @ *gp* + ಆಮ = ದಿಧೇಷಾಮ
ತುತುರ್ + ಹಿ or ತಾತ್ = ತುತೂರ್ಹಿ or ತುತೂರ್ತಾತ್	ತುತೂರ್ತಂ	ತುತೂರ್ತ	ತುತೋರಾನಿ	ತುತೋರಾವ	ತುತೋರಾಮ
ಜರಿಗೃಢ್ಢಿ or ಜರಿಗೃಢಾತ್	ಜರಿಗೃಢಂ	ಜರಿಗೃಢ	ಜರಿಗರ್ಹಾನಿ	ಜರಿಗರ್ಹಾವ	ಜರಿಗರ್ಹಾಮ
ತಾಸ್ತೃಹ್ @ ಈರ್ for *p* + ಧಿ or ತಾತ್ = ತಾಸ್ತೃಢಿ or ತಾಸ್ತೃಢಾತ್	ತಾಸ್ತೃಹ್ @ ಈರ್ for *p* + ತಂ = ತಾಸ್ತೃಢಂ	ತಾಸ್ತೃಹ್ @ ಈರ್ for *p* + ತ = ತಾಸ್ತೃಢ	ತಾಸ್ತೃಹ್ @ ಈರ್ for *p* + ಆನಿ = ತಾಸ್ತರ್ಹಾನಿ	ತಾಸ್ತೃಹ್ @ ಈರ್ for *p* + ಆವ = ತಾಸ್ತರ್ಹಾವ	ತಾಸ್ತೃಹ್ @ ಈರ್ for *p* + ಆಮ = ತಾಸ್ತರ್ಹಾಮ (24)

Impe

BASES.	3RD PERSON. *Singular.*	*Dual.*	*Plural.*
Bases ending in other consonants than ತ, ಥ, ದ, ಧ, & ಸ with penultimate nasals			
ಬಾಭಂಜ್ ... FP from ಬಾಭಂಜ್.	ಬಾಭಂಜ್+ತು or ಬಾಭಂಜ್ - *p*+ ಈತು or ತಾತ್ = ಬಾಭಂಕ್ತು or ಬಾಭಂಜೀತು or ಬಾಭಕ್ತಾತ್	ಬಾಭಕ್ತಾಂ	ಬಾಭಜತು
Bases ending in ಛ with penultimate ರ.			
ಮೋಮೂರ್ಛ್ ... from FP ಮೋಮೂರ್ಛ್.	ಮೋಮೂರ್ಛ್ + ತು or ಈತು or ಮೋಮೂರ್ಛ್ - *f* + ತಾತ್ = ಮೋಮೂರ್ಷ್ಟು or ಮೋಮೂರ್ಛೀತು or ಮೋಮೂರ್ತಾತ್	ಮೋಮೂರ್ತಾಂ	ಮೋಮೂರ್ಛತು
Bases ending in ವ with penultimate ರ.			
ತೋತೂರ್ವ್ from FP ತೋತೂರ್ವ್.	ತೋತೂರ್ವ್ + ತು or ಈತು or ತೋತೂರ್ವ್ - *f* + ತಾತ್ = ತೋತೂರ್ತು or ತೋತೂರ್ವೀತು or ತೋತೂರ್ತಾತ್	ತೋತೂರ್ತಾಂ	ತೋತೂರ್ವ್ + ಅತು = ತೋತೂರ್ವತು

PARASMAIPADI.

rative.

2ND PERSON.			1ST PERSON.		
Singular.	*Dual.*	*Plural.*	*Singular.*	*Dual.*	*Plural.*
ಬಾಭಗ್ಧಿ or ಬಾಭಕ್ತಾತ್	ಬಾಭಕ್ತಂ	ಬಾಭಕ್ತ	ಬಾಭಂಜಾನಿ	ಬಾಭಂಜಾವ	ಬಾಭಂಜಾಮ (25)
ಮೋಮೂರ್ಧಿ or ಮೋಮೂರ್ತಾತ್	ಮೋಮೂರ್ತಂ	ಮೋಮೂರ್ತ	ಮೋಮೂರ್ಛಾನಿ	ಮೋಮೂರ್ಛಾವ	ಮೋಮೂರ್ಛಾಮ (26)
ತೋತೂರ್ಹಿ or ತೋತೂರ್ತಾತ್	ತೋತೂರ್ತಂ	ತೋತೂರ್ತ	ತೋತೂರ್ವಾಣಿ	ತೋತೂರ್ವಾವ	ತೋತೂರ್ವಾಮ (27)

BASES.	3rd Person.		
	Singular.	*Dual.*	*Plural.*
Other bases ending in consonants comprising.			
1. Bases ending in ರು with other penultimate letters than ಅ and ವ and light ಇ and ಉ and nasals.			
2. Bases ending in nasals with other penultimate letters than short vowels and ಉ and nasals.			
3. Bases ending in ಛ with other penultimate letters than ರ and light ಇ and ಉ and nasals.			
4. Bases ending in other consonants than nasals and ತ, ಥ, ದ, ಧ, ಸ, ಛ and ವ, and without light penultimate ಇ and ಉ and nasals.			
ಜಾಹಯುರ್···from FP ಜಾಹಯುರ್.	ಜಾಹತುರ್ or ಜಾಹಯಿರ್ತು or ಜಾಹತಿರ್ತ್	ಜಾಹತಿರಾಂ	ಜಾಹಯುರ್ತು
ಪಾಪ್ರಜ್ಭ್ ··· from FP ಪಾಪ್ರಜ್ಭ್.	ಪಾಪ್ರಷ್ಟ್ or ಪಾಪ್ರಜ್ಭೀತು or ಪಾಪ್ರಷ್ಟ್ತ್	ಪಾಪ್ರಷ್ಟಾಂ	ಪಾಪ್ರಷ್ಟ್ತು

PARASMAIPADI.

rative.

2ND PERSON.			1ST PERSON.		
Singular	*Dual.*	*Plural.*	*Singular.*	*Dual.*	*Plural.*
ಜಾಹರ್ಹಿ or ಜಾಹರ್ತಾತ್	ಜಾಹರ್ತಂ	ಜಾಹರ್ತ	ಜಾಹರ್ಯಾಣಿ	ಜಾಹರ್ಯಾವ	ಜಾಹರ್ಯಾಮ
ಪಾಪ್ರಡ್ಢಿ or ಪಾಪ್ರಷ್ಟಾತ್	ಪಾಪ್ರಷ್ಟಂ	ಪಾಪ್ರಷ್ಟ	ಪಾಪ್ರಚ್ಛಾನಿ	ಪಾಪ್ರಚ್ಛಾವ	ಪಾಪ್ರಚ್ಛಾಮ (28)

3 ಲ

ACTIVE VOICE

IMPER

BASES.	3RD PERSON. Singular.	Dual.	Plural.
FIRST DIVISION.	ತ್	ತಾಮ್	ಅನ್
PART I. BASES ENDING IN ಅ.			
ಧರ ....from ಧೃ.	ಅಧರತ್	ಅಧರತಾಂ	ಅಧರನ್
ಚೋರಯ ....X ಚುರ.	ಅಚೋರಯತ್	ಅಚೋರಯ ತಾಂ	ಅಚೋರಯನ್
ಚೋರಯ ... C ಚೋರಿ ...X ಚುರ.	ಅಚೋರಯತ್	ಅಚೋರಯ ತಾಂ	ಅಚೋರಯನ್
ಪಿಪಠಿಷ .... D ಪಿಪಠಿಷ .... ಪಠ್.	ಅಪಿಪಠಿಷತ್	ಅಪಿಪಠಿಷತಾಂ	ಅಪಿಪಠಿಷನ್
ದೀವ್ಯ .... IV ದಿವ್.	ಅದೀವ್ಯತ್	ಅದೀವ್ಯತಾಂ	ಅದೀವ್ಯನ್
ತುದ ... ... VI ತುದ್.	ಅತುದತ್	ಅತುದತಾಂ	ಅತುದನ್
PART II. BASES NOT ENDING IN ಅ.			
Section I.			
ತನು or ತನ್ from VIII ತನ್.	ತನು @ *gf*+ತ್ =ಅತನೋತ್	ಅತನುತಾಂ	ಅತನ್ವನ್
ಸುನು or ಸುನ್ ... V ಸು.	ಅಸುನೋತ್	ಅಸುನುತಾಂ	ಅಸುನ್ವನ್
Section II.			
ಶಕ್ನು .... from V ಶಕ್.	ಶಕ್ನು @ *gf*+ತ್ =ಅಶಕ್ನೋತ್	ಅಶಕ್ನುತಾಂ	ಅಶಕ್ನುವನ್
Sections III. and IV.			
ಕ್ರೀಣಾ or ಕ್ರೀಣೀ or ಕ್ರೀಣ್ .... from IX ಕ್ರೀ.	ಅಕ್ರೀಣಾತ್	ಅಕ್ರೀಣೀತಾಂ	ಅಕ್ರೀಣನ್
ನಭ್ನಾ or ನಭ್ನೀ or ನಭ್ನ್ IX ನಭ್.	ಅನಭ್ನಾತ್	ಅನಭ್ನೀತಾಂ	ಅನಭ್ನನ್

PARASMAIPADI.

FECT.

2ND PERSON.			1st PERSON.		
Singular.	*Dual.*	*Plural.*	*Singular.*	*Dual.*	*Plural.*
ಸ್$_s$	ತಮ್$_2$	ತ$_3$	ಅಮ್$_s$	ವ$_2$	ಮ$_3$
ಅಧರಃ	ಅಧರತಂ	ಅಧರತ	ಅಧರಂ	ಅಧರ @ *lf* + ವ=ಅಧರಾವ	ಅಧರ @ *lf*+ ಮ = ಅಧರಾಮ
ಅಚೋರಯಃ	ಅಚೋರಯತಂ	ಅಚೋರಯತ	ಅಚೋರಯಂ	ಅಚೋರಯಾವ	ಅಚೋರಯಾಮ
ಅಚೋರಯಃ	ಅಚೋರಯತಂ	ಅಚೋರಯತ	ಅಚೋರಯಂ	ಅಚೋರಯಾವ	ಅಚೋರಯಾಮ
ಅಪಿಪರಿಷಃ	ಅಪಿಪರಿಷತಂ	ಅಪಿಪರಿಷತ	ಅಪಿಪರಿಷಂ	ಅಪಿಪರಿಷಾವ	ಅಪಿಪರಿಷಾಮ
ಅದೀವ್ಯಃ	ಅದೀವ್ಯತಂ	ಅದೀವ್ಯತ	ಅದೀವ್ಯಂ	ಅದೀವ್ಯಾವ	ಅದೀವ್ಯಾಮ
ಅತುದಃ	ಅತುದತಂ	ಅತುದತ	ಅತುದಂ	ಅತುದಾವ	ಅತುದಾಮ(1)
ಅತನು @ *gf*+ ಸ್=ಅತನೋಃ	ಅತನುತಂ	ಅತನುತ	ತನು @ *gf*+ ಅಂ=ಅತನವಂ	ಅತನುವ or ಅತನ್ವ	ಅತನುಮ or ಅತನ್ಮ
ಅಸುನೋಃ	ಅಸುನುತಂ	ಅಸುನುತ	ಅಸುನವಂ	ಅಸುನುವ or ಅಸುನ್ವ	ಅಸುನುಮ or ಅಸುನ್ಮ (2)
ಶಕ್ನು @ *gf*+ಸ್ =ಅಶಕ್ನೋಃ	ಅಶಕ್ನುತಂ	ಅಶಕ್ನುತ	ಶಕ್ನು @ *gf*+ ಅಂ=ಅಶಕ್ನವಂ	ಅಶಕ್ನುವ	ಅಶಕ್ನುಮ(3)
ಅಕ್ರೀಣಾಃ	ಅಕ್ರೀಣೀತಂ	ಅಕ್ರೀಣೀತ	ಅಕ್ರೀಣಾಂ	ಅಕ್ರೀಣೀವ	ಅಕ್ರೀಣೀಮ(4)
ಅನಭ್ನಾಃ	ಅನಭ್ನೀತಂ	ಅನಭ್ನೀತ	ಅನಭ್ನಾಂ	ಅನಭ್ನೀವ	ಅನಭ್ನೀಮ(5)

BASES.	3RD PERSON. Singular.	Dual.	Plural.
SECOND DIVISION.			
PART I.			
Unreduplicated bases	ತ್$_s$ or $\overline{4}$ ತ್$_s$	ತಂ$_2$	ಅನ್$_2$ or ಜುಸ್$_2$
Bases ending in ಆ (2nd class)			
ಯಾ	ಯಾ+ತ್=ಅಯಾತ್	ಅಯಾತಾಂ	ಅಯಾನ್ or ಅಯುಃ
Bases ending in ಉ (2nd class)			
ಯು	ಯು @ *vf*+ ತ್ =ಅಯೌತ್	ಅಯುತಾಂ	ಯು @ ಉವ್ for *f* +ಅನ್ = ಅಯುವನ್
Bases ending in ಇ & ಈ (2nd class)			
ಇ ... ... ಇ.	ಇ @ *gf* + ತ= ಐತ	ಐತಾಂ	ಐಯುಃ
ಈ ... ... ಈ.	ಐತ	ಐತಾಂ	ಐಯುಃ
ವೀ ... ... ವೀ.	ಅವೇತ	ಅವೀತಾಂ	ಅವೀಯನ್
Bases ending in ಸ (2nd class) ಸಸ್.	ಸಸ್@ ದ for *f*+ $\overline{4}$ ತ=ಅಸತ or ಅಸದ	ಅಸಸ್ತಾಂ	ಅಸಸುಃ
Other bases ending in consonants with light penultimate ಇಕ್ (2nd class).			
ದುಹ್	ದುಹ್ @ *gp*+ $\overline{4}$ ತ=ಅಧೋಕ್ or ಅಧೋಗ್	ಅದುಗ್ಧಾಂ	ದುಹ್+ಅನ್= ಅದುಹನ್
ಲಿಹ್	ಅಲೇಢ್ or ಅಲೇಟ್	ಅಲೀಢಾಂ	ಅಲೀಢ್ಢ

PARASMAIPADI.

fect.

2ND PERSON.			1ST PERSON.		
Singular.	*Dual.*	*Plural.*	*Singular.*	*Dual.*	*Plural.*
ಸ್$_s$ or ಇ ಸ್$_s$	ತಂ$_2$	ತ$_2$	ಅಂ$_s$	ವ$_2$	ಮ$_2$
ಯಾ+ಸ್ = ಅಯಾಃ	ಅಯಾತಂ	ಅಯಾತ	ಅಯಾಂ	ಅಯಾವ	ಅಯಾಮ (1)
ಯು @ *vf*+ಸ್ =ಅಯೌಃ	ಅಯುತಂ	ಅಯುತ	ಯು @ *gf*+ ಅಂ = ಅಯಾವಂ	ಅಯುವ	ಅಯುಮ (2)
ಇ @ *gf*+ ಸ್ =ಐಃ	ಐತಂ	ಐತ	ಇ @ *gf*+ ಅಂ =ಆಯಂ	ಐವ	ಐಮ
ಐಃ	ಐತಂ	ಐತ	ಆಯಂ	ಐವ	ಐಮ
ಅವೇಃ	ಅವೀತಂ	ಅವೀತ	ಅವಯಂ	ಅವೀವ	ಅವೀಮ (3)
ಸಸ್ @ ದ್ or ಃ for *f*+ಇ ಸ್= ಅಸತ್ or ಅಸದ್ or ಅಸಃ	ಅಸಸ್ತಂ	ಅಸಸ್ತ	ಅಸಸಂ	ಅಸಸ್ವ	ಅಸಸ್ಮ (4)
ದುಹ್ @ *gp*+ ಇ ಸ್= ಅಧೋಕ್ or ಅಧೋಗ್	ಅದುಗ್ಧಂ	ಅದುಗ್ಧ	ದುಹ್ @ *gp* + ಅಂ = ಅದೋಹಂ	ಅದುಹ್ವ	ಅದುಹ್ಮ
ಅಲೇಢ್ or ಅಲೇಟ್	ಅಲೀಢಂ	ಅಲೀಢ	ಅಲೇಢಂ	ಅಲೀಢ್ವ	ಅಲೀಢ್ಮ (5)

BASES.	3RD PERSON. *Singular.*	*Dual.*	*Plural.*
Other bases ending in consonants (7th class).			
ರುಣಧ್ and ರುನ್ಧ್ ... from ರುಧ್.	ರುಣಧ್+ತ=ಅರುಣತ್ or ಅರುಣಧ್	ಅರುನ್ಧಾಂ	ಅರುನ್ಧನ್
ರಿಣಚ್ and ರಿಂಚ್ ... from ರಿಚ್.	ಅರಿಣಕ್ or ಅರಿಣಗ್	ಅರಿಙ್ಕ್ತಾಂ	ಅರಿಞ್ಚನ್
ಶಿಣಷ್ and ಶಿಂಷ್ ... from ಶಿಷ್.	ಅಶಿಣಟ್ or ಅಶಿಣಡ್	ಅಶಿಂಷ್ಟಾಂ	ಅಶಿಂಷನ್
ಭನಜ್ and ಭಂಜ್ ... from ಭಜ್.	ಅಭನಕ್ or ಅಭನಗ್	ಅಭಙ್ಕ್ತಾಂ	ಅಭಂಜನ್
PART II.			
Reduplicated bases	ತ₆	ತಾಂ₂	ಉಸ್₃
Bases ending in ಆ.			
ಜಹಾ ... from III ಹಾ.	ಅಜಹಾತ್	ಹಾ @ ಈ for f+ತಾಂ= ಅಜಹೀತಾಂ	ಹಾ - f + ಉಸ್=ಅಜಹುಃ
ಜಾಘ್ರಾ ... FP ಘ್ರಾ.	ಜಾಘ್ರಾ+ತ or ಜಾಘ್ರಾ – f+ಈತ= ಅಜಾಘ್ರಾತ್ or ಅಜಾಘ್ರೀತ್	ಜಾಘ್ರೀತಾಂ	ಅಜಾಘ್ರುಃ
Bases ending in ಇ and ಈ, the vowels not being preceded by conjunct consonants.			
ಚಿಕಿ ... from III ಕಿ.	ಚಿಕಿ @ gf+ ತ=ಅಚಿಕೇತ್	ಅಚಿಕಿತಾಂ	ಚಿಕಿ @ ಯ್ for f+ಉಸ್ =ಅಚಿಕ್ಯುಃ

PARASMAIPADI.

fect.

	2ND PERSON.			3RD PERSON.	
Singular.	*Dual.*	*Plural.*	*Singular.*	*Dual.*	*Plural.*
ರುಣಧ್ + 4 ಸ =ಅರುಣಾತ್ or ಅರುಣಾದ್ or ಅರುಣಾಃ	ಅರುನ್ದ್ಧಂ	ಅರುನ್ದ್ಧ	ಅರುಣಾಧಂ	ಅರುನ್ಧ್ವ	ಅರುನ್ಧ್ಮ
ಅರಿಣಕ್ or ಅರಿಣಗ್	ಅರಿಙ್ಕ್ತಂ	ಅರಿಙ್ಕ್ತ	ಅರಿಣಚಂ	ಅರಿಂಚ್ವ	ಅರಿಂಚ್ಮ
ಅಶಿಣಟ್ or ಅಶಿಣಡ್	ಅಶಿಂಷ್ಟಂ	ಅಶಿಂಷ್ಟ	ಅಶಿಣಷಂ	ಅಶಿಂಷ್ವ	ಅಶಿಂಷ್ಮ
ಅಭನಕ್ or ಅಭನಗ್	ಅಭಙ್ಕ್ತಂ	ಅಭಙ್ಕ್ತ	ಅಭನಜಂ	ಅಭಂಜ್ವ	ಅಭಂಜ್ಮ (6)
ಸ್$_s$	ತಂ$_2$	ತ$_2$	ಅಮ್$_s$	ವ$_2$	ಮ$_2$
ಅಜಹಾಃ	ಹಾ @ ಈ for *f*+ತಮ್ =ಅಜಹೀತಮ್	ಹಾ @ ಈ for *f*+ತ =ಅಜಹೀತ	ಅಜಹಾಂ	ಹಾ @ ಈ for *f*+ವ =ಅಜಹೀವ	ಹಾ @ ಈ for *f*+ಮ = ಅಜಹೀಮ
ಜಾಘ್ರಾ+ಸ or ಜಾಘ್ರಾ-*f*+ಈಸ=ಅಜಾಘ್ರಾಃ or ಅಜಾಘ್ರೇಃ	ಅಜಾಘ್ರೇತಂ	ಅಜಾಘ್ರೇತ	ಅಜಾಘ್ರಾಮ್	ಅಜಾಘ್ರೇವ	ಅಜಾಘ್ರೇಮ (7)
ಚಿಕಿ @ *gf* + ಸ =ಅಚಿಕೇಃ	ಅಚಿಕಿತಂ	ಅಚಿಕಿತ	ಚಿಕಿ @ *gf*+ಅಮ್=ಅಚಿಕಯಮ್	ಅಚಿಕಿವ	ಅಚಿಕಿಮ

BASES.		3RD PERSON. Singular.	Dual.	Plural.
ಸ್ನೇನೀ	... FP ಸ್ನೇನೀ.	ಅಸ್ನೇಸ್ನೇತ್ or ಅಸ್ನೇನಯೀತ್	ಅಸ್ನೇನೀತಾಂ	ಅಸ್ನೇನ್ಯುಃ
ಚೇಕೀ	.... FP ಚೇಕೀ.	ಅಚೇಕೇತ್ or ಅಚೇಕಯೀತ್	ಅಚೇಕೀತಾಂ	ಅಚೇಕ್ಯುಃ
Bases ending in ಇ and ಈ, the vowels being preceded by conjunct consonants.				
ಚೇಕ್ರೀ	.... from FP ಚೇಕ್ರೀ.	ಚೇಕ್ರೀ @ gf+ ತ or ಈತ = ಅಚೇಕ್ರೇತ್ or ಅಚೇಕ್ರಿಯೀತ್	ಅಚೇಕ್ರೀತಾಂ	ಚೇಕ್ರೀ @ ಇಯ್ for f + ಉಸ್=ಅಚೇಕ್ರಿಯುಃ
ಚೇಕ್ಷ್ರಿ	.... FP ಚೇಕ್ಷ್ರಿ.	ಅಚೇಕ್ಷ್ರೇತ್ or ಅಚೇಕ್ಷ್ರಯೀತ್	ಅಚೇಕ್ಷ್ರಿತಾಂ	ಅಚೇಕ್ಷ್ರಿಯುಃ
ಜಿಹ್ರೀ	... III ಹ್ರೀ.	ಅಜಿಹ್ರೇತ್	ಅಜಿಹ್ರೀತಾಂ	ಅಜಿಹ್ರಿಯುಃ
Bases ending in ಉ and ಊ.				
ದೋಧು	... from FP ದೊಧು.	ದೋಧು @ gf + ತ್ or ಈತ್=ಅದೋಧೋತ್ or ಅದೋಧವೀತ್	ಅದೋಧುತಾಂ	ದೋಧು @ ಉವ್ for f +ಉಸ್ =ಅದೋಧುವುಃ
ಲೋಲೂ	... FP ಲೋಲೂ.	ಅಲೋಲೋತ್ or ಅಲೋಲವೀತ್	ಅಲೋಲೂತಾಂ	ಅಲೋಲುವುಃ
Bases ending in ಋ.				
ಇಯರ್ತ್ರಿ	.... from III ಋ.	ಋ @ gf+ ತ್= ಐಯರ್ತ್	ಐಯೃತಾಂ	ಐಯರುಃ

PARASMAIPADI.

fect.

2ND PERSON.			1ST PERSON.		
Singular.	*Dual.*	*Plural.*	*Singular.*	*Dual.*	*Plural.*
ಅನೇನೇಃ or ಅನೇನಯಿಥಾಃ	ಅನೇನೀತಂ	ಅನೇನೀತ	ಅನೇನಯಂ	ಅನೇನೀವ	ಅನೇನೀಮ
ಅಚೇಕೇಃ or ಅಚೇಕಯಿಥಾಃ	ಅಚೇಕಿತಂ	ಅಚೇಕಿತ	ಅಚೇಕಯಂ	ಅಚೇಕಿವ	ಅಚೇಕಿಮ (8)
ಚೇಕ್ರೀ @ gf+ಸ್ or ಈಸ್= ಅಚೇಕ್ರೇಃ or ಅಚೇಕ್ರಯಿಥಾಃ	ಅಚೇಕ್ರೀತಂ	ಅಚೇಕ್ರೀತ	ಚೇಕ್ರೀ @ gf +ಅಂ=ಅಚೇಕ್ರಯಂ	ಅಚೇಕ್ರೀವ	ಅಚೇಕ್ರೀಮ
ಅಚೇಕ್ಷೇಃ or ಅಚೇಕ್ಷಯಿಥಾಃ	ಅಚೇಕ್ಷಿತಂ	ಅಚೇಕ್ಷಿತ	ಅಚೇಕ್ಷಯಂ	ಅಚೇಕ್ಷಿವ	ಅಚೇಕ್ಷಿಮ
ಅಜಿಹ್ರೇಃ	ಅಜಿಹ್ರೀತಂ	ಅಜಿಹ್ರೀತ	ಅಜಿಹ್ರಯಂ	ಅಜಿಹ್ರೀವ	ಅಜಿಹ್ರೀಮ (9)
ದೋಧು @ gf +ಸ್ or ಈಸ್ =ಅದೋಧೋಃ or ಅದೋಧವೀಃ	ಅದೋಧುತಂ	ಅದೋಧುತ	ದೋಧು @ gf + ಅಂ = ಅದೋಧವಂ	ಅದೋಧುವ	ಅದೋಧುಮ
ಅಲೋಲೋಃ or ಅಲೋಲವೀಃ	ಅಲೋಲೂತಂ	ಅಲೋಲೂತ	ಅಲೋಲವಂ	ಅಲೋಲೂವ	ಅಲೋಲೂಮ (10)
ಇಯ್ಯೃ @ gf + ಸ್=ಐಯಃ	ಐಯ್ಯೃತಂ	ಐಯ್ಯೃತ	ಇಯ್ಯೃ @ gf +ಅಂ = ಐಯರಂ	ಐಯ್ಯೃವ	ಐಯ್ಯೃಮ

BASES.	3RD PERSON. Singular.	Dual.	Plural.
ಅರಿಯ್ಯ ···· FP ಅರಿಯ್ಯ from ಋ.	ಆರಿಯರ್ತ್ or ಆರಿಯರೀತ್	ಆರಿಯ್ಯತಾಂ	ಆರಿಯ್ರುಃ
ಪಿಪ್ಯ ··· III ಪೃ.	ಅಪಿಪರ್ತ್	ಅಪಿಪೃತಾಂ	ಅಪಿಪ್ರುಃ
ಚರಿಕ್ಯ ···· FP ಚರಿಕೃ.	ಅಚರಿಕರ್ತ್ or ಅಚರಿಕರೀತ್	ಅಚರಿಕೃತಾಂ	ಅಚರಿಕ್ರುಃ
Bases ending in ಋೂ (labial).			
ಪಿಪ್ಯಾ ···· from III ಪೃಾ.	ಪಿಪ್ಯಾ @ *gf* +ತ್ =ಅಪಿಪರ್ತ್	ಪಿಪ್ಯಾ @ ಊರ for *f* + ತಾಂ = ಅಪಿಪೂರ್ತಾಂ	ಪಿಪ್ಯಾ @ ಉರ for *f*+ ಉಸ್= ಅಪಿಪುರುಃ
ಪಾಪ್ಯಾ ··· FP ಪಾಪೃಾ.	ಅಪಾಪರ್ತ್ or ಅಪಾಪರೀತ್	ಅಪಾಪೂರ್ತಾಂ	ಅಪಾಪುರುಃ
ವಾವ್ಯಾ ··· FP ವಾವೃಾ.	ಅವಾವರ್ತ್ or ಅವಾವರೀತ್	ಅವಾವೂರ್ತಾಂ	ಅವಾವುರುಃ
Bases ending in ಋೂ, (non-labial).			
ಚಾಕ್ಯಾ ···· from FP ಚಾಕೃಾ.	ಚಾಕೃಾ @ *gf*+ತ್ or ಈತ್= ಅಚಾಕರ್ತ್ or ಅಚಾಕರೀತ್	ಚಾಕೃಾ @ ಈರ್ for *f*+ ತಾಂ= ಅಚಾಕೀರ್ತಾಂ	ಚಾಕೃಾ @ ಇರ್ for *f* + ಉಸ್ = ಅಚಾಕಿರುಃ
Bases ending in ಯ with penultimate ಅ.			
ಜಾಹಯ್ ··· from FP ಜಾಹಯ್.	ಜಾಹಯ್+ತ್ or ಈತ್ = ಅಜಾಹತ್ or ಅಜಾಹಯೀತ್	ಅಜಾಹತಾಂ	ಅಜಾಹಯುಃ

PARASMAIPADI.

fect.

	2ND PERSON.		1ST PERSON.		
Singular	*Dual.*	*Plural.*	*Singular.*	*Dual.*	*Plural.*
ಆರಿಯುಃ or ಆರಿಯುರೀಃ	ಆರಿಯ್ಯುತಂ	ಆರಿಯ್ಯುತ	ಆರಿಯುರಂ	ಆರಿಯ್ಯುವ	ಆರಿಯ್ಯುಮ
ಅಪಿಪಃ	ಅಪಿಪ್ಯುತಂ	ಅಪಿಪ್ಯುತ	ಆಪಿಪರಂ	ಅಪಿಪ್ಯುವ	ಅಪಿಪ್ಯುಮ
ಅಚೆರಿಕಃ or ಅಚೆರಿಕರೀಃ	ಅಚೆರಿಕ್ಯುತಂ	ಅಚೆರಿಕ್ಯುತ	ಅಚೆರಿಕರಂ	ಅಚೆರಿಕ್ಯುವ	ಅಚೆರಿಕ್ಯುಮ (11)
ಪಿಪ್ಯಾ @ *gf* + ಸ=ಅಪಿಪಃ	ಪಿಪ್ಯಾ@ಊರ for *f*+ ತಂ =ಅಪಿಪ್ರೂರ್ತಂ	ಪಿಪ್ಯಾ @ ಊರ for *f* +ತ=ಅಪಿಪ್ರೂರ್ತ	ಪಿಪ್ಯಾ @ *gf* +ಅಂ=ಅಪಿಪರಂ	ಪಿಪ್ಯಾ@ಊರ for *f*+ ವ=ಅಪಿಪ್ರೂರ್ವ	ಪಿಪ್ಯಾ@ಊರ for *f*+ ಮ = ಅಪಿಪ್ರೂರ್ಮ
ಅಪಾಪಃ or ಅಪಾಪರೀಃ	ಅಪಾಪ್ರೂರ್ತಮ್	ಅಪಾಪ್ರೂರ್ತ	ಅಪಾಪರಂ	ಅಪಾಪ್ರೂರ್ವ	ಅಪಾಪ್ರೂರ್ಮ
ಅವಾವಃ or ಅವಾವರೀಃ	ಅವಾವ್ರೂರ್ತಮ್	ಅವಾವ್ರೂರ್ತ	ಅವಾವರಂ	ಅವಾವ್ರೂರ್ವ	ಅವಾವ್ರೂರ್ಮ (12)
ಚಾಕ್ಯಾ @ *gf* +ಸ or ಈಸ =ಅಚಾಕಃ or ಅಚಾಕರೀಃ	ಚಾಕ್ಯಾ@ಈರ for *f*+ ತಂ=ಅಚಾಕೀರ್ತಂ	ಚಾಕ್ಯಾ @ ಈರ for *f* + ತ = ಅಚಾಕೀರ್ತ	ಚಾಕ್ಯಾ @ *gf* + ಅಂ = ಅಚಾಕರಂ	ಚಾಕ್ಯಾ @ ಈರ for *f* +ವ = ಅ. ಚಾಕೀರ್ವ	ಚಾಕ್ಯಾ @ ಈರ for *f* +ಮ = ಅಚಾಕೀರ್ಮ (13)
ಅಜಾಹಃ or ಅಜಾಹಯೀಃ	ಅಜಾಹತಂ	ಅಜಾಹತ	ಅಜಾಹಯಂ	ಅಜಾಹವ	ಅಜಾಹಮ (14)

BASES.		3RD PERSON. Singular.	Dual.	Plural.
Bases ending in a nasal with penultimate ಅ.				
ದಧನ್ ···	from III ಧನ್.	ಅದಧನ್	ಧನ್ @ *lp*+ ತಾಂ = ಅದಧಾನ್ತಾಂ	ಧನ್ + ಉಸ್ =ಅದಧನುಃ
ತಂತನ್ ···	FP ತಂತನ್.	ಅತಂತನ್ or ಅತಂತನೀತ್	ಅತಂತಾಂತಾಂ	ಅತಂತನುಃ
ಶಂಶಮ್ ····	FP ಶಂಶಮ್.	ಅಶಂಶಮ್ or ಅಶಂಶಮೀತ್	ಅಶಂಶಾಂತಾಂ	ಅಶಂಶಮುಃ
ಚಂಕಣ್ ····	FP ಚಂಕಣ್.	ಅಚಂಕಣ್ or ಅಚಂಕಣೀತ್	ಅಚಂಕಾಣ್ಟಾಂ	ಅಚಂಕಣುಃ
Bases ending in a nasal with light penultimate ಇಕ್.				
ಜರಿಘೃಣ್ ····	from FP ಜರಿಘೃಣ್.	ಜರಿಘೃಣ್ @ *gp*+ ತ್ or ಜರಿಘೃಣ್ + ಈತ್ = ಅಜರಿಘರ್ಣ್ or ಅಜರಿಘೃಣೀತ್	ಜರಿಘೃಣ್ @ *lp* + ತಾಂ =ಅಜರಿಘೃಣ್ಟಾಂ	ಜರಿಘೃಣ್ + ಉಸ್= ಅಜರಿಘೃಣುಃ
ಝಂಝನ್ ····	FP ಝಂಝನ್.	ಅಝಂಝನ್ or ಅಝಂಝನೀತ್	ಅಝಂಝಾಂತಾಂ	ಅಝಂಝನುಃ
ಜಿಂಜಿಮ್ ····	FP ಜಿಂಜಿಮ್.	ಅಜಿಂಜಿಮ್ or ಅಜಿಂಜಿಮೀತ್	ಅಜಿಂಜೇಂತಾಂ	ಅಜಿಂಜಿಮುಃ

PARASMAIPADI.

fect.

2ND PERSON.			1ST PERSON.		
Singular.	*Dual.*	*Plural.*	*Singular.*	*Dual.*	*Plural.*
అదధన్	అదధాన్తం	అదధాన్త	అదధనం	అదధన్వ	అదధన్మ
అతంతన్ or అతంతనీః	అతంతాంతం	అతంతాంత	అతంతనం	అతంతన్వ	అతంతన్మ
అశంశమ్ or అశంశమీః	అశంశాంతం	అశంశాంత	అశంశమం	అశంశన్వ	అశంశన్మ
అచంకణ్ or అచంకణీః	అచంకాణ్టం	అచంకాణ్ట	అచంకణం	అచంకణ్వ	అచంకణ్మ (15)
జరిఘృణ్@*gp* +స్ or జరిఘృణ్ + ఈస్ =అజరిఘర్ణ్ or అజరిఘృణీః	జరిఘృణ్ @ *lp*+తం = అజరిఘృాణ్టం	జరిఘృణ్ @ *lp*+త=అజరిఘృాణ్ట	జరిఘృణ్ @ *gp*+అం= అజరిఘర్ణమ్	జరిఘృణ్+వ = అజరిఘృణ్వ	జరిఘృణ్ + మ= అజరిఘృణ్మ
అజుంజున్ or అజుంజునీః	అజుంజూంతం	అజుంజూంత	అజుంజునం	అజుంజున్వ	అజుంజున్మ
అజింజిం or అజింజిమీః	అజింజీంతం	అజింజీంత	అజింజిమం	అజింజిన్వ	అజింజిన్మ (16)

BASES.		3RD PERSON. Singular.	Dual.	Plural.
Bases ending in ತ, ಥ, ದ, *and* ಧ *with penultimate light* ಇಕ್.				
ವರಿವೃತ್ ...	from FP ವರಿವೃತ್.	ವರಿವೃತ್ @ *gp*+ ತ್ or ವರಿವೃತ್+ ಈತ್=ಅವರಿವರ್ತ್ or ಅವರಿವೃತೀತ್	ಅವರಿವೃತ್ತಾಂ	ವರಿವೃತ್ + ಉಸ್=ಅವರಿ ವೃತುಃ
ಜರಿಗೃಧ್ ...	FP ಜರಿಗೃಧ್.	ಅಜರಿಗರ್ಧ್ or ಅ ಜರಿಗೃಧೀತ್	ಅಜರಿಗೃದ್ಧಾಂ	ಅಜರಿಗೃಧುಃ
Bases ending in ತ, ಫ, ದ *&* ಧ *with penultimate* ಋ.				
ಚಾಕ್ಲೃತ್ ...	from FP ಚಾಕ್ಲೃತ್.	ಚಾಕ್ಲೃತ್ @ *gp*+ ತ್ or ಚಾಕ್ಲೃತ್ @ ಈರ್ for *p*+ ಈತ್ = ಅಚಾಕ ರ್ಲ್ or ಅಚಾಕೀ ರ್ತೀತ್	ಚಾಕ್ಲೃತ್ @ ಈರ್ for *p* +ತಾಂ =ಅ ಚಾಕೀರ್ತ್ತಾಂ	ಚಾಕ್ಲೃತ್ @ ಈರ್ for *p* +ಉಸ್=ಅ ಚಾಕೀರ್ತುಃ

PARASMAIPADI.

fect.

Singular	*Dual.*	*Plural.*	*Singular.*	*Dual.*	*Plural.*
	2ND PERSON.		1ST PERSON.		
ವರಿವೃತ್ @ *gp* and ದ or ರು for *f*+ಸ or ವರಿವೃತ್+ಈಸ = ಅವರಿವರ್ದ or ಅವರಿವಃ or ಅವರಿವೃತ್ತೀಃ	ಅವರಿವೃತ್ತಂ	ಅವರಿವೃತ್ತ	ವರಿವೃತ್@ *gp* +ಅಂ= ಅವರಿವರ್ತಂ	ಅವರಿವೃತ್ವ	ಅವರಿವೃತ್ಮ
ಅಜರಿಗರ್ದ or ಅಜರಿಗಃ or ಅಜರಿಗೃಧೀಃ	ಅಜರಿಗೃದ್ಧಂ	ಅಜರಿಗೃದ್ಧ	ಅಜರಿಗರ್ಧಂ	ಅಜರಿಗೃಧ್ವ	ಅಜರಿಗೃಧ್ಮ (17)
ಚಾಕೃತ್ @ *gp* and ದ or ರು for *f* +ಸ or ಚಾಕೃತ್ @ ಈರ for *p*+ಈಸ =ಅಚಾಕರ್ದ or ಅಚಾಕಃ or ಅಚಾಕೃತೀಃ	ಚಾಕೃತ್ @ ಈರ for *p* + ತಂ=ಅಚಾಕೃತ್ತಂ	ಚಾಕೃತ್ @ ಈರ for *p* + ತ = ಅಚಾಕೃತ್ತ	ಚಾಕೃತ್ @ *gp*+ ಅಂ= ಅಚಾಕರ್ತಂ	ಚಾಕೃತ್@ ಈರ for *p*+ವ=ಅಚಾಕೃತ್ವ	ಚಾಕೃತ್@ ಈರ for *p* + ಮ =ಅಚಾಕೃತ್ಮ (18)

BASES.	3RD PERSON.		
	Singular.	*Dual.*	*Plural.*
Bases ending in ತ, ಥ, ದ & ಧ with penultimate nasal.			
ಚಾಸ್ಕಂದ ··· from FP ಚಾಸ್ಕಂದ.	ಚಾಸ್ಕಂದ+ತ್ or ಚಾಸ್ಕಂದ್ - p+ ಈತ್=ಅಚಾಸ್ಕನ್ or ಅಚಾಸ್ಕದೀತ್	ಚಾಸ್ಕಂದ - p +ತಾಂ = ಅ ಚಾಸ್ಕತ್ತಾಂ	ಚಾಸ್ಕಂದ - p + ಉಸ್=ಅ ಚಾಸ್ಕದುಃ
Other bases ending in ತ,ಥ,ದ & ಧ.			
ಪಾಸ್ಪರ್ಧ from FP ಪಾಸ್ಪರ್ಧ.	ಪಾಸ್ಪರ್ಧ+ತ್ or ಈತ್ = ಅಪಾಸ್ಪರ್ಧ or ಅಪಾಸ್ಪರ್ಧೀತ್	ಅಪಾಸ್ಪರ್ಧಾಂ	ಅಪಾಸ್ಪರ್ಧುಃ
ಜಾಗಾಧ್ ··· FP ಜಾಗಾಧ್.	ಅಜಾಗಾಧ್ or ಅ ಜಾಗಾಧೀತ್	ಅಜಾಗಾಧ್ಧಾಂ	ಅಜಾಗಾಧುಃ
ದಾದಧ್ ··· FP ದಾದಧ್.	ಅದಾದಧ್ or ಅ ದಾದಧೀತ್	ಅದಾದಧ್ಧಾಂ	ಅದಾದಧುಃ

PARASMAIPADI.

fect.

2ND PERSON.			1ST PERSON.		
Singular.	*Dual.*	*Plural.*	*Singular.*	*Dual.*	*Plural.*
చాస్కంద్ @ ద -or రు for *f*+ స or చాస్కంద - *p*+ ఈస = అచాస్కద or అచాస్కః or అచాస్కదీః	చాస్కంద్- *p* +తం= అచాస్కత్తం	చాస్కంద్- *p*+ త= అచాస్కత్త	చాస్కంద్+ అం=అచాస్కందం	చాస్కంద్ - *p*+వ=అచాస్కద్వ	చాస్కంద్ -*p* +మ=అచాస్కద్మ
					(19)
పాస్పర్ధ్ @ ద orరుfor *f*+ స or పాస్ప ర్ధ+ఈస= అపాస్పర్ధor అపాస్పః or అపాస్పర్ధీః	అపాస్పర్ద్ధం	అపాస్పర్ద్ధ	అపాస్పర్ధం	అపాస్పర్ధ్వ	పాస్పర్ధ్మ
అజాగాద్ or అజాగాః or అజాగాధీః	అజాగాద్ధం	అజాగాద్ధ	అజాగాధం	అజాగాధ్వ	అజాగాధ్మ
అవాదద్ or అ వాదః or అవాదధీః	అవాదద్ధం	అవాదద్ధ	అవాదధం	అవాదధ్వ	అవాదధ్మ

3 W

Active Voice

Imper

BASES.	3rd Person. Singular.	Dual.	Plural.
ಚೋಕೂರ್ದ್ ... FP ಚೋಕೂರ್ದ್.	ಅಚೋಕೂರ್ದ್ or ಅಚೋಕೂರ್ದೀತ್	ಅಚೋಕೂರ್ತಾಂ	ಅಚೋಕೂರ್ದುಃ
ನಾನಾಥ್ ... FP ನಾನಾಥ್.	ಅನಾನಾಥ್ or ಅನಾನಾಥೀತ್	ಅನಾನಾತ್ತಾಂ	ಅನಾನಾಥುಃ
Bases ending in ಸ with penultimate light ಇಕ್.			
ತೋತುಸ್ ...from FP ತೋತುಸ್.	ತೋತುಸ್ @ *gp* and ದ for *f* + ತ or ತೋತುಸ್+ ಈತ್=ಅತೋತೋದ್ or ಅತೋತುಸೀತ್	ತೋತುಸ್ + ತಾಂ=ಅತೋತುಸ್ತಾಂ	ತೋತುಸ್+ ಉಸ್ = ಅತೋತುಸುಃ
Bases ending in ಸ with penultimate nasal.			
ಚೋಕುಂಸ್ ... from FP ಚೋಕುಂಸ್ from ಕುಸಿ.	ಚೋಕುಂಸ್ @ ದ for *f*+ತ or ಚೋಕುಂಸ್- *p*+ಈತ್ = ಅಚೋಕುನ್ or ಅಚೋಕುಸೀತ್	ಚೋಕುಂಸ್- *p* +ತಾಂ= ಅಚೋಕುಸ್ತಾಂ	ಚೋಕುಂಸ್- *p*+ಉಸ್ಃ =ಅಚೋಕುಸುಃ

PARASMAIPADI.

fect.

2ND PERSON.			1ST PERSON.		
Singular.	*Dual.*	*Plural.*	*Singular.*	*Dual.*	*Plural.*
ಅಚೋಕ್ರೂರ್ಧ್ or ಅಚೋಕ್ರೂಃ or ಅಚೋಕ್ರೂದೀಃ	ಅಚೋಕ್ರೂರ್ತಂ	ಅಚೋಕ್ರೂರ್ತ	ಅಚೋಕ್ರೂರ್ದಂ	ಅಚೋಕ್ರೂರ್ದ್ವ	ಅಚೋಕ್ರೂರ್ದ್ಮ
ಅನಾನಾಥ್ or ಅನಾನಾಥೀಃ	ಅನಾನಾತ್ತಂ	ಅನಾನಾತ್ತ	ಅನಾನಾಥಂ	ಅನಾನಾಥ್ವ	ಅನಾನಾಥ್ಮ (20)
ತೋತುಸ್ @ *gp* and ಧ or ರು for *f* + ಸ್ or ತೋತುಸ್ + ಈಸ್ = ಅತೋತೋಧ or ಅತೋತೋಃ or ಅತೋತುಸೀಃ	ತೋತುಸ್ + ತಂ = ಅತೋತುಸ್ತಂ	ತೋತುಸ್ + ತ = ಅತೋತುಸ್ತ	ತೋತುಸ್ @ *gp* + ಅಂ = ಅತೋತುಸಂ	ಅತೋತುಸ್ವ	ಅತೋತುಸ್ಮ (21)
ಚೋಕುಂಸ್ @ ಧ or ರು for *f* + ಸ್ or ಚೋಕುಂಸ್ -*p* + ಈಸ್ = ಅಚೋಕುನ್ or ಅಚೋಕುನ್ or ಅಚೋಕುಂಸೀಃ	ಚೋಕುಂಸ್ -*p* + ತಂ = ಅಚೋಕುಸ್ತಂ	ಚೋಕುಂಸ್ -*p* + ತ = ಅಚೋಕುಸ್ತ	ಚೋಕುಂಸ್ + ಅಂ = ಅಚೋಕುಂಸಂ	ಚೋಕುಂಸ್ -*p* + ವ = ಅಚೋಕುಸ್ವ	ಚೋಕುಂಸ್ -*p* + ಮ = ಅಚೋಕುಸ್ಮ (22)

BASES.	3RD PERSON. Singular.	Dual.	Plural.
Other bases ending in ಸ.			
ಬಾಭಾಸ್ ... from FP ಬಾಭಾಸ್.	ಬಾಭಾಸ್ @ದ for *f* + ತ್ or ಬಾಭಾಸ್+ಈತ್=ಅಬಾಭಾದ or ಅಬಾಭಾಸೀತ್	ಬಾಬಾಸ್ + ತಾಂ=ಅಬಾಭಾಸ್ತಾಂ	ಬಾಭಾಸ್+ ಉಸ್= ಅಬಾಭಾಸುಃ
Bases ending in other consonants than nasals and ತ, ಫ, ದ, ಧ *&* ಸ *with light penultimate* ಇಕ.			
ಬಿಭಿಷ್ ... from III ಭಿಷ್.	ಬಿಭಿಷ್ @ *gp*+ತ್ or ಅಬಿಭೇಟ್	ಬಿಭಿಷ್+ತಾಂ =ಅಬಿಭಿಷ್ಟಾಂ	ಬಿಭಿಷ್+ ಉಸ್=ಅಬಿಭಿಷುಃ
ತುತುರ ... from III ತುರ್.	ಅತುತೋರ್	ಅತುತೂರ್ತಾಂ	ಅತುತುರುಃ
ಜರಿಗೃಹ್ .... FP ಜರಿಗೃಹ್.	ಅಜರಿಗರ್ಢ್ or ಅಜರಿಗೃಹೀತ್	ಅಜರಿಗೃಢಾಂ	ಅಜರಿಗೃಹುಃ
Bases ending in other consonants than ತ, ಫ, ದ, ಧ *&* ಸ *with penultimate* ಋ.			
ತಾಸ್ತೃಹ್. from FP ತಾಸ್ತೃಹ್.	ತಾಸ್ತೃಹ್ @ ಈಟ್ for *p*+ತ್ or ಈತ್ = ಅತಾಸ್ತೀರ್ಢ್ or ಅತಾಸ್ತೀಹೀತ್	ಅತಾಸ್ತೀರ್ಢಾಂ	ಅತಾಸ್ತೀಹುಃ

Parasmaipadi.

fect.

2nd Person.			1st Person.		
Singular.	*Dual.*	*Plural.*	*Singular.*	*Dual.*	*Plural.*
ಬಾಭಾಸ್ @ ದ್ or ರು for *f*+ ಸ್ or ಬಾಭಾಸ್ + ಈಸ್= ಅಬಾಭಾದ್ or ಅಬಾಭಾಃ or ಅಬಾಭಾಸೀಃ	ಬಾಭಾಸ್+ ತಂ = ಅಬಾಭಾಸ್ತಮ್	ಬಾಬಾಸ್ +ತ=ಅ ಬಾಭಾಸ್ತ	ಬಾಭಾಸ್+ಅಂ =ಅಬಾಭಾಸಂ	ಬಾಭಾಸ್ + ವ=ಅ ಬಾಭಾಸ್ವ	ಬಾಭಾಸ್+ ಮ= ಅಬಾ ಭಾಸ್ಮ(23)
ದಿಧಿಷ್ @ *gp*+ ಸ್=ಅದಿಧೇಟ್	ದಿಧಿಷ+ತಂ = ಅದಿಧಿ ಷ್ಟಂ	ದಿಧಿಷ+ತ = ಅದಿಧಿ ಷ್ಟ	ದಿಧಿಷ @ *gp* +ಅಂ = ಅದಿ ಧೇಷಂ	ದಿಧಿಷ+ವ = ಅದಿಧಿ ಷ್ವ	ದಿಧಿಷ+ಮ =ಅದಿಧಿಷ್ಮ
ಅತುತ್ರೋಃ	ಅತುತೂ ರ್ತಮ್	ಅತುತೂರ್ತ	ಅತುತೋರಂ	ಅತುತೂರ್ವ	ಅತುತೂ ರ್ಮ
ಅಜರಿಗರ್ಧ್ or ಅಜರಿಗೃಹೀಃ	ಅಜರಿಗೃಢಂ	ಅಜರಿಗೃಢ	ಅಜರಿಗರ್ಹಂ	ಅಜರಿಗೃಹ್ವ	ಅಜರಿಗೃಹ್ಮ
ಅತಾಸ್ತೃಢ್ or ಅತಾಸ್ತೃಹೀಃ	ಅತಾಸ್ತೃ ಢಂ	ಅತಾಸ್ತೃ ಢ	ಅತಾಸ್ತೃಹಂ	ಅತಾಸ್ತೃ ಹ್ವ	ಅತಾಸ್ತೃಹ್ಮ (24)

Imper

BASES.		3RD PERSON.	
	Singular.	*Dual.*	*Plural.*
Bases ending in other consonants than ತ, ಥ, ದ, ಧ, & ನ with penultimate nasals			
ಬಾಭಂಜ್ ... FP ಬಾಭಂಜ್.	ಬಾಭಂಜ್+ತ್ or ಬಾಭಂಜ್ - *p*+ ಈತ್ = ಅಬಾಭಕ್ or ಅಬಾಭಜೀತ್	ಅಬಾಭಕ್ತಾಂ	ಅಬಾಭಜುಃ
Bases ending in ಛ with penultimate ತ.			
ಮೋಮೂರ್ಛ್ ... FP ಮೋಮೂರ್ಛ್.	ಮೋಮೂರ್ಛ್+ತ್ or ಈತ್= ಅಮೋಮೂರ್ಟ್ or ಅಮೋಮೂರ್ಛೀತ್	ಮೋಮೂರ್ಛ್ -*f*+ತಾಂ=ಅಮೋಮೂರ್ತಾಮ್	ಅಮೋಮೂರ್ಛುಃ
Bases ending in ವ with penultimate ರ.			
ತೋತೂರ್ವ್ .... FP ತೋತೂರ್ವ್.	ತೋತೂರ್ವ್ + ತ್ or ಈತ್= ಅತೋತೂರ್ತ್ or ಅತೋತೂರ್ವೀತ್	ತೋತೂರ್ವ್ - *f*+ ತಾಂ = ಅತೋತೂರ್ತಾಂ	ಅತೋತೂರ್ವುಃ

PARASMAIPADI.

fect.

2ND PERSON.			1ST PERSON.		
Singular.	*Dual.*	*Plural.*	*Singular.*	*Dual.*	*Plural.*
ಬಾಭಂಜ್+ಸ್ or ಬಾಭಂಜ್ $-p+$ ಈಸ್ = ಅಬಾಭನ್ or ಅಬಾಭಜೀಃ	ಅಬಾಭಕ್ತಂ	ಅಬಾಭಕ್ತ	ಅಬಾಭಂಜಂ	ಅಬಾಭಜ್ವ	ಅಬಾಭಜ್ಮ (25)
ಅವೋವೂರ್ಟ್ or ಅವೋವೂರ್ವೀಃ	ಅವೋವೂರ್ತಂ	ಅವೋವೂರ್ತ	ಅವೋವೂರ್ವಂ	ಅವೋವೂರ್ವ್ವ	ಅವೋವೂರ್ಮ (26)
ಅತೋತೂಃ or ಅತೋತೂರ್ವೀಃ	ಅತೋತೂರ್ತಂ	ಅತೋತೂರ್ತ	ಅತೋತೂರ್ವಂ	ಅತೋತೂರ್ವ	ಅತೋತೂರ್ಮ (27)

BASES.	3rd Person. *Singular.*	*Dual.*	*Plural.*
Other bases ending in consonants comprising.			
1. Bases ending in [illegible] with other penultimate letters than [illegible] and [illegible] and light [illegible] and [illegible] and nasals.			
2. Bases ending in nasals with other penultimate letters than short vowels and [illegible] and nasals.			
3. Bases ending in [illegible] with other penultimate letters than [illegible] and light [illegible] and [illegible] and nasals.			
4. Bases ending in other consonants than nasals and [illegible], [illegible], [illegible], [illegible], [illegible], [illegible] and [illegible], and without light penultimate [illegible] and [illegible] and nasals.			
[illegible] ··· from FP [illegible].	[illegible] + [illegible] or [illegible] = [illegible] or [illegible]	[illegible] + [illegible] = [illegible]	[illegible] + [illegible] = [illegible]
[illegible] ···· FP [illegible].	[illegible] or [illegible]	[illegible]	[illegible]

PARASMAIPADI.

fect.

2ND PERSON.			1ST PERSON.		
Singular	*Dual.*	*Plural.*	*Singular.*	*Dual.*	*Plural.*
ಪಾಪ್ರಚ್ಛ್ + ಸ್ or ಈಸ್ = ಅಪಾಪ್ರಟ್ or ಅಪಾಪ್ರಚ್ಛೀಃ	ಪಾಪ್ರಚ್ಛ್ + ತಂ = ಅಪಾಪ್ರಷ್ಟಂ	ಪಾಪ್ರಚ್ಛ್ + ತ = ಅಪಾಪ್ರಷ್ಟ	ಪಾಪ್ರಚ್ಛ್ + ಅಂ = ಅಪಾಪ್ರಚ್ಛಂ	ಪಾಪ್ರಚ್ಛ್ + ವ = ಅಪಾಪ್ರಚ್ಛ್ವ	ಪಾಪ್ರಚ್ಛ್ + ಮ = ಅಪಾಪ್ರಚ್ಛ್ಮ
ಅಜಾಹಃ or ಅಜಾಹಯೀಃ	ಅಜಾಹತಂ	ಅಜಾಹತ	ಅಜಾಹಯಂ	ಅಜಾಹವ	ಅಜಾಹಮ (28)

ACTIVE VOICE

PRE

BASES.	3RD PERSON.		
	Singular.	*Dual.*	*Plural.*
FIRST DIVISION.			
PART I. Bases ending in ಅ.	ತೇ[3]	ಇತೇ[2]	ಅನ್ತೇ[2]
ಧರ ... ...from ಧೃ.	ಧರತೇ	ಧರೇತೇ	ಧರನ್ತೇ
ಚೇಕ್ರೀಯ .... FA ಚೇಕ್ರೀಯ ... ಕ್ರೀ	ಚೇಕ್ರೀಯತೇ	ಚೇಕ್ರೀಯೇತೇ	ಚೇಕ್ರೀಯನ್ತೇ
ಚೋರಯ ....X ಚುರ್.	ಚೋರಯತೇ	ಚೋರಯೇತೇ	ಚೋರಯನ್ತೇ
ಚೋರಯ ... C ಚೋರಿ ....X ಚುರ್.	ಚೋರಯತೇ	ಚೋರಯೇತೇ	ಚೋರಯನ್ತೇ
ಪಿಪರ್ಚಿಷ .... D ಪಿಪರ್ಚಿಷ ...ಪೃಚ್.	ಪಿಪರ್ಚಿಷತೇ	ಪಿಪರ್ಚಿಷೇತೇ	ಪಿಪರ್ಚಿಷನ್ತೇ
ದೀಯ .... IV ದೀ.	ದೀಯತೇ	ದೀಯೇತೇ	ದೀಯನ್ತೇ
ತುದ ... ... VI ತುದ್.	ತುದತೇ	ತುದೇತೇ	ತುದನ್ತೇ
PART II. Bases not ending in ಅ.	ತೇ[2]	ಆತೇ[3]	ಅತೇ[3]
Section I.			
ತನು and ತನ್ from VIII ತನ್.	ತನುತೇ	ತನ್ವಾತೇ	ತನ್ವತೇ
ಸುನು and ಸುನ್ ... V ಸು.	ಸುನುತೇ	ಸುನ್ವಾತೇ	ಸುನ್ವತೇ
Section II.			
ಅಶ್ನು and ಅಶ್ನುವ್ from V ಅಶ್.	ಅಶ್ನುತೇ	ಅಶ್ನುವಾತೇ	ಅಶ್ನುವತೇ
Sections III.			
ಕ್ರೀಣೀ and ಕ್ರೀಣ್ from IX ಕ್ರೀ.	ಕ್ರೀಣೀತೇ	ಕ್ರೀಣಾತೇ	ಕ್ರೀಣತೇ
Section IV. nil			

ATMANEPADI.

SENT.

2nd Person.			1st Person.		
Singular.	*Dual.*	*Plural.*	*Singular.*	*Dual.*	*Plural.*
ಸೆ$_2$	ಇಥೆ$_2$	ಧ್ವೆ$_3$	ಏ$_2$	ವಹೆ$_2$	ಮಹೆ$_2$
ಧರಸೆ	ಧರೆಥೆ	ಧರಧ್ವೆ	ಧರೆ	ಧರ@ lf+ವಹೆ = ಧರಾವಹೆ	ಧರ @ lf+ ಮಹೆ=ಧರಾಮಹೆ
ಚೇಕ್ರೀಯಸೆ	ಚೇಕ್ರೀಯೇಥೆ	ಚೇಕ್ರೀಯಧ್ವೆ	ಚೇಕ್ರೀಯೆ	ಚೇಕ್ರೀಯಾವಹೆ	ಚೇಕ್ರೀಯಾಮಹೆ
ಚೋರಯಸೆ	ಚೋರಯೇಥೆ	ಚೋರಯಧ್ವೆ	ಚೋರಯೆ	ಚೋರಯಾವಹೆ	ಚೋರಯಾಮಹೆ
ಚೋರಯಸೆ	ಚೋರಯೇಥೆ	ಚೋರಯಧ್ವೆ	ಚೋರಯೆ	ಚೋರಯಾವಹೆ	ಚೋರಯಾಮಹೆ
ಪಿಪರ್ಚಿಷಸೆ	ಪಿಪರ್ಚಿಷೇಥೆ	ಪಿಪರ್ಚಿಷಧ್ವೆ	ಪಿಪರ್ಚಿಷೆ	ಪಿಪರ್ಚಿಷಾವಹೆ	ಪಿಪರ್ಚಿಷಾಮಹೆ
ಡೀಯಸೆ	ಡೀಯೇಥೆ	ಡೀಯಧ್ವೆ	ಡೀಯೆ	ಡೀಯಾವಹೆ	ಡೀಯಾಮಹೆ
ತುದಸೆ	ತುದೇಥೆ	ತುದಧ್ವೆ	ತುದೆ	ತುದಾವಹೆ	ತುದಾಮಹೆ
ಸೆ$_3$	ಆಥೆ$_3$	ಧ್ವೆ$_3$	ಏ$_3$	ವಹೆ$_3$	ಮಹೆ$_3$
ತನುಷೆ	ತನ್ವಾಥೆ	ತನುಧ್ವೆ	ತನ್ವೆ	ತನುವಹೆ or ತನ್ವಹೆ	ತನುಮಹೆ or ತನ್ಮಹೆ
ಸುನುಷೆ	ಸುನ್ವಾಥೆ	ಸುನುಧ್ವೆ	ಸುನ್ವೆ	ಸುನುವಹೆ or ಸುನ್ವಹೆ	ಸುನುಮಹೆ or ಸುನ್ಮಹೆ
ಅಶ್ನುಷೆ	ಅಶ್ನುವಾಥೆ	ಅಶ್ನುಧ್ವೆ	ಅಶ್ನುವೆ	ಅಶ್ನುವಹೆ	ಅಶ್ನುಮಹೆ
ಕ್ರೀಣೀಷೆ	ಕ್ರೀಣಾಥೆ	ಕ್ರೀಣೀಧ್ವೆ	ಕ್ರೀಣೆ	ಕ್ರೀಣೀವಹೆ	ಕ್ರೀಣೀಮಹೆ

BASES.	3RD PERSON. *Singular.*	*Dual.*	*Plural.*
SECOND DIVISION.			
PART I. Un-reduplicated bases	ತೆ	ಆತೆ	ಅತೆ
Bases ending in ಉ (2nd class)			
ಹ್ನು	ಹ್ನುತೆ	ಹ್ನು @ ಉವ್ for *f*+ಆತೆ =ಹ್ನುವಾತೆ	ಹ್ನುವತೆ
Bases ending in ಸ (2nd class)			
ವಸ್	ವಸ್ತೆ	ವಸಾತೆ	ವಸತೆ
Bases ending in consonants with light penultimate ಇಕ್ (2nd class).			
ದುಹ್ .... from ದುಹ್.	ದುಗ್ಧೆ	ದುಹಾತೆ	ದುಹತೆ
ಲಿಹ್ ... ... ಲಿಹ್.	ಲೀಢೆ	ಲಿಹಾತೆ	ಲಿಹತೆ
ವೃಜ್ ... . ವೃಜ್.	ವೃಕ್ತೆ	ವೃಜಾತೆ	ವೃಜತೆ
Other bases ending in consonants (2nd class).			
ಈರ್ ... ... from ಈರ್.	ಈರ್ತೆ	ಈರಾತೆ	ಈರತೆ
ನಿಂಜ್ .... ನಿಂಜ್.	ನಿಙ್ಕ್ತೆ	ನಿಂಜಾತೆ	ನಿಂಜತೆ
Other bases ending in consonants (7th class)			
ಭಿಂದ್... ... ಭಿಂದ್.	ಭಿಂದೆ	ಭಿಂದಾತೆ	ಭಿಂದತೆ
ಇನ್ಧ್ ... ... ಇನ್ಧ್.	ಇಂಧೆ	ಇಂಧಾತೆ	ಇಂಧತೆ
PART II. Reduplicated bases.			
Bases ending in ಆ (3rd class)			
ಮಿಮಾ .... ಮಾ.	ಮಿಮಾ @ ಈ for *f* + ತೆ= ಮಿಮೀತೆ	ಮಿಮಾ-*f*+ ಆತೆ = ಮಿಮಾತೆ	ಮಿಮತೆ

Atmanepadi.

sent.

	2nd Person.			1st Person.	
Singular.	*Dual.*	*Plural.*	*Singular.*	*Dual.*	*Plural.*
ಸೆ$_2$	ಆಥೆ$_2$	ಧ್ವೆ$_3$	ಎ$_2$	ವಹೆ$_2$	ಮಹೆ$_3$
ಹ್ನುಷೆ	ಹ್ನುವಾಥೆ	ಹ್ನುಧ್ವೆ	ಹ್ನುವೆ	ಹ್ನುವಹೆ	ಹ್ನುಮಹೆ
ವಸ್ಸೆ	ವಸಾಥೆ	ವಸ್ -f+ಧ್ವೆ =ವದ್ಧ್ವೆ	ವಸೆ	ವಸ್ವಹೆ	ವಸ್ಮಹೆ
ಧುಕ್ಷೆ	ದುಹಾಥೆ	ಧುಗ್ಧ್ವೆ	ದುಹೆ	ದುಹ್ವಹೆ	ದುಹ್ಮಹೆ
ಲಿಕ್ಷೆ	ಲಿಹಾಥೆ	ಲೀಢ್ವೆ	ಲಿಹೆ	ಲಿಹ್ವಹೆ	ಲಿಹ್ಮಹೆ
ವೃಕ್ಷೆ	ವೃಜಾಥೆ	ವೃಗ್ಧ್ವೆ	ವೃಜೆ	ವೃಜ್ವಹೆ	ವೃಜ್ಮಹೆ
ಈರ್ಷೆ	ಈರಾಥೆ	ಈರ್ಧ್ವೆ	ಈರೆ	ಈರ್ವಹೆ	ಈರ್ಮಹೆ.
ನಿಕ್ಷೆ	ನಿಂಜಾಥೆ	ನಿಙ್ಧ್ವೆ	ನಿಂಜೆ	ನಿಂಜ್ವಹೆ	ನಿಂಜ್ಮಹೆ.
ಭಿಂತ್ಸೆ	ಭಿಂದಾಥೆ	ಭಿಂದ್ಧ್ವೆ	ಭಿಂದೆ	ಭಿಂದ್ವಹೆ	ಭಿಂದ್ಮಹೆ.
ಇಂತ್ಸೆ	ಇಂಧಾಥೆ	ಇಂದ್ಧ್ವೆ	ಇಂಧೆ	ಇಂಧ್ಮಹೆ	ಇಂದ್ವಹೆ.
ಮಿಮೀಷೆ	ಮಿಮಾಥೆ	ಮಿಮೀಢ್ವೆ	ಮಿಮೆ	ಮಿಮೀವಹೆ	ಮಿಮೀಮಹೆ

ACTIVE VOICE

IMPE

BASES.

3RD PERSON.

	Singular.	*Dual.*	*Plural.*
FIRST DIVISION.			
PART I. Bases ending in ಅ.	ತಾಂ$_2$	‘ೇತಾಂ$_3$	ಅನ್ತಾಂ
ಧರ ... ... from ಧೃ.	ಧರತಾಂ	ಧರೇತಾಂ	ಧರನ್ತಾಂ
ಚೇಕ್ರೀಯ ... FA ಚೇಕ್ರೀಯ ... ಕ್ರೀ.	ಚೇಕ್ರೀಯತಾಂ	ಚೇಕ್ರೀಯೇತಾಮ್	ಚೇಕ್ರೀಯನ್ತಾಮ್
ಚೋರಯ ... ... X ಚುರ್.	ಚೋರಯತಾಂ	ಚೋರಯೇತಾಮ್	ಚೋರಯನ್ತಾಮ್
ಚೋರಯ ... C ಚೋರ್ ... X ಚುರ್.	ಚೋರಯತಾಂ	ಚೋರಯೇತಾಮ್	ಚೋರಯನ್ತಾಮ್
ಪಿಪರ್ಚಿಷ ... D ಪಿಪರ್ಚಿಷ .... ಪೃಚ್.	ಪಿಪರ್ಚಿಷತಾಂ	ಪಿಪರ್ಚಿಷೇತಾಮ್	ಪಿಪರ್ಚಿಷನ್ತಾಮ್
ಡೀಯ .... IV ಡೀ.	ಡೀಯತಾಂ	ಡೀಯೇತಾಂ	ಡೀಯನ್ತಾಂ
ತುದ ... ... VI ತುದ್.	ತುದತಾಂ	ತುದೇತಾಂ	ತುದನ್ತಾಂ
PART II. Bases not ending in ಅ.	ತಾಂ$_2$	ಆತಾಂ$_3$	ಅತಾಂ$_2$
Section I.			
ತನು and ತನ್ ....from VIII ತನ್.	ತನುತಾಂ	ತನ್ವಾತಾಂ	ತನ್ವತಾಂ
ಸುನು and ಸುನ್ ... V ಸು.	ಸುನುತಾಂ	ಸುನ್ವಾತಾಂ	ಸುನ್ವತಾಂ
Section II.			
ಅಶ್ನು and ಅಶ್ನುವ .... V ಅಶ್.	ಅಶ್ನುತಾಂ	ಅಶ್ನುವಾತಾಂ	ಅಶ್ನುವತಾಂ
Section III.			
ಕ್ರೀಣಾ, ಕ್ರೀಣೀ, and ಕ್ರೀಣ್ from IX ಕ್ರೀ.	ಕ್ರೀಣೀತಾಂ	ಕ್ರೀಣಾತಾಂ	ಕ್ರೀಣತಾಂ
Section IV: nil.			

ATMANEPADI.

RATIVE.

2nd Person.			1st Person.		
Singular	*Dual.*	*Plural.*	*Singular.*	*Dual.*	*Plural.*
ಸ್ವ$_2$	ಇಥಾಂ$_2$	ಧ್ವಂ$_2$	ಐ$_5$	ಆವಹೈ$_5$	ಅಮಹೈ$_5$
ಧರಸ್ವ	ಧರೇಥಾಂ	ಧರಧ್ವಂ	ಧರೈ	ಧರಾವಹೈ	ಧರಾಮಹೈ
ಚೇಕ್ರೀಯಸ್ವ	ಚೇಕ್ರೀಯೇಥಾಂ	ಚೇಕ್ರೀಯಧ್ವಂ	ಚೇಕ್ರೀಯೈ	ಚೇಕ್ರೀಯಾವಹೈ	ಚೇಕ್ರೀಯಾಮಹೈ
ಚೋರಯಸ್ವ	ಚೋರಯೇಥಾಂ	ಚೋರಯಧ್ವಂ	ಚೋರಯೈ	ಚೋರಯಾವಹೈ	ಚೋರಯಾಮಹೈ
ಚೋರಯಸ್ವ	ಚೋರಯೇಥಾಂ	ಚೋರಯಧ್ವಂ	ಚೋರಯೈ	ಚೋರಯಾವಹೈ	ಚೋರಯಾಮಹೈ
ಪಿಪರ್ಚಿಷಸ್ವ	ಪಿಪರ್ಚಿಷೇಥಾಂ	ಪಿಪರ್ಚಿಷಧ್ವಂ	ಪಿಪರ್ಚಿಷೈ	ಪಿಪರ್ಚಿಷಾವಹೈ	ಪಿಪರ್ಚಿಷಾಮಹೈ
ದೀಯಸ್ವ	ದೀಯೇಥಾಂ	ದೀಯಧ್ವಂ	ದೀಯೈ	ದೀಯಾವಹೈ	ದೀಯಾಮಹೈ
ತುದಸ್ವ	ತುದೇಥಾಂ	ತುದಧ್ವಂ	ತುದೈ	ತುದಾವಹೈ	ತುದಾಮಹೈ
ಸ್ವ$_2$	ಆಥಾಂ$_2$	ಧ್ವಂ$_2$	ಐ$_5$	ಆವಹೈ$_5$	ಆಮಹೈ$_5$
ತನುಷ್ವ	ತನ್ವಾಥಾಂ	ತನುಧ್ವಂ	ತನವೈ	ತನವಾವಹೈ	ತನವಾಮಹೈ
ಸುನುಷ್ವ	ಸುನ್ವಾಥಾಂ	ಸುನುಧ್ವಂ	ಸುನವೈ	ಸುನವಾವಹೈ	ಸುನವಾಮಹೈ
ಅಶ್ನುಷ್ವ	ಅಶ್ನುವಾಥಾಂ	ಅಶ್ನುಧ್ವಂ	ಅಶ್ನವೈ	ಅಶ್ನವಾವಹೈ	ಅಶ್ನವಾಮಹೈ
ಕ್ರೀಣೀಷ್ವ	ಕ್ರೀಣಾಥಾಂ	ಕ್ರೀಣೀಧ್ವಂ	ಕ್ರೀಣೈ	ಕ್ರೀಣಾವಹೈ	ಕ್ರೀಣಾಮಹೈ

BASES.	3RD PERSON.		
	Singular.	*Dual.*	*Plural.*
SECOND DIVISION.			
PART I. Unreduplicated bases.	ತಾಂ$_3$	ಆತಾಂ$_2$	ಅತಾಂ$_2$
Bases ending in ಉ (2nd Class)			
ಹ್ನು	ಹ್ನುತಾಂ	ಹ್ನು @ ಉವ for f + ಆ ತಾಂ = ಹ್ನುವಾತಾಂ	ಹ್ನುವತಾಂ
Other bases ending in ಸ (2nd class) ... ವಸ್.	ವಸ್ತಾಂ	ವಸಾತಾಂ	ವಸತಾಂ
Bases ending in consonants with light penultimate ಇರ್ (2nd class).			
ದುಹ್ ... from ದುಹ್.	ದುಗ್ಧಾಂ	ದುಹಾತಾಂ	ದುಹತಾಂ
ಲಿಹ್ ... ... ಲಿಹ್.	ಲೀಢಾಂ	ಲಿಹಾತಾಂ	ಲಿಹತಾಂ
ವೃಜ್ ... ... ವೃಜ್.	ವೃಕ್ತಾಂ	ವೃಜಾತಾಂ	ವೃಜತಾಂ
Other bases ending in consonants (2nd class).			
ಈರ್ .... ಈರ್.	ಈರ್ತಾಂ	ಈರಾತಾಂ	ಈರತಾಂ
ನಿಂಜ್ .... ನಿಂಜ್.	ನಿಙ್ಕ್ತಾಂ	ನಿಂಜಾತಾಂ	ನಿಂಜತಾಂ
Other bases ending in consonants (7th class).			
ಭಿಂದ್ ... . ಭಿಂದ್.	ಭಿಂತ್ತಾಂ	ಭಿಂದಾತಾಂ	ಭಿಂದತಾಂ
ಇನ್ಧ್ .... ಇನ್ಧ್.	ಇಂತ್ತಾಂ	ಇಂಧಾತಾಂ	ಇಂಧತಾಂ
PART II. Rebuplicated bases.			
Bases ending in ಆ (3rd class)			
ಮಿಮಾ ... from ಮಾ.	ಮಿಮಾ @ ಈ for f + ತಾಂ =ಮಿಮೀತಾಂ	ಮಿಮಾ - f+ಆ ತಾಂ+ಮಿಮಾತಾಂ	ಮಿಮತಾಂ

ATMANEPADI.

rative.

2ND PERSON.			1ST PERSON.		
Singular.	*Dual.*	*Plural.*	*Singular.*	*Dual.*	*Plural.*
ಸ್ವ	ಆಥಾಂ	ಧ್ವಂ	ಐ	ಆವಹೈ	ಆಮಹೈ
ಹ್ನುಷ್ವ	ಹ್ನುವಾಥಾಂ	ಹ್ನುಧ್ವಂ	ಹ್ನುವೈ	ಹ್ನುವಾವಹೈ	ಹ್ನುವಾಮಹೈ (1)
ವಸ್ಸ್ವ	ವಸಾಥಾಂ	ವಸ್-*f*+ಧ್ವಂ =ವಧ್ವಂ	ವಸೈ	ವಸಾವಹೈ	ವಸಾಮಹೈ (2)
ಧುಕ್ಷ್ವ	ದುಹಾಥಾಂ	ಧುಗ್ಧ್ವಂ	ದುಹೈ	ದುಹಾವಹೈ	ದುಹಾಮಹೈ
ಲಿಕ್ಷ್ವ	ಲಿಹಾಥಾಂ	ಲೀಢ್ವಂ	ಲಿಹೈ	ಲಿಹಾವಹೈ	ಲಿಹಾಮಹೈ
ವೃಕ್ಷ್ವ	ವೃಜಾಥಾಂ	ವೃಗ್ಧ್ವಂ	ವೃಜೈ	ವೃಜಾವಹೈ	ವೃಜಾಮಹೈ
ಈರ್ಷ್ವ	ಈರಾಥಾಂ	ಈರ್ಧ್ವಂ	ಈರೈ	ಈರಾವಹೈ	ಈರಾಮಹೈ
ನಿಙ್ಕ್ಷ್ವ	ನಿಂಜಾಥಾಂ	ನಿಙ್ಗ್ಧ್ವಂ	ನಿಂಜೈ	ನಿಂಜಾವಹೈ	ನಿಂಜಾಮಹೈ
ಭಿಂತ್ಸ್ವ	ಭಿಂದಾಥಾಂ	ಭಿಂದ್ಧ್ವಂ	ಭಿಂದೈ	ಭಿಂದಾವಹೈ	ಭಿಂದಾಮಹೈ
ಇಂತ್ಸ್ವ	ಇಂಧಾಥಾಂ	ಇಂದ್ಧ್ವಂ	ಇಂಧೈ	ಇಂಧಾವಹೈ	ಇಂಧಾಮಹೈ (3)
ಮಿಮೀಷ್ವ	ಮಿಮಾಥಾಂ	ಮಿಮೀಢ್ವಂ	ಮಿಮೈ	ಮಿಮಾವಹೈ	ಮಿಮಾಮಹೈ (4)

ACTIVE VOICE

IMPER

BASES.

	3RD PERSON.		
	Singular.	*Dual.*	*Plural.*
FIRST DIVISION.			
PART I. Bases ending in ಅ.	ತ$_2$	ಇತಾಂ$_2$	ಅನ್ತ$_2$
ಧರ .... from ಧೃ.	ಅಧರತ	ಅಧರೇತಾಂ	ಅಧರನ್ತ
ಚೇಕ್ರೀಯ .... FA ಚೇಕ್ರೀಯ .... ಕ್ರೀ.	ಅಚೇಕ್ರೀಯತ	ಅಚೇಕ್ರೀಯೇತಾಂ	ಅಚೇಕ್ರೀಯನ್ತ
ಚೋರಯ .... X ಚುರ್.	ಅಚೋರಯತ	ಅಚೋರಯೇತಾಂ	ಅಚೋರಯನ್ತ
ಚೋರಯ ... C ಚೋರಿ ... X ಚುರ್.	ಅಚೋರಯತ	ಅಚೋರಯೇತಾಂ	ಅಚೋರಯನ್ತ
ಪಿಪರ್ಚಿಷ ... D ಪಿಪರ್ಚಿಷ .... ಪೃಚ್.	ಅಪಿಪರ್ಚಿಷತ	ಅಪಿಪರ್ಚಿಷೇತಾಂ	ಅಪಿಪರ್ಚಿಷನ್ತ
ದೀಯ ... ... IV ದೀ.	ಅದೀಯತ	ಅದೀಯೇತಾಂ	ಅದೀಯನ್ತ
ತುದ .... VI ತುದ್.	ಅತುದತ	ಅತುದೇತಾಂ	ಅತುದನ್ತ
PART II. Bases not ending in ಅ.	ತ$_2$	ಆತಾಂ$_2$	ಅತ$_2$
Section I.			
ತನು or ತನ್ ... from VIII ತನ್.	ಅತನುತ	ಅತನ್ವಾತಾಂ	ಅತನ್ವತ
ಸುನು or ಸುನ್ .... V ಸು.	ಅಸುನುತ	ಅಸುನ್ವಾತಾಂ	ಅಸುನ್ವತ
Section II.			
ಅಶ್ನು or ಅಶ್ನುವ್ .... V ಅಶ್.	ಆಶ್ನುತ	ಆಶ್ನುವಾತಾಂ	ಅಶ್ನುವತ
Section III.			
ಕ್ರೀಣಾ or ಕ್ರೀಣೀ or ಕ್ರೀಣ್ ... IV ಕ್ರೀ.	ಅಕ್ರೀಣೀತ	ಅಕ್ರೀಣಾತಾಂ	ಅಕ್ರೀಣತ
Section IV. nil			

ATMANEPADI.

FECT.

2ND PERSON.			1ST PERSON.		
Singular.	*Dual.*	*Plural.*	*Singular.*	*Dual.*	*Plural.*
ಥಾಸ್$_3$	ಇಥಾಂ$_3$	ಧ್ವಂ$_3$	ಇಟ್$_3$	ವಹಿ$_3$	ಮಹಿಙ್
ಅಧರಥಾಃ	ಅಧರೇಥಾಂ	ಅಧರಧ್ವಂ	ಅಧರೆ	ಅಧರಾವಹಿ	ಅಧರಾಮಹಿ
ಅಚೇಕ್ರೀಯಥಾಃ	ಅಚೇಕ್ರೀಯೇಥಾಂ	ಅಚೇಕ್ರೀಯಧ್ವಂ	ಅಚೇಕ್ರೀಯೆ	ಅಚೇಕ್ರೀಯಾವಹಿ	ಅಚೇಕ್ರೀಯಾಮಹಿ
ಅಚೋರಯಥಾಃ	ಅಚೋರಯೇಥಾಂ	ಅಚೋರಯಧ್ವಂ	ಅಚೋರಯೆ	ಅಚೋರಯಾವಹಿ	ಅಚೋರಯಾಮಹಿ
ಅಚೋರಯಥಾಃ	ಅಚೋರಯೇಥಾಂ	ಅಚೋರಯಧ್ವಂ	ಅಚೋರಯೆ	ಅಚೋರಯಾವಹಿ	ಅಚೋರಯಾಮಹಿ
ಅಪಿಪರ್ಚಿಷಥಾಃ	ಅಪಿಪರ್ಚಿಷೇಥಾಂ	ಅಪಿಪರ್ಚಿಷಧ್ವಂ	ಅಪಿಪರ್ಚಿಷೆ	ಅಪಿಪರ್ಚಿಷಾವಹಿ	ಅಪಿಪರ್ಚಿಷಾಮಹಿ
ಅಡೀಯಥಾಃ	ಅಡೀಯೇಥಾಂ	ಅಡೀಯಧ್ವಂ	ಅಡೀಯೆ	ಅಡೀಯಾವಹಿ	ಅಡೀಯಾಮಹಿ
ಅತುದಥಾಃ	ಅತುದೇಥಾಂ	ಅತುದಧ್ವಂ	ಅತುದೆ	ಅತುದಾವಹಿ	ಅತುದಾಮಹಿ (1)
ಥಾಸ್$_3$	ಆಥಾಂ$_3$	ಧ್ವಂ$_3$	ಇಟ್$_3$	ವಹಿ$_3$	ಮಹಿಙ್
ಅತನುಥಾಃ	ಅತನ್ವಾಥಾಂ	ಅತನುಧ್ವಂ	ಅತನ್ವಿ	ಅತನುವಹಿ or ಅತನ್ವಹಿ	ಅತನುಮಹಿ or ಅತನ್ಮಹಿ
ಅಸುನುಥಾಃ	ಅಸುನ್ವಾಥಾಂ	ಅಸುನುಧ್ವಂ	ಅಸುನ್ವಿ	ಅಸುನುವಹಿ or ಅಸುನ್ವಹಿ	ಅಸುನುಮಹಿ or ಅಸುನ್ಮಹಿ (2)
ಅಶ್ನುಥಾಃ	ಅಶ್ನುವಾಥಾಂ	ಅಶ್ನುಧ್ವಂ	ಅಶ್ನುವಿ	ಅಶ್ನುವಹಿ	ಅಶ್ನುಮಹಿ (3)
ಅಕ್ರೀಣೀಥಾಃ	ಅಕ್ರೀಣಾಥಾಂ	ಅಕ್ರೀಣೀಧ್ವಂ	ಅಕ್ರೀಣಿ	ಅಕ್ರೀಣೀವಹಿ	ಅಕ್ರೀಣೀಮಹಿ (4)

BASES.	3RD PERSON. *Singular.*	*Dual.*	*Plural.*
SECOND DIVISION.			
PART I. Un-reduplicated bases.	ತ	ಆತಾಂ	ಅತ
Bases ending in ಉ (2nd class)			
ಹ್ನು	ಅಹ್ನುತ	ಹ್ನು @ ಉವ್ for f+ಆತಾಂ = ಅಹ್ನುವಾತಾಂ	ಅಹ್ನುವತ
Bases ending in ಸ (2nd class)			
ವಸ್	ಅವಸ್ತ	ಅವಸಾತಾಂ	ಅವಸತ
Other bases ending in consonants with light penultimate ಇಕ್ (2nd class).			
ದುಹ್ ... ...from ದುಹ್.	ಅದುಗ್ಧ	ಅದುಹಾತಾಂ	ಅದುಹತ
ಲಿಹ್ ... ... ಲಿಹ್.	ಅಲೀಢ	ಅಲಿಹಾತಾಂ	ಅಲಿಹತ
ವೃಜ್ ... ... ವೃಜ್.	ಅವೃಕ್ತ	ಅವೃಜಾತಾಂ	ವೃಜತ
Other bases ending in consonants (2nd class).			
ಈರ್ ... ...from ಈರ್.	ಐರ್ತ	ಐರಾತಾಂ	ಐರತ
ನಿಂಜ್ ... ... ನಿಂಜ್.	ಅನಿಙ್ಕ್ತ	ಅನಿಂಜಾತಾಂ	ಅನಿಂಜತ
Other bases ending in consonants (7th class).			
ಭಿಂದ್ ... ... ಭಿಂದ್.	ಅಭಿಂತ್ತ	ಅಭಿಂದಾತಾಂ	ಅಭಿಂದತ
ಇಂಧ್ ... ... ಇಂಧ್.	ಐಂದ್ಧ	ಐಂಧಾತಾಂ	ಐಂಧತ.
PART II. Reduplicated bases.			
Bases ending in ಆ (3rd class).			
ಮಿಮಾ ... ... ಮಾ.	ಮಿಮಾ @ ಈ for f + ತ = ಅಮಿಮೀತ	ಮಿಮಾ – f + ಆತಾಂ = ಅಮಿಮಾತಾಂ	ಅಮಿಮತ

ATMANEPADI.

fect.

	2ND PERSON.			1ST PERSON.	
Singular.	*Dual.*	*Plural.*	*Singular.*	*Dual.*	*Plural.*
ಥಾಸ್	ಆಥಾಂ	ಧ್ವಂ	ಇಟ್	ವಹಿ	ಮಹಿಙ್
ಅಹ್ನುಥಾಃ	ಅಹ್ನುವಾಥಾಂ	ಅಹ್ನುಧ್ವಂ	ಅಹ್ನುವಿ	ಅಹ್ನುವಹಿ	ಅಹ್ನುಮಹಿ (1)
ಅವಸ್ಥಾಃ	ಅವಸಾಥಾಂ	ವಸ್ - *f* + ಧ್ವಂ= ಅವಧ್ವಂ	ಅವಸಿ	ಅವಸ್ವಹಿ	ಅವಸ್ಮಹಿ (2)
ಅದುಗ್ಧಾಃ	ಅದುಹಾಥಾಂ	ಅದುಗ್ಧ್ವಂ	ಅದುಹಿ	ಅದುಹ್ವಹಿ	ಅದುಹ್ಮಹಿ
ಅಲೀಢಾಃ	ಅಲಿಹಾಥಾಂ	ಅಲೀಢ್ವಂ	ಅಲಿಹಿ	ಅಲಿಹ್ವಹಿ	ಅಲಿಹ್ಮಹಿ
ಅವೃಕ್ಥಾಃ	ಅವೃಜಾಥಾಂ	ಅವೃಗ್ಧ್ವಂ	ಅವೃಜಿ	ಅವೃಜ್ವಹಿ	ಅವೃಜ್ಮಹಿ
ಐರ್ಥಾಃ	ಐರಾಥಾಂ	ಐರ್ಧ್ವಂ	ಐರಿ	ಐರ್ವಹಿ	ಐರ್ಮಹಿ
ಅನಿಙ್ಕ್ಥಾಃ	ಅನಿಂಜಾಥಾಂ	ಅನಿಙ್ಗ್ಧ್ವಂ	ಅನಿಂಜಿ	ಅನಿಂಜ್ವಹಿ	ಅನಿಂಜ್ಮಹಿ
ಅಭಿಂತ್ಥಾಃ	ಅಭಿಂದಾಥಾಂ	ಅಭಿಂಧ್ವಂ	ಅಭಿಂದಿ	ಅಭಿಂದ್ವಹಿ	ಅಭಿಂದ್ಮಹಿ
ಐಂದ್ಧಾಃ	ಐಂಧಾಥಾಂ	ಐಂಧ್ವಂ	ಐಂಧಿ	ಐಂಧ್ವಹಿ	ಐಂಧ್ಮಹಿ (3)
ಅಮಿಮೀಥಾಃ	ಅಮಿಮಾಥಾಂ	ಅಮಿಮೀಧ್ವಂ	ಅಮಿಮಿ	ಅಮಿಮೀವಹಿ	ಅಮಿಮೀಮಹಿ (4)

ACTIVE VOICE

OPTA

BASES.

3RD PERSON.

BASES.	Singular.	Dual.	Plural.
FIRST DIVISION.			
PART I. Bases ending in ಅ.	ಇಯುಟ್+ತ್$_{2}$	ಇಯುಟ್+ತಾಂ$_{2}$	ಇಯುಟ್+ಜುಸ್$_{2}$
ಧರ ... from ಧೃ.	ಧರೇತ್	ಧರೇತಾಂ	ಧರೇಯುಃ
ಚೋರಯ .... X ಚುರ್.	ಚೋರಯೇತ್	ಚೋರಯೇತಾಂ	ಚೋರಯೇ ಯುಃ
ಚೋರಯ ... C ಚೋರಿ .... X ಚುರ್.	ಚೋರಯೇತ್	ಚೋರಯೇತಾಂ	ಚೋರಯೇ ಯುಃ
ಪಿಪಠಿಷ .... D ಪಿಪಠಿಷ ... ಪಠ್.	ಪಿಪಠಿಷೇತ್	ಪಿಪಠಿಷೇತಾಂ	ಪಿಪಠಿಷೇಯುಃ
ದೀವ್ಯ .... IV ದಿವ್.	ದೀವ್ಯೇತ್	ದೀವ್ಯೇತಾಂ	ದೀವ್ಯೇಯುಃ
ತುದ .... VI ತುದ್.	ತುದೇತ್	ತುದೇತಾಂ	ತುದೇಯುಃ
PART II. Bases not ending in ಅ.	ಯಾತ್$_{2}$	ಯಾತಾಂ$_{2}$	ಯುಃ$_{2}$
ತನು .... from VIII ತನ್.	ತನುಯಾತ್	ತನುಯಾತಾಂ	ತನುಯುಃ
ಸುನು ... V ಸು.	ಸುನುಯಾತ್	ಸುನುಯಾತಾಂ	ಸುನುಯುಃ
ಶಕ್ನು ... V ಶಕ್.	ಶಕ್ನುಯಾತ್	ಶಕ್ನುಯಾತಾಂ	ಶಕ್ನುಯುಃ
ಕ್ರೀಣೀ ... IX ಕ್ರೀ.	ಕ್ರೀಣೀಯಾತ್	ಕ್ರೀಣೀಯಾತಾಂ	ಕ್ರೀಣೀಯುಃ
ನಭ್ನೀ .... X ನಭ್.	ನಭ್ನೀಯಾತ್	ನಭ್ನೀಯಾತಾಂ	ನಭ್ನೀಯುಃ
SECOND DIVISION.	ಯಾತ್$_{2}$	ಯಾತಾಂ$_{2}$	ಯುಃ$_{2}$
PART I. Un-reduplicated bases.			
ಯಾ .... from ಯಾ.	ಯಾಯಾತ್	ಯಾಯಾತಾಂ	ಯಾಯುಃ
ಯು ... ... ಯು.	ಯುಯಾತ್	ಯುಯಾತಾಂ	ಯುಯುಃ
ಇ .... ಇ.	ಇಯಾತ್	ಇಯಾತಾಂ	ಇಯುಃ
ಈ ... ... ಈ.	ಈಯಾತ್	ಈಯಾತಾಂ	ಈಯುಃ
ವೀ ... ... ವೀ.	ವೀಯಾತ್	ವೀಯಾತಾಂ	ವೀಯುಃ
ದುಹ್ ... ... ದುಹ್.	ದುಹ್ಯಾತ್	ದುಹ್ಯಾತಾಂ	ದುಹ್ಯುಃ

PARASMAIPADI.

TIVE.

2nd Person.			1st Person.		
Singular.	*Dual.*	*Plural.*	*Singular.*	*Dual.*	*Plural.*
ಇಯ್^{6}+ಸ್$_{2}$	ಇಯ್^{6}+ತಂ$_{2}$	ಇಯ್^{6}+ತ$_{2}$	ಇಯ್^{6}+ಅಂ$_{2}$	ಇಯ್^{6}+ವ$_{2}$	ಇಯ್^{6}+ಮ$_{2}$
ಧರೇಃ	ಧರೇತಂ	ಧರೇತ	ಧರೇಯಂ	ಧರೇವ	ಧರೇಮ
ಚೋರಯೇಃ	ಚೋರಯೇತಂ	ಚೋರಯೇತ	ಚೋರಯೇಯಂ	ಚೋರಯೇವ	ಚೋರಯೇಮ
ಚೋರಯೇಃ	ಚೋರಯೇತಂ	ಚೋರಯೇತ	ಚೋರಯೇಯಂ	ಚೋರಯೇವ	ಚೋರಯೇಮ
ಪಿಪಠಿಷೇಃ	ಪಿಪಠಿಷೇತಂ	ಪಿಪಠಿಷೇತ	ಪಿಪಠಿಷೇಯಂ	ಪಿಪಠಿಷೇವ	ಪಿಪಠಿಷೇಮ
ದೀವ್ಯೇಃ	ದೀವ್ಯೇತಂ	ದೀವ್ಯೇತ	ದೀವ್ಯೇಯಂ	ದೀವ್ಯೇವ	ದೀವ್ಯೇಮ
ತುದೇಃ	ತುದೇತಂ	ತುದೇತ	ತುದೇಯಂ	ತುದೇವ	ತುದೇಮ (1)
ಯಾಃ$_{2}$	ಯಾತಂ$_{2}$	ಯಾತ$_{2}$	ಯಾಂ$_{2}$	ಯಾವ	ಯಾಮ$_{2}$
ತನುಯಾಃ	ತನುಯಾತಂ	ತನುಯಾತ	ತನುಯಾಂ	ತನುಯಾವ	ತನುಯಾಮ
ಸುನುಯಾಃ	ಸುನುಯಾತಂ	ಸುನುಯಾತ	ಸುನುಯಾಂ	ಸುನುಯಾವ	ಸುನುಯಾಮ
ಶಕ್ನುಯಾಃ	ಶಕ್ನುಯಾತಂ	ಶಕ್ನುಯಾತ	ಶಕ್ನುಯಾಂ	ಶಕ್ನುಯಾವ	ಶಕ್ನುಯಾಮ
ಕ್ರೀಣೀಯಾಃ	ಕ್ರೀಣೀಯಾತಂ	ಕ್ರೀಣೀಯಾತ	ಕ್ರೀಣೀಯಾಂ	ಕ್ರೀಣೀಯಾವ	ಕ್ರೀಣೀಯಾಮ
ಸಭ್ನೀಯಾಃ	ಸಭ್ನೀಯಾತಂ	ಸಭ್ನೀಯಾತ	ಸಭ್ನೀಯಾಂ	ಸಭ್ನೀಯಾವ	ಸಭ್ನೀಯಾಮ
ಯಾಃ$_{2}$	ಯಾತಂ	ಯಾತ$_{2}$	ಯಾಂ	ಯಾವ	ಯಾಮ
ಯಾಯಾಃ	ಯಾಯಾತಂ	ಯಾಯಾತ	ಯಾಯಾಂ	ಯಾಯಾವ	ಯಾಯಾಮ
ಯುಯಾಃ	ಯುಯಾತಂ	ಯುಯಾತ	ಯುಯಾಂ	ಯುಯಾವ	ಯುಯಾಮ
ಇಯಾಃ	ಇಯಾತಂ	ಇಯಾತ	ಇಯಾಂ	ಇಯಾವ	ಇಯಾಮ
ಈಯಾಃ	ಈಯಾತಂ	ಈಯಾತ	ಈಯಾಂ	ಈಯಾವ	ಈಯಾಮ
ವೀಯಾಃ	ವೀಯಾತಂ	ವೀಯಾತ	ವೀಯಾಂ	ವೀಯಾವ	ವೀಯಾಮ
ದುಹ್ಯಾಃ	ದುಹ್ಯಾತಂ	ದುಹ್ಯಾತ	ದುಹ್ಯಾಂ	ದುಹ್ಯಾವ	ದುಹ್ಯಾಮ

BASES.			3rd Person.		
			Singular.	*Dual.*	*Plural.*
ಲಿಹ್	...	ಲಿಹ್.	ಲಿಹ್ಯಾತ್	ಲಿಹ್ಯಾತಾಂ	ಲಿಹ್ಯುಃ
ಸಸ್	....	ಸಸ್.	ಸಸ್ಯಾತ್	ಸಸ್ಯಾತಾಂ	ಸಸ್ಯುಃ
ರುನ್ಧ್	....	ರುಧ್.	ರುನ್ಧ್ಯಾತ್	ರುನ್ಧ್ಯಾತಾಂ	ರುನ್ಧ್ಯುಃ
ರಿಂಚ್	...	ರಿಚ್.	ರಿಂಚ್ಯಾತ್	ರಿಂಚ್ಯಾತಾಂ	ರಿಂಚ್ಯುಃ
ಶಿಂಷ್	....	ಶಿಷ್.	ಶಿಂಷ್ಯಾತ್	ಶಿಂಷ್ಯಾತಾಂ	ಶಿಂಷ್ಯುಃ
ಭಂಜ್	...	ಭಜ್.	ಭಂಜ್ಯಾತ್	ಭಂಜ್ಯಾತಾಂ	ಭಂಜ್ಯುಃ

Part II. Reduplicated bases.

Bases ending in ಆ.

ಜಗಾ	....	from III ಗಾ.	ಜಗಾ @ ಈ for *f* + ಯಾತ್ = ಜಗೀಯಾತ್	ಜಗೀಯಾತಾಂ	ಜಗೀಯುಃ
ಜಾಘ್ರಾ	....	F P ಜಾಘ್ರಾ.	ಜೆಘ್ರೀಯಾತ್	ಜೆಘ್ರೀಯಾತಾಂ	ಜೆಘ್ರೀಯುಃ

Bases ending in ಋ *(labial).*

ಪಿಪೄ	....	from III ಪೄ.	ಪಿಪೄ @ ಈರ್ for *f* + ಯಾತ್ = ಪಿಪೂರ್ಯಾತ್	ಪಿಪೂರ್ಯಾತಾಂ	ಪಿಪೂರ್ಯುಃ
ಪಾಪೄ	....	FP ಪಾಪೄ.	ಪಾಪೂರ್ಯಾತ್	ಪಾಪೂರ್ಯಾತಾಂ	ಪಾಪೂರ್ಯುಃ
ವಾವೄ	...	FP ವಾವೄ.	ವಾವೂರ್ಯಾತ್	ವಾವೂರ್ಯಾತಾಂ	ವಾವೂರ್ಯುಃ

Bases ending in ಋ *(non-labial).*

ಚಾಕೄ	....	FP ಚಾಕೄ.	ಚಾಕೄ @ ಈರ್ for *f* + ಯಾತ್ = ಚಾಕೀರ್ಯಾತ್	ಚಾಕೀರ್ಯಾತಾಂ	ಚಾಕೀರ್ಯುಃ

PARASMAIPADI.

tive.

	2ND PERSON.			1ST PERSON.	
Singular.	*Dual.*	*Plural.*	*Singular.*	*Dual.*	*Plural.*
ಪಿಷ್ಯಾಃ	ಪಿಷ್ಯಾತಂ	ಪಿಷ್ಯಾತ	ಪಿಷ್ಯಾಂ	ಪಿಷ್ಯಾವ	ಪಿಷ್ಯಾಮ
ಸಸ್ಯಾಃ	ಸಸ್ಯಾತಂ	ಸಸ್ಯಾತ	ಸಸ್ಯಾಂ	ಸಸ್ಯಾವ	ಸಸ್ಯಾಮ
ರುನ್ಧ್ಯಾಃ	ರುನ್ಧ್ಯಾತಂ	ರುನ್ಧ್ಯಾತ	ರುನ್ಧ್ಯಾಂ	ರುನ್ಧ್ಯಾವ	ರುನ್ಧ್ಯಾಮ
ರಿಂಚ್ಯಾಃ	ರಿಂಚ್ಯಾತಂ	ರಿಂಚ್ಯಾತ	ರಿಂಚ್ಯಾಂ	ರಿಂಚ್ಯಾವ	ರಿಂಚ್ಯಾಮ
ಶಿಂಷ್ಯಾಃ	ಶಿಂಷ್ಯಾತಂ	ಶಿಂಷ್ಯಾತ	ಶಿಂಷ್ಯಾಂ	ಶಿಂಷ್ಯಾವ	ಶಿಂಷ್ಯಾಮ
ಭಂಜ್ಯಾಃ	ಭಂಜ್ಯಾತಂ	ಭಂಜ್ಯಾತ	ಭಂಜ್ಯಾಂ	ಭಂಜ್ಯಾವ	ಭಂಜ್ಯಾಮ (2)
ಜಗೀಯಾಃ	ಜಗೀಯಾತಂ	ಜಗೀಯಾತ	ಜಗೀಯಾಂ	ಜಗೀಯಾವ	ಜಗೀಯಾಮ
ಜಿಘ್ರೀಯಾಃ	ಜಿಘ್ರೀಯಾತಂ	ಜಿಘ್ರೀಯಾತ	ಜಿಘ್ರೀಯಾಂ	ಜಿಘ್ರೀಯಾವ	ಜಿಘ್ರೀಯಾಮ (3)
ಪಿಪೂರ್ಯಾಃ	ಪಿಪೂರ್ಯಾತಂ	ಪಿಪೂರ್ಯಾತ	ಪಿಪೂರ್ಯಾಂ	ಪಿಪೂರ್ಯಾವ	ಪಿಪೂರ್ಯಾಮ
ಪಾಪೂರ್ಯಾಃ	ಪಾಪೂರ್ಯಾತಂ	ಪಾಪೂರ್ಯಾತ	ಪಾಪೂರ್ಯಾಂ	ಪಾಪೂರ್ಯಾವ	ಪಾಪೂರ್ಯಾಮ
ಪಾವೂರ್ಯಾಃ	ಪಾವೂರ್ಯಾತಂ	ಪಾವೂರ್ಯಾತ	ಪಾವೂರ್ಯಾಂ	ಪಾವೂರ್ಯಾವ	ಪಾವೂರ್ಯಾಮ (4)
ಚಾಕೀರ್ಯಾಃ	ಚಾಕೀರ್ಯಾತಂ	ಚಾಕೀರ್ಯಾತ	ಚಾಕೀರ್ಯಾಂ	ಚಾಕೀರ್ಯಾವ	ಚಾಕೀರ್ಯಾಮ (5)

BASES.		3RD PERSON. *Singular.*	*Dual.*	*Plural.*
Bases ending in consonants with penultimate ಋ.				
ಬಾಕ್ಯಾತ್	···from FP ಬಾಕ್ಯಾತ್.	ಬಾಕ್ಯಾತ್ @ ಈ ರ್ for *p* + ಯಾತ್= ಬಾ ಕ್ರೀಯಾತ್	ಬಾಕ್ರೀಯಾ ತಾಂ	ಬಾಕ್ರೀಯುಃ
Bases ending in consonants with penultimate nasals.				
ಬಾಭಂಜ್	···· from FP ಬಾಭಂಜ್.	ಬಾಭಂಜ್- *p*+ ಯಾತ್=ಬಾಭ ಜ್ಯಾತ್	ಬಾಭಜ್ಯಾತಾಂ	ಬಾಭಜ್ಯುಃ
Other bases ending in consonants.				
ಚಿಕಿ	···· ···III ಕಿ.	ಚಿಕಿಯಾತ್	ಚಿಕಿಯಾತಾಂ	ಚಿಕಿಯುಃ
ಚೇಕ್ರೀ	··· FP ಚೇಕ್ರೀ.	ಚೇಕ್ರೀಯಾತ್	ಚೇಕ್ರೀಯಾತಾಂ	ಚೇಕ್ರೀಯುಃ
ದೋಧು	··· FP ದೋಧು.	ದೋಧುಯಾತ್	ದೋಧುಯಾ ತಾಂ	ದೋಧುಯುಃ
ಲೋಲೂ	···· FP ಲೋಲೂ.	ಲೋಲೂಯಾತ್	ಲೋಲೂಯಾ ತಾಂ	ಲೋಲೂಯುಃ
ಇಯ್ಯ	···· III ಯು.	ಇಯ್ಯಯಾತ್	ಇಯ್ಯಯಾತಾಂ	ಇಯ್ಯಯುಃ
ಚರಿಕೃ	···· FP ಚರಿಕೃ.	ಚರಿಕೃಯಾತ್	ಚರಿಕೃಯಾತಾಂ	ಚರಿಕೃಯುಃ
ಜಾಹಯ್	···· FP ಜಾಹಯ್.	ಜಾಹಯ್ಯಾತ್	ಜಾಹಯ್ಯಾತಾಂ	ಜಾಹಯ್ಯುಃ
ತೋತೂರ್ವ್	···· FP ತೋತೂರ್ವ್.	ತೋತೂರ್ವ್ಯಾತ್	ತೋತೂರ್ವ್ಯಾ ತಾಂ	ತೋತೂರ್ವ್ಯುಃ
ಪಾಪ್ರಚ್ಛ್	···· FP ಪಾಪ್ರಚ್ಛ್.	ಪಾಪ್ರಚ್ಛ್ಯಾತ್	ಪಾಪ್ರಚ್ಛ್ಯಾ ತಾಂ	ಪಾಪ್ರಚ್ಛ್ಯುಃ
ಜಾಹರ್ಯ್	···· FP ಜಾಹರ್ಯ್.	ಜಾಹರ್ಯ್ಯಾತ್	ಜಾಹರ್ಯ್ಯಾ ತಾಂ	ಜಾಹರ್ಯ್ಯುಃ

PARASMAIPADI.

tive.

2ND PERSON.			1ST PERSON.		
Singular.	*Dual.*	*Plural.*	*Singular.*	*Dual.*	*Plural.*
ಚಾಕೀರ್ಯಾಃ	ಚಾಕೀರ್ಯಾ ತಂ	ಚಾಕೀರ್ಯಾ ತ	ಚಾಕೀ ರ್ಯಾಸಂ	ಚಾಕೀರ್ಯಾವ	ಚಾಕೀರ್ಯಾ ಮ (6)
ಬಾಭಜ್ಯಾಃ	ಬಾಭಜ್ಯಾತಂ	ಬಾಭಜ್ಯಾತ	ಬಾಭಜ್ಯಾಂ	ಬಾಭಜ್ಯಾವ	ಬಾಭಜ್ಯಾಮ (7)
ಚಿಕಿಯಾಃ	ಚಿಕಿಯಾತಂ	ಚಿಕಿಯಾತ	ಚಿಕಿಯಾಂ	ಚಿಕಿಯಾವ	ಚಿಕಿಯಾಮ
ಚೇಕ್ರೀಯಾಃ	ಚೇಕ್ರೀಯಾತಂ	ಚೇಕ್ರೀಯಾತ	ಚೇಕ್ರೀಯಾಂ	ಚೇಕ್ರೀಯಾ ವ	ಚೇಕ್ರೀಯಾ ಮ
ದೋಧೂಯಾಃ	ದೋಧೂಯಾ ತಂ	ದೋಧೂಯಾ ತ	ದೋಧೂಯಾಂ	ದೋಧೂಯಾ ವ	ದೋಧೂಯಾ ಮ
ಲೋಲೂಯಾಃ	ಲೋಲೂಯಾ ತಂ	ಲೋಲೂಯಾ ತ	ಲೋಲೂಯಾಂ	ಲೋಲೂಯಾ ವ	ಲೋಲೂಯತ ಮ
ಇಯ್ಯೃಯಾಃ	ಇಯ್ಯೃಯಾತಂ	ಇಯ್ಯೃಯಾತ	ಇಯ್ಯೃಯಾಂ	ಇಯ್ಯೃಯಾವ	ಇಯ್ಯೃಯಾಮ
ಚರಿಕೃಯಾಃ	ಚರಿಕೃಯಾತಂ	ಚರಿಕೃಯಾತ	ಚರಿಕೃಯಾಂ	ಚರಿಕೃಯಾವ	ಚರಿಕೃಯಾಮ
ಜಾಹಯ್ಯಾಃ	ಜಾಹಯ್ಯಾತಂ	ಜಾಹಯ್ಯಾತ	ಜಾಹಯ್ಯಾಂ	ಜಾಹಯ್ಯಾವ	ಜಾಹಯ್ಯಾಮ
ತೂತೂ ರ್ವ್ಯಾಃ	ತೋತೂ ರ್ವ್ಯಾತಂ	ತೋತೂ ರ್ವ್ಯಾತ	ತೋತೂ ರ್ವ್ಯಾಂ	ತೋತೂ ರ್ವ್ಯಾವ	ತೋತೂ ರ್ವ್ಯಾಮ
ಪಾಪ್ರಚ್ಛ್ಯಾಃ	ಪಾಪ್ರಚ್ಛ್ಯಾ ತಂ	ಪಾಪ್ರಚ್ಛ್ಯಾ ತ	ಪಾಪ್ರಚ್ಛ್ಯಾಂ	ಪಾಪ್ರಚ್ಛ್ಯಾ ವ	ಪಾಪ್ರಚ್ಛ್ಯಾ ಮ
ಜಾಹರ್ಯ್ಯಾಃ	ಜಾಹರ್ಯ್ಯಾ ತಂ	ಜಾಹರ್ಯ್ಯಾ ತ	ಜಾಹರ್ಯ್ಯಾಂ	ಜಾಹರ್ಯ್ಯಾ ವ	ಜಾಹರ್ಯ್ಯಾ ಮ (8)

ACTIVE VOICE

OPTA

3RD PERSON.

FIRST DIVISION.	Singular.	Dual.	Plural.
PART I. Bases ending in ಅ.	ಈಯ್+ತ$_2$	ಈಯ್+ಆತಾಂ$_2$	ಈಯ್+ರನ್$_2$
ಧರ .... from ಧೃ.	ಧರೇತ	ಧರೇಯಾತಾಂ	ಧರೇರನ್
ಚೇಕ್ರೀಯ .... FA ಚೇಕ್ರೀಯ ∵ ಕ್ರೀ.	ಚೇಕ್ರೀಯೇತ	ಚೇಕ್ರೀಯೇಯಾತಾಂ	ಚೇಕ್ರೀಯೇರನ್
ಚೋರಯ ... X ಚುರ್.	ಚೋರಯೇತ	ಚೋರಯೇಯಾತಾಂ	ಚೋರಯೇರನ್
ಚೋರಯ ... C ಚೋರಿ .... X ಚುರ್.	ಚೋರಯೇತ	ಚೋರಯೇಯಾತಾಂ	ಚೋರಯೇರನ್
ಪಿಪರ್ಚಿಷ .... D ಪಿಪರ್ಚಿಷ ... ಪೃಚ್.	ಪಿಪರ್ಚಿಷೇತ	ಪಿಪರ್ಚಿಷೇಯಾತಾಂ	ಪಿಪರ್ಚಿಷೇರನ್
ದೀಯ ... IV ದೀ.	ದೀಯೇತ	ದೀಯೇಯಾತಾಂ	ದೀಯೇರನ್
ತುದ .... VI ತುದ್.	ತುದೇತ	ತುದೇಯಾತಾಂ	ತುದೇರನ್
PART II. Bases not ending in ಅ.			
ತನು ... from VIII ತನ್.	ತನ್ವೀತ	ತನ್ವೀಯಾತಾಂ	ತನ್ವೀರನ್
ಸುನು .... V ಸು.	ಸುನ್ವೀತ	ಸುನ್ವೀಯಾತಾಂ	ಸುನ್ವೀರನ್
ಅಶ್ನುವ್ .... V ಅಶ್.	ಅಶ್ನುವೀತ	ಅಶ್ನುವೀಯಾತಾಂ	ಅಶ್ನುವೀರನ್
ಕ್ರೀಣ್ ... IX ಕ್ರೀ.	ಕ್ರೀಣೀತ	ಕ್ರೀಣೀಯಾತಾಂ	ಕ್ರೀಣೀರನ್

ATMANEPADI.

TIVE.

2ND PERSON.			1ST PERSON.		
Singular.	*Dual.*	*Plural.*	*Singular.*	*Dual.*	*Plural.*
ಈಯುಟ್+ಥಾಸ್$_2$	ಈಯುಟ್ + ಆಥಾಂ$_2$	ಈಯುಟ್ + ಧ್ವಂ$_2$	ಈಯುಟ್+ಅ$_2$	ಈಯುಟ್ + ವಹಿ$_2$	ಈಯುಟ್+ಮಹಿ$_2$
ಭರೇಥಾಃ	ಭರೇಯಾಥಾಂ	ಭರೇಧ್ವಂ	ಭರೇಯ	ಭರೇವಹಿ	ಭರೇಮಹಿ
ಚೇಕ್ರೀಯೇಥಾಃ	ಚೇಕ್ರೀಯೇಯಾಥಾಂ	ಚೇಕ್ರೀಯೇಧ್ವಂ	ಚೇಕ್ರೀಯೇಯ	ಚೇಕ್ರೀಯೇವಹಿ	ಚೇಕ್ರೀಯೇಮಹಿ
ಚೋರಯೇಥಾಃ	ಚೋರಯೇಯಾಥಾಂ	ಚೋರಯೇಧ್ವಂ	ಚೋರಯೇಯ	ಚೋರಯೇವಹಿ	ಚೋರಯೇಮಹಿ
ಚೋರಯೇಥಾಃ	ಚೋರಯೇಯಾಥಾಂ	ಚೋರಯೇಧ್ವಂ	ಚೋರಯೇಯ	ಚೋರಯೇವಹಿ	ಚೋರಯೇಮಹಿ
ಪಿಪರ್ಚಿಷೇಥಾಃ	ಪಿಪರ್ಚಿಷೇಯಾಥಾಂ	ಪಿಪರ್ಚಿಷೇಧ್ವಂ	ಪಿಪರ್ಚಿಷೇಯ	ಪಿಪರ್ಚಿಷೇವಹಿ	ಪಿಪರ್ಚಿಷೇಮಹಿ
ದೀವ್ಯೇಥಾಃ	ದೀವ್ಯೇಯಾಥಾಂ	ದೀವ್ಯೇಧ್ವಂ	ದೀವ್ಯೇಯ	ದೀವ್ಯೇವಹಿ	ದೀವ್ಯೇಮಹಿ
ತುದೇಥಾಃ	ತುದೇಯಾಥಾಂ	ತುದೇಧ್ವಂ	ತುದೇಯ	ತುದೇವಹಿ	ತುದೇಮಹಿ
ತನ್ವೀಥಾಃ	ತನ್ವೀಯಾಥಾಂ	ತನ್ವೀಧ್ವಂ	ತನ್ವೀಯ	ತನ್ವೀವಹಿ	ತನ್ವೀಮಹಿ
ಸುನ್ವೀಥಾಃ	ಸುನ್ವೀಯಾಥಾಂ	ಸುನ್ವೀಧ್ವಂ	ಸುನ್ವೀಯ	ಸುನ್ವೀವಹಿ	ಸುನ್ವೀಮಹಿ
ಅಶ್ನುವೀಥಾಃ	ಅಶ್ನುವೀಯಾಥಾಂ	ಅಶ್ನುವೀಧ್ವಂ	ಅಶ್ನುವೀಯ	ಅಶ್ನುವೀವಹಿ	ಅಶ್ನುವೀಮಹಿ
ಕ್ರೀಣೀಥಾಃ	ಕ್ರೀಣೀಯಾಥಾಂ	ಕ್ರೀಣೀಧ್ವಂ	ಕ್ರೀಣೀಯ	ಕ್ರೀಣೀವಹಿ	ಕ್ರೀಣೀಮಹಿ

(1)

BASES.	3RD PERSON.		
	Singular.	*Dual.*	*Plural.*
SECOND DIVISION.			
PART I. Un-reduplicated bases.	ಈಯ್+ತ$_2$	ಈಯ್+ಆತಾಂ$_2$	ಈಯ್+ರನ್$_2$
Bases ending in ಉ (2nd class)			
ಹ್ನು	ಹ್ನು @ ಉವ್ for *f* + ಈತ =ಹ್ನುವೀತ	ಹ್ನುವೀಯಾತಾಂ	ಹ್ನುವೀರನ್
Bases ending in consonants (2nd class)			
ದುಹ್	ದುಹೀತ	ದುಹೀಯಾತಾಂ	ದುಹೀರನ್
Bases ending in consonants (7th class)			
ಭಿಂದ್	ಭಿಂದೀತ	ಭಿಂದೀಯಾತಾಂ	ಭಿಂದೀರನ್
PART II. Reduplicated bases.			
Bases ending in ಆ (3rd class)			
ಮಿಮಾ ... ... ಮಾ.	ಮಿಮಾ-*f*+ಈತ=ಮಿಮೀತ	ಮಿಮೀಯಾತಾಂ	ಮಿಮೀರನ್

PARASMAIPADI.

tive.

2ND PERSON.			1ST PERSON.		
Singular	*Dual.*	*Plural.*	*Singular.*	*Dual.*	*Plural.*
ಈಯ್ + ಥಾಃ$_2$	ಈಯ್+ಆಥಾಂ$_2$	ಈಯ್ + ಧ್ವಂ$_2$	ಈಯ್+ಅ$_2$	ಈಯ್+ವಹಿ$_2$	ಈಯ್+ಮಹಿ$_2$
ಹ್ನುವೀಥಾಃ	ಹ್ನುವೀಯಾಥಾಂ	ಹ್ನುವೀಧ್ವಂ	ಹ್ನುವೀಯ	ಹ್ನುವೀವಹಿ	ಹ್ನುವೀಮಹಿ (2)
ದುಹೀಥಾಃ	ದುಹೀಯಾಥಾಂ	ದುಹೀಧ್ವಂ	ದುಹೀಯ	ದುಹೀವಹಿ	ದುಹೀಮಹಿ
ಛಿಂದೀಥಾಃ	ಛಿಂದೀಯಾಥಾಂ	ಛಿಂದೀಧ್ವಂ	ಛಿಂದೀಯ	ಛಿಂದೀವಹಿ	ಛಿಂದೀಮಹಿ (3)
ಮಿಮೀಥಾಃ	ಮಿಮೀಯಾಥಾಂ	ಮಿಮೀಧ್ವಂ	ಮಿಮೀಯ	ಮಿಮೀವಹಿ	ಮಿಮೀಮಹಿ (4)

The bases of the passive voice in the present, the imperative, the out reference to the class distinction of the roots, are conjugated in division, as follows :—

Base ಧ್ರಿಯ from ಧೃ

3rd Person.

Singular.	*Dual.*	*Plural.*	*Singular.*
			Pre
ಧ್ರಿಯತೇ	ಧ್ರಿಯೇತೇ	ಧ್ರಿಯನ್ತೇ	ಧ್ರಿಯಸೇ
ಚೋರ್ಯತೇ	ಚೋರ್ಯೇತೇ	ಚೋರ್ಯನ್ತೇ	ಚೋರ್ಯಸೇ
			Imper
ಧ್ರಿಯತಾಂ	ಧ್ರಿಯೇತಾಂ	ಧ್ರಿಯನ್ತಾಂ	ಧ್ರಿಯಸ್ವ
ಚೋರ್ಯತಾಂ	ಚೋರ್ಯೇತಾಂ	ಚೋರ್ಯನ್ತಾಂ	ಚೋರ್ಯಸ್ವ
			Imper
ಅಧ್ರಿಯತ	ಅಧ್ರಿಯೇತಾಂ	ಅಧ್ರಿಯನ್ತ	ಅಧ್ರಿಯಥಾಃ
ಅಚೋರ್ಯತ	ಅಚೋರ್ಯೇತಾಂ	ಅಚೋರ್ಯನ್ತ	ಅಚೋರ್ಯಥಾಃ
			Opta
ಧ್ರಿಯೇತ	ಧ್ರಿಯೇಯಾತಾಂ	ಧ್ರಿಯೇರನ್	ಧ್ರಿಯೇಥಾಃ
ಚೋರ್ಯೇತ	ಚೋರ್ಯೇಯಾತಾಂ	ಚೋರ್ಯೇರನ್	ಚೋರ್ಯೇಥಾಃ

imperfect, and the optative, which, as we have seen, end in ಅ *with-*
the ATMANEPADI *like bases of the active voice in Part I, first*

AND BASE ಚೋರ್ಯ FROM ಚುರ್.

2ND PERSON.		1ST PERSON.		
Dual.	*Plural.*	*Singular.*	*Dual.*	*Plural.*
SENT.				
ಧ್ರಿಯೇಥೆ	ಧ್ರಿಯಧ್ವೆ	ಧ್ರಿಯೆ	ಧ್ರಿಯಾವಹೆ	ಧ್ರಿಯಾಮಹೆ
ಚೋರ್ಯೇಥೆ	ಚೋರ್ಯಧ್ವೆ	ಚೋರ್ಯೆ	ಚೋರ್ಯಾವಹೆ	ಚೋರ್ಯಾಮಹೆ
ATIVE.				
ಧ್ರಿಯೇಥಾಂ	ಧ್ರಿಯಧ್ವಂ	ಧ್ರಿಯೈ	ಧ್ರಿಯಾವಹೈ	ಧ್ರಿಯಾಮಹೈ
ಚೋರ್ಯೇಥಾಂ	ಚೋರ್ಯಧ್ವಂ	ಚೋರ್ಯೈತ	ಚೋರ್ಯಾವಹೈ	ಚೋರ್ಯಾಮಹೈ
FECT.				
ಅಧ್ರಿಯೇಥಾಂ	ಅಧ್ರಿಯಧ್ವಂ	ಅಧ್ರಿಯೆ	ಅಧ್ರಿಯಾವಹಿ	ಆಧ್ರಿಯಾಮಹಿ
ಅಚೋರ್ಯೇಥಾಂ	ಅಚೋರ್ಯಧ್ವಂ	ಆಚೋರ್ಯೆ	ಅಚೋರ್ಯಾವಹಿ	ಅಚೋರ್ಯಾಮಹಿ
TIVE.				
ಧ್ರಿಯೇಯಾಥಾಂ	ಧ್ರಿಯೇಧ್ವಂ	ಧ್ರಿಯೇಯ	ಧ್ರಿಯೇವಹಿ	ಥ್ರಿಯೇಮಹಿ
ಚೋರ್ಯೇಯಾಥಾಂ	ಚೋರ್ಯೇಧ್ವಂ	ಚೋರ್ಯೇಯ	ಚೋರ್ಯೇವಹಿ	ಚೋರ್ಯೇಮಹಿ

3. z 1

The bases of the 2nd future and the conditional, which, as we passive voice without reference to the class distinction of the roots, Division, the personal affixes of the 2nd future being the same as being the same as those of the imperpect, thus :—

2ND FU

BASES.			3RD PERSON. *Singular.*	*Dual.*	*Plural.*
ACTIVE VOICE					
PARASMAIPADI.					
ಕ್ಷೇಷ್ಯ	...	from E· ಕ್ಷಿ.	ಕ್ಷೇಷ್ಯತಿ	ಕ್ಷೇಷ್ಯತಃ	ಕ್ಷೇಷ್ಯನ್ತಿ
ಭವಿಷ್ಯ	...	E ಭೂ.	ಭವಿಷ್ಯತಿ	ಭವಿಷ್ಯತಃ	ಭವಿಷ್ಯನ್ತಿ
ಚೇತಿಷ್ಯ	...	E ಚಿತ್.	ಚೇತಿಷ್ಯತಿ	ಚೇತಿಷ್ಯತಃ	ಚೇತಿಷ್ಯನ್ತಿ
ÁTMANEPADI.					
ಕ್ಷೇಷ್ಯ	...	from E· ಕ್ಷಿ.	ಕ್ಷೇಷ್ಯತೆ	ಕ್ಷೇಷ್ಯೇತೆ	ಕ್ಷೇಷ್ಯನ್ತೆ
ಭವಿಷ್ಯ	...	E ಭೂ.	ಭವಿಷ್ಯತೆ	ಭವಿಷ್ಯೇತೆ	ಭವಿಷ್ಯನ್ತೆ
ಚಯಿಷ್ಯ	...	E ಚಯ್.	ಚಯಿಷ್ಯತೆ	ಚಯಿಷ್ಯೇತೆ	ಚಯಿಷ್ಯನ್ತೆ
PASSIVE VOICE.					
ÁTMANEPADI.					
ಕ್ಷೇಷ್ಯ or ಕ್ಷಾಯಿಷ್ಯ	...	from E· ಕ್ಷಿ.	ಕ್ಷೇಷ್ಯತೆ or ಕ್ಷಾಯಿಷ್ಯತೆ	ಕ್ಷೇಷ್ಯೇತೆ or ಕ್ಷಾಯಿಷ್ಯೇತೆ	ಕ್ಷೇಷ್ಯನ್ತೆ or ಕ್ಷಾಯಿಷ್ಯನ್ತೆ
ಭವಿಷ್ಯ or ಭಾವಿಷ್ಯ	...	E ಭೂ.	ಭವಿಷ್ಯತೆ or ಭಾವಿಷ್ಯತೆ	ಭವಿಷ್ಯೇತೆ or ಭಾವಿಷ್ಯೇತೆ	ಭವಿಷ್ಯನ್ತೆ or ಭಾವಿಷ್ಯನ್ತೆ
ಶಮಿಷ್ಯ or ಶಾಮಿಷ್ಯ or ಶಾಮ್	...	from C ಶಮ್ ...	ಶಮಿಷ್ಯತೆ or ಶಾಮಿಷ್ಯತೆ or ಶಾಮಯಿಷ್ಯತೆ	ಶಮಿಷ್ಯೇತೆ or ಶಾಮಿಷ್ಯೇತೆ or ಶಾಮಯಿಷ್ಯೇತೆ	ಶಮಿಷ್ಯನ್ತೆ or ಶಾಮಿಷ್ಯನ್ತೆ or ಶಾಮಯಿಷ್ಯನ್ತೆ

have seen, end in ಸ್ಯ and therefore in ಅ both in the active and the are also conjugated according to the models in Part I, first those of the present, and the personal affixes of the conditional

TURE.

2ND PERSON.			1ST PERSON.		
Singular	*Dual.*	*Plural.*	*Singular.*	*Dual.*	*Plural.*
ಕ್ಷೇಷ್ಯಸಿ	ಕ್ಷೇಷ್ಯಥಃ	ಕ್ಷೇಷ್ಯಥ	ಕ್ಷೇಷ್ಯಾಮಿ	ಕ್ಷೇಷ್ಯಾವಃ	ಕ್ಷೇಷ್ಯಾಮಃ
ಭವಿಷ್ಯಸಿ	ಭವಿಷ್ಯಥಃ	ಭವಿಷ್ಯಥ	ಭವಿಷ್ಯಾಮಿ	ಭವಿಷ್ಯಾವಃ	ಭವಿಷ್ಯಾಮಃ
ಚೇತಿಷ್ಯಸಿ	ಚೇತಿಷ್ಯಥಃ	ಚೇತಿಷ್ಯಥ	ಚೇತಿಷ್ಯಾಮಿ	ಚೇತಿಷ್ಯಾವಃ	ಚೇತಿಷ್ಯಾಮಃ
ಕ್ಷೇಷ್ಯಸೆ	ಕ್ಷೇಷ್ಯೇಥೆ	ಕ್ಷೇಷ್ಯಧ್ವೆ	ಕ್ಷೇಷ್ಯೆ	ಕ್ಷೇಷ್ಯಾವಹೆ	ಕ್ಷೇಷ್ಯಾಮಹೆ
ಭವಿಷ್ಯಸೆ	ಭವಿಷ್ಯೇಥೆ	ಭವಿಷ್ಯಧ್ವೆ	ಭವಿಷ್ಯೆ	ಭವಿಷ್ಯಾವಹೆ	ಭವಿಷ್ಯಾಮಹೆ
ಚಯಿಷ್ಯಸೆ	ಚಯಿಷ್ಯೇಥೆ	ಚವಿಷ್ಯಧ್ವೆ	ಚಯಿಷ್ಯೆ	ಚಯಿಷ್ಯಾವಹೆ	ಚಯಿಷ್ಯಾಮಹೆ
ಕ್ಷೇಷ್ಯಸೆ or ಕ್ಷಾಯಿಷ್ಯಸೆ	ಕ್ಷೇಷ್ಯೇಥೆ or ಕ್ಷಾಯಿಷ್ಯೇಥೆ	ಕ್ಷೇಷ್ಯಧ್ವೆ or ಕ್ಷಾಯಿಷ್ಯಧ್ವೆ	ಕ್ಷೇಷ್ಯೇ or ಕ್ಷಾಯಿಷ್ಯೆ	ಕ್ಷೇಷ್ಯಾವಹೆ or ಕ್ಷಾಯಿಷ್ಯಾವಹೆ	ಕ್ಷೇಷ್ಯಾಮಹೆ or ಕ್ಷಾಯಿಷ್ಯಾಮಹೆ
ಭವಿಷ್ಯಸೆ or ಭಾವಿಷ್ಯಸೆ	ಭವಿಷ್ಯೇಥೆ or ಭಾವಿಷ್ಯೇಥೆ	ಭವಿಷ್ಯಧ್ವೆ or ಭಾವಿಷ್ಯಧ್ವೆ	ಭವಿಷ್ಯೆ or ಭಾವಿಷ್ಯೆ	ಭವಿಷ್ಯಾವಹೆ or ಭಾವಿಷ್ಯಾವಹೆ	ಭವಿಷ್ಯಾಮಹೆ or ಭಾವಿಷ್ಯಾಮಹೆ
ಶಮಿಷ್ಯಸೆ or ಶಾಮಿಷ್ಯಸೆ or ಶಾಮಯಿಷ್ಯಸೆ	ಶಮಿಷ್ಯೇಥೆ or ಶಾಮಿಷ್ಯೇಥೆ or ಶಾಮಯಿಷ್ಯೇಥೆ	ಶಮಿಷ್ಯಧ್ವೆ or ಶಾಮಿಷ್ಯಧ್ವೆ or ಶಾಮಯಿಷ್ಯಧ್ವೆ	ಶಮಿಷ್ಯೆ or ಶಾಮಿಷ್ಯೆ or ಶಾಮಯಿಷ್ಯೆ	ಶಮಿಷ್ಯಾವಹೆ or ಶಾಮಿಷ್ಯಾವಹೆ or ಶಾಮಯಿಷ್ಯಾವಹೆ	ಶಮಿಷ್ಯಾಮಹೆ or ಶಾಮಿಷ್ಯಾಮಹೆ or ಶಾಮಯಿಷ್ಯಾಮಹೆ

BASES.	3RD PERSON. Singular.	Dual.	Plural.
ಚೋರಿಷ್ಯ or ಚೋರಯಿಷ್ಯ from X ಚುರ್	ಚೋರಿಷ್ಯತೆ or ಚೋರಯಿಷ್ಯತೆ	ಚೋರಿಷ್ಯೇತೆ or ಚೋರಯಿಷ್ಯೇತೆ	ಚೋರಿಷ್ಯನ್ತೆ or ಚೋರಯಿಷ್ಯನ್ತೆ
ಭಾವಿಷ್ಯ or ಭಾವಯಿಷ್ಯ .... from C ಭಾವ್	ಭಾವಿಷ್ಯತೆ or ಭಾವಯಿಷ್ಯತೆ	ಭಾವಿಷ್ಯೇತೆ or ಭಾವಯಿಷ್ಯೇತೆ	ಭಾವಿಷ್ಯನ್ತೆ or ಭಾವಯಿಷ್ಯನ್ತೆ
ಭೇದಿಷ್ಯ or ಭೇದಯಿಷ್ಯ .... from C ಭೇದ್	ಭೇದಿಷ್ಯತೆ or ಭೇದಯಿಷ್ಯತೆ	ಭೇದಿಷ್ಯೇತೆ or ಭೇದಯಿಷ್ಯೇತೆ	ಭೇದಿಷ್ಯನ್ತೆ or ಭೇದಯಿಷ್ಯನ್ತೆ
ಚೇತಿಷ್ಯ ... from E ಚಿತ್.	ಚೇತಿಷ್ಯತೆ	ಚೇತಿಷ್ಯೇತೆ	ಚೇತಿಷ್ಯನ್ತೆ
ಜಯಿಷ್ಯ .... E ಜಯ್.	ಜಯಿಷ್ಯತೆ	ಜಯಿಷ್ಯೇತೆ	ಜಯಿಷ್ಯನ್ತೆ

Condi

ACTIVE VOICE

PARASMAIPADI.

ಕ್ಷ್ರೇಷ್ಯ .... from E ಕ್ಷ್ರಿ.	ಅಕ್ಷ್ರೇಷ್ಯತ್	ಅಕ್ಷ್ರೇಷ್ಯತಾಂ	ಅಕ್ಷ್ರೇಷ್ಯನ್
ಭವಿಷ್ಯ ... . E ಭೂ.	ಅಭವಿಷ್ಯತ್	ಅಭವಿಷ್ಯತಾಂ	ಅಭವಿಷ್ಯನ್
ಚೇತಿಷ್ಯ .... from E ಚಿತ್.	ಅಚೇತಿಷ್ಯತ್	ಅಚೇತಿಷ್ಯತಾಂ	ಅಚೇತಿಷ್ಯನ್

TURE.

2nd Person.			1st Person.		
Singular	*Dual.*	*Plural.*	*Singular.*	*Dual.*	*Plural.*
ಚೋರಿಷ್ಯಸೆ or ಚೋರಯಿಷ್ಯಸೆ	ಚೋರಿಷ್ಯೇಥೆ or ಚೋರಯಿಷ್ಯೇಥೆ	ಚೋರಿಷ್ಯಧ್ವೆ or ಚೋರಯಿಷ್ಯಧ್ವೆ	ಚೋರಿಷ್ಯೆ or ಚೋರಯಿಷ್ಯೆ	ಚೋರಿಷ್ಯಾವಹೆorಚೋರಯಿಷ್ಯಾವಹೆ	ಚೋರಿಷ್ಯಾಮಹೆ or ಚೋರಯಿಷ್ಯಾಮಹೆ
ಭಾವಿಷ್ಯಸೆ or ಭಾವಯಿಷ್ಯಸೆ	ಭಾವಿಷ್ಯೇಥೆ or ಭಾವಯಿಷ್ಯೇಥೆ	ಭಾವಿಷ್ಯಧ್ವೆ or ಭಾವಯಿಷ್ಯಧ್ವೆ	ಭಾವಿಷ್ಯೆ or ಭಾವಯಿಷ್ಯೆ	ಭಾವಿಷ್ಯಾವಹೆ or ಭಾವಯಿಷ್ಯಾವಹೆ	ಭಾವಿಷ್ಯಾಮಹೆ or ಭಾವಯಿಷ್ಯಾಮಹೆ
ಭೇದಿಷ್ಯಸೆ or ಭೇದಯಿಷ್ಯಸೆ	ಭೇದಿಷ್ಯೇಥೆ or ಭೇದಯಿಷ್ಯೇಥೆ	ಭೇದಿಷ್ಯಧ್ವೆ or ಭೇದಯಿಷ್ಯಧ್ವೆ	ಭೇದಿಷ್ಯೆ or ಭೇದಯಿಷ್ಯೆ	ಬೇದಿಷ್ಯಾವಹೆ or ಭೇದಯಿಷ್ಯಾವಹೆ	ಭೇದಿಷ್ಯಾಮಹೆ or ಭೇದಯಿಷ್ಯಾಮಹೆ
ಚೇತಿಷ್ಯಸೆ	ಚೇತಿಷ್ಯೇಥೆ	ಚೇತಿಷ್ಯಧ್ವೆ	ಚೇತಿಷ್ಯೆ	ಚೇತಿಷ್ಯಾವಹೆ	ಚೇತಿಷ್ಯಾಮಹೆ
ಚಯಿಷ್ಯಸೆ	ಚಯಿಷ್ಯೇಥೆ	ಚಯಿಷ್ಯಧ್ವೆ	ಚಯಿಷ್ಯೆ	ಚಯಿಷ್ಯಾವಹೆ	ಚಯಿಷ್ಯಾಮಹೆ

tional.

ಅಕ್ಷೇಷ್ಯಃ	ಅಕ್ಷೇಷ್ಯತಂ	ಅಕ್ಷೇಷ್ಯತ	ಅಕ್ಷೇಷ್ಯಂ	ಅಕ್ಷೇಷ್ಯಾವ	ಅಕ್ಷೇಷ್ಯಾಮ
ಅಭವಿಷ್ಯಃ	ಅಭವಿಷ್ಯತಂ	ಅಭವಿಷ್ಯತ	ಅಭವಿಷ್ಯಂ	ಅಭವಿಷ್ಯಾವ	ಅಭವಿಷ್ಯಾಮ
ಅಚೇತಿಷ್ಯಃ	ಅಚೇತಿಷ್ಯತಂ	ಅಚೇತಿಷ್ಯತ	ಅಚೇತಿಷ್ಯಂ	ಅಚೇತಿಷ್ಯಾವ	ಅಚೇತಿಷ್ಯಾಮ

BASES.		3RD PERSON. Singular.	Dual.	Plural.
ÁTMANEPADI.				
ಕ್ಷೇಷ್ಯ ...	from E· ಕ್ಷಿ.	ಅಕ್ಷೇಷ್ಯತ	ಅಕ್ಷೇಷ್ಯೇತಾಂ	ಅಕ್ಷೇಷ್ಯನ್ತ
ಭವಿಷ್ಯ	.... E ಭೂ.	ಅಭವಿಷ್ಯತ	ಅಭವಿಷ್ಯೇತಾಂ	ಅಭವಿಷ್ಯನ್ತ
ಜಯಿಷ್ಯ ...	.... E ಜಯ್.	ಅಜಯಿಷ್ಯತ	ಅಜಯಿಷ್ಯೇತಾಂ	ಅಜಯಿಷ್ಯನ್ತ
PASSIVE VOICE **ÁTMANEPADI.**				
ಕ್ಷೇಷ್ಯ or ಕ್ಷಾಯಿಷ್ಯ ... from E. ಕ್ಷಿ	....	ಅಕ್ಷೇಷ್ಯತ or ಅಕ್ಷಾಯಿಷ್ಯತ	ಅಕ್ಷೇಷ್ಯೇತಾಮ್ or ಕ್ಷಾಯಿಷ್ಯೇತಾಂ	ಅಕ್ಷೇಷ್ಯನ್ತ or ಅಕ್ಷಾಯಿಷ್ಯನ್ತ
ಭವಿಷ್ಯ or ಭಾವಯಿಷ್ಯ	E ಭೂ.	ಅಭವಿಷ್ಯತ or ಅಭಾವಿಷ್ಯತ	ಅಭವಿಷ್ಯೇತಾಂ or ಅಭಾವಿಷ್ಯೇತಾಂ	ಅಭವಿಷ್ಯನ್ತ or ಅಭಾವಿಷ್ಯನ್ತ
ಶಮಿಷ್ಯ or ಶಾಮಿಷ್ಯ .... from C ಶಮ್ or ಶಾಮ್	....	ಅಶಮಿಷ್ಯತ or ಅಶಾಮಿಷ್ಯತ or ಅಶಾಮಯಿಷ್ಯತ	ಅಶಮಿಷ್ಯೇತಾಂ or ಅಶಾಮಿಷ್ಯೇತಾಂ or ಅಶಾಮಯಿಷ್ಯೇತಾಂ	ಅಶಮಿಷ್ಯನ್ತ or ಅಶಾಮಿಷ್ಯನ್ತ or ಅಶಾಮಯಿಷ್ಯನ್ತ

TURE.

2ND PERSON.			1ST PERSON.		
Singular.	*Dual.*	*Plural.*	*Singular.*	*Dual.*	*Plural.*
ಅಕ್ಷೇಷ್ಯಥಾಃ	ಅಕ್ಷೇಷ್ಯೇಥಾಂ	ಅಕ್ಷೇಷ್ಯಧ್ವಂ	ಅಕ್ಷೇಷ್ಯೇ	ಅಕ್ಷೇಷ್ಯಾವಹೆ	ಅಕ್ಷೇಷ್ಯಾಮಹೆ
ಅಭವಿಷ್ಯಥಾಃ	ಅಭವಿಷ್ಯೇಥಾಂ	ಅಭವಿಷ್ಯಧ್ವಂ	ಅಭವಿಷ್ಯೇ	ಅಭವಿಷ್ಯಾವಹೆ	ಅಭವಿಷ್ಯಾಮಹೆ
ಅಚೆಯಿಷ್ಯಥಾಃ	ಅಚೆಯಿಷ್ಯೇಥಾಂ	ಅಚೆಯಿಷ್ಯಧ್ವಂ	ಅಚೆಯಿಷ್ಯೇ	ಅಚೆಯಿಷ್ಯಾವಹೆ	ಅಚೆಯಿಷ್ಯಾಮಹೆ
ಅಕ್ಷೇಷ್ಯಥಾಃ or ಅಕ್ಷಾಯಿಷ್ಯಥಾಃ	ಅಕ್ಷೇಷ್ಯೇಥಾಂ or ಅಕ್ಷಾಯಿಷ್ಯೇಥಾಂ	ಅಕ್ಷೇಷ್ಯಧ್ವಂ or ಅಕ್ಷಾಯಿಷ್ಯಧ್ವಂ	ಅಕ್ಷೇಷ್ಯೇ or ಅಕ್ಷಾಯಿಷ್ಯೇ	ಅಕ್ಷೇಷ್ಯಾವಹೆ or ಅಕ್ಷಾಯಿಷ್ಯಾವಹೆ	ಅಕ್ಷೇಷ್ಯಾಮಹೆ or ಅಕ್ಷಾಯಿಷ್ಯಾಮಹೆ
ಅಭವಿಷ್ಯಥಾಃ or ಅಭಾವಿಷ್ಯಥಾಃ	ಅಭವಿಷ್ಯೇಥಾಂ or ಅಭಾವಿಷ್ಯೇಧಾಂ	ಅಭವಿಷ್ಯಧ್ವಂ or ಅಭಾವಿಷ್ಯಧ್ವಂ	ಅಭವಿಷ್ಯೇ or ಅಭಾವಿಷ್ಯೇ	ಅಭವಿಷ್ಯಾವಹೆ or ಅಭಾವಿಷ್ಯಾವಹೆ	ಅಭವಿಷ್ಯಾಮಹೆ or ಅಭಾವಿಷ್ಯಾಮಹೆ
ಅಶವಿಷ್ಯಥಾಃ or ಅಶಾವಿಷ್ಯಥಾಃ or ಅಶಾಮಯಿಷ್ಯಥಾಃ	ಅಶವಿಷ್ಯೇಥಾಂ or ಅಶಾವಿಷ್ಯೇಥಾಂ or ಅಶಾಮಯಿಷ್ಯೇಥಾಂ	ಅಶವಿಷ್ಯಧ್ವಂ or ಅಶಾವಿಷ್ಯಧ್ವಂ or ಅಶಾಮಯಿಷ್ಯಧ್ವಂ	ಅಶವಿಷ್ಯೇ or ಅಶಾವಿಷ್ಯೇ or ಆಶಾಮಯಿಷ್ಯೇ	ಅಶವಿಷ್ಯಾವಹೆ or ಅಶಾವಿಷ್ಯಾವಹೆ or ಅಶಾಮಯಿಷ್ಯಾವಹೆ	ಅಶವಿಷ್ಯಾಮಹೆ or ಅಶಾವಿಷ್ಯಾಮಹೆ or ಅಶಾಮಯಿಷ್ಯಾಮಹೆ

BASES.	3RD PERSON. Singular.	Dual.	Plural.
ಚೋರಿಷ್ಯ or ಚೋರಯಿಷ್ಯ .... from X ಚುರ್	ಅಚೋರಿಷ್ಯತ or ಅಚೋರಯಿಷ್ಯತ	ಅಚೋರಿಷ್ಯೇತಾಮ್ or ಅಚೋರಯಿಷ್ಯೇತಾಂ	ಅಚೋರಿಷ್ಯನ್ತ or ಅಚೋರಯಿಷ್ಯನ್ತ
ಭಾವಿಷ್ಯ or ಭಾವಯಿಷ್ಯ .... from C ಭಾವ್	ಅಭಾವಿಷ್ಯತ or ಅಭಾವಯಿಷ್ಯತ	ಅಭಾವಿಷ್ಯೇತಾಂ or ಅಭಾವಯಿಷ್ಯೇತಾಂ	ಅಭಾವಿಷ್ಯನ್ತ or ಅಭಾವಯಿಷ್ಯನ್ತ
ಭೇದಿಷ್ಯ or ಭೇದಯಿಷ್ಯ .... from C ಭೇದ್	ಅಭೇದಿಷ್ಯತ or ಅಭೇದಯಿಷ್ಯತ	ಅಭೇದಿಷ್ಯೇತಾಂ or ಅಭೇದಯಿಷ್ಯೇತಾಂ	ಅಭೇದಿಷ್ಯನ್ತ or ಅಭೇದಯಿಷ್ಯನ್ತ
ಚೇತಿಷ್ಯ ... from E ಚಿತ್[6].	ಅಚೇತಿಷ್ಯತ	ಅಚೇತಿಷ್ಯೇತಾಂ	ಅಚೇತಿಷ್ಯನ್ತ
ಚಾಯಿಷ್ಯ ... E ಚಾಯ್[6].	ಅಚಾಯಿಷ್ಯತ	ಅಚಾಯಿಷ್ಯೇತಾಂ	ಅಚಾಯಿಷ್ಯನ್ತ

The conjugation of bases in the 1st future which, as we have passive is as follows :—

ACTIVE VOICE

PARASMAIPADI.	ಡಾ [5]	ರೌ [2]	ರಃ [2]
ಕ್ಷೇತ್ &c. ... from E ಕ್ಷಿ.	ಕ್ಷೇತ್ + ಆ = ಕ್ಷೇತಾ	ಕ್ಷೇತಾ + ರೌ = ಕ್ಷೇತಾರೌ	ಕ್ಷೇತಾ + ರಃ = ಕ್ಷೇತಾರಃ

TURE.

2nd Person.			1st Person.		
Singular.	*Dual.*	*Plural.*	*Singular.*	*Dual.*	*Plural.*
ಅಚೋರಿಷ್ಯಥಾಃ or ಅಚೋರಯಿಷ್ಯಥಾಃ	ಅಚೋರಿಷ್ಯೇಥಾಂ or ಅಚೋರಯಿಷ್ಯೇಥಾಂ	ಅಚೋರಿಷ್ಯಧ್ವಂ or ಅಚೋರಯಿಷ್ಯಧ್ವಂ	ಅಚೋರಿಷ್ಯೇ or ಅಚೋರಯಿಷ್ಯೇ	ಅಚೋರಿಷ್ಯಾವಹೆ or ಅಚೋರಯಿಷ್ಯಾವಹೆ	ಅಚೋರಿಷ್ಯಾಮಹೆ or ಅಚೋರಯಿಷ್ಯಾಮಹೆ
ಅಭಾವಿಷ್ಯಥಾಃ or ಅಭಾವಯಿಷ್ಯಥಾಃ	ಅಭಾವಿಷ್ಯೇಥಾಂ or ಅಭಾವಯಿಷ್ಯೇಥಾಂ	ಅಭಾವಿಷ್ಯಧ್ವಮ್ or ಅಭಾವಯಿಷ್ಯಧ್ವಂ	ಅಭಾವಿಷ್ಯೇ or ಅಭಾವಯಿಷ್ಯೇ	ಅಭಾವಿಷ್ಯಾವಹೆ or ಅಭಾವಯಿಷ್ಯಾವಹೆ	ಅಭಾವಿಷ್ಯಾಮಹೆ or ಅಭಾವಯಿಷ್ಯಾಮಹೆ
ಅಭೇದಿಷ್ಯಥಾಃ or ಅಭೇದಯಿಷ್ಯಥಾಃ	ಅಭೇದಿಷ್ಯೇಥಾಂ or ಅಭೇದಯಿಷ್ಯೇಥಾಂ	ಅಭೇದಿಷ್ಯಧ್ವಂ or ಅಭೇದಯಿಷ್ಯಧ್ವಂ	ಅಭೇದಿಷ್ಯೇ or ಅಭೇದಯಿಷ್ಯೇ	ಅಭೇದಿಷ್ಯಾವಹೆ or ಅಭೇದಯಿಷ್ಯಾವಹೆ	ಅಭೇದಿಷ್ಯಾಮಹೆ or ಅಭೇದಯಿಷ್ಯಾಮಹೆ
ಅಚೇತಿಷ್ಯಥಾಃ	ಅಚೇತಿಷ್ಯೇಥಾಂ	ಅಚೇತಿಷ್ಯಧ್ವಂ	ಅಚೇತಿಷ್ಯೇ	ಅಚೇತಿಷ್ಯಾವಹೆ	ಅಚೇತಿಷ್ಯಾಮಹೆ
ಅಚಾಯಿಷ್ಯಥಾಃ	ಅಚಾಯಿಷ್ಯೇಥಾಂ	ಅಚಾಯಿಷ್ಯಧ್ವಂ	ಅಚಾಯಿಷ್ಯೇ	ಅಚಾಯಿಷ್ಯಾವಹೆ	ಅಚಾಯಿಷ್ಯಾಮಹೆ

seen, end in ತ್, ತಾ, ತಾಹ್ *or* ತಾಸ್ *whether the voice is active or*

ಸಿಪ್	ಥಸ್	ಥ	ಮಿಪ್	ವಸ್	ಮಸ್
ಕ್ಷೇತಾ+ಸಿ= ಕ್ಷೇತಾಸಿ	ಕ್ಷೇತಾಸ+ಥಃ =ಕ್ಷೇತಾಸ್ಥಃ	ಕ್ಷೇತಾಸ+ಥ =ಕ್ಷೇತಾಸ್ಥ	ಕ್ಷೇತಾಸ+ಮಿ =ಕ್ಷೇತಾಸ್ಮಿ	ಕ್ಷೇತಾಸ್+ ವಃ=ಕ್ಷೇತಾಸ್ವಃ	ಕ್ಷೇತಾಸ್+ ಮಃ=ಕ್ಷೇತಾಸ್ಮಃ

BASES.	3RD PERSON. *Singular.*	*Dual.*	*Plural.*
ಭವಿತ್ &c. ... from E ಭೂ.	ಭವಿತಾ	ಭವಿತಾರೌ	ಭವಿತಾರಃ
ಚೇತಿತ್ &c. ... from E ಚಿತ್.	ಚೇತಿತಾ	ಚೇತಿತಾರೌ	ಚೇತಿತಾರಃ
ÁTMANEPADI. ...	ಡಾ$_5$	ರೌ$_2$	ರಃ$_2$
ಕ್ಷೇತ್ &c. ... from E ಕ್ಷಿ.	ಕ್ಷೇತಾ	ಕ್ಷೇತಾರೌ	ಕ್ಷೇತಾರಃ
ಭವಿತ್ &c. ... from E ಭೂ.	ಭವಿತಾ	ಭವಿತಾರೌ	ಭವಿತಾರಃ
ಶಯಿತ್ &c. ... from E ಶೀಙ್.	ಶಯಿತಾ	ಶಯಿತಾರೌ	ಶಯಿತಾರಃ
PASSIVE VOICE.			
ÁTMANEPADI. ...	ಡಾ$_5$	ರೌ$_2$	ರಃ$_2$
ಕ್ಷೇತ or ಕ್ಷಾಯಿತ &c. .... from E ಕ್ಷಿ.	ಕ್ಷೇತಾ or ಕ್ಷಾಯಿತಾ	ಕ್ಷೇತಾರೌ or ಕ್ಷಾಯಿತಾರೌ	ಕ್ಷೇತಾರಃ or ಕ್ಷಾಯಿತಾರಃ
ಭವಿತ or ಭಾವಿತ &c. ....from E ಭೂ.	ಭವಿತಾ or ಭಾವಿತಾ	ಭವಿತಾರೌ or ಭಾವಿತಾರೌ	ಭವಿತಾರಃ or ಭಾವಿತಾರಃ
ಶಮಿತ &c. or ಶಾಮಿತ &c. or ಶಾಮಯಿತ &c. .... from C ಶಮ್ or ಶಾಮ್.	ಶಮಿತಾ or ಶಾಮಿತಾ or ಶಾಮಯಿತಾ	ಶಮಿತಾರೌ or ಶಾಮಿತಾರೌ or ಶಾಮಯಿತಾರೌ	ಶಮಿತಾರಃ or ಶಾಮಿತಾರಃ or ಶಾಮಯಿತಾರಃ
ಚೋರಿತ್ &c. or ಚೋರಯಿತ್ &c. from X ಚುರ್	ಚೋರಿತಾ or ಚೋರಯಿತಾ	ಚೋರಿತಾರೌ or ಚೋರಯಿತಾರೌ	ಚೋರಿತಾರಃ or ಚೋರಯಿತಾರಃ

TURE.

2nd Person.			1st Person.		
Singular.	*Dual.*	*Plural.*	*Singular.*	*Dual.*	*Plural.*
ಭವಿತಾಸಿ	ಭವಿತಾಸ್ಥಃ	ಭವಿತಾಸ್ಥ	ಭವಿತಾಸ್ಮಿ	ಭವಿತಾಸ್ವಃ	ಭವಿತಾಸ್ಮಃ
ಚೇತಿತಾಸಿ	ಚೇತಿತಾಸ್ಥಃ	ಚೇತಿತಾಸ್ಥ	ಚೇತಿತಾಸ್ಮಿ	ಚೇತಿತಾಸ್ವಃ	ಚೇತಿತಾಸ್ಮಃ
ಸೆ$_2$	ಆಥೆ$_2$	ಧ್ವೆ$_2$	ಎ$_2$	ವಹೆ$_2$	ಮಹೆ$_2$
ಕ್ಷ್ಮೇತಾಸೆ	ಕ್ಷ್ಮೇತಾಸಾಥೆ	ಕ್ಷ್ಮೇತಾಧ್ವೆ	ಕ್ಷ್ಮೇತಾಹೆ	ಕ್ಷ್ಮೇತಾಸ್ವಹೆ	ಕ್ಷ್ಮೇತಾಸ್ಮಹೆ
ಭವಿತಾಸೆ	ಭವಿತಾಸಾಥೆ	ಭವಿತಾಧ್ವೆ	ಭವಿತಾಹೆ	ಭವಿತಾಸ್ವಹೆ	ಭವಿತಾಸ್ಮಹೆ
ಚಯಿತಾಸೆ	ಚಯಿತಾಸಾಥೆ	ಚಯಿತಾಧ್ವೆ	ಚಯಿತಾಹೆ	ಚಯಿತಾಸ್ವಹೆ	ಚಯಿತಾಸ್ಮಹೆ
ಸೆ$_2$	ಆಥೆ$_2$	ಧ್ವೆ$_2$	ಎ$_2$	ವಹೆ$_2$	ಮಹೆ$_2$
ಕ್ಷ್ಮೇತಾಸೆor ಕ್ಷ್ಮಾಯಿತಾಸೆ	ಕ್ಷ್ಮೇತಾಸಾಥೆ or ಕ್ಷ್ಮಾಯಿತಾಸಾಥೆ	ಕ್ಷ್ಮೇತಾಧ್ವೆ or ಕ್ಷ್ಮಾಯಿತಾಧ್ವೆ	ಕ್ಷ್ಮೇತಾಹೆ or ಕ್ಷ್ಮಾಯಿತಾಹೆ	ಕ್ಷ್ಮೇತಾಸ್ವಹೆ or ಕ್ಷ್ಮಾಯಿತಾಸ್ವಹೆ	ಕ್ಷ್ಮೇತಾಸ್ಮಹೆ or ಕ್ಷ್ಮಾಯಿತಾಸ್ಮಹೆ
ಭವಿತಾಸೆ orಭಾವಿತಾಸೆ	ಭವಿತಾಸಾಥೆ or ಭಾವಿತಾಸಾಥೆ	ಭವಿತಾಧ್ವೆ or ಭಾವಿತಾಧ್ವೆ	ಭವಿತಾಹೆ or ಭಾವಿತಾಹೆ	ಭವಿತಾಸ್ವಹೆ or ಭಾವಿತಾಸ್ವಹೆ	ಭವಿತಾಸ್ಮಹೆ or ಭಾವಿತಾಸ್ಮಹೆ
ಶವಿತಾಸೆ or ಶಾವಿತಾಸೆ or ಶಾವಯಿತಾಸೆ	ಶವಿತಾಸಾಥೆ or ಶಾವಿತಾಸಾಥೆ or ಶಾವಯಿತಾಸಾಥೆ	ಶವಿತಾಧ್ವೆ or ಶಾವಿತಾಧ್ವೆ or ಶಾವಯಿತಾಧ್ವೆ	ಶವಿತಾಹೆ or ಶಾವಿತಾಹೆ or ಶಾವಯಿತಾಹೆ	ಶವಿತಾಸ್ವಹೆ or ಶಾವಿತಾಸ್ವಹೆ or ಶಾವಯಿತಾಸ್ವಹೆ	ಶವಿತಾಸ್ಮಹೆ or ಶಾವಿತಾಸ್ಮಹೆ or ಶಾವಯಿತಾಸ್ಮಹೆ
ಚೋರಿತಾಸೆ or ಚೋರಯಿತಾಸೆ	ಚೋರಿತಾಸಾಥೆ or ಚೋರಯಿತಾಸಾಥೆ	ಚೋರಿತಾಧ್ವೆ or ಚೋರಯಿತಾಧ್ವೆ	ಚೋರಿತಾಹೆ or ಚೋರಯಿತಾಹೆ	ಚೋರಿತಾಸ್ವಹೆ or ಚೋರಯಿತಾಸ್ವಹೆ	ಚೋರಿತಾಸ್ಮಹೆ or ಚೋರಯಿತಾಸ್ಮಹೆ

BASES.	3RD PERSON. Singular.	Dual.	Plural.
ಭಾವಿತ್ &c. or ಭಾವಯಿತ್ &c. from C ಭಾವ್	ಬಾವಿತಾ or ಭಾವಯಿತಾ	ಭಾವಿತಾರೌ or ಭಾವಯಿತಾರೌ	ಬಾವಿತಾರಃ or ಭಾವಯಿತಾರಃ
ಭೇದಿತ್ &c. or ಭೇದಯಿತ್ &c. from C ಭೇದ್	ಭೇದಿತಾ or ಭೇದಯಿತಾ	ಭೇದಿತಾರೌ or ಭೇದಯಿತಾರೌ	ಭೇದಿತಾರಃ or ಭೇದಯಿತಾರಃ
ಚೇತಿತ್ &c. ... from ಚಿತ್.	ಚೇತಿತಾ	ಚೇತಿತಾರೌ	ಚೇತಿತಾರಃ
ಚಯಿತ್ &c. .... from E ಚಯ್.	ಚಯಿತಾ	ಚಯಿತಾರೌ	ಚಯಿತಾರಃ

The bases of the aorist which, as we have seen, end in ಅ or ಸ voice specially, are conjugated as follows :—

ACTIVE VOICE

PARASMAIPADI.

1. Bases ending in ಅ ...	ತ್ s	ತಾಂ 2	ಅನ್ 2
ತಿತ್ಯಜ from C ತ್ಯಜ್ from ತ್ಯಜ್	ಅತಿತ್ಯಜತ್	ಅತಿತ್ಯಜತಾಂ	ಅತಿತ್ಯಜನ್
ಗಮ .... from ಗಮ್.	ಅಗಮತ್	ಅಗಮತಾಂ	ಅಗಮನ್
ಧುಕ್ಷ .... from ದುಹ್.	ಅಧುಕ್ಷತ್	ಅಧುಕ್ಷತಾಂ	ಅಧುಕ್ಷನ್
2. Bases not ending in ಅ. ...	ಈತ್ s	ತಾಂ 2	ಜುಸ್ 2
Bases ending in ಸ.			
ಕ್ಷೈಪ್ಸ .... from E ಕ್ಷಿಪ್.	ಅಕ್ಷೈಪ್ಸೀತ್	ಅಕ್ಷೈಪ್ತಾಂ	ಅಕ್ಷೈಪ್ಸುಃ
ನೈಷ್ ... E ನೀ.	ಅನೈಷೀತ್	ಅನೈಷ್ಟಾಂ	ಅನೈಷುಃ

TURE.

	2nd Person.			**1st Person.**	
Singular.	*Dual.*	*Plural.*	*Singular.*	*Dual.*	*Plural.*
ಭಾವಿತಾಸೆ or ಭಾವ ಯಿತಾಸೆ	ಭಾವಿತಾಸಾಥೆ or ಭಾವಯಿ ತಾಸಾಥೆ	ಭಾವಿತಾಧ್ವೇ or ಭಾವ ಯಿತಾಧ್ವೆ	ಭಾವಿತಾಹೆ or ಭಾವ ಯಿತಾಹೆ	ಭಾವಿತಾಸ್ವಹೆ or ಭಾವಯಿ ತಾಸ್ವಹೆ	ಭಾವಿತಾಸ್ಮಹೆ or ಭಾವಯಿ ತಾಸ್ಮಹೆ
ಭೇದಿತಾಸೆ or ಭೇವ ಯಿತಾಸೆ	ಭೇದಿತಾಸಾಥೆ or ಭೇದಯಿ ತಾಸಾಥೆ	ಭೇದಿತಾಧ್ವೆ or ಭೇದ ಯಿತಾಧ್ವೆ	ಭೇದಿತಾಹೆ or ಭೇದ ಯಿತಾಹೆ	ಭೇದಿತಾಸ್ವಹೆ or ಭೇದಯಿ ತಾಸ್ವಹೆ	ಭೇದಿತಾಸ್ಮಹೆ or ಭೇದಯಿ ತಾಸ್ಮಹೆ
ಚೇತಿತಾಸೆ	ಚೇತಿತಾಸಾಥೆ	ಚೇತಿತಾಧ್ವೆ	ಚೇತಿತಾಹೆ	ಚೇತಿತಾಸ್ವಹೆ	ಚೇತಿತಾಸ್ಮಹೆ
ಚಯಿತಾಸೆ	ಚಯಿತಾಸಾಥೆ	ಚಯಿತಾಧ್ವೆ	ಚಯಿತಾಹೆ	ಚಯಿತಾಸ್ವಹೆ	ಚಯಿತಾಸ್ಮಹೆ

generally and in ಇ in the 3rd person singular of the passive

ಸ್ $_5$	ತಂ $_2$	ತ $_2$	ಅಂ $_5$	ವ $_2$	ಮ $_2$
ಅತಿತ್ಯಜಃ	ಅತಿತ್ಯಜತಂ	ಅತಿತ್ಯಜತ	ಅತಿತ್ಯಜಂ	ತಿತ್ಯಜ @ lf +ವ=ಅತಿತ್ಯ ಜಾವ	ತಿತ್ಯಜ @ lf +ಮ =ಅತಿ ತ್ಯಜಾಮ
ಅಗಮಃ	ಅಗಮತಂ	ಅಗಮತ	ಅಗಮಂ	ಅಗಮಾವ	ಅಗಮಾಮ
ಅಧುಕ್ಷಃ	ಅಧುಕ್ಷತಂ	ಅಧುಃಕ್ಷತ	ಅಧುಕ್ಷಂ	ಅಧುಃಕ್ಷಾವ	ಅಧುಕ್ಷಾಮ
ಈಸ್ $_5$	ತಂ $_2$	ತ $_2$	ಅಂ $_2$	ವ $_2$	ಮ $_2$
ಅಕ್ಷೈಪ್ಸೀಃ	ಅಕ್ಷೈಪ್ತಂ	ಅಕ್ಷೈಪ್ತ	ಅಕ್ಷೈಪ್ಸಂ	ಅಕ್ಷೈಪ್ಸ್ವ	ಅಕ್ಷೈಪ್ಸ್ಮ
ಅನ್ವೈಷೀಃ	ಅನ್ವೈಷ್ಟಂ	ಅನ್ವೈಷ್ಟ	ಅನ್ವೈಷಂ	ಅನ್ವೈಷ್ವ	ಅನ್ವೈಷ್ಮ

BASES.	3RD PERSON. *Singular.*	*Dual.*	*Plural.*
ಯಾಸಿಷ್ ··· from ಯಾಸ್ ··· from E· e⁴ ಯಾ ··· ····	ಅಯಾಸೀತ್	ಅಯಾಸಿಷ್ಟಾಂ	ಅಯಾಸಿಷುಃ
ಲಾವಿಷ್ ···· from E ಲೂ.	ಅಲಾವೀತ್	ಅಲಾವಿಷ್ಟಾಂ	ಅಲಾವಿಷುಃ
ÁTMANEPADI.			
1. Bases ending in ಅ. ···	ತಃ	ಇಯ್+ತಾಂಃ	ಅನ್ತಃ
ಚೇಕಮ ··· from C ಕಮ್ ··· from ಕಮ್ ··· ··· ···	ಅಚೇಕಮತ	ಅಚೇಕಮೇತಾಂ	ಅಚೇಕಮನ್ತ
2. Bases ending in ಸ and ಅ.	ತಃ	ಆತಾಂಃ	ಅನ್ತಃ
ದಿಕ್ಷ್ or ದಿಕ್ಷ ··· from ದಿಶ್.	ದಿಕ್ಷ+ತ= ಅದಿಕ್ಷತ	ದಿಕ್ಷ್ + ಆತಾಂ =ಅದಿಕ್ಷಾತಾಂ	ಅದಿಕ್ಷನ್ತ
Bases ending in ಸ	ತಃ	ಆತಾಂಃ	ಅತಃ
ಧೃಷ್ ··· from ಧೃ.	ಅಧೃತ	ಅಧೃಷಾತಾಂ	ಅಧೃಷತ
ಕ್ಷಿಪ್ಸ ··· from ಕ್ಷಿಪ್.	ಅಕ್ಷಿಪ್ತ	ಅಕ್ಷಿಪ್ಸಾತಾಂ	ಅಕ್ಷಿಪ್ಸತ
ಬೋಧಿಷ್ ··· from ಬುಧ್.	ಅಬೋಧಿಷ್ಟ	ಅಬೋಧಿಷಾತಾಂ	ಅಬೋಧಿಷತ
ಲವಿಷ್ ··· from ಲೂ.	ಅಲವಿಷ್ಟ	ಅಲವಿಷಾತಾಂ	ಅಲವಿಷತ

IST.

2ND PERSON.			1ST PERSON.		
Singular.	*Dual.*	*Plural.*	*Singular.*	*Dual.*	*Plural.*
ಅಯಾಸೀಃ ಅಲಾವೀಃ	ಅಯಾಸಿಷ್ಟಂ ಅಲಾವಿಷ್ಟಂ	ಅಯಾಸಿಷ್ಟ ಅಲಾವಿಷ್ಟ	ಅಯಾಸಿಷಂ ಅಲಾವಿಷಂ	ಅಯಾಸಿಷ್ವ ಅಲಾವಿಷ್ವ	ಅಯಾಸಿಷ್ಮ ಅಲಾವಿಷ್ಮ (2)
ಥಾಸ್	ಇಯು+ಥಾಂ	ಧ್ವಂ	ಇಟ್	ವಹಿ	ಮಹಿಜ್
ಅಚೇಕಮ ಥಾಃ	ಅಚೇಕಮೇ ಥಾಂ	ಅಚೇಕಮ ಧ್ವಂ	ಅಚೇಕಮೆ	ಚೇಕಮ @ *lf*+ವಹಿ = ಅಚೇಕಮಾ ವಹಿ	ಚೇಕಮ @ *lf*+ಮಹಿ= ಅಚೇಕಮಾ ಮಹಿ (1)
ಥಾಸ್	ಆಥಾಂ	ಧ್ವಂ	ಇಟ್	ವಹಿ	ಮಹಿಜ್
ಅಧಿಕ್ಷಥಾಃ	ಅಧಿಕ್ಷಾಥಾಂ	ಅಧಿಕ್ಷಧ್ವಂ	ಅಧಿಕ್ಷಿ	ಧಿಕ್ಷ @ *lf* + ವಹಿ=ಅ ಧಿಕ್ಷಾವಹಿ	ಧಿಕ್ಷ @ *lf*+ ಮಹಿ=ಅಧಿ ಕ್ಷಾಮಹಿ(2)
ಥಾಸ್	ಆಥಾಂ	ಧ್ವಂ	ಇಟ್	ವಹಿ	ವಹಿಜ್
ಅಧೃಥಾಃ	ಅಧೃಷಾಥಾಂ	ಅಧೃಢ್ವಂ	ಅಧೃಷಿ	ಅಧೃಷ್ವಹಿ	ಅಧೃಷ್ಮಹಿ
ಅಕ್ಷಿಪ್ಥಾಃ	ಅಕ್ಷಿಪ್ಸಾಥಾಂ	ಅಕ್ಷಿಪ್ಧ್ವಂ	ಅಕ್ಷಿಪ್ಸಿ	ಅಕ್ಷಿಪ್ಸ್ವಹಿ	ಅಕ್ಷಿಪ್ಸ್ಮಹಿ
ಅಬೋಧಿ ಷ್ಠಾಃ	ಅಬೋಧಿಷಾ ಥಾಂ	ಅಬೋಧಿಧ್ವಂ	ಅಬೋಧಿಷಿ	ಅಬೋಧಿಷ್ವಹಿ	ಅಬೋಧಿಷ್ಮ ಹಿ
ಅಲವಿಷ್ಠಾಃ	ಅಲವಿಷಾಥಾಂ	ಅಲವಿಢ್ವಂ or ಅಲವಿ ಧ್ವಂ	ಅಲವಿಷಿ	ಅಲವಿಷ್ವಹಿ	ಅಲವಿಷ್ಮಹಿ

BASES.	3RD PERSON. *Singular.*	*Dual.*	*Plural.*
ಸ್ತ್ರೇರ್ಷ್ or ಸ್ತರಿಷ್ or ಸ್ತರೀಷ್ from ... . ಸ್ತೄ.	ಅಸ್ತ್ರೇರ್ಷ್ಟ or ಅಸ್ತರಿಷ್ಟ or ಅಸ್ತರೀಷ್ಟ	ಅಸ್ತ್ರೇರ್ಷಾತಾಂ or ಅಸ್ತರಿಷಾತಾಂ or ಅಸ್ತರೀಷಾತಾಂ	ಅಸ್ತ್ರೇರ್ಷತ or ಅಸ್ತರಿಷತ or ಅಸ್ತರೀಷತ
PASSIVE VOICE			
ÁTMANEPADI.	ತ$_2$ or $\bar{4}$ ತ$_2$	ಆತಾಂ$_2$	ಅತ$_2$
Bases ending in ಸ.			
ಧಾರಿ, ಧಾರ್ಷ್, and ಧೃಷ್··· from ಧೃ.	ಧಾರಿ + $\bar{4}$ ತ = ಅಧಾರಿ or ಧಾರ್ಷ್ + ತ = ಅಧಾರ್ಷ್ಟ or ಧೃಷ್ + ತ = ಅಧೃತ	ಧಾರ್ಷ್ + ಆತಾಂ = ಅಧಾರ್ಷಾತಾಂ or ಧೃಷ್ + ಆತಾಂ = ಅಧೃಷಾತಾಂ	ಅಧಾರ್ಷತ or ಅಧೃಷತ
ಸ್ತಾರಿ, ಸ್ತ್ರೇರ್ಷ್, ಸ್ತಾರಿಷ್, ಸ್ತರಿಷ್, and ಸ್ತರೀಷ್ from ಸ್ತೄ	ಅಸ್ತಾರಿ or ಅಸ್ತ್ರೇರ್ಷ್ಟ or ಅಸ್ತಾರಿಷ್ಟ or ಅಸ್ತರಿಷ್ಟ or ಅಸ್ತರೀಷ್ಟ	ಅಸ್ತ್ರೇರ್ಷಾತಾಂ or ಅಸ್ತಾರಿಷಾತಾಂ or ಅಸ್ತರಿಷಾತಾಂ or ಅಸ್ತರೀಷಾತಾಂ	ಅಸ್ತ್ರೇರ್ಷತ or ಅಸ್ತಾರಿಷತ or ಅಸ್ತರಿಷತ or ಅಸ್ತರೀಷತ
ಚಾಯಿ, ಚಾಯಿಷ್ & ಚೇಷ್. from ಚಿ.	ಅಚಾಯಿ or ಅಚಾಯಿಷ್ಟ or ಅಚೇಷ್ಟ	ಅಚಾಯಿಷಾತಾಂ or ಅಚೇಷಾತಾಮ್	ಅಚಾಯಿಷತ or ಅಚೇಷತ

IST.

2ND PERSON.			1ST PERSON.		
Singular.	*Dual.*	*Plural.*	*Singular.*	*Dual.*	*Plural.*
ಅಸ್ತೀರ್ಷ್ಠಾಃ or ಅಸ್ತರಿಷ್ಠಾಃ or ಅಸ್ತರೀಷ್ಠಾಃ	ಅಸ್ತೀರ್ಷಾಥಾಂ or ಅಸ್ತರಿಷಾಥಾಂ or ಅಸ್ತರೀಷಾಥಾಂ	ಅಸ್ತೀರ್ಢ್ವಂ or ಅಸ್ತೀರ್ಧ್ವಂ or ಅಸ್ತರಿಧ್ವಂ or ಅಸ್ತರಿಢ್ವಂ or ಅಸ್ತರೀಧ್ವಂ or ಅಸ್ತರೀಢ್ವಂ	ಅಸ್ತೀರ್ಷಿ or ಅಸ್ತರಿಷಿ or ಅಸ್ತರೀಷಿ	ಅಸ್ತೀರ್ಷ್ವಹಿ or ಅಸ್ತರಿಷ್ವಹಿ or ಅಸ್ತರೀಷ್ವಹಿ	ಅಸ್ತೀರ್ಷ್ಮಹಿ or ಅಸ್ತರಿಷ್ಮಹಿ or ಅಸ್ತರೀಷ್ಮಹಿ (3)
ಥಾಸ್$_3$	ಆಥಾಂ$_3$	ಧ್ವಂ$_3$	ಇಟ್$_2$	ವಹಿ$_2$	ಮಹಿಙ್
ಅಧಾರ್ಷ್ಠಾಃ or ಅಧೃಥಾಃ	ಅಧಾರ್ಷಾಥಾಂ or ಅಧೃಷಾಥಾಂ	ಅಧಾರ್ಢ್ವಂ or ಅಧೃಢ್ವಂ	ಅಧಾರ್ಷಿ or ಅಧೃಷಿ	ಅಧಾರ್ಷ್ವಹಿ or ಅಧೃಷ್ವಹಿ	ಅಧಾರ್ಷ್ಮಹಿ or ಅಧೃಷ್ಮಹಿ
ಅಸ್ತೀರ್ಷ್ಠಾಃ or ಅಸ್ತಾರಿಷ್ಠಾಃ or ಅಸ್ತರಿಷ್ಠಾಃ or ಅಸ್ತರೀಷ್ಠಾಃ	ಅಸ್ತೀರ್ಷಾಥಾಂ or ಅಸ್ತಾರಿಷಾಥಾಂ or ಅಸ್ತರಿಷಾಥಾಂ or ಅಸ್ತರೀಷಾಥಾಂ	ಅಸ್ತೀರ್ಢ್ವಂ or ಅಸ್ತಾರಿಢ್ವಂ or ಅಸ್ತರಿಢ್ವಂ or ಅಸ್ತರೀಢ್ವಂ	ಅಸ್ತೀರ್ಷಿ or ಅಸ್ತಾರಿಷಿ or ಅಸ್ತರಿಷಿ or ಅಸ್ತರೀಷಿ	ಅಸ್ತೀರ್ಷ್ವಹಿ or ಅಸ್ತಾರಿಷ್ವಹಿ or ಅಸ್ತರಿಷ್ವಹಿ or ಅಸ್ತರೀಷ್ವಹಿ	ಅಸ್ತೀರ್ಷ್ಮಹಿ or ಅಸ್ತಾರಿಷ್ಮಹಿ or ಅಸ್ತರಿಷ್ಮಹಿ or ಅಸ್ತರೀಷ್ಮಹಿ
ಅಚಾಯಿಷ್ಠಾಃ or ಅಚೇಷ್ಠಾಃ	ಅಚಾಯಿಷಾಥಾಂ or ಅಚೇಷಾಥಾಂ	ಅಚಾಯಿಢ್ವಂ or ಅಚೇಢ್ವಂ	ಅಚಾಯಿಷಿ or ಅಚೇಷಿ	ಅಚಾಯಿಷ್ವಹಿ or ಅಚೇಷ್ವಹಿ	ಅಚಾಯಿಷ್ಮಹಿ or ಅಚೇಷ್ಮಹಿ

BASES.	3RD PERSON. Singular.	Dual.	Plural.
ನಾವಿ, ನಾವಿಷ & ನೇಷ್ ... from ನು.	ಅನಾವಿ or ಅನಾವಿಷ್ಟ or ಅನೇಷ್ಟ	ಅನಾವಿಷಾತಾಂ or ಅನೇಷಾತಾಂ	ಅನಾವಿಷತ or ಅನೇಷತ
ಲಾವಿ, ಲಾವಿಷ, & ಲವಿಷ ... from ಲೂ.	ಅಲಾವಿ or ಅಲಾವಿಷ್ಟ or ಅಲವಿಷ್ಟ	ಅಲಾವಿಷಾತಾಂ or ಅಲವಿಷಾತಾಂ	ಅಲಾವಿಷತ or ಅಲವಿಷತ
ದಾಯಿ, ದಾಯಿಷ್, & ದಾಸ. from ದಾ.	ಅದಾಯಿ or ಅದಾಯಿಷ್ಟ or ಅದಾಸ್ತ	ಅದಾಯಿಷಾತಾಂ or ಅದಾಸಾತಾಂ	ಅದಾಯಿಷತ or ಅದಾಸತ
ಶಮಿ, ಶಾಮಿ, ಶಮಿಷ್, ಶಾಮಿಷ್ and ಶಾಮಯಿಷ್ ... from C ಶಮ್ or ಶಾಮ್	ಅಶಮಿ or ಅಶಾಮಿ	ಅಶಮಿಷಾತಾಂ or ಅಶಾಮಿಷಾತಾಂ or ಅಶಾಮಯಿಷಾತಾಂ	ಅಶಮಿಷತ or ಅಶಾಮಿಷತ or ಅಶಾಮಯಿಷತ
ಚೋರಿ, ಚೋರಿಷ್, and ಚೋರಯಿಷ್ from X ಚುರ್	ಅಚೋರಿ	ಅಚೋರಿಷಾತಾಂ or ಅಚೋರಯಿಷಾತಾಂ	ಅಚೋರಿಷತ or ಅಚೋರಯಿಷತ

IST.

2nd Person.			1st Person.		
Singular	*Dual.*	*Plural.*	*Singular.*	*Dual.*	*Plural.*
ಅನಾವಿಷ್ಠಾಃ or ಅನೇಷ್ಠಾಃ	ಅನಾವಿಷಾಥಾಂ or ಅನೇಷಾಥಾಂ	ಅನಾವಿಢ್ವಂ or ಅನೇಢ್ವಂ	ಅನಾವಿಷಿ or ಅನೇಷಿ	ಅನಾವಿಷ್ವಹಿ or ಅನೇಷ್ವಹಿ	ಅನಾವಿಷ್ಮಹಿ or ಅನೇಷ್ಮಹಿ
ಅಲಾವಿಷ್ಠಾಃ or ಅಲವಿಷ್ಠಾಃ	ಅಲಾವಿಷಾಥಾಂ or ಅಲವಿಷಾಥಾಂ	ಅಲಾವಿಢ್ವಂ or ಅಲವಿಢ್ವಂ	ಅಲಾವಿಷಿ or ಅಲವಿಷಿ	ಅಲಾವಿಷ್ವಹಿ or ಅಲವಿಷ್ವಹಿ	ಅಲಾವಿಷ್ಮಹಿ or ಅಲವಿಷ್ಮಹಿ
ಅದಾಯಿಷ್ಠಾಃ or ಅದಾಸ್ಥಾಃ	ಅದಾಯಿಷಾಥಾಂ or ಅದಾಸಾಥಾಂ	ಅದಾಯಿಢ್ವಂ or ಅದಾಧ್ವಂ	ಅದಾಯಿಷಿ or ಅದಾಸಿ	ಅದಾಯಿಷ್ವಹಿ or ಅದಾಸ್ವಹಿ	ಅದಾಯಿಷ್ಮಹಿ or ಅದಾಸ್ಮಹಿ
ಅಶಮಿಷ್ಠಾಃ or ಅಶಾಮಿಷ್ಠಾಃ or ಅಶಾಮಯಿಷ್ಠಾಃ	ಅಶಮಿಷಾಥಾಂ or ಅಶಾಮಿಷಾಥಾಂ or ಅಶಾಮಯಿಷಾಥಾಂ	ಅಶಮಿಢ್ವಂ or ಅಶಾಮಿಢ್ವಂ or ಅಶಾಮಯಿಢ್ವಂ	ಅಶಮಿಷಿ or ಅಶಾಮಿಷಿ or ಅಶಾಮಯಿಷಿ	ಅಶಮಿಷ್ವಹಿ or ಅಶಾಮಿಷ್ವಹಿ or ಅಶಾಮಯಿಷ್ವಹಿ	ಅಶಮಿಷ್ಮಹಿ or ಅಶಾಮಿಷ್ಮಹಿ or ಅಶಾಮಯಿಷ್ಮಹಿ
ಅಚೋರಿಷ್ಠಾಃ or ಅಚೋರಯಿಷ್ಠಾಃ	ಅಚೋರಿಷಾಥಾಂ or ಅಚೋರಯಿಷಾಥಾಂ	ಅಚೋರಿಢ್ವಂ or ಅಚೋರಯಿಢ್ವಂ	ಅಚೋರಿಷಿ or ಅಚೋರಯಿಷಿ	ಅಚೋರಿಷ್ವಹಿ or ಅಚೋರಯಿಷ್ವಹಿ	ಅಚೋರಿಷ್ಮಹಿ or ಅಚೋರಯಿಷ್ಮಹಿ

BASES.	3rd Person. *Singular.*	*Dual.*	*Plural.*
ಭಾವಿ, ಭಾವಿಷ್, and ಭಾವಯಿಷ್ from C ಭಾವ್	ಅಭಾವಿ	ಅಭಾವಿಷಾತಾಂ or ಅಭಾವಯಿಷಾತಾಂ	ಅಭಾವಿಷತ or ಅಭಾವಯಿಷತ
ಭೇದಿ, ಭೇದಿಷ್, and ಭೇದಯಿಷ್ from C ಭೇದ್	ಅಭೇದಿ	ಅಭೇದಿಷಾತಾಂ or ಅಭೇದಯಿಷಾತಾಂ	ಅಭೇದಿಷತ or ಅಭೇದಯಿಷತ
ದೋಹಿ, ಧುಕ್ಷ್, and ಧುಕ್ಷ from ದುಹ್.	ಅದೋಹಿ	ಅಧುಕ್ಷಾತಾಂ	ಅಧುಕ್ಷತ
ಕ್ಷೇಪಿ and ಕ್ಷಿಪ್ಸ್ .... from ಕ್ಷಿಪ್.	ಅಕ್ಷೇಪಿ	ಅಕ್ಷಿಪ್ಸಾತಾಂ	ಅಕ್ಷಿಪ್ಸತ
ಬೋಧಿ and ಬೋಧಿಷ್ .... from ಬುಧ್.	ಅಬೋಧಿ	ಅಬೋಧಿಷಾತಾಂ	ಅಬೋಧಿಷತ

Note that the forms underlined of those given above for the ly in the reflective.

IST.

2ND PERSON.			1ST PERSON.		
Singular,	*Dual.*	*Plural.*	*Singular.*	*Dual.*	*Plural.*
ಅಭಾವಿಷ್ಠಾಃ or ಅಭಾವಯಿಷ್ಠಾಃ	ಅಭಾವಿಷಾಥಾಂ or ಅಭಾವಯಿಷಾಥಾಂ	ಅಭಾವಿಢ್ವಂ or ಅಭಾವಯಿಢ್ವಂ	ಅಭಾವಿಷಿ or ಅಭಾವಯಿಷಿ	ಅಭಾವಿಷ್ವಹಿ or ಅಭಾವಯಿಷ್ವಹಿ	ಅಭಾವಿಷ್ಮಹಿ or ಅಭಾವಯಿಷ್ಮಹಿ
ಅಭೇದಿಷ್ಠಾಃ or ಅಭೇದಯಿಷ್ಠಾಃ	ಅಭೇದಿಷಾಥಾಂ or ಅಭೇದಯಿಷಾಥಾಂ	ಅಭೇದಿಢ್ವಂ or ಅಭೇದಯಿಢ್ವಂ	ಅಭೇದಿಷಿ or ಅಭೇದಯಿಷಿ	ಅಭೇದಿಷ್ವಹಿ or ಅಭೇದಯಿಷ್ವಹಿ	ಅಭೇದಿಷ್ಮಹಿ or ಅಭೇದಯಿಷ್ಮಹಿ
ಅಧುಕ್ಷಥಾಃ	ಅಧುಕ್ಷಾಥಾಂ	ಅಧುಕ್ಷಧ್ವಂ	ಅಧುಕ್ಷಿ	ಧುಕ್ಷ @ *lf* + ವಹಿ = ಅಧುಕ್ಷಾವಹಿ	ಧುಕ್ಷ @ *lf* + ಮಹಿ = ಅಧುಕ್ಷಾಮಹಿ
ಅಕ್ಷಿಪ್ಥಾಃ	ಅಕ್ಷಿಪ್ಸಾಥಾಂ	ಅಕ್ಷಿಬ್ಧ್ವಂ	ಅಕ್ಷಿಪ್ಸಿ	ಅಕ್ಷಿಪ್ಸ್ವಹಿ	ಅಕ್ಷಿಪ್ಸ್ಮಹಿ
ಅಬೋಧಿಷ್ಠಾಃ	ಅಬೋಧಿಷಾಥಾಂ	ಅಬೋಧಿಢ್ವಮ್	ಅಬೋಧಿಷಿ	ಅಬೋಧಿಷ್ವಹಿ	ಅಬೋಧಿಷ್ಮಹಿ

passive voice 3rd person singular are to be used only optional-

The roots which, before the personal affixes of the perfect remain, into those which are conjugated by the use of the auxiliary otherwise. The conjuation of the latter is as follows :—

PARASMAI

ACTIVE

ROOTS.	3RD PERSON. Singular.	Dual.	Plural.
I Roots ending in conjunct consonants	ಣಲ್	ಅತುಸ್	ಉಸ್
ಸ್ಕನ್ದ್	ಚಸ್ಕನ್ದ	ಚಸ್ಕನ್ದತುಃ	ಚಸ್ಕನ್ದುಃ
ಗರ್ಜ್	ಜಗರ್ಜ	ಜಗರ್ಜತುಃ	ಜಗರ್ಜುಃ
ಅರ್ಚ್	ಆನರ್ಚ	ಆನರ್ಚತುಃ	ಆನರ್ಚುಃ
ಆಚ್ಛ್	ಆಚ್ಛ or ಆನಚ್ಛ	ಆಚ್ಛತುಃ or ಆನಚ್ಛತುಃ	ಆಚ್ಛುಃ or ಆನಚ್ಛುಃ
II Monosyllabic roots ending in ಆ	ಔ	ಅತುಸ್$_1$	ಉಸ್$_1$
ಧಾ	ದಧೌ	ಧಾ – *f* + ಅತುಃ = ದಧತುಃ	ಧಾ – *f* + ಉಃ = ದಧುಃ
ಮ್ಲಾ ... from ಮ್ಲೈ.	ಮಮ್ಲೌ	ಮಮ್ಲತುಃ	ಮಮ್ಲುಃ
III. Other roots than the above	ಣಲ್	ಅತುಸ್$_1$	ಉಸ್$_1$
(*a*) Roots ending in ಇ or ಈ and beginning with non-conjunct consonants.			
ಚಿ	ಚಿ @ *vf* + ಅ = ಚಿಚಾಯ	ಚಿ @ ಯ್ for *f* + ಅತುಃ = ಚಿಚ್ಯತುಃ	ಚಿಚ್ಯುಃ

as we have seen, unmodified by any tense affix, may be divided affix ಆಮ್ *and the auxiliary verbs and those which are conjugated*

PADI.

VOICE.

2nd Person.			1st Person.		
Singular.	*Dual.*	*Plural.*	*Singular.*	*Dual.*	*Plural.*
ಥಲ್	ಅಥುಸ್	ಅ	ಣಲ್$_5$	ವ	ಮ
ಚೆಸ್ಕನ್ದಿಥ	ಚೆಸ್ಕನ್ದಥುಃ	ಚೆಸ್ಕನ್ದ	ಚೆಸ್ಕನ್ದ	ಚೆಸ್ಕನ್ದಿವ	ಚೆಸ್ಕನ್ದಿಮ
ಜಗರ್ಜಿಥ	ಜಗರ್ಜಥುಃ	ಜಗರ್ಜ	ಜಗರ್ಜ	ಜಗರ್ಜಿವ	ಜಗರ್ಜಿಮ
ಆನರ್ಚಿಥ	ಆನರ್ಚಥುಃ	ಆನರ್ಚ	ಆನರ್ಚ	ಆನರ್ಚಿವ	ಆನರ್ಚಿಮ
ಆಚ್ಛಿಥ or ಆನಚ್ಛಿಥ	ಆಚ್ಛಥುಃ or ಆನಚ್ಛಥುಃ	ಆಚ್ಛ or ಆನಚ್ಛ	ಆಚ್ಛ or ಆನಚ್ಛ	ಆಚ್ಛಿವ or ಆನಚ್ಛಿವ	ಆಚ್ಛಿಮ or ಆನಚ್ಛಿಮ (1)
ಥಲ್$_5$	ಅಥುಸ್$_1$	ಅ$_1$	ಣಲ್$_5$	ವ$_1$	ಮ$_1$
ದಧಾಥ or ಧಾ − *f* + ಇ ಥ = ದಧಿಥ	ಧಾ − *f* + ಅ ಥುಃ = ದಧಥುಃ	ಧಾ − *f* + ಅ = ದಧ	ದಧೌ	ಧಾ − *f* + ಇ ವ = ದಧಿವ	ಧಾ − *f* + ಇ ಮ = ದಧಿಮ
ಮಮ್ಲಾಥ or ಮಮ್ಲಿಥ	ಮಮ್ಲಥುಃ	ಮಮ್ಲ	ಮಮ್ಲೌ	ಮಮ್ಲಿವ	ಮಮ್ಲಿಮ (2)
ಥಲ್$_5$	ಅಥುಸ್$_1$	ಅ$_1$	ಣಲ್$_5$	ವ$_1$	ಮ$_1$
ಚಿ @ *gf* + ಥ = ಚಿಚೇಥ or ಚಿಚಯಿಥ	ಚಿಚ್ಯಥುಃ	ಚಿಚ್ಯ	ಚಿ @ *vf* or *gf* + ಅ = ಚಿಚಾಯ or ಚಿಚಯ	ಚಿಚ್ಯಿವ	ಚಿಚ್ಯಿಮ

PARASMAI

ACTIVE

ROOTS.	3RD PERSON. Singular.	Dual.	Plural.
ನೀ	ನಿನಾಯ	ನಿನ್ಯತುಃ	ನಿನ್ಯುಃ
(b) Roots ending in ಇ or ಈ and beginning with conjunct consonants.			
ಕ್ಷಿ	ಚಿಕ್ಷಾಯ	ಕ್ಷಿ @ ಇಯ್ for *f* + ಅ ತುಃ = ಚಿಕ್ಷಿಯತುಃ	ಚಿಕ್ಷಿಯುಃ
ಕ್ರೀ	ಚಿಕ್ರಾಯ	ಚಿಕ್ರಿಯತುಃ	ಚಿಕ್ರಿಯುಃ
(c) Roots ending in ಉ or ಊ.			
ಚ್ಯು	ಚ್ಯು @ *vf* + ಅ = ಚುಚ್ಯಾವ	ಚ್ಯು @ ಉವ್ for *f* + ಅ = ಚುಚ್ಯುವತುಃ	ಚುಚ್ಯುವುಃ
ಲೂ	ಲುಲಾವ	ಲುಲುವತುಃ	ಲುಲುವುಃ
(d) Roots ending in ಋ and beginning with non-conjunct consonants.			
ಧೃ	ಧೃ @ *vf*+ ಅ=ದಧಾರ	ದಧ್ರತುಃ	ದಧ್ರುಃ
(e) Roots ending in ಋ and beginning with conjunct consonants and roots ending in ೠ.			
ಸ್ತೃ	ತಸ್ತಾರ	ತಸ್ತರತುಃ	ತಸ್ತರುಃ

PADI.

VOICE

2ND PERSON.			1ST PERSON.			
Singular.	*Dual.*	*Plural.*	*Singular.*	*Dual.*	*Plural.*	
ನಿನೇಥ or ನಿನಯಿಥ	ನಿನ್ಯಥುಃ	ನಿನ್ಯ	ನಿನಾಯ or ನಿನಯ	ನಿನ್ಯಿವ	ನಿನ್ಯಿಮ	(3)
ಚಿಕ್ಷೇಥ or ಚಿಕ್ಷಯಿಥ	ಚಿಕ್ಷಿಯಥುಃ	ಚಿಕ್ಷಿಯ	ಚಿಕ್ಷಾಯ or ಚಿಕ್ಷಯ	ಚಿಕ್ಷಿಯಿವ	ಚಿಕ್ಷಿಯಿಮ	
ಚಿಕ್ರೇಥ or ಚಿಕ್ರಯಿಥ	ಚಿಕ್ರಿಯಥುಃ	ಚಿಕ್ರಿಯ	ಚಿಕ್ರಾಯ or ಚಿಕ್ರಯ	ಚಿಕ್ರಿಯಿವ	ಚಿಕ್ರಿಯಿಮ	(4)
ಚುಚ್ಯೋತ or ಚುಚ್ಯವಿಥ	ಚುಚ್ಯುವಥುಃ	ಚಚ್ಯುವ	ಚುಚ್ಯಾವ or ಚುಚ್ಯವ	ಚುಚ್ಯುವಿವ	ಚಚ್ಯುವಿಮ	
ಲುಲವಿಥ	ಲುಲುವಥುಃ	ಲುಲುವ	ಲುಲಾವ or ಲುಲವ	ಲುಲುವಿವ	ಲುಲುವಿಮ	(5)
ಧೃ @ gf+ ಥ= ದಧರ್ಥ	ದಧ್ರಥುಃ	ದಧ್ರ	ದಧಾರ or ದಧರ	ದಧ್ರಿವ	ದಧ್ರಿಮ	(6)
ತಸ್ತರ್ಥ	ತಸ್ತ್ರಥುಃ	ತಸ್ತ್ರ	ತಸ್ತಾರ or ತಸ್ತರ	ತಸ್ತರಿವ	ತಸ್ತರಿಮ	

PARASMAI

ACTIVE

ROOTS.	3RD PERSON. Singular.	Dual.	Plural.
ಕ್ರಾ	ಚಕಾರ	ಚಕರತುಃ	ಚಕರುಃ
(*f*) Roots beginning with ಚ, ಜ, ಟ, ಡ, ತ, ದ, ಪ, ಬ, ಮ, ಯ, ರ, ಲ, ವ, ಶ, ಷ & ಸ and ending in consonants with penultimate ಅ.			
ಪಚ್	ಪಚ್ @ *vf* +ಅ= ಪಪಾಚ	ಪಚ್ @ ಎ for *p* + ಅತುಃ = ಪೇಚತುಃ	ಪೇಚುಃ
ತನ್	ತತಾನ	ತೇನತುಃ	ತೇನುಃ
(*g*) Roots ending in consonants with penultimate light ಇ.			
ಇಲ್	ಇಲ್ @ *gp* +ಅ = ಇಯೇಲ	ಈಲತುಃ	ಈಲುಃ
ಭಿದ್	ಬಿಭೇದ	ಬಿಭಿದತುಃ	ಬಿಭಿದುಃ
ಉಚ್	ಉವ್ರೋಚ	ಉವ್ರುಚತುಃ	ಉವ್ರುಚುಃ
ತುದ್	ತುತೋದ	ತುತುದತುಃ	ತುತುದುಃ
ಋಚ್	ಆನರ್ಚ	ಆನೃರ್ಚತುಃ	ಆನೃರ್ಚುಃ
ದೃಷ್	ದದರ್ಶ	ದದೃಪತುಃ	ದದೃಪುಃ
(*h*) Other roots beginning with consonants & ending in consonants with penultimate ಅ.			
ಭಜ್	ಭಜ್ @ *vp* + ಅ= ಬಭಾಜ	ಬಭಜತುಃ	ಬಭಜುಃ

PADI.

VOICE.

2nd Person.			1st Person.		
Singular.	*Dual.*	*Plural.*	*Singular.*	*Dual.*	*Plural.*
ಚಕರಿಥ	ಚಕ್ರಥುಃ	ಚಕ್ರ	ಚಕಾರ or ಚಕರ	ಚಕರಿವ	ಚಕರಿಮ (7)
ಪಪಕ್ಥ or ಪೆಚಿಥ	ಪೇಚಥುಃ	ಪೇಚ	ಪಪಾಚ or ಪಪಚ	ಪೇಚಿವ	ಪೇಚಿಮ
ತತನಿಥ	ತೇನಥುಃ	ತೇನ	ತತಾನ or ತತನ	ತೇನಿವ	ತೇನಿಮ (8)
ಇಯೇಲಿಥ	ಈಲಥುಃ	ಈಲ	ಇಯೇಲ	ಈಲಿವ	ಈಲಿಮ
ಬಿಭೇದಿಥ	ಬಿಭಿದಥುಃ	ಬಿಭಿದ	ಬಿಭೇದ	ಬಿಭಿದಿವ	ಬಿಭಿದಿಮ
ಉವ್ರೋಚಿಥ	ಉವ್ರುಚಥುಃ	ಉವ್ರುಚ	ಉವ್ರೋಚ	ಉವ್ರುಚಿವ	ಉವ್ರುಚಿಮ
ತುತೋದಿಥ	ತುತುದಥುಃ	ತುತುದ	ತುತೋದ	ತುತುದಿವ	ತುತುದಿಮ
ಆನರ್ಚಿಥ	ಆನೃಚಥುಃ	ಆನೃಚ	ಆನರ್ಚ	ಆನೃಚಿವ	ಆನೃಚಿಮ
ದದರ್ಪಿಥ	ದದೃಪಥುಃ	ದದೃಪ	ದದರ್ಪ	ದದೃಪಿವ	ದದೃಪಿಮ (9)
ಬಭಕ್ಥ or ಬಭಜಿಥ	ಬಭಜಥುಃ	ಬಭಜ	ಭಜ್ @ *vp*+ ಅ or ಭಜ್ +ಅ=ಬಭಾಜ or ಬಭಜ	ಬಭಜಿವ	ಬಭಜಿಮ

ROOTS.	3RD PERSON. Singular.	Dual.	Plural.
ಭ್ರಮ್	ಬಭ್ರಾಮ	ಬಭ್ರಮತುಃ	ಬಭ್ರಮುಃ

(*i*) Roots with penultimate ಋ.

ಕೃತ್	ಕೃತ್ @ ಚ ರ್ for *p* + ಅ= ಚ ಕೀರ್ತ	ಚಕೀರ್ತತುಃ	ಚಕೀರ್ತುಃ

(*j*) Other roots than the above comprising.

1. Roots beginning with ಅ and ending in non-conjunct consonants.

2. Roots beginning with ಆ and ending in non-conjunct consonants.

3. Roots beginning with consonants and ending in consonants with penultimate long vowels except ಋ.

ಅಟ್	ಆಟ	ಆಟತುಃ	ಆಟುಃ
ಅಪ್	ಆಪ	ಆಪತುಃ	ಆಪುಃ
ಅಸ್	ಆಸ	ಆಸತುಃ	ಆಸುಃ
ಸಾಧ್	ಸಸಾಧ	ಸಸಾಧತುಃ	ಸಸಾಧುಃ
ನೀವ್	ನಿನೀವ	ನಿನೀವತುಃ	ನಿನೀವುಃ
ಮೂಲ್	ಮುಮೂಲ	ಮುಮೂಲತುಃ	ಮುಮೂಲುಃ
ಖೇಲ್	ಚಿಖೇಲ	ಚಿಖೇಲತುಃ	ಚಿಖೇಲುಃ

· **PADI.**

VOICE.

2ND PERSON.			1ST PERSON.		
Singular.	*Dual.*	*Plural.*	*Singular.*	*Dual.*	*Plural.*
ಬಭ್ರಮಿಥ	ಬಭ್ರಮಥುಃ	ಬಭ್ರಮ	ಬಭ್ರಾಮ or ಬಭ್ರಮ	ಬಭ್ರಮಿವ	ಬಭ್ರಮಿಮ (10)
ಚಕೀರ್ತಿಥ	ಚಕೀರ್ತಥುಃ	ಚಕೀರ್ತ	ಚಕೀರ್ತ	ಚಕೀರ್ತಿವ	ಚಕೀರ್ತಿಮ (11)

ಆಟಿಥ	ಆಟಥುಃ	ಆಟ	ಆಟ	ಆಟಿವ	ಆಟಿಮ
ಆಪಿಥ	ಆಪಥುಃ	ಆಪ	ಆಪ	ಆಪಿವ	ಆಪಿಮ
ಆಸಿಥ	ಆಸಥುಃ	ಆಸ	ಆಸ	ಆಸಿವ	ಆಸಿಮ
ಸಸಾಧಿಥ	ಸಸಾಧಥುಃ	ಸಸಾಧ	ಸಸಾಧ	ಸಸಾಧಿವ	ಸಸಾಧಿಮ
ನಿನೀವಿಥ	ನಿನೀವಥುಃ	ನಿನೀವ	ನಿನೀವ	ನಿನೀವಿವ	ನಿನೀವಿಮ
ಮುಮೂಲಿಥ	ಮುಮೂಲಥುಃ	ಮುಮೂಲ	ಮುಮೂಲ	ಮುಮೂಲಿವ	ಮುಮೂಲಿಮ
ಚಿಖೇಲಿಥ	ಚಿಖೇಲಥುಃ	ಚಿಖೇಲ	ಚಿಖೇಲ	ಚಿಖೇಲಿವ	ಚಿಖೇಲಿಮ

ATMANE

BOTH ACTIVE AND

ROOTS.

3RD PERSON.

	Singular.	Dual.	Plural.
MONOSYLLABIC ROOTS.			
I. Roots ending in conjunct consonants	ಏಶ್	ಆತೆ	ಇರೇಚ್
ಸ್ಕನ್ದ್	ಚಸ್ಕನ್ದೆ	ಚಸ್ಕನ್ದಾತೆ	ಚಸ್ಕನ್ದಿರೆ
ಗರ್ಜ್	ಜಗರ್ಜೆ	ಜಗರ್ಜಾತೆ	ಜಗರ್ಜಿರೆ
ಅರ್ಚ್	ಆನರ್ಚೆ	ಆನರ್ಚಾತೆ	ಆನರ್ಚಿರೆ
ಆಚ್ಛ್	ಆಚ್ಛೆ or ಆನಚ್ಛೆ	ಆಚ್ಛಾತೆ or ಆನಚ್ಛಾತೆ	ಆಚ್ಛಿರೆ or ಆನಚ್ಛಿರೆ
II. Other roots than the above	ಏಶ್$_1$	ಆತೆ$_1$	ಇರೇಚ್$_1$
(*a*) Roots ending in ಆ.			
ಧಾ	ಧಾ - *f* + ಎ = ದಧೆ	ಧಾ - *f* + ಆತೆ = ದಧಾತೆ	ಧಾ - *f* + ಇರೆ = ದಧಿರೆ
ಮ್ಲಾ .... from ಮ್ಲೈ.	ಮಮ್ಲೆ	ಮಮ್ಲಾತೆ	ಮಮ್ಲಿರೆ
(*b*) Roots beginning with non-conjunct consonants and ending in ಇ or ಈ			
ಚಿ	ಚಿ @ ಯ್ for *f* + ಎ = ಚಿಚ್ಯೆ	ಚಿಚ್ಯಾತೆ	ಚಿಚ್ಯಿರೆ
ನೀ	ನಿನ್ಯೆ	ನಿನ್ಯಾತೆ	ನಿನ್ಯಿರೆ

PADI.

PASSIVE VOICE.

2ND PERSON.			1ST PERSON.		
Singular	*Dual.*	*Plural.*	*Singular.*	*Dual.*	*Plural.*
ಸೆ	ಆಥೆ	ಧ್ವೆ	ಎ	ವಹೆ	ಮಹೆ
ಚೆಸ್ಕನ್ದಿಷೆ	ಚೆಸ್ಕನ್ದಾಥೆ	ಚೆಸ್ಕನ್ದಿಧ್ವೆ	ಚೆಸ್ಕನ್ದೆ	ಚೆಸ್ಕನ್ದಿವಹೆ	ಚೆಸ್ಕನ್ದಿಮಹೆ
ಜಗರ್ಜಿಷೆ	ಜಗರ್ಜಾಥೆ	ಜಗರ್ಜಿಧ್ವೆ	ಜಗರ್ಜೆ	ಜಗರ್ಜಿವಹೆ	ಜಗರ್ಜಿಮಹೆ
ಆನರ್ಚಿಷೆ	ಆನರ್ಚಾಥೆ	ಆನರ್ಚಿಧ್ವೆ	ಆನರ್ಚೆ	ಆನರ್ಚಿವಹೆ	ಆನರ್ಚಿಮಹೆ
ಆಚ್ಛಿಷೆ or ಆನಚ್ಛಿಷೆ	ಆಚ್ಛಾಥೆ or ಆನಚ್ಛಾಥೆ	ಆಚ್ಛಿಧ್ವೆ or ಆನಚ್ಛಿಧ್ವೆ	ಆಚ್ಛೆ or ಆನಚ್ಛೆ	ಆಚ್ಛಿವಹೆ or ಆನಚ್ಛಿವಹೆ	ಆಚ್ಛಿಮಹೆ or ಆನಚ್ಛಿಮಹೆ (1)
ಸೆ$_1$	ಆಥೆ$_1$	ಧ್ವೆ$_1$	ಎ$_1$	ವಹೆ$_1$	ಮಹೆ$_1$
ಧಾ − *f* + ಇ ಸೆ = ದಧಿಷೆ	ಧಾ − *f* + ಆ ಥೆ = ದಧಾಥೆ	ಧಾ − *f* + ಇ ಧ್ವೆ = ದಧಿಧ್ವೆ	ಧಾ − *f* + ಎ = ದಧೆ	ಧಾ − *f* + ಇ ವಹೆ = ದಧಿವಹೆ	ಧಾ − *f* + ಇ ಮಹೆ = ದಧಿಮಹೆ
ಮಮ್ಲಿಷೆ	ಮಮ್ಲಾಥೆ	ಮಮ್ಲಿಧ್ವೆ	ಮಮ್ಲೆ	ಮಮ್ಲಿವಹೆ	ಮಮ್ಲಿಮಹೆ (2)
ಚಿಚ್ಯಿಷೆ	ಚಿಚ್ಯಾಥೆ	ಚಿಚ್ಯಿಧ್ವೆ	ಚಿಚ್ಯೆ	ಚಿಚ್ಯಿವಹೆ	ಚಿಚ್ಯಿಮಹೆ
ನಿನ್ಯಿಷೆ	ನಿನ್ಯಾಥೆ	ನಿನ್ಯಿಧ್ವೆ	ನಿನ್ಯೆ	ನಿನ್ಯಿವಹೆ	ನಿನ್ಯಿಮಹೆ (3)

ATMANE

Both Active and

ROOTS.	3rd Person. Singular.	Dual.	Plural.
(c) Roots beginning with conjunct consonants and ending in ಇ or ಈ.			
ಕ್ಷಿ	ಕ್ಷಿ @ ಯ್ for *f* + ಎ = ಚಿಕ್ಷಿಯೆ	ಚಿಕ್ಷಿಯಾತೆ	ಚಿಕ್ಷಿಯಿರೆ
ಕ್ರೀ	ಚಿಕ್ರಿಯೆ	ಚಿಕ್ರಿಯಾತೆ	ಚಿಕ್ರಿಯಿರೆ
(*d*) Roots ending in ಉ or ಊ.			
ಯು	ಯುಯುವೆ	ಯುಯುವಾತೆ	ಯುಯುವಿರೆ
ಲೂ	ಲೂ @ ಲುವ್ for *f* + ಎ = ಲುಲುವೆ	ಲುಲುವಾತೆ	ಲುಲುವಿರೆ
(*e*) Roots beginning with non-conjunct consonants and ending in ಋ			
ಧೃ	ದಧ್ರೆ	ದಧ್ರಾತೆ	ದಧ್ರಿರೆ
(*f*) Roots beginning with non-conjunct consonants and ending in ಋ.			
ಸ್ತೄ	ಸ್ತೄ @ *gf* + ಎ = ತಸ್ತರೆ	ತಸ್ತರಾತೆ	ತಸ್ತರಿರೆ
(*g*) Roots ending in ೠ.			
ಕೄ	ಕೄ @ *gf* + ಎ = ಚಕರೆ	ಚಕರಾತೆ	ಚಕರಿರೆ

PADI.

Passive Voice.

2nd Person.			1st Person.		
Singular	*Dual.*	*Plural.*	*Singular.*	*Dual.*	*Plural.*
ಚಿಕ್ರಿಯಿಷೆ	ಚಿಕ್ರಿಯಾಥೆ	ಚಿಕ್ರಿಯಿಧ್ವೆ	ಚಿಕ್ರಿಯೆ	ಚಿಕ್ರಿಯಿವಹೆ	ಚಿಕ್ರಿಯಿಮಹೆ
ಚಿಕ್ರಿಯಿಷೆ	ಚಿಕ್ರಿಯಾಥೆ	ಚಿಕ್ರಿಯಿಧ್ವೆ	ಚಿಕ್ರಿಯೆ	ಚಿಕ್ರಿಯಿವಹೆ	ಚಿಕ್ರಿಯಿಮಹೆ (4)
ಯುಯುವಿಷೆ	ಯುಯುವಾಥೆ	ಯುಯುವಿಧ್ವೆ	ಯುಯುವೆ	ಯುಯುವಿವಹೆ	ಯುಯುವಿಮಹೆ
ಲುಲುವಿಷೆ	ಲುಲುವಾಥೆ	ಲುಲುವಿಧ್ವೆ	ಲುಲುವೆ	ಲುಲುವಿವಹೆ	ಲುಲುವಿಮಹೆ (5)
ದಧ್ರಿಷೆ	ದಧ್ರಾಥೆ	ದಧ್ರಿಧ್ವೆ	ದಧ್ರೆ	ದಧ್ರಿವಹೆ	ದಧ್ರಿಮಹೆ(6)
ತಸ್ತರಿಷೆ	ತಸ್ತರಾಥೆ	ತಸ್ತರಿಧ್ವೆ	ತಸ್ತರೆ	ತಸ್ತರಿವಹೆ	ತಸ್ತರಿಮಹೆ (7)
ಚಕರಿಷೆ	ಚಕರಾಥೆ	ಚಕರಿಧ್ವೆ	ಚಕರೆ	ಚಕರಿವಹೆ	ಚಕರಿಮಹೆ(8)

ATMANE

BOTH ACTIVE AND

ROOTS.	3RD PERSON. Singular.	Dual.	Plural.
(*h*) Roots beginning with ಚ, ಜ, ಟ, ಡ, ತ, ದ, ಪ, ಬ, ಮ, ಯ, ರ, ಲ, ವ, ಶ, ಷ and ಸ and ending in consonants with penultimate ಅ.			
ಪಚ್	ಪಚ್ + @ ಏ for p + ಏ = ಪೇಚೆ	ಪೇಚಾತೆ	ಪೇಚಿರೆ
ತನ್	ತೇನೆ	ತೇನಾತೆ	ತೇನಿರೆ
(*i*) Other Roots beginning with consonants and ending in consonants with penultimate ಅ and roots ending in consonants with penultimate light ಇಕ್			
ಭಜ್	ಬಭಜೆ	ಬಭಜಾತೆ	ಬಭಜಿರೆ
ಭ್ರಮ್	ಬಭ್ರಮೆ	ಬಭ್ರಮಾತೆ	ಬಭ್ರಮಿರೆ
ಇಲ್	ಇಯಿಲೆ	ಇಯಿಲಾತೆ	ಇಯಿಲಿರೆ
ಉಬ್ಚ್	ಉವ್ರುಚೆ	ಉವ್ರುಚಾತೆ	ಉವ್ರುಚಿರೆ
ಋಚ್	ಆನೃಚೆ	ಆನೃಚಾತೆ	ಆನೃಚಿರೆ
ಭಿದ್	ಬಿಭಿದೆ	ಬಿಭಿದಾತೆ	ಬಿಭಿದಿರೆ
ತುದ್	ತುತುದೆ	ತುತುದಾತೆ	ತುತುದಿರೆ
ದೃಪ್	ದದೃಪೆ	ದದೃಪಾತೆ	ದದೃಪಿರೆ
(*j*) Roots ending in consonants with penultimate ಋ.			
ಕೃತ್	ಕೃತ್ @ ಈ ಕ for p+ಏ = ಚಕೃತೆ	ಚಕೃತಾತೆ	ಚಕೃತಿರೆ

PADI.

Pasive Voice.

2nd Person.			1st Person.		
Singular.	*Dual.*	*Plural.*	*Singular.*	*Dual.*	*Plural.*
ಪೇಚಿಷೆ	ಪೇಚಾಥೆ	ಪೇಚಿಧ್ವೆ	ಪೇಚೆ	ಪೇಚಿವಹೆ	ಪೇಚಿಮಹೆ
ತೇನಿಷೆ.	ತೇನಾಥೆ	ತೇನಿಧ್ವೆ	ತೇನೆ	ತೇನಿವಹೆ	ತೇನಿಮಹೆ (9)
ಬಭಜಿಷೆ	ಬಭಜಾಥೆ	ಬಭಜಿಧ್ವೆ	ಬಭಜೆ	ಬಭಜಿವಹೆ	ಬಭಜಿಮಹೆ
ಬಭ್ರಮಿಷೆ	ಬಭ್ರಮಾಥೆ	ಬಭ್ರಮಿಧ್ವೆ	ಬಭ್ರಮೆ	ಬಭ್ರಮಿವಹೆ	ಬಭ್ರಮಿಮಹೆ
ಇಯಿಲಿಷೆ	ಇಯಿಲಾಥೆ	ಇಯಿಲಿಧ್ವೆ	ಇಯಿಲೆ	ಇಯಿಲಿವಹೆ	ಇಯಿಲಿಮಹೆ
ಉವೃಚಿಷೆ	ಉವೃಚಾಥೆ	ಉವೃಚಿಧ್ವೆ	ಉವೃಚೆ	ಉವೃಚಿವಹೆ	ಉವೃಚಿಮಹೆ
ಆನೃಚಿಷೆ	ಆನೃಚಾಥೆ	ಆನೃಚಿಧ್ವೆ	ಆನೃಚೆ	ಆನೃಚಿವಹೆ	ಆನೃಚಿಮಹೆ
ಬಭಿದಿಷೆ	ಬಭಿದಾಥೆ	ಬಭಿದಿಧ್ವೆ	ಬಭಿದೆ	ಬಿಭಿದಿವಹೆ	ಬಭಿದಿಮಹೆ
ತುತುದಿಷೆ	ತುತುದಾಥೆ	ತುತುದಿಧ್ವೆ	ತುತುದೆ	ತುತುದಿವಹೆ	ತುತುದಿಮಹೆ
ದದೃಪಿಷೆ	ದದೃಪಾಥೆ	ದದೃಪಿಧ್ವೆ	ದದೃಪೆ	ದದೃಪಿವಹೆ	ದದೃಪಿಮಹೆ(10)
ಚಕೀರ್ತಿಷೆ	ಚಕೀರ್ತಾಥೆ	ಚಕೀರ್ತಿಧ್ವೆ	ಚಕೀರ್ತೆ	ಚಕೀರ್ತಿವಹೆ	ಚಕೀರ್ತಿಮಹೆ (11)

ATMANE

Both Active and

ROOTS.				3rd Person.		
				Singular.	*Dual.*	*Plural.*
(*k*) Other roots than the above comprising.						
(1). Roots beginning with ಅ and ending in non-conjunct consonants.						
(2). Roots beginning with ಆ and ending in non-conjunct consonants.						
(3). Roots beginning with consonants and ending in consonants with penultimate long vowels except ಋ.						
ಅದ್	...	....	...	ಆದೆ	ಆದಾತೆ	ಆದಿರೆ
ಅಟ್	....	...	....	ಆಟೆ	ಆಟಾತೆ	ಆಟಿರೆ
ಅಪ್	...	....	....	ಆಪೆ	ಆಪಾತೆ	ಆಪಿರೆ
ಅಸ್	...	...	....	ಆಸೆ	ಆಸಾತೆ	ಆಸಿರೆ
ಸಾಧ್	....	...	....	ಸಸಾಧೆ	ಸಸಾಧಾತೆ	ಸಸಾಧಿರೆ
ನಿವ್	....	....	...	ನಿನೀವೆ	ನಿನೀವಾತೆ	ನಿನೀವಿರೆ
ಮೂಲ್	...	...	...	ಮುಮೂಲೆ	ಮುಮೂಲಾತೆ	ಮುಮೂಲಿರೆ
ಖೇಲ್	...	...	...	ಚಿಖೇಲೆ	ಚಿಖೇಲಾತೆ	ಚಿಖೇಲಿರೆ

PADI.

Pasive Voice.

	2nd Person.			1st Person.	
Singular.	*Dual.*	*Plural.*	*Singular.*	*Dual.*	*Plural.*
ಆದಿಷೆ.	ಆದಾಥೆ	ಆದಿಧ್ವೇ	ಆದೆ	ಆದಿವಹೆ	ಆದಿಮಹೆ
ಆಟಿಷೆ	ಆಟಾಥೆ	ಆಟಿಧ್ವೇ	ಆಟೆ	ಆಟಿವಹೆ	ಆಟಿಮಹೆ
ಆಪಿಷೆ	ಆಪಾಥೆ	ಆಪಿಧ್ವೇ	ಆಪೆ	ಆಪಿವಹೆ	ಆಪಿಮಹೆ
ಆಸಿಷೆ	ಆಸಾಥೆ	ಆಸಿಧ್ವೇ	ಆಸೆ	ಆಸಿವಹೆ	ಆಸಿಮಹೆ
ಸಸಾಧಿಷೆ	ಸಸಾಧಾಥೆ	ಸಸಾಧಿಧ್ವೇ	ಸಸಾಧೆ	ಸಸಾಧಿವಹೆ	ಸಸಾಧಿಮಹೆ
ನಿನೀವಿಷೆ	ನಿನೀವಾಥೆ	ನಿನೀವಿಧ್ವೇ	ನಿನೀವೆ	ನಿನೀವಿವಹೆ	ನಿನೀವಿಮಹೆ
ಮುಮೂಲಿಷೆ	ಮುಮೂಲಾಥೆ	ಮುಮೂಲಿಧ್ವೇ	ಮುಮೂಲೆ	ಮುಮೂಲಿವಹೆ	ಮುಮೂಲಿಮಹೆ
ಚಿಖೇಲಿಷೆ	ಚಿಖೇಲಾಥೆ	ಚಿಖೇಲಿಧ್ವೇ	ಚಿಖೇಲೆ	ಚಿಖೇಲಿವಹೆ	ಚಿಖೇಲಿಮಹೆ

(12)

The roots which in the perfect are conjugated by the auxiliary affix ಆಮು and the auxiliary verbs are (1) monosyllabic roots beginning with ಇಚ್ and containing a heavy vowel and (2) non-monosyllabic roots; and they are conjugated as follows :—

(1). (*a*) Roots being long single ಇಕ್ & (*b*) non-monosyllabic roots ending in ಇಕ್.	ಈ = ಈ @ *gf* + ಆಂ = ಅಯಾಂ; ಋ = ಅರಾಂ. FP ಚೇಚಿ = ಚೇಚಯಾಂ; FP ನೇನೀ = ನೆನಯಾಂ. FP ತೋಸ್ತೂ = ತೊಸ್ತವಾಂ; FP ಲೋಲೂ = ಲೋಲವಾಂ. ಜಾಗೃ = ಜಾಗರಾಂ; ಚರ್ಕೃ = ಚರ್ಕರಾಂ; FP ಚಾಕ್ಲೃ = ಚಾಕರಾಂ .... (1)
(2). Non-monosyllabic roots ending in consonants with penultimate light ಇಕ್.	FP ರೇರಿಚ್ = ರೇರಿಚ್ @ *gp* + ಆಂ = ರೇರೇಚಾಂ; FP ಮೋಮುಚ್ = ಮೋಮೊಚಾಂ; FP ತರ್ತೃಪ್ = ತರ್ತರ್ಪಾಂ ... . (2)
(3). Non-monosyllabic roots ending in consonants with penultimate ಋ.	FP ಚೇಕೃತ್ = ಚೇಕೃತ್ @ ಈರ್ for *p* + ಆಂ = ಚೇಕೀರ್ತಾಂ ... . (3)
(4). Non-monosyllabic roots ending in open ಯ preceded by a consonant.	FA ಬೇಭಿದ್ಯ = ಬೇಭಿದ್ - (*f* + *p*) + ಆಂ = ಬೇಭಿದಾಂ ... ... (4)
(5). Other non-monosyllabic roots ending in ಅ.	ಕಥ = ಕಥ - *f* + ಆಂ = ಕಥಾಂ; D ಪಿಪಠಿಷ = ಪಿಪಠಿಷಾಂ; FP ಲೋಲೂಯ = ಲೋಲೂಯಾಂ (5)
(6). Other roots than the above comprising. (1). Monosyllabic roots beginning with short ಇಕ್ and ending in conjunct consonants. (2). Monosyllabic roots beginning with long ಇಕ್ and ಏಚ್ and ending in consonants whether conjunct or non-conjunct. (3). Non-monosyllabic roots ending in ಆ.	ಇನ್ಧ್ = ಇನ್ಧ್ + ಆಂ = ಇನ್ಧಾಂ; ಉನ್ದ್ = ಉನ್ದಾಂ; ಋಚ್ಛ್ = ಋಚ್ಛಾಂ; ಈಕ್ಷ್ = ಈಕ್ಷಾಂ; ಊರ್ಣ್ = ಊರ್ಣಾಂ; ಏಧ್ = ಏಧಾಂ; ಓಜ್ = ಓಜಾಂ; ದರಿದ್ರಾ = ದರಿದ್ರಾಂ; FP ಜಾಜ್ಞಾ = ಜಾಜ್ಞಾಂ; X ಚೋರಯ್ = ಚೊರಯಾಂ; C ಚೋರಯ್ = ಚೋರಯಾಂ; FP ರಾರಾಧ್ = ರಾರಾಧಾಂ; FP ದೇದೀಪ್ = ದೇದೀಪಾಂ; FP ದೋಧೂಪ್ = ದೋಧೂಪಾಂ; FP ಚೇಚೇಲ್ = ಚೇಚೇಲಾಂ; FP ಡೋಢೌಕ್ = ಡೋಢೌಕಾಂ; FP ಪಾಪ್ರಚ್ಛ್ = ಪಾಪ್ರಚ್ಛಾಂ .... (6)

(4). Non-monosyllabic roots ending in consonants with penultimate long vowels except ಋೂ.

(5). Non-Monosyllabic roots ending in conjunct consonants.

Observe that the final ಮು in the affix ಆಂ is not indicatory and therefore the affix should come after the final letter of the root and not after the last vowel of it. (B. 504).

The auxiliary verbs which come after the affix ಆಂ are formed from the root (1) ಕೃ, (2) ಭೂ, or (3) ಅಸ್ by reduplication according to the rules already mentioned for the perfect and are made to agree in number and person with the number and person in which the principal roots that have taken the affix ಆಂ are intended to be employed. But except in the passive voice when both the *átmanepadi* and *parasmaipadi* roots equally admit of only *átmanepadi*, the auxiliary roots should be used in their own mode of conjugation, whatever may be the mode of the principal roots, except when the auxiliary is ಕೃ which should agree also in the mode of conjugation with the principal roots (III. 1. 40; Kás thereon; I. 3. 63; Sid. II. 23). Thus:—

Active Voice.

ಉನ್ದಾಂ from P ಉನ್ದ್ = ಉನ್ದಾಮಾಸ or ಉನ್ದಾಂ ಬಭೂವ or ಉನ್ದಾಂಚಕಾರ.

ವಿಧಾಂ from A ವಿಧ್ = ವಿಧಾಮಾಸ or ವಿಧಾಂ ಬಭೂವ or ವಿಧಾಂಚಕ್ರೆ.

Passive Voice.

ಉನ್ದಾಂ though from P ಉನ್ದ್ = ಉನ್ದಾಮಾಸೆ, or ಉನ್ದಾಂ ಬಭೂವೆ, or ಉನ್ದಾಂಚಕ್ರೆ.

ವಿಧಾಂ ... ... = ವಿಧಾಮಾಸೆ, or ವಿಧಾಂ ಬಭೂವೆ, or ವಿಧಾಂಚಕ್ರೆ.

Observe further that though generally the auxiliary verbs come immediately after the word formed by the affix ಆಂ, yet they may sometimes be found separated from the word as in the following examples:—

(1). ತಂಪಾತಯಾಂ ಪ್ರಥಮಂ ಆಸ (Ragh. IX. 61).

(2). ಪ್ರಭ್ರಂಶಯಾಂ ಯೋ ನಹುಷಂ ಚಕಾರ (Ragh. XIII. 36).

The conjugation of the roots in the benedictive in which also they, follows :—

Active Voice PARASMAIPADI.	3rd Person. *Singular.*	 *Dual.*	 *Plural.*
Roots ending in ಅ ...	ಯಾಸ್+ತ್ $_1$	ಯಾಸ್+ತಾಂ $_1$	ಯಾಸ್+ಜುಸ್ $_1$
ಕಥ	ಕಥ - *f* + ಯಾತ್ = ಕಥ್ಯಾತ್	ಕಥ್ಯಾಸ್ತಾಂ	ಕಥ್ಯಾಸುಃ
D ಪಿಪಠಿಷ	ಪಿಪಠಿಷ್ಯಾತ	ಪಿಪಠಿಷ್ಯಾಸ್ತಾಂ	ಪಿಪಠಿಷ್ಯಾಸುಃ
Roots beginning with conjunct consonants and ending in ಆ.			
ಗ್ಲಾ ... . from ಗ್ಲೈ.	ಗ್ಲಾ+ಯಾತ or ಗ್ಲಾ @ ಎ for *f*+ಯಾತ=ಗ್ಲಾಯಾತorಗ್ಲೇಯಾತ	ಗ್ಲಾಯಾಸ್ತಾಂ or ಗ್ಲೇಯಾಸ್ತಾಂ	ಗ್ಲಾಯಾಸುಃor ಗ್ಲೇಯಾಸುಃ
FP ಜಾಜ್ಞಾ	ಜಾಜ್ಞಾಯಾತ or ಜೇಜ್ಞೀಯಾತ್	ಜಾಜ್ಞಾಯಾಸ್ತಾಂ or ಜೇಜ್ಞೀಯಾಸ್ತಾಂ	ಜಾಜ್ಞಾಯಾಸುಃ or ಜೇಜ್ಞೀಯಾಸುಃ
Roots ending in ಇ and ಈ.			
ಇ	ಇ @ *lf* + ಯಾತ್ = ಈಯಾತ್	ಈಯಾಸ್ತಾಂ	ಈಯಾಸುಃ
ಉ	ಊಯಾತ್	ಊಯಾಸ್ತಾಂ	ಊಯಾಸುಃ
ಚಿ	ಚೀಯಾತ್	ಚೀಯಾಸ್ತಾಂ	ಚೀಯಾಸುಃ
ಸ್ತು	ಸ್ತೂಯಾತ	ಸ್ತೂಯಾಸ್ತಾಂ	ಸ್ತೂಯಾಸುಃ
FP ತೋಷ್ಟು	ತೋಷ್ಟೂಯಾತ್	ತೋಷ್ಟೂಯಾಸ್ತಾಂ	ತೋಷ್ಟೂಯಾಸುಃ

as we have seen, do not get modified by any tense affix is as

2nd Person.			1st Person.		
Singular.	*Dual.*	*Plural.*	*Singular.*	*Dual.*	*Plural.*
ಯಾಸ್+ಸ್$_1$	ಯಾಸ್+ತಂ$_1$	ಯಾಸ್+ತ$_1$	ಯಾಸ್+ಅಂ$_1$	ಯಾಸ್+ವ$_1$	ಯಾಸ್+ಮ$_1$
ಕಥ್ಯಾಃ	ಕಥ್ಯಾಸ್ತಂ	ಕಥ್ಯಾಸ್ತ	ಕಥ್ಯಾಸಂ	ಕಥ್ಯಾಸ್ವ	ಕಥ್ಯಾಸ್ಮ
ಪಿಪಠಿಷ್ಯಾಃ	ಪಿಪಠಿಷ್ಯಾಸ್ತಂ	ಪಿಪಠಿಷ್ಯಾಸ್ತ	ಪಿಪಠಿಷ್ಯಾಸಂ	ಪಿಪಠಿಷ್ಯಾಸ್ವ	ಪಿಪಠಿಷ್ಯಾಸ್ಮ (1)
ಗ್ಲಾಯಾಃ or ಗ್ಲೇಯಾಃ	ಗ್ಲಾಯಾಸ್ತಂ or ಗ್ಲೇಯಾಸ್ತಂ	ಗ್ಲಾಯಾಸ್ತ or ಗ್ಲೇಯಾಸ್ತ	ಗ್ಲಾಯಾಸಂ or ಗ್ಲೇಯಾಸಂ	ಗ್ಲಾಯಾಸ್ವ or ಗ್ಲೇಯಾಸ್ವ	ಗ್ಲಾಯಾಸ್ಮ or ಗ್ಲೇಯಾಸ್ಮ
ಜಾಜ್ಞಾಯಾಃ or ಜೇಜ್ಞೇಯಾಃ	ಜಾಜ್ಞಾಯಾಸ್ತಂ or ಜೇಜ್ಞೇಯಾಸ್ತಂ	ಜಾಜ್ಞಾಯಾಸ್ತ or ಜೇಜ್ಞೇಯಾಸ್ತ	ಜಾಜ್ಞಾಯಾಸಂ or ಜೇಜ್ಞೇಯಾಸಂ	ಜಾಜ್ಞಾಯಾಸ್ವ or ಜೇಜ್ಞೇಯಾಸ್ವ	ಜಾಜ್ಞಾಯಾಸ್ಮ or ಜೇಜ್ಞೇಯಾಸ್ಮ (2)
ಈಯಾಃ	ಈಯಾಸ್ತಂ	ಈಯಾಸ್ತ	ಈಯಾಸಂ	ಈಯಾಸ್ವ	ಈಯಾಸ್ಮ
ಊಯಾಃ	ಊಯಾಸ್ತಂ	ಊಯಾಸ್ತ	ಊಯಾಸಂ	ಊಯಾಸ್ವ	ಊಯಾಸ್ಮ
ಚೇಯಾಃ	ಚೇಯಾಸ್ತಂ	ಚೇಯಾಸ್ತ	ಚೇಯಾಸಂ	ಚೇಯಾಸ್ವ	ಚೇಯಾಸ್ಮ
ಸ್ತೂಯಾಃ	ಸ್ತೂಯಾಸ್ತಂ	ಸ್ತೂಯಾಸ್ತ	ಸ್ತೂಯಾಸಂ	ಸ್ತೂಯಾಸ್ವ	ಸ್ತೂಯಾಸ್ಮ
ತೋಷ್ಟೂಯಾಃ	ತೋಷ್ಟೂಯಾಸ್ತಂ	ತೋಷ್ಟೂಯಾಸ್ತ	ತೋಷ್ಟೂಯಾಸಂ	ತೋಷ್ಟೂಯಾಸ್ವ	ತೋಷ್ಟೂಯಾಸ್ಮ (3)

3rd Person.

	Singular.	*Dual.*	*Plural.*
Roots beginning with non-conjunct consonants and ending in ಋ.			
ಕೃ	ಕೃ @ ರಿ for f+ಯಾತ್= ಕ್ರಿಯಾತ್	ಕ್ರಿಯಾಸ್ತಾಂ	ಕ್ರಿಯಾಸುಃ
FP ಚೆಕೃ	ಚೆಕ್ರೀಯಾತ್	ಚೆಕ್ರೀಯಾಸ್ತಾಂ	ಚೆಕ್ರೀಯಾಸುಃ
Roots beginning with conjunct consonants and ending in ಋ.			
ಸ್ಮೃ	ಸ್ಮೃ @ gf+ ಯಾತ್=ಸ್ಮರ್ಯಾತ್	ಸ್ಮರ್ಯಾಸ್ತಾಂ	ಸ್ಮರ್ಯಾಸುಃ
FP ಸಸ್ಮೃ	ಸಸ್ಮರ್ಯಾತ್	ಸಸ್ಮರ್ಯಾಸ್ತಾಂ	ಸಸ್ಮರ್ಯಾಸುಃ
Roots ending in ೠ (non-labial.)			
ೠ	ೠ @ ಈರ್ for f+ಯಾತ್=ಈರ್ಯಾತ್	ಈರ್ಯಾಸ್ತಾಂ	ಈರ್ಯಾಸುಃ
ಕೄ	ಕೀರ್ಯಾತ್	ಕೀರ್ಯಾಸ್ತಾಂ	ಕೀರ್ಯಾಸುಃ
FP ಚೇಕೄ	ಚೇಕೀರ್ಯಾತ್	ಚೇಕೀರ್ಯಾಸ್ತಾಂ	ಚೇಕೀರ್ಯಾಸುಃ
Roots ending in ೠ (labial.)			
ಪೄ	ಪೄ @ ಊರ್ for f+ಯಾತ್=ಪೂರ್ಯಾತ್	ಪೂರ್ಯಾಸ್ತಾಂ	ಪೂರ್ಯಾಸುಃ
ವೄ	ವೂರ್ಯಾತ್	ವೂರ್ಯಾಸ್ತಾಂ	ವೂರ್ಯಾಸುಃ
FP ಪೋಪೄ	ಪೋಪೂರ್ಯಾತ್	ಪೋಪೂರ್ಯಾಸ್ತಾಂ	ಪೋಪೂರ್ಯಾಸುಃ

2nd Person			1st Person		
Singular.	*Dual.*	*Plural.*	*Singular.*	*Dual.*	*Plural.*
ಕ್ರಿಯಾಃ	ಕ್ರಿಯಾಸ್ತಂ	ಕ್ರಿಯಾಸ್ತ	ಕ್ರಿಯಾಸಂ	ಕ್ರಿಯಾಸ್ವ	ಕ್ರಿಯಾಸ್ಮ
ಚರ್ಕ್ರಿಯಾಃ	ಚರ್ಕ್ರಿಯಾಸ್ತಂ	ಚರ್ಕ್ರಿಯಾಸ್ತ	ಚರ್ಕ್ರಿಯಾಸಂ	ಚರ್ಕ್ರಿಯಾಸ್ವ	ಚರ್ಕ್ರಿಯಾಸ್ಮ
ಸ್ಮರ್ಯಾಃ	ಸ್ಮರ್ಯಾಸ್ತಂ	ಸ್ಮರ್ಯಾಸ್ತ	ಸ್ಮರ್ಯಾಸಂ	ಸ್ಮರ್ಯಾಸ್ವ	ಸ್ಮರ್ಯಾಸ್ಮ
ಸಸ್ಮರ್ಯಾಃ	ಸಸ್ಮರ್ಯಾಸ್ತಂ	ಸಸ್ಮರ್ಯಾಸ್ತ	ಸಸ್ಮರ್ಯಾಸಂ	ಸಸ್ಮರ್ಯಾಸ್ವ	ಸಸ್ಮರ್ಯಾಸ್ಮ
ಈರ್ಯಾಃ	ಈರ್ಯಾಸ್ತಂ	ಈರ್ಯಾಸ್ತ	ಈರ್ಯಾಸಂ	ಈರ್ಯಾಸ್ವ	ಈರ್ಯಾಸ್ಮ
ಕೀರ್ಯಾಃ	ಕೀರ್ಯಾಸ್ತಂ	ಕೀರ್ಯಾಸ್ತ	ಕೀರ್ಯಾಸಂ	ಕೀರ್ಯಾಸ್ವ	ಕೀರ್ಯಾಸ್ಮ
ಚೇಕೀರ್ಯಾಃ	ಚೇಕೀರ್ಯಾಸ್ತಂ	ಚೇಕೀರ್ಯಾಸ್ತ	ಚೇಕೀರ್ಯಾಸಂ	ಚೇಕೀರ್ಯಾಸ್ವ	ಚೇಕೀರ್ಯಾಸ್ಮ
ಪೂರ್ಯಾಃ	ಪೂರ್ಯಾಸ್ತಂ	ಪೂರ್ಯಾಸ್ತ	ಪೂರ್ಯಾಸಂ	ಪೂರ್ಯಾಸ್ವ	ಪೂರ್ಯಾಸ್ಮ
ವೂರ್ಯಾಃ	ವೂರ್ಯಾಸ್ತಂ	ವೂರ್ಯಾಸ್ತ	ವೂರ್ಯಾಸಂ	ವೂರ್ಯಾಸ್ವ	ವೂರ್ಯಾಸ್ಮ
ಪೋಪೂರ್ಯಾಃ	ಪೋಪೂರ್ಯಾಸ್ತಂ	ಪೋಪೂರ್ಯಾಸ್ತ	ಪೋಪೂರ್ಯಾಸಂ	ಪೋಪೂರ್ಯಾಸ್ವ	ಪೋಪೂರ್ಯಾಸ್ಮ

3rd Person.

	Singular.	*Dual.*	*Plural.*
Roots ending in consonants with penultimate ಋ.			
ಕೃತ್	ಕೃತ್ @ ಈರ್ for p+ಯಾಟ್=ಕೀರ್ತ್ಯಾತ್	ಕೀರ್ತ್ಯಾಸ್ತಾಂ	ಕೀರ್ತ್ಯಾಸುಃ
FP ಚೇಕೃತ್	ಚೇಕೀರ್ತ್ಯಾತ್	ಚೇಕೀರ್ತ್ಯಾಸ್ತಾಂ	ಚೇಕೀರ್ತ್ಯಾಸುಃ
Roots ending in conjunct consonants with penultimate nasal, the roots not being distinguished by indicatory ಇ.			
ದಂಶ್	ದಂಶ್ - p + ಯಾತ್ = ದಶ್ಯಾತ್	ದಶ್ಯಾಸ್ತಾಂ	ದಶ್ಯಾಸುಃ
FP ದಂದಂಶ್	ದಂದಶ್ಯಾತ್	ದಂದಶ್ಯಾಸ್ತಾಂ	ದಂದಶ್ಯಾಸುಃ

Other roots than the above comprising

1. Roots beginning with non-conjunct consonants and ending in ಅ.
2. Roots ending in ಈ & ಊ.
3. Roots ending in consonants with other penultimate vowels than ಋ.
4. Roots ending in conjunct consonants with penultimate nasal, the roots being distinguished by indicatory ಇ.
5. Other roots ending in conjunct consonants.

ಪಾ	ಪಾಯಾತ್	ಪಾಯಾಸ್ತಾಂ	ಪಾಯಾಸುಃ
FP ಪಾಪಾ	ಪಾಪಾಯಾತ್	ಪಾಪಾಯಾಸ್ತಾಂ	ಪಾಪಾಯಾಸುಃ

2ND PERSON.			1ST PERSON.		
Singular.	*Dual.*	*Plural.*	*Singular.*	*Dual.*	*Plural.*
ಕೇತ್ರ್ಯಾರ್ಃ	ಕೇತ್ರ್ಯಾರ್ಸ್ಥಂ	ಕೇತ್ರ್ಯಾರ್ಸ್ಥ	ಕೇತ್ರ್ಯಾರ್ಸಂ	ಕೇತ್ರ್ಯಾರ್ಸ್ವ	ಕೇತ್ರ್ಯಾರ್ಸ್ಮ
ಚೇಕೀತ್ರ್ಯಾರ್ಃ	ಚೇಕೀತ್ರ್ಯಾರ್ ಸ್ಥಂ	ಚೇಕೀತ್ರ್ಯಾರ್ ಸ್ಥ	ಚೇಕೀತ್ರ್ಯಾರ್ ಸಂ	ಚೇಕೀತ್ರ್ಯಾರ್ಸ್ವ	ಚೇಕೀತ್ರ್ಯಾರ್ ಸ್ಮ
ದಶ್ಯಾಃ	ದಶ್ಯಾಸ್ಥಂ	ದಶ್ಯಾಸ್ಥ	ದಶ್ಯಾಸಂ	ದಶ್ಯಾಸ್ವ	ದಶ್ಯಾಸ್ಮ
ದಂದಶ್ಯಾಃ	ದಂದಶ್ಯಾಸ್ಥಂ	ದಂದಶ್ಯಾಸ	ದಂದಶ್ಯಾಸಂ	ದಂದಶ್ಯಾಸ್ವ	ದಂದಶ್ಯಾಸ್ಮ
ಪಾಯಯಾಃ	ಪಾಯಯಾಸ್ಥಂ	ಪಾಯಯಾಸ್ಥ	ಪಾಯಯಾಸಂ	ಪಾಯಯಾಸ್ವ	ಪಾಯಯಾಸ್ಮ
ಪಾಪಾಯಯಾಃ	ಪಾಪಾಯಯಾ ಸ್ಥಂ	ಪಾಪಾಯಯಾಸ್ಥ	ಪಾಪಾಯಯಾಸಂ	ಪಾಪಾಯಯಾಸ್ವ	ಪಾಪಾಯಯಾ ಸ್ಮ

BASES.			3RD PERSON. Singular.	Dual.	Plural.
ನೀ ...	...	...	ನೀಯಾತ್	ನೀಯಾಸ್ತಾಂ	ನೀಯಾಸುಃ
FP ನೇನೀ	....	...	ನೇನೀಯಾತ್	ನೇನೀಯಾಸ್ತಾಂ	ನೇನೀಯಾಸುಃ
ಭೂ	....	....	ಭೂಯಾತ್	ಭೂಯಾಸ್ತಾಂ	ಭೂಯಾಸುಃ
FP ಬೋಭೂ	...	...	ಬೋಭೂಯಾತ್	ಬೋಭೂಯಾಸ್ತಾಂ	ಬೋಭೂಯಾಸುಃ
ಪಚ್ ...	...	...	ಪಚ್ಯಾತ್	ಪಚ್ಯಾಸ್ತಾಂ	ಪಚ್ಯಾಸುಃ
ದಿವ್ ...	...	...	ದೀವ್ಯಾತ್	ದೀವ್ಯಾಸ್ತಾಂ	ದೀವ್ಯಾಸುಃ
ಪುರ್ ...	....	...	ಪೂರ್ಯಾತ್	ಪೂರ್ಯಾಸ್ತಾಂ	ಪೂರ್ಯಾಸುಃ
ಮುರ್ಛ್ ...	....	...	ಮೂರ್ಛ್ಯಾತ್	ಮೂರ್ಛ್ಯಾಸ್ತಾಂ	ಮೂರ್ಛ್ಯಾಸುಃ
ಗುರ್ವ್	...	....	ಗೂರ್ವ್ಯಾತ್	ಗೂರ್ವ್ಯಾಸ್ತಾಂ	ಗೂರ್ವ್ಯಾಸುಃ
FP ಪಾಪಚ್	....	....	ಪಾಪಚ್ಯಾತ್	ಪಾಪಚ್ಯಾಸ್ತಾಂ	ಪಾಪಚ್ಯಾಸುಃ
FP ದೇದಿವ್	...	....	ದೇದೀವ್ಯಾತ್	ದೇದೀವ್ಯಾಸ್ತಾಂ	ದೇದೀವ್ಯಾಸುಃ
FP ಪೋಪುರ್	....	....	ಪೋಪೂರ್ಯಾತ್	ಪೋಪೂರ್ಯಾಸ್ತಾಂ	ಪೋಪೂರ್ಯಾಸುಃ
PF ಮೋಮುರ್ಛ್	...	....	ಮೋಮೂರ್ಛ್ಯಾತ್	ಮೋಮೂರ್ಛ್ಯಾಸ್ತಾಂ	ಮೋಮೂರ್ಛ್ಯಾಸುಃ
ನಿನ್ದ್ from ನಿದಿ	....	...	ನಿನ್ದ್ಯಾತ್	ನಿನ್ದ್ಯಾಸ್ತಾಂ	ನಿನ್ದ್ಯಾಸುಃ
ರಕ್ಷ್ ...	...	...	ರಕ್ಷ್ಯಾತ್	ರಕ್ಷ್ಯಾಸ್ತಾಂ	ರಕ್ಷ್ಯಾಸುಃ

	2ND PERSON.			1st PERSON.	
Singular.	*Dual.*	*Plural.*	*Singular.*	*Dual.*	*Plural.*
ನೀಯಾಃ	ನೀಯಾಸ್ತಂ	ನೀಯಾಸ್ತ	ನೀಯಾಸಂ	ನೀಯಾಸ್ವ	ನೀಯಾಸ್ಮ
ನೇನೀಯಾಃ	ನೇನೀಯಾಸ್ತಂ	ನೇನೀಯಾಸ್ತ	ನೇನೀಯಾಸಂ	ನೇನೀಯಾಸ್ವ	ನೇನೀಯಾಸ್ಮ
ಭೂಯಾಃ	ಭೂಯಾಸ್ತಂ	ಭೂಯಾಸ್ತ	ಭೂಯಾಸಂ	ಭೂಯಾಸ್ವ	ಭೂಯಾಸ್ಮ
ಬೋಭೂಯಾಃ	ಬೋಭೂಯಾಸ್ತಂ	ಬೋಭೂಯಾಸ್ತ	ಬೋಭೂಯಾಸಂ	ಬೋಭೂಯಾಸ್ವ	ಬೋಭೂಯಾಸ್ಮ
ಪಚ್ಯಾಃ	ಪಚ್ಯಾಸ್ತಂ	ಪಚ್ಯಾಸ್ತ	ಪಚ್ಯಾಸಂ	ಪಚ್ಯಾಸ್ವ	ಪಚ್ಯಾಸ್ಮ
ದೀವ್ಯಾಃ	ದೀವ್ಯಾಸ್ತಂ	ದೀವ್ಯಾಸ್ತ	ದೀವ್ಯಾಸಂ	ದೀವ್ಯಾಸ್ವ	ದೀವ್ಯಾಸ್ಮ
ಪೂರ್ಯಾಃ	ಪೂರ್ಯಾಸ್ತಂ	ಪೂರ್ಯಾಸ್ತ	ಪೂರ್ಯಾಸಂ	ಪೂರ್ಯಾಸ್ವ	ಪೂರ್ಯಾಸ್ಮ
ಮೂರ್ಛ್ಯಾಃ	ಮೂರ್ಛ್ಯಾಸ್ತಂ	ಮೂರ್ಛ್ಯಾಸ್ತ	ಮೂರ್ಛ್ಯಾಸಂ	ಮೂರ್ಛ್ಯಾಸ್ವ	ಮೂರ್ಛ್ಯಾಸ್ಮ
ಗೂರ್ವ್ಯಾಃ	ಗೂರ್ವ್ಯಾಸ್ತಂ	ಗೂರ್ವ್ಯಾಸ್ತ	ಗೂರ್ವ್ಯಾಸಂ	ಗೂರ್ವ್ಯಾಸ್ವ	ಗೂರ್ವ್ಯಾಸ್ಮ
ಪಾಪಚ್ಯಾಃ	ಪಾಪಚ್ಯಾಸ್ತಂ	ಪಾಪಚ್ಯಾಸ್ತ	ಪಾಪಚ್ಯಾಸಂ	ಪಾಪಚ್ಯಾಸ್ವ	ಪಾಪಚ್ಯಾಸ್ಮ
ದೇದೀವ್ಯಾಃ	ದೇದೀವ್ಯಾಸ್ತಂ	ದೇದೀವ್ಯಾಸ್ತ	ದೇದೀವ್ಯಾಸಂ	ದೇದೀವ್ಯಾಸ್ವ	ದೇದೀವ್ಯಾಸ್ಮ
ಪೋಪೂರ್ಯಾಃ	ಪೋಪೂರ್ಯಾಸ್ತಂ	ಪೋಪೂರ್ಯಾಸ್ತ	ಪೋಪೂರ್ಯಾಸಂ	ಪೋಪೂರ್ಯಾಸ್ವ	ಪೋಪೂರ್ಯಾಸ್ಮ
ಮೋಮೂರ್ಛ್ಯಾಃ	ಮೋಮೂರ್ಛ್ಯಾಸ್ತಂ	ಮೋಮೂರ್ಛ್ಯಾಸ್ತ	ಮೋಮೂರ್ಛ್ಯಾಸಂ	ಮೋಮೂರ್ಛ್ಯಾಸ್ವ	ಮೋಮೂರ್ಛ್ಯಾಸ್ಮ
ನಿನ್ದ್ಯಾಃ	ನಿನ್ದ್ಯಾಸ್ತಂ	ನಿನ್ದ್ಯಾಸ್ತ	ನಿನ್ದ್ಯಾಸಂ	ನಿನ್ದ್ಯಾಸ್ವ	ನಿನ್ದ್ಯಾಸ್ಮ
ರಕ್ಷ್ಯಾಃ	ರಕ್ಷ್ಯಾಸ್ತಂ	ರಕ್ಷ್ಯಾಸ್ತ	ರಕ್ಷ್ಯಾಸಂ	ರಕ್ಷ್ಯಾಸ್ವ	ರಕ್ಷ್ಯಾಸ್ಮ

ATMANE

ACTIVE AND

ROOTS.	3RD PERSON. Singular.	Dual.	Plural.
FIRST DIVISION. ...	ಸೀಯುಟ್+ ಸ್ +ತ or ತ$_1$	ಸೀಯುಟ್+ಆತಾಂ or ಆತಾಂ$_1$	ಸೀಯುಟ್+ರನ್ or ರನ್$_1$
1. Roots beginning with conjunct consonants and ending in ಋ.			
ಸ್ತೃ	ಸ್ತೃ @ *gf*+ ಇಸೀಷ್ಟ or ಸ್ತೃ + ಸೀ ಷ್ಟ= ಸ್ತರಿ ಷೀಷ್ಟ or ಸ್ತೃಷೀಷ್ಟ	ಸ್ತರಿಷೀಯಾತಾ ಂor ಸ್ತೃಷೀ ಯಾತಾಂ	ಸ್ತರಿಷೀರನ್ or ಸ್ತೃಷೀ ರನ್
2. Roots ending in ಋ (labial.)			
ಪೄ	ಪೄ@ *gf* + ಇಸೀಷ್ಟ or ಪೄ@ ಊರ್ for *f* + ಸೀ ಷ್ಟ = ಪರಿ ಷೀಷ್ಟ or ಪೂರ್ಷೀಷ್ಟ	ಪರಿಷೀಯಾತಾಂ or ಪೂರ್ಷೀ ಯಾತಾಂ	ಪರಿಷೀರನ್or ಪೂರ್ಷೀರ ನ್
ವೄ	ವರಿಷೀಷ್ಟor ವೂರ್ಷೀಷ್ಟ	ವರಿಷೀಯಾತಾಂ or ವೂರ್ಷೀ ಯಾತಾಂ	ವರಿಷೀರನ್or ವೂರ್ಷೀರನ್

PADI.

PASSIVE VOICE.

2ND PERSON.			1ST PERSON.		
Singular.	*Dual.*	*Plural.*	*Singular.*	*Dual.*	*Plural.*
ಸೀಯುಟ್ + ಸ್ + ಥಾಸ್ or ಥಾಸ್$_1$	ಸೀಯುಟ್+ಆಥಾಂ or ಆಥಾಂ$_1$	ಸೀಯುಟ್+ಧ್ವಮ್ or ಧ್ವಂ$_1$	ಸೀಯುಟ್+ಅ or ಅ$_1$	ಸೀಯುಟ್+ವಹಿ or ವಹಿ$_1$	ಸೀಯುಟ್+ಮಹಿ or ಮಹಿ$_1$
ಸ್ಮರಿಷೀಷ್ಠಾಃ or ಸ್ಮೃಷೀಷ್ಠಾಃ	ಸ್ಮರಿಷೀಯಾಸ್ಥಾಮ್ or ಸ್ಮೃಷೀಯಾಸ್ಥಾಂ	ಸ್ಮರಿಷೀಧ್ವಂ or ಸ್ಮರಿಷೀಢ್ವಂ or ಸ್ಮೃಷೀಢ್ವಂ	ಸ್ಮರಿಷೀಯ or ಸ್ಮೃಷೀಯ	ಸ್ಮರಿಷೀವಹಿ or ಸ್ಮೃಷೀವಹಿ	ಸ್ಮರಿಷೀಮಹಿ or ಸ್ಮೃಷೀಮಹಿ (1)
ಪರಿಷೀಷ್ಠಾಃ or ಪೂರ್ಷೀಷ್ಠಾಃ	ಪರಿಷೀಯಾಸ್ಥಾಂ or ಪೂರ್ಷೀಯಾಸ್ಥಾಂ	ಪರಿಷೀಧ್ವಮ್ or ಪರಿಷೀಢ್ವಂ or ಪೂರ್ಷೀಢ್ವಂ	ಪರಿಷೀಯ or ಪೂರ್ಷೀಯ	ಪರಿಷೀವಹಿ or ಪೂರ್ಷೀವಹಿ	ಪರಿಷೀಮಹಿ or ಪೂರ್ಷೀಮಹಿ
ವರಿಷೀಷ್ಠಾಃ or ವೂರ್ಷೀಷ್ಠಾಃ	ವರಿಷೀಯಾಸ್ಥಾಂ or ವೂರ್ಷೀಯಾಸ್ಥಾಂ	ವರಿಷೀಧ್ವಂ or ವರಿಷೀಢ್ವಂ or ವೂರ್ಷೀಢ್ವಂ	ವರಿಷೀಯ or ವೂರ್ಷೀಯ	ವರಿಷೀವಹಿ or ವೂರ್ಷೀವಹಿ	ವರಿಷೀಮಹಿ or ವೂರ್ಷೀಮಹಿ (2)

ROOTS.	3RD PERSON. Singular.	Dual.	Plural.
3. Roots ending in ಋ, (non-labial).			
ಕ್ರಾ	ಕ್ರಾ @ gf+ ಇಸೀಷ್ಟ or ಕ್ರಾ @ ಈರ್ for f + ಸೀಷ್ಟ=ಕರಿಷೀಷ್ಟ or ಕೀರ್ಷೀಷ್ಟ	ಕರಿಷೀಯಾತಾಂ or ಕೀರ್ಷೀಯಾತಾಂ	ಕರಿಷೀರನ್ or ಕೀರ್ಷೀರನ್
SECOND DIVISION. ...	ಸೀಯುಟ್ + ಸ + ತ	ಸೀಯುಟ್+ಆತಾಂ	ಸೀಯುಟ್+ರನ್
1. Roots beginning with non-conjunct consonants and ending in ಋ.			
2. E· Roots ending in consonants with penultimate ಇಕ್.			
ಕೃ	ಕೃ + ಸೀಷ್ಟ =ಕೃಷೀಷ್ಟ	ಕೃಷೀಯಾತಾಂ	ಕೃಷೀರನ್
E· ಭಿದ್	ಭಿತ್ಸೀಷ್ಟ	ಭಿತ್ಸೀಯಾತಾಂ	ಭಿತ್ಸೀರನ್
E· ಮುಚ್	ಮುಕ್ಷೀಷ್ಟ	ಮುಕ್ಷೀಯಾತಾಮ್	ಮುಕ್ಷೀರನ
E· ದೃಶ್	ದೃಕ್ಷೀಷ್ಟ	ದೃಕ್ಷೀಯಾತಾಂ	ದೃಕ್ಷೀರನ್
E· ಲಿಶ್	ಲಿಕ್ಷೀಷ್ಟ	ಲಿಕ್ಷೀಯಾತಾಂ	ಲಿಕ್ಷೀರನ್

PADI.

PASSIVE VOICE.

2ND PERSON.			1ST PERSON.		
Singular.	*Dual.*	*Plural.*	*Singular.*	*Dual.*	*Plural.*
ಕರಿಷೀಷ್ಠಾಃ or ಕಾರಿಷೀಷ್ಠಾಃ	ಕರಿಷೀಯಾಥಾಂ or ಕಾರಿಷೀಯಾಥಾಂ	ಕರಿಷೀಧ್ವಂ or ಕರಿಷೀಢ್ವಮ್ or ಕಾರಿಷೀಢ್ವಮ್	ಕರಿಷೀಯ or ಕಾರಿಷೀಯ	ಕರಿಷೀವಹಿ or ಕಾರಿಷೀವಹಿ	ಕರಿಷೀಮಹಿ or ಕಾರಿಷೀಮಹಿ (3)
ಸೀಯುಟ್+ಸ+ಥಾಸ್	ಸೀಯುಟ್+ಆಥಾಂ	ಸೀಯುಟ್ + ಧ್ವಂ	ಸೀಯುಟ್+ಇ	ಸೀಯುಟ್+ವಹಿ	ಸೀಯುಟ್+ಮಹಿ
ಕೃಷೀಷ್ಠಾಃ	ಕೃಷೀಯಾಥಾಂ	ಕೃಷೀಧ್ವಂ	ಕೃಷೀಯ	ಕೃಷೀವಹಿ	ಕೃಷೀಮಹಿ
ಭಿತ್ಸೀಷ್ಠಾಃ	ಭಿತ್ಸೀಯಾಥಾಂ	ಭಿತ್ಸೀಧ್ವಂ	ಭಿತ್ಸೀಯ	ಭಿತ್ಸೀವಹಿ	ಭಿತ್ಸೀಮಹಿ
ಮುಕ್ಷೀಷ್ಠಾಃ	ಮುಕ್ಷೀಯಾಥಾಂ	ಮುಕ್ಷೀಧ್ವಂ	ಮುಕ್ಷೀಯ	ಮುಕ್ಷೀವಹಿ	ಮುಕ್ಷೀಮಹಿ
ದೃಕ್ಷೀಷ್ಠಾಃ	ದೃಕ್ಷೀಯಾಥಾಂ	ದೃಕ್ಷೀಧ್ವಂ	ದೃಕ್ಷೀಯ	ದೃಕ್ಷೀವಹಿ	ದೃಕ್ಷೀಮಹಿ
ಲಿಕ್ಷೀಷ್ಠಾಃ	ಲಿಕ್ಷೀಯಾಥಾಂ	ಲಿಕ್ಷೀಢ್ವಂ	ಲಿಕ್ಷೀಯ	ಲಿಕ್ಷೀವಹಿ	ಲಿಕ್ಷೀಮಹಿ

ATMANE

ACTIVE AND

ROOTS.

3RD PERSON.

				Singular.	*Dual.*	*Plural.*
THIRD DIVISION			...	ಸೀಯಸ್ + ಸ + ತ	ಸೀಯಸ್ + ಆತಾಮ್	ಸೀಯಸ್ + ರನ್

E. ROOTS.

Roots ending in ಇ, ಈ, and ಉ.

ಇ	....	...	...	ಇ @ *gf* + ಸೀಷ್ಟ = ಏಷೀಷ್ಟ	ಏಷೀಯಾಸ್ತಾಂ	ಏಷೀರನ್
ಈ	....	....	...	ಏಷೀಷ್ಟ	ಏಷೀಯಾಸ್ತಾಂ	ಏಷೀರನ್
ಚಿ	....	....	....	ಚೇಷೀಷ್ಟ	ಚೇಷೀಯಾಸ್ತಾಂ	ಚೇಷೀರನ್
ನೀ	....	....	....	ನೇಷೀಷ್ಟ	ನೇಷೀಯಾಸ್ತಾಂ	ನೇಷೀರನ್
ಉ	...	....	...	ಓಷೀಷ್ಟ	ಓಷೀಯಾಸ್ತಾಂ	ಓಷೀರನ್
ನು	....	....	...	ನೋಷೀಷ್ಟ	ನೋಷೀಯಾಸ್ತಾಂ	ನೋಷೀರನ್

Roots ending in ಸ.

ವಸ್	....	....	....	ವಸ್ @ ತ್ for *f* + ಸೀಷ್ಟ = ವತ್ಸೀಷ್ಟ	ವತ್ಸೀಯಾಸ್ತಾಂ	ವತ್ಸೀರನ್

Other roots than the above, comprising.

1. Roots ending in ಅ.

2. Roots ending in other consonants than ಸ with penultimate ಇ & ಅ.

3. Roots ending in conjunct consonants.

ಪಾ	...	....	....	ಪಾ + ಸೀಷ್ಟ = ಪಾಸೀಷ್ಟ	ಪಾಸೀಯಾಸ್ತಾಂ	ಪಾಸೀರನ್

PADI.

Passive Voice.

2nd Person.			1st Person.		
Singular	*Dual.*	*Plural.*	*Singular.*	*Dual.*	*Plural.*
ಸೀಯುಟ್+ಸ್ +ಥಾಸ್	ಸೀಯುಟ್ +ಆ ಥಾಂ	ಸೀಯುಟ್+ಧ್ವ ಮ್	ಸೀಯುಟ್+ಅ	ಸೀಯುಟ್+ವ ಹಿ	ಸೀಯುಟ್+ಮ ಹಿ (4)
ಏಷೀಷ್ಠಾಃ	ಏಷೀಯಾಥಾಂ	ಏಷೀಢ್ವಂ	ಏಷೀಯ	ಏಷೀವಹಿ	ಏಷೀಮಹಿ
ಏಷೀಷ್ಠಾಃ	ಏಷೀಯಾಥಾಂ	ಏಷೀಢ್ವಂ	ಏಷೀಯ	ಏಷೀವಹಿ	ಏಷೀಮಹಿ
ಚೇಷೀಷ್ಠಾಃ	ಚೇಷೀಯಾಥಾಂ	ಚೇಷೀಢ್ವಂ	ಚೇಷೀಯ	ಚೇಷೀವಹಿ	ಚೇಷೀಮಹಿ
ನೇಷೀಷ್ಠಾಃ	ನೇಷೀಯಾಥಾಂ	ನೇಷೀಢ್ವಂ	ನೇಷೀಯ	ನೇಷೀವಹಿ	ನೇಷೀಮಹಿ
ಓಷೀಷ್ಠಾಃ	ಓಷೀಯಾಥಾಂ	ಓಷೀಢ್ವಂ	ಓಷೀಯ	ಓಷೀವಹಿ	ಓಷೀಮಹಿ
ನೋಷೀ ಷ್ಠಾಃ	ನೋಷೀಯಾ ಥಾಂ	ನೋಷೀಢ್ವಂ	ನೋಷೀಯ	ನೋಷೀವಹಿ	ನೋಷೀಮಹಿ (5)
ವತ್ಸೀಷ್ಠಾಃ	ವತ್ಸೀಯಾಥಾಂ	ವತ್ಸೀಢ್ವಂ	ವತ್ಸೀಯ	ವತ್ಸೀವಹಿ	ವತ್ಸೀಮಹಿ (6)
ಪಾಸೀಷ್ಠಾಃ	ಪಾಸೀಯಾಥಾಂ	ಪಾಸೀಧ್ವಂ	ಪಾಸೀಯ	ಪಾಸೀವಹಿ	ಪಾಸೀಮಹಿ

ATMANE

ACTIVE AND

ROOTS.			3RD PERSON.		
			Singular.	*Dual.*	*Plural.*
ಗ್ಲಾ from ಗ್ಲೈ	...	...	ಗ್ಲಾಸೀಷ್ಟ	ಗ್ಲಾಸೀಯಾತಾಂ	ಗ್ಲಾಸೀರನ್
ಅದ್	...	....	ಅತ್ಸೀಷ್ಟ	ಅತ್ಸೀಯಾತಾಂ	ಅತ್ಸೀರನ್
ಪಚ್ ...	...	....	ಪಕ್ಷೀಷ್ಟ	ಪಕ್ಷೀಯಾತಾಂ	ಪಕ್ಷೀರನ್
ತ್ಯಜ್ ...	....	...	ತ್ಯಕ್ಷೀಷ್ಟ	ತ್ಯಕ್ಷೀಯಾತಾಂ	ತ್ಯಕ್ಷೀರನ್
ರಭ್	...	...	ರಪ್ಸೀಷ್ಟ	ರಪ್ಸೀಯಾತಾಂ	ರಪ್ಸೀರನ್
ದಹ್ ...	....	....	ದಕ್ಷೀಷ್ಟ	ದಕ್ಷೀಯಾತಾಂ	ದಕ್ಷೀರನ್
ಗಮ್	...	....	ಗಂಸೀಷ್ಟ	ಗಂಸೀಯಾತಾಂ	ಗಂಸೀರನ್
ಮನ್	...	...	ಮಂಸೀಷ್ಟ	ಮಂಸೀಯಾತಾಂ	ಮಂಸೀರನ್
ಆಪ್	...	...	ಆಪ್ಸೀಷ್ಟ	ಆಪ್ಸೀಯಾತಾಂ	ಆಪ್ಸೀರನ್
ಸಾಧ್	...	....	ಸಾತ್ಸೀಷ್ಟ	ಸಾತ್ಸೀಯಾತಾಂ	ಸಾತ್ಸೀರನ್
ಪ್ರಚ್ಛ್	....	....	ಪ್ರಕ್ಷೀಷ್ಟ	ಪ್ರಕ್ಷೀಯಾತಾಂ	ಪ್ರಕ್ಷೀರನ್
ಭ್ರಜ್ಜ್	...	...	ಭರ್ಕ್ಷೀಷ್ಟ	ಭರ್ಕ್ಷೀಯಾತಾಂ	ಭರ್ಕ್ಷೀರನ್
ಭ್ರಸ್ಜ್ ...	...	...	ಭ್ರಕ್ಷೀಷ್ಟ	ಭ್ರಕ್ಷೀಯಾತಾಂ	ಭ್ರಕ್ಷೀರನ್
ದಂಶ್	...	....	ದಙ್ಕ್ಷೀಷ್ಟ	ದಙ್ಕ್ಷೀಯಾತಾಂ	ದಙ್ಕ್ಷೀರನ್

E ROOTS.

Roots ending in open ಅ preceded by a consonant

FA ಬೇಭಿದ್ಯ			ಬೇಭಿದ್ಯ – (*f* + *p*) + ಇಸೀಷ್ಟ = ಬೇಭಿದಿಷೀಷ್ಟ	ಬೇಭಿದಿಷೀಯಾತಾಂ	ಬೇಭಿದಿಷೀರನ್

Other roots ending in ಅ

ಕಥ	...	....	ಕಥ – *f* + ಇಸೀಷ್ಟ = ಕಥಿಷೀಷ್ಟ	ಕಥಿಷೀಯಾತಾಂ	ಕಥಿಷೀರನ್
D ಪಿಪಠಿಷ			ಪಿಪಠಿಷೀಷ್ಟ	ಪಿಪಠಿಷೀಯಾತಾಂ	ಪಿಪಠಿಷೀರನ್

PADI.

PASSIVE VOICE.

	2ND PERSON.			1ST PERSON.	
Singular.	*Dual.*	*Plural.*	*Singular.*	*Dual.*	*Plural.*
ಗ್ಲಾಸೀಷ್ಠಾಃ	ಗ್ಲಾಸೀಯಾಸ್ಥಾಂ	ಗ್ಲಾಸೀಧ್ವಂ	ಗ್ಲಾಸೀಯ	ಗ್ಲಾಸೀವಹಿ	ಗ್ಲಾಸೀಮಹಿ
ಅತ್ಸೀಷ್ಠಾಃ	ಅತ್ಸೀಯಾಸ್ಥಾಂ	ಅತ್ಸೀಧ್ವಂ	ಅತ್ಸೀಯ	ಅತ್ಸೀವಹಿ	ಅತ್ಸೀಮಹಿ
ಪಕ್ಷೀಷ್ಠಾಃ	ಪಕ್ಷೀಯಾಸ್ಥಾಂ	ಪಕ್ಷೀಧ್ವಂ	ಪಕ್ಷೀಯ	ಪಕ್ಷೀವಹಿ	ಪಕ್ಷೀಮಹಿ
ತ್ಯಕ್ಷೀಷ್ಠಾಃ	ತ್ಯಕ್ಷೀಯಾಸ್ಥಾಂ	ತ್ಯಕ್ಷೀಧ್ವಂ	ತ್ಯಕ್ಷೀಯ	ತ್ಯಕ್ಷೀವಹಿ	ತ್ಯಕ್ಷೀಮಹಿ
ರಪ್ಸೀಷ್ಠಾಃ	ರಪ್ಸೀಯಾಸ್ಥಾಂ	ರಪ್ಸೀಧ್ವಂ	ರಪ್ಸೀಯ	ರಪ್ಸೀವಹಿ	ರಪ್ಸೀಮಹಿ
ದಕ್ಷೀಷ್ಠಾಃ	ದಕ್ಷೀಯಾಸ್ಥಾಂ	ದಕ್ಷೀಧ್ವಂ	ದಕ್ಷೀಯ	ದಕ್ಷೀವಹಿ	ದಕ್ಷೀಮಹಿ
ಗಂಸೀಷ್ಠಾಃ	ಗಂಸೀಯಾಸ್ಥಾಂ	ಗಂಸೀಧ್ವಂ	ಗಂಸೀಯ	ಗಂಸೀವಹಿ	ಗಂಸೀಮಹಿ
ಮಂಸೀಷ್ಠಾಃ	ಮಂಸೀಯಾಸ್ಥಾಂ	ಮಂಸೀಧ್ವಂ	ಮಂಸೀಯ	ಮಂಸೀವಹಿ	ಮಂಸೀಮಹಿ
ಆಪ್ಸೀಷ್ಠಾಃ	ಆಪ್ಸೀಯಾಸ್ಥಾಂ	ಆಪ್ಸೀಧ್ವಂ	ಆಪ್ಸೀಯ	ಆಪ್ಸೀವಹಿ	ಆಪ್ಸೀಮಹಿ
ಸಾತ್ಸೀಷ್ಠಾಃ	ಸಾತ್ಸೀಯಾಸ್ಥಾಂ	ಸಾತ್ಸೀಧ್ವಂ	ಸಾತ್ಸೀಯ	ಸಾತ್ಸೀವಹಿ	ಸಾತ್ಸೀಮಹಿ
ಪ್ರಕ್ಷೀಷ್ಠಾಃ	ಪ್ರಕ್ಷೀಯಾಸ್ಥಾಂ	ಪ್ರಕ್ಷೀಧ್ವಂ	ಪ್ರಕ್ಷೀಯ	ಪ್ರಕ್ಷೀವಹಿ	ಪ್ರಕ್ಷೀಮಹಿ
ಭಙ್ಕ್ಷೀಷ್ಠಾಃ	ಭಙ್ಕ್ಷೀಯಾಸ್ಥಾಂ	ಭಙ್ಕ್ಷೀಧ್ವಂ	ಭಙ್ಕ್ಷೀಯ	ಭಙ್ಕ್ಷೀವಹಿ	ಭಙ್ಕ್ಷೀಮಹಿ
ಭ್ರಕ್ಷೀಷ್ಠಾಃ	ಭ್ರಕ್ಷೀಯಾಸ್ಥಾಂ	ಭ್ರಕ್ಷೀಧ್ವಂ	ಭ್ರಕ್ಷೀಯ	ಭ್ರಕ್ಷೀವಹಿ	ಭ್ರಕ್ಷೀಮಹಿ
ದಙ್ಕ್ಷೀಷ್ಠಾಃ	ಗಙ್ಕ್ಷೀಯಾಸ್ಥಾಂ	ದಙ್ಕ್ಷೀಧ್ವಂ	ದಙ್ಕ್ಷೀಯ	ದಙ್ಕ್ಷೀವಹಿ	ದಙ್ಕ್ಷೀಮಹಿ (7)
ಬೇಭಿದಿಷೀಷ್ಠಾಃ	ಬೇಭಿದಿಷೀಯಾಸ್ಥಾಂ	ಬೇಭಿದಿಷೀಧ್ವಮ್	ಬೇಭಿದಿಷೀಯ	ಬೇಭಿದಿಷೀವಹಿ	ಬೇಭಿದಿಷೀಮಹಿ (8)
ಕಥಿಷೀಷ್ಠಾಃ	ಕಥಿಷೀಯಾಸ್ಥಾಂ	ಕಥಿಷೀಧ್ವಂ	ಕಥಿಷೀಯ	ಕಥಿಷೀವಹಿ	ಕಥಿಷೀಮಹಿ
ಪಿಪಠಿಷೀಷ್ಠಾಃ	ಪಿಪಠಿಷೀಯಾಸ್ಥಾಂ	ಪಿಪಠಿಷೀಧ್ವಂ	ಪಿಪಠಿಷೀಯ	ಪಿಪಠಿಷೀವಹಿ	ಪಿಪಠಿಷೀಮಹಿ

ATMANE

ACTIVE AND

ROOTS.	3RD PERSON. Singular.	Dual.	Plural.
FA ಲೋಲೂಯು	ಲೋಲೂಯಿ ಷೀಷ್ಟ	ಲೋಲೂಯಿಷೀ ಯಾತಾಂ	ಲೊಲೂಯಿ ಷೀರನ್
Roots ending in ಇಕ್.			
ಭೂ	ಭವಿಷೀಷ್ಟ	ಭವಿಷೀಯಾತಾ ಮ್	ಭವಿಷೀರನ್
ಚೋರಿ	ಚೋರಯಿಷೀ ಷ್ಟ	ಚೋರಯಿಷೀ ಯಾತಾಂ	ಚೋರಯಿ ಷೀರನ್
ಭಾವಿ	ಭಾವಯಿಷೀಷ್ಟ	ಭಾವಯಿಷೀಯಾ ತಾಂ	ಭಾವಯಿಷೀ ರನ್
Roots ending in consonants with light penultimate ಇಕ್.			
ಇಷ್	ಇಷ್ @ gp+ ಇಷೀಷ್ಟ=ಏ ಷಿಷೀಷ್ಟ	ಏಷಿಷೀಯಾತಾ ಮ್	ಏಷಿಷೀರನ್
ಚಿತ್	ಚೇತಿಷೀಷ್ಟ	ಚೇತಿಷೀಯಾತಾ ಮ್	ಚೇತಿಷೀರನ್
ಉಚ್	ಓಚಿಷೀಷ್ಟ	ಓಚಿಷೀಯಾತಾ ಮ್	ಓಚಿಷೀರನ್
ಘುಷ್	ಘೋಷಿಷೀಷ್ಟ	ಘೋಷಿಷೀಯಾ ತಾಂ	ಘೋಷಿಷೀರ ನ್
ಋಚ್	ಅರ್ಚಿಷೀಷ್ಟ	ಅರ್ಚಿಷೀಯಾ ತಾಂ	ಅರ್ಚಿಷೀರ ನ್

PADI.

Passive Voice.

2nd Person.			1st Person.		
Singular.	*Dual.*	*Plural.*	*Singular.*	*Dual.*	*Plural.*
ലോലൂയിഷീഷ്ഠാഃ	ലോലൂയിഷീയാസ്ഥാം	ലോലൂയിഷീധ്വം	ലോലൂയിഷീയ	ലോലൂയിഷീവഹി	ലോലൂയിഷീമഹി (9)
ഭവിഷീഷ്ഠാഃ	ഭവിഷീയാസ്ഥാം	ഭവിഷീധ്വം or ഭവിഷീഢ്വം	ഭവിഷീയ	ഭവിഷീവഹി	ഭവിഷീമഹി
ചോരയിഷീഷ്ഠാഃ	ചോരയിഷീയാസ്ഥാം	ചോരയിഷീധ്വം or ചോരയിഷീഢ്വം	ചോരയിഷീയ	ചോരയിഷീവഹി	ചോരയിഷീമഹി
ഭാവയിഷീഷ്ഠാഃ	ഭാവയിഷീയാസ്ഥാം	ഭാവയിഷീധ്വമ് or ഭാവയിഷീഢ്വം	ഭാവയിഷീയ	ഭാവയിഷീവഹി	ഭാവയിഷീമഹി (10)
എഷിഷീഷ്ഠാഃ	എഷിഷീയാസ്ഥാം	എഷിഷീധ്വമ്	എഷിഷീയ	എഷിഷീവഹി	എഷിഷീമഹി
ചേതിഷീഷ്ഠാഃ	ചേതിഷീയാസ്ഥാം	ചേതിഷീധ്വം	ചേതിഷീയ	ചേതിഷീവഹി	ചേതിഷീമഹി
ഓചിഷീഷ്ഠാഃ	ഓചിഷീയാസ്ഥാം	ഓചിഷീധ്വമ്	ഓചിഷീയ	ഓചിഷീവഹി	ഓചിഷീമഹി
ഘോഷിഷീഷ്ഠാഃ	ഘോഷിഷീയാസ്ഥാമ്	ഘോഷിഷീധ്വം	ഘോഷിഷീയ	ഘോഷിഷീവഹി	ഘോഷിഷീമഹി
അർചിഷീഷ്ഠാഃ	അർചിഷീയാസ്ഥാം	അർചിഷീധ്വം	അർചിഷീയ	അർചിഷീവഹി	അർചിഷീമഹി

ATMANE

ACTIVE AND

ROOTS.	3RD PERSON. *Singular.*	*Dual.*	*Plural.*
ವೃಧ್	ವರ್ಧಿಷೀಷ್ಟ	ವರ್ಧಿಷೀಯಾ ತಾಂ	ಹರ್ಧಿಷೀರನ್
Roots ending in consonants with penultimate ಋ.			
ಕೃತ್	ಕೃತ @ ಈಟ್ for p + ಇ ಷೀಷ್ಟ = ಕರ್ತಿಷೀಷ್ಟ	ಕರ್ತಿಷೀಯಾ ತಾಂ	ಕರ್ತಿಷೀರನ್
Other roots than the above, comprising. 1. Roots ending in consonants with penultimate ಅ. 2. Roots ending in consonants with penultimate long vowels except ಋ. 3. Roots ending in conjunct consonants.			
ತನ್	ತನಿಷೀಷ್ಟ	ತನಿಷೀಯಾತಾಂ	ತನಿಷೀರನ್
ಅಸ್	ಅಸಿಷೀಷ್ಟ	ಅಸಿಷೀಯಾತಾಂ	ಅಸಿಷೀರನ್
ಆಸ್	ಆಸಿಷೀಷ್ಟ	ಆಸಿಷೀಯಾತಾಂ	ಆಸಿಷೀರನ್
ಧಾವ್	ಧಾವಿಷೀಷ್ಟ	ಧಾವಿಷೀಯಾ ತಾಂ	ಧಾವಿಷೀರನ್
ನೀವ್	ನೀವಿಷೀಷ್ಟ	ನೀವಿಷೀಯಾತಾಂ	ನೀವಿಷೀರನ್

PADI.

PASSIVE VOICE.

2ND PERSON.			1ST PERSON.		
Singular.	*Dual.*	*Plural.*	*Singular.*	*Dual.*	*Plural.*
ವರ್ಧಿಷೀಷ್ಠಾಃ	ವರ್ಧಿಷೀಯಾಸ್ಥಾಂ	ವರ್ಧಿಷೀಧ್ವಂ	ವರ್ಧಿಷೀಯ	ವರ್ಧಿಷೀವಹಿ	ವರ್ಧಿಷೀಮಹಿ (11)
ಕೀರ್ತಿಷೀಷ್ಠಾಃ	ಗೀರ್ತಿಷೀಯಾಸ್ಥಾಂ	ಕೀರ್ತಿಷೀಧ್ವಂ	ಕೀರ್ತಿಷೀಯ	ಕೀರ್ತಿಷೀವಹಿ	ಕೀರ್ತಿಷೀಮಹಿ (12)
ತನಿಷೀಷ್ಠಾಃ	ತನಿಷೀಯಾಸ್ಥಾಂ	ತನಿಷೀಧ್ವಂ	ತನಿಷೀಯ	ತನಿಷೀವಹಿ	ತನಿಷೀಮಹಿ
ಅಸಿಷೀಷ್ಠಾಃ	ಅಸಿಷೀಯಾಸ್ಧಾಂ	ಅಸಿಷೀಧ್ವಂ	ಅಸಿಷೀಯ	ಅಸಿಷೀವಹಿ	ಅಸಿಷೀಮಹಿ
ಆಸಿಷೀಷ್ಠಾಃ	ಆಸಿಷೀಯಾಸ್ಥಾಂ	ಆಸಿಷೀಧ್ವಂ	ಆಸಿಷೀಯ	ಆಸಿಷೀವಹಿ	ಆಸಿಷೀಮಹಿ
ಧಾವಿಷೀಷ್ಠಾಃ	ಧಾವಿಷೀಯಾಸ್ಥಾಂ	ಧಾವಿಷೀಧ್ವಂ or ಧಾವಿಷೀಢ್ವಂ	ಧಾವಿಷೀಯ	ಧಾವಿಷೀವಹಿ	ಧಾವಿಷೀಮಹಿ
ನೀವಿಷೀಷ್ಠಾಃ	ನೀವಿಷೀಯಾಸ್ಥಾಂ	ನೀವಿಷೀಧ್ವಂ or ನೀವಿಷೀಢ್ವಂ	ನೀವಿಷೀಯ	ನೀವಿಷೀವಹಿ	ಧಾವಿಷೀಮಹಿ

ATMANE

ACTIVE AND

ROOTS.				3RD PERSON.		
				Singular.	*Dual.*	*Plural.*
ಮೂಲ್	....	....	....	ಮೂಲಿಷೀಷ್ಟ	ಮೂಲಿಷೀಯಾ ತಾಂ	ಮೂಲಿಷೀರ ನ್
ವಿಧ್	....	...	...	ವಿಧಿಷೀಷ್ಟ	ವಿಧಿಷೀಯಾತಾಂ	ವಿಧಿಷೀರನ್
ನಿನ್ದ್	...	...	....	ನಿನ್ದಿಷೀಷ್ಟ	ನಿನ್ದಿಷೀಯಾತಾಂ	ನಿನ್ದಿಷೀರನ

ATMANE

FOR ONLY

Original roots ending in ಇಕ್.				ಸೀಯುಟ್ + ಸ್ + ತ - ಚಿಣ್	ಸೀಯುಟ್ + ಆತಾಂ - ಚಿಣ್	ಸೀಯುಟ್ + ತ ನ್ - ಚಿಣ್
ಕ್ಷಿ	...	....	....	ಕ್ಷಿ @ vf + ಇ ಸೀಷ್ಟ = ಕ್ಷಾ ಯಿಷೀಷ್ಟ	ಕ್ಷಾಯಿಷೀಯಾ ತಾಂ	ಕ್ಷಾಯಿಷೀರ ನ್
ನೀ	....	...	...	ನಾಯಿಷೀಷ್ಟ	ನಾಯಿಷೀಯಾ ತಾಂ	ನಾಯಿಷೀರ ನ್
ಶ್ರಿ	...	....	...	ಶ್ರಾಯಿಷೀಷ್ಟ	ಶ್ರಾಯಿಷೀಯಾ ತಾಂ	ಶ್ರಾಯಿಷೀರ ನ್
ಯು	....	....	...	ಯಾವಿಷೀಷ್ಟ	ಯಾವಿಷೀಯಾ ತಾಂ	ಯಾವಿಷೀರ ನ್

PADI.

Passive Voice

2nd Person.			1st Person.		
Singular.	*Dual.*	*Plural.*	*Singular.*	*Dual.*	*Plural.*
ಮಾಲಿಷೀಷ್ಠಾಃ	ಮಾಲಿಷೀಯಾಸ್ಥಾಂ	ಮಾಲಿಷೀಧ್ವಂ or ಮಾಲಿಷೀಢ್ವಂ	ಮಾಲಿಷೀಯ	ಮಾಲಿಷೀವಹಿ	ಮಾಲಿಷೀಮಹಿ
ಏಧಿಷೀಷ್ಠಾಃ	ಏಧಿಷೀಯಾಸ್ಥಾಂ	ಏಧಿಷೀಧ್ವಂ	ಏಧಿಷೀಯ	ಏಧಿಷೀವಹಿ	ಏಧಿಷೀಮಹಿ
ನಿನ್ದಿಷೀಷ್ಠಾಃ	ನಿನ್ದಿಷೀಯಾಸ್ಥಾಂ	ನಿನ್ದಿಷೀಧ್ವಂ	ನಿನ್ದಿಷೀಯ	ನಿನ್ದಿಷೀವಹಿ	ನಿನ್ದಿಷೀಮಹಿ (13)

PADI.

PASSIVE VOICE.

ಸೀಯುಟ್+ಸ್+ಥಾಸ್-ಚಿಣ್	ಸೀಯುಟ್+ಆಥಾಂ - ಚಿಣ್	ಸೀಯುಟ್+ಧ್ವಮ್ - ಚಿಣ್	ಸೀಯುಟ್+ಅ - ಚಿಣ್	ಸೀಯುಟ್+ವಹಿ - ಚಿಣ್	ಸೀಯುಟ್+ಮಹಿ - ಚಿಣ್
ಗ್ಲಾಯಿಷೀಷ್ಠಾಃ	ಗ್ಲಾಯಿಷೀಯಾಸ್ಥಾಂ	ಗ್ಲಾಯಿಷೀಧ್ವಂ or ಗ್ಲಾಯಿಷೀಢ್ವಂ	ಗ್ಲಾಯಿಷೀಯ	ಗ್ಲಾಯಿಷೀವಹಿ	ಗ್ಲಾಯಿಷೀಮಹಿ
ನಾಯಿಷೀಷ್ಠಾಃ	ನಾಯಿಷೀಯಾಸ್ಥಾಂ	ನಾಯಿಷೀಧ್ವಮ್ or ನಾಯಿಷೀಢ್ವಂ	ನಾಯಿಷೀಯ	ನಾಯಿಷೀವಹಿ	ನಾಯಿಷೀಮಹಿ
ಶ್ರಾಯಿಷೀಷ್ಠಾಃ	ಶ್ರಾಯಿಷೀಯಾಸ್ಥಾಂ	ಶ್ರಾಯಿಷೀಧ್ವಮ್ or ಶ್ರಾಯಿಷೀಢ್ವಂ	ಶ್ರಾಯಿಷೀಯ	ಶ್ರಾಯಿಷೀವಹಿ	ಶ್ರಾಯಿಷೀಮಹಿ
ಯಾವಿಷೀಷ್ಠಾ	ಯಾವಿಷೀಯಾಸ್ಥಾಂ	ಯಾವಿಷೀಧ್ವಂ or ಯಾವಿಷೀಢ್ವಂ	ಯಾವಿಷೀಯ	ಯಾವಿಷೀವಹಿ	ಯಾವಿಷೀಮಹಿ

ROOTS.	3RD PERSON. *Singular.*	*Dual.*	*Plural.*
ಭೂ	ಭಾವಿಷೀಷ್ಟ	ಭಾವಿಷೀಯಾಸ್ತಾಂ	ಭಾವಿಷೀರನ್
ವೃ	ವಾರಿಷೀಷ್ಟ	ವಾರಿಷೀಯಾಸ್ತಾಮ್	ವಾರಿಷೀರನ್
ತೄ	ತಾರಿಷೀಷ್ಟ	ತಾರಿಷೀಯಾಸ್ತಾಮ್	ತಾರಿಷೀರನ್
Original roots ending in ಆ.			
ದಾ	ದಾ + ಯ್ + ಇಷೀಷ್ಟ = ದಾಯಿಷೀಷ್ಟ	ದಾಯಿಷೀಯಾಸ್ತಾಂ	ದಾಯಿಷೀರನ್
ṇi roots from roots with indicatory ಮು or ಮಿ.			
C ಶಮು or ಶಾಮು	ಶಮು or ಶಾಮ + ಇಷೀಷ್ಟ = ಶಮಿಷೀಷ್ಟ or ಶಾಮಿಷೀಷ್ಟ	ಶಮಿಷೀಯಾಸ್ತಾಮ್ or ಶಾಮಿಷೀಯಾಸ್ತಾಂ	ಶಮಿಷೀರನ್ or ಶಾಮಿಷೀರನ್
Other *ṇi* roots than the above			
X ಚೋರ್	ಚೋರ್ + ಇಷೀಷ್ಟ = ಚೋರಿಷೀಷ್ಟ	ಚೋರಿಷೀಯಾಸ್ತಾಂ	ಚೋರಿಷೀರನ್
C ಭಾವ್	ಭಾವಿಷೀಷ್ಟ	ಭಾವಿಷೀಯಾಸ್ತಾಂ	ಭಾವಿಷೀರನ್

FADI.

PASSIVE VOICE.

2nd Person.			1st Person.		
Singular.	*Dual.*	*Plural.*	*Singular.*	*Dual.*	*Plural.*
ಭಾವಿಷೀಷ್ಠಾಃ	ಭಾವಿಷೀಯಾಸ್ಥಾಂ	ಭಾವಿಷೀಧ್ವಂ or ಭಾವಿಷೀಢ್ವಂ	ಭಾವಿಷೀಯ	ಭಾವಿಷೀವಹಿ	ಭಾವಿಷೀಮಹಿ
ವಾರಿಷೀಷ್ಠಾಃ	ವಾರಿಷೀಯಾಸ್ಥಾಂ	ವಾರಿಷೀಧ್ವಂ or ವಾರಿಷೀಢ್ವಂ	ವಾರಿಷೀಯ	ವಾರಿಷೀವಹಿ	ವಾರಿಷೀಮಹಿ
ತಾರಿಷೀಷ್ಠಾಃ	ತಾರಿಷೀಯಾಸ್ಥಾಂ	ತಾರಿಷೀಧ್ವಂ or ತಾರಿಷೀಢ್ವಂ	ತಾರಿಷೀಯ	ತಾರಿಷೀವಹಿ	ತಾರಿಷೀಮಹಿ (14)
ದಾಯಿಷೀಷ್ಠಾಃ	ದಾಯಿಷೀಯಾಸ್ಥಾಂ	ದಾಯಿಷೀಧ್ವಂ	ದಾಯಿಷೀಯ	ದಾಯಿಷೀವಹಿ	ದಾಯಿಷೀಮಹಿ (15)
ಶಮಿಷೀಷ್ಠಾಃ or ಶಾಮಿಷೀಷ್ಠಾಃ	ಶಮಿಷೀಯಾಸ್ಥಾಂ or ಶಾಮಿಷೀಯಾಸ್ಥಾಂ	ಶಮಿಷೀಧ್ವಂ or ಶಾಮಿಷೀಧ್ವಂ or ಶಮಿಷೀಢ್ವಂ or ಶಾಮಿಷೀಢ್ವಂ	ಶಮಿಷೀಯ or ಶಾಮಿಷೀಯ	ಶಮಿಷೀವಹಿ or ಶಾಮಿಷೀವಹಿ	ಶಮಿಷೀಮಹಿ or ಶಾಮಿಷೀಮಹಿ (16)
ಚೋರಿಷೀಷ್ಠಾಃ	ಚೋರಿಷೀಯಾಸ್ಥಾಂ	ಚೋರಿಷೀಧ್ವಂ or ಚೋರಿಷೀಢ್ವಂ	ಚೋರಿಷೀಯ	ಚೋರಿಷೀವಹಿ	ಚೋರಿಷೀಮಹಿ
ಭಾವಿಷೀಷ್ಠಾಃ	ಭಾವಿಷೀಯಾಸ್ಥಾಂ	ಭಾವಿಷೀಧ್ವಂ or ಭಾವಿಷೀಢ್ವಂ	ಭಾವಿಷೀಯ	ಭಾವಿಷೀವಹಿ	ಭಾವಿಷೀಮಹಿ (17)

Observe that when the verbs are formed optionally by affixes augmented with ಸ್ಯಾಟ್ - ಚಿಣ್ in the passive voice, even those roots which are E· roots when the simple ಸ್ಯಾಟ್ is used become E roots.

Observe also that *ṇi* roots in the passive voice, if formed from roots with indicatory ಮು or ಮಿ, give three forms, and if formed from other roots two forms as follows :—

C root from ಶಮು which is distinguished by indicatory ಮು = ಶಮಿಷೀಷ್ಟ or ಶಾಮಿಷೀಷ್ಟ or ಶಾಮಯಿಷೀಷ್ಟ and so on.

C root from ಭೂ and ಭಿದ್ which are not so distinguished = ಭಾವಿಷೀಷ್ಟ or ಭಾವಯಿಷೀಷ್ಟ and ಭೇದಿಷೀಷ್ಟ or ಭೇದಯಿಷೀಷ್ಟ and so on.

X ಚೋರ್ = ಚೋರಿಷೀಷ್ಟ or ಚೋರಯಿಷೀಷ್ಟ.

Observe further that even other original roots ending in vowels give two forms in the passive voice as follows :—

ಕ್ಷೈ = ಕ್ಷೇಷೀಷ್ಟ or ಕ್ಷಾಯಿಷೀಷ್ಟ. ಶ್ರಿ = ಶ್ರಯಿಷೀಷ್ಟ or ಶ್ರಾಯಿಷೀಷ್ಟ. ದಾ = ದಾಸೀಷ್ಟ or ದಾಯಿಷೀಷ್ಟ.

46. We may now conveniently refer to what we have termed the verbal secondary affixes. These affixes are attached to verbs after their complete formation in the manner we have seen above, to strengthen their meaning. The affixes and the additional sense they impart are as follows :—

Description of affixes.	*Affixes.*
(i) Affixes connoting superiority in the action of one out of two or more persons or things.	ತರಪ್ + ಅಮು (V. 4. 11; V. 3. 57.) *e. g.*, ಪಚತಿ + ತರ + ಅಂ = ಪಚತಿತರಾಂ. "He cooks better (than another)".
(ii) Affixes connoting superiority in one out of more than two persons or things under the same circumstances.	ತಮಪ್ + ಅಮು (V. 3. 56; V. 4. 11) *e. g.*, ಪಚತಿ+ತಮ+ಅಂ=ಪಚತಿತಮಾಂ. "He cooks best."

(iii) Affixes expressive of imperfection or slight incompleteness in the action.

ಕಲ್ಪಂ or ದೇಶ್ಯಂ or ದೇಶೀಯಂ. (V. 3. 67). *e. g.*, ಪಚತಿ + ಕಲ್ಪಂ &c., = ಪಚತಿಕಲ್ಪಂ or ಪಚತಿ ದೇಶ್ಯಂ or ಪಚತಿ ದೇಶೀಯಂ. "He cooks imperfectly" or "he does not finish cooking".

(vi) Affixes used to express that the action denoted by the verbs with which they are used is unknown, that is to say, when it is desired to suggest in connection with it the force of the expression "is it" and so on; also to express that the action is insignificant, contemptible, or worthy of pity; also to express that the action is connected as a means of relief with some object worthy of pity.

ಅಕಚ್ which is to be used before the "*ṭi*" of the base. (V. 3. 73, 74, 76, 77, 85). *e.g.* ಪಚತಕಿ, "he cooks, is it?" ಜಲ್ಪತಕಿ "he speaks insignificantly"; ವಿಶ್ವಸಿತಕಿ "fie, he trusts"; ಸ್ವಪಿತಕಿ "alas he sleeps", ಏಹಕಿ ಅದ್ಧಕಿ. "O, dear, come and eat" (these words are supposed to be addressed to a person who is starving by one who wants to relieve him.)

(v) Affixes used to express that the action denoted by the verbs with which they are used is praiseworthy.

ರೂಪಂ (V. 3. 66). *e.g.*, ಪಚತಿರೂಪಂ. "He cooks very well."

47. We now proceed to deal with the formation of participles, gerunds, and the infinitive. Strictly speaking, as the participles and gerunds as well as the infinitive are as much crude nouns as words formed by other primitive affixes we should refer to them along with other primitive nouns. But we may conveniently confine our attention here to the former, reserving the formation of other primitive nouns for the part relating to nouns.

The affixes by which participles are formed are used as follows :—

ACTIVE VOICE.

	PARASMAIPADI.	ATMANEPADI. (I. 4. 100).
Present	ಶತೃ$_2$	ಶಾನಚ್$_2$
Future	ಶತೃ$_2$	ಶಾನಚ್$_2$
Perfect	ಕ್ವಸು	ಕಾನಚ್
When past time is to be expressed generally.	(1) ಕ್ತವತು (2) ನವತು$_1$ substituted for ಕ್ತವತು (3) ತವತು.	*Nil.*

PASSIVE VOICE.

Present	*nil*	ಶಾನಚ್$_2$
Future	*nil*	ಶಾನಚ್$_2$
Perfect	*nil*	ಕಾನಚ್
When past time is to be expressed generally. (III. 4. 70).	*nil*	(1) ಕ್ತ (2) ನ$_1$ substituted for ಕ್ತ (3) ತ.

2. We may however here notice three special uses of the *nishṭha* affixes, ಕ್ತ, ತ, and ನ$_1$. One of them is when the action signified by the roots is intended to be expressed merely as having been simply begun. Here there is no direct reference to the voice, and so it does not matter whether the sense refers to the active or passive voice (III. 4. 71.) Another of those uses is when the affixes are attached to intransitive roots and roots denoting motion, for here also the voice may be active as well as passive. (III. 4. 72.) The third use is when the affixes are attached to roots denoting wish, desire, knowledge, worship, or respect. Here the sense may refer even to the present time (III. 2. 188). *e. g.*, ಪ್ರಕೃತಃಕಟಂ ದೇವದತ್ತಃ "Devadatta *has* or *had* simply begun to make the mat". ಗತೋದೇವ ದತ್ತಃಗ್ರಾಮಂ. "Devadatta *has* or *had* gone to the village"; ರಾಜ್ಞಾಮಿಷ್ಟಃ, ಮತಃ, ಬುದ್ಧಃ, ಜ್ಞಾತಃ or ಪೂಜಿತಃ. "The king wishes, thinks, knows, or respects".

3. There are also some other words which, though formed by the aforesaid affixes, may be found in sense not to be confined to the passive voice or to the past time. They are ಶ್ಲಿಷಿತ, ರಕ್ಷಿತ, ಕ್ಷಾನ್ತ, ಆಕ್ರುಷ್ಟ, ಜುಷ್ಟ, ಸ್ಪೃಷ್ಟ, ರುಷಿತ, ಅಭಿವ್ಯಾಹೃತ, ಹೃಷ್ಟ, ತುಷ್ಟ, ಕಾನ್ತ, ಕಷ್ಟ, ಅವ್ಯೃತ, ಸುಪ್ತ, ಶಯಿತ, ಆಶಿತ, ಲಿಪ್ತ, ತೃಪ್ತ (ಆತ್ಕೃತಿಗಣಃ). (Kás. on III. 2. 188). Here mark specially that the time indicated by the words ಕಷ್ಟ and ಅವ್ಯೃತ is respectively future and present.

4. Before the affixes ಶತೃ and ಶಾನಚ್ are used which, it should be remembered, are *Sárvadhátuka* affixes, the roots should have their proper tense affixes attached exactly as they ought to have before the personal affixes of the present and future; and it should also be borne in mind as regards ಶಾನಚ್ that after bases so formed with the tense affixes, when they end in ಅ, that is, after bases of the first division, part I, the augment ಮುಕ್ should be inserted before the affixes are added. So the affixes ಕ್ವಸು and ಕಾನಚ್ of the perfect will come exactly as the personal affixes of this tense, causing a reduplication of the roots when such reduplication is required by the rules already given on the subject, and when this is not allowed, connecting themselves with the roots by the help of the auxiliary verbs ಕೃ, ಅಸ್, and ಭೂ, and the auxiliary affix ಆಂ. Remark also that as ಶತೃ and ಶಾನಚ್ are distinguished by indicatory ಶ, and ಕ್ವಸು and ಕಾನಚ್ by indicatory ಕ, the bases and roots should take them as they respectively would take the personal affixes referred to when they begin with similar letters and have similar indicatory letters.

5. The participles by ಶತೃ and ಶಾನಚ್ are formed as follows:—

(a) Active voice *Parasmaipadi*.

(1) Present participle by ಶತೃ.

ಧರ from ಧೃ = ಧರ + ಅತ್ = ಧರ + ಅತ್ = ಧರತ್ ; ಚೋರಯ = ಚೋರಯತ್ ; ಪಿಪಠಿಷ = ಪಿಪಠಿಷತ್ ; ತುದ = ತುದತ್ ; ತನು from ತನ್ = ತನ್ವತ್ ;

ಸುನು from ಸು = ಸುನ್ವತ್; ಶಕ್ನು from ಶಕ್ = ಶಕ್ನುವತ್; ಕ್ರೀಣ್ from ಕ್ರೀ = ಕ್ರೀಣತ್; ಸಭ್ನಾ from ಸಭ್ = ಸಭ್ನತ್; ಯಾ = ಯಾತ್; ಯು = ಯುವತ್; ಇ = ಇಯತ್; ರುಂಧ್ = ರುಂಧತ್; III ಹಾ = ಜಹತ್; FP ಜಾಘ್ರಾ = ಜಾಘ್ರತ್; III ಕಿ = ಚಿಕ್ಯತ್; III ಹ್ರೀ = ಜಿಹ್ರಿಯತ್; III ಪೃ = ಪಿಪ್ರತ್; FP ಚರಿಕೃ = ಚರಿಕ್ರತ್; III ಪ್ಯಾ = ಪಾಪುರತ್; FP ವಾಪ್ಯಾ = ವಾಪುರತ್; FP ಚಾಕ್ಯಾ = ಚಾಕಿರತ್; III ಧನ್ = ದಧನತ್; FP ಕಂಕಮ್ = ಕಂಕಮತ್ and so on.

(2) Future participle by ಶತೃ.

ಕ್ಷೇಷ್ಯ from ಕ್ಷಿ = ಕ್ಷೇಷ್ಯತ್; ಭವಿಷ್ಯ from ಭೂ = ಭವಿಷ್ಯತ್; ಚೇತಿಷ್ಯ = ಚೇತಿಷ್ಯತ್.

(*b*) Active voice. *Átmanepadi.*

(1) Present participle by ಶಾನಚ್.

ಧರ from ಧೃ = ಧರ + ಮುಕ್ + ಆನ = ಧರಮಾಣ; F A ಚೇಕ್ರಿಯ = ಚೇಕ್ರಿಯಮಾಣ; ಚೋರಯ = ಚೋರಯಮಾಣ; ಪಿಪಠಿಷ = ಪಿಪಠಿಷಮಾಣ; ತುದ = ತುದಮಾನ; ತನು = ತನ್ವಾನ; ಸುನು = ಸುನ್ವಾನ; ಅಶ್ನು from ಅಶ್ = ಅಶ್ನುವಾನ; ಕ್ರೀಣ್ from ಕ್ರೀ = ಕ್ರೀಣಾನ; ದುಹ್ = ದುಹಾನ; ಭಿಂದ್ = ಭಿಂದಾನ and so on.

(2) Future participle by ಶಾನಚ್.

ಕ್ಷೇಷ್ಯ = ಕ್ಷೇಷ್ಯಮಾಣ; ಭವಿಷ್ಯ = ಭವಿಷ್ಯಮಾಣ; ಚಯಿಷ್ಯ = ಚಯಿಷ್ಯಮಾಣ.

(*c*) Passive voice. *Átmanepadi.*

(1) Present participle by ಶಾನಚ್.

ಧ್ರಿಯ from ಧೃ = ಧ್ರಿಯಮಾಣ; ಚೋರ್ಯ from ಚುರ್ = ಚೋರ್ಯಮಾಣ.

(2) Future participle by ಶಾನಚ್.

ಕ್ಷೇಷ್ಯ or ಕ್ಷಾಯಿಷ್ಯ from ಕ್ಷಿ = ಕ್ಷೇಷ್ಯಮಾಣ or ಕ್ಷಾಯಿಷ್ಯಮಾಣ; ಭವಿಷ್ಯ = ಭವಿಷ್ಯಮಾಣ or ಭಾವಿಷ್ಯಮಾಣ; ಶಮಿಷ್ಯ or ಶಾಮಿಷ್ಯ from ಶಮ್ = ಶಮಿಷ್ಯಮಾಣ or ಶಾಮಿಷ್ಯಮಾಣ; ಚೋರಿಷ್ಯ or ಚೋರಯಿಷ್ಯ from X ಚುರ್ = ಚೋರಿಷ್ಯಮಾಣ or ಚೋರಯಿಷ್ಯಮಾಣ; ಭೇದಿಷ್ಯ or ಭೇದ

ಯಿಷ್ಯ from C ಭಿದ್ = ಭೇದಿಷ್ಯಮಾಣ or ಭೇದಯಿಷ್ಯಮಾಣ; ಕಮಿಷ್ಯ or ಕಾಮಿಷ್ಯ or ಕಾಮಯಿಷ್ಯ from C ಕಮ್ or ಕಾಮ್ = ಕಮಿಷ್ಯಮಾಣ or ಕಾಮಿಷ್ಯ ಮಾಣ or ಕಾಮಯಿಷ್ಯಮಾಣ.

6. Remembering that ಕ್ವಸು as beginning with ವಲ್ does not admit the augment ಇಟ್ except after roots ending in ಆ and roots which when reduplicated are reduced to single syllables, perfect participles from ಕ್ವಸು and ಕಾನಚ್ may be formed as follows:—

ACTIVE VOICE PARASMAIPADI. By ಕ್ವಸು.		ACTIVE AND PASSIVE VOICES ÁTMANEPADI. By ಕಾನಚ್.
ಧಾ = ದಧಿವಸ್	....	ದಧಾನ
ಮ್ಲಾ from ಮ್ಲೈ = ಮಮ್ಲಿವಸ್	... .	ಮಮ್ಲಾನ
ಅಶ್ = ಆಶಿವಸ್	....	ಆಶಾನ
ಸ್ಕಂದ್ = ಚಸ್ಕಂದ್ವಸ್	....	ಚಸ್ಕಂದಾನ
ಅರ್ಚ್ = ಆನರ್ಚ್ವಸ್	....	ಆನರ್ಚಾನ
ಆಚ್ಛ್ = ಆಚ್ಛ್ವಸ್ or ಆನಚ್ಛ್ವಸ್	....	ಆಚ್ಛಾನ or ಆನಚ್ಛಾನ
ಚಿ = ಚಿಚಿವಸ್	... .	ಚಿಚ್ಯಾನ
ನೀ = ನಿನೀವಸ್	....	ನಿನ್ಯಾನ
ಶ್ರೀ = ಶಿಶ್ರೀವಸ್	....	ಶಿಶ್ರಿಯಾಣ
ಸ್ತು = ತುಷ್ಟುವಸ್	....	ತುಷ್ಟುವಾನ
ಕೃ = ಚಕೃವಸ್	....	ಚಕ್ರಾಣ
ಸ್ತೃ = ತಸ್ತರ್ವಸ್	... ...	ತಸ್ತರಾನ
ಕೄ = ಚಕರ್ವಸ್	... ...	ಚಕರಾನ
ಭಿದ್ = ಬಿಭಿದ್ವಸ್	....	ಬಿಭಿದಾನ
ಪಚ್ = ಪೇಚಿವಸ್	... ...	ಪೇಚಾನ
ಭಜ್ = ಬಭಜ್ವಸ್	... ...	ಬಭಜಾನ
ಕೃತ್ = ಚಕೃತ್ವಸ್	....	ಚಕೃತಾನ
ಅಟ್ = ಆಟಿವಸ್	... .	ಆಟಾನ

7. Of the ***nishtha*** affixes

ನವತ್⁶₁ is used (*a*) after roots ending in ಅ if they begin with conjunct consonants containing ಯ, ರ, ಲ, and ವ ; (*b*) after roots ending in ೠ ; (*c*) after other monosyllabic roots ending in vowels, and having indicatory ಒ as well as the following roots called ಲ್ವಾದಿ, *viz.* (1) ಲೂಞ್⁶, (2) ಸ್ತೄಞ್⁶, (3) ಕೄಞ್⁶, (4) ವೄಞ್⁶, (5) ಧೂಞ್⁶, (6) ಶೄ, (7) ಪೄ, (8) ವೄ, (9) ಭೄ, (10) ಮೄ, (11) ಜೄ, (12) ಝೄ, (13) ಧೄ, (14) ನೄ, (15) ಧ್ವೄ, (16) ಕೄ, (17) ೠ, (18) ಗೄ, (19) ಜ್ಯಾ, (20) ರೀ and (21) ಲೀ ; and (*d*) such roots as would not allow the cognate affixes ತವತ್⁶ and ಕ್ತವತ್⁶ to be augmented with ಇಟ್⁶, if these had been intended to be used provided the roots end in ರ or ದ, or if in other consonants, have an indicatory ಓ ; ತವತ್⁶ or ಕ್ತವತ್⁶ after roots of the 1st class ending in consonants with penultimate ಉ, provided the roots are employed impersonally, or so as to denote an action that has been simply begun, and provided they are such as require the augmentation of *nish* by ಇಟ್⁶ ; and ಕ್ತವತ್⁶, in all other cases.

And it should be observed with regard to the affixes ನ₁, ತ, and ಕ್ತ, whether used in the active voice or in the passive, that the same distinction as to roots obtains respectively in connection with them as in the case of ನವತು₁, ತವತು, and ಕ್ತವತು (I. 2. 21 ; VIII. 2. 42 to 45 ; Sid. II. 355).

8. Remember that in regard to *nish* affixes the only roots that take the augment ಇಟ್⁶ are (1) derivative roots and non-monosyllabic original roots, and (2) E roots ending in consonants and not ending in ಇಫ್, with the exception (*a*) absolutely of such roots as have been distinguished by indicatory ಈ and ಉ, and (*b*) optionally of such roots as have been distinguished by indicatory ಅ.

9. By *nishtha* affixes participles are formed as follows :—

A. By ಕ್ತ and ಕ್ತವತ್ or ತ and ತವತ್.

ROOTS.	EXAMPLES.
Monosyllabic roots of the 1st class ending in consonants and not distinguished by indicatory ಅ, ಈ, ಉ, and ಊ, if they have penultimate ಉ.	ಮುದ್ = ಮುದ್ + ಇತ and ಇತವತ್, or ಮುದ್ @ *gp* + ಇತ and ಇತವತ್, = ಮುದಿತ and ಮುದಿತವತ್ or ಮೋದಿತ and ಮೋದಿತವತ್; ದ್ಯುತ್= ದ್ಯುತಿತ and ದ್ಯುತಿತವತ್ or ದ್ಯೋತಿತ and ದ್ಯೋತಿತವತ್.

B. By ಕ್ತ and ಕ್ತವತ್.

(a) *ಚು.*[10] *roots.*

1. Monosyllabic roots having indicatory ಅ and ending in ಛ.	ಸ್ಫುರ್ಛ್ from ಸ್ಫುರ್ಛಾ and ಹುರ್ಛ್ from ಹುರ್ಛಾ = ಸ್ಫುರ್ಛ್ &c. – *f* + ತ and ತವತ್ = ಸ್ಫೂರ್ತ and ಸ್ಫೂರ್ತವತ್; or ಸ್ಫುರ್ಛ್ &c. + ಇತ and ಇತವತ್ = ಸ್ಫುರ್ಛಿತ and ಸ್ಫುರ್ಛಿತವತ್; ಹುರ್ಛಿತ and ಹುರ್ಛಿತವತ್ ... (1)
2. Other monosyllabic roots having indicatory ಅ.	ಸ್ಫುರ್ಜ್ and ಫಲ್ = ಸ್ಫುರ್ಜ್ &c. + ತ and ತವತ್ or ಇತ and ಇತವತ್ = ಸ್ಫುರ್ಣ, ಸ್ಫುರ್ಣವತ್ and ಸ್ಫುರ್ಜಿತ, ಸ್ಫುರ್ಜಿತವತ್; ಫಲ್ಲ, ಫಲ್ಲವತ್ and ಫಲಿತ, ಫಲಿತವತ್ .... (2)

(b) *ಇ.*[10] *roots.*

3. Roots ending in open ಯ preceded by a consonant.	FA ಬೇಭಿದ್ಯ = ಬೇಭಿದ್ಯ – (*f* + *p*) + ಇತ and ಇತವತ್ = ಬೇಭಿದಿತ and ಬೇಭಿದಿತವತ್. (3)
4. Other roots ending in ಅ.	ಕಥ = ಕಥ – *f* + ಇತ and ಇತವತ್ = ಕಥಿತ and ಕಥಿತವತ್; D ಪಿಪಠಿಷ = ಪಿಪಠಿಷಿತ and ಪಿಪಠಿಷಿತವತ್ ... ... (4)
5. FP roots ending in ಆ.	FP ಜಾಹಾ = ಜಾಹಾ – *f* + ಇತ and ಇತವತ್ = ಜಾಹಿತ and ಜಾಹಿತವತ್; FP ಜಾಗ್ಲಾ from ಗ್ಲೈ = ಜಾಗ್ಲಿತ and ಜಾಗ್ಲಿತವತ್. .... (5)

ROOTS.	EXAMPLES.
6. FP Roots ending in ಇ and ಈ.	FP ಶೇಶಿ = ಶೇಶಿ @ ಯು for f + ಇತ and ಇತವತ್ = ಶೇಶ್ಯಿತ and ಶೇಶ್ಯಿತವತ್. FP ನೇನೀ = ನೇನ್ಯಿತ and ನೇನ್ಯಿತವತ್. (6)
7. FP Roots ending in ಉ and ಊ.	FP ದೊಧು = ದೊಧು @ ಉವ್ for f + ಇತ and ಇತವತ್ = ದೊಧುವಿತ and ದೊಧುವಿತವತ್; FP ಭೊಭೂ = ಭೊಭುವಿತ and ಭೊಭುವಿತವತ್. (7)
8. FP Roots ending in ಋ (non-labial)	FP ಚಾಕ್ೃ = ಚಾಕ್ೃ @ ಈರ್ for f + ಇತ and ಇತವತ್ = ಚಾಕೀರ್ಇತ and ಚಾಕೀರ್ಇತವತ್ (8)
9. F P Roots ending in ಋ (labial).	FP ಪಾಪ್ೃ = ಪಾಪ್ೃ @ ಊರ್ for f + ಇತ and ಇತವತ್ = ಪಾಪೂರಿತ and ಪಾಪೂರಿತವತ್; FP ವಾವ್ೃ = ವಾವೂರಿತ and ವಾವೂರಿತವತ್. (9)
10. Roots ending in consonants with penultimate ಋ.	FP ಚಾಕೃತ್ = ಚಾಕೃತ್ @ ಈರ್ for p + ಇತ and ಇತವತ್ = ಚಾಕೀರ್ತಿತ and ಚಾಕೀರ್ತಿತವತ್. ... . (10)
11. Roots other than the above except 1st class roots ending in consonants with penultimate ಉ.	FP ವರಿವೃ = ವರಿವೃ + ಇತ and ಇತವತ್ = ವರಿವ್ರಿತ and ವರಿವ್ರಿತವತ್; ಧನ್ = ಧನಿತ and ಧನಿತವತ್. FP ಶಂಶಂ = ಶಂಶವಿತ and ಶಂಶವಿತವತ್; FP ವರಿವೃತ್ = ವರಿವೃತ and ವರಿವೃತಿತವತ್; FP ಚಾಸ್ಕಂದ್ = ಚಾಸ್ಕಂಧಿತ and ಚಾಸ್ಕಂದಿತವತ್; ಭಾಸ್ = ಭಾಸಿತ and ಭಾಸಿತವತ್; FP ಮೋಮುರ್ಛ್ = ಮೋಮೂರ್ಛಿತ and ಮೋಮೂರ್ಛಿತವತ್; ಗಲ್ = ಗಲಿತ and ಗಲಿತವತ್; ಚರ್ = ಚರಿತ and ಚರಿತವತ್; ನಿಂದ್ from ನಿದಿ = ನಿಂದಿತ and ನಿಂದಿತವತ್; ರೂಪ್ = ರೂಪಿತ and ರೂಪಿತವತ್; ಸ್ವಾದ್ = ಸ್ವಾದಿತ and ಸ್ವಾದಿತವತ್; X ಚೋರ್ = ಚೋರಿತ and ಚೋರಿತವತ್; C ಭಾವ = ಭಾವಿತ and ಭಾವಿತವತ್. (11)

(c) *e.*[10] *roots.*

ROOTS.	EXAMPLES.
12. (a) Monosyllabic roots beginning with conjunct consonants and ending in ಆ and not containing ಯಣ್ letters; (b) monosyllabic roots not beginning with conjunct consonants but ending in ಆ and (c) monosyllabic roots ending in vowels other than ಆ and ಋ and not distinguished by indicatory ಒ and not being included in ಲ್ವಾದಿ roots.	ಸ್ನಾ = ಸ್ನಾ + ತ and ತವತ್ = ಸ್ನಾತ and ಸ್ನಾತವತ್; ಯಾ = ಯಾತ and ಯಾತವತ್; ಚಿ = ಚಿತ and ಚಿತವತ್; ಶ್ರಿ = ಶ್ರಿತ and ಶ್ರಿತವತ್; ನೀ = ನೀತ and ನೀತವತ್; ಯು = ಯುತ and ಯುತವತ್; ಭೂ = ಭೂತ and ಭೂತವತ್; ಕೃ = ಕೃತ and ಕೃತವತ್. ... (12)
13. Monosyllabic roots ending in ವ with penultimate ರ.	ದುರ್ವ್ from ದುರ್ವಿ = ದುರ್ವ್ − *f* + ತ and ತವತ್ = ದೂರ್ತ and ದೂರ್ತವತ್; ಧುರ್ವ್ from ಧುರ್ವೀ = ಧೂರ್ತ and ಧೂರ್ತವತ್ (13)
14. Monosyllabic roots ending in ವ.	ಧಾವ್ from ಧಾವು = ಧಾವ್ @ ಊ (ಊಠ್) for *f* + ತ and ತವತ್ = ಧೌತ and ಧೌತವತ್; ದಿವ್ = ದ್ಯೂತ and ದ್ಯೂತವತ್ .... (14)
15. Monosyllabic roots ending in ಛ except ಸ್ಫೂರ್ಛ್ and ಹುರ್ಛ್.	ಉಚ್ಛ್ from ಉಚ್ಛೀ = ಉಚ್ಛ್ + ತ and ತವತ್ = ಉಷ್ಟ and ಉಷ್ಟವತ್ .... (15)
16. Monosyllabic roots ending in nasals, having short penultimate vowels, and not being distinguished by indicatory ಒ.	ಖಣ್ from ಖಣು = ಖಣ್ @ *lp* + ತ and ತವತ್ = ಖೂಣ್ಟ and ಖೂಣ್ಟವತ್; ಕ್ಷಣ್ from ಕ್ಷಣು = ಕ್ಷಾಣ್ಟ and ಕ್ಷಾಣ್ಟವತ್; ತನ್ from ತನು = ತಾನ್ತ and ತಾನ್ತವತ್; ಯಮ್ from ಯಮು = ಯಾನ್ತ and ಯಾನ್ತವತ್; ವಮ್ from ವಮು = ವಾನ್ತ and ವಾನ್ತವತ್; ಕಮ್ from ಕಮು = ಕಾನ್ತ and ಕಾನ್ತವತ್ .... (16)

ROOTS.	EXAMPLES.
17. Monosyllabic roots ending in consonants other than ದ, ರ, ವ, ಛ and nasals, and having penultimate nasals but not distinguished by indicatory ಉ or indicatory ಈ.	ರಞ್ಜ್ = ರಞ್ಜ್ - p + ತ and ತವತ್ = ರಕ್ತ and ರಕ್ತವತ್; ಸಞ್ಜ್ = ಸಕ್ತ and ಸಕ್ತವತ್; ಬಂಧ್ = ಬದ್ಧ and ಬದ್ಧವತ್; ದಂಭ್ from ದಂಭೂ = ದಬ್ಧ and ದಬ್ಧವತ್; ಅಂಜ್ from ಅಂಜು = ಅಕ್ತ and ಅಕ್ತವತ್; ಸ್ತಂಭ್ from ಸ್ತಂಭು = ಸ್ತಬ್ಧ and ಸ್ತಬ್ಧವತ್; ತೃನ್ಹ್ from ತೃನ್ಹು = ತೃಢ and ತೃಢವತ್; ಧ್ವಂಸ್ from ಧ್ವಂಸು = ಧ್ವಸ್ತ and ಧ್ವಸ್ತವತ್; ಭ್ರಂಶ್ from ಭ್ರಂಶು = ಭ್ರಷ್ಟ and ಭ್ರಷ್ಟವತ್ ... (17)
18. Monosyllabic roots ending in nasals without short penultimate vowels and in consonants other than ರ, ದ, ವ, ಛ, and nasals without penultimate nasals, and not being distinguished by indicatory ಉ.	ದಾನ್ from ದಾನು = ದಾನ್ತ and ದಾನ್ತವತ್; ಲಭ್ = ಲಬ್ಧ and ಲಬ್ಧವತ್; ತ್ಯಜ್ = ತ್ಯಕ್ತ and ತ್ಯಕ್ತವತ್; ಶಕ್ = ಶಕ್ತ and ಶಕ್ತವತ್; ಮುಚ್ = ಮುಕ್ತ and ಮುಕ್ತವತ್; ದುಹ್ = ದುಗ್ಧ and ದುಗ್ಧವತ್; ಅಶ್ from ಅಶೂ = ಅಷ್ಟ and ಅಷ್ಟವತ್; ಅಕ್ಷ್ from ಅಕ್ಷೂ = ಅಷ್ಟ and ಅಷ್ಟವತ್; ಊಯ್ from ಊಯೀ = ಊತ and ಊತವತ್; ಕ್ಲಿಶ್ from ಕ್ಲಿಶು = ಕ್ಲಿಷ್ಟ and ಕ್ಲಿಷ್ಟವತ್; ಕಟ್ from ಕಟೀ = ಕಟ್ಟ and ಕಟ್ಟವತ್; ಗೃಧ್ from ಗೃಧೂ = ಗೃದ್ಧ and ಗೃದ್ಧವತ್; ಗುಹ್ from ಗುಹೂ = ಗೂಢ and ಗೂಢವತ್; ಚಿತ್ from ಚಿತೀ = ಚಿತ್ತ and ಚಿತ್ತವತ್; ಭ್ರಶ್ from ಭ್ರಶು ಭ್ರಷ್ಟ and ಭ್ರಷ್ಟವತ್; ಕುಚ್ from ಕುಚೀ = ಕುಕ್ತ and ಕುಕ್ತವತ್; ಕೃಧ್ from ಕೃಧು = ಕೃದ್ಧ and ಕೃದ್ಧವತ್ ... . (18)

C. By ನ$_1$ and ನವತ್$_1$.

e.[10] *roots.*

ROOTS.	EXAMPLES.
1. Monosyllabic roots beginning with conjunct consonants containing ಯಣ್ and ending in ಆ.	ದ್ರಾ from ದ್ರೈ = ದ್ರಾ + ನ and ನವತ್ = ದ್ರಾಣ and ದ್ರಾಣವತ್; ಗ್ಲಾ from ಗ್ಲೈ = ಗ್ಲಾನ and ಗ್ಲಾನವತ್ ... . (1)
2. Monosyllabic roots ending in ೠ (labial).	ಪೄ = ಪೄ @ ಊರ್ for *f* + ನ and ನವತ್ = ಪೂರ್ಣ and ಪೂರ್ಣವತ್; ಮೄ = ಮೂರ್ಣ and ಮೂರ್ಣವತ್ .... (2)
3. Monosyllabic roots ending in ೠ (non-labial).	ಸ್ತೄ = ಸ್ತೄ @ ಈರ್ for *f* + ನ and ನವತ್ = ಸ್ತೀರ್ಣ and ಸ್ತೀರ್ಣವತ್; ಕೄ = ಕೀರ್ಣ and ಕೀರ್ಣವತ್ .... (3)
4. Other monosyllabic roots ending in vowels and having indicatory ಓ or coming under the head of ಲ್ವಾದಿ roots.	ಡೀ from ಓಡೀಜ = ಡೀ + ನ or ನವತ್ = ಡೀನ and ಡೀನವತ್; ಹಾ from ಓಹಾ = ಹಾನ and ಹಾನವತ್; ವಾ from ಓವೈ = ವಾನ and ವಾನವತ್; ಗು from ಓಗು = ಗೂಣ and ಗೂಣವತ್; ಲೂ = ಲೂನ and ಲೂನವತ್; ಧೂ = ಧೂನ and ಧೂನವತ್ ... . (4)
5. Monosyllabic roots ending in ರ without penultimate nasals.	ತೂರ್ from ತೂರೀ = ತೂರ್ಣ and ತೂರ್ಣವತ್; ಧೂರ್ from ಧೂರೀ = ಧೂರ್ಣ + ಧೂರ್ಣವತ್ .... (5)
6. Monosyllabic roots ending in ದ without penultimate nasals.	ಭಿದ್ + ನ or ನವತ್ = ಭಿದ್ @ ನ್ for *f* + ನ and ನವತ್ = ಭಿನ್ನ and ಭಿನ್ನವತ್; ಛಿದ್ = ಛಿನ್ನ and ಛಿನ್ನವತ್; ಮದ್ from ಮದೀ = ಮನ್ನ and ಮನ್ನವತ್; ತೃದ್ from ತೃದು = ತೃನ್ನ and ತೃನ್ನವತ್; ಕ್ಲಿದ್ from ಕ್ಲಿದು = ಕ್ಲಿನ್ನ and ಕ್ಲಿನ್ನವತ್ ... . (6)

ROOTS.	EXAMPLES.
7. Monosyllabic roots ending in ದ with penultimate nasals.	ಸ್ಕಂದ್ = ಸ್ಕಂದ್ - p @ ನ್ for f + ನ + ನವತ್ = ಸ್ಕನ್ನ and ಸ್ಕನ್ನವತ್; ಉಂದ್ from ಉಂದೀ = ಉನ್ನ and ಉನ್ನವತ್; ಬುಂದ್ from ಬುಂದು = ಬುನ್ನ + ಬುನ್ನವತ್ .... (7)
8. Monosyllabic roots ending in consonants other than ರ or ದ without penultimate nasals but distinguished by indicatory ಓ.	ಲಗ್ನ from ಓಲಸ್ಜ = ಲಜ್ + ನ and ನವತ್ = ಲಗ್ನ and ಲಗ್ನವತ್; ಲ rom ಓಲಶೀ = ಲಣ್ಣ and ಲಣ್ಣವತ್; ರುಜ್ = ರುಗ್ಣ and ರುಗ್ಣವತ್: ಮಸ್ಜ = ಮಗ್ನ and ಮಗ್ನವತ್... (8)
9. Monosyllabic roots ending in consonants other than ದ or ರ and having penultimate nasals and distinguished by indicatory ಓ.	ಭಂಜ್ from ಭಂಜೋ = ಭಂಜ್ - p + ನ and ನವತ್ = ಭಗ್ನ and ಭಗ್ನವತ್ ... (9)

10. Of the gerundial affixes,

ಲ್ಯಪ್ comes after roots whose gerunds are intended to be used with indeclinables except ನಞ as their prefixes under such circumstances as render the gerunds together with the prefixes compound words under rules to be mentioned hereafter;

ಕ್ತ್ವಾ after all original monosyllabic roots ending in vowels and E· roots ending in consonants;

ಕ್ತ್ವಾ or ತ್ವಾ after (1) Œ Roots and (2) E roots distinguished by indicatory ಉ (both these classes of roots when they reject the augment ಇಟ್ taking ಕ್ತ್ವಾ and when they take the augment ಇಟ್ taking either ಕ್ತ್ವಾ or ತ್ವಾ if they begin with consonants and end in ರಲ್ with a penultimate ಇ, or ಉ, but only ತ್ವಾ otherwise) and (3) after E roots, beginning with consonants and ending in ರಲ್ with penultimate ಇ, or ಉ, or in ಥ and ಫ with penultimate nasals;

ತ್ವಾ after all other roots than those above mentioned; and

ಣಮುಲ್ optionally after all roots after which ಲ್ಯಪ್, ಕ್ತ್ವಾ, and ತ್ವಾ may be used as abovesaid when reiteration on account of continualness and succession of the action is intended to be expressed. (I. 2. 18, 23, 26; III. 4. 21. 22; VII. 1. 37; VII. 2. 56).

11. By a affix ಣಮುಲ್ except in the case of roots ending in ಆ, words can be formed after the first form of the models given for the formation of C roots omitting of course the distinction due to the indicatory letters ಮ and ಮಿ. Thus, FA ಬೇಭಿದ್ಯ = ಬೇಭಿದಂ; ಕಥ = ಕಥಂ; D ಪಿಪಠಿಷ = ಪಿಪಠಿಷಂ; X ಚೊರ್ = ಚೋರಂ; C ಲಾವ್ = ಲಾವಂ; ಚಿ = ಚಾಯಂ; ಧೃ = ಧಾರಂ; ನೀ = ನಾಯಂ; FP ನೇನಿ = ನೇನಾಯಂ; ಜ್ಞಪ್ = ಜ್ಞಾಪಂ; ಚಿತ್ = ಚೇತ್ಯಂ; FP ಚೇಚಿತ್ = ಚೇಚೇತಂ; ಪೃಣ್ = ಪರ್ಣಂ; ಕ್ಲಪ್ = ಕಲ್ಪಂ; ಕೃತ್ = ಕೀರ್ತಂ. But from roots ending in ಆ, words are formed as follows: ಪಾ = ಪಾ + ಯುಕ್ + ಣಮುಲ್ = ಪಾ + ಯ್ + ಅಂ = ಪಾಯಂ; ಗ್ಲಾ from ಗ್ಲೈ = ಗ್ಲಾಯಂ; FP ಜಾಜ್ಞಾ = ಜಾಜ್ಞಾಯಂ.

12. The models given for the benedictive *parasmaipadi* may be followed in the formation of words by ಲ್ಯಪ್, except in the case of roots ending in short vowels other than ಅ and of roots ending in ಆ. Thus, when preceded by any indeclinable except ನಞ್, ಕೄ=ಕೀರ್ಯ; ಪೄ=ಪೂರ್ಯ; ವೄ=ವೂರ್ಯ; FP ಪಾಪೄ=ಪಾಪೂರ್ಯ; ಕೄತ=ಕೀರ್ತ್ಯ; FP ಚಾಕೄತ = ಚಾಕೀರ್ತ್ಯ; ದಂಶ್ = ದಶ್ಯ; ನೀ = ನೀಯ; ಭೂ = ಭೂಯ; ಪಚ್ = ಪಚ್ಯ; ದಿವ್ = ದೀವ್ಯ; ಪುರ್ = ಪೂರ್ಯ; ಮುರ್ಛ್ = ಮೂರ್ಛ್ಯ; ನಿಂದ್ from ನಿದಿ = ನಿಂದ್ಯ; ಚೋರ್ = ಚೋರ್ಯ; C ಭಾವ್ = ಭಾವ್ಯ; C ಕಮಯ್ = ಕಮಯ್ಯ; X ಕಥಯ್ = ಕಥಯ್ಯ; FA ಬೇಭಿದ್ಯ = ಬೇಭಿದ್ಯ; FA ಲೋಲೂಯ = ಲೋಲೂಯ್ಯ; D ಪಿಪಠಿಷ = ಪಿಪಠಿಷ್ಯ; ಕಥ = ಕಥ್ಯ. But as regards roots ending in short vowels other than ಅ the following is the form to be observed :— ಇ = ಇತ್ಯ; ಉ = ಉತ್ಯ; ಚಿ = ಚಿತ್ಯ; ಸ್ತು = ಸ್ತುತ್ಯ; FP ತೋಸ್ತು = ತೋಸ್ತುತ್ಯ; ಕೃ = ಕೃತ್ಯ; ಸ್ಮೃ = ಸ್ಮೃತ್ಯ. And as to roots ending in ಆ, the following is the form :— ಗ್ಲಾ from ಗ್ಲೈ = ಗ್ಲಾಯ; ಯಾ = ಯಾಯ; FP ಜಾಜ್ಞಾ = ಜಾಜ್ಞಾಯ.

13. Observe that though in the above examples the indeclinable which should have been always compounded with each root to qualify it for ಲ್ಯಪ್ has been omitted, it should be supplied before the words so formed are actually employed in practice. Thus ಚಿತ್ಯ can be employed only as ನಿಶ್ಚಿತ್ಯ &c., and ಸ್ತುತ್ಯ as ಪ್ರಸ್ತುತ್ಯ &c.

14. Words can be formed by the affix ಕ್ತ್ವಾ after the models given for the formation of bases by the tense affixes of the 1st Future not being the special optional affixes of the passive voice, so far as they are applicable, and words can be likewise formed by the affix ಕ್ತ್ವಾ after the models given for *nish* affixes. Thus :—

A. By ತ್ವಾ.

ROOTS.	EXAMPLES.
E Roots not being roots beginning with consonants and ending in ಲ್ with penultimate ಇ, or ಉ, and not being roots ending in ಥ and ಫ with penultimate nasals.	FA ಬೆಭಿದ್ಯ = ಬೆಭಿದಿತ್ವಾ ; ಕಥ = ಕಥಿತ್ವಾ ; D ಪಿಪಠಿಷ = ಪಿಪಠಿಷಿತ್ವಾ ; FA ಲೋಲೂಯ = ಲೋಲೂಯಿತ್ವಾ ; *X ಚೋರಿ = ಚೋರಯಿತ್ವಾ ; C ಭೇದಿ = ಭೇದಯಿತ್ವಾ ; FP ಚೇಟಿ = ಚೇಟಯಿತ್ವಾ ; FP ಯೋಯು = ಯೋಯುವಿತ್ವಾ ; FP ವರಿವೃ = ವರಿವರಿತ್ವಾ ; FP ಪಾಪ್ಯಾ = ಪಾಪಿತ್ವಾ ; ನೃತ್ = ನರ್ತಿತ್ವಾ ; FP ನರೀನೃತ್ = ನರೀನರ್ತಿತ್ವಾ ; ಕೃತ್ = ಕೀರ್ತಿತ್ವಾ ; ಮೀಲ್ = ಮೀಲಿತ್ವಾ ; ಬೀಜ್ = ಬೀಜಿತ್ವಾ ; ಚೂಷ್ = ಚೂಷಿತ್ವಾ.

B. By ತ್ವಾ or ಕ್ತ್ವಾ.

1. E Roots beginning with consonants and ending in ಲ್ with penultimate ಇ, or ಉ and not being roots having indicatory ಉ.	ಚಿತ್, ದ್ಯುತ್ = ಚೇತಿತ್ವಾ or ಚಿತಿತ್ವಾ ; ದ್ಯೋತಿತ್ವಾ or ದ್ಯುತಿತ್ವಾ .... (1)
2. E Roots ending in ಥ and ಫ with penultimate nasals.	ಗ್ರಂಥ್, ಗುಂಫ್ = ಗ್ರಥಿತ್ವಾ or ಗ್ರಂಥಿತ್ವಾ ; ಗುಫಿತ್ವಾ or ಗುಂಫಿತ್ವಾ ... ... (2)

ROOTS.	EXAMPLES.
3. Œ Roots and E roots having indicatory ಊ when they begin with consonants and end in ರಲ್ with penulitimate ಇ, or ಉ.	ಕ್ಲಿಶ್ from ಕ್ಲಿಶೂ = ಕ್ಲೇಶಿತ್ವಾ or ಕ್ಲಿಶಿತ್ವಾ or ಕ್ಲಿಷ್ಟ್ವಾ ; ಕ್ಲಿವ್ from ಕ್ಲಿವು = ಕ್ಲೇವಿತ್ವಾ or ಕ್ಲಿವಿತ್ವಾ or ಕ್ಲ್ಯೂತ್ವಾ ; ಪುಷ್ from ಪುಷು = ಪೋಷಿತ್ವಾ or ಪುಷಿತ್ವಾ or ಪುಷ್ಟ್ವಾ .... (3)
Œ Roots and E roots having indicatory ಊ, other than the above.	ಅಂಚ್ from ಅಂಚು = ಅಕ್ತ್ವಾ or ಅಂಚಿತ್ವಾ; ಚಮ್ from ಚಮು = ಚಾಂತ್ವಾ or ಚಮಿತ್ವಾ; ವೃಣ್ from ವೃಣು = ವೃಣ್ಟ್ವಾ or ವರ್ಣಿತ್ವಾ; ಧ್ವಂಸ್ from ಧ್ವಂಸು = ಧ್ವಸ್ತ್ವಾ or ಧ್ವಂಸಿತ್ವಾ; ಸಂಜ್ from ಸಂಜು = ಸಕ್ತ್ವಾ or ಸಂಜಿತ್ವಾ ; ಅಶ್ from ಅಶೂ = ಅಷ್ಟ್ವಾ or ಅಶಿತ್ವಾ ; ಅಕ್ಷ್ from ಅಕ್ಷೂ = ಅಷ್ಟ್ವಾ or ಅಕ್ಷಿತ್ವಾ ; ಸ್ತೃಹ್ from ಸ್ತೃಹೂ = ಸ್ತೃಢ್ವಾ or ಸ್ತೃಹಿತ್ವಾ ; ಧೂಷ್ from ಧೂಷು = ಧೂಷ್ಟ್ವಾ or ಧೂಷಿತ್ವಾ ... ... (4)

C. By ಕ್ತ್ವ.

All original monosyllabic roots ending in vowels and E roots ending in consonants.	ದ್ರಾ from ದ್ರೈ = ದ್ರಾತ್ವಾ ; ಸ್ನಾ = ಸ್ನಾತ್ವಾ ; ಚಿ = ಚಿತ್ವಾ ; ನೀ = ನೀತ್ವಾ ; ಸ್ತು = ಸ್ತುತ್ವಾ ; ಭೂ = ಭೂತ್ವಾ ; ಕೃ = ಕೃತ್ವಾ ; ಪೄ = ಪೂರ್ತ್ವಾ ; ವೄ = ವೂರ್ತ್ವಾ ; ಸ್ತೄ = ಸ್ತೀರ್ತ್ವಾ ; ಪಚ್ = ಪಕ್ತ್ವಾ ; ಸಿಚ್ = ಸಿಕ್ತ್ವಾ ; ಕ್ಷುದ್ = ಕ್ಷುತ್ತ್ವಾ ; ಕುಧ್ = ಕುದ್ಧ್ವಾ ; ತಪ್ = ತಪ್ತ್ವಾ ; ದೃಪ್ = ದೃಪ್ತ್ವಾ ; ದೃಶ್ = ದೃಷ್ಟ್ವಾ ; ದಂಶ್ = ದಷ್ಟ್ವಾ ; ರಂಜ್ = ರಕ್ತ್ವಾ ; ಪಿಕ್ಷ್ = ಪಿಷ್ಟ್ವಾ ; ವಸ್ = ವಸ್ತ್ವಾ ; ದಹ್ = ದಗ್ಧ್ವಾ ; ಲಿಹ್ = ಲೀಢ್ವಾ.

15. The infinitive affix ತುಮುನ್ produces words also after the models given for the affixes of the 1st future so far as they are applicable, as follows :—

ಕ್ಷಿ = ಕ್ಷೇತುಂ ; ನೀ = ನೇತುಂ ; ಚ್ಯು = ಚ್ಯೋತುಂ ; ಕೃ = ಕರ್ತುಂ ; ಕ್ಷಿಪ್ = ಕ್ಷೇಪ್ತುಂ ; ಮುಚ್ = ಮೋಕ್ತುಂ ; ತೃಪ್ = ತಪ್ತುಂ ; ದಾ = ದಾತುಂ ; ಪಚ್ = ಪಕ್ತುಂ ; ರಾಧ್ = ರಾದ್ಧುಂ ; ರಂಜ್ = ರಙ್ಕ್ತುಂ ; X ಚೋರಿ = ಚೋರಯಿತುಂ ; ಭೂ = ಭವಿತುಂ ; ತೄ = ತರಿತುಂ ; C ಭಾವಿ = ಭಾವಯಿತುಂ ; FP ಲೋಲೂ = ಲೋಲವಿತುಂ ; ದ್ಯುತ = ದ್ಯೋತಿತುಂ ; FP ಬೇಭಿದ್ = ಬೇಭೇದಿತುಂ ; FA ಬೇಭಿದ್ಯ = ಬೇಭಿದಿತುಂ ; ಕಥ್ = ಕಥಿತುಂ ; D ಪಿಪಠಿಷ = ಪಿಪಠಿಷಿತುಂ ; ಕೄತ = ಕೀರ್ತಿತುಂ ; ಪೄ = ಪರಿತುಂ or ಪರೀತುಂ ; FP ಪಾಪಚ್ = ಪಾಪಚಿತುಂ ; ಭ್ರಾಜ್ = ಭ್ರಾಜಿತುಂ ; ಲೋಕ್ = ಲೋಕಿತುಂ ; ಢೌಕ್ = ಢೌಕಿತುಂ ; ರಕ್ಷ್ = ರಕ್ಷಿತುಂ.

CHAPTER XII.

IRREGULAR VERBS.

1. Proceeding now to irregular verbs or verbs formed from roots in a manner more or less at variance with the rules already given, we may first advert to roots whose irregularity consists simply in being liable to become fit for use in language only after taking certain self-descriptive affixes in the manner of roots of the 10th class. Of these some take the affix ಯಙ್ while others take the affix ಸನ್ which is attached to them in the same manner as the desiderative affix E· ಸನ್. And there are some roots which likewise take ಆಯ as their self-descriptive affixes, but reject them optionally before affixes other than those of the special tenses (III· 1· 28. 31). The roots alluded to are as follows :—

A. Roots taking ಯಕ್ (III. 1. 27.)

ಅಗದ
ಅಮ್ಬರ
ಅರ
ಅಸ್
ಅಸ್ರ
ಅಸು
ಅಸೂಞ್
ಆರರ
ಇರಜ್
ಇರಞ್
ಇರಸ್
ಇಷುಧ
ಉರಸ್
ಉಷಸ್
ಏಲಾ
ಕಣ್ಡೂಞ್
ಕುಷುಭ
ಕೇಲಾ
ಖೇಲಾ
ಗದ್ಗದ
ಚರಣ
ಚುರಣ
ತನ್ತಸ್
ತರಣ
ತಿರಸ್
ತುರಣ
ದ್ರವಸ್
ದುವಸ್ (ದುವಸುಜ್)
ದುಃಖ
ನಮಸ್

ಪಮ್ಪಸ್
ಪಯಸ್
ಭಿಷಜ್
ಭಿಷ್ಣಜ್
ಭುರಣ
ಮಗಧ
ಮನಸ್
ಮನ್ತುಞ್
ಮಹೀಜ್
ಮೇಧಾ
ರೇಖಾ
ಲಾಟ
ಲಿಟ್
ಲಿಟ
ಲೇಖ
ಲೇಖಾ
ಲೇಟ್
ಲೇಲಾ
ಲೋಟ್
ವರಣ
ವಲ್ಗು
ಸಪರ
ಸಮ್ಬರ
ಸಮ್ಭೂಯಸ್
ಸುಖ
ಹೃಣೀಜ್
ಹೃಣೀಙ್ (ಆಕೃತಿಗಣಃ)
e. g. ಕಂಡೂಯ,
ಸುಃಖ್ಯ, ದುಃಖ್ಯ &c.

B. Roots taking ಸನ (III. 1. 5. 6.)

Original form.		Form after taking affix
A. ಗುಪ್ "*to blame or censure*"	....	ಜುಗುಪ್ಸ.
A. ತಿಜ್ "*to endure*"	...	ತಿತಿಕ್ಷ.
A. ಬಧ್ "*to loathe*"	....	ಬೀಭತ್ಸ.
A. ಶಾನ್ "*to sharpen*"	....	ಶೀಶಾಂಸ.
A. ಮಾನ್ "*to investigate*"	....	ಮೀಮಾಂಸ.
U. ದಾನ್ "*to straighten*"	....	ದಿದಾಂಸ.
P. ಕಿತ್ "*to cure*"	....	ಚಿಕಿತ್ಸ.

C. Roots taking ಆಯ (III. 1. 28. 31.)

ಗುಪ್ (ಗುಪೂ) ಧೂಪ್, ಪಣ್, ಪನ್ and ವಿಚ್ಛ್. *e. g.* ಗೋಪಾಯು, ಧೂಪಾಯು, ಪಣಾಯು, ಪನಾಯು, ವಿಚ್ಛಾಯು in the special tenses but ಗೋಪಾಯ &c. or ಗುಪ್ &c. otherwise.

3. Note that the vowel of the reduplicates of ಬಧ್, ಶಾನ್, and ಮಾನ್ in B above *has* been irregularly lengthened. (III. 1. 6)

4. Next we may refer to roots which are irregular regarding their mode of conjugation as judged by the mode indicated in the list of roots, and by the ordinary rules. And their peculiarity depends upon their being used with or without *upasargáḥ* or only some particular *upasargáḥ* and whether with or without *upasargáḥ* upon their being used or not in certain specified senses or in connection with certain nouns governed by them. For instance, ರಮು, when used with the *upasargáḥ* ವಿ, ಪರಿ, and ಆಙ್, becomes A ರಮು, and when used with the *upasarga* ಉಪ್, becomes P ರಮು absolutely if used in a *transitive* sense but optionally if used in an *intransitive sense* (I. 3. 83. 85). Thus we get as the 3rd per singular present ವಿರಮತಿ, ಆರಮತಿ, ಪರಿರಮತಿ, and ಉಪರಮತಿ or ಉಪರಮತೇ, though otherwise we have only ರಮತೇ. So, U ಕೃ with ಅನು and ಪರಾ is not a U root, but a P. root and when not used with the above *upasarga*, is an A root

if it is used in the sense of "to inform against," "to revile" "to threaten," "to serve," "to use violence" "to cause change" and so forth; and it is an A root when preceded by ಅಧಿ, if ಅಧಿ+ ಕೃ means "to overcome" or "to bear patiently" (I. 3. 32, 33. 79). Thus, we get ಅನುಕರೋತಿ and ಪರಾಕರೋತಿ; but ಉತ್ಕುರುತೇ or ಉದಾಕುರುತೇ "he informs against" (some one) &c.; ತಮಧಿಚಕ್ರೇ "he overcame that man" So, I P ದಾ preceded by ಸಮ್ immediately or with the intervention of any other *upasarga* becomes A root, provided it governs a noun in the instrumental case and this instrumental case has the force of the dative case as it has when in respect of the action denoted by the root the insinuation is that it is an unworthy action (I. 3. 55). *e. g.*, ದಾಸ್ಯಾಸಂಪ್ರಯಚ್ಛತೇ "he gives to the prositute." The following is an alphabetical list of all roots of this description.

ROOTS.	Mode of conjugation according to the ordinary rules.	Irregular mode of conjugation.	EXAMPLES.
IV. ಅಸ್ coming after *upasargáḥ*.	P.	P. or A. (Kás. on I. 3. 30).	ನಿರಸ್ಯತಿ, ನಿರಸ್ಯತೇ.
ಊಹ್ coming after *upasargáḥ*.	P.	P. or A. (Kás. on I. 3. 30).	ಸಮೂಹತಿ, ಸಮೂಹತೇ.
ಋಚ್ಛ, I. ಋ, II. ಋ } Coming after ಸಂ in an intransitive sense.	P.	A. (I. 3. 29).	ಸಮೃಚ್ಛತೇ, ಸಮರತೇ, ಸಮಿಯೃತೇ.
ಕೃ (ಕೃಞ್) coming after ಅನು and ಪರಾ even when the fruit of the action accrues to the agent.	A.	P. (I. 3. 79.)	ಅನುಕರೋತಿ. ಪರಾಕರೋತಿ.

ROOTS.	Mode of conjugation according to the ordinary rules.	Irregular mode of conjugation.	EXAMPLES.
ಕೃ (ಕೃಞ್) not coming after ಅನು and ಪರಾ even when the fruit of the action does not accrue to the agent, if it is used in these senses *viz,* informing against," "reviling or threatening" "serving" using violence. "causing change," "reciting" and "doing an action tending to effect a desired purpose."	P.	A. (I. 3. 32.)	ಉತ್ಕುರುತೇ. ಉದಾಕುರುತೇ. ಉಪಕುರುತೇ. ಪ್ರಕುರುತೇ. ಉಪಸ್ಕುರುತೇ.
ಕೃ (ಕೃಞ್) coming after ಅಧಿ if it is used in the sense of overcoming or bearing patiently even when the fruit of the action does not accrue to the agent.	P.	A. (I. 3. 33.)	ಅಧಿಕುರುತೇ
ಕೃ (ಕೃಞ್) coming after ವಿ if it is used in the sense of uttering a sound or in any intransitive sense, even when the fruit of the action does not accrue to the agent.	P.	A. (I.3.34,35)	ವಿಕುರುತೇ.
VI. ಕೄ in the sense of scratching, digging, scattering or throwing up for the sake of evincing joy, or earning livelihood, or making a nest.	P.	A. (Kás. on I. 3· 21.)	ಅಪಸ್ಕಿರತೇ.

ROOTS.	Mode of conjugation according to the ordinary rules.	Irregular mode of conjugation.	EXAMPLES.
ಕ್ರಮು coming after ಉಪ in these senses only, *viz* "proceeding uninterruptedly," "persevering," "growing or increasing" and "beginning an action."	P.	A. (I. 3. 39.)	ಪ್ರಕ್ರಮತೇ.
ಕ್ರಮು coming after ಪರಾ in these senses *viz* "proceeding uninterruptedly," "persevering or increasing."	P.	A. (I. 3. 39.)	ಪ್ರಕ್ರಮತೇ.
ಕ್ರಮು coming after ಆಙ್ in the sense of rising as a star or planet.	P.	A. (I. 3. 40.)	ಆಕ್ರಮತೇ.
ಕ್ರಮು coming after ವಿ in the sense of stepping or walking.	P.	A. (I. 3. 41.)	ವಿಕ್ರಮತೇ.
ಕ್ರಮು coming after ಪ್ರ in the sense of beginning an action.	P.	A. (I. 9. 42.)	ಪ್ರಕ್ರಮತೇ.
ಕ್ರಮು not conjoined with any *upasarga*, if used in these senses only *viz* "proceeding uninterruptedly," "persevering," "growing or increasing."	P.	A. (I. 3. 38.)	ಕ್ರಮತೇ.
ಕ್ರಮು not conjoined with any *upasarga* if used otherwise than in the above senses.	P.	A. or P. (I. 3. 43.)	ಕ್ರಮತೇ or ಕ್ರಮತಿ.
ಕ್ರೀಡ್ coming after ಅನು, ಪರಿ, and ಆಙ್.	P.	A. (I. 3. 21.)	ಅನುಕ್ರೀಡತೇ. ಪರಿಕ್ರೀಡತೇ. ಆಕ್ರೀಡತೇ.

ROOTS.	Mode of conjugation according to the ordinary rules.	Irregular mode of conjugation.	EXAMPLES.
ಕ್ರೀಡ್ coming after ಸಂ in other senses than that of making an inarticulate sound.	P.	A. (I. 3. 21.) (Kás. thereon.)	ಸಂಕ್ರೀಡತೇ.
ಕ್ರೀ (ಕ್ರೀಞ್) coming after ಪರಿ, ವಿ or ಅವ even when the fruit of the action does not accrue to the agent.	P.	A. (I. 3. 19.)	ಪರಿಕ್ರೀಣೀತೇ. ವಿಕ್ರೀಣೀತೇ. ಅವಕ್ರೀಣೀತೇ.
VI. ಕ್ಷಿಪ್ preceded by ಅಭಿ, ಪ್ರತಿ, and ಅತಿ though the fruit of the action accrues to the agent, and though it is distinguished by an indicatory vowel circumflexly accented.	A.	P. (I. 3. 80.)	ಅಭಿಕ್ಷಿಪತಿ, ಪ್ರತಿಕ್ಷಿಪತಿ, ಅತಿಕ್ಷಿಪತಿ.
ಕ್ಷ್ಣು coming after ಸಂ.	P.	A. (I. 3. 65.)	ಸಂಕ್ಷ್ಣುತೇ.
ಗಮು coming after ಆಙ್ in the sense of forgiving, waiting for, or delaying.	P.	A. (Kás. on.) (I. 3. 21.)	ಆಗಮಯತೇ.
ಗಮು coming after ಸಂ in an intransitive sense.	P.	A. (I. 3. 29.)	ಸಂಗಚ್ಛತೇ.
VI. ಗೄ coming after ಅವ.	P.	A. (I. 3. 51.)	ಅವಗಿರತೇ.
VI. ಗೄ coming after ಸಂ in the sense of "promising" or "assenting" or "affirming".	P.	A. (I. 3. 52.)	ಸಂಗಿರತೇ.

ROOTS.	Mode of conjugation according to the ordinary rules.	Irregular mode of conjugation.	EXAMPLES.
ಚರ್ coming after ಉತ್ if used in a transitive sense.	P.	A. (I. 3. 53.)	ಉಚ್ಚರತೇ.
ಚರ್ coming after ಸಂ, and connected with a noun in the instrumental case expressedly.	P.	A. (I. 3. 54.)	ಅಶ್ವೇನಸಂಚರತೇ.
ಜಿ coming after ವಿ and ಪರಾ.	P.	A. (I. 3. 19.)	ವಿಜಯತೇ, ಪರಾಜಯತೇ.
ಜ್ಞಾ not coming after an *upasarga* when the fruit of the action accrues to the agent.	P.	A. (I. 3. 76.)	ಜಾನೀತೇ.
ಜ್ಞಾ in an intransitive sense even when the fruit of the action does not accrue to the agent.	P.	A. (I. 3. 45.)	ಸರ್ಪಿಷಃ ಜಾನೀತೇ.
ಜ್ಞಾ coming after an *upsarga* in the sense of denying.	P.	A. (Kás. on.) (I. 3. 44.)	ಅಪಜಾನೀತೇ.
ಜ್ಞಾ coming after ಸಂ or ಪ್ರತಿ when not used in the sense of "to recollect or remember with sorrow or regret."	P.	A. (I. 3. 46.)	ಸಂಜಾನೀತೇ. ಪ್ರತಿಜಾನೀತೇ.
ತಪ್ coming after ಉತ್ and ವಿ when used in an intransitive sense, or, when it governs a word denoting a part of the agent's own body as an object.	P.	A. (I. 3. 27.)	ಉತ್ತಪತೇ "It shines" ಉತ್ತಪತೇಪಾಣಿಂ. ವಿತಪತೇಪೃಷ್ಠಂ.

ROOTS.	Mode of conjugation according to the ordinary rules.	Irregular mode of conjugation.	EXAMPLES.
III. ದಾ coming after ಆಙ in any other sense than that of opening the mouth or of any other action like it, which affects the agent's own person.	P.	A. (I. 3 20.) (Kás. thereon.)	ಆದತ್ತೇ.
1 ದಾ coming after ಸಂ immediately or with the intervention of any other *upasarga* and connected with a noun in the instrumental case, provided this case has the sense of the dative case.	P.	A. (I. 3. 55.)	ದಾಸ್ಯಾಸಂಪ್ರಯಾಚ್ಛತೇ.
ದೃಶ್ coming after ಸಂ in an intransitive sense.	P.	A. (Kás. on) (I. 3. 29.)	ಸಂಪಶ್ಯತೇ.
ನಾಥ್ in the sense of blessing.	P.	A. (Kás. on. I. 3. 21.)	ನಾಥತೇ.
ನೀ (ಣೀಙ್) even when the fruit of the action does not accrue to the agent when used in these senses *viz.* "to guide so as to render the person guided worthy" (*i. e.* "instruct,") "to lift up," "to make one a spiritual guide, (*i. e.* to perform the ceremony of *upanayanam*,") "to determine the true sense," "to pay wages," "to pay as debt" "to give as in charity &c."	P.	A. (I. 3. 36.)	ನಯತೇ.

ROOTS.	Mode of conjugation according to the ordinary rules.	Irregular mode of conjugation.	EXAMPLES.
ನೀ when it governs an incorporeal object existing in the agent.	P.	A. (I. 3 37.)	ವಿನಯತೇ.
ನು coming after ಆಙ್.	P.	A. Kàs. on.) (I. 3. 21.)	ಆನುತೇ.
ಪ್ರಚ್ಛ್ coming after ಆಙ್.	P.	A. (Kàs. on.) (I. 3. 21.)	ಆಪೃಚ್ಛತೇ.
ಪ್ರಚ್ಛ್ coming after ಸಂ in an intransitive sense.	P.	A. (I. 3. 29.)	ಸಂಪೃಚ್ಛತೇ.
ಭುಜ್ in other senses than that of "preserve or cherish."	P.	A. (I. 3. 66.)	ಭುಙ್ಕ್ತೇ.
IV. ಮೃಷ್ coming after ಪರಿ, even when the fruit of the action accrues to the agent, and though it is distinguished by an indicatory vowel circumflexly accented.	A.	P. (I. 3. 82.)	ಪರಿಮೃಷತಿ.
ಯುಜ್ coming after ಆಙ್ in an intransitive sense.	P.	A. (I 3. 28.)	ಆಯುಙ್ಕ್ತೇ.
ಯುಜ್ coming after ಉಪ in the sense of "to marry."	P.	A. (I. 3. 56.)	ಉಪಯುಙ್ಕ್ತೇ.
ಯುಜ್ coming after ಆಙ್ in a transitive sense, when the fruit of the action accrues to the agent if it does not refer to a book or compilation	P.	A. (I. 3. 75.)	ಆಯುಙ್ಕ್ತೇ.

ROOTS.	Mode of conjugation according to the ordinary rules.	Irregular mode of conjugation.	EXAMPLES.
ಯಮ್ coming after ಸಂ and ಉದ್ when the fruit of the action accrues to the agent if it does not refer to a book or compilation.	P.	A. (I. 3. 75.)	ಸಂಯಚ್ಛತೇ. ಉದ್ಯಚ್ಛತೇ.
VII. ಯುಜ್ (ಯುಜಿರ್) coming after ಪ್ರ and ಉಪ or any other *upasarga* beginning with or ending in a vowel, if used otherwise than in the sense of making use of the sacrificial vessels.	P.	A. (I. 3. 64.)	ಪ್ರಯುಙ್ಕ್ತೇ. ಉಪಯುಙ್ಕ್ತೇ.
ರಮ್ coming after ವಿ, ಆಙ್, and ಪರಿ.	A.	P. (I. 3. 83.)	ವಿರಮತಿ. ಆರಮತಿ. ಪರಿರಮತಿ.
ರಮ್ coming after ಉಪ if intransitive.	A.	P. (I. 3. 84.)	ಉಪರಮತಿ.
ರಮ್ coming after ಉಪ if intransitive.	A.	A. or P. (I. 3. 85.)	ಉಪರಮತಿ or ಉಪರಮತೇ.
ವದ್ in the following senses *viz*, "to explain," "to pacify," "to be able to explain," "to persevere," "to wrangle or dispute," "to speak secretly with."	P.	A. (I. 3. 47.)	ವದತೇ.
ವದ್ coming after ಅನು in the sense of "to speak articulately in a similar manner."	P.	A. (I. 3. 49.)	ಅನುವದತೇ.

ROOTS.	Mode of conjugation according to the ordinary rules.	Irregular mode of conjugation.	EXAMPLES.
ವದ್ in the sense of "to speak articulately together but contradicting each other."	P.	A. or P. (I. 3. 50.)	ವಿಪ್ರವದನ್ತೇ. ವಿಪ್ರವದನ್ತಿ.
ವದ್ in the sense of "to speak articulately together in concert."	P.	A (I. 3. 48.)	ಸಂಪ್ರವದನ್ತೇ.
ವದ್ coming after ಅಪ when the fruit of the action accrues to the agent.	P.	A. (I. 3. 73.)	ಅಪವದತೇ.
ವಹ್ coming after ಪರಿ and ಪ್ರ.	A.	A. or P. (I.3.81,82) (Kás. thereon.)	ಪರಿವಹತಿ. ಪರಿವಹತೇ.
II. ವಿದ್ coming after ಸಮ್ in an intransitive sense.	P.	A. (I. 3. 29.)	ಸಂವಿತ್ತೇ.
ವಿಶ್ coming after ನಿ.	P.	A. (I. 3. 17.)	ನಿವಿಶತೇ.
ಶಪ್ in the sense of "to swear by"	P.	A. (Kás. on. I. 3. 21.)	ಧನಾಯುಶಪತೇ.
ಶಿಕ್ಷ್ in the sense of "to investigate."	P.	A. Kás. on. (I. 3. 21.)	ಶಿಕ್ಷತೇ.
ಕೃ coming after ಸಮ್ in an intransitive sense.	P.	A. (I. 3. 29.)	ಸಂಕೃಣುತೇ.

ROOTS.	Mode of conjugation according to the ordinary rules.	Irregular mode of conjugation.	EXAMPLES.
ಸ್ಮೃ coming after ಸಮ್ in an intransitive sense.	P.	A. (I. 3. 29.)	ಸಂಸ್ಮರತೆ.
ಸ್ಥಾ coming after ಸಂ, ಅವ, ಪ್ರ, and ವಿ.	P.	A. (I. 3. 22.)	ಸಂತಿಷ್ಠತೆ, ಅವತಿಷ್ಠತೆ, ಪ್ರತಿಷ್ಠತೆ, ವಿತಿಷ್ಠತೆ.
ಸ್ಥಾ coming after ಆಙ್ in the sense of "to affirm" or to assert.	P.	A. (I. 3. 22.) Kás. on.	ಆತಿಷ್ಠತೆ.
ಸ್ಥಾ in these senses *viz*, "to indicate or reveal one's thoughts to another" or "to make an award or decision as an umpire or judge."	P.	A. (I. 3. 23.)	ತಿಷ್ಠತೆ.
ಸ್ಥಾ coming after ಉದ್ in other senses than that of "to get up or rise as from a seat &c. *i. e.* in the sense of "to seek for or endeavour to obtain."	P.	A. (I. 3. 24.)	ಉತ್ತಿಷ್ಠತೆ.
ಸ್ಥಾ coming after ಉಪ in an intransitive sense or in these senses, *viz* "to propitiate or worship or adore as a deity," "to praise or hymn," "to form friendship with or treat in a friendly manner," "to associate or unite with," "to pass or be along or near to, as a path or road."	P.	A. (I.3.25. 26)	ಉಪತಿಷ್ಠತೆ.

ROOTS.	Mode of conjugation according to the ordinary rules.	Irregular mode of conjugation.	EXAMPLES.
ಸ್ಥಾ coming after ಉಪ in the sense of "to desire to obtain."	P.	A. or P. (Kás. on. I. 3. 25.)	ಭಿಕ್ಷುಕಃ ಬ್ರಾಹ್ಮಣಕುಲಮುಪತಿಷ್ಠತೇ or ಉಪತಿಷ್ಠತಿ.
ಹನ್ coming after ಆಙ್, when used in an intransitive sense or when it governs a word denoting a part of the agent's own body as an object.	P.	A. (I. 3. 28.) (Kás. thereon.)	ಆಹತೇ. (ಆಹತೇಶಿರಃ)
ಹೃ in the sense of "to have a resemblance in nature or quality."	P.	A. Kás. on. (I. 3. 21.)	ಅನುಹರತೇ.
ಹ್ವೇ coming after ನಿ, ಸಮ್, ಉಪ, and ವಿ, even when the fruit of the action does not accrue to the agent.	P.	A. (I. 3. 30.)	ನಿಹ್ವಯತೇ. ಸಂಹ್ವಯತೇ. ಉಪಹ್ವಯತೇ. ವಿಹ್ವಯತೇ.
ಹ್ವೇ coming after ಆಙ್ in the sense of "to challenge" even when the fruit of the action does not accrue to the agent.	P.	A. (I. 3. 31.)	ಆಹ್ವಯತೇ.

5. It has been said that in the case of roots which are to be conjugated in the *átmánepadi* as above said on account of their being used in an intransitive sense the forms of their active voice may optionally be used in the reflective voice in the tenses in which ಯಕ್ should ordinarly be used as their tense affix in this voice (Sid II 278) *e. g.* from ಹನ್ preceded by ಆಙ್,

ಆಕತೆವರ್ಣಾವಕಃಸ್ವಯಮೇವ ; from ಕೃ preceded by ವಿ, ವಿಕುರ್ವತೇಸೈನ್ಧವಾಃ ಸ್ವಯಮೇವ.

6. There are some roots which, only when they take certain verbal affixes, change their mode of conjugation. Thus P ದ್ಯುತ್[6] is conjugated in the *átmánepadi* in the aorist (I. 3. 91). And some of these roots as well as others including some of those which have been referred to in the last para are further irregular. All these roots with reference to the irregularities exhibited by them otherwise than in respect of their mode of conjugation may be classified as follows :—

(1). Roots which optionally before *árdhadhatuka* affixes but also lately otherwise take some self-descriptive affixes. Thus the root ಋತ್[6] takes ಈಯ, and ಕಮು takes ಣಿಙ್[6] (III. 1. 29 to 31).

(2). Roots which may be called defective roots because generally or in some particular sense of theirs they do not in their own proper form take certain verbal affixes and therefore are replaced by substitutes which mostly are other roots of the same signification with them but sometimes are only new expressions (not roots) fulfilling the office of the defective roots before the affixes concerned. Thus, for example ಅದ್[6] "to eat" cannot take the affix ಸನ್[6] except in the form of the root ಘಸ್[6] which has the same meaning ; but ದಯ[6] before the affixes of the perfect becomes replaced by the expression ದಿಗಿ which is not a root. (II. 4. 37; VII. 4. 9.)

(3). Roots which take different verbal affixes absolutely or optionally from those which they should take according to the ordinary rules. For example, P. ದ್ಯುತ್[6] in the aorist takes ಅಙ್[6] as its tense affix instead of ಚ್ಲಿ[6] (III. 1. 55.)

(4). Roots which require or reject the augmentation of affixes differently from the ordinary rules. For instance the affix ಸನ್ which according to the ordinary rules should come as ಇಟ್, in the case of ಗ್ರಹ್ comes only as ಸ (VII. 2. 12.)

(5). Roots which in regard to the preliminary augmentation of bases are to be dealt with differently from the ordinary rules. Thus, ಮಸ್ಜ್ which according to the ordinary rules is not to be augmented by ನುಮ್ gets so augmented before affixes beginning with ಝಲ್ (VII. 1. 60.)

(6). Roots which as regards the alteration of bases otherwise than by augmentation are to be treated irregularly. Thus, ವಚ್ before affixes having indicatory ಙ gets *samprasáraṇated* (VI. 1. 15.)

(7). Roots which in regard to the reduplication of bases are irregular. Thus, ವಚ್ before the affix ಯಙ್ becomes ವನೀವಚ್ irregularly instead of ವಾವಚ್ (VII. 4. 84.)

7. But it must be added that not only many of the roots referred to above are irregular in more respects than one, but also many do not admit of being clubbed together in regard to all their irregularities and that consequently we have to deal with them singly by themselves in order to understand their peculiarities in full. We shall proceed now to enumerate the irregular roots in question in detail and in doing so shall indicate the irrregular forms given by an asterisk when necessary. We shall further use the following signs in connection with these irregular forms :—

1 = 3rd Person Singular
2 = 3rd Person Dual
3 = 3rd Person Plural
4 = 2nd Person Singular

5 = 2nd Person Dual

6 = 2nd Person Plural

7 = 1st Person Singular

8 = 1st Porson Dual

9 = 1st Person Plural

And it should also be noted that unless the contrary is indicated expressly or impliedly the forms refer to the active voice, to the present tense, to the *parasmaipadi,* and to the 3rd person singular, Further, it should be remembered that as we propose to illustrate the irregular rules only by a few examples others to which they lead will have to be found out by the students themselves who now should have no difficulty in doing so.

8. We shall then first refer to the roots called ಕುಟಾದಿ or roots indicated by the sign " ಕಿ " in the list of roots. These roots, except two of them, *viz* ಗುರ್^{6} and ಸ್ಫುರ್^{6}, are irregular only in one way *i. e.* by requiring all verbal affixes not having an indicatory ಞ or ಣ to be treated as affixes having an indicanory ಙ^{6} (I. 2. 1.) These roots all of which belong, it should be remembered, to the 6th class except when they are taken as FP roots are :— (1) ಕಡ (2) ಕುಚ್^{6} (3) ಕುಚ (4) ಕುಟ (5) ಕೃಡ (6) ಕುಡ (7) ಗುಜ (8) ಗುಡ (9) ಘುಟ (10) ಚುಟ (11) ಚುಡ (12) ಛುರ (13) ಛುಟ (14) ಜುಡ (15) ಡಿಪ (16) ತುಡ (17) ತ್ರುಟ (18) ಥುಡ (19) ಧೂ (20) ಧ್ರು (21) ಧ್ರುವ (22) ನೂ (ಣೂ) (23) ಪುಟ (24) ಪುಡ (25) ಭ್ರುಡ (26) ಭೃಡ (27) ಮುಟ (28) ಲುಟ (29) ಲುಠ (30) ಸ್ಫುಟ (31) ಸ್ಫುಡ (32.) Thus, we get 1st Fut. ಕುಟಿಷ್ಯತಿ (not ಕೋಟಿಷ್ಯತಿ) 2nd Fut. ಕುಟಿತಾ. Aorist P ಅಕುಟೀತ್^{6}. Aor. Pass. ಅಕುಟಿಷಾತಾಂ. D ಚುಕುಟಿಷತಿ Inf. ಕುಟಿತುಂ, and so on.

9. The roots which are otherwise irregular are as follows :—

(1). ಕಾಶ್. ಕಾಸ್^{6}.

Form their perfect by the auxiliary affix ಆಮ್ and the auxiliary verbs (III. 1. 35. M. M. 326.) *e. g.* ಕಾಶಾಂಚಕ್ರೇ ; ಕಾಂಸಾಂಚಕ್ರೇ.

(2). ದಿಹ್. ಲಿಹ್.

Form their base in the aorist by I ಕ್ಸ alternatively with ಕ್ಸ before personal affixes beginning with dentals (VII. 3. 73.) *e. g.* ಅದಿಗ್ಧ or ಅಧಿಕ್ಷತ ; 4 ಅದಿಗ್ಧಾಃ or ಅಧಿಕ್ಷಥಾಃ ; 6 ಅದಿಗ್ಧ್ವಂ or ಅಧಿಕ್ಷಧ್ವಂ ; ಅಲೀಢ or ಅಲಿಕ್ಷತ ; 4 ಅಲೀಢಾಃ or ಅಲಿಕ್ಷಥಾಃ ; 6 ಅಲೀಢ್ವಂ or ಅಲಿಕ್ಷಧ್ವಂ.

(3). VII ವಿದ್. IV ವಿದ್. X ವಿದ್.

Form their D base by ಸನ್ I, and their gerund by ಕ್ತ್ವಾ (I. 2. 8.) *e. g.* D. ವಿವಿವಿಷತೆ. Ger. ವಿದಿತ್ವಾ.

(4). ಸ್ತಂಭ್. ಮ್ರುಚ್. ಮ್ಲುಚ್. ಗ್ರುಚ್. ಗ್ಲುಚ್. ಗ್ಲುಂಚ್.

Form their base in the aorist by ಅಜ್ alternatively with ಸಿಚ್ (III. 1. 58.) *e. g.* ಅಸ್ತಂಭತ್ or ಅಸ್ತಂಭೀತ್ ; ಅಮ್ರುಚತ್ or ಅಮ್ರೋಚೀತ್ ; and so on.

(5). ಈಡ್. ಈಶ್.

Require ಸೆ and ಧ್ವೆ of the present tense and ಸ್ವ and ಧ್ವಂ of the imperative to be augmented with ಇಟ್ (VII. 2. 77. 78 ; Sid. II. 113.) *e. g.* ಈಶಿಷೆ, ಈಶಿಧ್ವೆ, ಈಶಿಷ್ವ, ಈಶಿಧ್ವಂ, ಈಡಿಷೆ, ಈಡಿಧ್ವೆ, ಈಡಿಷ್ವ, ಈಡಿಧ್ವಂ.

(6). ಚೃತ್. ಛೃದ್. ತೃದ್.

(*a*). Allow optionally the rejection of ಇಟ್ before *árdhadhatuka* affixes beginning with ವಲ್ except in the aorist (VII. 2. 57) ; and

(*b*). require the absolute rejection of ಇಟ್ before *nish* affixes (VII. 2. 15.) *e. g.* 2nd Fut. ಚರ್ತಿಷ್ಯತಿ or ಚರ್ತ್ಸ್ಯತಿ. Pass. Ben. ಚರ್ತಿಷೀಷ್ಟ or ಚರ್ತ್ಸೀಷ್ಟ. D ಚಿಚರ್ತಿಷತಿ or ಚಿಚರ್ತ್ಸ್ಯತಿ. *nish* ಚೃತ್ತ, ಚೃತ್ತವತ್. and so on.

(7). ದ್ರುಹ್. ಸ್ನಿಹ್. ಸ್ನುಹ್.

(*a*). Allow the optional rejection of ಇಟ್ before ವಲ್ *árdha* affixes not being *nishṭha* (VII. 2. 45.) and

3. z 13

(*b*). require the absolute rejection of ಇಟ್ before *nish* (VII. 2. 15.) *e. g.* 1st Fut. ದ್ರೋಢಾ or ದ್ರೋಗ್ಧಾ or ದ್ರೋಹಿತಾ. 2nd Fut. ಧ್ರೋಕ್ಷ್ಯತಿ or ದ್ರೋಹಿಷ್ಯತಿ. *nish* ದೃಢ, ದೃಢವತ್ and so on.

(8) ದೃ (ದೃಙ್), ಧೃ (ಧೃಙ್).

Require ಸನ್ to be augmented with ಇಟ್ (VII. 2. 75.) *e. g.* ದಿದರಿಷತೇ. ದಿಧರಿಷತೇ.

(9). ಕ್ಷು, ಕ್ಷ್ಣು, ನು.

Require the augmentation by ಇಟ್ of *árdhadhatuka* affixes except ಸನ್ and except those which have an indicatory ಕ (B. 510; VII. 2. 11. 12.) *e. g.* 1st Fut. ಕ್ಷವಿತಾ, ಕ್ಷ್ಣವಿತಾ, ನವಿತಾ.

(10). ವೃ (ವೃಙ್ ವೃಞ್).

(*a*) Allow the optional augmentation with ಇಟ್ of ಥಲ್ (VII. 2. 64.) and affixes of the benedictive in the *àtmànepadi* (VII. 2. 39. 42);

(*b*) require absolutely the rejection of ಇಟ್ before ವಲ್ affixes of the perfect other than ಥಲ್ (VII. 2. 13);

(*b*) allow the augmentation with ಇಟ್ or ಈಟ್ of ಸನ್ which they take alternatively with ಸನ್$_1$, and ಸಿಚ್$_1$ in the *àtmanepàdi* (VII. 2. 38. 41. 42; I. 2. 12.);

(*c*) require P. ಸಿಚ್ to be augmented with ಇಟ್ (VII. 2. 40); and

(*d*) require the augmentation with ಇಟ್ or ಈಟ್ of all other ವಲ್ *árdha* affixes except those having indicatory ಕ (B. 510. VII. 2. 11.) *e. g.* 1 Fut. ವರಿತಾ or ವರೀತಾ. 2nd Fut. ವರಿಷ್ಯತಿ or ವರೀಷ್ಯತಿ. P. Aor. 2 ಅವಾರಿಷ್ಟಾಂ. 3 ಅವಾರಿಷುಃ A. Aor. 2 ಅವೃಷಾತಾಂ or ಅವರಿಷಾತಾಂ or ಅವರೀಷಾತಾಂ Perf. 4 ವವರ್ಥ or ವವರಿಥ 8. ವವೃವ 9. ವವೃಮ. A. Ben. ವೃಷೀಷ್ಟ or ವರಿಷೀಷ್ಟ. D. ವಿವೂರ್ಷತಿ or ವಿವರಿಷತೆ or ವವರೀಷತೇ.

(11). ಜಪ್, ಜಭ್, ದಹ್, ದಶ್.

Have the reduplicate of their FA and FP roots augmented with ನುಕ್ (VII. 4. 86.) *e. g.* ಜಂಜಪ್ಯತೆ, ಜಂಜಪೀತಿ. ಜಂಜಭ್ಯತೆ, ಜಂಜಭೀತಿ and so on.

(12). ಚ್ಯು, ಪ್ಲು.

Have ಚಿ and ಟಿ respectively as the reduplicates alternatively with ಚು and ಪು when D from their C is formed and also when the base of the aorist from the C is formed. (VII. 4. 81. 93.) *e. g.* Aor. of C. ಅಚಿಚ್ಯವತ್ or ಅಚುಚ್ಯವತ್ ; ಅಪಿಪ್ಲವತ್ or ಅಪುಪ್ಲವತ್ ; D of C ಚಿಚ್ಯಾವಯಿಷತಿ or ಚುಚ್ಯಾವಯಿಷತಿ ; ಪಿಪ್ಲಾವಯಿಷತಿ or ಪುಪ್ಲಾವಯಿಷತಿ.

(13). III. ವಿಷ್ III. ವಿಚ್.

Have ವೆ as their reduplicate in the special tenses (VII. 4. 75). *e. g.* ವೆವೇಷ್ಟಿ, ವೆವೇಕ್ತಿ.

(14). ಚೇಷ್ಟ್, ವೇಷ್ಟ್.

Have ಚ and ವ respectively as the reduplicate of their C alternatively with ಚಿ and ವಿ when the base of the aorist of their C is formed (VII. 4. 76) *e. g.* ಅಚಿಚೇಷ್ಟತ್ or ಅಚಚೇಷ್ಟತ್ ; ಅವಿವೇಷ್ಟತ್ or ಅವವೇಷ್ಟತ್.

(15). ಜ್ವರ್, ಮವ್.

Become respectively ಜೂ and ಮೂ before ಝಲ್ affixes (VI. 4. 20) *e. g.* FP ಜೋಜೂರ್ತಿ or ಜಾಜ್ವರೀತಿ ; ಮೊಮೂತಿ or ಮಾಮವೀತಿ.

(17). IX ಖೂ. IX ಕ್ರೂ. IX ಕ್ರೂ (ಕ್ರೂಞ್). IX ಗ್ರೂ, IX ಘ್ರೂ, IX ಝ್ರೂ, IX ಧ್ರೂ, IX ಧ್ವ್ರೂ, IX ನ್ರೂ, IX ಪೂ, (ಪೂಞ್) IX ಪ್ಲೀ, IX ಭ್ರೂ, IX ಮ್ರೂ, IX ರೀ, IX ಲೂ, (ಲೂಞ್) IX ವ್ರೂ, (ವ್ರೂಞ್) IX ವ್ಲೀ, IX ಸ್ತ್ರೂ (ಸ್ತ್ರೂಞ್).

Shorten their final vowels before affixes having indicatory ಶ (VII. 3. 80) *e. g.* ಖುನಾತಿ, ಕ್ರುಣಾತಿ, and so on.

(16). IV ಕ್ಲಮು, ಕ್ಷಮು, ತಮು, ಮದ್, ಶಮು, ಶ್ರಮು.

Lengthen their penultimate in the special tenses (VII· 3. 74.) *e. g.* ಕ್ಲಾಮ್ಯತಿ.

(18). III. ಗಾ, ಗಾ, (ಗಾಜ್), ಗೈ.

Change their final vowels into ಎ before affixes of the benedictive in the *parasmaipadi* (VI. 4. 67.) and into ಈ before other consonantal affixes having indicatory ಕ or ಙ except ಲ್ಯಪ್ (VI. 4. 66. 69.) *e. g.* III. ಗಾ :—2 ಜಗೀತಃ Impv. ಜಗಾತು or ಜಗೀತಾತ್. Imp. 2 ಅಜಗೀತಾಂ. O ಅಜಗೀಯಾತ್. ಗಾ (ಗಾಙ್): —A. Aor. ಅಗೀಷ್ಟ. III. ಗಾ. ಗೈ :—Ben. ಗೇಯಾತ್. III. ಗಾ. ಗಾ (ಗಾಙ್). ಗೈ :—Pass. ಗೀಯತೆ Aor. 2 ಅಗೀಷಾತಾಂ or ಅಗಾಯಿಷಾತಾಂ FA ಜೇಗೀಯತೆ *nish* ಗೀತ, ಗೀತವತ್. Ger. ಗೀತ್ವಾ.

(19). ಗುಧ್, ಮೃಡ್, ಮೃದ್.

Do not *guṇate* their penultimate before ತ್ವಾ (I. 2. 7.) ಗುಧಿತ್ವಾ, ಮೃಡಿತ್ವಾ, ಮೃದಿತ್ವಾ.

(20). ಚಮು (preceded by ಆಙ್), ವಮು.

Lengthen their penultimate before affixes having indicatory ಶ and ಚಿಣ್. (VII. 3. 34. 74; Sid. II· 272. *e. g.*) ಆಚಾಮತಿ. ವಾಂತಿ. Pass Aor. ಆಚಾಮಿ, ಅವಾಮಿ.

(21). ದಂಶ್, ಸಂಜ್.

Lopate their penultimate in the special tenses (VI. 4· 25.) *e. g.* ದಶತಿ, ಸಜತಿ.

(22). ದೀಧೀ, ವೇವೀ.

Lopate their final before affixes beginning with ಯ, ಇ, and ಈ (VII. 4. 53.) and do not *guṇate* or *vriddhiate* their final before other affixes which ordinarily should cause *guṇation* or *vriddhiation* (I. 1, 6. Sid. II. 127.) *e. g.* O ಅದೀಧೀತ 1st Fut. ದೀಧಿತಾ. 2nd Fut. ದೀಧಿಷ್ಯತಿ. Perf. ದೀಧ್ಯಾಂಚಕ್ರೆ. Ben. ದೀಧಿಷೀಷ್ಟ. Pass ದೀಧ್ಯತೆ. (ಲ್ಯಪ್.) ದೀಧ್ಯ.

(23). ಪೀಡ್, ಭಾಷ್, ಭಾಸ್, ಮೀಲ್.

Do not optionally shorten their penultimate before ಣಿ followed by ಚಙ್ (VII. 4. 3.) *e. g.* ಅಪಿಪೀಡತ್ or ಅಪೀಪಿಡತ್ ; ಅಬಭಾಷತ್ or ಅಬೀಭಷತ್ ; and so on.

(24). X. ಧೂ. (ಧೂಞ್.) X. ಪ್ರೀ. (ಪ್ರೀಞ್.)

Optionally take ನುಕ್ as their augment before ಣಿ (Sid II. 181). *e. g.* ಧೂನಯತಿ or ಧಾವಯತಿ ; ಪ್ರೀಣಯತಿ or ಪ್ರಾಯಯತಿ.

(25). ಕೃನ್ವ್ (ಕೃವಿ) ಧಿನ್ವ್ (ಧಿವಿ).

Become ಕೃಣು and ಧಿನು respectively in the special tenses and do not *guṇate* their penultimate (III. 1. 80.) *e. g.* ಕೃಣೋತಿ, ಧಿನೋತಿ.

(26). ಋಣ್ (ಋಣು) ಕ್ಷಿಣ್ (ಕ್ಷಿಣು) ಘೃಣ್ (ಘೃಣು)
ತೃಣ್ (ತೃಣು) ವನ್ (ವನು.)

Take optionally Ī ಸಿಚ್ as their tense affix in the aorist in the 3rd person and 2nd person singular and *lopate* their final consonant before ಝಲ್ affixes having indicatory ಕ or ಙ (II. 4. 79 ; VI. 4. 37.) *e. g.* ಆರ್ತ or ಆರ್ಣಿಷ್ಟ ; ಅಕ್ಷಿತ or ಅಕ್ಷಿಣಿಷ್ಟ and so on.

(27). ಶ್ರಂಥ್, ಗ್ರಂಥ್.

(*a*). Allow the affixes of the perfect not having indicatary ಣ or ಪ to be treated optionally as having indicatory ಕ, becoming ಶ್ರಥ್ and ಗ್ರಥ್ respectively at the sametime (Sid. II. 102.) and

(*b*). in the reflective voice do not take ಚಿಣ್ in the 3rd person singular of the aorist and require their bases of the active voice to be used in the present, imperative, imperfect, and optative tenses (Sid. II. 278.) *e. g.* Perf 2 ಶಶ್ರಂಥತುಃ or ಶ್ರಥತುಃ ; Reflec. (I. ಶ್ರಂಥ್) ಶ್ರನ್ಥತೇ (IX. ಶ್ರಂಥ್) ಶ್ರಥ್ನೀತೇ (I. ಗ್ರಂಥ್) ಗ್ರನ್ಥತೇ (IX. ಗ್ರಂಥ್) ಗ್ರಥ್ನೀತೇ. Aor. ಅಶ್ರನ್ಥಿಷ್ಟ, ಅಗ್ರನ್ಥಿಷ್ಟ.

(28). ಭ್ರಂಶ್, ಸ್ರಂಭ್, ಲುಟ್, ಲುಠ್, ದ್ಯುಟ್, ರುಚ್,
ಶುಭ್, ಕ್ಷುಭ್, ನಭ್, ತುಭ್, ಶ್ವಿತ್.

Are optionally conjugated in the *parasmaipadi* in the aorist taking then ಅಙ್ as their tense affix (I. 3. 91; III. 1. 55·) *e. g.* ಅಭ್ರಶತ್ or ಅಭ್ರಂಶಿಷ್ಟ and so on.

(29). ಮಾ including all roots having this form as well as ಮೆ which becomes ಮಾ except in the special tenses, *viz* II ಮಾ III. ಮಾ IV. ಮಾ and I ಮೆಙ್.

(*a*). Becomes ಮಿಸ್ before ಸನ್, *lopating* its reduplicate at the same time (VII. 4. 54. 58).

(*b*). becomes ಮಿ before affixes beginning with ತ and having indicatory ಕ (VII. 4. 40). and

(*c*). becomes ಮೀ before other consonantal affixes having indicatory ಕ or ಙ (VI. 4. 66). except those of the benedective *parasmaipadi* before which it becomes ಮೆ (VII. 4. 67). and except before ಲ್ಯಪ್ before which it remains as ಮಾ only (VI. 4. 69). *e. g.* Ben. ಮೇಯಾತ್. Pass ಮೀಯತೆ. D ಮಿತ್ಸತಿ. FA ಮೆಮೀಯತೆ. *nish* ಮಿತ.

Note.—The exception referred to in VI. 4. 67. in regard to benedictive *parasmaipadi* does not apply in the case of other roots than II. ಮಾ as they are all *átmanepadi*.

(30). ಸ್ವಿ (ಞಿಷ್ವಿದಾ) ಮಿದ್ (ಞಿಮಿದಾ) ಕ್ಷ್ವಿದ್ (ಞಿಕ್ಷ್ವಿದಾ.)

(*a*). Are optionally conjugated in the *parasmaipadi* taking then ಅಙ್ as their tense affix (I. 3. 91; III. 1. 55); and

(*b*). when they as roots having indicatory ಆ take optionally E *nishṭha,* take ತ and ತವತ್ instead of ಕ್ತ and ಕ್ತವತ್ (I. 2. 19.) *e. g.* Aor. ಅಸ್ವಿದತ್ or ಅಸ್ವೇದಿಷ್ಟ *nish* ಸ್ವೇದಿತ or ಸ್ವಿನ್ನ; ಸ್ವೇದಿತವತ್ or ಸ್ವಿನ್ನವತ್; and so on.

(31). ಲಿಪ್, ಸಿಚ್.

(*a*). Become ಲಿಂಪ್ and ಸಿಂಚ್ respectively (VII. 1. 59) in the special tenses and

(*b*). take ಅಙ್ as their tense affix in the aorist optionally in the *átmanepadi* and absolutely in the *parasmaipadi* (III. 1. 53, 54) *e. g.* ಲಿಂಪತಿ, ಸಿಂಚತಿ. P. Aor. ಅಲಿಪತ್ A. Aor. ಅಲಿಪತ or ಅಲಿಪ್ತ ; P. Aor. ಅಸಿಚತ್. A. Aor. ಅಸಿಚತ or ಅಸಿಕ್ತ.

(32). ಶೋ, ಛೋ.

(*a*). Take Ī ಸಿಚ್ as their tense affix of the aorist optionally (II. 4. 78) ; and.

(*b*). become ಶಾಯ್ and ಛಾಯ್ before ಣಿ (VII. 3. 37). and ಶಿ optionally before affixes beginning with ತ and having indicatory ಕ (VII. 4. 41.) *e. g.* Aor. ಅಶಾಸೀತ್ or ಅಶಾತ್. C ಶಾಯಯತಿ. *nish* ಶಿತ or ಶಾತ ; ಶಿತವತ್ or ಶಾತವತ್.

(33). ಯಜ್, ವಪ್, ವಹ್.

(*a*). Have ಇ, ಉ, and ಉ respectivoly as their reduplicate in the perfect (VI. 1. 17). and.

(*b*). are *samprasaranated* beforo affixes having indicatory ಕ (VI. 1. 15). *e. g.* Perf. ಇಯಾಜ, ಉವಾಪ, ಉವಾಹ. *nish* ಇಷ್ಟ, ಇಷ್ಟವತ್ ; ಉಪ್ತ, ಉಪ್ತವತ್ ; ಊಢ, ಊಢವತ್.

(34.) ತ್ರಪ್, ಭ್ರಾಶ್, ಭ್ಲಾಶ್.

Lopate their reduplicate and change their penultimate into ಏ before affixes of the perfect having indicatory ಕ or ಙ (VI. 4. 122, 125). *e. g.* Perf. ತ್ರೇಪೆ, ಭ್ರೇಶೆ, ಭ್ಲೇಶೆ.

(35.) ತೄ, ಭಜ್.

Lopate their reduplicate and become respectively ತೇರ್ and ಭೇಜ್ before ಥಲ್ and affixes of the perfect having indicatory ಕ or ಙ (VI. 4. 122, 125.) *e. g.* Perf. 2 ತೇರತುಃ, ಭೇಜತುಃ ; 4 ತೇರಿಥ, ಭೇಜಿಥ.

(36). IV. ದೄ VII. ದೄ.

(*a*). Shorten their final vowel optionally before affixes of the perfect (VII. 4. 12.) and.

(*b*). have ದ as their reduplicate before ಣಿ followed by ಚಙ್ (VII. 4. 95,) *e. g.* Perf. 2 ದದ್ರತುಃ or ದದರತುಃ Aor. of C ಅದದರತ್.

(37). ಮಿ IX. ಮೀ.

Become ಮಿಸ್ and *lopate* their reduplicates at the same time before ಸನ್$_1$, (VII. 4. 54. 58.) and become ಮಾ before affixes which would ordinarily *guṇate* or *vriddhiate* their final vowels and before ಲ್ಯಪ್ (VI. 1. 50.) *e. g.* 1st Fut ಮಾತಾ. 2nd Fut. ಮಾಸ್ಯತಿ. Aor. ಅಮಾಸೀತ್. Perf. ಮಮೌ. 4 ಮಮಾಥ or ಮಮಿಥ. C ಮಾಪಯತಿ. D ಮಿತ್ಸತಿ. (ಲ್ಯಪ್) ಮಾಯ. Inf. ಮಾತುಂ.

(38). ರಭ್, ಲಭ್, ಶಕ್.

Change their penultimate into ಇ and *lopate* their reduplicates at the same time before ಸನ್$_1$. (VII. 4. 54, 58) *e. g.* ರಿಪ್ಸತೆ, ಲಿಪ್ಸತೆ, ಶಿಕ್ಷತಿ.

(39). ವ್ಯಚ್, ವ್ಯಧ್.

(*a.*) Become ವಿಚ್ and ವಿಧ್ respectively before affixes having indicatory ಕ or ಙ (VI. 1. 16.) and.

(*b.*) have ಅ as their reduplicate in the perfect (VI. 1. 17.) *e. g.* Perf. ವಿವ್ಯಾಚ, ವಿವ್ಯಾಧ. Pass. ವಿಚ್ಯತೆ, ವಿಧ್ಯತೆ. *nish* ವಿಚಿತ, ವಚಿತವತ್. ವಿಧಿತ, ವಿಧಿತವತ್.

(40) ಕೃಷ್, ಮೃಶ್.

Take ಸಿಚ್ alternatively with ಕ್ಸ as their tense affix in the aorist (Sid. II, 104) *e. g.* ಅಕ್ರಾಕ್ಷೀತ್ or ಅಕಾರ್ಕ್ಷೀತ್ or ಅಕೃಕ್ಷತ್; ಅಮ್ರಾಕ್ಷೀತ್ or ಅಮಾರ್ಕ್ಷೀತ್ or ಅಮೃಕ್ಷತ್.

(41). ತೃಷ್, ಕೃಶ್, ಲುಂಚ್.

From their gerund by ಕ್ತ್ವಾ alternatively with ತ್ವಾ (I. 2. 24. 25.) *e. g.* ತೃಷಿತ್ವಾ or ತರ್ಷಿತ್ವಾ, ಕೃಶಿತ್ವಾ or ಕರ್ಶಿತ್ವಾ, ಲುಚಿತ್ವಾ or ಲುಂಚಿತ್ವಾ.

(42). ಸ್ರಂಸ್, ಭ್ರಂಸ್, ಧ್ವಂಸ್.

(*a*). Are conjugated in the *parasmaipadi* optionally in the aorist taking then ಅಜ್ as their tense affix (III. 1. 55; I. 3. 91.) and

(*b*). have their reduplicates augmented with ನೀಕ್ before ಯಜ್ and ī ಯಜ್ (VII 4.84.) *e. g.* Aor. ಅಸ್ರಂಸಿಷ್ಟ or ಅಸ್ರಸತ್. FA ಸನೀಸ್ರಸ್ಯತೆ FP ಸನೀಸ್ರಂಸೀತಿ and so on.

(43.) ವೃಧ್, (ವೃಧು) ಶೃಧ್ (ಶೃಧು).

(*a*). Are conjugated in the *parasmaipadi* optionally (1) in the aorist taking then ಅಜ್ as their tense affix (III. 1. 55; 1. 3. 91.) and (2) when ಸ್ಯ and ಸನ್ are attached (I. 3. 92); and.

(*b*). in the *parasmaipadi* reject the augment ಇಟ್ before ಸ್ಯ and ಸನ್ (VII. 2. 59.) *e. g.* 2nd Fut. ವರ್ಧಿಷ್ಯತೆ or ವತ್ಸ್ಯರ್ತಿ,. ಶರ್ಧಿಷ್ಯತೆ or ಶತ್ಸ್ಯರ್ತಿ. Aor. ಅವೃಧತ್ or ಅವರ್ಧಿಷ್ಟ, ಅಶೃಧತ್ or ಅಶರ್ಧಿಷ್ಟ. D ವಿವೃತ್ಸತಿ or ವಿವರ್ಧಿಷತೆ. and so on.

(44). ದ್ರು, ಸ್ರು.

(*a*). Form their base in the aorist in the active voice by ಚಜ್ (III. 1. 48);

(*b*). reject the augment ಇಟ್ before ವಲ್ *árdhadhátuka* affixes in the perfect (VII. 2. 13);

(*c*). have their C roots invariably conjugated in the *parasmaipadi* (I. 3. 86); and (*d*). have the vowel of the reduplicates of their C roots optionally changed into ಉ alternatively with ಇ before ಚಜ್ and ಸನ್ (VI. 4. 81. 93.) *e. g.* Aorist ಅದುದ್ರುವತ್, ಅಸುಸ್ರುವತ್. Perf. 4 ದುದ್ರೋಥ, ಸುಸ್ರೋಥ ; 8 ದುದ್ರುವ, ಸುಸ್ರುವ ; 9 ದುದ್ರುವು, ಸುಸ್ರುವು. C ದ್ರಾವಯತಿ, ಸ್ರಾವಯತಿ. Aor. of C ಅದಿದ್ರವತ್ or ಅದುದ್ರವತ್; ಅಸಿಸ್ರವತ್ or ಅಸುಸ್ರವತ್. D ದಿದ್ರಾವಯಿಷತಿ or ದುದ್ರಾವಯಿಷತಿ ; ಸಿಸ್ರಾವಯಿಷತಿ or ಸುಸ್ರಾವಯಿಷತಿ.

(46). ಕ್ಷುಭ್, ಲಗ್, ಮ್ಲಿಚ್ಛ್, ರೆಭ್, ವಾಹ್, ದೃಹ್, ವೃಹ್, ಕಷ್ give in conjunction with ಕ್ತ respectively the following anomalous words.— (VII. 2. 18. 20. 21.)

ಕ್ಷುಬ್ಧ *"the churning stick"*
ಲಗ್ನ *"attached"*
ಮ್ಲಿಷ್ಟ *"indistinct"*
ವಿರಿಬ್ಧ *"a note"*
ವಾಢ *"excessive"*
ದೃಢ *"strong"*
ಪರಿವೃಢ *"lord"*
ಕಷ್ಟ *"difficult" "impervious"*

(45). ದಮು, ಶಮು, ದಸ್, ಛದ.

Allow their C to be formed optionally by ī ಣಿ when *nishṭha* affixes are to be taken by them, the *nishṭha* affixes themselves rejecting then the augment ಇಟ್ (VII. 2. 27.) *e. g.* ದಾಂತ or ದಮಿತ ; ಶಾಂತ or ಶಮಿತ ; ದಸ್ತ or ದಾಸಿತ ; ಛನ್ನ or ಛಾದಿತ.

(46). ಪೂರ್.

(*a*). Forms its base in the 3rd person singular of the aorist of the active voice optionally by ಚಿಣ್ (III. 1. 61) ; and

(*b*). allows its C to be formed optionally by ī ಣಿ when *nish.* are to be taken by them, the *nish* affixes themselves then rejecting the augment ಇಟ್. (VII. 2. 27). *e. g.* Aor. ಅಪೂರಿ, ಅಪೂರಿಷ್ಟ. *nish* of C ಪೂರ್ಣ or ಪೂರಿತ.

(47). ತಾಯ್.

Forms its base in the 3rd person singular of the aorist of the active voice optionally by ಚಿಣ್ (III. 1. 61.) *e. g.* ಅತಾಯಿ or ಅತಾಯಿಷ್ಟ.

(48). ರುಷ್.

Allows the optional rejection of ಇಟ್ before *árdhadhátuka* affixes beginning with ತ (VII. 2. 48). including *nishṭha* (VII. 2. 28.) *e. g.* 1st Fut. ರೋಷ್ಟಾ or ರೋಷಿತಾ. *nishṭha.* ರುಷ್ಟ or ರುಷಿತ.

(49). ರಿಷ್.

Allows the optional rejection of ಇಟ್ before *árdhadhátuka* affixes beginning with ತ except *nishṭha* (VII. 2. 48) and requires the absolute rejection of ಇಟ್ before *nishṭha* (VII. 2. 15) *e. g.* 1st Fut. ರೇಷ್ಟಾ or ರೇಷಿತಾ. *nish* ರಿಷ್ಟ.

(50). ತ್ವರ್ (ಞಿತ್ವರಾ.)

(*a*). Becomes ತೂರ್ before nasal affixes and ಝಲ್ affixes (VI. 4. 20) and

(*b*). allows the optional rejection of ಇಟ್ before *nishṭha* (VII. 2. 28) *e. g.* FP ತೊತೂರ್ತಿ. *nishṭha* ತೂರ್ಣ or ತ್ವರಿತ.

(51). ಸ್ರಿವ್.

Becomes ಸ್ರೂ before nasal affixes and ಝಲ್ affixes (VI. 4. 20) *e. g.* FP ಸೊಸ್ರೋತಿ.

(52). ಸ್ಯಮು.

(*a*). Changes its penultimate optionally into ಎ and at the same time *lopates* its reduplicate before ಥಲ್ and affixes of the perfect having indicatory ಕ or ಙ (VI. 4. 125) and (*b*). is ***samprasáraṇated*** before ಯಙ್ (VI. ೧. 19.) *e. g.* Perfect 2 ಸ್ಯೆಮತುಃ or ಸಸ್ಯಮತುಃ 4 ಸ್ಯೆಮಿಥ or ಸಸ್ಯಮಿಥ. FA ಸೆಸಿಮ್ಯತೆ.

(53). ಸ್ವನ್.

(*a*). Has the same irregularities as those mentioned in (*a*) for ಸ್ಯಮು ;

(*b*). when preceded by ಆಙ್, allows the optional rejection of ಇಟ್ before *nishṭha* ; (VII. 2. 28.) and

(*c*). when not preceded by ಆಙ್, gives the anomalous word ಸ್ವಾಂತ meaning *mind* (VII. 2. 18). *e. g.* Perfect 2 ಸ್ವೆನತುಃ or ಸಸ್ವನತುಃ. 4 ಸ್ವೆನಿಥ or ಸಸ್ವನಿಥ. ***nishtha.*** ಆಸ್ವಾಂತ or ಆಸ್ವನಿತ. Anomalous word. ಸ್ವಾಂತ (mind).

(54). ಅಜ್.

ಅಜ್ must be changed into ವೀ before *árdhadhátuka* affixes optionally if they begin with ವಲ್ and absolutely otherwise (II. 4. 56. Kás. thereon) *e. g.*

Impv. ವೀಯತಾಂ Imp. ಅವೀಯತ O. ವೀಯೆತ 1st Fut. ವೇತಾ or ಅಜಿತಾ 2nd Fut. ವೆಷ್ಯತಿ or ಅಜಿಷ್ಯತಿ. Cond. ಅವೇಷ್ಯತ್ or ಆಜಿಷ್ಯತ್. Aor. ಅವೈಷೀತ್ or ಆಜೀತ್. Perf. ವಿವಾಯ. 2 ವಿವ್ಯತುಃ. 3 ವಿವ್ಯುಃ 4 ವಿವೆಥ or ವಿವಯಿಥ or ಆಜಿಥ. 5 ವಿವ್ಯಥುಃ 6 ವಿವ್ಯ 7 ವಿವಾಯ or ವಿವಯ, 8 ವಿವ್ಯಿವ or ಆಜಿವ. 9 ವಿವ್ಯಿಮ or ಆಜಿಮ. Ben. ವೀಯಾತ್. Pass. ವೀಯತೆ. 1st Fut. ವೆತಾ or ವಯಿತಾ or ಅಜಿತಾ. 2nd Fut. ವೇಷ್ಯತೆ or ವಯಿಷ್ಯತೆ or ಅಜಿಷ್ಯತೆ. Cond. ಅವೆಷ್ಯತ or ಅವಯಿಷ್ಯತ or ಆಜಿಷ್ಯತ. Aor. ಅವಾಯಿ (not reflective). ಅವಾಯಿ or ಅವಾಯಿಷ್ಟ or ಅವೇಷ್ಟ or ಆಜಿಷ್ಟ (reflective) ; 2 ಅವಾಯಿಷಾತಾಂ or ಅವೆಷಾತಾಂ or ಆಜಿಷಾತಾಂ. Perf. ವಿವಿಯೆ. 2 ವಿವಿಯಾತೆ. 3 ವಿವಿಯಿರೆ. 4 ವಿವಿಯಿಷೆ or ಆಜಿಷೆ. 5 ವಿವಿಯಾಥೆ. 6 ವಿವಿಯಿಢ್ವೆ or ವಿವಿಯಿಢ್ವೆ or ಆಜಿಢ್ವೆ. 7 ವಿವಿಯೆ. 8 ವಿವಿಯಿವಹೆ or ಆಜಿವಹೆ. 9 ವಿವಿಯಿಮಹೆ or ಆಜಿಮಹೆ. Ben. ವಯಿಷೀಷ್ಟ or ವೆಷೀಷ್ಟ or ಅಜಿಷೀಷ್ಟ

C ವಾಯುಯತಿ D ವಿವೀಷತಿ or ಅಜಿಜಿಷತಿ. FA ವೇವೀಯತೆ. FP ವೇವೇತಿ or ವೇವಯಿೀತಿ. *nish* ವೀತ or ಅಜಿತ. Ger. ವೀತ್ವಾ or ಅಜಿತ್ವಾ. (ಲ್ಯಪ್) ವೀಯ. Inf. ವೀತುಂ or ಅಜಿತುಂ.

(55). ಅದ್.

(*a*). Is changed into (1) ಘಸ್ಲ absolutely before ಸನ್ and affixes of the aorist, (2) into ಜಗ್ಧ before *árdhadhátuka* affixes beginning with ತ (II. 4. 36, 37.), and (3) into ಅದ before *sárvadhátuka* affixes consisting of a single letter (VII. 3. 100);

(*b*). requires ಥಲ್ to be augmented with ಇಟ್ absolutely (VII. 2. 66.); and

(*c*). requires its C to be conjugated in the *átmanepadi* as well as in the *parasmaipadi* (Kás. on I. 3. 87.) the *atmanepadi* being used when the fruit of the action accrues to the agent, though the root has the sense of eating. *e. g.* Imp. ಆದತ್ 4 ಆದಃ Aor. nil and so use the aorist of ಘಸ್ instead. Perf 4. ಆದಿಥ C. ಆದಯತಿ or ಆದಯತೆ. D. nil and so use the D of ಘಸ್ instead. *nish* ಜಗ್ಧ. ಜಗ್ಧವತ್. Ger. ಜಗ್ಧ್ವಾ. (ಲ್ಯಪ್.) ಜಗ್ಧ್ಯ Inf. ಜಗ್ಧುಂ.

Note.—It is said that in the perfect we may consider this root optionally as defective, using, instead of the forms from this root, the forms from the root ಘಸ್ಲ (II. 4. 40). But the practical advantange of this rule is not apparent.

(56). II. ಅನ್.

Requires affixes of the special tenses following it immediately to the augmented with ಈಟ್ or ಅಟ್ if they consist of single consonants, and with ಇಟ್ if they are other affixes beginning with ವಲ್ (VII. 2. 76; VII. 3. 98. 99.) *e. g.* ಅನಿತಿ Impv. ಅನಿತು or ಅನಿತಾತ್ Imp. ಆನೀತ್ or ಆನತ್.

(57). ಅಂಚ್ (I. U. ಅಂಚು). used in the sense of "to worship."

(*a*). Requires the augment ಇಟ್ before the gerund absolutely, not optionally, and also before *nishṭha*; (VII. 2. 53). and.

(*b*). does not lose its nasal before affixes having indicatory ಕ or ಙ್ (VI. 4. 30). *e. g.* O ಅಂಚ್ಯಾತ್. Ben. ಅಂಚ್ಯಾತ್. Pass ಅಂಚ್ಯತೆ. *nish* ಅಂಚಿತ, ಅಂಚಿತವತ್. Ger. ಅಂಚಿತ್ವಾ.

(58). ಅಂಜ್ (ಅಂಜೂ).

Requires the augmentation with ಇಟ್ of the tense affix of the aorist and of the affix ಸನ್ (VII. 2. 71. 74) *e. g.* Aor. ಆಂಜೀತ್. D ಅಂಜಿಜಿಷತಿ.

(59). ಅಯ್.

Requires the perfect to be formed by the auxiliary affix ಆಮ್ and the auxiliary verbs (III. 1.37.) *e. g.* Perf. ಅಯಾಂಚಕ್ರೇ.

(60). ಅರ್ದ್.

Requires *nishṭha* to reject the augment ಇಟ್ (I) when preceded by ಸಮ್, ನಿ, or ವಿ and (2) when preceded by ಅಭಿ, if the meaning is "near." (VII. 2. 24, 25) *e. g.* ಸಮರ್ಣ, ನ್ಯರ್ಣ, ವ್ಯರ್ಣ, ಅಭ್ಯರ್ಣ "near."

(61). V ಅಶ್ (ಅಶೂ).

(*a*). Requires the affix ಸನ್ to be augmented with ಇಟ್ (VII. 2. 74) and

(*b*). requires the reduplicate of the perfect to be augmented with ನುಟ್ (VII. 4. 72) *e. g.* Perf. ಆನಶೆ, 2 ಆನಶಾತೆ, 3 ಆನಶಿರೆ &c. D ಅಶಿಶಿಷತೆ.

(62). II. ಅಸ್.

(*a*). Takes no *árdhadhátuka* aff (II. 4. 52.) except affixes of the perfect and this only when the root is used as an auxiliary in the formation of a perfect with the affix ಆಮು. (Kás. on II. 4. 52).

(*b*). requires *árdhadhátuka* aff consisting of single letters to be augmented with ಈಟ್ (VII. 3. 96.)

(*c*). changes itself into ಎ before ಧಿ (of the Impv.) (VI. 4. 111. 119.)

(*d*). *lopates* its final before affixes beginning with ಸ (VII. 4. 50.) and

(*e*). *lopates* its initial before *sárvadhátuka* aff having indicatary ಕ or ಙ (VI. 4. 111.) *e. g.* 2 ಸ್ತಃ 3 ಸನ್ತಿ 4 ಅಸಿ 5 ಸ್ಥಃ 6 ಸ್ಥ 8 ಸ್ವಃ 9 ಸ್ಮಃ. Impv. 2 ಸ್ತಾಂ, 3 ಸನ್ತು, 4 ಎಧಿ, 5 ಸ್ತಂ, 6 ಸ್ತ. Imp. ಆಸೀತ್. 4 ಆಸೀಃ. O. ಸ್ಯಾತ್ 2 ಸ್ಯಾತಾಂ 3 ಸ್ಯುಃ, 4 ಸ್ಯಾಃ 5 ಸ್ಯಾತಂ, 6 ಸ್ಯಾತ. 7 ಸ್ಯಾಂ 8 ಸ್ಯಾವ 9 ಸ್ಯಾಮ. Other tenses *nil* and so the forms of the root ಭೂ should be used in these tenses.

(63). IV. ಅಸ್.

(*a*). Takes ಅಙ್ as it tense affix in the aorist (III. 1. 52.) and

(*b*). then gets itself augmented with ಥುಕ್ (VII. 4. 17.) *e. g.* Aor. ಆಸ್ಥತ್ 2 ಆಸ್ಥತಾಂ 3 ಆಸ್ಥನ್. A. Aor. ಆಸ್ಥತ. 2 ಆಸ್ಥೇತಾಂ.

(64.) ಆಪ್ (ಆಪ್ಲ).

Becomes ಈಪ್ before ಸನ್ *lopating* its reduplicate at the same time (VII. 4. 55. 58.) *e. g.* D ಈಪ್ಸತಿ.

(65.) ఆస్.

Forms its perfect by the auxiliary affix ఆము &c. (III. 1. 37.) *e. g.* Perf. ఆసాంచక్రే.

(66.) ఇణ్.

(a). Is in the aorist changed into గా (II. 4. 45.) and takes $\overline{1}$ సిచ్ as its tense affix (II. 4. 77.)

(b). cannot be used in its causative or desiderative form when it means "to go" and so the causative and desiderative forms in this sense must be taken from the root గము (II. 4. 46, 47).

(c). is changed not into ఇయ్ (ఇయఙ్) but య్ (యణ్) before affixes beginning with vowels and not being such as require its own *guṇation* or *vriddhiation* according to ordinary rules (VI. 4. 81.)

(d). has ఈ, not ఇ, as its reduplicate before affixes of the perfect having indicatory క్ (VII. 4. 69.) and

(*e*). in the benedictive remains as ఇ without being lengthened, provided *upasargáh* are to be used along with the root (VII. 4. 24.) *e. g.* 3 యాంతి Impv. 3 యాంతు. Imp. 3 ఆయన్. Aor. అగాత్. 2 అగాతాం. 3 అగుః. 4 అగాః. 5 అగాతం. 6 అగాత. 7 అగాం. 8 అగావ. 9. అగామ. Perf. 2 ఈయతుః. 3 ఈయుః. 5 ఈయథుః. 6 ఈయ. 8 ఈయివ. 9 ఈయిమ. Ben. ఈయాత్. But ఉద్, సము, or అను + ఈయాత్ = ఉదియాత్, సమియాత్, అన్వియాత్. C గమయతి "he causes to go." D జిగమిషతి "he wishes to go." But C అయాయతి "he causes to study." D ఇషిషతి "he wishes to learn."

(67.) ఇక్.

(*a*). Is never used without the *upasarga* అధి. (Sid. II. 119).

(*b*). and is conjugated like the root ಇಣ್ (Sid. II. 119); but

(*c*). before affixes beginning with vowels and not being such as require its own *guṇation* or *vriddhiation* according to ordinary rules, changes itself into ಯ only optionally, not absolutely like ಇಣ್ (Sid. II. 119.) *e. g.* 3 ಅಧೀಯಂತಿ or ಅಧಿಯಂತಿ Impv. ಅಧೀಯಂತಾಂ or ಅಧಿಯಂತಾಂ Imp. ಅಧ್ಯಾಯನ್ or ಅಧ್ಯೈಯನ್.

(68). ಇಙ್.

(*a*). Is never used without the *upasarga* ಅಧಿ ;

(*b*). is changed (1) into ಗಾ (ಗಾಙ್) absolutely in the perfect but optionally in the aorist and the conditional, as also when a C root is to be formed from it with a view to this C being used in the aorist or as a root for the formation of D therefrom (II. 4. 49 to 51). (2) into ಆ when a C root is to be formed from it for other purposes (VI. 1. 48). and (3) into ಗಾಂ before ಸನ್ (II. 4. 48 ; VI. 4. 16. Kás thereon);

(*c*). is in its causative form used in the *parasmaipadi* even when the fruit of the action accrues to the agent (I. 3. 86) ; and

(*d*). requires that all affixes following this root in its form of ಗಾ as above, if not distinguished by indicatory ಞ and ಣ, should be treated as affixes having indicatory ಙ್. (I. 2. 1.) *e. g.* Cond. ಅಧ್ಯೈಷ್ಯತ or ಅಧ್ಯಗೀಷ್ಯತ. Aor. ಅಧ್ಯೈಷ್ಟ or ಅಧ್ಯಗೀಷ್ಟ. Perf. ಅಧಿಜಗೇ. Pass Aor. ಅಧ್ಯಗಾಯಿ or ಅಧ್ಯಾಯಿ. C ಅಧ್ಯಾಪಯತಿ, (not ಅಧ್ಯಾಪಯತೇ also) Aor. of C ಅಧ್ಯಾಪಿಪತ or ಅಧ್ಯಜೀಗಪತ. D ಅಧಿಜಿಗಾಂಸತೇ. D from C. ಅಧ್ಯಾಪಿಪಯಿಷತಿ or ಅಧಿಜಿಗಾಪಯಿಷತಿ.

(69). ಇಷ್ (ಇಷು.)

(*a*). Is changed in the special tenses into ಇಚ್ಛ (VII. 3. 77); and

(*b*). allows all *árdhadhátuka* affixes beginning with ತ except *nish* to be optionally augmented with ಇಟ್ (VII. 2. 48.) *e. g.* ಇಚ್ಛತಿ. Impv. ಇಚ್ಛತು or ಇಚ್ಛತಾತ್. Imp. ಐಚ್ಛತ್. O ಐಚ್ಛೇತ್. 1st Fut. ಏಷ್ಟಾ or ಏಷಿತಾ.

(70). ಈರ್ಷ್ಯ.

Aor. of C. ಐರ್ಷ್ಯಯತ್ or ಐರ್ಷಿಷ್ಯತ್. and so on. D ಇರ್ಷ್ಯಯಿಷತಿ or ಇರ್ಷ್ಯಿಷಿಷತಿ. and so on. (Sub. II. 197, 198).

(71). ಉಷ್.

Allows the perfect to be formed optionally by the auxiliary affix ಆಮು (III. 1. 38.) *e. g.* Perf. ಓಷಾಂಚಕಾರ or ಉವೋಷ.

(72). ಊಹ್.

When preceded by *upasargáh* is shortened into ಉಹ್ before affixes beginning with ಯ and having indicatory ಕ or ಙ್ (VII. 4. 23.) *e. g.* Ben. ಸಮುಹ್ಯಾತ್, ಅಭ್ಯುಹ್ಯಾತ್. Pass ಸಮುಹ್ಯತೇ, ಅಭ್ಯುಹ್ಯತೇ.

(73). ಊರ್ಣು.

(*a*). Has the affix ಸನ್ optionally deprived of the augment ಇಟ್ (VII. 2. 49);

(*b*). has its final vowel optionally *vriddhiated* before *sárvadhátuka* affixes beginning with consonants and distinguished by indicatory ಪ, except such affixes of this description as consist of only single letters (VII. 3. 90, 91);

(*c*). is optionally *gunated* before affixes of the aorist in the *parasmaipadi* (VII. 2. 6);

(*d*). allows the said affixes of the aorist as well as other affixes augmented with ಇಟ್ to be treated optionally as affixes having indicatory ಙ್ (I. 2. 3); and

(*e*). requires its perfect to be formed without the auxiliary affix ಆಮ್ &c. (B. 638.) *e. g.* ಊರ್ಣೌತಿ or ಊರ್ಣೋತಿ. 4. ಊರ್ಣೌಷಿ or ಊರ್ಣೋಷಿ. 7. ಊರ್ಣೌಮಿ or ಊರ್ಣೋಮಿ. Impv. ಊರ್ಣೌತು or ಊರ್ಣೋತು or ಊರ್ಣುತಾತ್. 1st Fut. ಊರ್ಣುವಿತಾ or ಊರ್ಣವಿತಾ. 2nd Fut. ಊರ್ಣುವಿಷ್ಯತಿ or ಊರ್ಣವಿಷ್ಯತಿ. Cond. ಔರ್ಣುವಿಷ್ಯತ್ or ಔರ್ಣವಿಷ್ಯತ್. Aor. ಊರ್ಣುವೀತ್ or ಊರ್ಣವೀತ್ or ಊರ್ಣಾವೀತ್. Perf. ಊರ್ಣುನಾವ. D ಊರ್ಣುನೂಷತಿ or ಊರ್ಣುನುವಿಷತಿ or ಊರ್ಣುನವಿಷತಿ.

(74). ಋ.

(*a*). Is changed into ಋಚ್ಛ್ in the special tenses (VII. 3. 78.) and into ಅರ್ಪ್ before the affix ಣಿ (VII. 3. 36);

(*b*). requires ಥಲ್ and ಸನ್ to be augmented with ಇಟ್ (VII. 2. 66);

(*c*). becomes *guṇated* in the perfect before even those affixes which in the case of other roots are not *guṇated* (VII. 4. 11);

(*d*). takes ಅಙ್ as its tense affix in the aorist (III. 1. 56);

(*e*). becomes *guṇated* before ಯಕ್, ಯಙ್, and the affixes of the benedictive, (VII. 4. 29. 30); and

(*f*). allows FA and FP to be formed (Sid. II. 206, 216.) *e. g.* ಋಚ್ಛತಿ. Impv. ಋಚ್ಛತು or ಋಚ್ಛತಾತ್. Imp. ಆರ್ಚ್ಛತ್ O ಋಚ್ಛೇತ್. Aor. ಆರತ್. Perf. 2 ಆರತುಃ. 3. ಆರುಃ. 4. ಆರಿಥ. Ben. ಅರ್ಯಾತ್. Pass. ಅರ್ಯತೇ. C ಅರ್ಪಯತಿ. D ಅರಿರಿಷತಿ. FA ಅರಾರ್ಯತೇ. FP ಅರರ್ತಿ. ಅರಿಯರ್ತಿ, ಅರರೀತಿ, or ಅರ್ರಿಯರೀತಿ.

(75). ಋಚ್ಛ್.

Forms its perfect without the auxiliary aff. ಆಮ್ &c. (III. 1. 36.) *e. g.* Perf. ಆನರ್ಚ್ಛ.

(76). ಋತ್.

(*a*). Takes ಈಯಙ್ as its self-descriptive affix optionally before *árdhadhátuka* affixes and absolutely otherwise. (III. 1. 29, 31) ; and

(*b*). allows the affix ಕ್ತ್ವಾ augmented with ಇಟ್ to be treated oqtionally as having an indicatory ಕ (I. 2. 24.) *e. g.* ಋತೀಯತೇ. Impv. ಋತೀಯತಾಂ. Imp. ಆರ್ತೀಯತ O ಋತೀಯೇತ. 1st Fut. ಋತೀಯಿತಾ or ಅರ್ತಿತಾ. 2nd Fut. ಋತೀಯಿಷ್ಯತೇ or ಅರ್ತಿಷ್ಯತೇ. Cond. ಆರ್ತೀಯಿಷ್ಯತ or ಆರ್ತಿಷ್ಯತ. Aor. ಆರ್ತೀಯಿಷ್ಟ or ಆರ್ತಿಷ್ಟ. Perf. ಋತೀಯಾಂಚಕ್ರೇ or ಆನೃತೇ. Ben. ಋತೀಯಿಷೀಷ್ಟ or ಅರ್ತಿಷೀಷ್ಟ. C ಋತೀಯಯತಿ or ಅರ್ತಯತಿ. D ಋತಿತೀಯಿಷತೇ or ಋತಿತಿಷತೇ.

(77). ಋಧ್.

D ಅರ್ದಿಧಿಷತಿ or ಈರ್ತ್ಸತಿ and so on (VII. 2. 49 ; VII. 4. 55.)

(78). ಕಮ್. (ಕಮು).

(*a*). takes ಣಿಙ್, $\overline{4}$ ಣಿಙ್, and ಅಯ್ as its self-descriptive affixes optionally before *àrdhadhàtuka* affixes and absolutely before other affixes (III. 1. 30. 31.) the ಣಿ, $\overline{4}$ ಣಿ, and ಅಯ್ being used as in the case of *ṇi* roots.

(*b*). takes ಚಙ್ as its tense affix in the aorist if the self-descriptive affixes above mentioned are not used in the aorist under the rule in (*a*) (Kás on III. 1. 48) ; and

(*c*) *vriddhiates* its penultimate before ಚಿಣ್ and primitive affixes having indicatory ಞ or ಣ, though it ends in ಮು and is not a E root (Kàs on VII. 3. 34.) *e. g.* ಕಾಮಯತೇ. Impv. ಕಾಮಯತಾಂ. Imp. ಅಕಾಮಯತ. O. ಕಾಮಯೇತ. 1st Fut. ಕಾಮಯಿತಾ or ಕಮಿತಾ. 2nd Fut. ಕಾಮಯಿಷ್ಯತೇ or ಕಮಿಷ್ಯತೇ. Aor. ಅಚಕಮತ or ಅಚೀಕಮತ. Perf. ಕಾಮಯಾಂಚಕ್ರೇ or ಚಕಮೇ. Ben. ಕಮಿಷೀಷ್ಟ or ಕಾಮಯಿಷೀಷ್ಟ. Pass. ಕಾಮ್ಯತೇ or ಕಮ್ಯತೇ. Aor. ಅಕಾಮಿ. D. ಚಿಕಮಿಷತೇ or ಚಿಕಾಮಯಿಷತೇ. FA ಚಂಕಮ್ಯತೇ (no. FA when the self descriptive affix is used).

(79.) ಕಸ್.

FA ಚನೀಕಸ್ಯತೇ. FP ಚನೀಕಸೀತಿ or ಚನೀಕಸ್ತಿ. and so on (VII. 4. 84.)

(80.) I ಕು (ಕುಙ್.)

FA ಕೋಕೂಯತೇ and so on. (VII. 4. 63). But FP is regular.

(81.) ಕುಷ್.

Takes in the present, imperative, imperfect and, optative of the reflective voice ಶ್ಯನ್ optionally and is then conjugated in the *prasmaipadi* (III. 1. 90.) *e. g.* ಕುಷ್ಯತಿಪಾದಃಸ್ವಯಮೇವ.

(82.) ಕೃತ್. (ಕೃತಿ).

(*a*). Takes ನುಮು as an augment in all special tenses (VII. 1. 59) ; and

(*b*). allows the omission of the augment ಇಟ್ optionally before *àrdhadhàtuka* affixes beginning with ಸ except in the aorist (VII. 2. 57.) ಕೃಂತತಿ. Impv. ಕೃಂತತು or ಕೃಂತತಾತ್. Imp. ಅಕೃಂತತ್. O ಕೃಂತೇತ್. 2nd Fut. ಕರ್ತಿಷ್ಯತಿ or ಕರ್ತ್ಸ್ಯತಿ. D ಚಿಕರ್ತಿಷತಿ or ಚಿಕೃತ್ಸತಿ.

(83.) VI ಕೄ.

(*a*). Takes ಸುಟ್ as its augment after ಉಪ, ಪ್ರತಿ, and ಅಪ, when it, as modified by any of these *upasargáḥ* means " to cut," (ಉಪ), " to strike," (ಉಪ, ಪ್ರತಿ), or " to scratch the ground as cattle or birds ' (ಅಪ) (VI. 1. 140 to 142) ; and

(b). requires ಸನ to be augmented with ಇಟ್. (VII. 2. 75). e. g. ಉಪಸ್ಕಿರತಿ, ಪ್ರತಿಸ್ಕಿರತಿ, ಅಪಸ್ಕುರುತೆ (irregular *átmanepadi*, see above). D ಚಿಕರಿಷತಿ.

(84). ಕೃ.

(a). Takes ಸುಟ್ as its augment after ಸಮ್, ಪರಿ, and ಉಪ when it, as modified by any of these *upasargáḥ*, means " to adorn or polish or prepare well" (ಸಮ್, ಪರಿ, and ಉಪ), "assemble" (ಸಮ್, ಪರಿ, and ಉಪ), or " to alter" (ಉಪ), or " to supply an ellipsis" (ಉಪ) (VI. 1. 137 to 139) ;

(b). takes 4 ಉ as its tense affix absolutely in the special tenses when affixes beginning with ವ or ಮ or ಯ are to follow (VI. 4. 108. 109) ;

(c). becomes ಕುರ್ before the above affixes as well as before the tense affix ಉ when *sárvadhátuka* affixes having inditatory ಕ or ಙ್ are to follow (VI. 4. 110) ;

(d). rejects the augment ಇಟ್ before affixes of the perfect (VII. 2. 13) ; and

(e). requires its C to be conjugated in the *átmanepadi* even when the fruit of the action does not accrue to the agent, when the word ಮಿಥ್ಯಾ is used as an *upapada* along with it the sense being " to utter frequently incorrectly" (I. 3. 71.) e. g. 2 ಕುರುತಃ. 3 ಕುರ್ವನ್ತಿ. 5 ಕುರುಥಃ. 6 ಕುರುಥ. 8 ಕುರ್ವಃ. 9 ಕುರ್ಮಃ. Impv. ಕರೋತು or ಕುರುತಾತ್. 2 ಕುರುತಾಂ. 3 ಕುರ್ವನ್ತು. 4 ಕುರು. 5 ಕುರುತಂ. 6 ಕುರುತ. Imp. 2 ಅಕುರುತಾಂ.

3 ಅಕುರ್ವನ್. 5 ಅಕುರುತಂ. 6 ಅಕುರುತ. 8 ಅಕುರ್ವ. 9 ಅಕುರ್ಮ. O. ಕುರ್ಯಾತ್ &c. Perf. 8 ಚಕೃವ. 9 ಚಕೃಮ.

Atmanepadi ಕುರುತೆ &c. Impv. ಕುರುತಾಂ &c. except 7. 8. 9. which are respectively ಕರವೈ. ಕರವಾವಹೈ. ಕರವಾಮಹೈ. Imp. ಅಕುರುತ &c. O. ಕುರ್ವೀತ &c. C ಮಿಥ್ಯಾಕಾರಯತೆಪದಂ "he frequently utters the word incorrectly," but ಪದಂಮಿಥ್ಯಾಕಾರಯತಿ and also ಪದಂಮಿಥ್ಯಾಕಾರಯತಿ, "he utters the word incorrectly;" (here there is no frequency implied). ಉಪಸ್ಕರ್ತಾ, ಪರಿಷ್ಕರ್ತಾ. ಸಂಸ್ಕರ್ತಾ.

(85). ಕ್ಲಪ್ (ಕೃಪೂ) (VIII. 2. 18.)

(*a*). Is optionally declined in the *parasmaipadi* in the 1st and 2nd future, the conditional, and the aorist, as well as in its desiderative form (I. 3. 91. to 93);

(*b*). takes ಅಙ್ as its tense affix in the aorist when it is conjugated in the *parasmaipadi* as aforesaid (III. 1. 55); and

(*c*). in the 1st and the 2nd future and the conditional as well as in its desiderative form, when it is conjugated in the *parasmaipadi*, requires absolutely its tense affixes to be not augmented with ಇಟ್. (VII. 2. 59. 60) *e. g.* 1st Fut ಕಲ್ಪಿತಾ. ಕಲ್ಪಿತಾಸೆ, or ಕಲ್ಪ್ತಾಸೆ or ಕಲ್ಪ್ತಾಸಿ. 2nd Fut. ಕಲ್ಪಿಷ್ಯತೆ or ಕಲ್ಪ್ಸ್ಯತೆ or ಕಲ್ಪ್ಸ್ಯತಿ. Cond. ಅಕಲ್ಪಿಷ್ಯತ or ಅಕಲ್ಪ್ಸ್ಯತ or ಅಕಲ್ಪ್ಸ್ಯತ್. Aor. ಅಕಲ್ಪಿಷ್ಟ or ಅಕ್ಲಪದ or ಅಕಲ್ಪಥ್. D ಚಿಕಲ್ಪಿಷತೆ or ಚಿಕಲ್ಪ್ಸತೆ or ಚಿಕಲ್ಪ್ಸತಿ.

(86.) A. P I ಕ್ರಮು (ಕ್ರಮು) A. P IV ಕ್ರಮು (ಕ್ರಮು) (III. 1. 70.)

(*a*). Requires *árdhadhátuka* affixes beginning with ವಲ್ to be not augmented with it when used in the *átmanepádi*, except when the affixes concerned are passive primitive affixes (VII. 2. 36. Kàs thereon).

(*b*). lengthens its penultimate in the special tenses of the *parasmaipadi* (VII. 3. 76.) *e. g.* ಕ್ರಾಮತಿ, ಕ್ರಾಮ್ಯತಿ Impv. ಕ್ರಾಮತು or ಕ್ರಾಮತಾತ್. ಕ್ರಾಮ್ಯತಿ or ಕ್ರಾಮತ್ಯಾತ್. Imp. ಅಕ್ರಾಮತ್ or ಅಕ್ರಾಮ್ಯತ್. O. ಕ್ರಾಮೇತ್. ಕ್ರಾಮ್ಯೇತ್. A. 1st Fut. ಕ್ರಂತಾ. 2nd Fut. ಕ್ರಂಸ್ಯತೇ. Cond. ಅಕ್ರಂಸ್ಯತ. Ben. ಕ್ರಂಸೀಷ್ಟ

(87). ಕ್ರೀ (ಡುಕ್ರೀಞ್).

C ಕ್ರಾಪಯತಿ. (VI. 1. 48.)

(88). ಕ್ಲಿಶ್. (ಕ್ಲಿಶೂ).

(*a*). Forms its gerund by either ತ್ವಾ or ಕ್ತ್ವಾ (VII. 2. 50);

(*b*). when it forms its gerund by ತ್ವಾ as aforesaid does not *guṇate* its penultimate (I. 2. 7) ; and

(*c*). requires its *nishṭka* affixes to be optionally augmented with ಇಟ್ (VII. 2. 50.) *e. g. nishṭha* ಕ್ಲಿಶಿತ or ಕ್ಲಿಷ್ಟ ; ಕ್ಲಿಶಿತವತ್ or ಕ್ಲಿಷ್ಟವತ್; Ger. ಕ್ಲಿಶಿತ್ವಾ or ಕ್ಲಿಷ್ಟ್ವಾ.

(89). ಕ್ಷಣ್. (ಕ್ಷಣು).

(*a*). Takes optionally ī ಸಿಚ್ as its tense affix in the 3rd and 2nd person singular of the aorist *átmanepadi* (II. 4. 79.) ;

(*b*). does not *vriddhiate* its penultimate before ಸಿಚ್ in the *parasmaipadi* (VII. 2. 5) ; and

(*c*). *lopates* its final nasal before affixes beginning with ಝಲ್ and having indicatory ಕ or ಙ್ (VI. 4. 37.) *e. g.* Aor. ಅಕ್ಷಣೀತ್ A. Aor. ಅಕ್ಷತ or ಅಕ್ಷಣಿಷ್ಟ. 4 ಅಕ್ಷಥಾಃ or ಅಕ್ಷಣಿಷ್ಠಾಃ. *nish.* ಕ್ಷತ. Ger. ಕ್ಷತ್ವಾ or ಕ್ಷಣಿತ್ವಾ.

(90). ಕ್ಷೀ. (ಕ್ಷೀಷ್).

Optionally shortens its vowel in the special tenses (VII. 3. 80. Sid. II. 167.) *e. g.* ಕ್ಷೀಣೀತೇ or ಕ್ಷಿಣೀತೇ.

(91). ಕ್ಷುಧ್

(*a*). Requires *nishṭhà* affixes beginning with ವಲ್ to be augmented with ಇಟ್ (VII. 2. 52.) and

(*b*). forms its gerund by E ತ್ವಾ (VII. 2. 52.) *e. g. nish* ಕ್ಷುಧಿತ or ಕ್ಷುಧಿತವತ್. Ger. ಕ್ಷುಧಿತ್ವಾ or ಕ್ಷೋಧಿತ್ವಾ.

(92). ಖನ್. (ಖನು).

(*a*). *Lopates* its penultimate before vowel affixes having indicatory ಕ or ಙ್ (VI. 4. 98.) and

(*b*). lengthens its penultimate before ಸನ್ and also before other affixes having indicatary ಕ or ಙ್, optionally if the affixes begin with ಯ but absolutely if the affixes begin with ಝಲ್ (VI. 4. 42, 43.) *e. g.* Perf. 2 ಚಖ್ನತುಃ. 3 ಚಖ್ನುಃ. Ben. ಖಾಯಾತ್ or ಖನ್ಯಾತ್. Pass. ಖಾಯತೆ or ಖನ್ಯತೆ. FA ಚಂಖನ್ಯತೆ or ಚಾಖಾಯತೆ.

(93). ಖ್ಯಾ.

Forms its active aorist by ಅಙ್ (III. 1. 52.) *e. g.* ಅಖ್ಯತ್.

(94). ಗಣ್.

Aor. of C. ಅಜೀಗಣತ್ or ಅಜಗಣತ್ and so on (VII. 4. 97.)

(95). A.P ಗಮ್ಲು (ಗಮ್ಲ.)

(*a*). Becomes ಗಚ್ಛ್ in the special tenses (VII. 3. 77.)

(*b*). requires the augmentation of *árdhadhátuka* affixes beginning with ಸ in the *parasmaipadi* (VII. 2 58.) and also optionally of the affix ವಸ್ (ವಸು) (VII. 2. 68.)

(*c*). *lopates* its penultimate before vowel affixes having indicatory ಕ or ಙ್ (VI. 4. 98.)

(*d*). *lopates* its final nasal optionally before ಲ್ಯಪ್ but absolutely before ಕ್ತ್ವಪ್ and affixes beginning with ಝಲ್ and having indicatory ಕ or ಙ್ (VI. 4. 37 to 40.) and

(*e*). allows the affixes of the benedictive and the aorist to be treated optionally as if they had a ಕ indicatory even in the *àtmanepadi* (I. 2. 13.) ಗಚ್ಛತಿ, A ಗಚ್ಛತೇ. 2nd Fut. ಗಮಿಷ್ಯತಿ. Cond. ಅಗಮಿಷ್ಯತ್. A. Aor. ಅಗತ or ಅಗಂಸ್ತ. Perf. 2 ಜಗ್ಮತುಃ, A ಜಗ್ಮೇ. Ben. A ಗಂಸೀಷ್ಟ or ಗಸೀಷ್ಟ. D. ಜಿಗಮಿಷತಿ, *nish* ಗತ, Ger. ಗತ್ವಾ. (ಲ್ಯಪ್) ಗಮ್ಯ or ಗತ್ಯ. (ವಸ್) ಜಗನ್ವಸ್ or ಜಗ್ಮಿವಸ್. (ಕ್ವಿಪ್) ಗತ್.

(96). VI. ಗುರ್ (ಗುರೀ).

(*a*). Requires all affixes not having indicatory ಞ or ಣ to be treated as affixes having indicatory ಙ್ (I. 2. 1.) and

(*b*). before the affix ಣಮುಲ್ becomes optionally ಗಾರ್ as well as ಗೋರ್ if it is preceded by ಅಪ (VI. 1. 53.) *e. g.* 1st Fut. ಗುರಿಷ್ಯತಿ. (ಣಮುಲ್). ಅಪಗಾರಮಪಗಾರಂ or ಅಪಗೋರಮಪಗೋರಂ.

(97). B. ಗುಹೂ.

(*a*). Takes either ಕ್ಸ or ĩ ಕ್ಸ as its tense affix in the aorist of the *átmanepadi* before dental and dento labial affixes (VII. 3. 73.)

(*b*). requires no augmentation by ಇಟ್ of ಸನ್ (VII. 2. 12.) and

(*c*). lengthens its penultimate before all vowel affixes (VI. 4. 89.) ಗೂಹತಿ. Impv. ಗೂಹತು or ಗುಹತಾತ್. Imp. ಅಗೂಹತ್. O. ಗೂಹೇತ್. 1st Fut. ಗೂಹಿತಾ. 2nd Fut. ಗೂಹಿಷ್ಯತಿ. Con. ಅಗೂಹಿಷ್ಯತ್. A. Aor. ಅಗೂಢ or ಅಘುಕ್ಷತ. D. ಜುಘುಕ್ಷತಿ, ಜುಘುಕ್ಷತೆ.

(98). ಗೃಧ್.

Conjugates its C irregularly in the *àtmanepadi* when the sense is "to deceive" (I. 3. 69.) *e. g.* ಮಾಣವಕಂಗರ್ಧಯತೇ "he deceives the boy;" otherwise ಗರ್ಧಯತಿ or ಗರ್ಧಯತೇ according to the general rule.

(99). VI. A. P. ಗ್ಲಾ.

(*a*). Requires ಸನ್ to be invariably augmented with ಇಟ್ (VII. 2. 75.) and only with ಇಟ್ (not ಈಟ್ also optionally) (Kás thereon).

(*b*). forms FA root only when it is intended to convey the sense of contempt or censure in respect of the sense of the root (III. 1. 24.) and

(*c*). becomes ಗಿಲ್ when the FA is to be formed (VIII. 2. 20.) *e. g.* D. ಜಿಗರಿಷತಿ. FA ಜೇಗಿಲ್ಯತೇ.

(100). ಗ್ರಹ್.

(*a*). Forms its D by ಸನ್$_1$ not ಸನ್ (I. 2. 8.) and requires this ಸನ್$_1$ to be not augmented with ಇಟ್ (VII. 2. 12.)

(*b*). requires other *àrdhadhàtuka* affixes beginning with ವಲ್ to be augmented with ಈಟ್ instead of ಇಟ್ provided they are not the affixes of the perfect (VII. 2. 37.)

(*c*). requires ಕ್ತ್ವಾ augmented with ಈಟ್ as aforesaid to be treated as if it had an indicatory ಕ್ (I. 2. 8.)

(*d*). requires the affixes of the 1st and the 2nd Futures, the conditional, the aorist, and the benedictive in the passive, to be treated as if they had the condition of ಚಿಣ್ (VI. 4. 62.) and (e). gets *samprasáraṇated* before affixes having indicatory ಕ or ಙ್, the *samprasáraṇation* affecting its reduplicates also (VI. 1. 16. 17.) *e. g.* ಗೃಹ್ಣಾತಿ. Impv. ಗೃಹ್ಣಾತು or ಗೃಹ್ಣೀತಾತ್. Imp. ಅಗೃಹ್ಣಾತ್. O. ಗೃಹ್ಣೀಯಾತ್. 1st Fut. ಗ್ರಹೀತಾ. 2nd Fut. ಗ್ರಹೀಷ್ಯತಿ. Cond. ಅಗ್ರಹೀಷ್ಯತ್. Aor. ಅಗ್ರಹೀತ್. Perf. 8 ಜಗೃಹಿವ. Ben. ಗೃಹ್ಯಾತ್. Pass ಗೃಹ್ಯತೆ. 1st Fut. ಗ್ರಹೀತಾ or ಗ್ರಾಹಿತಾ. 2nd Fut. ಗ್ರಹಿಷ್ಯತೆ or ಗ್ರಾಹಿಷ್ಯತೆ. Cond. ಅಗ್ರಾಹಿಷ್ಯತ or ಅಗ್ರಹೀಷ್ಯತ. Aor. 2 ಅಗ್ರಾಹೀಷಾತಾಂ or ಅಗ್ರಹಿಷಾತಾಂ. Ben. ಗ್ರಹಿಷೀಷ್ಟ or ಗ್ರಾಹಿಷೀಷ್ಟ. D ಜಿಘೃಕ್ಷತಿ FA ಜರೀಗೃಹ್ಯತೆ. but FP ಜಾಗ್ರಾಢಿ. *nish* ಗೃಹೀತ. Ger. ಗೃಹೀತ್ವಾ. Inf. ಗ್ರಹೀತುಂ.

(101). ಘಸ್ (ಘಸ್ಲ).

(a). Requires the affix ವಸ್ (ವಸು) to be augmented with ಇಟ್ (VII. 2. 67.) and

(b). *lopates* its penultimate before all vowel affixes having indicatory ಕ or ಙ except ಅಙ್ (VI. 4. 98.) *e. g.* Aor. ಅಕ್ಷತ್. Perf. 2 ಜಕ್ಷತುಃ. (ಕ್ವಸು) ಜಕ್ಷಿವಸ್.

(102). ಘುಷ್.

Has its *nishṭhá* without the augment ಇಟ್ optionally when it is preceded by ಸಮ್ and absolutely when the word formed does not mean "proclaimed" (VII. 2. 23. 28.) *e. g.* ಸಂಘುಷ್ಟ or ಸಂಘುಷಿತ ; ಘುಷ್ಟ. But ಅವಘುಷಿತಂವಾಕ್ಯಮಾಹ.

(103). III ಘೃ.

Requires its reduplicate to end in ಅ instead of in ಇ except in the case of D and FA roots (VII. 4. 66.) *e. g.* ಜಘರ್ತಿ Perf. ಜಘ್ರ.

(104). ಘ್ರಾ.

(a). Becomes ಜಿಘ್ರ before affixes having indicatory ಕ (VII. 3. 78.)

(*b*). has ಘ್ರಿಪ್ as well as ಘ್ರಪ್ as its C before affixes of the aorist (VII. 4. 6.)

(*c*). becomes ಘ್ರೀ when FA root is to be formed from it (VII. 4. 31.) and.

(*d*). takes in the *parasmaipadi* ī ಸಿಚ್ as well as ಸಿಚ್ as its tense affix in the aorist (II. 4. 78.) *e. g.* ಜಿಘ್ರತಿ Aor. ಅಘ್ರಾತ್ or ಅಘ್ರಾಸೀತ್. Aor. of C ಅಜಿಘ್ರಪತ್ or ಅಜಿಘ್ರಿಪತ್. FA ಜೇಘ್ರೀಯತೇ. (ಶತೃ) ಜಿಘ್ರತ್ (ಶಾನಚ್) ಜಿಘ್ರಾಣ.

(105). ಚಕಾಸ್.

Is to be considered as a reduplicated root and so has to take in the active voice ಅತಿ and ಅತು respectively in the 3rd person plural present and imperative and ಉಸ್ instead of ಅನ್ in the 3rd person plural imperfect (VI. 1. 6. VII. 1. 4.) *e. g.* ಚಕಾಸತಿ. Impv. 3 ಚಕಾಸತು. Imp. 3 ಅಚಕಾಸುಃ.

(106.) ಚಕ್ಷ್ (ಚಕ್ಷಿಙ್).

Except when used in tho sonso of "to avoid" (ವರ್ಜನಂ) cannot take any *árdhadhátuka* affixes except those of the perfect and so before the said affixes should be represented by ಖ್ಯಾ (ಖ್ಯಾಞ್) or by ಕ್ಶಾ (II. 4. 54, 55 Kás thereon) *e. g.* 1st Fut. ಖ್ಯಾತಾ or ಕ್ಶಾತಾ. Inf. ಖ್ಯಾತುಂ or ಕ್ಶಾತುಂ.

(107). ಚರ್.

(*a*). Has ಚಂಚೂರ್ಯ. and ಚಂಚುರ್. respectively as its FA and FP roots and does not require that the FP root should have the penultimate *guṇated* even before those personal affixes which in the case of other roots would cause the *guṇation* (VII. 4. 88; Sid. II. 214.) *e. g.* FP ಚಂಚುರೀತಿ or ಚಂಚೂರ್ತಿ. FA ಚಂಚೂರ್ಯತೇ.

(108). ಚಾಯೃ.

FA ಚೇಕೀಯತೇ. FP ಚೇಕೇತಿ. (VI. 1. 21). ಅಪಚಿತ. (anomalous) as well as ಅಪ ಚಾಯಿತ. (VII. 2. 30).

(109). I. ಚಿ (ಚಿಞ್).

C ಚಾಪಿ or ಚಾಯಿ. (VI. 1. 54).

(110). V. ಚಿ (ಚಿಞ್).

(*a*). Optionally becomes ಕಿ before ಸನ್ and the affixes of the perfect (VII. 3. 58.) and

(*b*). before ಣಿ becomes optionally ಚಾ (VI. 1. 54). *e. g.* Perf. ಚಿಕಾಯ or ಚಿಚಾಯ. C. ಚಾಪಯತಿ or ಚಾಯಯತಿ. D. ಚಿಚೀಷತಿ or ಚಿಕೀಷತಿ; ಚಿಚೀಷತೇ or ಚಿಕೀಷತೇ.

(111). ಜಕ್ಷ್.

(*a*). Is to be considered as a reduplicate root (VI. 1. 6.) and

(*b*). requires *sárvadhátuka* affixes to be augmented with ಈಟ್ or ಅಟ್ if they consist of single consonants and with ಇಟ್ if they are others beginning with ವಲ್ (VII. 2. 76. VII. 3. 98. 99.) *e. g.* ಜಕ್ಷಿತಿ. 4 ಜಕ್ಷಿಷಿ. 7 ಜಕ್ಷಿಮಿ. 8 ಜಕ್ಷಿವಃ. 9 ಜಕ್ಷಿಮಃ. Impv. ಜಕ್ಷಿತು or ಜಕ್ಷಿತಾತ್. 2 ಜಕ್ಷಿತಾಂ. 3 ಜಕ್ಷತು. 5 ಜಕ್ಷಿತಂ. Imp. ಅಜಕ್ಷೀತ್ or ಅಜಕ್ಷತ್. 3 ಅಜಕ್ಷುಃ. 4 ಅಜಕ್ಷೀಃ or ಅಜಕ್ಷಃ.

(112). IV. ಜನ್ (ಜನೀ).

(*a*). Becomes ಜಾ (1) before affixes having indicatory ಶ (VII. 3. 79); (2) before affixes beginning with ಝಲ್ and having indicatory ಸ or ಙ (VI. 4. 42; Kás. thereon); and (3) optionally before affixes beginning with ಯ and having indicatory ಸ or ಙ (VI. 4. 43).

(*b*). *lepates* its penultimate before affixes beginning with vowels and having indicatory ಕ or ಙ (VI. 4. 98.)

(*c*). forms the 3rd person singular of the aorist optionally with ಚಿಣ್ (III. 1. 61.)

(*d*). dose not *vriddhiate* its penultimate before ಚಿಣ್ (VII. 3. 35.) and

(*e*). has its C always in the *parasmaipadi* (I. 3. 86.) *e. g.* ಜಾಯತೆ. Aor. ಅಜನಿ or ಅಜನಿಷ್ಟ. Perf. ಜಜ್ಞೇ. Pass. ಜಾಯತೆ or ಜನ್ಯತೆ. Aor. ಅಜನಿ. C. ಜನಯತಿ. FA. ಜಾಜಾಯತೆ or ಜಂಜನ್ಯತೆ. *nish* ಜಾತ.

(113). PA III. ಜನ.

Is irregular like IV ಜನ except in the following particulrs:—

(*a*). does not become ಜಾ before affixes having indicatory ಶ.

(*b*). does not form 3rd person singular of the aorist optionally with ಚಿಣ್ and

(*c*). in the *átmanepadi* except in the imperfect, requires the *sárvadhátuka* affixes ಸೆ, ಸ್ವ, ಧ್ವೆ, and ಧ್ವಂ to be augmented wtih ಇಟ್ (VII. 2. 78. Kás thereon). *e. g.* ಜಜ್ಞಿಷೆ. 6 ಜಜ್ಞಿಧ್ವೆ Impv. 4 ಜಜ್ಞಿಷ್ವ 6 ಜಜ್ಞಿಧ್ವಂ. Aor. ಅಜನಿಷ್ಟ.

(114). ಜಾಗೃ.

(*a*). Is to be considerd as a reduplicated root (VI. 1. 6.) and so takes ಅತಿ and ಅತು in the 3rd person plural present and imperative and ಉಸ್ in the 3rd person plural imperfect (III. 4. 109.; VII. 1. 4.)

(*b*). does not *vriddhiate* but *guṇates* its final vowel before E ಸಿಚ್ in the *parsmaipadi* (VII. 2. 5; VII. 3. 85.)

(c). *guṇates* its final vowel also before ಣಸ್ and all other affixes whatever may be their indicatory letters except (1) ಕ್ವಸು (2) ಚಿಣ್, (3) ಣಲ್ and (4) affixes having indicatory ಙ (VII. 3. 85 Kás thereon).

(d). forms its perfect only optionally by the auxiliary affix ಆಮು and the auxiliary verbs (III. 1. 38.) and

(e). optionally *guṇates* its final vowel before ಕ್ವಸು (Kás on VII. 3. 85.) *e. g.* ಜಾಗ್ರತಿ. Impv. 3 ಜಾಗ್ರತು. Imp. 3 ಅಜಾಗರುಃ. Aor. ಅಜಾಗರೀತ್. Perf. ಜಜಾಗಾರ or ಜಾಗರಾಂಚಕಾರ. Ben. ಜಾಗರ್ಯಾತ್. Pass ಜಾಗರ್ಯತೆ. C ಜಾಗರಯತಿ. *nish* ಜಾಗರಿತ (ಕ್ವಸು) ಜಜಾಗೃವಸ್ or ಜಜಾಗರ್ವಸ್.

(115). ಜಿ.

(a). Becomes ಗಿ before ಸನ್ and the affixes of the perfect (VII. 3. 57.) and ಜಾ before ಣಿ (VI. 1. 48.) *e. g.* Perf. ಜಿಗಾಯ. C ಜಾಪಯತಿ. D ಜಿಗೀಷತಿ (ಕ್ವಸು) ಜಿಗಿವಸ್.

(116). ಜ್ಞಾ.

(a). Becomes ಜಾ before affixes having indicatory ಶ (VII. 3. 79);

(b). has ಜ್ಞಪ್ as its C root before ಸನ್ when ಸನ್ rejects the augment ಇಟ್ as it may optionally in the case of this root (VII. 2. 49.)

(c). requires its D to be always conjugated in the *átmanepadi* except when it is preceded by ಅನು (I. 3. 57, 58.)

(d). when it allows ಸನ್ to reject ಇಟ್ after its C, the D of C rejects also its reduplicate at the same time (VII. 4. 55, 58.) and.

(e). allows its C optionally to reject the augment ಇಟ್ before *nishṭha* (VII. 2. 27.) *e. g.* ಜಾನಾತಿ. D of C. ಜಿಜ್ಞಪಯಿಷತಿ or ಜ್ಞೀಪ್ಸತಿ. *nishṭha* of C. ಜ್ಞಪ್ತ or ಜ್ಞಪಿತ. D preceded by ಅನು. ಅನುಜಿಜ್ಞಾಸತಿ. D not preceded by ಅನು. ಜಿಜ್ಞಾಸತೇ.

(117). V. ಜೄ.

(a). Takes ಅಙ್ optionally as its tense affix in the aorist (III. 1. 58).

(b). becomes optionally ಜೇರ್ in the perfect, *lopating* its reduplicate at the same time, before ಥಲ್ and affixes having indicatory ಕ or ಙ (VI. 4. 124). and

(c). requires EO ತ್ವಾ instead of ಕ್ತ್ವಾ (VII. 2. 55.) *e. g.* Aor. ಅಜರತ್ or ಅಜಾರೀತ್. Perf. ಜಜರತುಃ or ಜೇರತುಃ. 4 ಜಜರಿಥ or ಜೇರಿಥ. Ger. ಜರಿತ್ವಾ or ಜರೀತ್ವಾ.

(118). IX. ಜೄ.

(a). Becomes ಜೃ before affixes having indicatory ಶ (VII. 3. 80). and

(b). has further the irregularities mentioned in (*b*) and (*c*) regarding IV ಜೄ *e. g.* ಜೃಣಾತಿ. &c.

(119). I. ಜೄ.

Has the irregularities alluded to in (*b*) and (*c*) regarding IV ಜೄ which see.

(120). ಜ್ಯಾ.

(a). Gets *sámprasáraṇated* before affixes having indicatory ಕ or ಙ (VI. 1. 16.) except ಲ್ಯಪ್ (VI. 1. 42). and

(b). has ಜಿ as its reduplicate in the perfect (VI. 1. 17.) *e. g.* ಜಿನಾತಿ. Perf. ಜಿಜ್ಯೌ. Ben. ಜೀಯಾತ್. FA ಜೇಜೀಯತೇ. *nishṭha*. ಜೀನ. Ger. ಜೀತ್ವಾ.

(121). ಜೀವ್.

Allows its C to have ಜಿ as well as ಜೀ as its reduplicate before ಚಙ್ (VII. 4. 3.) *e. g.* ಅಜೀಜಿವತ್ or ಅಜಿಜೀವತ್.

(122). ಡೀಙ್ (ಓಡೀಙ್).

(*a*). Requires ತ್ವಾ instead of ಕ್ತ್ವಾ (I. 2. 18.) and

(*b*). requires augmentation with ಇಟ್ in the case of all ವಲ್ *árdhadhátuka* affixes except *nishṭha* (B. 510 ; Kás. on VII. 2. 14.) *e. g.* 1st Fut. ಡಯಿತಾ. 2nd Fut. ಡಯಿಷ್ಯತೆ. Aor. ಅಡಯಿಷ್ಟ. Ben. ಡಯಿಷೀಷ್ಟ. D. ಡಿಡಯಿಷತೆ. Ger. ಡಯಿತ್ವಾ. Inf. ಡಯಿತುಂ.

(123). ತನ್ (ತನು).

(*a*). Becomes ತ before affixes beginning with ಝಲ್ and having indicatory ಕ or ಙ (VI. 4. 37).

(*b*). becomes ತಾ optionally before ಯಕ್ (VI. 4. 44).

(*c*). rejects optionally the augment ಇಟ್ before ಸನ್ and then becomes optionally ತಾನ್ before the unaugmented ಸನ್ (VI. 4. 17. Kás. on VII. 2. 49) and

(*d*). rejects the augment ಇಟ್ before *nishṭha* (VII. 2. 15.) and

(*e*). optionally takes ಸಿಚ್ as its tense affix in the aorist in the *átmanepadi* before the affixes ತ and ಥಾಸ್ (II. 4. 79) *e. g.* Pass ತಾಯತೆ or ತನ್ಯತೆ A. Aor. ಅತನಿಷ್ಟ or ಅತತ (4) ಅತನಿಷ್ಠಾಃ or ಅತಥಾಃ. D. ತಿತಾಂಸತಿ or ತಿತಂಸತಿ or ತಿತನಿಷತಿ. *nishṭha* ತತ.

(124). ತಪ್.

Has ಅತಪ್ತ (not ಅತಾಪಿ) as its form in the 3rd person singular of the aorist in the passive voice if the sense is that of "experessing remorse" and also in the reflective even in other senses (III. 1. 65) *e. g.* ಅನ್ವವಾತಪ್ತಪಾಪೇನಕರ್ಮಣಾ. ಅತಪ್ತತಪಸ್ತಾಪಸಃ.

(125). ತು.

Takes the augment ಈಟ್ optionally before *sárvadhátuka* affixes beginning with consonants. (VII. 3. 95.) *e. g.* ತವೀತಿ or ತೌತಿ.

(126). ತೃಪ್.

(*a*). Permits the augment ಇಟ್ optionally before *árdhadhátuka* affixes beginning with ವಲ್ (VII. 2. 45.) and

(*b*). takes either ಸಿಚ್ or ಅಙ್ as its tense affix in the aorist (Sid. II. 104.) *e. g.* 1st Fut. ತರ್ಪಿತಾ or ತರ್ಪ್ತಾ or ತ್ರಪ್ತಾ. 2nd Fut. ತರ್ಪಿಷ್ಯತಿ, ತರ್ಪ್ಸ್ಯತಿ, or ತ್ರಪ್ಸ್ಯತಿ. Aor. ಅತರ್ಪೀತ್ or ಅತಾರ್ಪ್ಸೀತ್ or ಅತ್ರಾಪ್ಸೀತ್ or ಅತೃಪತ್.

(127). ತ್ರಸ್.

Optionally *lopates* its reduplicate and then becomes ತ್ರೇಸ್ before affixes of the perfect having indicatory ಕ or ಙ and before ಥಲ್ (VI. 4. 124.) *e. g.* Perf. 2 ತ್ರೇಸತುಃ, or ತತ್ರಸತುಃ. 4 ತ್ರೇಸಿಥ or ತತ್ರಸಿಥ.

(128). ದದ್.

Does not *lopate* its reduplicate and does not become ದೆ before the affixes of the perfect having indicatory ಕ or ಙ (VI. 4. 126.) *e. g.* Perf. ದದದೆ. ದದದಾತೆ, ದದದಿರೆ.

(129). ದಂಭ್ (ದಂಭು.)

(*a*). *Lopates* its penultimate optionally before affixes of the perfect not distinguished by indicatory ಙ or ಪ. (Sid II. 102.)

(*b*.) allows ಸನ್ optionally to reject the augment ಇಟ್ and when it so rejects the augment becomes ಧಿಪ್ or ಧೀಪ್ rejecting at the same time its reduplicate (VII. 2. 49; VII. 4. 55, 58.) and (c). requires its *nishtha* to be used without the augment ಇಟ್ (VII. 2. 15.) *e. g*. Perf. 2 ದದಂಭತುಃ or ದೆಭತುಃ, 3 ದದಂಭುಃ or ದೆಭುಃ. D ದಿದಂಭಿಷತಿ or ಧಿಪ್ಸತಿ or ಧೀಪ್ಸತಿ. *nish* ಧಪ್ತ.

(130). ದಯ್.

Forms its perfect by the auxiliary affix ಆಮ್ and the auxiliary verbs (III. I. 37.) *e. g.* ದಯಾಂಚಕ್ರೆ.

(131). ದರಿದ್ರಾ.

(*a*). Reject optionally the augment ಇಟ್ before ಸನ್ (Kás. on VII. 2. 49.) but absolutely before *nishtha* (VII. 2. 15.)

(*b*). is considered as a reduplicated base (VI. 1. 6.) and therefore takes ಅತಿ, ಅತು, and ಜುಸ್ in the plural respectively in the present, imperative, and imperfect (VII. 1. 4; III. 4. 109.)

(*c*). *lopates* for the same reason its final vowel before *sárvadhátuka* vowel affixes having indicatory ಕ್ or ಙ (VII. 4. 112.)

(*d*). becomes ದರಿದ್ರಿ before *sárvadhátuka* consonantal affixes (VI. 4. 114.)

(*e*). *lopates* its final vowel before *árdhadhátuka* affixes except optionally before the tense affix of the aorist and except before E ಸನ್ (Sid. II. 125.) and

(*f*). forms its perfect optionally by ಆಮ್ and the auxiliary verbs (Sid. II. I25.) *e. g.* 2. ದರಿದ್ರಿತಃ. 3 ದರಿದ್ರತಿ. Impv. ದರಿದ್ರಾತು or ದರಿದ್ರಿತಾತ್. 2 ದರಿದ್ರಿತಾಂ. 3 ದರಿದ್ರತು. 4 ದ್ರರಿದ್ರಿಹಿ. Imp. 2 ಅದರಿದ್ರಿತಾಂ. 3 ಅದರಿದ್ರುಃ. Ist. Fut. ದರಿದ್ರಿತಾ. 2nd. Fut. ದರಿದ್ರಿಷ್ಯತಿ. Aor. ಅದರಿದ್ರಾಸೀತ್ or ಅದರಿದ್ರೀತ್. Perf. ದರಿದ್ರಾಂಚಕಾರ or ದದರಿದ್ರೌ.

(132). III. ದಾ.

(*a*). Takes as its tense affix in the aorist ಸಿಚ್$_1$ in the *átmanepadi* and I ಸಿಚ್ in the *parasmaipadi* (I. 2. 17; II. 4. 77.)

(*b*). becomes ದಿ before ಸಿಚ್$_1$ (I. 2. 17.) ದಿಸ್ before ಸನ್ (VII. 4. 54.) and ದದ್ before affixes beginning with ತ and having indicatory ಕ (VII. 4. 46.)

(*c*). *lopates* its final vowel before consonantal *sárvadhá-tuka* affixes having indicatory ಕ or ಙ (VI. 4. 112, 113). except before ಹಿ$_2$ before which it changes its final vowel into ಎ (VI. 4. 119.)

(*d*). *lopates* its reduplicate before ಹಿ$_2$ and ಸನ್ (VI. 4. 119; VII. 4. 58.) and

(*e*). changes its final vowel into ಈ before consonantal *árdhadhátuka* affixes having indicatory ಕ or ಙ and not being affixes beginning with ತ with an indicatory ಕ except before the affixes of the benedictive in the *parasmaipadi* before which the final vowel is changed into ಎ. (VI. 4. 66, 67). *e. g.* 2 ದತ್ತಃ. 5 ದತ್ಥಃ. 6 ದತ್ಥ. 8 ದದ್ವಃ. 9 ದದ್ಮಃ. Impv. 4 ದೇಹಿ. P. Aor. ಅದಾತ್. A. Aor. ಅದಿತ. Ben. ದೇಯಾತ್. Pass ದೀಯತೇ. D ದಿತ್ಸತಿ. *nishṭka* ದತ್ತಃ. Ger. ದತ್ವಾ.

(133). ದಾ (ದಾಣ್).

(*a*). Becomes ಯಚ್ಛ in the special tenses (VII. 3. 78.)

(*b*). takes as its tense affix in the aorist ಸಿಚ್$_1$ in the *atmanepadi* and I ಸಿಚ್ in the *prasmaipadi* (I. 2. 17. II. 4. 77.)

(*c*). becomes ದಿ before ಸಿಚ್$_1$ taken as above, (I. 2. 17.) ದಿಸ್ before ಸನ್, (VII. 4. 54.) ದದ್ before affixes beginning with ತ and having an indicatory ಕ (VII. 4. 46.)

(*d*). changes its final vowel into ಈ before consonantal *árdhadhátuka* affixes having indicatory ಕ or ಙ and not being affixes beginning with ತ and having indicatory ಕ except before the affixes of the benedictive in the *parsmaipadi* before which the final vowel is changed into ಎ (VII. 4. 66, 67.) and.

(*e*). *lopaṭes* its reduplicate before ಸನ್ (VII. 4. 58.) *e. g.* ಯಚ್ಛತಿ. P. Aor. ಅದಾತ್. A. Aor. ಅದಿತ. Ben. ದೇಯಾತ್. Pass ದೀಯತೇ. P. D. ದಿತ್ಸತಿ. *nishṭha* ದತ್ತ, Ger. ದತ್ವಾ.

(134). ದೀ (ದೀಙ್).

(*a*). Becomes ದೀಯ before vowel affixes having indicatory ಕ or ಙ (B. 679 ; VII. 4. 63.) and ದಾ before ಲ್ಯಪ್ as well as before all affixes which under ordinary rules would *guṇate* or *vriddhiate* its final vowel (VI. 1. 50.) *e. g.* 1st Fut. ದಾತಾ. 2nd Fut. ದಾಸ್ಯತೇ. Aor. ಅದಾಸ್ತ. Perf. ದಿದೀಯೇ. 2 ದಿದೀಯಾತೇ. 3 ದಿದೀಯಿರೇ. Ben. ದಾಸೀಷ್ಟ. C ದಾಪಯತಿ. Inf. ದಾತುಂ.

(135). ದುಷ್.

Has as its C ದೂಷಿ or ದೋಷಿ when the sense is "to perplex the mind" but ದೂಷಿ only otherwise (VI. 4. 90, 91.) *e. g.* ಚಿತ್ತಂದೂಷಯತಿ or ದೋಷಯತಿ. but otherwise ದೂಷಯತಿ.

(136). ದುಹ್.

(*a*). Does not take ಯಕ್ in the reflective voice in the present, imperative, imperfect, and optative tenses, though it is in this voice to be used in the *àtmanepadi* (III. 1. 89.) and

(*b*). takes ಕ್ಸ or ī ಕ್ಸ optionally as its tense affix of the aorist in the *àtmanepadi* before affixes beginning with dentals taking however ಚಿಣ್ in the 3rd person singular optionally in the reflective voice but exclusively in the passive voice not reflective. (III. 1. 63 ; VII. 3. 73.) *e. g.* reflec. ದುಗ್ಧೇಗೋಃಸ್ವ ಯುಮೇವ. Aor. ಅದೋಹಿ or ಅದುಗ್ಧ or ಅಧುಕ್ಷತಗೋಃಸ್ವ ಯುಮೇವ. Pass not reflec. ಅದೋಹಿ. A. generally ಅದುಗ್ಧ or ಅಧುಕ್ಷತ.

(137). IV. ದೃಪ್ (ಪ್ರಹರ್ಷಾದಿ.)

Allows *árdhadhátuka* affixes beginning with ವಲ್ to be optionally augmented with ಇಟ್ (VII. 2 45.) and allows ಸಿಚ್ or ಅಙ್ to be used as the tense affix of the aorist (Sid. II. 104.) *e. g.* 1st. Fut. ದರ್ಪಿತಾ or ದರ್ಪ್ತಾ or ದ್ರಪ್ತಾ. 2nd. Fut. ದರ್ಪಿಷ್ಯತಿ or ದರ್ಪ್ಸ್ಯತಿ or ದ್ರಪ್ಸ್ಯತಿ. Aor. ಅದರ್ಪೀತ್ or ಅದಾರ್ಪ್ಸೀತ್ or ಅದ್ರಾಪ್ಸೀತ್. Perf. 8 ದದೃಪಿವ or ದದೃಪ್ವ. 9 ದದೃಪಿಮ or ದದೃಪ್ಮ. D ದಿದರ್ಪಿಷತಿ or ದಿದೃಪ್ಸತಿ. Ger. ದರ್ಪಿತ್ವಾ or ದೃಪ್ತ್ವಾ. Inf. ದರ್ಪಿತುಂ or ದೃಪ್ತುಂ or ದ್ರಪ್ತುಂ.

(138). ದೃಶ್.

(*a*). Becomes ಪಶ್ಯ in the special tenses (VII. 3. 78.)

(*b*). becomes ದ್ರಶ್ before affixes beginning with ಝಲ್ and not having an indicatory ಕ (VI. 1. 58.)

(*c*). takes ಅಙ್ or ಸಿಚ್ as the tense affix in the aorist (III. 1. 47).

(*d*). is *guṇated* when it so takes ಅಙ್. (VII. 4. 16.)

(*e*). allows ಥಲ್ to be optionally augmented with ಇಟ್ (VII. 2. 65.)

(*f*). allows ಕ್ವಸು also to be augmented optionally with ಇಟ್ (Kás. on VII .2. 68.)

(*g*). has the tense affixes of the 1st and 2nd Future and of the aorist as well as the personal affixes of the benedictive in the passive voice to be treated optionally as having the condition of ಚಿಣ್ (VI. 4. 62.) and.

(*h*). requires its D to be conjugated in the *átmanepadi* (I. 3. 57.) *e. g.* ಪಶ್ಯತಿ. Impv. ಪಶ್ಯತು. Imp. ಅಪಶ್ಯತ್. O. ಪಶ್ಯೇತ್. 1st Fut. ದ್ರಷ್ಟಾ. 2nd Fut. ದ್ರಕ್ಷ್ಯತಿ. Aor. ಅದರ್ಶತ್ or ಅದ್ರಾಕ್ಷೀತ್. Perf. 4 ದದರ್ಶಿಥ or ದದ್ರಷ್ಟ. Pass 1st Fut. ದರ್ಶಿತಾ or ದಷ್ಟಾ. 2nd Fut. ದರ್ಶಿಷ್ಯತೆ or ದ್ರಕ್ಷ್ಯತೆ. Aor. 2 ಅದರ್ಶಿಷಾತಾಂ or ಅದೃಕ್ಷಾತಾಂ. Ben. ದರ್ಶಿಷೀಷ್ಟ or ದೃಕ್ಷೀಷ್ಟ. D ದಿದೃಕ್ಷತೆ. Inf. ದ್ರಷ್ಟುಂ. (ಕ್ವಸು) ದದೃಶ್ವಸ್ or ದದೃಶಿವಸ್.

(139). IX. ದೄ.

(*a*). Becomes ದೃ absolutely in the special tenses (VII. 3. 80.) and optionally in the perfect (VII. 4. 12.) and.

(*b*). in the aorist of its C when it takes ಚಙ್ has ದ as its reduplicate (VII. 4. 95.) *e. g.* ದೃಣಾತಿ. Perf. 2 ದದ್ರತುಃ or ದದರತುಃ. 3 ದದ್ರುಃ or ದದರುಃ. Aor. of C ಅದದರತ್.

(140). ದೇ (ದೇಙ್).

(*a*). Takes ಸಿಚ್$_1$ as its tense affix (I. 2. 17.)

(*b*). becomes ದಿ before ಸಿಚ್$_1$ so taken, (I. 2. 17.) ದಿಸ್ before ಸನ್, and ದದ್ before affixes beginning with ತ and having indicatory ಕ (VII. 4. 46. 54.)

(*c*). changes its final vowel into ಈ before consonantal *árdhadhátuka* affixes having indicatory ಕ or ಙ and not being affixes beginning with ತ and having ಕ (VI. 4. 66.)

(*d*). becomes ದಿಗಿ in the perfect without having the liability to reduplicate the said ದಿಗಿ (VII. 4. 9.) and

(*e*). *lopates* its reduplicate before ಸನ್ (VII. 4. 58.) *e. g.* Aor. ಅದಿತ. 2 ಅದಿಷಾತಾಂ. 3 ಅದಿಷತ. 4 ಅದಿಥಾಃ. Perf. ದಿಗ್ಯೆ. 2 ದಿಗ್ಯಾತೆ. 3 ದಿಗ್ಯಿರೆ. Pass ದೀಯತೆ. D ದಿತ್ಸತೆ. *nishṭha* ದತ್ತ. Ger. ದತ್ವಾ.

(141). ದೇಙ್.

Has all the irregularities of ದಾ (ದಾಣ್) except (a) e. g. Aor. ಅದಾತ್. Ben. ದೇಯಾತ್. Pass. ದೀಯತೇ. D. ದಿತ್ಸತಿ. *nishtha* ದತ್ತ. Ger. ದತ್ವಾ.

(142). ದ್ಯುತ್.

(a). Forms its aorist optionally in the *parasmaipadi* (I. 3. 91.) taking ಅಙ್ only as its tense affix in this mode of conjugation (III. 1. 55.) and

(b). has ದೆ for F roots and ದಿ in other cases as its reduplicate (VII. 4. 67.) *e. g.* Aor. ಅದ್ಯೋತಿಷ್ಟ or ಅದ್ಯುತತ್. Perf. ದಿದ್ಯುತೇ. D ದಿದ್ಯುತಿಷತೇ or ದಿದ್ಯೋತಿಷತೇ. FA ದೇದ್ಯುತ್ಯತೇ. FP ದೇದ್ಯುತೀತಿ.

(143.) ದ್ವಿಷ್.

Takes optionally ಜುಸ್ in the 3rd per. plural imperfect (III. 4. 112.) *e. g.* ಅದ್ವಿಷನ್ or ಅದ್ವಿಷುಃ.

(144.) ಧಾ.

(a). Takes as its tense affix in the aorist ಸಿಚ್$_1$ in the *àtmanepadi* and ī ಸಿಚ್ in the *parasmaipadi* (I. 2. 17; II. 4. 77.)

(b). becomes ಧಿ before ಸಿಚ್$_1$ so taken (I. 2. 17.), ಧಿಸ before ಸನ್ (VII. 4. 54.), and ಹಿ before affixes beginning with ತ and having indicatory ಕ (VII. 4. 42.)

(c). *lopates* its final vowel before consonantal *sárvadhátuka* affixes having indicatory ಕ or ಙ (VI. 4. 112, 113.) except before ಹಿ$_2$ before which it changes its final vowel into ಎ (VI. 4. 119.)

(d). *lopates* its reduplicate before ಹಿ$_2$ and ಸನ್ (VI. 4. 119; VII. 4. 58). and (e). changes its final vowel into ಈ before consonantal *árdhadhátuka* affixes having indicatory ಕ or ಙ and not being affixes beginning with ತ with an indicatory ಕ except before the affixes of the benedictive in the *parasmaipadi* before which the final vowel is changed into ಎ (VI. 4. 66, 67.) *e. g.* 2 ಧತ್ತಃ. 5 ಧತ್ಥಃ. 6 ಧತ್ಥ. 8 ದಧ್ವಃ. 9 ದಧ್ಮಃ. Impv. 4 ಧೇಹಿ. P. Aor. ಅಧಾತ್. A. Aor. ಅಧಿತ. Ben. ಧೇಯಾತ್. Pass. ಧೀಯತೇ. D. ಧಿತ್ಸತಿ. *nishṭha* ಹಿತ. Ger. ಹಿತ್ವಾ.

(145.) ಧೆ (ಧೇಟ್.)

(a). Takes as its tense affix in the aorist ಸಿಚ್$_1$ in the *átmanepadi* and ī ಸಿಚ್ or ಸಿಚ್ or ಚಙ್ in the *parasmaipadi* (I. 2. 17; II. 4. 77, 78; III. 1. 49.)

(b). becomes ಧಿ before ಸಿಚ್$_1$ so taken (I. 2. 17.) and ಧಿಸ್ before ಸನ್ (VII. 4. 54.)

(c). *lopates* its reduplicate before ಸನ್ (VII. 4. 58.)

(d). changes its final vowel into ಈ before consonantal *árdhadhátuka* affixes having indicatory ಕ or ಙ except before the affixes of the benedictive in the *parasmaipadi* before which the final vowel is changed into ಎ (VI. 4. 66, 67.) and

(e). forms its C not in the *parasmaipadi* always though the sense of it is to "swallow" but in both *parasmaipadi* and *àtmanepadi* as roots not having that sense do. (Kàs on I. 3. 89.) *e. g.* P. Aor. ಅಧಾತ್ or ಅಧಾಸೀತ್ or ಅದಧತ್. A. Aor. ಅಧಿತ. Ben. ಧೇಯಾತ್. Pass. ಧೀಯತೇ. D. ಧಿತ್ಸತಿ. C. ಧಾಪಯತಿ or ಧಾಪಯತೇ. *nishṭha* ಧೀತ, Ger. ಧೀತ್ವಾ.

(146). V. ಧೂ.

Requires P ಸಿಚ್ to be invariably augmented with ಇಟ್ though it allows other *àrdhadhátuka* affixes beginning with ವಲ್ to be augmented with ಇಟ್ only optionally provided they are not *nishtha* (VII. 2. 15, 44. 72.) *e. g.* 1st future ಧೋತಾ or ಧವಿತಾ. 2nd Fut. ಧೋಷ್ಯತಿ or ಧವಿಷ್ಯತಿ. Aor. ಅಧಾವೀತ್. A. Aor. ಅಧೋಷ್ಟ or ಅಧವಿಷ್ಟ.

(147). ಧೃಷ್.

Takes ತ and ತವತ್ as *nishtha* affixes instead of ಕ್ತ and ಕ್ತವತ್ and gives the anomalous word ಧೃಷ್ಟ which means "bold" (VII. 2. 19; I. 2. 19.) *e. g.* ಧರ್ಷಿತ. ಧರ್ಷಿತವತ್. Anomalous word ಧೃಷ್ಟ.

(148). ಧ್ಮಾ.

Becomes ಧಮ in the special tenses (VII. 3. 78.) and ಧ್ಮೀ when FA is to be formed (VII. 4. 31.) *e. g.* ಧಮತಿ. FA ದೇಧ್ಮೀಯತೆ.

(149). ಧ್ವನ್.

Becomes ಧುನ್ when FA is to be formed (VI. 1. 19.) and gives the anomalous word ಧ್ವಾಂತ with the meaning of "darkness" (VII. 2. 18.) *e. g.* FA. ದೋಧುನ್ಯತೆ. Anomalous word. ಧ್ವಾಂತ "darkness."

(150). ನಶ್.

(*a*). Becomes ನ absolutely before affixes beginning with ಝಲ್ and having indicatory ಕ or ಙ, and optionally before ಲ್ಯಪ್ (VII. 4. 37, 38.) and ನಂಶ್ before ಸಿಚ್ in the *parasmaipadi*, this ಸಿಚ್ being also augmented with ಇಟ್ at the same time (VII. 2. 73); and (*b*). in the reflective voice does not only not take ಯಕ್ but ಶಪ್ as its tense affix in the present, imperative, imperfect, and optative, but also instead of ಚಿಣ್ take ಸಿಚ್ in the 3rd person singular of the aorist (III. 1. 89.) *e. g.* Aor. ಅನಂಸೀತ್. Reflective. ನಮತೆ. Aor. ಅನಂಸ್ತ. *nishṭha* ನತ. ನತವತ್ (ಪ್ರ) ನಮ್ಯ or ನತ್ವ.

(151.) ನಶ್ (ನಶೌ).

(*a*). Rejects ಇಟ್ invariably before *nishṭha* and optionally before other *àrdhadhàtuka* affixes beginning with ವಲ್ (VII. 2. 15, 45.)

(*b*). becomes ನೇಶ್ optionally before ಅಙ್, and optionally ನಂಶ್ before ಕ್ತ್ವಾ (not ತ್ವಾ) and absolutely before other affixes beginning with ಝಲ್ and not having indicatory ಕ or ಙ (VII. 1. 60; VI. 4. 24, 32; Sid. II. 140. note); and

(*c*). conjugates its C invariably in the *parasmaipadi* (I. 3. 86). *e. g.* 1st Fut. ನಶಿತಾ or ನಂಷ್ಟಾ. 2nd Future. ನಶಿಷ್ಯತಿ or ನಂಕ್ಷ್ಯತಿ. Aor. ಅನೇಶತ್ or ಅನಶತ್. Perf. 4 ನನಂಷ್ಠ or ನೇಶಿಥ. 8. ನೇಶಿವ or ನೇಶ್ವ. 9. ನೇಶಿಮ or ನೇಶ್ಮ. C ನಾಶಯತಿ (not also ನಾಶಯತೆ.) D ನಿನಶಿಷತಿ or ನಿನಂಕ್ಷತಿ. *nishṭha* ನಷ್ಟ. ನಷ್ಟವತ್. Ger. ನಷ್ಟ್ವಾ or ನಂಷ್ಟ್ವಾ or ನಶಿತ್ವಾ. Inf. ನಶಿತುಂ or ನಂಷ್ಟುಂ.

(152). ನೃತ್.

(*a* Rejects ಇಟ್ optionally before *àrdhadhàtuka* affixes beginning with ಸ except ಸಿಚ್ of the aorist (VII. 2. 57). and invariably before *nishṭha* (VII. 2. 15.) and

(*b*). conjugates its C optionally in the *àtmanepadi* also like other roots though its sense is that of "motion"

(I. 3. 99.) *e. g.* 2nd Future. ನರ್ತಿಷ್ಯತಿ or ನರ್ತ್ಸ್ಯತಿ. C ನರ್ತನಾಯುತೆ, ನರ್ತನಾಯುತಿ. D. ನಿನರ್ತಿಷತಿ or ನಿನೃತ್ಸತಿ. *nishtha* ನೃತ್ತ, ನೃತ್ತವತ್.

(153). ಪತ್. (ಪತ್ಲೃ)

(*a*). Becomes ಪಪ್ತ before ಅಙ್ of the aorist (VII. 4. 19.)

(*b*). rejects ಇಟ್ optionally bef re ಸನ್ and when it so rejects ಇಟ್ becomes ಪಿತ್, rejecting its reduplicate at the same time. (Kás on. VII. 2. 49. ; VII. 4. 54, 58.) and

(*c*). has ಪನೀ as its reduplicate when F roots are to be formed (VII. 4. 84.) *e. g.* Aor. ಅಪಪ್ತತ್. D ಪಿಪತಿಷತಿ or ಪಿತ್ಸತಿ. FA ಪನೀಪತ್ಯತೆ. FP ಪನೀಪತೀತಿ.

(154). IV. ಪದ್.

(*a*). Takes ಚಿಣ್ in the 3rd person singular of the aorist even in the active voice (III 1. 60.)

(*b*). becomes ಪಿದ್ before ಸನ್ rejecting its reduplicate at the same time (VII. 4, 54, 58.) and

(*c*). has ಪನೀ as its reduplicate when F roots are to be formed (VII. 4. 84.) *e. g.* Aor. ಅಪಾದಿ. 2. ಅಪತ್ಸಾತಾಂ. D ಪಿತ್ಸತೆ. FA ಪನೀಪದ್ಯತೆ. FP ಪನೀಪದೀತಿ.

(155). ಪಾ.

(*a*). Becomes ಪಿಬ in the special tenses (VII. 3. 78) ; ಪೀ before consonantal affixes having indicatory ಕ or ಙ (VI. 4. 66.) ; and ಪಾಯ್ when C is to be formed (VII. 3. 37.)

(*b*). takes ೧ ಸಿಚ್ as its tense affix of the aorist in the *parasmaipadi* (II. 4. 77.) and (*c*). conjugates its C in the *àtmanepadi* also like other ordinary roots though its sense involves that of "swallowing" (I. 3. 89.) and when the Aor. of its C is to be formed by ಚಙ್, *lopates* the penultimate of its C, taking ಪೀ as its reduplicate (VII. 4. 4.) *e. g.* ಪಿಬತಿ. Aor. ಅಪಾತ್. Pass. ಪೀಯತೇ. C ಪಾಯಯತಿ or ಪಾಯಯತೇ. Aor. of P. C. ಅಪೀಪ್ಯತ್. Aor. of A. C. ಅಪೀಪ್ಯತ. FA ಪೇಪೀಯತೇ. *nishṭha* ಪೀತ. Ger. ಪೀತ್ವಾ.

(156). ಪೂಙ್.

(*a*). Optionally takes ತ and ತವತ್ as *nishṭha* and ತ್ವಾ as the gerundial affix allowing the augment ಇಟ್ before them (I. 2. 22; VII. 2. 51.) and.

(*b*). requires ಸನ್ to be augmented with ಇಟ್ (VII. 2. 74.) *e. g.* D ಪಿಪವಿಷತೇ. *nishṭha* ಪೂತ or ಪವಿತ; ಪೂತವತ್ or ಪವಿತವತ್. Ger. ಪೂತ್ವಾ or ಪವಿತ್ವಾ.

(157). III. ಪೄ.

(*a*). Becomes optionally ಪೃ in the perfect (VII. 4. 12.) and

(*b*). allows its C to reject optionally the. augment before the affix ಕ್ತ (VII. 2. 27.) *e. g.* Perf. 2 ಪಪರತುಃ or ಪಪ್ರತುಃ. 3 ಪಪ್ರುಃ or ಪಪರುಃ, (ಕ್ತ after C.) ಪೂರಿತ or ಪೂರ್ಣ.

(158). IX. ಪೄ.

(*a*). Becomes ಪೃ absolutely in the special tenses and optionally in the perfect (VII. 3 80; VII. 4. 12.) and allows its C to reject optionally the augment ಇಟ್ before the affix ಕ್ತ. (VII. 2. 27). *e. g.* ಪೃಣಾತಿ. Perf. 2 ಪಪರತುಃ or ಪಪ್ರತುಃ. 3 ಪಪರುಃ or ಪಪ್ರುಃ. (ಕ್ತ after C.) ಪೂರ್ಣ or ಪೂರಿತ.

(159). ಪ್ಯಾಯ್ (ಓಪ್ಯಾಯೀ).

(*a*). Becomes ಪೀ absolutely in the perfect and when FA is to be formed (VI. 1. 29.) and optionally before *nishtha* (VI. 1. 28.) and

(*b*). takes ಚಿಣ್ optionally as well as ಸಿಚ್ in the 3rd person singular of the aorist even in the active voice (III. 1. 61.) *e. g.* Aor. ಅಪ್ಯಾಯಿ or ಅಪ್ಯಾಯಿಷ್ಟ. Perf. ಪಿಪ್ಯೆ. FA ಪೇಪೀಯತೇ. *nishtha*. ಪೀನ or ಪ್ಯಾಯಿತ.

(160). ಪ್ರಚ್ಛ್.

(*a*). Becomes ಪೃಚ್ಛ್ before affixes having indicatory ಕ or ಙ (VI. 1. 16.) and

(*b*). takes E ಸನ್$_1$ instead of E· ಸನ್ (1. 2. 8; VII. 2· 75.) *e. g.* Pass. ಪೃಚ್ಛ್ಯತೇ. D ಪಿಪೃಚ್ಛಿಷತಿ. FA ಪರೀಪೃಚ್ಛ್ಯತೇ. *nishtha* ಪೃಷ್ಟ. Ger. ಪೃಷ್ಟ್ವಾ. (ಲ್ಯಪ್) ಪೃಚ್ಛ್ಯ.

(161.) ಫಣ್.

(*a*). Becomes optionally ಫೇಣ್ in the perfect before ಥಲ್ and affixes having indicatory ಕ or ಙ, *lopating* at the same time its reduplicate (VI. 4. 125.) and.

(*b*). gives the anomalous word ಫಾಂಟ which means "with out an effort" (VII. 2. 18.) *e. g.* Perf. 2 ಫೇಣತುಃ or ಪಫಣತುಃ. 4 ಫೇಣಿಥ or ಪಫಣಿಥ. ಫಾಂಟ (anomalous).

(162.) ಫಲ್.

(*a*). Becomes ಫು before affixes beginning with ತ and when F roots are to be formed (VII. 4. 88, 89.) taking in the latter case ಪಂ as its reduplicate (VII. 4. 87)

(*b*). becomes ಫೇಲ್ in the perfect before ಥಲ್ and affixes having indicatory ಕ or ಙ, *lopating* its reduplicate at the same time (VI. 4. 122.) and.

(c). takes ಲ or ಲವತ್ as *nishṭha* instead of ಕ್ತ and ಕ್ತವತ್ respectively (VIII. 2. 55.) *e. g.* Perf. 2 ಫೇಲತುಃ. 4 ಫೇಲಿಥ. FA ಪಂಫುಲ್ಯತೇ. FP ಪಂಫುಲೀತಿ or ಪಂಫುಲ್ತಿ. *nishṭha* ಫುಲ್ಲ, ಫುಲ್ಲವತ್.

(163). ಪ್ರಥ್.

Forms the base of the aorist from C as ಪಪ್ರಥ (not ಪಿಪ್ರಥ) (VII. 4. 95.) *e. g.* ಅಪಪ್ರಥತ್.

(164.) ಪ್ರು.

(*a*). Conjugates its C invariably in the *parasmaipdi* even when its sense does not *include* that of motion. (I. 3. 86). and

(*b*). forms the base of the aorist from C and of D from C as ಪಿಪ್ರವ or ಪುಪ್ರವ (VII. 4. 81, 93.) *e. g.* C ಪ್ರಾವಯತಿ. (never ಪ್ರಾವಯತೇ). Aor. of C. ಅಪಿಪ್ರವತ್ or ಅಪುಪ್ರವತ್. D from C ಪಿಪ್ರಾವಯಿಷತಿ or ಪುಪ್ರಾವಯಿಷತಿ.

(165). ಬುಧ್.

(*a*). Takes ಚಿಣ್ optionally in the 3rd person singular of the aorist in the active voice (III. 1. 61.) and.

(*b*), invariably conjugates its C in the *parasmaipadi* (I. 3. 86.) *e. g.* Aor. ಅಬೋಧಿ or ಅಬುದ್ಧ. C ಬೋಧಯತಿ (not ಬೋಧಯತೇ also).

(166). ಬ್ರೂ.

(*a*). Is defective as regards all *árdhadhátuka* affixes and then substitutes the root ವಚ್ (II. 4. 53.)

(*b*). becomes optionally the root ಆಹ್ in the 3rd person and in the 2nd person dual, and ಆಥ್ in the 2nd person singular in the present tense (III. 4. 84. VIII. 2. 35).

(c). takes, when it so optionally changes its form in the present, the personal affixes of the perfect requiring however no ಇಟ್ before ಥಲ್ so exceptionally taken, (III. 4. 84.)

(*d*). requires all consonantal *sárvadhátuka* affixes having indicatory ಪ to be augmented with ಈಟ್ (VII. 3. 93.) and

(*e*). in the reflective voice in the present, the imperative, the imperfect, and the optative, requires their base in the active voice to be used, and in the aorist does not allow the base to be formed by ಚಿಣ್ in the 3rd person singular (Sid. II. 278.) *e. g.* ಬ್ರವೀತಿ or ಆಹ. 2 ಬ್ರೂತಃ or ಆಹತುಃ. 3 ಬ್ರುವಂತಿ or ಆಹುಃ. 4 ಬ್ರವೀಷಿ or ಆತ್ಥ. 5 ಬ್ರೂಥಃ or ಆಹಥುಃ. Impv. ಬ್ರವೀತು or ಬ್ರೂತಾತ್. 1st Fut. ವಕ್ತಾ. 2nd Fut. ವಕ್ಷ್ಯತಿ. Refl. ಬ್ರೂತೇ. Aor. ಅವೋಚತ.

(167). ಭ್ರಾಜ್.

Becomes ಭ್ರೇಜ್ optionally in the perfect (VI. 4. 125.) and has ಭ್ರಜ್ optionally as its C before ಚಙ್ (VII. 4. 3.) *e. g.* Perf. ಭ್ರೇಜೇ. 2 ಭ್ರೇಜಾತೇ. 3 ಭ್ರೇಜಿರೇ. Aor. of C. ಅಬಿಭ್ರಜತ್ or ಅಬಭ್ರಾಜತ್.

(168). ಭೀ.

(*a*). Becomes optionally ಭಿ before consonantal *sárvadhátuka* affixes having indicatory ಕ or ಙ (VI. 4. 115.)

(*b*). forms its perfect optionally by the auxiliary affixes ಆಮ್ and the auxiliary verbs it, when it so forms its perfect, getting reduplicated as it would be before *ṣluated* ಶಪ್ (III. 1. 39.) and

(c). becomes ಭಾಪ್ or ಭೀಷ್ when C is to be formed if the sense involves fear directly caused by the causative agent (VI. 1. 56.; VII. 3. 40.) being then conjugated in the *átmanepadi* (I. 3. 68). 2. ಬಿಭೀತಃ or

561

ಬಿಭಿತಃ. Perf. ಬಿಭಾಯ or ಬಿಭಯಾಂಚಕಾರ. C. (in the sense alluded to) ಭಾಪಯತೆ or ಭೀಷಯತೆ. C (otherwise) ಭಾಯಯತಿ.

(169.) ಭೂ.

(*a*). Becomes ಭೂವ್ in the perfect and in the aorist when vowel affixes are to be attached (VI. 4. 88), the ಊ of ಊವ್ not being liable to *guṇa* or *vriddhi* (Sid. II. 9; I. 2. 6.)

(*b*). takes I ಸಿಚ್ as the tense affix of the aorist in the *parasmaipadi* (II. 4, 77.)

(*c*). is never *guṇated* before *sàrvadhàtuka* personal affixes except when the base is a FP (VII. 3. 88; B. 766). and

(*d*). has ಬ as its reduplicate in the perfect (VII. 4. 73.) Perf. ಬಭೂವ. Aor. ಅಭೂತ್. 4 ಅಭೂಃ. But FP ಬೋ‌ಭೋತಿ or ಬೋಭವೀತಿ.

(170.) ಭೃ.

(*a*). Optionally forms its perfect by the auxiliary affix ಆಮ್ and the auxiliary verbs, the base being reduplicated before this affix ಆಮ್ as before *ṣlu-ated* ಶಪ್ (III. 1. 39.) and

(*b*). optionally allows ಇಟ್ before ಸನ್ (VII. 2. 49.) but rejects ಇಟ್ before all the affixes of the perfect (VII. 2. 13.) *e. g.* Perf. ಬಭಾರ or ಬಿಭರಾಂಚಕಾರ. 8 ಬಭೃವ. &c. 9 ಬಭೃಮ. &c. D. ಬಿಭರಿಷತಿ or ಬುಭೂರ್ಷತಿ.

(171.) VI. ಭ್ರಮ್.

Becomes ಭ್ರಾಮ್ in the special tenses (VII. 3. 74.) and ಭ್ರೇಮ್ before ಥಲ್ and affixes of the perfect having indicatory ಕ or ಙ (VI. 4. 124.) *e. g.* ಭ್ರಾಮ್ಯತಿ. Perf. 2 ಭ್ರೇಮತುಃ. 4 ಭ್ರೇಮಿಥ.

(172.) ಭ್ರಮ್.

Becomes ಭ್ರೆಮು before ಥಲ್ and the affixes of the perfect having indicatory ಕ or ಜ (VI. 4. 124.) *e. g.* Perf. 2 ಭ್ರೆಮತುಃ. 4 ಭ್ರೆಮಿಥ.

(173). ಭ್ರಸ್ಜ್ (ಭ್ರಸ್ಜೊ.)

(*a*). Becomes ಭೃಜ್ before affixes having indicatory ಕ or ಜ (VI. 1. 16.), and before other affixes provided they are *àrdhadhàtuka*, becomes optionally ಭರ್ಜ್ (VI. 4. 47.) and

(*b*). optionally allows ಇಟ್ before ಸನ್ (VII. 2. 49.) *e. g.* 1st Fut. ಭ್ರಷ್ಟಾ or ಭರ್ಷ್ಟಾ. 2nd Fut. ಭ್ರಕ್ಷ್ಯತಿ or ಭರ್ಕ್ಷ್ಯತಿ. Aor. ಅಭ್ರಾಕ್ಷೀತ್ or ಅಭಾರ್ಕ್ಷೀತ್. Perf ಬಭ್ರಜ್ಜ or ಬಭರ್ಜ್ಜ. Ben. ಭೃಜ್ಜ್ಯಾತ್. Pass. ಭೃಜ್ಜ್ಯತೆ. C ಭ್ರಜ್ಜಯತಿ or ಭರ್ಜ್ಜಯತಿ. D ಬಿಭ್ರಕ್ಷತಿ or ಬಿಭರ್ಕ್ಷತಿ or ಬಿಭ್ರಜ್ಜಿಷತಿ or ಬಿಭರ್ಜ್ಜಿಷತಿ. FA ಬಾಭೃಜ್ಯತೆ. *nish* ಭೃಷ್ಟ. Ger. ಭೃಷ್ಟ್ವಾ.

(174.) ಭ್ರೀ.

Optionally becomes ಭ್ರಿ before affixes having indicatory ಶ (VII. 3. 80. Sid. II. 167.) *e. g.* ಭ್ರೀಣಾತಿ or ಭ್ರಿಣಾತಿ.

(175.) IV ಮನ್.

Becomes ಮ before affixes beginning with ಝಲ್ and having indicatory ಕ or ಜ (VI. 4. 37.) *e. g. nish* ಮತ. Ger. ಮತ್ವಾ.

(176). VIII. ಮನ್.

(*a*). Becomes ಮ before affixes beginning with ಝಲ್ and having indicatory ಕ or ಜ (VI. 4. 37.) and

(*b*). takes ̣ ಸಿಚ್ in the *atmanepadi* before the personal affixes ತ and ಥಾಸ್ (II. 4. 79.) *e. g.* Aor. ಅಮತ or ಅಮನಿಷ್ಟ. 4 ಅಮಥಾಃ or ಅಮನಿಷ್ಠಾಃ. *nishtha* ಮತ. Ger. ಮತ್ವಾ.

(177.) IV. ಮಿದ್.

(*a*). Gets *guṇated* before affixes having indicatory ಶ (VII. 3. 82.) *e. g.* ಮೇದ್ಯತಿ.

(178). ಮುಚ್ (ಮುಚ್ಲೃ).

(*a*). Is augmented with ನುಮ್ in the special tenses (VII. 1. 59). and

(*b*). when the sense of it is intransitive *i. e.* when the sense is "to get loose" and so forth, it *guṇates* its vowel optionally even before ಸನ್$_1$ *lopating* its reduplicate at the same time (VII. 4. 57. 58). *e. g.* ಮುಂಚತಿ. D. (transitive) ಮುಮುಕ್ಷತಿ. D. (intransitive) ಮುಮೋಕ್ಷತೆ or ಮೋಕ್ಷತೆ.

(179). ಮುಷ್.

(*a*). Forms its D invariably (not only optionally) by ಸನ್$_1$ (I. 2. 8.) and

(*b*). takes ಕ್ತ್ವಾ though it is E (I. 2. 7.) *e. g.* D. ಮುಮುಷಿಷತಿ. Ger. ಮುಷಿತ್ವಾ.

(180). ಮುಹ್.

(*a*). Rejects ಇಟ್ absolutely before *nish* and optionally before other ವಲ್ *árdhadhátuka* affixes; and

(*b*). when preceded by ಪರಿ conjugates its C in the *átmanepadi* as well as *parasmaipadi* according to the general rules (I. 3. 89.) *e. g.* 1st Fut. ಮೋಹಿತಾ or ಮೋಗ್ಧಾ or ಮೋಢಾ. C. (from ಮುಹ್ preceded by ಪರಿ) ಪರಿಮೋಹಯತೆ. and ಪರಿಮೋಹಯತಿ.

(181). ಮೃ (ಮೃಙ್).

. Is conjugated in the *parasmaipadi* except in the special tenses and in the aorist and benedictive (I. 3. 61.) *e. g.* 1st Fut. 4 ಮರ್ತಾಸಿ. 2nd Fut. ಮರಿಷ್ಯತಿ. Perf. ಮಮಾರ. D. ಮುಮೂರ್ಷತಿ.

(182). ಮೃಜ್ (ಮೃಜೂ).

Takes *vriddhi* optionally before vowel affixes having indicatory ಕ or ಙ and absolutely before other affixes (VII. 2. 114. Sid. II. 122.) *e. g.* ಮಾರ್ಷ್ಟಿ. 3 ಮೃಜಂತಿ or ಮಾರ್ಜಂತಿ.

(183). ಮೃಷ್.

(*a*). Takes ಇತ್ವಾ or ಕ್ತ್ವಾ (I. 2. 25). and,

(*b*). when the sense is "to forgive or pardon," takes ತ or ತವತ್ as its *nish* as well as ಕ್ತ or ಕ್ತವತ್. (I. 2. 20.) *e. g. nish* (in the sense alluded to) ಮೃಷಿತ or ಮರ್ಷಿತ; ಮೃಷಿತವತ್ or ಮರ್ಷಿತವತ್. Ger. ಮೃಷಿತ್ವಾ or ಮರ್ಷಿತ್ವಾ.

(184). ಮ್ನಾ.

Becomes ಮನ before affixes having indicatory ಶ (VII. 3. 78.) *e. g.* ಮನತಿ.

(185). ಯಮ್.

(*a*). Becomes ಯಚ್ಛ before affixes having indicatory ಶ (VII. 3. 77.)

(*b*). becomes ಯಂಸ್ before ಸಿಚ್ of the aorist in the *parasmaipadi* (VII. 2. 73.)

(*c*). requires ಸಿಚ್ to be augmented with ಇಟ್ when it so becomes ಯಂಸ್ (VII. 2. 73.)

(*d*). becomes ಯ before affixes beginning with ಝಲ್ and having indicatory ಕ or ಙ (VI. 4. 37.) and optionally also before ಲ್ಯಪ್ (VI. 4. 38).

(*e*). when its is preceded by ಆಙ್, conjugates its C in the *àtmanépadi* though the sense is intransitive and it agrees with an agent possessed of a will (I. 3. 89.)

(*f*). when it is conjugated in the *átmanépadi* on account of its being preceded by ಆಙ್ in a transitive sense if the sense is "to hint" (ಗನ್ಧನಂ), it takes ಸಿಚ್$_1$ as its tense affix of the aorist (I. 2. 15.) and

(*g*). when it is conjugated in the *àtmanépadi* on account of its coming after ಉಪ in the sense of "to marry," it takes ಸಿಚ್$_1$ alternatively with ಸಿಚ್ as its tense affix of the aorist (I. 2. 16.) *e. g.* ಯಚ್ಛತಿ. Aor. ಅಯಂಸೀತ್. C (when preceded by ಆಙ್) ಆಯಾಮ ಯತೆ. *nishtha* ಯತ. ಯತವತ್. Ger. ಯತ್ವಾ (ಲ್ಯಪ್) ಯಮ್ಯ or ಯತ್ಯ. Aor. (in the sense of "to hint") ಉದಾಯತ. Aor. (in the sense of " to marry") ಉಪಾ ಯತ or ಉಪಾಯಂಸ್ತ.

(186). ಯಸ್.

When preceded by ಆಙ್ has its C conjugated in the *àtmanépadi* as well as in the *parasmaipadi* according to the general rules, though the sense is intransitive and it agrees with an agent possessed of a will (I. 3. 89.) *e. g.* ಆಯಾಸಯತೆ and ಆಯಾಸಯತಿ.

(187). ಯು.

(*a*). Requires ತ್ವಾ instead of ಕ್ತ್ವಾ. (B. 510; I. 2. 18.)

(*b*). allows augmentation with ಇಟ್ optionally in the case of ಸನ್ and requires such augmentation absolutely in the case of other *árdhadhátuka* affixes except those which have an indicatory ಕ (B. 510; VII. 2. 11, 49.) *e. g.* 1st Fut. ಯವಿತಾ. 2nd Fut. ಯವಿ ಷ್ಯತಿ. Aor. ಅಯಾವೀತ್. D ಯಿಯವಿಷತಿ or ಯುಯೂ ಷತಿ. Ger. ಯವಿತ್ವಾ. Inf. ಯವಿತುಂ.

(188). ಯುಧ್.

Has its C conjugated always in the *parasmaipadi* contrary to the general rule (I. 3. 86.) *e. g.* ಯೋಧಯತಿ.

(189). ರಧ್⁶.

(*a*). Is augmented with ನುಮ್ before vowel affixes (VII. 1. 61.) except before affixes augmented with ಇಟ್⁶ and not being those of the perfect (VII. 1. 62.) and

(*b*). rejects ಇಟ್⁶ absolutely before *nishṭha* and optionally before other ವಲ್⁶ affixes including those of the perfect (VII. 2. 45, 15. Kás on VII. 2. 45) *e. g.* 1st Fut. ರಧಿತಾ or ರದ್ಧಾ. 2nd Fut. ರಧಿಷ್ಯತಿ or ರತ್ಸ್ಯತಿ. Perf. ರರಂಧ. 2. ರರಂಧತುಃ. 4. ರರಂಧಿಥ or ರರದ್ಧ. 8. ರರಂಧಿವ or ರರಂಧ್ವ 9. ರರಂಧಿಮ or ರರಂಧ್ಮ. *nishṭha* ರದ್ಧ. Ger. ರಧಿತ್ವಾ or ರದ್ಧ್ವಾ.

(190). ರಂಜ್⁶.

(*a*). *Lopates* its penultimate in the special tenses (VI. 4. 26.)

(*b*). *lopates* its penultimate also before the affix ಣಿ provided the sense is "to hunt or chase" (Sid II. 196.) and

(*c*). in the reflective voice takes ಶ್ಯನ್⁶ alternatively with ಯಕ್⁶ as its tenses affix in the present, the imperative, the imperfect, and the opative tense, being, when it so takes ಶ್ಯನ್⁶, conjugated in the *parasmaipadi* (III. 1. 90.) *e. g.* ರಜತಿ Refl. ರಜ್ಯತಿ or ರಜ್ಯತೆ. C (in the sense of "to chase") ರಜಯುತಿ.

(191). ರುದ್⁶.

(*a*). Takes ಸನ್⁶₁ and ಕ್ತ್ವಾ (I. 2. 8.) and.

(*b*). requires ವಲ್⁶ *sárvadhátuka* affixes to be augmented with ಇಟ್⁶ (VII. 2. 76.) and if they are affixes consisting of single consonants requires ಈಟ್⁶ or ಅಟ್⁶

instead of ಇಟ್ (VII. 3. 98, 99.) *e. g.* ರೋದಿತಿ. Impv. ಅರೋದೀತ್ or ಅರೋದತ್. Aor. ಅರೋದೀತ್ or ಅರುದತ್. D ರುರುದಿಷತಿ. Ger. ರುದಿತ್ವಾ.

(192). ರಧ್.

(*a*). Becomes ರಂಧ್ before ಲಿಟ್ in the *parasmaipadi* and requires then the ಲಿಟ್ to be augmented with ಇಟ್ (VII. 2. 73.) and.

(*b*). becomes ರ before affixes beginning with ಝಲ್ and having indicatory ಕ or ಙ (VI. 4. 37.) and optionally before ಲ್ಯಪ್ (VI. 4. 38.) *e. g.* P. Aor. ಅರಂಧೀತ್. *nish* ರತ. Ger. ರತ್ವಾ. (ಲ್ಯಪ್) ರಹಯ್ಯ or ರತ್ಯ.

(193). ರಾಜ್.

Optionally *lopates* its reduplicate and becomes ರೇಜ್ before ಥಲ್ and affixes of the perfect having indicatory ಕ or ಙ (VI. 4. 125.) *e. g.* Perf. 2 ರರಾಜತುಃ or ರೇಜತುಃ, 3 ರರಾಜುಃ or ರೇಜುಃ, 4 ರರಾಜಿಥ or ರೇಜಿಥ. Aor. ರರಾಜೆ or ರೇಜೆ.

(194). ರಾಧ್ (in the sense of "to injure")

(*a*). *lopates* its reduplicate and becomes ರೇಧ್ before ಥಲ್ and affixes of the perfect having indicatory ಕ or ಙ (VI. 4. 123). and

(*b*). has ರಿತ್ಸ as its D base (Kàs on VII. 4. 54.) *e. g.* Perf. 2 ರೇಧತುಃ. 4 ರೇಧಿಥ. D. ರಿತ್ಸತಿ.

(195). ರುಚ್.

Has its C conjugated in the *átmanepadi* as well as in the *parasmaipadi* according to the general rules notwithstanding anything to the contrary in the provisoes (I. 3. 89.) *e. g.* ರೋಚಯತೆ. ರೋಚಯತಿ.

(196). ರು.

(*a*). Requires augmentation with ಇಟ್ of *árdhadhátuka* ವಲ್ affixes not being ಸನ್ unless they have indicatory ಕ (B. 510. VII. 2. 11, 12.) and

(*b*). allows also consonantal *sárvadhátuka* affixes to be augmented with ಈಟ್ (VII. 3. 95.) *e. g.* 1 ರೌತಿ or ರವೀತಿ. 1st Fut. ರವಿತಾ. 2nd Fut. ರವಿಷ್ಯತಿ. *nish* ರುತ. Ger. ರುತ್ವಾ.

(197). ರುಧ್ (ರುಧಿರ್).

Does not take ಚಿಣ್ in the reflective voice in the 3rd person singular (III. 1. 64). *e. g.* ಅರುದ್ಧ though ಅರೋಧಿ. in passive voice not reflective.

(198). ರುಹ್

Becomes optionally ರುಪ್ before ಣಿ (VII. 3. 43.) C ರೋಪಯತಿ or ರೋಹಯತಿ.

(199). IV. ಲೀ.

(*a*). Becomes ಲಾ absolutely before ಣಿ when the sense of the C so formed is "to delude or deceive" or "to subdue" or "to show respect to or adore" and otherwise optionally before all affixes that would ordinarily *guṇate* or *vriddhiate* its final vowel and also before ಲ್ಯಪ್ (VI. 1. 51.) and

(*b*). conjugates its C always in the *átmanepadi* in the particular senses above alluded to (I. 3. 70 Kás. thereon) *e. g.* 1st Fut. ಲಾತಾ or ಲೇತಾ. 2nd Fut. ಲಾಸ್ಯತಿ or ಲೇಷ್ಯತಿ. Aor. ಅಲಾಸೀತ್ or ಅಲಾಯಿಷೀತ್. Perf. ಲಲೌ or ಲಿಲಾಯ. 4 ಲಲಿಥ or ಲಿಲಯಿಥ. C (in the senses alluded to) ಲಾಪಯತೇ though otherwise it is ಲಾಪಯತಿ or ಲಾಯಯತಿ. Ger. (ಲ್ಯಪ್) ಲಾಯ or ಲೀಯ. Inf. ಲಾತುಂ or ಲೇತುಂ.

(200). IX. లీ.

(*a*). Has all the irregularities which IV లీ has, and

(*b*). further shortens its final vowel before affixes having indicatory శ. (VII. 3. 80.) *e. g.* లినాతి. 1st Fut. లాతా or లేతా.

(201). IV. లుభ్.

Rejects the augment ఇట్ absolutely before *nish* and optionally before *árdhadhátuka* affixes beginning with త (VII. 2. 15. 48.) *e. g.* 1st. Fut. లోభితా or లుబ్ధా. *nish* లుబ్ధ. Ger. లోభిత్వా or లుభిత్వా or లుబ్ధ్వా.

(202). VI. లుభ్.

Rejects the augment ఇట్ absolutely before *nish* and optionally before other *àrdhadhàtuka* affixes beginning with త and not being త్వా (VII. 2. 48, 54.) *e. g.* 1st Fut. లోభితా or లోబ్ధా. *nish* లుబ్ధ. Ger. లుభిత్వా or లోభిత్వా.

(203). వచ్.

(*a*). Becomes వోచ్ before అఙ్ which it takes as its tense affix in the aorist in the active voice (VII. 4. 20; III. 1. 52.) and ఉచ్ before affixes having indicatory క (VI. 1. 15.)

(*b*). has ఉ as its reduplicate in the perfect (VI. 1. 17.) and

(*c*). has no 3rd person plural in the present and so బ్రువంతి or వదంతి is used instead in this number and person (Síd II. 120.) *e. g.* Perf. ఉవాచ. 2 ఊచతుః. Ben. ఉచ్యాత్. Pass. ఉచ్యతే. *nish* ఉక్త. Ger. ఉక్త్వా.

(204). వద్.

(*a*). Takes క్త్వా as its gerundial affix though it is E (I. 2. 7.)

(*b*). has its C conjugated in the *átmanepadi* as well as *parasmaipadi* according to the general rules on the subject contr ary to proviso (*b*) (I. 3. 89.)

(*c*). becomes ಉದ್ before affixes having indicatory ಕ (VI. 1. 15.)

(*d*). has ಉ as its reduplicate in the perfect (VI. 1. 17.) and

(*e*). in the *parasmaipadi* absolutely, not only optionally, *vriddhiates* its penultimate before ಸಿಚ್ of the aorist (VII. 2. 3.) *e. g.* Aor. ಅವಾದೀತ್. Perf. ಉವಾದ 2 ಊದತುಃ. Ben. ಉದ್ಯಾತ್. Pass ಉದ್ಯತೆ. C ವಾದಯತಿ, ವಾದಯತೆ. *nish* ಉದಿತ. Ger. ಉದಿತ್ವಾ.

(205). ವಸ್.

(*a*). Takes ಕ್ತ್ವಾ as its gerundial affix though it is E (I. 2. 7).

(*b*). has its C conjugated in the *átmanepadi* as well as in the *parasmaipadi* according to the general rules on the subject contrary to proviso (*b*) (I. 3. 89.)

(*c*). becomes ಉಷ್ before affixes having indicatory ಕ (VI. 1. 15.)

(*d*). has ಉ as its reduplicate in the perfect (VI. 1. 17.) and

(*e*). requires ಕ್ತ್ವಾ and *nish* to be augmented with ಇಟ್ (VII. 2. 52.) *e. g.* Perf. ಉವಾಸ. 2 ಊಷತುಃ. Ben. ಉಷ್ಯಾತ್. Pass. ಉಷ್ಯತೆ. C ವಾಸಯತಿ, ವಾಸಯತೆ. *nish* ಉಷಿತ. Ger. ಉಷಿತ್ವಾ.

(206). ವಹ್.

(*a*). Becomes ಉಹ್ before affixes having indicatory ಕ or ಙ (VI. 1, 16.) except ಯಙ್ (VI. 1. 20.) and (b). has ಉ as its reduplicate in the perfect (VI. 1. 17.) e. g. 2 ಉಷ್ಯತಿ. Perf. ಉವಾಶ. 2 ಊಶತುಃ. Ben. ಉಶ್ಯಾತ್. Pass. ಉಶ್ಯತೇ.

(207.) I ವಂಚ್.

Takes ಕ್ತ್ವಾ or ತ್ವಾ as its gerundial affix (I. 2. 24.) e. g. ವಂಚಿತ್ವಾ or ವಚಿತ್ವಾ.

(208). X ವಂಚ್.

(a). Takes ಕ್ತ್ವಾ or ತ್ವಾ as its gerundial affix (I. 2. 24.) and

(b). has its C always conjugated in the *átmanepadi* (I. 3. 69.) e. g. C ವಂಚಯತೇ. Ger. ವಂಚಿತ್ವಾ or ವಚಿತ್ವಾ.

(209). VII. ವಿಜ್.

Repuires all affixes augmented with ಇಟ್ to be treated as affixes having indicatory ಙ (I. 2. 2.) e. g. 1st Fut. ವಿಜಿತಾ. 2nd Fut. ವಿಜಿಷ್ಯತಿ.

(210). VI. ವಿದ್.

(a). Gets augmented with ನುಮ್ in the special tenses (VII. 1. 59.) and

(b). takes ಸನ್$_1$ and ಕ್ತ್ವಾ invariably (I. 2. 8.) and

(c). allows optionally the augment ಇಟ್ before the primitive affix ವಸು (VII. 2. 68.) e. g. ವಿಂದತಿ. D ವಿವಿದಿಷತಿ. Ger. ವಿದಿತ್ವಾ. (ಕ್ವಸು) ವಿವಿದ್ವಾನ್ or ವಿವಿದಿವಾನ್.

(211). II. ವಿದ್.

(a). Forms its perfect optionally by the auxiliary affix ಆಮ್ and the auxiliary verbs (III. 1. 38.)

(b). forms its imperative also by the auxiliary affix ಆಮ್ and the imperative of the root ಕೃ (III. 1. 41, Kàs. thereon.)

(*c*). allows its perfect forms to be used optionally in the present (III. 4. 83.) but without the reduplicate.

(*d*). forms its imperfect plural 3rd person by ಜುಸ್ (III. 4. 109.)

(*e*). takes ಸನ್$_1$ and ಕ್ತ್ವಾ invariably (I. 2. 8.) and

(*f*). allows optionally the augment ಇಟ್ before the primitive affix ವಸು (VII. 2. 68.) *e. g.* ವೇದ. 2 ವಿದತುಃ. 3 ವಿದುಃ. 4 ವೇತ್ಥ. 5 ವಿದಥುಃ. 6 ವಿದ. 7 ವೇದ. 8 ವಿದ್ವ. 9 ವಿದ್ಮ. or ವೆತ್ತಿ &c. Imp. 3 ಅವಿದುಃ. Impv. ವಿದಾಂಕರೋತು or ವಿದಾಂಕುರುತಾತ್. 2 ವಿದಾಂಕುರುತಾಂ. 3 ವಿದಾಂಕುರ್ವಂತು. and so on, or ವೆತ್ತು. &c. Perf. ವಿದಾಂಚಕಾರ. and so on, or ವಿವೇದ &c. D. ವಿವಿದಿಷತಿ. Ger. ವಿದಿತ್ವಾ.

(212). ಷಧ್.

Does not *vriddhiate* its penultimate before ಚಿಣ್ (VII. 3. 35.) *e. g.* Pass. Aor. ಅಷಧಿ.

(213). ವೀ.

Becomes optionally ವಾ before ಣಿ when it means "to conceive or generate (VI. 1. 55.) *e. g.* C. ವಾಪಯತಿ or ವಾಯಯತಿ, in the sense alluded to, but ವಾಯಯತಿ, otherwise.

(214). ವೆ (ವೇಞ್).

(*a*). Optionally in the perfect becomes ವಯ್ before personal affixes not having indicatory ಕ, and ಉಯ್ or ಉವ್ before affixes having indicatory ಕ (II. 4. 41; (VI. 1. 16, 38, 39, 40.)

(*b*). has ಉ as its reduplicate in the perfect (VI. 1. 17.) when it has not the form of ವೆ.

(*c*). becomes ವಾಜ್ before ಣಿ (VII. 3. 37.) and

(*d*). becomes ಉ before affixes having indicatory ಕ except ಲ್ಯಪ್ and affixes of the perfect (VI. 1. 15, 41.) *e. g.* Perf. ವವೌ or ಉವಾಯ. 2 ವವತುಃ or ಊಯತುಃ or ಊವತುಃ. 4 ವವಿಥ or ವವಾಥ or ಉವಯಿಥ. Ben. ಊಯಾತ್. C. ವಾಯಯತಿ. *nish* ಉತ. Ger. ಉತ್ವಾ.

(215). ವ್ಯಥ್.

Has ವಿ as its reduplicate in the perfect (VII. 4. 68.) *e. g.* ವಿವ್ಯಥೆ. 2 ವಿವ್ಯಥಾತೆ.

(216). ವ್ಯೆ (ವ್ಯೇಞ್).

(*a*). Remains as ವ್ಯೆ in the perfect (VI. 1. 45.) and further requires ಥಲ್ to be invariably augmented with ಇಟ್ (VII. 2. 66.)

(*b*). has ಉ as its reduplicate in the perfect (VI. 1. 17.) and before ಯಙ್ (VI. 1. 19.) and

(*c*). gets *sámprasáraṇated* before ಯಙ್ and before affixes having indicatory ಕ (VI. 1. 15.) and not being those of the perfect except before ಲ್ಯಪ್ before which when it is preceded by ಪರಿ it optionally gets *sámprasáraṇated* though not *sámprasáraṇated* otherwise (VI. 1. 43, 44.) *e. g.* Perf. ವಿವ್ಯಾಯ. 4 ವಿವ್ಯಯಿಥ. Ben. ವೀಯಾತ್. Pass. ವೀಯತೆ, FA ವೇವೀಯತೆ. *nish* ವೀತ. Ger. ವೀತ್ವಾ. (ಲ್ಯಪ್). ಪರಿವ್ಯಾಯ or ಪರಿವೀಯ.

(217). ವ್ರಶ್ಚ್ (ವ್ರಶ್ಚೂ).

(*a*). Gets *sámprasáraṇated* before affixes having indicatory ಕ or ಙ (VI. 1. 16.)

(*b*). has ವ as its reduplicate in the perfect (VI. 1. 17.) anp (c). requires as its gerundial affix ತ್ವಾ invariably augmented with ಇಟ್ (VII. 2. 55.) *e. g.* ವೃಶ್ಚತಿ. Perf. ವವ್ರಶ್ಚ. 2 ವವೃಶ್ಚತುಃ. Ben. ವೃಶ್ಚ್ಯಾತ್. Pass ವೃಶ್ಚ್ಯತೇ. Ger. ವ್ರಶ್ಚಿತ್ವಾ.

(218). IX ವ್ಲೀ.

Optionally shortens its final vowel before affixes having indicatory ಶ (VII. 3. 80.) *e. g.* ವ್ಲೀಣಾತಿ or ವ್ಲಿಣಾತಿ.

(219). ವ್ರಜ್.

Has its penultimate invariably *vridhiated* before ಸಿಚ್ of the aorist in the *parasmaipadi* (VII. 2. 3.) *e. g.* Aor. ಅವ್ರಾಜೀತ್.

(220). ವೃತ್ (ವೃತು.)

(*a*). Is conjugated optionally in the *parasmaipadi* in the aorist taking then ಅಙ್ as its tense affix; also when followed by ಸ್ಯ and ಸನ್$_1$ rejecting then the augmentation of ಸ್ಯ and ಸನ್ with ಇಟ್ (I. 3. 91, 92; III. 1. 55; VII. 2. 59.) and

(*b*). has the words ವೃತ್ತ as that formed by ಕ್ತ from its C root when the meaning is "read fully" (VII. 2. 26.) *e. g.* 2nd Fut. ವರ್ತ್ಸ್ಯತಿ or ವರ್ತಿಷ್ಯತೇ. Aor. ಅವೃತತ್ or ಅವರ್ತಿಷ್ಟ. D ವಿವೃತ್ಸತಿ or ವಿವರ್ತಿಷತೇ. Anomalous word. ವೃತ್ತ (fully read).

(221). ಶದ್ (ಶದ್ಲ).

(*a*). Becomes ಶೀಯ before affixes having indicatory ಶ, being at the same time conjugated in the *âtmanepadi* (VII. 3. 78 I. 3. 60.) and

(*b*). becomes ಶತ್ before ಣಿ (VII. 3. 42.) *e. g.* ಶೀಯತೇ. C ಶಾದಯತಿ.

(222). ಶಸ್.

(*a*). Does not become ಶೆಸ್ *lopating* its reduplicate in the perfect before affixes having indicatory ಕ or ಙ and before ಥಲ್ (VI. 4. 126.) and.

(*b*). gives the anomalous word ವಿಶಸ್ತ, which means "arrogant" (VII. 2. 19.) *e. g.* Perf. 2 ಶಶಸತುಃ. 4 ಶಶಸಿಥ. Anomalous word. ವಿಶಸ್ತ.

(223). II. ಶಾಸ್.

(*a*). Takes ಅಙ್ as its tense affix in the aorist (III. 1. 56.)

(*b*). becomes ಶಿಸ್ before this ಅಙ್ and before consonantal affixes having indicatory ಕ or ಙ (VI. 4. 34.) except ಧಿ$_2$ sub for ಹಿ$_2$ before which it becomes ಶಾ (VI. 4. 35. Sid. II. 126.)

(*c*). is considered as a reduplicated base (VI. 1. 4. 6.) and

(*d*). does not allow its C to shorten its penultimate before ಚಙ್ (VII. 4. 2.) *e. g.* 2 ಶಿಷ್ಟಃ. 3 ಶಾಸತಿ. 4 ಶಾಧಿ. Impv. ಶಾಸತು or ಶಿಷ್ಟಾತ್. 2 ಶಿಷ್ಟಂ. 3 ಶಾಸತು. Imp. 2 ಅಶಿಷ್ಟಂ. 3 ಅಶಾಸುಃ. O. ಶಿಷ್ಯಾತ್. Aor. ಅಶಿಷತ್. Ben. ಶಿಷ್ಯಾತ್. Pass ಶಿಷ್ಯತೇ. *nish* ಶಿಷ್ಟ.

(224). ಶೀ.

(*a*). Takes ರತೇ, ರತಾಂ, ರತ as personal affixes in the 3rd person plural of the present, imperative and imperfect respectively (VII. 1. 6.)

(*b*). *gunates* its vowel before all *sárvadhátuka* affixes (VII. 4. 21.) and changes its vowel into ಅಯಙ್ before affixes beginning with ಯ and having indicatory ಕ or ಙ (VII. 4. 22.) and

(*c*). takes ತ and ತವತ್ instead of ಕ್ತ and ಕ್ತವತ್ as its *nish* affixes (I. 2. 19.) *e. g.* ಶೇತೇ. 2 ಶಯಾತೇ. 3 ಶೇರತೇ. Impv.

ಕೆತಾಂ. 2 ಕಯಾತಾಂ. 3 ಕರತಾಂ. Imp. ಅಕೆತ. 2 ಅಕಯಾತಾಂ. 3 ಅಕೆರತ. O. ಕಯಿೀತ. 1st Fut. ಕಯಿತಾ. Pass ಕಯ್ಯತೆ. FA ಕಾಕಯ್ಯತೆ. *nish* ಕಯಿತ.

(225). ಶ್ರಾ.

Becomes ಶೃ before affixes having indicatory ಶ (VII. 3. 80.) and optionally also in the perfect (VII. 4. 12.) *e. g.* ಶೃಣಾತಿ. Perf. ಶಶ್ರತುಃ or ಶಶರತುಃ.

(226). ಶ್ಯೈ (ಶ್ಯೈಜ್).

(*a*). Before *nishtha* becomes ಶೀ when it is preceded by ಪ್ರತಿ and optionally also when it is preceded by ಅಭಿ and ಅವ (VI. 1. 25, 26.).

(*b*). before *nish* becomes ಶೀ always even when not so preceded if it means "to become thick or congealed" (VI. 1. 24.) and

(*c*). takes ನ, and ನವತ್ as its *nishtha* affixes when it does not mean "to feel" (ಸ್ಪರ್ಶ) (VIII. 2. 47.) *e. g. nish* ಅಭಿಶೀನ or ಅಭಿಶ್ಯಾನ; ಅವಶೀನ or ಅವಶ್ಯಾನ; ಪ್ರತಿಶೀನ; ಶೀನ; ಅಭಿಶೀತ or ಅಭಿಶ್ಯಾತ; ಅವಶೀತ or ಅವಶ್ಯಾತ; ಪ್ರತಿಶೀತ; ಶೀತ.

(227). ಶ್ರಿ.

(*a*). Takes ಚಙ್ as its tense affix of the aorist in the active voice (III. 1. 48.) and

(*b*). allows the augmentation with ಇಟ್ optionally of ಸನ್ (VII. 2. 49.) and absolutely of other ವಲ್ *árdhadhátuka* affixes (B. 510.) except affixes having indicatory ಕ (VII. 2. 11.) *e. g.* 1st Fut. ಶ್ರಯಿತಾ. 2nd Fut. ಶ್ರಯಿಷ್ಯತಿ. Aor. ಅಶಿಶ್ರಿಯತ್. Perf. 4 ಶಿಶ್ರಯಿಥ. D. ಶಿಶ್ರಯಿಷತಿ or ಶಿಶ್ರೀಷತಿ. *nish* ಶ್ರಿತ. Ger. ಶ್ರಿತ್ವಾ.

(228) ಶ್ವಿ (ಟುಓಶ್ವಿ.)

(*a*). Requires all *àrdhadhàtuka* affixes except *nish* to be augmented with ಇಟ್ (B 510, VII. 2. 14.)

(*b*). takes ಚಙ್ or ಅಙ್ alternatively with ಸಿಚ್ as its tense affix of the aorist in the active voice (III. 1. 49. Kás. thereon).

(*c*). when it takes ಅಙ್ as above becomes ಶ್ವ (VII. 4. 18.)

(*d*). when it takes ಸಿಚ್ its final vowel is not *vriddhiated* (VII. 2. 5.)

(*e*). gets *sámprasáraṇated* optionally before ಯಙ್ and the affixes of the perfect and also before ಣಿ followed by ಸನ್ or ಚಙ್ (VI. 1. 30, 31.) and absolutely before other affixes having indicatory ಕ (VI. 1. 15) and

(*f*) has ಶು as its reduplicate in the perfect when it gets *sámprasáraṇated* (VI. 1. 17. Sid. II. 108.) *e. g.* 1st Fut. ಶ್ವಯಿತಾ. 2nd Fut. ಶ್ವಯಿಷ್ಯತಿ. Aor. ಅಶ್ವಯೀತ್ or ಅಶಿಶ್ವಿಯತ್ or ಅಶ್ವತ್. Perf. ಶುಶಾವ or ಶಿಶ್ವಾಯ. 4 ಶುಶವಿಥ or ಶಿಶ್ವಯಿಥ. Ben. ಶೂಯಾತ್. Pass ಶೂಯತೇ. Aor. of C. ಅಶೂಶವತ್ or ಅಶಿಶ್ವಯತ್. D of C ಶುಶಾವಯಿಷತಿ or ಶಿಶ್ವಾಯಯಿಷತಿ. D ಶಿಶ್ವಯಿಷತಿ. FA ಶೋಶೂಯತೇ or ಶೇಶ್ವೀಯತೇ. *nish* ಶೂನ.

(229.) V ಶ್ರು.

(*a*). Becomes ಶೃ in the special tenses (III. 1. 74.)

(*b*). rejects the augment ಇಟ್ before all ವಲ್ affixes of the perfect (VII. 2. 13.)

(*c*). conjugates its D in the *átmanepadi* except when the D is preceded by ಪ್ರತಿ or ಆಙ್ as an *upasarga* (I. 3. 57, 59.) and (*d*). has ಶಿ or ಶು as its reduplicate before ಣಿ followed by ಸನ್ or ಚಜ್ (VII. 4. 81, 93.) *e. g.* ಶೃಣೋತಿ. Perf. 4 ಶುಶ್ರೋಥ. 8 ಶುಶ್ರಾವ. 9 ಶುಶ್ರುಮ. Aor. of C ಅಶುಶ್ರವತ or ಅಶಿಶ್ರವತ. D of C ಶುಶ್ರಾವಯಿಷತಿ or ಶಿಶ್ರಾವಯಿಷತಿ. D ಶುಶ್ರೂಷತೆ. But, ಪ್ರತಿಶುಶ್ರೂಷತಿ.

(230). ಶ್ವಸ್.

(*a*). Does not *vriddhiate* its penultimate before ಸಿಚ್ though it is augmented with ಇಟ್ (VII. 2. 5.) and

(*b*). requires the augmentation with ಇಟ್ of ವಲ್ *sárva-dhátuka* affixes (VII. 2. 76.) except such of them as consist of single consonants, for these are to be augmented with ಈಟ್ or ಅಟ್ at option (VII. 3. 98, 99.) *e. g.* ಶ್ವಸಿತಿ. Imp. ಅಶ್ವಸೀತ್ or ಅಶ್ವಸ್ವತ್. Aor. ಅಶ್ವಸೀತ್.

(231). ಷ್ಠಿವ.

(*a*). Becomes ಷ್ಠೀವ before affixes having indicatory ಶ (VII. 3. 75.) and

(*b*). has ತಿ or ಟಿ as its reduplicate in the perfect (Sid. II. 69.) *e. g.* ಷ್ಠೀವತಿ. Perf. ತಿಷ್ಠೇವ or ಟಿಷ್ಠೇವ.

(232). ಸದ್ (ಷದ್ಲ).

(*a*). Becomes ಸೀದ before affixes having indicatory ಶ (VII. 3. 78.) and

(*b*). does not take ಯಙ್ or] ಯಙ್ except to convey a censure in connection with the action denoted by it (III. 1. 24.) *e. g.* ಸೀದತಿ. FA ಸಾಸದ್ಯತೆ and FP ಸಾಸತ್ತಿ, do not convey the sense of intensity or frequency.

(233). ಸನ್.

(a). Forms its base in the aorist optionally by ī ಸಿಚ್ in the 3rd and the 2nd person singular *átmanépadi* (II. 4. 79.)

(b). allows ಸನ್ optionally to reject the augment ಇಟ್ (VII. 2. 49.) and rejects the augment absolutely before *nishṭha* (VII. 2. 15.)

(c). becomes ಸಾ when the augment ಇಟ್ is rejected before ಸನ್ and also before ಝಲ್ affixes having indicatory ಕ or ಙ (VI. 4. 42.) and

(d). becomes ಸಾ optionally before affixes beginning with ಯ and having indicatory ಕ or ಙ (VI. 4. 43.) *e. g.* A. Aor. ಅಸನಿಷ್ಟ or ಅಸಾತ. 4 ಅಸನಿಷ್ಠಾಃ or ಅಸಾಥಾಃ. Ben. ಸಾಯಾತ್ or ಸನ್ಯಾತ್. Pass ಸಾಯತೆ or ಸನ್ಯತೆ. D ಸಿಸನಿಷತಿ or ಸಿಷಾಸತಿ. FA ಸಾಸನ್ಯತೆ or ಸಂಸನ್ಯತೆ. *nish* ಸಾತ.

(234.) ಸು.

Requires ಸಿಚ್ in the *parasmaipadi* to be augmented with ಇಟ್ (VII. 2. 72.) *e. g.* ಅಸಾವೀತ್.

(235.) ಸ್ತ್ಯೈ (ಸ್ತ್ಯೈ or ಷ್ಟ್ಯೈ).

When preceded by ಪ್ರ has as its *nishṭha* the following words:—ಪ್ರಸ್ತೀಮ, ಪ್ರಸ್ತೀತ ; ಪ್ರಸ್ತೀಮವತ್. ಪ್ರಸ್ತೀತವತ್. (VI. 1. 23. VIII. 2. 54.)

(236). ಸ್ಫಾ.

(a). Becomes ತಿಷ್ಟ before affixes having indicatory ಶ (VII. 3. 78.)

(b). takes ī ಸಿಚ್ as its tense affix in the *parasmaipadi* (II. 4. 77.)

(*c*). takes ಸಿಚ್$_{1}$ as its tense affix in the *átmanepadi* becoming ಸ್ಥಿ before the affix (I. 2. 17).

(*d*). becomes ಸ್ಥಿ also before affixes beginning with ತ and having indicatory ಕ (VII. 4. 40.) and ಸ್ಥೀ before other consonantal affixes having indicatory ಕ or ಙ (VI. 4. 66.) except those of the benedictive before which it becomes ಸ್ಥೇ (VI. 4. 67.) and except ಲ್ಯಪ್ before which it remains unchanged (VI. 4. 69.) and

(*e*). becomes ಸ್ಥಾಪ್ before ಣಿ followed by ಚಙ್ (VII. 4. 5.) *e. g.* ತಿಷ್ಠತಿ. Aor. ಅಸ್ಥಾತ್. 2 ಅಸ್ಥಾತಾಂ. A. Aor. ಅಸ್ಥಿತ. Ben. ಸ್ಥೇಯಾತ್. Pass ಸ್ಥೀಯತೇ. Aor. of C ಅತಿಷ್ಠಿಪತ್. FA ತೇಷ್ಠೀಯತೇ. *nish* ಸ್ಥಿತ. Ger. ಸ್ಥಿತ್ವಾ. But (ಲ್ಯಪ್). ಸ್ಥಾಯ.

(237). ಸಹ್.

(*a*). Rejects the augment ಇಟ್ absolutely before *nish* and optionally before other *árdhadhátuka* affixes beginning with ತ (VII. 2. 15, 48.) *e. g.* 1st Fut. ಸಹಿತಾ or ಸೋಢಾ. *nish* ಸೋಢ. ಸೋಢವತ್. Ger. ಸಹಿತ್ವಾ. ಸಾಢ್ವಾ.

(238). IV. ಸಿಧ್ (ಷಿಧು).

Becomes ಸಾಧ್ before ಣಿ when the sense relates to something not belonging to the other world (VI. 1. 49.) *e. g.* C. ಸಾಧಯತಿ in the sense alluded to though ಸೇಧಯತಿ otherwise.

(239.) ಸೂ (ಷೂಙ್).

Allows the augment ಇಟ್ to be rejected absolutely before *nish* and optionally before other ವಲ್ *árdhadhátuka* affixes (VII. 2. 15, 44) and does not require its final vowel to be *guṇated* before any *sàrvadhàtuka* personal affix (VII. 3. 88.) *e. g.* Impv. 7 ಸುವೈ. 8 ಸುವಾವಹೈ. 9 ಸುವಾಮಹೈ. 1st Fut. ಸವಿತಾ or ಸೋತಾ. 2nd Fut. ಸವಿಷ್ಯತೇ or ಸೋಷ್ಯತೇ. *nish* ಸೂತ. Ger. ಸವಿತ್ವಾ or ಸೂತ್ವಾ.

(240). III. ಸೃ.

(*a*). Has its reduplicate as ಸ in the special tenses (VII. 5. 66.) and

(*b*). takes ಅಙ್ as its tense affix in the aorist (III. 1. 56.) and

(*c*). rejects the augment ಇಟ before ವಲ್ affixes of the perfect (VII. 2. 13.) ಸಸರ್ತಿ. Aor. ಅಸರತ್. Perf. 8 ಸಸೃವ. 9 ಸಸೃಮ.

241. I. ಸೃ.

(*a*). Becomes, before affixes having indicatory ಶ, ಧಾ when it means "to run" though it remains as ಸೃ only when it does not mean so. (VII. 3. 78; Sid. II. 97.) and

(*b*). rejects the augment ಇಟ before ವಲ್ affixes of the perfect (VII. 2. 13.) *e. g.* ಧಾವತಿ in the sense alluded to but ಸರತಿ otherwise. Perf. 8 ಸಸೃವ. 9 ಸಸೃಮ.

(142). ಸೃಜ್.

Becomes ಸ್ರಜ್ before ಝಲ್ affixes not distinguished by indicatory ಕ (VI. 1. 58.) *e. g.* 1st Fut. ಸ್ರಷ್ಟಾ. 2nd Fut. ಸ್ರಕ್ಷ್ಯತಿ. Aor. ಅಸ್ರಾಕ್ಷೀತ್. Perf. 4 ಸಸರ್ಜಿಥ or ಸಸ್ರಷ್ಠ. Inf. ಸ್ರಷ್ಟುಂ.

(243.) ಸೋ (ಷೋ).

(*a*). Becomes ಸಿ before affixes beginning with ತ and having indicatory ಕ (VII. 4. 40); ಸೇ before the personal affixes of the benedictive. (VI. 4. 67.); and ಸೇ before other consonantal affixes having indicatory ಕ or ಙ except ಲ್ಯಪ್ (VI. 4. 66, 69.)

(*b*). takes ೧ ಸಿಚ್ optionally as its tense affix of the aorist in the *parasmaipadi* (II. 4. 78.) and (c). becomes ಸಾಯ್ before ಣಿ (VII. 3. 37.) *e. g.* Aor. ಅಸಾಸೀತ್ or ಅಸಾತ್. Ben. ಸೇಯಾತ್. Pass ಸೀಯತೇ. FA ಸೇಸೀಯತೇ. C ಸಾಯಯತಿ. *nish* ಸಿತ. Ger. ಸಿತ್ವಾ.

(244.) ಸ್ಕಂದ್.

Has ಚನೀ as its reduplicate for its FA and FP roots (VII. 4. 84.); and does not *lopate* its penultimate before ಕ್ತ್ವಾ (VI. 4 31.) *e. g.* FA ಚನೀಸ್ಕದ್ಯತೇ. FP ಚನೀಸ್ಕನ್ದೀತಿ. Ger. ಸ್ಕಂತ್ವಾ.

(245.) ಸ್ತು.

(*a.*) Requires ಸಿಚ್ in the *parasmaipadi* to be augmented with ಇಟ್ (VII. 2. 72.) and rejects the augment before ವಲ್ affixes of the perfect (VII. 2. 13.) and

(*b.*) allows consonantal *sàrvadhàtuka* affixes to be optionally augmented with ಈಟ್ (VII. 3. 95.) *e. g.* ಸ್ತವೀತಿ or ಸ್ತೌತಿ. Aor. ಅಸ್ತಾವೀತ್. Perf. 4 ತುಷ್ಟೋಥ. 7 ತುಷ್ಟುವ. 8 ತುಷ್ಟುಮ.

(246.) ಸ್ತೄ.

(*a.*) Shortens its final before affixes having indicatory ಶ (VII. 3. 80.) and

(*b.*) has ತ as its reduplicate before ಣಿ followed by ಚಙ್ (VII. 4. 95.) *e. g.* ಸ್ತೃಣಾತಿ. Aor. of C ಅತಸ್ತರತ್.

(247.) ಸ್ನು (ಷ್ಣು)

(*a.*) Requires its active base to be used in the reflective voice in the present, imperfect, imperative, and optative, but with *àtmanepadi* personal affixes (III. 1. 89.)

(*b*). takes no ಚಿಣ್ but ಸಿಚ್ only in the aorist of the reflective voice (III. 1. 89.) and (c). requires ವಲ್ *árdhadhátuka* affixes to be augmented with ಇಟ್ except before ಸನ್ and other affixes having indicatory ಕ and except when it is to be used in the *àtmanepàdi, i. e.* on account of the voice being passive or of an interchange of the action being intended to be expressed (B. 510; VII. 2. 10, 11, 12, 36.) 1st Fut. ಸ್ನವಿತಾ. 2nd Fut. ಸ್ನವಿಷ್ಯತಿ. Aor. ಅಸ್ನಾವೀತ್. Reflective ಸ್ನುತೆ. Aor. ಅಸ್ನೊಷ್ಟ. Pass. 1st Fut. ಸ್ನೋತಾ. 2nd Fut. ಸ್ನೋಸ್ಯತೆ. D ಸುಸ್ನೂಷತಿ. *nish* ಸ್ನುತ. Ger. ಸ್ನುತ್ವಾ.

(248). ಸ್ಪಶ್.

(*a*). Has ಪ as its reduplicate before ಣಿ followed by ಚಙ್ (VII. 4. 95.) and

(*b*). before *nish* allows its C optionally to be formed by Ī ಣಿ and when so formed to reject the augment ಇಟ್ (VII. 2. 27.) *e. g.* ಅಪಸ್ಪಶತ್. *nish* of C ಸ್ಪಷ್ಟ, ಸ್ಪಶಿತ.

249.) ಸ್ಪೃಶ್.

Has either ಸಿಚ್ or ಕ್ಸ as its tense affix in the aorist (Sid. II. 104.) *e. g.* Aor. ಅಸ್ಪಾರ್ಕ್ಷೀತ್ or ಅಸ್ಪ್ರಾಕ್ಷೀತ್ or ಅಸ್ಪೃಕ್ಷತ್.

(250). ಸ್ಫಾಯಿ.

Becomes ಸ್ಫೀ before *nishṭha* (VI. 1. 22.) and ಸ್ಫಾವ before ಣಿ (VII. 3. 41.) *e. g.* C ಸ್ಫಾವಯತಿ. *nish* ಸ್ಫೀತ.

(251). ಸ್ಫುರ್.

(*a*). Requires all affixes not distinguished by indicatory ಞ or ಣ to be treated as affixes having indicatory ಙ (I. 2. 1.) and (*b*). becomes ಸ್ಫಾರ್ optionally before ಣಿ (VI. 1. 54.) *e. g.* 1st Fut. ಸ್ಫುರಿತಾ. 2nd Fut. ಸ್ಫುರಿಷ್ಯತಿ. Aor. ಅಸ್ಫುರೀತ್. C ಸ್ಫಾರಯತಿ. or ಸ್ಫೋರಯತಿ. D ಸುಸ್ಫುರಿಷತಿ. Inf. ಸ್ಫುರಿತುಂ.

(252). ಸ್ಮೃ.

Has its D conjugated in the *àtmanepadi* (I. 3. 57.) *e. g.* ಸುಸ್ಮೂರ್ಷತೆ.

(253). ಸ್ಮಿ.

(*a*). When the sense of its C is "to be frightened or astonished directly by a causative agent" its C is conjugated invariably in the *átmanépadi* (I. 3. 68.) the C root becoming ಸ್ಮಾಪ್ in this case (VI. 1. 57.) and

(*b*). requires ಸನ್ to be augmented with ಇಟ್ (VII. 2. 74.) *e. g.* C in the sense alluded to, ಸ್ಮಾಪಯತೆ; otherwise, ಸ್ಮಾಯಯತಿ. D ಸಿಸ್ಮಯಿಷತೆ.

(254). ಸ್ಯಂದ್ (ಸ್ಯಂದೂ).

(*a*). Is conjugated in the *parasmaipadi* optionally in the aorist and also when it takes ಸ್ಯ or ಸನ್ (I. 3. 91, 92.)

(*b*). takes ಅಙ್ as its tense affix of the aorist in the *parasmaipadi* (III. 1. 55.)

(*c*). does not *lopate* its penultimate before ಕ್ತ್ವಾ (VI. 4. 31.) and

(*d*). rejects the augment ಇಟ್ before *àrdhadhàtuka* affixes beginning with ಸ in the *parasmaipadi* (VII. 2. 59.) *e. g.* 2nd Fut. ಸ್ಯಂದಿಷ್ಯತೆ or ಸ್ಯಂತ್ಸ್ಯತೆ. ಸ್ಯಂತ್ಸ್ಯತಿ. Aor. ಅಸ್ಯಂದಿಷ್ಟ or ಅಸ್ಯಂತ್ತ or ಅಸ್ಯದತ್. 2 ಅಸ್ಯಂದಿಷಾತಾಂ or ಅಸ್ಯಂತ್ಸಾತಾಂ or ಅಸ್ಯದತಾಂ. D ಸಿಸ್ಯಂದಿಷತೆ or ಸಿಸ್ಯಂತ್ಸತೆ or ಸಿಸ್ಯಂತ್ಸತಿ. Ger. ಸ್ಯಂದಿತ್ವಾ or ಸ್ಯಂತ್ವಾ.

(255.) ಷ್ವಿದ್ (ಞಿಷ್ವಿದಾ).

Has E. ತ and ತವತ್ as *nishtha* affixes alternately with ನ$_1$ and ನವತ್$_1$ (I. 2. 19.) *e. g.* ಷ್ವಿನ್ನ or ಸ್ವೇದಿತ. ಷ್ವಿನ್ನವತ or ಸ್ವೇದಿತವತ.

(256.) ಸ್ವಪ್.

(*a*). Requires consonantal *sàrvadhàtuka* affixes consisting of single letters to be augmented with ಈಟ್ or ಅಟ್ (VII. 3. 98, 99.)

(*b*). requires other ವಲ್ *sàrvadhàtuka* affixes to be augmented with ಇಟ್ (VII. 2. 76)

(*c*.) gets *sàmprasàranated* before ಯಙ್ and before ಣಿ followed by ಚಙ್ and before ಸನ್ which is to be treated as having indicatory ಕ and also other affixes having indicatory ಕ (VI. 1. 15, 18, 19 ; I. 2. 8.) and

(*d*.) has ಸು as its reduplicate in the perfect (VI. 1. 17.) and before ಣಿ followed by such affixes as require the reduplication of its C (VII. 4. 67.) *e. g.* ಸ್ವಪಿತಿ. Imp. ಅಸ್ವಪೀತ or ಅಸ್ವಪತ. Aor. ಅಸ್ವಪೀತ್ or ಅಸ್ವಪತ್. Perf. ಸುಷ್ವಾಪ. Ben. ಸುಪ್ಯಾತ್. Pass. ಸುಪ್ಯತೇ. Aor. of C ಅಸೂಷುಪತ್. D of C ಸುಷ್ವಾಪಯಿಷತಿ. D ಸುಷುಪ್ಸತಿ. FA ಸೋಷುಪ್ಯತೇ. *nishtha* ಸುಪ್ತ. Ger. ಸುಪ್ತ್ವಾ.

(257.) ಷ್ವಂಜ್, (ಸ್ವಂಜ್)

(*a*.) Allows the affixes of the perfect to be treated optionally as affixes having indicatory ಕ (Sid. II. 102.) and

(*b*.) loses its penultimate before ಶಪ್ (VI. 4. 25.) *e. g.* ಸ್ವಜತೇ. Perf. ಸಸ್ವಂಜೇ or ಸಸ್ವಜೇ.

(258.) ಸ್ವೃ.

Allows ವಲ್ *àrdhadhàtuka* affixes including ಸನ್ which it takes alternatively with ಸನ್ but excluding *nish* to be optionally augmented with ಇಟ್ unless they are those distinguished by indicatory ಕ, the option however not extending to the tense affix of the 2nd future, as before this affix the augmentation is absolutely required according to the general rule (VII. 2. 44. 49. 12. 15. Kás. on VII. 2. 44.) *e. g.* 1st. Fut. ಸ್ವರ್ತಾ or ಸ್ವರಿತಾ. 2nd Fut. ಸ್ವರಿಷ್ಯತಿ. Aor. ಅಸ್ವಾರೀತ್ or ಅಸ್ವಾರ್ಷೀತ್, Perf. 4 ಸಸ್ವರಿಥ or ಸಸ್ವರ್ಥ. D ಸಿಸ್ವರಿಷತಿ or ಸುಸ್ವೂರ್ಷತಿ. *nish* ಸ್ವೃತ. Ger. ಸ್ವರಿತ್ವಾ or ಸ್ವೃತ್ವಾ. Inf. ಸ್ವರಿತುಂ ಸ್ವರ್ತುಂ.

(259.) ಹನ್.

(*a.*) Becomes ವಧ್ in the benedictive (II. 4. 42.) and in the aorist optionally in the *átmanepadi* but invariably otherwise (II. 4. 43, 44.)

(*b.*) becomes ಜ in the 2nd person singular imperative taking ಹಿ at the same time as its personal affix (VI. 4. 36.)

(*c.*) becomes ಘ್ನ before vowel affixes except ಅಜ್ and ಹ before ಝಲ್ affixes if both these kinds of affixes have indicatory ಕ or ಙ (VI. 4. 37, 98; VII. 3. 54.)

(*d*). becomes ಘ್ನಾನ್ before ಸನ್ (VI. 4. 16, VII. 3. 55.)

(*e*). becomes ಘಾತ್ before affixes having indicatory ಞ or ಣ except ಚಿಣ್ and ಣಲ್ and ಘನ್ before ಚಿಣ್ and ಣಲ್ (VII. 3. 32, 54.) and also after a reduplicate (VII. 3. 55.)

(*f*). becomes ಘ್ನೀ before ಯಙ್ when it means to smite or kill (Sid. II. 209.)

(*g*). requires ಸ್ಯ to be augmented with ಇಟ್ (VII. 2. 70).

(*h*). allows ವಸ್ optionally to be augmented with ಇಟ್ (VII. 2. 68.)

(*i*). takes ಸಿಚ್₁ as its tense affix in the aorist (I. 2. 14.) and

(*j*). takes optionally ಸಿಚ್ - ಚಿಣ್, ಸ್ಯ - ಚಿಣ್, ಸೀಯುಟ್ - ಚಿಣ್, ತಾಸ್ &c. - ಚಿಣ್ in the passive (VI. 4. 62.) *e. g.* 2 ಹತಃ. 3 ಘ್ನಂತಿ. Imp. 3 ಅಘ್ನನ್. Impv. 3 ಘ್ನನ್ತು. 4 ಜಹಿ. 2nd Fut. ಹನಿಷ್ಯತಿ. P. Aor. ಅವಧೀತ್. A. Aor. ಅವಧಿಷ್ಟ or ಅಹತ. 2 ಅವಧಿಷಾತಾಂ or ಅಹಸಾತಾಂ. Perf. ಜಘಾನ. 2 ಜಘ್ನತುಃ. 4 ಜಘಂಥ or ಜಘನಿಥ. 7 ಜಘಾನ or ಜಘನ. 8 ಜಘ್ನಿವ, ಜಘ್ನಿಮ. P. Ben. ವಧ್ಯಾತ್. A. Ben. ವಧಿಷೀಷ್ಟ. Pass 1st Fut. ಹನ್ತಾ or ಘಾನಿತಾ. 2nd Fut. ಹನಿಷ್ಯತೆ or ಘಾನಿಷ್ಯತೆ. Aor. ಅಘಾನಿ. 2 ಅಘಾನಿಷಾತಾಂ or ಅಹಸಾತಾಂ or ಅವಧಿಷಾತಾಂ. Ben. ಘಾನಿಷೀಷ್ಟ or ವಧಿಷೀಷ್ಟ: C ಘಾತಯತಿ. D ಜಿಘಾಂಸತಿ. FA (when the meaning is to smite or kill.) ಜೆಘ್ನೀಯತೆ. FP ಜಂಘನ್ತಿ. *nish* ಹತ. Ger. ಹತ್ವಾ. (ಕ್ವಸು) ಜಘ್ನಿವಸ್ or ಜಘನ್ವಸ್.

(160.) III. ಹಾ. (ಓಹಾಕ್)

(*a.*) Becomes ಹಿ or ಹೀ before consonantal *sàrvadhàtuka* affixes having indicatory ಕ or ಙ (VI. 4. 116.) except before the affix ಹಿ₂ of the imperative before which it becomes ಹಾ, ಹಿ, or ಹೀ (VI. 4. 117.) and except before *sárvadhàtuka* affixes beginning with ಯ and having indicatory ಕ or ಙ before which its final vowel is entirely *lopated* (VI. 4. 118.) and

(*b.*) becomes ಹೇ in the benedicative, ಹಿ before ಕ್ತ್ವಾ, and ಹೀ otherwise before *àrdhadhàtuka* consonantal affixes having indicatory ಕ or ಙ (VI. 4. 66, 67; VII. 4. 43.) *e. g.* 2 ಜಹೀತಃ or ಜಹಿತಃ. Impv. 4 ಜಹಾಹಿ or ಜಹಿಹಿ or ಜಹೀಹಿ. O. ಜಹ್ಯಾತ್. Ben. ಹೇಯಾತ್. FA ಜೆಹೀಯತೆ. *nish* ಹೀನ. Ger. ಹಿತ್ವಾ.

(261.) ಹಿ.

Becomes ಘ after all reduplicates expect that of ಚಙ್ coming *directly* after ಣಿ (VII. 3. 56.) *e. g.* ಜಿಘಾಯ. D ಜಿಘೀಷತಿ. D from C ಜಿಘಾಯಯಿಷತಿ. FA ಜೆಘ್ರೀಯತೆ. FP ಜೆಘ್ನೀತಿ or ಜೆಘ್ರಯೀತಿ.

(262.) ಹು.

(*a*.) Forms optionally its perfect by the auxiliry affix ಆಮ್ and the auxiliary verbs having then a reduplicate as it has in the special tenses (III. 1. 39.)

(*b*.) does not change its final into ಉವಙ್ but ಯಣ್ only before vowel *sárvadhàtuka* affixes (VI. 4. 87.) and

(*c*.) takes ಧಿ as its personal affix in the 2nd per sing imperative (VI. 4. 101.) *e. g.* 3 ಜುಹ್ವತಿ. Imp. 4 ಜುಹು ಧಿ. Perf. ಜುಹಾವ or ಜುಹವಾಂಚಕಾರ.

(263.) ಹ್ರೀ.

(*a*.) Forms optionally its perfect by the auxiliary affix ಆಮ್ and the auxiliary verbs having then a reduplicate as it has in the special tenses (III. 1. 39.)

(*b*.) becomes ಹ್ರೇಪ್ before ಣಿ (VII. 3. 36, 86.) and

(*c*.) takes ನ and ನವತ್ alternatively with ಕ್ತ and ಕ್ತವತ್ respectively as its *nish* affixes (VIII. 2. 56.) *e. g.* Perf. ಜಿಹ್ರಾಯ or ಜಿಹ್ರಯಾಂಚಕಾರ. C ಹ್ರೇಪಯ ತಿ. *nish* ಹ್ರೀಣ or ಹ್ರೀತ.

(264.) ಹ್ವೆ.

(*a*). Takes ಅಙ್ as its tense affix in the aorist optionally in the *àtmanepadi* but absolutely otherwise (III. 1. 53, 54.)

(*b*). is *sámprasáranated* before ಣಿ followed by ಚಙ್ or ಸನ್ and before affixes having indicatory ಕ್, and also when it is to be reduplicated (VI. 1. 15. 32, 33.) and.

(*c*). becomes ಹ್ವಾಯ್ before ಣಿ not followed by ಚಙ್ or ಸನ್ (VII. 3. 37.) *e. g.* Aor. ಅಹ್ವತ್. A. Aor. ಅಹ್ವತ or ಅಹ್ವಾಸ್ತ. Perf. ಜುಹಾವ. Ben. ಹೂಯಾತ್. C. ಹ್ವಾಯಯತಿ. Aor. of C ಅಜೂಹವತ್. D of C ಜುಹಾವಯಿಷತಿ. FA ಜೋಹೂಯತೇ. FP ಜೋಹೋತಿ. *nish* ಹೂತ. Ger. ಹೂತ್ವಾ.

(265.) ಹೃಷ್.

Optionally allows *nish* to reject the augment ಇಟ್ when the meaning conveyed is "horripilation" (VII. 2. 29.) *e. g.* ಹೃಷ್ಟ or ಹೃಷಿತ.

PART IV.

SIMPLE NOUNS.

CHAPTER I.

Formation of Primitive Nouns.

Proceeding now to the nouns we shall first advert to the formation of crude nouns. Not to allude to the controversy existing among the ancient Sanskrit grammarians as to whether there are any crude nouns at all which could not be traced to roots as their primary source, we may state as an universally acknowledged proposition that most of the simple crude nouns are derived from roots at first by the primitive affixes. Of these affixes, the miscellaneous affixes called *uṇadi* play a most important part. But they cannot be given *a priori*. Only when the words occur which present the forms of roots and of such affixes as are not the active and passive primitive affixes, we are able, from considering the result as presented in the words and ascertaining what the affixes and their indicatory letters must have been to produce that result, to ascertain the affixes in question. The maxim on this subject is given in the following couplet:—

ಸಂಜ್ಞಾಸುಧಾತು ರೂಪಾಣಿ ಪ್ರತ್ಯಯಾಶ್ಚ ತತಃಪರೆ|
ಕಾರ್ಯಾದ್ವಿಂ ದ್ಯಾದನೂಬಂಧ ಮೇತಚ್ಛಾಸ್ತ್ರಮುಣಾದಿಷು||

"The maxim in regard to the affixes "uṇ" &c. is this that when, in appellatives, we find the forms of roots and affixes coming after them then one may know, from the result (as presented in the word), what are the indicatory letters, (which the affix must have possessed in order to produce the result)". (III. 3. 1). In fact, these miscellaneous affixes are so various in form and sense that though as a grammatical proposition the crude nouns formed by them are supposed to be reducible to

4 A

roots and affixes in the manner aforesaid, they generally for all practical purposes of grammar require to be treated separately as if they were not derivative nouns but independent crude nouns. But other primitive words are more definite and admit of resolution into roots and affixes, and exhibit, as regards the sense of the affixes as well as the manner of their formation by these affixes, characteristics which can be generalized and classified. These are nouns formed by what we have termed the active and passive primitive affixes. Even as regards the connection of the sense of some of these affixes with the action denoted by certain roots to which they are attached, especially in the case of an affix called ఉణ్ and passive primitive affixes, there is a great *diversity*, and there are also so many other irregularities relating to them that their general character has been described in verse as follows:—

> క్వచిత్ప్రవృత్తిః క్వచిదప్రవృత్తిః।
> క్వచిద్విభాషా క్వచిదన్యదేవ।
> విధేర్విధానం బహుధాసమీక్ష్య।
> చాతుర్విధం బాహులకంవదంతి॥

"Sometimes they are applied (where there was no express rule for their application); sometimes they are not applied (in spite of an express rule for their application); sometimes they are optionally applied or not; sometimes there is some other result (license permitted by the rule). Seeing that the application of the rules is various, they specify four kinds of varieties, (viz the four above mentioned, among which the last of the four includes all the cases not included in the other three)" (III. 3. 113).

And now in dictionaries we can find a complete enumeration of all the primitive nouns formed by affixes other than the miscellaneous ones as well as by these latter. Still, as a knowledge of the most common affixes of the former description and of the manner in which nouns are formed by them will give a careful student an easy and practically a very valuable hold over a large family of such nouns, we propose to direct our attention to the formation of this latter kind of primitive nouns, omitting however those which have been formed by affixes exceptionally applicable to them, or in accordance with rules peculiar to them.

2. The most common primitive nouns are as follows :—

A. *Active primitive affixes.*

(1) Affs. which give the sense of an agent generally, without referring the action to any actual time as present, past, or future, the sense being generally descriptive.	(i) ಣ್ವುಲ್ (ii) ತೃಚ್ (iii) $\overline{4}$ ತೃಚ್ (iv) ಮನಿನ್ (v) ಕ್ವನಿಪ್ (vi) ವನಿಪ್ (vii) ವಿಚ್ (viii) ಕ್ವಿಪ್ (ix) ಣ (x) ಕ (xi) ಅಣ್ (iii. 1. 41, 133, 136; iii. 2. 1, 75, 76; v. 3. 59; vi. 4. 154.)
(2) Affs. which give the sense only of fitness to be an agent	(i) ತೃಚ್ (ii) $\overline{4}$ ತೃಚ್ (iii. 3. 169; v. 3. 59; vi. 4. 154)
(3) Affs. which have the root accompanied by a word ending in a case affix as an ಉಪಪದಃ *upapadaḥ* i. e. as a word upon which it is dependent and which give the sense of an agent with the addition that the action which has reference to what is expressed by the *upapada* is well or repeatedly done by the agent, or that the action is the habit of the agent not however related to the genus to which the agent belongs, or that the action is like that done by, (not *done to*) with, or otherwise, in respect of what is expressed by the *upapada*, or that the action has reference to what is expressed by the *upapada* as a matter of vow.	ಣಿನಿ (iii. 2. 78, 79, 80, 81, Sid. ii. 371, 372)

(4) Affs. which give the sense of an agent with the addtion that there is some necessity or indebtedness on the part of the agent in connection with the action denoted by the roots.

ಣಿನಿ (iii. 3. 170).

(5) Affs. which give the sense of an agent with the addtion that the action is simply the object of a prayer of some one who wishes that that may be the action of that agent.

ವುನ್ (iii. 1. 150).

(6) Affs. which give the sense of an agent with the addition that the action is simply the object of a prayer of some one who wishes that that may be the action of that agent, the sense being simply appellative.

(i) ಕ್ತಿಚ್ (ii) ಕ್ತ (iii) ನ$_1$ sub. for ಕ್ತ (iv) ತ (iii. 3. 174).

(7) Affs. which give the sense of an agent with the addition that the action refers to the physical condition of the agent.

ಚಾನಶ್ (iii. 2. 129).

(8) Affs. which give the sense of an agent with the addition that the action refers to the general habit or nature of the agent or is one in respect of which he has power or skill.

(i) ಚಾನಶ್ (ii) 4 ತೃನ್ (iii) ತೃನ್ (iv) ಕ್ವಿಪ್ (v) ಉ (vi) ಯುಚ್ (iii. 2. 129, 135, 148, 149, 168, 177, 178; v. 3. 59; vi. 4. 154.)

(9) Affs. which give the sense of an agent with the addition that the action is future in respect of another action performed for the sake of that future action, the latter action being denoted by a verb as an *upapada*.

(i) ಣ್ವುಲ್ (ii) ಅಣ್ (iii. 3. 12).

(10) Affs. which being attached to roots denoting fixedness, motion, or eating, give the sense of agent and of location in connection with the action denoted by the roots, *i. e.* that the action is located by the agent in this or that *site.*	(i) ಕ್ತ (ii) ನ$_1$ sub. for ಕ್ತ (iii) ತ (iii. 4. 76.)
(11) Affs. which give senses other than that of the agent, viz., object, instrument, and so forth, in diverse ways that relate to the action, the sense being generally appellative, and quantity or measure being intended to be expressed.	(i) ಘಞ್^{6} (ii) ಕ್ತಿನ (iii) ನಿ$_1$ sub for ಕ್ತಿನ್^{6} (iv) ಅ (v) ಅಙ್^{6} (vi) ಯುಚ್ (vii) ಣ್ವುಲ್^{6} (viii) ಇಞ್^{6} (ix) ಅನಿ. (3. 3. 20).
(12) Affs. which give senses other than that of the agent, viz., object, instrument, and so forth, in diverse ways that relate to the action, the sense being generally appellative.	(i) ಲ್ಯುಟ (ii) ಘ (iii) ಘಞ್^{6} (iv) ಅಚ್^{6} (v) ಅಪ್^{6} (vi) ಕ್ತ್ರಿ+ಮಪ್^{6} (ಕ್ತ್ರಿಮ) (vii) ಅ ಥುಚ್ (viii) ಕ್ತಿನ್^{6} (ix) ನಿ$_1$ sub. for ಕ್ತಿನ್^{6} (x) ಅ (xi) ಅಙ್^{6} (xii) ಯುಚ್^{6} (xiii) ಣ್ವುಲ್^{6} (xiv) ಇಞ್^{6} (xv) ಅನಿ.
(13) Aff. which simply denote the state of the action with the addition that the state is a completed state which the action has attained.	(i) ಘಞ್^{6} (ii) ಅಚ್ (iii) ಅಪ್^{6} (iv) ಕ್ತ್ರಿ+ಮಪ್^{6} (ಕ್ತ್ರಿಮ) (v) ಅಥುಚ್^{6} (vi) ಕ್ತಿನ್^{6} (vii) ನಿ$_1$ sub for ಕ್ತಿನ್^{6} (viii) ಅ (ix) ಅಙ್^{6} (x) ಯುಚ್^{6} (xi) ಣ್ವುಲ್^{6} (xii) ಇಞ್^{6} (xiii) ಅನಿ (xiv) ಕ್ತ (v) ನ$_1$ sub. for ಕ್ತ (xvi) ತ (xvii) ಲ್ಯುಟ್^{6} (iii 3. 106, 111, 115.)
(14) Aff. which denote the simple state of the action or the object of the action when transitive, the root having as its *upapada* the words ಈಷದ್, ದುಃ, and ಸು, in the sense of "unpleasantly" or "pleasantly".	(i) ಖಲ್^{6} (ii) ಯುಚ್^{6} (iii. 3. 126; iii. 3. 128.)

B. *Passive Primitive affixes.*

(III. 3. 113, 163, 169, 171, 171; III. 1. 95; III. 4. 70.)

(1) Affs. which denote fitness or "*oughtness*" (the obligatory character) of the action denoted by the roots to which they are attached, the person or thing of whom or of which the fitness or "oughtness" is declared being related to the action when transitive chiefly as the object, but sometimes also as the instrument and the recipient, and in various other ways.

(i) ತವ್ಯ (ii) ಅನೀಯರ್ (iii) ಯತ್ (iv) ಣ್ಯತ್ (v) ಕ್ಯಪ್. (iii. 1. 110, 96, 97, 98, 124.)

(2) Affs. giving the above mentioned sense in connection with a transitive action, the fitness of the thing or person referred to being further related to the action only as the object.

ಕೇಲಿಮರ್. (B. 822)

3 Observations:—

(1) In the affixes ಕ್ವಿಪ್ and ವಿಚ್, omitting the indicatory letters which include the vowel ಇ because we find this stated to be nasal, there remains only the close consonant ವ; and this is to be *lopated*, the whole affix thus practically amounting to zero. (VI. 1. 67.)

(2) In the room of the expressions (1) ವು and (2) ಯು contained in the affixes (1) ಣ್ವುಲ್ and (2) ಲ್ಯುಟ್ respectively, the expressions ಅಕ and ಅನ should be substituted when the affixes are actually used. (VII. 1. 1.)

4 The changes which the primitive affixes and the verbal bases that take them undergo when they are united in order to form words from them are, it has been seen, generally the same as in the case of other non-secondary verbal affixes, and whatever exceptions affect this general rule have been already

noticed. It therefore remains only to give models shewing how words are to be formed by the primitive affixes we have given above.

5. Adverting to the fact apparent from the list of affixes already given that more than one affix often occur in the same sense, it may be said generally that all these different affixes in the sense indicated may be employed at pleasure after all roots with a few exceptions which will be noticed by and by.

6. Of the affixes which may thus be employed after all roots without distinction, the affixes other than ಕ್ವಿಪ್ and those beginning with ತ produce words as follows:—

(1) By the affixes ಣ್ವುಲ್ and ಣಿನಿ as by the affix ಣಮುಲ್ *e. g.* F P ಬೇಭಿದ=ಬೇಭಿದಕ and ಬೇಭಿದಿನ್ ; ಕಥ=ಕಥಕ and ಕಥಿನ್ ; D ಪಿಪಠಿಷ=ಪಿಪಠಿಷಕ and ಪಿಪಠಿಷಿನ್ ; X ಚೋರ=ಚೋರಕ and ಚೋರಿನ್; C ಲಾವ=ಲಾವಕ and ಲಾವಿನ್; ಚೆ=ಚಾಯಕ and ಚಾಯಿನ್; ಧೃ=ಧಾರಕ and ಧಾರಿನ್; ನೀ=ನಾಯಕ and ನಾಯಿನ್; ಚಿತ=ಚೇತಕ and ಚೇತಿನ್ ; ನೃತ=ನರ್ತಕ and ನರ್ತಿನ್; ಕ್ಲಪ=ಕಲ್ಪಕ and ಕಲ್ಪಿನ್ ; ಕೃತ=ಕೀರ್ತಕ and ಕೀರ್ತಿನ್ ; ಪಾ=ಪಾಯಕ and ಪಾಯಿನ್.

(2) By ಚಾನಶ್ as by ಶಾನಚ್. *e. g.* ಧರ from ಧೃ=ಧರಮಾಣ ; C ಚೋರಯ=ಚೋರಯಮಾಣ ; D ಪಿಪಠಿಷ=ಪಿಪಠಿಷಮಾಣ ; ತುದ=ತುದಮಾನ ; ತನು=ತನ್ವಾನ ; ಸುನು=ಸುನ್ವಾನ ; ಅಶ್ನು=ಅಶ್ನುವಾನ.

(3) By affixes ಮನಿನ್, ವ್ಬನ್, ಲ್ಯುಟ, ಅನೀಯರ್, and ವಿಚ್ as follows:—

Roots ending in open ಯ preceded by consonats.

FA ಬೇಭಿದ್ಯ=ಬೆಭಿದ್ಯ-$(f+p)$ + ಮನ್ &c = ಬೇಭಿದ್ಮನ್, ಬೇಭಿದಕ, ಬೇಭಿದನ, ಬೇಭಿದನೀಯ, and ಬೇಭಿದ. (1)

Other roots ending in ಅ.

ಕಥ=ಕಥ-f+ಮನ್ &c.=ಕಥ್ಮನ್, ಕಥಕ, ಕಥನ, ಕಥನೀಯ, and ಕಥ್: D ಪಿಪಠಿಷ = ಪಿಪಠಿಷ್ಮನ್, ಪಿಪಠಿಷಕ, ಪಿಪಠಿಷನ, ಪಿಪಠಿಷನೀಯ, and ಪಿಪಠಿಷ್. (2)

Roots ending in ಇಕ್.

ಚಿ=ಚಿ @ *gf*+ಮನ್&c.=ಚೇಮನ್, ಚಯಕ, ಚಯನ, ಚಯನೀಯ, and ಚೆ; ನೀ=ನೇಮನ್, ನಯಕ, ನಯನ, ನಯನೀಯ, and ನೆ; ಸ್ತು=ಸ್ತೋಮನ್, ಸ್ತವಕ, ಸ್ತವನ, ಸ್ತವನೀಯ, and ಸ್ತೋ; ಭೂ=ಭೋಮನ್, ಭವಕ, ಭವನ, ಭವನೀಯ, and ಭೋ; ಕೃ=ಕರ್ಮನ್, ಕರಕ, ಕರಣ, ಕರಣೀಯ, and ಕಃ (3)

Roots ending in consonants with light penultimate ಇಕ್.

ಚಿತ್=ಚಿರ @ *gp*+ಮನ್ &c.=ಚೇತ್ಮನ್, ಚೇತಕ, ಚೇತನ, ಚೇತನೀಯ, and ಚೇತ್. ಯುಧ್=ಯೋಧ್ಮನ್, ಯೋಧಕ, ಯೋಧನ, ಯೋಧನೀಯ and ಯೋಧ್; ನೃತ್=ನರ್ತ್ಮನ್, ನರ್ತಕ, ನರ್ತನ, ನರ್ತನೀಯ, and ನರ್ತ್. (4)

Roots ending in consonants with penultimate ಋ.

ಕೄತ್, ಕೄತ್ @ ಈರ್ for *p*+ಮನ್ &c.=ಕೀರ್ತ್ಮನ್, ಕೀರ್ತಕ, ಕೀರ್ತನ, ಕೀರ್ತನೀಯ, and ಕೀರ್ತ್. (5)

Roots other than the above.

ಪಾ=ಪಾ+ಮನ್ &c.=ಪಾಮನ್, ಪಾಕ, ಪಾನ, ಪಾನೀಯ, and ಪಾ; ಧನ್=ಧನ್ಮನ್, ಧನಕ, ಧನನ, ಧನನೀಯ, and ಧನ್; ಸಾಧ್=ಸಾಧ್ಮನ್, ಸಾಧಕ, ಸಾಧನ, ಸಾಧನೀಯ, and ಸಾಧ್. ನಂದ್=ನಂದ್ಮನ್, ನಂದಕ, ನಂದನ, ನಂದನೀಯ, and ನಂದ್. (6)

(4) By the affix ವನಿಪ್ as by the above affixes except in the case of roots ending in short vowels, in which case the words are formed as by ಲ್ಯಪ್, and of roots ending in nasals from which the formation of the words is as follows:—

Roots ending in nasals with light penultimate ಇಕ್.

ಕ್ಷಿಣ್=ಕ್ಷಿಣ್ @ *gp* and @ ಆ for *f*+ವನ್=ಕ್ಷಯಾವನ್; ಸ್ತೃಣ್=ಸ್ತರಾವನ್; ಮುಣ್=ಮವಾವನ್; ವೃಣ್=ಮರಾವನ್.

Other roots ending in nasals.

ಜನ್=ಜನ್ @ ಆ for *f*+ವನ್=ಜಾವನ್; ಕಣ್=ಕಾವನ್; ದಾನ್=ದಾವನ್; ಸ್ತೀಮ್=ಸ್ತ್ಯಾವನ್; ಕೂಣ್=ಕ್ವಾವನ್; ಘೂರ್ಣ್=ಘೂರಾವನ್;

ಓಣ್=ಅವಾವನ್ ; But FA ಬೆಭಿದ್ಯ=ಬೇಭಿದ್ಯತ್ವನ್ ; ಕಥ=ಕಥತ್ವನ್ ; D ಪಿಪಠಿಷ=ಪಿಪಠಿಷತ್ವನ್; ಚಿ=ಚಿತ್ವನ್ ; ಸ್ತು=ಸ್ತುತ್ವನ್ ; ಕೃ=ಕೃತ್ವನ್ ; ಪಾ=ಪಾವನ್ : ನೀ=ನೇವನ್ ;ಭೂ=ಭೊವನ್ ; ಪೄ=ಪರ್ವನ್ ; ಚಿತ=ಚೇತ್ವನ್ ; ಧನ್=ಧನ್ವನ್ ;ಸಾಧ್=ಸಾಧ್ವನ್ ; ಸಂದ್=ನಂದ್ವನ್.

(5) By the affix ಕ್ವನಿಪ್ as by ಲ್ಯಪ್. *e. g.* FA ಬೇಭಿದ್ಯ=ಬೇಭಿದ್ಯತ್ವನ್ ; ಕಥ=ಕಥತ್ವನ್ ; D ಪಿಪಠಿಷ=ಪಿಪಠಿಷತ್ವನ್ ; FA ಲೊಲೂಯ=ಲೋಲೂಯತ್ವನ್ ; ಚಿ=ಚಿತ್ವನ್ ; ಸ್ತು=ಸ್ತುತ್ವನ್ ; ಸ್ಮೃ=ಸ್ಮೃತ್ವನ್ ; ಗ್ಲಾ from ಗ್ಲೈ=ಗ್ಲಾವನ್ ; ಕೄ=ಕೀರ್ವನ್ ; ಪೄ=ಪೂರ್ವನ್ ; ವೄ=ವೂರ್ವನ್ ; ಕೄತ=ಕೀರ್ತ್ವನ್; ದಂಶ=ದಶ್ವನ್ ; ನೀ=ನೀವನ್ ; ಭೂ=ಭೂವನ್ ; ಪಚ್=ಪಚ್ವನ್ ; ದಿವ್=ದೀವನ್ ; ಪುರ=ಪೂರ್ವನ್ ; ಮುರ್ಛ್=ಮೂರ್ಛ್ವನ್ ; ನಿಂದ್=ನಿಂದ್ವನ್ ; X ಚೊರ್=ಚೋರ್ವನ್ ; C ಭಾವ್=ಭಾವನ್ ; ಜನ್=ಜನ್ವನ್ ; ಘೃಣ್=ಘೃಣ್ವನ್.

(6) By the affix ಕ್ವಸು as by ಅನೀಯರ್ in regard to roots ending in ಅ and as by ಕಾನಚ್ in regard to other roots except roots ending in ಋ and ೠ and in consonants with penultimate ಅ but of course without the reduplication which ಕಾನಚ್, as being an affix of the perfect, requires. *e. g.* FA ಬೇಭಿದ್ಯ=ಬೇಭಿದ್ವಸು ; ಕಥ=ಕಥ್ವಸು ; D ಪಿಪಠಿಷ=ಪಿಪಠಿಷ್ವಸು; ಪಚ್=ಪಚ್ವಸು ; ಪಾ=ಪ್ವಸು ; ಚಿ=ಚಿಯ್ವಸು; ವಿೂ=ವಿಯ್ವಸು; ಶ್ರಿ=ಶ್ರಿಯ್ವಸು ; ಹ್ರಿ=ಹ್ರಿಯ್ವಸು; ಸ್ತು=ಸ್ತುವ್ವಸು ; ಭೂ=ಭುವ್ವಸು ; ಭಿದ್=ಭಿದ್ವಸು ; ತುದ್=ತುದ್ವಸು ; ದೃಪ್=ದೃಪ್ವಸು ; ಕೄತ=ಕೀರ್ತ್ವಸು ; ಸಾಧ್=ಸಾಧ್ವಸು ; ನೀವ್=ನೀವ್ವಸು. But as to roots ending in ಋ and ೠ and in consonants with penultimate ಅ, the formation of the words is as follows:—

Roots ending in ೠ (labial).	ಪೄ=ಪೄ @ ಉರ್ for *f*+ ವಸು = ಪುರ್ವಸು ; ವೄ=ವುರ್ವಸು.
Roots ending in ೠ (non-labial).	ಕೄ=ಕೄ @ ಇರ್ for+*f* ವಸು=ಕಿರ್ವಸು.
Roots ending in ಋ and roots ending in consonants with penultimate ಅ.	ಸ್ತೃ=ಸ್ತೃ+ವಸು=ಸ್ತ್ರ್ವಸು ; ಕೃ=ಕ್ರ್ವಸು ; ಪಚ್=ಪಚ್ವಸು.

7. By the affix ಕ್ವಿಪ್, words are formed in the same manner as by ಲ್ಯಪ್, except (1) roots ending in a nasal with a short penultimate vowel, (2) roots ending in ಛ without penultimate ರ, (3) roots ending in ಛ with penultimate ರ, (4) roots ending in ವ with penultimate ರ, (5) roots ending in ವ without penultimate ರ, the formation of the words in the case of all these roots being as follows :—

Roots ending in ಛ without penultimate ರ.	ಪ್ರಾಛ್=ಪ್ರಾಛ್ @ ಶ್ for f+ಕ್ವಿಪ್=ಪ್ರಾಶ=ಪ್ರಾಟ್ (irregular).
Roots ending in ಛ with penultimate ರ.	ಮುರ್ಛ್=ಮುರ್ಛ್– f+ಕ್ವಿಪ್=ಮೂರ್=ಮೂಃ. FP ಮೋಮುರ್ಛ್ =ಮೋಮೂರ್ =ಮೋಮೂಃ
Roots ending in ವ with penultimate ರ.	ಧುರ್ವ್=ಧುರ್ವ್– f+ಕ್ವಿಪ್ =ಧೂರ್=ಧೂಃ. FP ದೋಧುರ್ವ್ =ದೋಧೂರ್ =ದೋಧೂಃ
Roots ending in ವ without penultimate ರ.	ಕವ್=ಕವ್ @ ಊ for f+ಕ್ವಿಪ್=ಕೂ ; ದಿವ್=ದ್ಯೂ ; ಚೀವ್=ಜ್ಯೂ ; ಕ್ಷಿವ್=ಕ್ಷೂ ; ಸೀವ್=ಸ್ಯೂ.
Roots ending in a nasal with a short penultimate vowel.	ಧನ್=ಧನ್ @ lp+ಕ್ವಿಪ್=ಧಾನ್ ; FP ತಂತನ್=ತಂತಾನ್ ; ಜಿಂ=ಜೀಂ ; FP ಜಿಂಜಿಂ=ಜಿಂಜೀಂ ; ಜುನ್=ಜೂನ್ ; FP ಜುಂಜುನ್=ಜುಂಜೂನ್ ; ಘೃಣ್=ಘ್ರಾಣ್ ; FP ಜರಿಘೃಣ್=ಜರಿಘ್ರಾಣ್.

But ಕಥ=ಕಥತ್ ; D ಪಿಪಠಿಷ=ಪಿಪಠಿಷತ್ ; FA ಲೋಲೂಯ=ಲೋಲೂ ; FA ಬೇಭಿದ್ಯ=ಬೇಭಿದ್ ; ಚಿ=ಚಿತ್ ; ಸ್ತು=ಸ್ತುತ್ ; ಧೃ=ಧೃತ್ ; FP ದರೀಧೃ=ದರೀಧೃತ್ ; ಪ್ಯಾ=ಪೂಃ ; ವ್ಯಾ=ವೂಃ ; ಕ್ಷ್ಯಾ=ಕ್ಷೀಃ ; ಸ್ಕಂದ್=ಸ್ಕದ್ ; ನಂದ್ from ನದಿ=ನಂದ್ ; ಪಾ=ಪಾ ; FP ಜಾಜ್ಞಾ=ಜಾಜ್ಞಾ ; ನೀ=ನೀ ; ಭೂ=ಭೂ ; ಪಚ್=ಪಚ್ ; ಚಿತ್=ಚಿತ್ ; ದುಹ್=ಧುಕ್ ; ಗುಹ್=ಘುಟ್ ; ತೃಪ್=ತೃಪ್ ; ಮೂಲ್=ಮೂಲ್.

8. Taking now the affixes (1) ತೃಚ್ and (2) ತವ್ಯ of those beginning with ತ, it is to be said that by these affixes words can be formed in the same manner as by ತುಮುನ್. *e. g.* ದಾ=ದಾತೃ and ದಾತವ್ಯ; ಚಿ=ಚೇತೃ &c; ನೀ=ನೇತೃ &c; ಸ್ತು=ಸ್ತೋತೃ &c; ಭಿದ್=ಭೇತ್ತೃ &c; ಮುಚ್=ಮೋಕ್ತೃ &c; ಲಿಹ್=ಲೇಢೃ &c; ರಂಜ್=ರಙ್ಕ್ತೃ &c; FA ಬೇಭಿದ್ಯ=ಬೇಭಿದಿತೃ &c; ಕಥ=ಕಥಿತೃ &c; D ಪಿಪಠಿಷ=ಪಿಪಠಿಷಿತೃ &c; X ಚೋರಿ=ಚೋರಯಿತೃ &c; C ಭೇದಿ=ಭೇದಯಿತೃ &c; FP ಚೇಚಿ=ಚೇಚಯಿತೃ &c; ಯು=ಯವಿತೃ &c; ಭೂ=ಭವಿತೃ &c; ಪೄ=ಪರಿತೃ or ಪರೀತೃ; ಕೄತ್=ಕೀರ್ತಿತೃ &c.

9. The formation of words by the affix ಕ್ತಿಚ್ which, it will be remembered, never takes the augment ಇಟ್ is according to the models already given for the affix ಕ್ವಿಪ್, but with the difference that no ತುಕ್ is inserted after roots ending in short vowels as in the case of the latter affix, thus :—

ಕಥ=ಕತ್ತಿ; D ಪಿಪಠಿಷ=ಪಿಪಠಿಷ್ಟಿ; FA ಲೋಲೂಯ=ಲೋಲೂತಿ; FA ಬೇಭಿದ್ಯ=ಬೇಭಿತ್ತಿ; X ಚೋರ್=ಚೋರ್ತಿ; C ಭಾವ್=ಭಾತಿ; ಪಾ=ಪಾತಿ; FA ಜಾಜ್ಞಾ=ಜಾಜ್ಞಾತಿ; ಚಿ=ಚಿತಿ; ನೀ=ನೀತಿ; ಸ್ತು=ಸ್ತುತಿ; FA ಲೋಲೂ=ಲೋಲೂತಿ; ಭೂ=ಭೂತಿ; ಕೃ=ಕೃತಿ; ಪೄ=ಪೂರ್ತಿ; ದೄ=ದೂರ್ತಿ, ಗೄ=ಗೀರ್ತಿ; FP ಚೇಕ್ರೀ=ಚೇಕ್ರೀತಿ; ಧನ್=ಧಾಂತಿ; FP ತಂತನ್=ತಂತಾಂತಿ; ಜಿಂ=ಜೇಂತಿ; ಜನ್=ಜಾಂತಿ; ಫ್ರೃಣ್=ಫ್ರಾಣ್ಟಿ; FA ಜರಿಫ್ರೃಣ್=ಜರಿಫ್ರಾಣ್ಟಿ; ಪ್ರಚ್ಛ್=ಪ್ರಷ್ಟಿ; ಮುರ್ಛ್=ಮೂರ್ತಿ; ರವ್=ರೋತಿ; ದಿವ್=ದ್ಯೂತಿ; ಚೇವ್=ಚ್ಯೂತಿ; ಕ್ರಿವ್=ಕ್ರ್ಯೂತಿ; ಸೇವ್=ಸ್ಯೂತಿ; ಧುರ್ವ್=ಧೂರ್ತಿ; FP ದೋಧುರ್ವ್=ದೋಧೂರ್ತಿ; ಕೄತ್=ಕೀರ್ತ್ತಿ; ಸ್ಕಂದ್=ಸ್ಕತ್ತಿ; FP ಸಾನಂದ್=ಸಾನತ್ತಿ; ನದ್ from ನದಿ=ನಂತ್ತಿ; ಪಚ್=ಪಕ್ತಿ; ಚಿತ್=ಚಿತ್ತಿ; ದುಹ್=ದುಗ್ಧಿ; ಗುಹ್=ಗೂಢಿ; ತೃಪ್=ತೃಪ್ತಿ.

10. In the same manner as participles have been formed by the affixes ಕ್ತ, $ನ_1$ sub for ಕ್ತ, and ತ other words also are formed by these affixes. Thus, ಪೄ=ಪೂರ್ಣ; ದದ್=ದತ್ತ; ಕೄ=ಕೀರ್ಣ; ಆಸ್=ಆಸಿತ; ಯಾ=ಯಾತ; ಭುಂಜ್=ಭುಕ್ತ; ಕೄ=ಕೀರ್ಣ; ಶಕ್=ಶಕ್ತ; ಹಸ್=ಹಸಿತ; ಸಹ್=ಸಹಿತ; ಜಲ್ಪ್=ಜಲ್ಪಿತ.

11. The application of the affixes which come only after some particular kinds of roots and not after all, is as follows :—

(1.) Of the affixes given under article 1 Section A,

the affix ಣ should be used after roots ending in ಆ without an *upasarga* and when transitive, without their object expressed as an *upapada*, (III. 1. :41).

the affix ಕ should be used (*a*) after roots ending in ಆ 1stly if they have taken an *upasarga* and when transitive have not the object expressed as an *upapada*, 2ndly if they are transitive and have their object expressed as an *upapada* having at the same time no *upasarga*, and 3rdly if they whether transitive or intransitive and whether coupled with an *uvasarga* or not have a word ending in a case ıffix as an *upapada*; (III. 2. 4. Sid. II. 324) and (*b*) after roots having ಇಕ್ as their penultimate, if they when transitive have not their object expressed as an *upapada*.

ಅಣ್ should be used only after roots which do not take ಣ and ಕ as above and even then only if they are transitive and have their object expressed as an *upapada* (III. 1. 136; III. 2. 1).

4 ತೃಚ್ after all roots when to the word formed the secondary affixes ಇಷ್ಠನ್ or ಈಯಸುನ್ are to be attached afterwards; and

ತೃಚ್ after all roots except when 4 ತೃಚ್ is to be used.

(2.) Of the affixes given under article 2, Section A use 4 ತೃಚ್ when this affix is to be used under article 1 and ತೃಚ್ in other cases.

(3.) Of the affixes given under article 8 Section A,

ಉ can come only after desiderative roots (III. 2. 135 168);

ಯುಚ್ only after other intransitive roots denoting motion or sound and such other A roots beginning with consonants as are distinguished by a gravely accented indicatory vowel (III. 2. 148 149,) and

ಚಾನಶ್, ತೃನ್, and ಕ್ವಿಪ್ after other roots than those above mentioned (Sid. II. 371 and 372) 4ತೃನ್ being used instead of ತೃನ್, if the secondary affix ಇಷ್ಠನ್ or ಈಯಸುನ್ is to be attached to the word formed afterwards.

(4.) Of the affixes given under article 9, Section A ಅಣ್ can be used only after transitive roots having their object expressed as an *upapada* and ಣ್ವುಲ್ only in other cases (III. 3. 12, 10.)

(5) Of the affixes given under article 11, Section A,

ಘಞ್ should be used except when feminine words are not intended to be formed (III. 3. 17, and 20); and when feminine words are intended to be formed,

(*a*) ಅನಿ should be used after roots having the negative particle ನಞ್ as an *upapada* if a curse is intended, (III. 3. 112) and

(*b*) in other cases ಯುಚ್ should be used after *ṇi* roots (III. 3. 107) ; ಅ, after other derivative roots having their derivation affixes actually present (III. 3. 102) ; ಅ, also after other roots which have a heavy vowel and end in a consonant (III. 3. 103) ; ಅಙ್ after roots ending in ಆ and having an *upasarga* (III. 3. 106) ; ನಿ$_1$ sub for ಕ್ತಿನ್ after roots ending in ೠ and after ಲ್ವಾದಿ roots (III. 3. 94) ; and ಕ್ತಿನ್, after other roots than those above mentioned (III. 3. 94) ; and

(c) when the sense is appellative, the feminine words in all the above cases may be formed also by the affix ణ్వుల్ and ఇఞ్ as well as by those already mentioned when interrogation and reply are implied and by ణ్వుల్ only as well as by the other affixes already mentioned otherwise (III. 3. 109, 110).

(6) Of the affixes under article 10 Section A,

the affixes క్తిన్, $ని_1$ sub for క్తిన్, అ, అచ్, యుచ్, ణ్వుల్, ఇఞ్, and అని are to be used exactly as abovesaid when feminine words are intended to be formed, and in other cases,

(1) if a word is intended to be formed in the masculine, the word being an appellative and the sense being that of instrumentality or location, ఘ is used after roots ending in vowels (III. 3. 118), and ఘఞ్ after roots ending in consonants (III. 3. 121), but otherwise,

(2) అచ్ and క్త్రి+మప్ (త్రిమ) are used after roots ending in ఇ or ఈ and distinguished by indicatory డు (III. 3. 56 ; 88 ; IV. 4. 20) ; అచ్ and అథుచ్ after roots ending in ఇ or ఈ and distinguished by indicatory టు (III. 3. 56, 89) ; అచ్ after other roots ending in ఇ or ఈ (III. 3. 56); అప్ and అథుచ్ after roots ending in ఉ, ఊ, or ఋ, and distinguished by indicatory టు (III. 3. 56, 89) ; అప్ after other roots ending in ఉ, ఊ, or ఋ. (III. 3. 57) ; ఘఞ్ as well as క్త్రి+మప్ (త్రిమ) after other roots than those above mentioned if they are distinguished by indicatory డు (III. 3. 18 ; IV. 4. 20) ; ఘఞ్ as well as అథుచ్, if they are distinguished by indicatory టు (III,

3. 18; III. 3. 89); and ಘಞ್ in all other cases (III. 3. 18).

(7.) The above distinction as to the use of the several affixes holds good in regard also to the corresponding affixes under article 11 Section A except ಲ್ಯುಟ್, so far as it is applicable.

(8.) Of the affixes given under article 12 Section A ಯುಚ್ is used after roots ending in ಆ and ಖಲ್ after other roots (III. 3. 126; III. 3. 128).

(9.) Of the affixes given under article 1 Section B, ಣ್ಯತ್ can be used only after roots ending in ಋ or ೠ or in a consonant except roots ending in labials with penultimate ಅ, and after roots ending in ಉ or ಊ only when the sense is that of "oughtness" (III. 1. 125); ಕ್ಯಪ್, after roots ending in consonants with penultimate ಋ (III. 1. 110); and ಯತ್, after other roots (III. 1. 124, 97, 98), including ಣಿ roots, though these should end only in 4 ಣಿ and therefore as bases ending in consonants apparently before this affix (Sid. II. 306).

12. Remembering the indicatory letters of the above affixes and what has been already said regarding their application, as also the fact that the influence of the indicatory ಞ is like that of the indicatory ಣ and remembering further that when the affix ಅಚ್ follows a FP root no *guṇation* or *vriddhiation* takes place all the affixes with the exception of (1) ಯತ್, (2) ಣ್ಯತ್, (3) ಘಞ್ (4) ಘ (5) ಕ್ತ್ರಿ+ಮಪ್ and (6) ಕ್ತಿನ್ and its sub will be found to come under models already given for the other class of affixes as far as they are applicable as follows :—

AFFIXES.		EXAMPLES.
ಣ	....	ದಾ=ದಾಯ ; ಧಾ=ಧಾಯ ; ಗ್ಲಾ from ಗ್ಲೈ=ಗ್ಲಾಯ.
ಕ	....	ಗ್ಲಾ from ಗ್ಲೈ with the upasarga ಸು=ಸುಗ್ಲ ; ಜ್ಞಾ with ಸು=ಸುಜ್ಞ : ಜ್ಞಾ with ತತ್ವ as its object= ತತ್ವಜ್ಞ ; ಪಾ with ದ್ವಾಭ್ಯಾಂ=ದ್ವಿಪ ; ಪಾ with ಪಾದ =ಪಾದಪ ; ಯಾ with ಪಾದಾಭ್ಯಾಂ=ಪಾದಯ ; ಯಾ with ಸು and with ಪಾದಾಭ್ಯಾಂ = ಪಾದಸುಯ ; ಕ್ಷಿಪ್=ಕ್ಷಿಪ ; ಕ್ಷಿಪ್ with ವಿ=ವಿಕ್ಷಿಪ ; ಬುಧ್=ಬುಧ ; ಬುಧ್ with ವಿ=ವಿಬುಧ ; ಕೃಶ್=ಕೃಶ ; ಕೃಶ್ with ಸು=ಸುಕೃಶ ; ಕ್ರೀಡ್=ಕ್ರೀಡ ; ಕ್ರೀಡ್ with ಸು=ಸುಕ್ರೀಡ ; ಭೂಷ್=ಭೂಷ ; ಭೂಷ್ with ಸು=ಸುಭೂಷ ; ಕೃತ್=ಕೀರ್ತ ; ಕೃತ್ with ಸು=ಸುಕೀರ್ತ.
ಅಣ್	....	ಜ್ಞಾ with ಸು and ತತ್ವ as its object=ತತ್ವಸುಜ್ಞ ; ಕಥ with ಶಾಸ್ತ್ರ=ಶಾಸ್ತ್ರಕಥ ; D ಪಿಪಠಿಷ with ಶಾಸ್ತ್ರ =ಶಾಸ್ತ್ರಪಿಪಠಿಷ ; ಲೋಲೂಯ with ವೃಕ್ಷ=ವೃಕ್ಷಲೋಲೂಯ ; ಬೇಭಿದ್ಯ with ಗೃಹ=ಗೃಹಬೇಭಿದ ; ಚಿ with ಧನ=ಧನಚಾಯ ; ನೀ with ಸೇನಾ=ಸೇನಾನಾಯ ; ಸ್ತು with ರಾಜ= ರಾಜಸ್ತಾವ ; ಲೂ with ವೃಕ್ಷ=ವೃಕ್ಷಲಾವ ; ಕೃ with ಕುಂಭ =ಕುಂಭಕಾರ ; ಪ್ಯಾ with ವಿಶ್ವ=ವಿಶ್ವಪಾರ ; ವ್ಯಾ with ಕಲಾ =ಕಲಾವಾರ ; ಧನ್ with ಶಾಲಿ=ಶಾಲಿಧಾನ ; ಚಿತ್ with ಕ್ಲೇಶ =ಕ್ಲೇಶಚೇತ ; ಬುಧ್ with ತತ್ವ=ತತ್ವಬೋಧ ; ಸ್ಪೃಹ್ with ವ್ಯಾಘ್ರ=ವ್ಯಾಘ್ರಸ್ಪರ್ಹ ; ಕೃತ್ with ದೇವ=ದೇವಕೀರ್ತ ; ಚಾಕೃತ್ with ದೇವ=ದೇವಚಾಕೀರ್ತ ; ರಂಜ್ with ಜನ=ಜನರಂಜ.
ಉ	....	D ಪಿಪಠಿಷ=ಪಿಪಠಿಷು ; D ಚಿಕೀರ್ಷ=ಚಿಕೀರ್ಷು.
ಯುಚ್	....	ಚಲ್=ಚಲನ ; ಚುಪ್=ಚೋಪನ ; ಶಬ್ದ್=ಶಬ್ದನ ; ರು= ರವಣ ; C ಕಾರ್=ಕಾರಣ ; C ಹಾರ್=ಹಾರಣ ; C ಆಸ್= ಆಸನ ; C ಶ್ರಂಥ್=ಶ್ರಂಥನ ; A ವೃತ್=ವರ್ತನ ; A ವೃಧ್= ವರ್ಧನ.
ತೃನ್	...	ಕೃ=ಕರ್ತೃ ; ಪಠ್=ಪಠಿತೃ ; ಭೂ=ಭವಿತೃ ; ಏಧ್=ತೃಏಧಿ ; ವಸ್=ವಸಿತೃ ; but ಕೃ when ಇಷ್ಣುನ್ or ಈಯುಸುನ್ is

AFFIXES.		EXAMPLES.
		intended afterwards to be employed=ಕರ್=ಕರಿಷ್ಯ, ಕರ್ರೀಯುಸ್.
ಚಾನಶ್$_2$	....	ಭುಜ್=ಭುಂಜಾನ; ಭೃ=ಭಿಭ್ರಾಣ; C ಭೂಷಿ=ಭೂಷಯಮಾಣ; ವಹ್=ವಹಮಾನ; ಪಚ್=ಪಚಮಾನ.
ಕ್ವಿಪ್	...	ಭ್ರಾಜ್=ಭ್ರಾಟ್; ಭಾ=ಭಾ; ಧೂ=ಧೂ; ದ್ಯುತ್=ದ್ಯುತ್; ಊರ್ಜ್=ಊರ್ಕ್; ಪೂ=ಪೂ; ಛಿದ್=ಛಿದ್; ಭಿದ್=ಭಿದ್.
ಣ್ವುಲ್	....	ಭಜ್=ಭಾಜಕ; ದೃಶ್=ದರ್ಶಕ; but ಲೂ with ಕಾಂಡ as its object=ಕಾಂಡಲಾವ.
ಅನಿ	....	ಕೃ with ನಞ್=ಅಕರಣಿ; ಜೀವ್ with ನಞ್=ಅಜೀವನಿ; ಯಾ with ನಞ್ and ಪ್ರ=ಅಪ್ರಯಾಣಿ.
ಅ	...	D ಚಿಕೀರ್ಷ=ಚಿಕೀರ್ಷ; FA ಲೋಲೂಯ=ಲೋಲೂಯ; ಕುಂಡ್=ಕುಂಡ; ಹುಂಡ್=ಹುಂಡ; ಈಹ್=ಈಹ; ಊಹ್=ಊಹ;
ಅಚ್	...	ದಾ with ಪ್ರ=ಪ್ರದ; ಧಾ with ಉಪ=ಉಪಧ;
ನಿ$_1$ sub for ಕ್ತಿನ್		ಕೄ=ಪೂರ್ಣಿ; ವೄ=ವೂರ್ಣಿ; ಗೄ=ಗೀರ್ಣಿ; ಕೄ=ಕೀರ್ಣಿ; ಲೂ of ಲ್ವಾದಿ=ಲೂನಿ; ಯೂ of ಲ್ವಾದಿ=ಯೂನಿ.
ಇಞ್	....	ಕೃ=ಕಾರಿ; ಗಣ್=ಗಾಣಿ; ಪಚ್=ಪಾಚಿ.
ಅಚ್	...	ಚಿ=ಚಯ; ಜಿ=ಜಯ; ನೀ=ನಯ. But ಚೇಚಿ=ಚೇಚಿ+ಇಯ್+ಅ=ಚೇಚಿಯ; ನೇನೀ=ನೀನಿಯ.
ಅಪ್	....	ಯು=ಯುವ; ಸ್ತು=ಸ್ತವ; ಲೂ=ಲವ; ಪೂ=ಪವ; ಕೄ=ಕರ; ಗೄ=ಗರ.
ಅಥುಚ್	....	ಟುಶ್ವಿ=ಶ್ವಯಥು; ಟುರು=ರವಥು; ಟುಭೃ=ಭರಥು; ಟುಲಭ್=ಲಭಥು; ಟುಭ್ರಾಜ್=ಭ್ರಾಜಥು; ಟುವೇಪ್=ವೇಪಥು; ಟುನಂದ್=ನಂದಥು; ಟುಮಸ್ಜ್=ಮಜ್ಜಥು.
ಖಲ್	...	ಕೃ=ಕರ; ಭುಜ್=ಭೋಜ; ನೀ=ನಯ.

4 c

13. By the affixes, (1) ಯತ್ and (2) ಣ್ಯತ್ also words are formed according to the models already given generally but (1) the final vowel in roots ending in ಆ should be changed into ಈ before ಯತ್ and (2) the final consonants if ಚ or ಜ should be changed in ಕ or ಗ before ಣ್ಯತ್, except absolutely when the roots are such as take the augment ಇಟ್ before *nishṭhá* and except optionally when the roots though they are not such as take the augment ಇಟ್ before *nishṭhá* are roots beginning with ಕು letters thus :—

AFFIXES.		EXAMPLES.
ಯತ್	...	ಪಾ=ಪಾ @ ಎ for *f*+ಯ=ಪೇಯ ; ದಾ=ದೇಯ ; FP ಜಾಜ್ಞಾ=ಜಾಜ್ಞೇಯ ; ಕಥ=ಕಥ್ಯ ; D ಪಿಪಠಿಷ=ಪಿಪಠಿಷ್ಯ ; FA ಲೋಲೂಯ=ಲೋಲೂಯ್ಯ ; FA ಬೆಭಿದ್ಯ=ಬೇಭಿದ್ಯ ; ಚಿ=ಚೇಯ ; ನೀ=ನೇಯ ; FP ಚೇಕ್ರೀ=ಚೇಕ್ರೀಯ ; ಲೂ=ಲೋಯ ; ಶಪ್=ಶಪ್ಯ ; ಲಭ್=ಲಭ್ಯ ; ಗಮ್=ಗಮ್ಯ ; X ಚೊರ್=ಚೊರ್ಯ ; C ಭಾವ್=ಭಾರ್ವ್ಯ.
ಣ್ಯತ್	...	ಕೃ=ಕಾರ್ಯ ; ಹೃ=ಹಾರ್ಯ ; ಧೃ=ಧಾರ್ಯ ; ಸ್ವೄ=ಸ್ವಾರ್ಯ ; ಗೄ=ಗಾರ್ಯ ; ವೄ=ವಾರ್ಯ ; ರವ್=ರಾವ್ಯ ; ಶವ್=ಶಾವ್ಯ ; ಕವ್=ಕಾವ್ಯ ; ಪಚ್=ಪಾಕ್ಯ ; ವಚ್=ವಾಕ್ಯ ; ಭಜ್=ಭಾಗ್ಯ ; ಸಾಧ್=ಸಾಧ್ಯ ; ಲಿಖ್=ಲೇಖ್ಯ ; ಸಿಚ್=ಸೇಕ್ಯ ; ಯುಧ್=ಯೋಧ್ಯ ; ಯುಜ್=ಯೋಗ್ಯ ; ನೀವ್=ನೀವ್ಯ ; ಮೂಲ್=ಮೂಲ್ಯ; ಕೃತ್=ಕೀರ್ತ್ಯ. But ತರ್ಜ್ which takes ಇಟ್ before *nishṭha*=ತರ್ಜ್ಯ ; and ಗ್ಲುಚು though not taking ಇಟ್ before *nishṭha*=ಗ್ಲುಚ್ಯ or ಗ್ಲುಕ್ಯ
ಣ್ಯತ್ used in the sense of "oughtness" (obligation).		ಲೂ=ಲಾವ್ಯ, ಪೂ=ಪಾವ್ಯ, ದ್ರು=ದ್ರಾವ್ಯ.
ಕ್ಯಪ್	....	ಸೃಜ್=ಸೃಜ್ಯ, ದೃಶ್=ದೃಶ್ಯ.

14. By the affix ಘಇಞ್ words are formed in the same manner as ಣ್ಯತ್, final ಚ and ಜ in roots ending in those letters

being also similarly changed into ಕ and ಗ; and by the affix ಘ words are formed after models already given for affixes not having indicatory ಕ, ಙ್, ಞ್, ಣ and ಪ, but with this difference that the final ಚ and ಜ in roots ending in those letters are changed as before ಘಞ್. The formation of words is therefore as follows :—

AFFIXES.		EXAMPLES.
ಘ	....	FA ಬೇಭಿದ್ಯ=ಬೇಭಿದ ; ಕಥ=ಕಥ ; D ಪಿಪಠಿಷ=ಪಿಪಠಿಷ ; FA ಲೋಲೂಯ=ಲೋಲೂಯ ; ದಾ=ದ ; FP ಜಾಜ್ಞಾ=ಜಾಜ್ಞ ; ಚಿ=ಚಯ ; ನೀ=ನಯ ; ಹ್ರೀ=ಹ್ರಯ ; FP ನೇನೀ=ನೇನಯ ; ಸ್ತು=ಸ್ತವ ; ಭೂ=ಭವ ; FP ಲೋಲೂ=ಲೋಲವ : ಪೃ=ಪರ ; ಕೃ=ಕರ; ವೃಾ=ವರ , ಕೃಾ=ಕರ ; FP ಚಾಕೃಾ=ಚಾಕರ.
ಘಞ್	...	ಧನ್=ಧಾನ ; ಪಚ್=ಪಾಕ ; ತ್ಯಜ್=ತ್ಯಾಗ ; ಚಿತ್=ಚೇತ ; ರಿಚ್=ರೇಕ ; ನಿಜ್=ನೇಗ ; ಯುಜ್=ಯೋಗ ; ಬುಧ್=ಬೋಧ ; ನೃತ್=ನರ್ತ ; ಸೃಜ್=ಸರ್ಗ ; ಕೃತ್=ಕೀರ್ತ ; ನೀವ್=ನೀವ; ಮೀಲ್=ಮೀಲ ; ನಂದ್=ನಂದ ; ಮುರ್ಛ್=ಮೂರ್ಛ; ಕುರ್ದ್=ಕೂರ್ದ ;

15. By the affix ಕ್ತಿನ್ words are formed as by ಕ್ತ e. g. ಕಥ=ಕತ್ತಿ ; ಪಾ=ಪಾತಿ, ಚಿ=ಚಿತಿ ; ನೀ=ನೀತಿ ; ಸ್ತು=ಸ್ತುತಿ; ಭೂ=ಭೂತಿ ; ಕೃ=ಕೃತಿ ; ಧನ್=ಧಾಂತಿ ; ಜನ್=ಜಾಂತಿ ; ಘ್ರೈಣ್=ಘ್ರೈಣ್ಟಿ ; ರವ್=ರೂತಿ ; ದಿವ್=ದ್ಯೂತಿ ; ಪಚ್=ಪಕ್ತಿ ; ಚಿತ್=ಚಿತ್ತಿ ; ದುಹ್=ದುಗ್ಧಿ ; ಗುಹ್=ಗೂಢಿ ; ತೃಪ್=ತೃಪ್ತಿ.

16 By the affix ಕ್ತ್ರಿ+ಮಪ್ words can be formed as by ಕ್ವಿಪ್. Only it should be rememberd that as ಕ್ತ್ರಿ+ಮಪ್ begins with ತ, the augment ಇಟ್ should be inserted after E roots. Thus ಮಿ=ಮಿತ್ರಿಮ ; ಕೃ=ಕೃತ್ರಿಮ ; ಭೃ=ಭೃತ್ರಿಮ ; ದಾ=ದಾತ್ರಿಮ ; ಧಾ=ಧಾತ್ರಿಮ ; ಕ್ರೀ=ಕ್ರೀತ್ರಿಮ ; ಪಚ್=ಪಕ್ತ್ರಿಮ ; ಲಭ್=ಲಬ್ಧ್ರಿಮ; ಯಾಚ್=ಯಾಚಿತ್ರಿಮ.

CHAPTER II.

THE NOUN AFFIXES.

1. The noun affixes are, as has been seen, (1) feminine affixes, (2) secondary affixes, (3) case affixes, and (4) noun root affixes. But a more general classification of these affixes, except the noun root affixes which will be reserved for future consideration, is as follows:—

(*a*) Affixes which entitle the bases to which they are attached to no special designation.

(*b*) Affixes which entitle the bases to the designation of ಭ (*bha*).

(*c*) Affixes which entitle the bases to the designation of ಪದ (*pada*).

The first mentioned affixes are called ಸರ್ವನಾಮಸ್ಥಾನ (*Sarvanámasthána*) affixes, and we propose to call the other two kinds of affixes respectively *bha* affixes and *pada* affixes.

2. The distinction is as follows:—

(1) Affixes of the nominative and vocative plural in the case of all bases, whether masculine, feminine, or neuter, the affixes of the nominative vocative and accusative singular, and of the nominative, vocative, and accusative dual, in the case of masculine and feminine bases only, and affixes of the accusative plural in the case of neuter bases only = *Sarvanámasthána* affixes (I. 1. 42; VII. 1. 20.; I. 4. 17).

(2) *Sarvanámasthána* affixes not being those of the neuter bases = ಸುಟ್ (*suṭ*) case affixes (I. 1. 43).

(3) Affixes with an initial ಯ, or an initial vowel, not being *Sarvanámasthána* affixes, and not being secondary affixes having indicatory ಭ = *bha* affixes (IV. 1. 105. ; I. 3. 4. ; I. 4. 16).

(4) Affixes with any other initial consonant than ಯ not being *Sarvanámasthána* affixes, and also secondary affixes having indicatory ಪ = *pada* affixes (I. 4. 17; I. 4. 16).

3. Observe that though ancient grammarians state, as we have already seen, that the affixes which we have called the *pada* affixes entitle their bases to the special designation of *pada*, we may very conveniently restrict the term *pada* to complete words only. For, if we extend the term to such bases, certain rules that relate to compound words may apply even when we have two words one of which is not a complete word, and thus create confusion. Thus, turning back to the rule of *Sandhi* which says that the change of ನ into ಣ should not take place, when, between the cause for the change and the ನ, there is an intervening *pada*, (VIII. 4. 38), the rule will prohibit the change in such a word as that made by the elements ಅದ್ರಿ-ಗೋ-ಮಯುನ, because ಮಯುನ is ಮಯ from ಮಯಟ್, a *pada* affix + ಇನ a case affix, and so ಗೋ, if treated as *pada* by reason of its being followed by ಮಯ of ಮಯಟ್, will intervene between ನ in ಮಯುನ and ರ in ಅದ್ರಿ. The result then will be ಅದ್ರಿಗೋಮಯುನ, not ಅದ್ರಿಗೋಮಯುಣ which is the correct form (Sid. I. 484). But our plan will prevent this result.

4 The reason why the *pada* affixes are called so, is that generally the *sandhi* between a nominal base and such affixes should take place as if the bases were complete *padáh* though actually not such. Thus ರಾಜನ್+ಭ್ಯಾಂ=ರಾಜ+ಭ್ಯಾಂ=ರಾಜಭ್ಯಾಂ.

5. The following exceptions to the above rule are however to be stated.

(i) In the vocative case singular, there is no *lopation* of ನ final in a noun ending in ನ,

(*a*) Optionally if the noun is neuter *e. g.* ಸಾಮನ್=ಸಾಮನ್ or ಸಾಮ.

(*b*) Invariably otherwise *e. g.* ರಾಜನ್=ರಾಜನ್, (Sid. I. 193 151. and 162).

(2) Before *pada* affixes, words formed by the affix ವಸು change their final ಸ into ದ (VIII. 2. 72). *e. g.* ವಿದ್ವಸ್ + ಭ್ಯಾಂ, a *pada* affix = ವಿದ್ವದ್ಭ್ಯಾಂ, not ವಿದ್ವಸ್ಭ್ಯಾಂ.

(3) Before *pada* affixes beginning with a nasal, words ending in ಯರ್ invariably change their final letter into a nasal (Sid. I. 60). *e. g.* ಚಿದ್ +ಮಯ of ಮಯಟ್=ಚಿನ್ಮಯ, not ಚಿನ್ಮಯ or ಚಿದ್ಮಯ ; ಷಟ್+ನಾಂ=ಷಣ್ಣಾಂ=ಷಣ್ಣಾಂ (See below).

(4) Before the *pada* affix of the genitive plural, ನಾಂ which is the *pada* affix ಆಂ of the genitive plural, (to the referred to hereafter) augmented with ನುಟ್ according to rules on the subject should be changed into ಣಾಂ after a base ending in ಷ (VIII. 4. 42). *e. g.* ಷಟ್+ನಾಂ=ಷಣ್ಣಾಂ.

6. Observe that notwithstanding the *lopation* of ನ of bases ending in ನ before *pada* affixes as abovesaid, the bases should not afterwards be considered as any other than bases ending in ನ. Thus a numeral in ನ notwithstanding the *lopation* of ನ should not on this account cease to be called ಷಟ್, (*shaṭ*) a name which numerals ending in ನ obtain according to rules to be mentioned hereafter. So after the *lopation*, we should not attempt to make that alteration upon the base with reference to the letter with which the base ends after

the lopation. Nor should we omit to give that accent to the base which according to rules on the subject it is entitled to as a base ending in ನ. Further, if the base is a primitive word formed by the primitive affix ಕ್ವಿಪ್ from a root ending in ನ with a short penultimate, as ಹನ್ for instance, we should not after the *lopation* of ನ, proceed to treat it as a base ending in the vowel which precedes the ನ, and thus try to attach the augment "ತುಕ್," which, as we have seen, primitive words ending in short vowels require. But as regards the application of the rules of *sandhi* which, be it remembered, is a process subsequent to the formation of the word from the base and affix, we should not treat the base as a word ending in ನ, but only as a word ending in the letter that remains after the ನ is *lopated*. Neither when we wish to make a compound word from the word formed by a base ending in ನ should we regard the word any longer as ending in ನ, nor when we wish to form noun root from a word formed as above should we treat it as a word ending in ನ. In short, for the purpose of all operations affecting the word as a complete word, we should look only to the letter with which it actually ends, though for the purpose of operations previous to the complete formation of the word, we should not treat the base as any other than one ending in ನ. (VIII. 2. 7, Sid. I. 220).

7. The feminine affixes are (1) ಟಾಪ್, (2) ಡಾಪ್, (3) ಚಾಪ್, (4) ಙೀಪ್, (5) ಙೀಷ್, (6) ಙೀನ್, and (7) ಊಙ್.

8. Observe that the following technical terms are applied to feminine affixes.

(i) ಆಪ್=(1) ಟಾಪ್, (2) ಡಾಪ್ and (3) ಚಾಪ್.

(ii) ಙೀ=(1) ಙೀಪ್, (2) ಙೀಷ್ and (3) ಙೀನ್.

(iii) ನದೀ=ಙೀ and ಊಙ್; (VII. 1. 83.)

9. The following is an alphabetical list of the most important of the secondary affixes :—

List of Secondary Affixes.

ಅ (ಅಞ್)
ಅ (ಞ)
ಅ (ಣ)
ಅ (ಡಟ್)
ಅಙ
ಆಙ
ಅಕ (ವುಞ್)
ಅಕಚ್
ಅತ್ *(vibh)*
ಅ (ಅಞ್)+ಆಯನ (ಫಕ್)
ಅ+ಇ (ಇಞ್)
ಆ (ಡಾಚ್)
ಆಯನಿ=(ಫಿಞ್)
ಆಯನಿ (ಫಿಞ್)+ಏಯ (ಢಕ್)
ಇ (ಇಞ್)
ಇಥುಕ್
ಇನ್ (ಣಿನಿ)
ಇಷ್ಠನ್
ಇಮನಿಚ್
ಇಕ or ಕ (ಠಕ್)
ಇಕ or ಕ (ಠನ್)
ಇಕ or ಕ (ಠಚ್)
ಇಕ or ಕ (ಷ್ಠಲ್)
ಇಕ or ಕ (ಠಞ್)
ಈಕಕ್
ಈನ (ಖಞ್)
ಈಯ (ಛ)
ಈಯಸುನ್
ಏಯ (ಢಕ್)
ಏಯ (ಢಞ್)
ಏಯ (ಢಕ್)+ಇ (ಇಞ್)
ಏರ (ಢ್ರಕ್)
ಕ
ಕನ್
ಕಲ್ಪಪ್
ಕೃತ್ವಸುಚ್
ಗೋಷ್ಠ
ಗೋಯುಗಚ್
ಚಣಪ್
ಚಂಚುಪ್
ಚರಟ್
ಜಾತೀಯರ್
ತರಪ್
ತಮಪ್
ತಯಪ್
ತಸಿಲ್ *(vibh)*
ತ್ವ
ತಲ್
ತಸಿ
ತ್ರ *(vibh)*
ತ್ರಲ್ *(vibh)*
ತ್ರಾ
ತೀಯ
ತರಪ್+ಆಮು
ತಮಪ್+ಆಮು
ತಮಟ್+ಡಟ್
ತ್ಯಪ್
ತುಟ್+ಟ್ಯುಲ್
ತುಟ್+ಟ್ಯು
ತೀಯ+ಈಕಕ್
ತೀಯ+ಅನ್
ತೀಯ+ಕನ್

ತಪ್ರ
ತಿಥುಕ್
ತ್ರೈಲಚ್
ಥಮು (*vibh*)
ಥಾಲ್ (*vibh*)
ಥುಕ್
ಥುಕ್+ಅ (ಡಟ್)+ಕನ್
ಥುಕ್+ಅ (ಡಟ್)+ಅ (ಇ)
ಥುಕ್+ಅ (ಡಟ್)+ಅ (ಅನ)
ಥುಕ್+ಅ (ಡಟ್)
ದಘ್ನಚ್
ದಾ (*vibh*)
ದಾನೀಂ (*vibh*)
ದ್ವಯಸಚ್
ದೆಶ್ಯ
ದೇಶೀಯರ
ಧಮುಞ್
ಧಮುಞ್+ಅ (ಡ)
ಧ್ಯಮುಞ್
ಧಾ
ಪಟಚ್
ಪಾಶಪ್
ಬಹುಚ್
ಮಟ್+ಅ (ಡಟ್)+ಅ (ಅನ್)
ಮಟ್+ಅ (ಡಟ್)
ಮಟ್+ಅ (ಡಟ್)+ಅ (ಇ)
ಮಟ್+ಅ (ಡಟ್)+ 1 ಅನ or 1 ಇ

ಮತುಪ್-ವತಃಪ್
ಮಯಟ್
ಮಾತ್ರಚ್
ಯ (ಘ್ಯಞ್)
ಯ (ಞ್ಯಜ್)
ಯ (ಣ್ಯ)
ಯ (ಷ್ಯಜ್)
ಯತ್
ಯುಗಚ್
ರಿಲ್
ರಿಷ್ಟಾತಿಲ
ರೂಪಪ್
ರೂಪ್ಯ
ಲಚ್
ವತಿ
ವಿನ
A ಕನ್ (specially prescribed for bases denoting much or little)
B ಕನ್ (not being A ಕನ್)
ಷಡ್ಗವಚ್
ಸಾತಿ
ಸುಚ್
ಹ (*vibh*)
ರ್ಹಿಲ್ (*vibh*)
ಂ (ಚ್ವಿ) (1 ಅಞ್) (3 ಅಞ್) (1 ಅಞ್) (3 ಕನ್) (1 ಮಯಟ್) (1 ಮಾತ್ರಚ್) (1 ಮತುಪ್) (1 ವಿನ್) (1 ಥ)

10. The additional senses which the above affixes import require a rather elaborate treatment, and may therefore be conveniently reserved for another place.

11. Observations.

4 D

(1) The figure 6 attached to the affix ಅಣ means that it is to be considered as having an indicatory ಪ also in addition to the indicatory ಣ it has.

(2) The affixes ತರಪ and ತಮಪ are together called ಘ (*gha*) (I. 1. 22.)

(3) The affixes marked *vibh* are called *vibhakti* (ವಿಭಕ್ತಿ) affixes.

(4) With regard to some of the affixes above mentioned, their efficient consonants, when they are actually used, are to be taken as equivalent to some others as follows :—

ಢ initial = ಎಯ^{6} ; ಫ initial = ಆಯನ^{6} ; ಖ initial = ಈನ ; ಛ initial = ಈಯ^{6}; ಘ initial = ಇಯ^{6} (VII 1. 2). ಯು = ಅನ (VII. 1. 1.) ವು = ಅಕ (VII. 1. 1.) ಠ after bases ending in ಉ, ಊ, ಋ or ತ, and after bases which end in ಇಸ^{6} or ಉಸ^{6} = ಕ and after other bases, ಇಕ (VII. 3. 50 ; VII. 3. 51).

(5) In the application of the above rule regarding the letter ಠ to bases ending in ಇಸ^{6} or ಉಸ^{6}, regard should be had to the original letters of the elements of which the bases are composed, and accordingly, though, if the original letters have been changed on account of *sandhi* or otherwise, the rule will apply, it will not apply when the letters originally were not ಇಸ^{6} or ಉಸ^{6}, though actually at the time of the application of the rule, they appear as ಇಸ^{6} or ಉಸ^{6}. Thus, after the base ಅಶಿಸ^{6}, where the ಇ of ಇಸ^{6} is not original but derived by the change of the verbal root ಶಾಸ^{6} into ಶಿಸ, ಠ will be = ಇಕ, not ಕ; but after ಸಪಿಙ್ಕ, it will be ಕ only though there is ಇಷ not ಇಸ^{6}, because the ಷ was originally ಸ, and has been changed to

ಷ only on account of *sandhi*, though after ಉಷ್ it would not be ಕ್, but ಇಕ್, because ಷ here is not derived by the change of ಸ into ಷ, but is one of the original letters of the verbal root ಉಷ್ (Sid. I. 529).

(6) There are certain words which, when used along with certain other words, have, besides their own meaning, the sense of the affix ಚ್ವಿ by implication without having this affix attached. The former words are (1) ಶ್ರೇಣಿ (meaning a guild of mechanics or traders) (2) ಪೂಗ, (3) ಮುಕುನ್ದ, (4) ರಾಶಿ, (5) ನಿಚಮ, (6) ವಿಶೇಷ, (7) ವಿಧಾನ, (8) ಪದ, (9) ಇನ್ದ್ರ, (10) ದೇವ, (11) ಮುಣ್ಡ, (12) ಭೂತ, (13) ಶ್ರಮಣ, (14) ವದಾನ್ಯ, (15) ಅಧ್ಯಾಪಕ, (16) ಅಭಿರೂಪಕ, (17) ಬ್ರಾಹ್ಮಣ, (18) ಕ್ಷತ್ರಿಯ, (19) ವಿಶಿಷ್ಟ, (20) ಪಟು, (21) ಪಣ್ಡಿತ, (22) ಕುಶಲ, (23) ಚಪಲ, (24) ನಿಪುಣ, (25) ಕೃಪಣ; and the latter words are (1) ಕೃತ, (2) ಮಿತ, (3) ಮತ, (4) ಭೂತ, (5) ಉಕ್ತ, (6) ಯುಕ್ತ, (7) ಸಮಾಜ್ಞಾತ, (8) ಸಮಾಮ್ನಾತ, (9) ಸಮಾಖ್ಯಾತ, (10) ಸಂಭಾವಿತ, (11) ಸಂಸೇವಿತ, (12) ಅವಧಾರಿತ, (13) ಅವಕಲ್ಪಿತ, (14) ನಿರಾಕೃತ, (15) ಉಪಕೃತ, (16) ಉಪಾಕೃತ, (17) ದೃಷ್ಟ, (18) ಕಲಿತ, (19) ದಲಿತ, (20) ಉದಾಹೃತ, (21) ವಿಶ್ರುತ, (22) ಉದಿತ, (ಆಕೃತಿಗಣಃ) (Sid. I. 361. II. 1. 59).

(7) So the following words when used along with words derived from the verbal root ಕೃಞ್ have the sense of ಚ್ವಿ by implication, viz., (1) ಸಾಕ್ಷಾತ್, (2) ಮಿಥ್ಯಾ, (3) ಚಿನ್ತಾ, (4) ಭದ್ರಾ, (5) ರೋಚನಾ, (6) ಆಸ್ಥಾ, (7) ಅಮಾ, (8) ಅದ್ಧಾ, (9) ಪ್ರಾಜರ್ಯಾ, (10) ಪ್ರಾಜರುಹಾ, (11) ಬೀಜರ್ಯಾ, (12) ಬೀಜರುಹಾ, (13) ಸಂಸರ್ಯಾ, (14) ಅರ್ಥೇ, (15) ಲವಣಮ್, (16) ಉಷ್ಣಮ್, (17) ಶೀತಮ್, (18) ಉದಕಮ್, (19) ಆರ್ದ್ರಮ್, (20) ಅಗ್ನೌ, (21) ವಶೇ, (22) ವಿಕಸನೇ,

(23) ಪ್ರಸಹನೆ, (24) ಪ್ರತಪನೆ, (25) ಪ್ರಾದುಸ್, (26) ನಮಸ್, (ಆಕೃತಿಗಣಃ) (Sid I. 374; I. 4. 74).

12. The affix which is called ಮತುಪ್ is given above as ಮತುಪ್-ವತುಪ್, because the ಮ of it should be changed into ವ and the affix itself therefore applied as if it were ವತುಪ್ in the following cases:—

(a). After all cases when the words formed are intended to be appellative (VII. 2. 11) *e. g.* ಅಹಿ = ಅಹಿ + ವತ್ = ಅಹೀವತ್. (irregularly).

(b). When the bases end in the letter ಅ or ಆ or ಮ or ಝಯ್ or have, though ending in other letters, ಅ or ಆ or ಮ as their penultimate (VIII. 2. 9. 10.) *e g.* ಕಿಮ್ = ಕಿಂವತ್ ; ಶಮೀ = ಶಮೀವತ್ ; ವೃಕ್ಷ = ವೃಕ್ಷವತ್ ; ಮಾಲಾ = ಮಾಲಾವತ್ ; ವಿದ್ಯುತ್ = ವಿದ್ಯುತ್ವತ್ and ಪಯಸ್ = ಪಯಸ್ವತ್.

13. It must be noted that the above list of secondary affixes contains only the most important of this class of affixes and not all. Nor will our proposed investigation of the sense of the affixes given include the special senses they convey in a few special cases. Consequently, as in the case of primitive nouns, so in the case of secondary nouns, we shall have to refer to the dictionary for the derivation of many words. Still in our treatment of the subject, there will be enough not only to afford us a mastery over a large class of useful secondary words but also to facilitate our labours, if we wish to pursue the subject further.

14. The case affixes are as follows:

Nominative singular	(1) ಸು (2) Ī ಸು (3) 3̄ ಸು (4) ಅಮ್.
Nominative Dual	(1) ಔ. (2) 5̄ ಔ. (3) ಶೀ.
Nominative Plural	(1) ಜಸ್ (2) Ī ಜಸ್ (3) ಸ (4) ಶೀ (5) ಶಿ.

Vocative Singular (1) సు (2) 3̄ సు.

Vocative Dual & Plural *As in the case of Nominative Dual and Plural.*

Accusative Singular (1) అమ్ (2) మ్ (3) ī̄ అమ్.

Accusative Dual. (1) ఔట్ (2) 5̄ ఔట్ (3) ఈ.

Accusative Plural. (1) శస్ (2) Ī శస్ (3) స్ (4) న్ (5) ఇ.

Instrumental Singular (1) టా (2) ఇన (3) నా.
Instrumental Dual భ్యామ్.

Instrumental Plural (1) భిస్ (2) ఐస్.

Dative Singular (1) ఙే (2) స్మై (3) య.
Dative Dual భ్యామ్.
Dative Plural భ్యస్.

Ablative Singular (1) ఙసి (2) స్మాత్ (3) ఆత్ (4) స్. (5) ఉస్ (6) ఉర్స్.
Ablative Dual భ్యామ్.
Ablative Plural భ్యస్.

Genitive Singular (1) ఙస్ (2) స్య (3) స్ (4) ఉస్ (5) ఉర్స్.
Genitive Dual ఓస్.
Genitive Plural ఆమ్.

Locative Singular (1) ఙి (2) స్మిన్ (3) ఔట్ (4) ఆమ్.
Locative Dual ఓస్.
Locative Plural సుప్.

12. **Observations.**

(i) The theory is that the original case affixes have been as follows :—

		Singular.	Dual.	Plural.
1.	Nominative.	ಸು	ಔ	ಜಸ್
	Vocative.	ಸು	ಔ	ಜಸ್
2.	Accusative.	ಅಮ್	ಔಟ್	ಶಸ್
3.	Instrumental.	ಟಾ	ಭ್ಯಾಮ್	ಭಿಸ್
4.	Dative.	ಙೆ	ಭ್ಯಾಮ್	ಭ್ಯಸ್
5.	Ablative.	ಙಸಿ	ಭ್ಯಾಮ್	ಭ್ಯಸ್
6.	Genitive.	ಙಸ್	ಓಸ್	ಆಮ್
7.	Locative.	ಙಿ	ಓಸ್	ಸುಪ್.

So it is held that the other case-affixes above alluded to come in only as the substitutes of these originals. (IV. 1. 2; VI. 1. 68. 69. 93. 102 to 105. 107. 109 to 112; VII. 1. 9. 12 to 15. 17 to 24; VII. 3. 116 to 120).

(ii) The singular of the vocative case is called ಸಂಬುದ್ಧಿ (*Sambuddhi*) (II. 3. 49).

(iii) The case affixes from the instrumental singular to the locative plural inclusive are together called ಆಪ್ (*áp*) case affixes (Sid I. 152. VII. 2. 112).

CHAPTER III.

CLASSIFICATION OF NOUN-BASES.

1. Here at the outset it may be mentioned once for all that no real nouns are found to end in ೠ, ೡ, and ಌ, that there is only one noun ending in ಐ viz. ರೈ, which is moreover irregular, and that as no neuter nouns can end in long vowels, when neuter nouns are to be formed from crude nouns ending in long vowels the vowels should be shortened (I 2. 47), ಇಕ್ letters, when ಏಚ್ letters are thus to be shortened, being taken

as their short substitutes (I. 1. 48). And it is likewise to be remarked that no regular nouns ending in consonants are found to end in ఙ్ and ఞ్, or in న్ with any penultimate letter except ల or ఇ.

2. The following technical names are applied to nominal bases.

(1) Bases consisting of nouns whose meaning is expressive of an act or state which even in the absence of qualifying words referring the act or state specially to a person or thing denoted by a non-masculine noun is conceivable as the act or state of a person or thing denoted by a non-masculine noun as of a person or thing denoted by a masculine noun, because there is nothing *prima facie* in the act or state itself that makes it fit to be the act or state more of a person or thing denoted by a masculine noun than of a person or thing denoted by a non-masculine noun=భాషితపుంస్కాః (*bháshitapumskáḥ.*) (Sid. I. 135, 136 notes 26 to 29. Id. 148 notes 18 and 19. Id. 402 note 9).

(2) Before case affixes having indicatory ఙ్ and before ఆమ్, the substitute of ఙి feminine bases ending in ఇ or ఉ=నదీ (*nadí*) optionally (I. 4. 5, 6.)

(2) Bases ending in ఇ or ఉ, optionally if feminine, *i. e.* when not treated optionally as *nadí* as above said and invariably if not feminine=ఘి, (*ghi*) (I. 4. 7.),

(3) *Bháshitapumskáḥ* feminine bases ending in ఈ or ఊ, being formed by the affix క్విప్ from roots ending in ఈ and ఊ, respectively=*nadí* optionally (I.4.4.)

(4) Feminine bases ending in ఈ and ఊ, being formed by the affix క్విప్ from roots ending in ఈ and ఊ, respectively, even when they are not *bháshita-*

pumskāh if they are followed by the affix of the genitive plural, or the case affixes having indicatory ಙ್, or ಆಮ್, the substitute of ನೀ=*nadī* optionally (I. 4. 5, 6.)

(5) Feminine bases ending in ಈ or ಊ, not being formed from verbal roots by the affix ಕ್ವಿಪ್=*nadī* (I. 4. 3, 4.)

(6) Words which denote numbers including the numerals and non-numerals as shewn below = ಸಂಖ್ಯಾಃ (*Sankhyāh*).

(*a*) Numerals.

ಏಕ, ಏಕಾ, M. F. N. (*one*) (Sid. I. 388; I. 1. 27.)

ದ್ವ, ದ್ವಿ, ದ್ವಾ, M.F.N. (*two*) (I. 1. 27; VII. 2. 102; VI. 3. 47).

ತ್ರಿ, ತ್ರಯ, ತ್ರಯಸ್, ತಿಸೃ, ತಿಸ್ರ, M.F.N. (*three*) (VII. 1. 53; VII. 2. 99, 100; VI. 3. 48).

ಚತುರ್, ಚತ್ವಾರ್, ಚತಸೃ, ಚತುಸ್ರ್, M.F.N. (*four*) (VII. 1. 98; VII. 2. 99, 100).

ಪಂಚನ್, M. F. N. (*five*).

ಷಷ್, M. F. N. (*six*).

ಸಪ್ತನ್, M. F. N. (*seven*).

ಅಷ್ಟನ್, ಅಷ್ಟಾ, M. F. N. (*eight*) (VII. 2. 84; VI. 3. 47).

ನವನ್, M. F. N. (*nine*).

ದಶನ್, ದಶ, M. F. N. (*ten*) (V. 2. 45).

ಷೋಡಶ, M. F. N. (*sixteen*) (Sid. I. 390).

ವಿಂಶತಿ, ವಿಂಶ, F. (*twenty*) (V. 1. 59; V. 2. 46).

ತ್ರಿಂಶತ್, ತ್ರಿಂಶ, ತ್ರೈಂಶ, F. (*thirty*) (Id. V. 1. 62).

ಚತ್ವಾರಿಂಶತ್, ಚಾತ್ವಾರಿಂಶ, ಚತ್ವಾರಿಂಶ (Id.) F. (*forty*) (Id).

ಪಂಚಾಶತ್, ಪಂಚಾಶ, F. (*fifty*) (V. 1. 59; V. 2. 46).

ಷಷ್ಟಿ, F. (*sixty*) (V. 1. 59).

ಸಪ್ತತಿ, F. (*seventy*) (Id.)

ಅಶೀತಿ, F. (*eighty*) (Id.)

ನವತಿ, F. (*ninety*) (Id.)

ಶತ, ಕ, ಶತಿಕ, (formed from ಶತ, by the affix ಅಕ, technically called ಠನ್, the ಅ of ಅಕ being changed into ಇ) M. or N. (*hundred*) (V. 1. 59. V. 2. 46. V. 4. 2. VII. 3. 44).

ಸಹಸ್ರ, M. or N. (*one thousand*).

ಅಯುತ, M. or N. (*ten thousand*).

ಲಕ್ಷ, F. or N. or ನಿಯುತ, M. or N. (*one hundred thousand*).

ಪ್ರಯುತ, M. or N. (*ten lakhs*).

ಕೋಟಿ, F. (*a hundred lakhs or a crore*).

ಅರ್ಬುದ,— (*ten crores*).

ಮಹಾರ್ಬುದ, M. or N. or ಪದ್ಮ, N.

ಖರ್ವ, N.

ನಿಖರ್ವ, N.

ಮಹಾಪದ್ಮ, N.

ಶಂಕು, M.

ಶಂಖ, M. or N. or ಸಮುದ್ರ, M.

ಮಹಾಶಂಖ, M. or N. or ಅಂತ್ಯ, M.

ಹಾಹಾ, M. or ಮಧ್ಯ, N.

ಮಹಾಹಾಹಾ M. or ಪರಾರ್ಧ, N.

ಧುನ, N.

ಮಹಾಧುನ, N.

ಅಕ್ಷೌಹಿಣೀ, F.

ಮಹಾಕ್ಷೌಹಿಣೀ, F.

(*b*) Non-numerals.

ಬಹು (many), ಗಣ (number). ತಾವತ್ (so much), ಏತಾವತ್ (so much), ಯಾವತ್ (as much), ಇಯತ್ (so much), ಕಿಯತ್ (how much). ಕತಿ (how many), ತತಿ (so many), ಯತಿ (as many), (V. 2. 39; V. 2. 40. 41; I. 1. 23; VI. 3. 91.)

(7). Numerals which end in ಷ, or ನ in their original enunciation and also ಕತಿ, ತತಿ, and ಯತಿ=ಷಟ್ (*shat*). (I. 1. 23. 24).

(8). Pronouns and certain other words as shewn below= ಸರ್ವನಾಮಾನಿ, (*Sarvanámani*) (Sid. I. 97. note 44.)

Sarvanámani.

ಸರ್ವ, *all*, ವಿಶ್ವ, *all*, ಉಭ, ಉಭಯ, *both the two*, ಉಭಸ್, *both* or *having two parts*, ಕತರ, *which of the two or which of many*, ಕತಮ, *which of many*, ತತರ, *that one of two*, ತತಮ, *that one of many*, ಯತರ, *who or which of two*, ಯತಮ, *which of many*, ಏಕತರ, *one of two*. ಏಕತಮ, *one of many*, (I. 1. 27; V. 3. 92, 93, 94; Sid. I. 98, 711.) ಅನ್ಯ, ಅನ್ಯತ್, *other*, (VI. 3. 99.) ಅನ್ಯತರ, *either* (not ಅನ್ಯತಮ, Sid. I. 98.) ಇತರ, *either*, ತ್ವತ್, or ತ್ವ, *other*, ನೇಮ, *half*, optionally in the nominative and vocative plural, and invariably in other cases. (I. 1. 33. Kás. on. ditto.) ಸಮ, *all* (not *equal*) (Sid. I. 98), ಸಿಮ, *whole*; ಪೂರ್ವ, *prior or east*; ಪರ, *after*; ಅವರ, *posterior, or west*; ದಕ್ಷಿಣ, *south, right*, ಉತ್ತರ, *inferior, or other, or north*; ಅಪರ, *other*, ಅಧರ, *inferior, or west*, (the above seven beginning with ಪೂರ್ವ, being *sarvanámani* only when they imply a relation in time or place, not when they imply otherwise, and they, even when they imply a relation in time or place, being *sarvanámáni* only optionally in the nominative and vocative plural (I. 1. 34.); ಸ್ವ, optionally in the nominative and vocative plural and absolutely in other cases (I. 1. 35,) if ಸ್ವ means *own*, not a *kinsman*, or *property*; ಅಂತರ, when it signifies *an under garment* and also when it signifies *outer*, without being an adjective qualifying the word ಪುರಿ, or other word having the sense of ಪುರಿ, such as ನಗರೀ (Sid. I. 98. 128.); ತ್ಯದ್, ಸ್ಯ, ತ್ಯ, *he, she, it*, or ತದ್, ಸ, ತ, *he, she, it*, ಯದ್, ಯ, *who which, what*, ಏತದ್, ಏತ, ಏನ, ಏನತ್, ಅ, ಏಷ, *this*, (very near.) ಇದಂ, ಇಯಂ, ಅಯಂ, ಇಮ, ಅನ. ಅ, ಎನ, ಏನತ್, ಏತ, ಇ, ಇತ, *this* (indefinitely), ಅದಸ್, ಅ, ಅದ, *that*, (remote), ಏಕ, ಎಕಾ, *one*, ದ್ವಿ, ದ್ವಾ, *two*, ಯುಷ್ಮದ್, ತ್ವದ್, ತ್ವ, ಯುವಾ, ಯೂಯು, ತ್ವಾ, ಯುಷ್ಮಾ, ತ್ವಯ, ತವಕ, ಯುಃಷ್ಮಾಕ, ತುಭ್ಯ, ಯುಷ್ಮ, *thou*, ಅಸ್ಮದ್, ಮದ್, ಅಹ, ಆವಾ, ವಯ, ವೂ, ಅಸ್ಮಾ, ಮಯ್, ಮಹ್ಯಂ, ಅಸ್ಮ, ಅಸ್ಮಾಕ, ಮಾಮಕ, *I*, ಭವತು, *your honor, your excellency*, ಕಿಂ, ಕ, ಕು, *who, which, what*, (II. 4. 34.

IV. 3. 2. 3; V. 3. 3. 5; VII. 2. 86. to 98. inclusive. 102. 106. 107. 108. 109. 110. 111. 112. 113; VIII. 2. 3. 80; Sid. I. 167) ಪ್ರಥಮ, *first*, ಚರಮ, *last*, ಅಲ್ಪ, *little*, ಅರ್ಧ, *half*, ಕತಿಪಯ, *some*, (the above five words being *sarvanàmáni* optionally in the nominative and vocative plural but not or in other cases (I. 1. 33.) ಎಕೈಕ, *every*, (VIII. 1. 9.) ಅನ್ಯೋನ್ಯ, or ಪರಸ್ಪರ, or ಇತರೇತರ, *each other*, (Sid. I. 738. note 9.)

(9). Bases among the vowels of which the first is one of the *vriddhi* vowels viz. ಆ. ಐ and ಔ = ವೃದ್ಧಾಃ *vriddhàḥ* (I. 1. 73.)

(10). The *sarvanáma* words ತ್ಯದ್, ತದ್, ಯದ್ ಎತದ್, ಇದಮ್, ಅದಸ್, ಏಕ, ದ್ವಿ, ಯುಷ್ಮದ್, ತ್ವದ್, ಅಸ್ಮದ್, ಮತ್, ಭವತು, and ಕಿಂ and other *sarvanáma* words conveying the same meaning with them = *vriddhàḥ* (1. 1 74.)

(11). Other bases than those referred to in (10) above, if they are proper names = *vriddháḥ* optionally (Sid I. 561.)

(12). Also other bases than those referred to in (11) above if their first vowels are ಏ or ಒ, and if they are the names of the Eastern countries = *vriddhdḥ* (I.1.75.)

(13). A word ending with the vocative case affix = ಆಮಂತ್ರಿತಂ. (*ámantritam*) (II. 3. 48.)

(14). A word denoting a thing which not being liquid or gaseous, and being capable of being perceived by the senses, and not being one produced by a change from the natural state, exist in a living being, or though found elsewhere actually or at any particular time, had previously been known as existing in only a living being, or is found to have actually, (not figuratively) the same relation to the being it is in as a similar thing has to a living being. (ಅದ್ರವಮ್ಮೂರ್ತಿಮತ್ ಸ್ವಾಂಗಂಪ್ರಾಣಿಸ್ಥಮವಿಕಾರಜಂ ಅತತ್ಸ್ಥಂತತ್ರ ದೃಷ್ಟಂಚ ತೇನಚೇತ್ತತ್ತಥಾಯುತಂ) =ಸ್ವಾಂಗವಾಚಕಾಃ (*svángaváchakàḥ*) (words denoting ಸ್ವಾಂಗಂ *svangam* or a member of one's body) (Sid. I. 234).

Th following examples will shew what is or is not, according to the above definition, a member of one's body :—1. sweat, because it is liquid, 2. knowledge, because it is not perceptible by the senses, and 3. swelling, because it is the result of a change from the natural state, are not *svànga* words. And likewise the face of a hall is not *svánga* because the hall is not a living being. But hair though found in a road is *svánga* because it had been formerly found in a living being, and so the breast of an idol is *svánga* because it bears actualy the same relation to the idol as the breast of a living being does to that being. Frown (ವಿಕ್ಷೇಪಂ) and shutting of the eyes (ಅಕ್ಷಿಕಾಣಂ) are likewise *svànga* words.

(15). A word expressing whatever is distinguishable by its form or figure or which being the name of an individual is easily found applicable to others without any further teaching, (a common name) provided it is not a word used in all genders, (common noun), (ಮುಖ್ಯಜಾತಿ) (genus) ; and (only for the purpose of grammar as coming under the rules relating to the above mentioned words,) a word expressing decendants by their parentage as well as a word expressing a person by the branch of the Vedas (ಶಾಖಾ *sàkhà*) which the family to which the person belongs is competent to read (ಶಾಖಾಧ್ಯೇತೃ) (*ṣàkhàdhyetṛi*) (ಗೌಣಜಾತಿ)= ಜಾತಿವಾಚಕಾಃ (*jativàchakàḥ*) (ಆಕೃತಿ ಗ್ರಹಣಾಜಾತಿರ್ಲಿಂಗಾನಾಂಚನ ಸರ್ವಭಾಕ್ | ಸಕೃದಾಖ್ಯಾತ ನಿಗ್ರಾಹ್ಯಾಗೋತ್ರಂಚಚರಣೈಃ ಸಹ||) (Sid. I. 238).

The following examples will illustrate the meaning of the above definition :— (1) ತಟ (*bank*) is a *fàti* word because it denotes what is distinguishable by its form, *i, e,* by its being contiguous to a place covered with water, (2.) ಶೂದ್ರ (*ṣùdra*) is such a word, because when given as the name of an individual, is applicable to other *ṣùdras* (common name), (3.) ಔಪಗವ (á descendant of ಉಪಗು, *upagu*) is such a word, and (4.) ಕಟ *kata* (a person belonging to the family competent to read the branch of the Vedas called *kata* is also such a word. But ದೇವದತ್ತ (*Devadatta*) is not such a word, because it is a proper name applicable to only one individual and ಶುಕ್ಲ (*a white thing*) is likewise not such a word, because it, though a common name, is used in all genders.

(16). Words not being words formed by primitive or seconday affixes or other words entitled to the name of *sankhyà, or sarvanàma* or *játi* as already defined or compound words, provided they are words denoting qualities and capable of being used as adjectives qualifying substantives (as the word ಶುಕ್ಲ is, not as the word ರೂಪ which, though it expresses a quality cannot be used as an adjective) =ಗುಣವಚನಾನಿ, (*guṇavachanáni*) (Sid. I.230. note 83.)

3. Observations.

(1). Some variation occurs in some of the names above given for high numbers according to different authorities (M. W. 199. note.)

(2). The word ಏಕಾ is used to signify *one*, only when composition with the numerical ದಶ is intended; the word ಏಕ being used in all other cases (See below).

(3). ದ್ವ is the word for *two* in declension while ದ್ವಿ and ದ್ವಾ are the words used in composition, ದ್ವಾ being in the latter case the word to be used to the exclusion of ದ್ವಿ, when composition with numerals denoting 10, 20, and 30 is intended, ದ್ವಿ to the exclusion of ದ್ವಾ being the word to be used in composition with words denoting 80, and both ದ್ವಿ and ದ್ವಾ being the words to be used at option when the composition is with words denoting numbers not being 10, 20, 30 and 80, provided that the composition in all the above cases is made to express the addition of two to what is denoted by 10 and so forth (See below).

(4). ತಿಸ್ರ್ is the word for *three* in the feminine gender when case affixes beginning with vowels are to be used; ತಿಸೃ, in the same gender when other case affixes are to be used; ತ್ರಯ, in other genders when the case affix of the genitive plural is to be used; ತ್ರಯಸ್ in the cases when ದ್ವಾ is to be used for *two*; and ತ್ರಿ for all other purposes.

(5). ಚತಸ್ರ್ is the word for *four* in those cases in which ತಿಸ್ರ್ is to be used; ಚತಸೃ in those cases in which ತಿಸೃ is to be used: ಚತ್ವಾರ್ in other genders than the feminine when *sarvanâmasthâna* affixes are to be used; and ಚತುರ್ for all other purposes.

(6). The word ವಿಂಶ instead of ವಿಂಶತಿ should be used to express 20, before secondary affixes having indicatory ಡ.

(7). The words ತ್ರಿಂಶ and ಚತ್ವಾರಿಂಶ are respectively used to denote 30 and 40 instead of ತ್ರಿಂಶತ್ and ಚತ್ವಾರಿಂ

ಶತ್ when they are used as names of certain Vedàs called ಬ್ರಾಹ್ಮಣಾನಿ (V. 1. 62.) e g. ತ್ರ್ಯಂಶಾನಿ ಬ್ರಾಹ್ಮಣಾನಿ ಚಾತ್ವಾರಿಂಶಾನಿ ಬ್ರಾಹ್ಮಣಾನಿ.

(8). The word ಶತಿಕ instead of ಶತ is used to denote 100, when numerals are prefixed to the word to express multiples of hundreds, provided these multiples are intended to be exprssed as the amount of a gift made or fine inflicted (V. 4 2:) *e. g.* ದ್ವಿಶತಿಕಾಂದಂಡಿತಃ. ತ್ರಿಶತಿಕಾಂದಂಡಿತಃ.

(9). The numerical words above given denote only from 1 to 10 inclusive, 16, 20, 30, 40, 50, 60, 70, 80, 90, 100, and multiples of 100 by 10 and the powers of 10; and so words to denote other numbers can be formed only by composition, the words denoting smaller numbers being placed before words denoting larger numbers in the compound (Sid I. 428).

(10). Accordingly words denoting from 1 to 9 when put before words denoting 10, 20, 30, 40, 50, 60, 70, 80, 90. and 100, so as to form compound words having the former words as their antecedent and the latter words as their subsequent members, and after making such changes in the final letters of the former as their character as complete words (ಪದಾಃ) require according to the rules of *sandhi*, express the intermediate numbers between 10 and 20, 20 and 30, 30 and 40, and so on, up to 109. *e. g.* ಪಂಚನ್ compounded with ದಶ, ವಿಂಶತಿ &c.= ಪಂಚದಶ (15); ಪಂಚವಿಂಶತಿ (25); ಪಂಚತ್ರಿಂಶತ್ (35); ಪಂಚಚತ್ವಾರಿಂಶತ್ (55); ಪಂಚಷಷ್ಟಿ (65); ಪಂಚಸಪ್ತತಿ (75); ಪಂಚಾಶೀತಿ (85); ಪಂಚನವತಿ (95), and ಪಂಚಶತ (105). ಷಷ್ compounded with ವಿಂಶತಿ &c. (for we have ಷೋಡಶ for 16)= ಷಡ್ವಿಂಶತಿ (26); ಷಟ್ತ್ರಿಂಶತ್ (36); ಷಟ್ಚತ್ವಾರಿಂಶತ್ (46); ಷಟ್ಪಂಚಾಶತ್ (56); ಷಟ್ಷಷ್ಟಿ (66); ಷಟ್ಸಪ್ತತಿ (76); ಷಡಶೀತಿ (86); ಷಣ್ಣವತಿ (96);

and ಷಟ್ಛತ (106). So, ಏಕಾದಶ (11); ದ್ವಾದಶ (12); ತ್ರಯೋದಶ (13); ಏಕವಿಂಶತಿ (21); ದ್ವಾವಿಂಶತಿ (22); ತ್ರಯೋವಿಂಶತಿ (23); ಏಕತ್ರಿಂಶತ್ (31); ದ್ವಾತ್ರಿಂಶತ್ (32); ತ್ರಯಸ್ತ್ರಿಂಶತ್ (33); ಏಕಚತ್ವಾರಿಂಶತ್ (41); ದ್ವಾಚತ್ವಾರಿಂಶತ್ or ದ್ವಿಚತ್ವಾರಿಂಶತ್ (42); ತ್ರಯಶ್ಚತ್ವಾರಿಂಶತ್ or ತ್ರಿಚತ್ವಾರಿಂಶತ್ (43); ದ್ವಾಪಂಚಾಶತ್ or ದ್ವಿಪಂಚಾಶತ್ (52); ತ್ರಯಃಪಂಚಾಶತ್ or ತ್ರಿಪಂಚಾಶತ್ (53); ದ್ವಾಷಷ್ಟಿ or ದ್ವಿಷಷ್ಟಿ (62); ತ್ರಯಷ್ಷಷ್ಟಿ or ತ್ರಿಷಷ್ಟಿ (63); ದ್ವಾಸಪ್ತತಿ or ದ್ವಿಸಪ್ತತಿ (72); ತ್ರಯಃಸಪ್ತತಿ or ತ್ರಿಸಪ್ತತಿ (73); ತ್ರಯೋನವತಿ or ತ್ರಿನವತಿ (93); ದ್ವ್ಯಶೀತಿ (82); ತ್ರ್ಯಶೀತಿ (83).

(11). The words denoting 11 to 99 are to be employed before words denoting 100 to form words denoting the intermediate numbers between 100 and 200; but the former words should all be made to end in ಅ by having an affix called ಡ attached to them, *i. e.* by having their *ti lopated,* and having a letter ಅ attached to them, and they further should be employed only as adjectives qualifying the word denoting 100. *e. g.* (taking the word ಶತ as neuter,) ಏಕಾದಶಂಶತಂ (111); ದ್ವಾದಶಂಶತಂ (112); ತ್ರಯೋದಶಂಶತಂ (113); ಚತುರ್ದಶಂಶತಂ (114); ಪಂಚದಶಂಶತಂ (115); ಷೋಡಶಂಶತಂ (116); ಸಪ್ತದಶಂಶತಂ (117); ಅಷ್ಟಾದಶಂಶತಂ (118); ನವದಶಂಶತಂ (119); ವಿಂಶಂಶತಂ (120); ಏಕವಿಂಶಂಶತಂ (121); ದ್ವಾವಿಂಶಂಶತಂ (122) &c.; ತ್ರಿಂಶಂಶತಂ (130); ಏಕತ್ರಿಂಶಂಶತಂ (131) &c.; ಚತ್ವಾರಿಂಶಂಶತಂ (140) &c.; ಪಂಚಾಶಂಶತಂ (150) &c.; ಷಷ್ಟಿಶತಂ (160) &c.; ಸಪ್ತತಿಶತಂ (170) &c.; ಅಶೀತಿಶತಂ (180) &c.; ನವತಿಶತಂ (190) &c.; (Kás. on. V: 2. 47.)

(12). In the same way the words denoting from 11 to 99 may be employed before words denoting 1000 (Sid I. 669) *e. g.* ಏಕಾದಶಂಸಹಸ್ರಂ. 1011; ದ್ವಾಚತ್ವಾರಿಂಶಂಸಹಸ್ರಂ. 1042. But it does not appear that words denoting from 1 to 10 can be compounded with the word ಸಹಸ್ರ to form words denoting 1001 to 1010 as they may be with the word ಶತ to express the numbers 101 to 110.

(13). The words ಆಸನ್ನ, ಅದೂರ, ಅಧಿಕ, and particles such as ಉಪ which express nearness and so forth, may be placed before numerals to express numbers which are more or less than the numbers expressed by them, the affix ಡಚ್[6] being used after numerals in this case. (II. 2. 25 ; V. 4. 73.) *e. g.* ಉಪದಶ (next to ten) = 9 or 19 ; ಆಸನ್ನವಿಂಶ. (next to twenty) = 19 or 20 ; ಅದೂರತ್ರಿಂಶ (next to thirty) = 29 or 30 ; ಅಧಿಕ ದಶ. (more than but next to 10) = 11.

(14). So, a numeral may be prefixed to another numeral to express that the number meant is either the first number or the second number, the affix ಡಚ್[6] being used after the last numeral (II. 2. 25 ; V. 4. 73.) *e. g.* ದ್ವಿತ್ರ = either 2 or 3. (Sid I. 411 note 44).

(15). Likewise, a numeral may be prefixed to another numeral to express a numeral which is equal to as many times of the number denoted by the latter as the number denoted by the former. Here too the affix ಡಚ್[6] should come after the last numeral (II. 2. 25 ; V. 1. 73 ; Sid I. 411.) *e. g.* ದ್ವಿದಶ = 20.

(16). Numbers can be expressed by phrases conveying the idea to be expressed at option, the advantage offered by the rules relating to the formation of compound words, (see below) being taken advantage of for the purpose more or less *e. g.* ಶತೇ (nominative dual neuter) of ಶತ = two hundred ; ದ್ವೇ (adjective) ಶತೇ = two hundred ; ತ್ರೀಣಿ (adjective) ಶತಾನಿ = three hundred. So ಚತ್ವಾರಿಶತಾನಿ (400) ; ಪಂಚಶತಾನಿ (500) ; ಷಟ್‌ಶತಾನಿ (600) ; ಸಪ್ತಶತಾನಿ (700);

ಅಷ್ಟೌಶತಾನಿ (800); ನವಶತಾನಿ (900); ದಶಶತಾನಿ (ten hundred) (1000); ದ್ವೇಸಹಸ್ರೇ (2000); ತ್ರೀಣಿಸಹಸ್ರಾಣಿ (3000); and so on. Or if the foregoing expressions be turned into compound words according to rules to be noticed hereafter ದ್ವೇಶತೇ = ದ್ವಿಶತಂ (200); ತ್ರೀಣಿಶತಾನಿ = ತ್ರಿಶತಂ (300); ಚತ್ವಾರಿಶತಾನಿ = ಚತುಃಶತಂ (400). So ಪಂಚಶತಂ (500); ಷಟ್ಛತಂ (600); ಸಪ್ತಶತಂ (700); ಅಷ್ಟಶತಂ (800); ನವಶತಂ (900); ದ್ವಿಸಹಸ್ರಂ (2000); ತ್ರಿಸಹಸ್ರಂ (3000); ಚತುಃಸಹಸ್ರಂ (4000).

(17). When the word required is intended merely to shew a number containing one number and some other number in addition not being a multiple of the former, we may form an adjective calculated to signify a simple addition and employ it with the latter. Such an adjective is formed by compounding the adjective ಅಧಿಕ or ಉತ್ತರ meaning *more* or *plus*, with a numeral, so as to give the compound adjective thus formed the meaning of "having more than the number denoted by the numeral in question". Thus, the adjective ಏಕಾಧಿಕ or ಏಕೋತ್ತರ may be formed from ಏಕ; ದ್ವ್ಯಧಿಕ or ದ್ವ್ಯುತ್ತರ from ದ್ವಿ; ತ್ರ್ಯಧಿಕ or ತ್ರ್ಯುತ್ತರ from ತ್ರಿ, and so on, and then ಏಕಾಧಿಕಂದ್ವಿಶತಂ or ಏಕೋತ್ತರಂದ್ವಿಶತಂ = 201. ಏಕಾಧಿಕಂತ್ರಿಶತಂ or ಏಕೋತ್ತರಂತ್ರಿಶತಂ = 301. ಏಕಾಧಿಕಂ ಸಹಸ್ರಂ or ಏಕೋತ್ತರಂಸಹಸ್ರಂ = 1001; or if we make the above expressions compound words according to rules below, they become ಏಕಾಧಿಕದ್ವಿಶತಂ, ಏಕೋತ್ತರದ್ವಿಶತಂ, ಏಕಾಧಿಕತ್ರಿಶತಂ and so on. So ಏಕಾಧಿಕದಶ = 11, ಏಕಾಧಿಕವಿಂಶತಿ = 21, ಏಕಾಧಿಕಶತಂ = 101, ಏಕಾದಶಾಧಿಕಶತಂ = 111, ಅಷ್ಟಾದಶಾಧಿಕದ್ವಿಶತಂ = 218, and so on.

(18). In the same manner as ಅಧಿಕ or ಉತ್ತರ, the word ಊನ meaning *minus* may be compounded with numerals, and by the use of this compound adjective to qualify other numerals, numbers not denoted by the latter may be expressed. *e. g.* ಪಂಚೋನಂಶತಂ or ಪಂಚೋನಶತಂ = 100—5 = 95; ಏಕೋನಂಶತಂ or ಏಕೋನಶತಂ = 100—1 = 99.

(19). The word ಊನ itself may in the case abovementioned be used instead of ಏಕೋನ with the same sense. *e. g.* ಊನವಿಂಶತಿ = ಏಕೋನವಿಂಶತಿ = 19.

(20). With the same sense as ಏಕೋನ, ಏಕಾನ್ನ may be compounded with another numeral (VI. 3. 76.) *e. g.* ಏಕಾನ್ನವಿಂಶತಿ = ಏಕೋನವಿಂಶತಿ = 19; ಏಕಾನ್ನಪಂಚಾಶತ್ = 49.

(21). Lastly it should be noted that the manner of expressing numbers may be varied so long as the meaning is correctly expressed. *e. g.* 2,130 may be rendered by ತ್ರಿಂಶದಧಿಕೈಕವಿಂಶತಿಶತಂ, or ತ್ರಿಂಶದಧಿಕೈಕವಿಂಶತಿಶತಾನಿ, (21 *hundreds having* 30 *more*), ತ್ರಿಂಶದಧಿಕೈಕಶತಪರೇ ದ್ವೇಸಹಸ್ರೇ. (*two thousand having as a number coming after it a hundred having thirty more*). So 21,870 = ಸಹಸ್ರಾಣ್ಯೇಕವಿಂಶತಿಃ ಶತಾನ್ಯಷ್ಟೌ ಭೂಯಶ್ಚ ಸಪ್ತತಿಃ (*twenty one thousand and eight hundred and again seventy*). 109350 = ಶತ ಸಹಸ್ರಂ ನವ ಸಹಸ್ರಾಣಿ ಪಂಚಾಶಚ್ಛತಾನಿ ತ್ರೀಣಿ (100 *thousand and* 9 *thousand and three hundred having fifty more.*)

(22). The words ಪಾದ (quarter) and ಅರ್ಧ (half) are not technically called *sankhyāḥ*. But they can be compounded with numerals in various ways to denote numbers which are a quarter or half more or less than the number signified by the numerals. Thus ಸಪಾದ and ಸಾರ್ಧ where ಸ stands for ಸಹ, *together*, and therefore gives the sense of *quarter more* and *half more* when prefixed to the word ಶತ mean 100 + ¼ of 100 = 125, and 100 + ½ of 100 = 150.

(23). The words called *sarvanámáni* cease to be so when they are merely proper names (Sid. I. 101.) Nor when they are proper names can any question arise in the case of ದ್ವಿ and similar other words which, as we have seen, appear in different forms for different purposes, as to which of these should be taken as the word for one purpose and which, for another purpose; for whatever is the proper name, that will always be the word to be employed for every purpose (Sid. I. 115.) *e. g.* ದ್ವಿ as the name of a person will be declined like ಹರಿ, ದ್ವ like ರಾಮ, and so on.

(24). Observe that Sanskrit words signifying *one* and *two* as coming under the category of both *sankhya* and *sarvanáma* have been given under both heads.

(25). The use of several *sarvanáma* words signifying *one* and *two* has been already explained and as regards some other *sarvanáma* words which likewise are given above in more forms than one though the sense is the same, the explanation is as follows:—

(*a*). Words signifying *he, she,* and *it*:—

ಸ್ಯ or ಸ is the word to be used when the case affix of the nominative *singular* follows; ತ್ಯ or ತ when other case affixes as well as the secondary affixes called *vibhakti* follow; and ತ್ಯದ್ or ತದ್ in other cases.

(*b*). Words signifying *who, which,* and *what*:—

ಯ is the word to be used when case affixes as well as the secondary affixes called *vibhakti* follow; and ಯದ್ in othe cases.

(*c*). Words signifying *this* (very near):—

When case affixes follow, ಎಷ, ಎತ, ಎಸ and ಎಸತ್ are used in the manner pointed out under the head of declension of irregular nouns; when secondary affixes follow, ಏತ and ಅ are used in the manner shewn under the head of formation of secondary nouns; and ಏತದ್ is used in other cases.

(*d*). Words signifying *this* (indefinite) :—

When case affixes follow, ಇದಮ್, ಅಯಮ್, ಇಯಮ್, ಇಮ, ಅನ, ಅ, and ಏನ are used as shewn under the head of declension of irregular nouns; when certain secondary affixes follow ಏತ್, ಇತ್, and ಇ are used as shewn under the head of formation of secondary nouns; and ಇದಂ is used in other cases.

(*e*). Words signifying *that* (remote) :—

When case affixes follow, ಅಸೌ and ಅದ are used as explained under the head of declension of irregular nouns, ಅದಸ್ being used in other cases.

(*f*). Words signifying *I* and *thou* :—

All the words having the above signification are used when case affixes follow in the manner shewn under the head of declension of irregular nouns except (1) ಮಮಕ, ತವಕ, ಅಸ್ಮಾಕ and ಯುಷ್ಮಾಕ which are used when certain secondary affixes follow as shewn under the head of formation of secondary nouns, and (2) ಅಸ್ಮದ್ and ಯುಷ್ಮದ್ which are used when the case affixes and the secondary affixes above mentioned do not follow.

(26). The 3rd personal pronoun is used in the sense of *that* as a remote demonstrative instead of the remote demonstrative proper when the person or thing referred to is understood to be out of the sight of the speaker, The following verse explains the use of all the demonstrative pronouns :—

ಇದಮಸ್ತುಸನ್ನಿಕೃಷ್ಟಂ. ಸಮೀಪತರವರ್ತಿಚೈತದೋರೂಪಂ | ಅದಸಸ್ತುವಿಪ್ರಕೃಷ್ಟಂ. ತದಿತಿಪರೋಕ್ಷೇವಿಜಾನೀಯಾತ್ || (Sid I. 152.)

CHAPTER IV.

AUGMENTATION OF NOUN AFFIXES.

1. After bases which end in ಆ after having taken the feminine affix ಆಪ್, ಯಾಟ್ is the augment of case affixes having indicatory ಙ, and of ಆಮ್ derived from ಙಿ, if the bases are not *sarvanáma* and ಸ್ಯಾಟ್, if they are *sarvanáma* (VII. 3. 113, 114. Sid. I. 129); and after *nadí* bases ಆಟ್ is the augment of ಙೇ as well as of ಸ್ derived from ಙಸಿ and ಙಸ್ (VII. 3. 112). *e. g.* ಙೇ, ಆಸ್ from ಙಸಿ and ಙಸ್, and ಆಮ್ after ರಮಾ = ಯೈ, ಯಾಸ್, and ಯಾಂ; but after ಸರ್ವಾ = ಸ್ಯೈ, ಸ್ಯಾಸ್, and ಸ್ಯಾಮ್; and ಙೇ and ಸ್, after ನದೀ, and ವಧೂ = ಐ and ಆಸ್.

2. ನುಟ್ is the augment of the genitive plural affix ಆಮ್, (1) after *shaṭ* bases (VII. 1. 55.), (2) after bases ending in a short vowel (VII. 1. 54.), (3) after bases ending in ಆ after having taken the feminine affix ಆಪ್ (VII. 1. 54; B. 231; Sid. I. 129.); and (4) after *nadí* bases (VII. 1. 54.); but ಸುಟ್ is the augment of this affix when it comes after a *sarvanáma* ending in ಅ or ಆ (VII. 1. 52.) *e. g.* after ಷಷ್, ಸಪ್ತನ್, ರಮಾ, ನದೀ, ವಧೂ, ರಾಮ, ಅಗ್ನಿ, ವಾಯು, and ಕರ್ತೃ, ಆಮ್ = ನಾಮ್, but after ಸರ್ವ and ಸರ್ವಾ = ಸಾಮ್.

3. Observe that the affixes augmented as aforesaid with other consonants than ಯ are afterwards to be treated as affixes beginning with those consonants and will therefore come under the head of *pada* affixes though originally they, as beginning with vowels, were not so. *e. g.* ನುಟ್ + ಆಮ್ = ನಾಮ್ = a *pada* affix.

CHAPTER V.

AUGMENTATION AND CONTRACTION OF NOMINAL BASES.

1. The rules as to augments are as follows :—

(1). When a *sarvanámasthána* affix follows, ನುಮ್ is the augment of a base which has been formed by affixes having indicatery ಉಕ್, (VII. 1. 70.) as well as of a base which like the *sarvanáma* word ಭವತು may have an indicatory ಉಕ್ attached to it. *e. g.* ಶ್ರೇಯಸ್ (from ಶ್ರ + ಈಯಸುನ್) = ಶ್ರೇಯಾನ್ಸ್ ; ಭವತು = ಭವನ್ತ್ ; ವಿದ್ವಸ್ = ವಿದ್ವಾನ್ಸ್ ; ಪಚತ್ = ಪಚನ್ತ್ ; ಗೋಮತ್ = ಗೋಮನ್ತ್.

(2). But though a *sarvanàmasthàna* affix follows, ನುಮ್ should not be the augment of a base formed previously from a reduplicated base by the affix ಶತೃ (VII. 1. 78.) *e. g.* ದದತ್ = ದದತ್. (not ದದನ್ತ್).

(3). Neverthless, if the base concerned is a neuter base ನುಮ್ may optionally be the augment of it, even though it has been formed from a reduplicated base by the affix ಶತೃ (VII. 1. 79.) *e. g.* ದದತ್ as neuter = ದದತ್ or ದದನ್ತ್.

(4). And when a *sarvanàmasthàna* affix follows, if the bases are neuter, even bases not formed by affixes having indicatory ಉಕ್ take the augment ನುಮ್, if they are bases ending in ಝಲ್ or in vowels (VII 1. 72.) *e. g.* ಜಲಮುಚ್ = ಜಲಮುಂಚ್ ; ಉದಶ್ವಿತ್ = ಉದಶ್ವಿನ್ತ್ ; ಪಯಸ್ = ಪಯಾನ್ಸ್ ; ಜ್ಞಾನ = ಜ್ಞಾನನ್ ; ಕುಚ = ಕುಚಿನ್ ; ಮೃದು = ಮೃದುನ್ ; ಧಾತೃ = ಧಾತೃಣ್.

(5). ನುಮ್ is the augment of neuter bases ending in ಇಕ್ vowels, even when *non-sarvanàmasthàna* affixes beginning with vowels follow, unless the affix that follows is the affix of the genitive plural which takes the augment ನುಟ್ (VII. 1. 73; Sid. I. 123 note 124. Sid. I. 143 note 16.) *e. g.* ಶುಚಿ, ವೃದು, ಧಾತೃ = ಶುಚಿನ್, ವೃದುನ್, ಧಾತೃನ್, before *non-sarva-nàmasthàna* affixes, but before ನಾಮ್ = ಶುಚಿ, ವೃದು, and ಧಾತೃ.

(6). But in the above case, if the affixes are not of the nominative, vocative, and accusative, the augment ನುಮ್ may optionally be omitted, provided that the bases, not being bases ending in ಇಕ್ by having final diphthongs changed into ಇಕ್ as already stated, (Sid. I. 145.) are *bháshitapumskáḥ* (Sid. I. 143. VII. 1. 74.) *e. g.* before ಟಾ, the affix of the instrumental singular, ಶುಚಿ, ವೃದು, ಧಾತೃ = ಶುಚಿನ್, ವೃದುನ್, ಧಾತೃನ್, or ಶುಚಿ &c.; but ವಾರಿ and ಜತು = ವಾರಿನ್ and ಜತುನ್ respectively, because these words do not in the same sense admit of being used as masculine. So, ಪೀಲು which means "a tree" as masculine but "a fruit" as neuter = ಪೀಲುನ್ only as neuter, though ಪೀಲು as masculine.

(7). And when the affix ಶೀ or a *nadí* affix follows, ನುಮ್ should be the augment

(1). invariably of a base formed by the affix ಶತೃ from roots that take ಶಪ್ or ಶ್ಯನ್ before ಶತೃ.

(2). optionally of a base formed by the affix ಶತೃ by attaching it to what ended otherwise in ಅ than by having had ಶಪ್ or ಶ್ಯನ್; and

(3). Optionally of bases formed by the affix ಶತೃ from 2nd class roots ending in ಅ (VII. 1. 80, 81.) e. g. ಪಚತ್ = ಪಚನ್ತೀ ; ದೀವ್ಯತ್ = ದೀವ್ಯನ್ತೀ ; but ತುದತ್ = ತುದನ್ತೀ or ತುದತೀ ; ಯಾತ್ = ಯಾನ್ತೀ or ಯಾತೀ ; ತರಿಷ್ಯತ್ = ತರಿಷ್ಯನ್ತೀ or ತರಿಷ್ಯತೀ ;

2. The rules relating to the contraction of nominal bases are as follows:—

(1). Before affixes having indicatory ಡ, the *ṭi* of a base should be *lopated* (VI. 4. 143. Káś thereon.) *e. g.* ಪಟಪಟತ್ + ಡಾಚ್ = ಪಟಪಟ್ + ಆ ; ಉಶನಸ್ + ಅಙ್ = ಉಶನ್ + ಅಙ್ ; ದಾಮನ್ + ಡಾಪ್ = ದಾಮ್ + ಡಾಪ್..

(2). And even before affixes not distinguished by an indicatory ಡ, if they are *bha* affixes, the *ṭi* of indeclinables should be *lopated* (B. 1169.) *e. g.* ಪ್ರಾತರ್ + ಠಞ್ = ಪ್ರಾತ್ + ಠಞ್ ; ಪುನರ್ + ಠಞ್ = ಪುನ್ + ಠಞ್.

(3). And the *ṭi* even of bases which are not indeclinables should be *lopated* before affixes not distinguished by an indicatory ಡ

(I.) If the affixes are ಇಷ್ಠನ್, ಇಮನ್ (ಇಮನಿಚ್), and ಈಯಸುನ್, provided the bases consist of more than a single vowel and have not been formed by the affixes ī ಮತುಪ್—ವತುಪ್ or ī ವಿನ್ (VI. 4. 155, 163. Sid. II. 236· note 54); and

(II). even if the affixes are others, provided the bases end in ನ and the affixes are secondary *bha* affixes (VI. 4. 144.) *e. g.* (1) ಪಟು + ಇಷ್ಠ, ಇಮನ್, or ಈಯಸುನ್ = ಪಟ್ + ಇಷ್ಠ &c. : but ಶ್ರು or ಕನ್ + ಇಷ್ಠ &c. = ಶ್ರ or ಕನ್ + ಇಷ್ಠ &c. ಪಯಸ್ + ī ವಿನ್ + ಇಷ್ಠ &c. = ಪಯಸಿಷ್ಠ &c. (2) ಕರಿ + ī ಮತುಪ್ + ಇಷ್ಠ &c. = ಕರಿಷ್ಠ &c ; ಅಗ್ನಿಶರ್ಮನ್ + ಇಞ್ = ಅಗ್ನಿಶರ್ಮ್ + ಇಞ್.

(4). But bases ending in ಅನ್ should remain in their original form before the secondary affix ಅಣ್ except when the penultimate ಅ is preceded by ಮ and the ಅಣ್ is patronymic, and also before secondary affixes beginning with ಯ and not having the sense of state or action (VI. 4. 167, 168, 170.) *e. g.* ಸುತ್ವನ್ + ಅಣ್ (patronymic) = ಸುತ್ವನ್ + ಅಣ್; but ಸುಷಾಮನ್ + ಅಣ್ (patronymic) = ಸುಷಾಮ್ + ಅಣ್. But both ಸುತ್ವನ್ and ಸುಷಾಮನ್ + ಅಣ್ (not patronymic) = ಸುತ್ವನ್ and ಸುಷಾಮನ್ + ಅಣ್. So ರಾಜನ್ + ಯತ್ = ರಾಜನ್ + ಯ (ಯ has not the sense of state or action); but ರಾಜನ್ + ಷ್ಯಞ್ = ರಾಜ್ + ಯ (ಯ has the sense of state or action).

(5). And further bases ending in ಇನ್ should remain in their original form before the affix ಅಣ್ if the penultimate ಇ is preceded by a conjunct consonant, and even if the ಇ is not so preceded, if the ಅಣ್ is not patronymic (VI. 4. 164, 166.) *e. g.* ಚಕ್ರಿನ್ + ಅಣ್ (patronymic) = ಚಕ್ರಿನ್ + ಅಣ್; but ಮೇಧಾವಿನ್ + ಅಣ್ (patronymic) = ಮೇಧಾವ್ + ಅಣ್; though both ಚಕ್ರಿನ್ and ಮೆಧಾವಿನ್ + ಅಣ್ (not patronymic) = ಚಕ್ರಿನ್ and ಮೇಧಾವಿನ್ + ಅಣ್.

3. It will be useful to note that while augmentation of nominal bases takes place in no case before secondary affixes, contraction of nominal bases in the manner mentioned occurs chiefly before such *bha* affixes.

4. But not only contraction takes place of nominal bases before *bha* secondary affixes as above, but also it is necessary to have most of the feminine bases that have been formed by feminine affixes, reduced to the form in which they were before the feminine affixes were attached, in order to render them fit to receive the secondary *bha* affixes alluded to; this reduction to a masculine form taking effect first, and then the contraction

whenever the bases after being reduced to the masculine form require such contraction according to the rules above. These feminine bases are those formed by the affixes ಆ and ಈ from *bháshitapumska* words. Thus ಹಸ್ತಿನೀ before ತರ್ = ಹಸ್ತಿನ್ first and then by the rules relating to contraction = ಹಸ್ತಿ (Sid. I. 406). ಭವತೀ *(sarvanáma)* before ತರ್ and ಉನ್ = ಭವತ್ (Sid. I. 407).

5. To the above rule however there is an exception in the case of a *bha* affix beginning with ಢ, and being one specially prescribed by rules on the subject for a feminine base formed by feminine affixes. *e. g.* ರೋಹಿಣೀ before ಢಕ್ which is an affix specially prescribed by a rule for a base formed by feminine affix = ರೌಹಿಣೇಯ, not ರೌಹಿತ which is the masculine form of that word (Sid. I. 406.)

6. The reduction tc a masculine from should take place even before *pada* affixes also in the case of feminine bases formed by feminine affixes ಆ and ಈ from *sarvanáma* words. *e. g.* ಸರ್ವಾ before ಮಯಟ್ = ಸರ್ವ (Sid. I. 407).

7. And *bhàshitapumska* feminine bases formed by the feminine affixes ಆ and ಈ even when they are not *sarvanama*, should be reduced to the masculine form before (*a*) the affixes called *vibhakti* and (*b*) the affixes (1) ಪಾಶಪ್ (2) ಚರಟ್ (3) ಜಾತೀಯರ್ (4) ದೇಶಿಯರ್ (VI. 3. 35. Sid. I. 405.) *e. g.* ಬಹ್ವೀ before ತಲ್, ತಸ್, and ಥಾಲ್ = ಬಹು ; ದರ್ಶನೀಯಾ before ಪಾಶಪ್ = ದರ್ಶನೀಯ ; ಪಟ್ವೀ before ಚರಟ್ = ಪಟು ; ಹಸ್ತಿನೀ before ಜಾತೀಯರ್ and ದೇಶೀಯರ್ = ಹಸ್ತಿನ್ = ಹಸ್ತ್.

8. But except before the affixes ಜಾತೀಯರ್ and ದೇಶೀಯರ್, no such words should be reduced to the masculine form if they are

(*a*). words called *jàti* (VI. 3. 41.) *e. g.* ಶೂದ್ರಾ and ಕಠೀ before ಪಾಶಪ್ and ಚರಟ್ = ಶೂದ್ರಾ and ಕಠೀ, though before ಜಾತೀಯರ್ and ದೇಶೀಯರ್ = ಶೂದ್ರ and ಕಠ.

(*b*). words which are appellative (VI. 3. 38.) *e. g.* ದತ್ತಾ and ಕಟೀ befor ಚರಟ್ = ದತ್ತಾ and ಕಟೀ though before ಜಾತೀಯರ್ and ದೇಶೀಯರ್ = ದತ್ತ and ಕಟ.

9. The reduction to masculine form of *bháshitapumska* bases formed by the feminine affixes ಆ and ಈ takes place also

(*a*). when the affix is the affix ಶಸ್ specially prescribed for words denoting "much" or "little" (Sid. I. 405.) *e. g.* ಬಹ್ವೀ and ಅಲ್ಪಾ + ಶಸ್ = ಬಹುಶಸ್, ಅಲ್ಪಶಸ್; and

(*b*). when ತಲ್ or ತ್ವ comes after words called *guṇavachana* (Sid. I. 405.) *e. g.* ಶುಕ್ಲಾ and ಪಟ್ವೀ + ತಲ್ = ಶುಕ್ಲತ and ಪಟುತ.

10. And *bhàshitapumska* feminine bases formed by the feminine affix ಆ unless they are appellative or words called *jàti* should be reduced to the masculine form before (1) ತರಪ್ (2) ತಮಪ್ (3) ಕಲ್ಪಪ್ and (4) ರೂಪಪ್ (VI. 3. 35, 38, 41.) *e. g.* ದರ್ಶನೀಯಾ + ತರಪ್ &c. = ದರ್ಶನೀಯತರ, ದರ್ಶನೀಯತಮ, ದರ್ಶನೀಯಕಲ್ಪ, ದರ್ಶನೀಯರೂಪ. But ದತ್ತಾ (appellative), ಶೂದ್ರಾ (a *jati* word), and ಖಟ್ವಾ (a *non-bhàshitapumska* word) + ತರಪ್ &c. = ದತ್ತಾತರ &c.

11. And before the affixes ತರಪ್, ತಮಪ್, ಕಲ್ಪಪ್, and ರೂಪಪ್, *bhàshitapumska* feminine bases formed by the feminine affix ಈ may be reduced to the masculine form optionally if they have been previously formed by affixes having indicatory ಉಕ್ (VI. 3. 45.) *e. g.* ವಿದುಷೀ, ಪಚತೀ, ಲೂನವತೀ, + ತರಪ್ &c. = ವಿದುಷೀ, ಪಚತೀ, ಲೂನವತೀ or ವಿದ್ವಸ್, ಪಚತ್, ಲೂನವತ್ + ತರಪ್ &c.

12. Observe that bases which having taken the augment ನುಮ್ end in ನ or have the ನ as their penultimate should afterwards be treated exactly as bases ending in ನ or having ನ as penultimate otherwise, as regards the changes they have to undergo when the noun affixes are attached to them.

13. Observe likewise that bases contracted by the *lopation* of their *ṭi* should afterwards be taken exactly as they stand after the contraction for all future purposes (Sid. I. 406. note 25.)

CHAPTER VI.

ALTERATION OF NOUN BASES OTHERWISE THAN BY AUGMENTATION AND CONTRACTION.

1. Before secondary affixes having indicatory ಞ್, ಣ್, or ಕ್, the first vowel of bases should be *vriddhiated* (VII. 2. 117, 118.) *e. g:* ಗಣಪತಿ + ಅಣ್ = ಗಾಣಪತಿ + ಅಣ್ ; ದಕ್ಷ + ಇಞ್ = ದಾಕ್ಷ + ಇಞ್ ; ನಡ + ಫಕ್ = ನಾಡ + ಫಕ್.

2. Before ಸ್ of the nominátive and vocative plural, as also before case affixes beginning with ಯಞ್, the final vowel in bases ending in ಅ should be lengthned. But before a plural affix beginning with ಝಲ್ and also before ಓಸ್, ಎ is the substitute for the final ಅ (VI. 1. 102, 104, 105; VII. 3. 102, 103, 104.) *e. g.* ರಾಮ + ಸ್, ನ್, ಯ, ಭ್ಯಾಂ = ರಾಮಾಸ್, ರಾಮಾನ್, ರಾಮಾಯ, ರಾಮಾಭ್ಯಾಂ; ರಾಮ + ಭ್ಯಸ್, ಸು, and ಓಸ್ = ರಾಮೇಭ್ಯಸ್, ರಾಮೇಷು, ರಾಮಯೋಸ್ (ರಾಮಯೋಃ).

3. The final vowel in bases ending in ಅ and ಆ except when they are indiclinables is (*a*) changed into ಈ before the affix ಚ್ವಿ (VII. 4. 32. B. 1334.) and (*b*) is *lopated*

(i). before all secondary *bha* affixes except ಇಷ್ಠ and ಈಯಸುನ್ coming after monosyllabic bases (VI. 4. 148, 163.) and

(ii). before such non-secondary *bha* affixes as take the form of ಈ except ಶೀ of the nominative, vocative, and accusative dual (B. 261). *e. g.* (*a*) ಕೃಷ್ಣ + ಚ್ವಿ = ಕೃಷ್ಣೀ + ಚ್ವಿ = ಕೃಷ್ಣೀ ; ಖಟ್ವಾ + ಚ್ವಿ = ಖಟ್ವೀ ; but

ದೋಷಾ (indeclinable) + ಚ್ವಿ = ದೋಷಾ ; (*b*) ದಕ್ಷ್ and ಬಲಾಕಾ + ಇಷ್ = ದಕ್ಷ್ + ಇಷ್ and ಬಲಾಕ್ + ಇಷ್ ; but ಶ್ರೀ + ಇಷ್ಠ and ಈಯಸ್ = ಶ್ರೇಷ್ಠ and ಶ್ರೇಯಸ್ ; ಕುಮಾರ + ಈ (feminine affix) = ಕುಮಾರ + ಈ = ಕುಮಾರೀ ; but ಜ್ಞಾನ + ಈ (dual case affix) = ಜ್ಞಾನೇ.

4. The final vowel of bases ending in ಆ, if the bases have been formed from verbal roots ending in ಆ, is *lopated* also before non-secondary *bha* affixes that do not take the form of ಈ (VI. 4. 140.) *e. g.* ವಿಶ್ವಪಾ + ಜಸ್ = ವಿಶ್ವಪ್ + ಅಸ್ = ವಿಶ್ವಪಸ್.

5. In the same manner the final vowel of bases being the names of affixes such as ಕ್ತ್ವಾ and ಕ್ತ್ವಾತ್ರ is *lopated* before *bha* affixes (Sid. I. 108.) *e. g.* ಕ್ತ್ವಾ or ಕ್ತ್ವಾತ್ರ + ಅಸ್ = ಕ್ತ್ವಃ, ಕ್ತ್ವಾತ್ರಃ.

6. ಏ is substituted for the final vowel of bases which after taking the feminine affix ಆ end in ಆ if followed (1) by *sambuddhi* except when they signify ಅಂಬಾ (mother), (2) by ಟಾ and (3) by ಓಸ್ (VII. 3. 105. to 107. Sid. I. 129.) And before affixes augmented by ಸ್ಯಾಟ್, the final vowel of these bases should be shortened (VII. 3. 114.) *e. g.* ಸರ್ವಾ + *sambuddhi* = ಸರ್ವೇ ; ಸರ್ವಾ + ಟಾ and ಓಸ್ = ಸರ್ವೇ + ಆ and ಓಸ್ = ಸರ್ವಯಾ, and ಸರ್ವಯೋಸ್ ; ಸರ್ವಾ + ಸ್ಯೈ, ಸ್ಯಾಸ್, and ಸ್ಯಾಮ್, = ಸರ್ವಸ್ಯೈ, ಸರ್ವಸ್ಯಾಸ್, and ಸರ್ವ ಸ್ಯಾಮ್.

7. The final vowel of feminine bases signifying ಅಂಬಾ, (mother) except when they are words ending in non-conjunct ಡ, ಲ, or ಕ (Sid. I. 129.) and of *nadi* bases should be shortened when *sambuddhi* follows (VII. 3. 107.) *e. g.* ಅಂಬಾ, ಅಕ್ಕಾ, ಅಲ್ಲಾ, ಕುಮಾರೀ, and ವೀರಬನ್ಧೂ + *sambuddhi* = ಅಂಬ, ಅಕ್ಕ, ಅಲ್ಲ, ಕುಮಾರಿ and ವೀರಬನ್ಧು. But ಅಂಬಾಡಾ, ಅಂಬಾಲಾ, ಅಂಬಿಕಾ + *sambuddhi* = ಅಂಬಾಲಾ. &c.

8. The final vowel of bases which having taken the feminine affixes ಆ retain the feminine form before ತ್ವ by reason of their being other than *guṇavachana* and the consequent

non-reduction of them to the masculine form, should be optionally shortened. (VI. 3. 64.) *e. g.* ಅಜಾ + ತ್ವ = ಅಜಾತ್ವ or ಅಜತ್ವ.

9. The final letters of bases ending in ಇ or ಉ are to be

(*a*). lengthened before (1) ಚ್ವಿ, (VII. 4. 26.) (2) ಸ್ and ನ್ of the accusative plural, (VI. 1. 102, 103.) and (3) ಹೆ ಟಿ & ಹೆ ಟಿಟ್ (VI. 1. 104.)

(*b*). *guṇated* before (1) *sambuddhi* optionally if the bases are neuter but invariably otherwise (VII. 3. 108; B. 271.) (2) ಜಸ್ (VII. 3. 109.) and (3) ಙೇ as well as ಸ್ derived from ಜಸ್ and ಜಸಿ (VII. 3. 111.) and

(*c*). changed into ಅ before ಔ of the locative singular (VII. 3. 119.) *e. g.* ಅಗ್ನಿ and ಗುರು + ಚ್ವಿ = ಅಗ್ನೀ and ಗುರೂ; ಅಗ್ನಿ and ಗುರು + ನ್ = ಅಗ್ನೀನ್, and ಗುರೂನ್; ಮತಿ and ವೃದು + ಸ್, ಹೆ ಟಿ, and ಹೆ ಟಿಟ್ = ಮತೀಸ್, ವೃದೂಸ್; ಮತೀ, ವೃದೂ; ಮತಿ and ವೃದು + *sambuddhi*, ಜಸ್, ಙೇ, and ಸ್, = ಮತೇ, ವೃದೋ; ಮತಯಸ್, ವೃದವಸ್; ಮತಯೇ, ವೃದವೇ; ಮತೇಸ್, ವೃದೋಸ್; but ವಾರಿ (neuter) and ವೃದು (neuter) + *sambuddhi* = ವಾರೇ or ವಾರಿ, and ವೃದೂ or ವೃದು; ಮತಿ and ವೃದು + ಔ (loc sing) = ಮತ and ವೃದ + ಔ = ಮತೌ, ವೃದೌ.

10. And the final vowel of bases ending in ಇ, ಈ, ಉ, or ಊ before secondary affixes other than ಚ್ವಿ should be *vriddhiated*, provided the bases are monosyllabic and the affixes have indicatary ಞ, ಣ, or ಕ (Sid. I. 530) *e. g.* ಶ್ರೀ and ಊ + ಅಣ್ = ಶ್ರೈ and ಲೌ + ಅ = ಶ್ರಾಯ and ಲಾವ.

11. Subject to the above rule the final vowel of bases ending in ಇ or ಈ should be *lopated* before (1) secondary *bha* affixes and (2) before such other *bha* affixes as take the shape of ಈ (VI. 4. 148.) ದುಲಿ + ಢಕ್ = ದುಲ್ + ಢಕ್; ಸಖಿ + ಈ (the feminine affix) = ಸಖ್ + ಈ = ಸಖೀ.

12. The final letters of bases ending in ಉ or ಊ should be

(*a*). *lopated* before a secondary affix beginning with ಢ (VI. 4. 147).

(*b*). changed into ಅವ್ before a secondary affix beginning with ಯ (VI. 4. 146 ; VI. 1. 79.) and

(*c*). *guṇated* before other *bha* secondary affixes (VI. 4. 146.) *e. g.* ಕಮಂಡಲೂ + ಢಕ್ = ಕಮಂಡಲ್ + ಢಕ್ ; ಶಂಕು + ಯತ್ = ಶಂಕವ್ + ಯತ್ ; ಉಪಗು + ಅಣ್ = ಉಪಗೋ + ಅಣ್.

13. Before case affixes beginning with vowels, bases ending in ಈ or ಊ having been formed by the affix ಕ್ವಿ from roots change their final letters into ಯಣ್, even when there is no reason for ಯಣ್ according to the general rules of *sandhi*, if the beses by having as their perfix a *gati* word or a word in grammatical relation with it (ಕಾರಕ,) (*káraka*) have more vowels than one, and have their final vowels preceded by no conjunct consonant forming part of the root ; but other bases which have been formed by ಕ್ವಿ change their final letters into ಇಯಜ್, if they end in ಈ, and into ಉವಜ್ if they end in ಊ (VI. 4. 81, 82. B. 222.) *e. g.* ಪ್ರಧೀ, ಜಲಪೀ, ಸುಲೂ and ಯವಲೂ + ಔ, ಅಸ್, ಅಮ್, ಆ, ಏ, ಒಸ್, and ಇ = ಪ್ರಧ್ಯೌ, ಪ್ರಧ್ಯಸ್, ಪ್ರಧ್ಯಮ್, ಪ್ರಧ್ಯಾ, ಪ್ರಧ್ಯೇ, ಪ್ರಧ್ಯೋಸ್, ಪ್ರಧ್ಯಿ ; ಸುಲ್ವೌ, ಸುಲ್ವಸ್, ಸುಲ್ವಮ್, ಸುಲ್ವಾ, ಸುಲ್ವೇ. ಸುಲ್ವೋಸ್, ಸುಲ್ವಿ, &c. But ಧೀ, ಶುದ್ಧಧೀ, ಜಲಕ್ರೀ, ಲೂ, ಪರಮಲೂ, and ಕಟಪ್ರೂ + ಔ, ಅಸ್ &c. = ಧಿಯೌ, ಧಿಯಸ್, ಧಿಯಮ್, ಧಿಯಾ, ಧಿಯೇ, ಧಿಯೋಸ್, ಧಿಯಿ; ಲುವೌ, ಲುವಸ್, ಲುವಮ್, ಲುವಾ, ಲುವೇ, ಲುವೋಸ್, ಲುವಿ &c.

14. Before the affixes (1) ತರಪ್ (2) ತಮಪ್ (3) ಕಲ್ಪಪ್ and (4) ರೂಪಪ್, *bhsáhitpumska* feminine bases formed by feminine affixes other than ಊ shorten their final vowels.

(*a*). absolutely if the bases are non-monosyllabic bases formed by the feminine affix ಈ not having been previously formed by affixes having indicatory ಉಕ್ (VI. 3. 43.) *e. g.* ಬ್ರಾಹ್ಮಣೀ + ತರಪ್ &c. = ಬ್ರಾಹ್ಮಣಿತರ, ಬ್ರಾಹ್ಮಣಿತಮ, ಬ್ರಾಹ್ಮಣಿಕಲ್ಪ, ಬ್ರಾಹ್ಮಣಿರೂಪ.

(*b*). Optionally (1) in the case of other bases formed by the feminine affix ಈ than those referred to in (*a*) and (2) in the case of bases formed by the feminine affix ಊ (VI. 3. 44, 45.) *e. g.* ಸ್ತ್ರೀ (monosyllabic), ಶ್ರೇಯಸೀ (formed by the secondary affix ಈಯಸುನ್ which is an affix having indicatory ಉಕ್,) ವಿದುಷೀ (formed by the affix ವಸು,) and ಸಂಗೂ + ತರಪ್ &c. = ಸ್ತ್ರೀತರ or ಸ್ತ್ರಿತರ ; ಶ್ರೇಯಸೀತರ or ಶ್ರೇಯಸಿತರ; ವಿದುಷೀತರ or ವಿದುಷಿತರ; ಸಂಗೂತರ or ಸಂಗುತರ &c.

15. Tho final vowel of bases which, having been formed by the feminine affix ಈ, retain the feminine form befere ತ್ವ by reason of their being other than *guṇavachana* words should be optionally shortened (VI. 3. 64.) *e. g.* ರೋಹಿಣೀ + ತ್ವ = ರೋಹಿಣೀತ್ವ or ರೋಹಿಣಿತ್ವ.

16. The final vowel of bases ending in ಋ is

(*a*). optionally *guṇated* before ᳚ ಸು of *sambuddhi* if the bases are neuter (VII. 3. 108.) and subject to this rule,

(*b*). *guṇated* before (1) ಙಿ and (2) *sarvanámasthána* affixes other than that of the nominative singular, provided the bases have not been formed previously by the primitive affixes ತೃನ್ and ತೃಚ್ ;

(*c*). *guṇated* before (1) ಙಿ and (2) *sambuddhi*, but *vriddhiated* before *sarvaṇàmasthàna* affixes other than *sambuddhi* and the affix of the nominative singular, provided the bases have been previously formed by the primitive affixes ತೃನ್ and ತೃಚ್; and

(*d*). is replaced by the substitute ಅನಙ್ before the affix of the nominative singular, the ಅ of ಅನಙ್ being always lengthened, provided the base is not neuter. (VI. 4. 11; VII. 3. 110; VII. 1. 94.) *e. g.*

(*a*). ಧಾತೃ (neuter) + *sambuddhi* = ಧಾತೃ or ಧಾತರ್.

(*b*). ಪಿತೃ + ಔ, ಜಸ್, ಅಮ್, ಔ, and ಙಿ = ಪಿತರೌ, ಪಿತರಸ್, ಪಿತರಮ್, ಪಿತರೌ, ಪಿತರಿ.

(*c*). ಧಾತೃ (ತೃನ್ or ತೃಚ್) (masculine) + ಙಿ and *sambuddhi* = ಧಾತರಿ, ಧಾತರ್, but ಧಾತೃ + ಔ, ಜಸ್, ಅಮ್ = ಧಾತಾರೌ, ಧಾತಾರಸ್, ಧಾತಾರಂ.

(*d*). ಧಾತೃ (masculine) in the nominative singular = ಧಾತಾನ್ but ಧಾತೃ (neuter) = ಧಾತೃ.

17. And the final vowel of bases ending in ಋ before ಸ್ of the ablative and genitive singular should be changed into ಉರ್ (VI. 1. 111.) and lengthened before ಸ್ and ನ್ of the accusative plural (VI. 1. 102.) *e. g.* ಧಾತೃ + ಙ. (ablative or genitive) = ಧಾತುರ್ಃ ; but ಧಾತೃನ್ (accusative) = ಧಾತೄನ್ ; and ಮಾತೃ + ಸ್ (accusative) = ಮಾತೄಸ್.

18. And the final vowel of bases ending in ಋ is changed into

I. ರೀಙ್ before ಚ್ವಿ (VII. 4. 27.) ; and

II. ರೀಙ minus its ಈ before secondary affixes beginning with ಯ (VI. 4. 148, VII. 4. 27.) *e. g.* ಪಿತೃ + ಚ್ವಿ = ಪಿತ್ರೀ ; ಪಿತೃ + ಯತ್ = ಪಿತ್ರ್ಯ.

19. When the case affix ಮ್ of the accusative singular and ಸ್ of the accusative plural come after bases ending in ಓ, the final vowel should be changed into ಆ (VI. 1. 93.) ಗೋ + ಮ್ or ಸ್ = ಗಾಮ್, ಗಾಸ್.

20. And before other *sarvanàmasthàna* affixes than that of the accusative singular, the final vowel of bases ending in ಓ should be *vriddhiated* (VII. 1. 90 ; VII. 2. 115.) ಗೋ + ಸ್, ಔ, ಜಸ್ = ಗೌಸ್, ಗಾವೌ, ಗಾವಸ್.

21. And before affixes beginning with ಯು the final vowel of bases ending in ಓ and ಔ are changed into ಅವ್ and ಆವ್ respectively (VI. 1. 79.) e. g. ಗೋ and ನೌ+ಯು (of secondary affixes beginning with ಯು) = ಗವ್ಯ, ನಾವ್ಯ.

22. When ನಾಮ್ (ಆಮ್ augmented with ನುಟ್) follows, the long vowel should be substituted for the final of a base which ends in a short vowel (VI. 4. 3.) e. g. ರಾಮ, ಹರಿ, ಗುರು and ಧಾತೃ + ನಾಮ್ = ರಾಮಾಣಾಂ, ಹರೀಣಾಂ, ಗುರೂಣಾಂ, ಧಾತೄಣಾಂ.

23. When the affix ಅಕಚ್ is attached to a base ending in ಕ್, the final ಕ್ should be changed into ದ (V. 3. 72.) e. g. ಧಿಕ್ + ಅಕಚ್ = ಧಿದ್ + ಅಕಚ್.

24. The long form is the substitute of the antepenultimate of a base which being a base ending in ಅತು (i. e. ಅತ್ with an indicatory ಉ attached to the final ತ) or being formed by an affix which ends in ಅತು has taken the augment ನುಟ್ when the affix of the nominative singular follows (VI. 4. 14. Sid. I. 182.) e. g. ಭವತು (*sarvanàma*) = ಭವನ್ತ್ = ಭವಾನ್ತ್ — ಭವಾನ್; ಧೀಮತ್ (formed by the secondary affix ಮತುಪ್ — ಮತುಪ್) = ಧೀಮನ್ತ್ = ಧೀಮಾನ್ತ್ = ಧೀಮಾನ್.

25. And the long form is the substitute of the penultimate of a base which ends in ಅನ್ before (1) a *sarvanàmasthàna* affix not being *sambuddhi* and (2) before ನಾಮ್ (the genitive plural ಆಮ್ augmented with ನುಟ್) (VI. 4. 7. 8.) e. g. ರಾಜನ + ಸು (not *sambuddhi*,) ಔ, ಜಸ್, ಅಮ್. = ರಾಜಾನ್, ರಾಜಾನೌ, ರಾಜಾನಸ್, ಪಂಚನ್ + ನಾಮ್ = ಪಂಚಾನ್ + ನಾಮ್ ; ಜ್ಞಾನನ್ + ಶಿ = ಜ್ಞಾನಾನಿ. But ರಾಜನ್ + *sambuddhi* = ರಾಜನ್.

26. The penultimate letter of bases ending in ಇನ್ should be lengthened when ಸು of the nominative singular or ಶಿ follows (VI. 4. 12, 13.) e. g. ದಂಡಿನ + ಸು = ದಂಡೀನ್ = ದಂಡೀ; ದಂಡಿನ್ + ಶಿ = ದಂಡೀನಿ.

27. In bases ending in ಅನ್, there is *lopation* of the ಅ of ಅನ್ when followed by all *bha* affixes except ಜಿ and ಶೀ, and the secondary affixes ಅಣ್, ಇಷ್ಟನ್, and ಈಯಸುನ್. And when ಅನ್ is followed by ಜಿ and ಶೀ, the ಅ of ಅನ್ may be optionally *lopated*. (VI. 4. 134, 136.) *e. g.* ರಾಜನ್ + ಶಸ್, ಟಾ, ಜೇ, ಜಸಿ, ಜಸ್, ಓಸ್, ಆಮ್, and ಈ (feminine affix) = ರಾಜ್ಞಸ್, ರಾಜ್ಞಾ, ರಾಜ್ಞೇ, ರಾಜ್ಞಸ್, ರಾಜ್ಞಾಮ್, ರಾಜ್ಞೀ. But ರಾಜನ್ + ಜಿ = ರಾಜ್ಞಿ or ರಾಜನಿ ; ಸಾಮನ್ + ಶೀ = ಸಾಮನೀ or ಸಾಮ್ನೀ.

28. And when ಅನ್ is followed by ಅಣ್, the ಅ of ಅನ್ must be *lopated* if the ಅ is preceded by ಷ (VI. 4. 135.) But before ಅಣ್ otherwise as well as before such ಇಷ್ಟನ್ and ಈಯಸುನ್ as do not cause the *lopation* of *ṭi*, the ಅ should not be *lopated* though it should be *lopated* before other ಇಷ್ಠನ್ and ಈಯಸುನ್. (Sid I. 702. note 15.) *e. g.* ತಕ್ಷನ್ +ಅಣ್ = ತಕ್ಷ್ಣ + ಅಣ್. But ಸಾಮನ್ + ಅಣ್ = ಸಾಮನ್ + ಅಣ್ ; ಕನ್ + ಇಷ್ಟ and ಈಯಸುನ್ = ಕನಿಷ್ಠ, ಕನೀಯಸ್.

29. And there should be no *lopation* of the ಅ of ಅನ್ in any case when it comes after a conjunct consonant ending in ವ or ಮ (VI. 4. 137.) *e. g.* ಯಜ್ವನ್ and ಬ್ರಹ್ಮನ್ + ಶಸ್, ಟಾ &c. = ಯಜ್ವನಸ್, ಬ್ರಹ್ಮಣಸ್ ; ಯಜ್ವನಾ, ಬ್ರಹ್ಮಣಾ &c.

30. And when the base ends in ವನ್ whether the ವ of ವನ್ is conjunct or non-conjunct, if the ವನ್ is of the affixes ಕ್ವನಿಪ್ or ವನಿಪ್, and if the affixes which the base takes is ಜೀಪ್, there should be not only no *lopation* of the ಅ of ವನ್, but the ನ following the ಅ should itself be changed into ರ (IV. 1. 7. Sid. I. 209.) *e. g.* ಯಜ್ವನ್ and ಪೀವನ್ + ಈ = ಯಜ್ವರೀ, ಪೀವರೀ.

31. The long form is the substitute of the penultimate of a base which not being formed from a verbal root by ಕ್ವಿ ends in ಅಸ್ when ಔ ಸು of the nominative singular follows (VI. 4. 14. Sid. I. 182.) *e. g.* ಸುಯಶಸ್ + ಔ ಸು the nominative singular = ಸುಯಶಾಸ್. But ಪಿಂಡಗ್ರಸ್ (which is from the root ಗ್ರಸ), ಸುಜ್ಯೋತಿಸ್, and ಸುಚಕ್ಷುಸ್ + ಔ ಸು = ಪಿಂಡಗ್ರಸ್, ಸುಜ್ಯೋತಿಷ್, ಸುಚಕ್ಷುಷ್.

32. And before *sarvanámasthána* affixes not being *sambuddhi*, in the case of bases ending in ನ್ಸ without being formed by the affix ಕ್ವಿ from roots ending in ನ್ಸ, that is to say, in the case of bases ending in ನ್ಸ by having the augment ನುಮ್ under the rules relating to augmentation of noun bases on account of the bases being formed by affixes having indicatory ಉಕ್ or on account of the bases being neuter bases ending in ಸ್, the vowel immediately before the ನ is lengthened (VI. 4. 10. Sid. I. 188.) *g. e.* ಶ್ರೇಯಸ್ + ಪ ಸು, ಔ, ಜಸ್, ಅಮ್, ಔ, ಶಿ = ಶ್ರೇಯನ್ಸ + ಪ ಸು &c. = ಶ್ರೇಯಾನ್, ಶ್ರೇಯಾಂಸೌ, ಶ್ರೇಯಾಂಸಸ್, ಶ್ರೇಯಾಂಸಮ್, ಶ್ರೇಯಾಂಸೌ, ಶ್ರೇಯಾಂಸಿ. So ವಿದ್ವನ್ = ವಿದ್ವಾನ್, ವಿದ್ವಾಂಸೌ &c. ಯಶಸ್, ಜ್ಯೋತಿಸ್, and ಚಕ್ಷುಸ್ + ಶಿ = ಯಶನ್ಸ &c. = ಯಶಾಂಸಿ, ಜ್ಯೋತೀಂಷಿ, ಚಕ್ಷೂಂಷಿ. But ಸುಹಿನ್ಸ + ಪ ಸು or ಶಿ = ಸುಹಿನ್, ಸುಹಿಂಸಿ.

33. Before *bha* affixes as well as before secondary affixes having the force of ಮತುಪ್, bases formed by the affix ವಸ್ (without indicatory letters) *sàmprasàraṇate* the ವ of the affix (VI. 4. 131; I. 4. 19.), the ಇ before the ವ, if it belongs to the augment ಇಟ್, being dropped at the same time (Sid. I. 188.) *e. g.* ವಿದ್ವಸ್ + ಶಸ್, ಟಾ, ಙೇ, ಙಸಿ, ಙಸ್, ಓಸ್, ಆಮ್, ಙಿ, and ಈ (feminine affix) = ವಿದುಷ್ + ಶಸ್ &c. = ವಿದುಷಸ್, ವಿದುಷಾ, ವಿದುಷೇ, ವಿದುಷಸ್, ವಿದುಷಸ್, ವಿದುಷೋಸ್, ವಿದುಷಾಂ, ವಿದುಷಿ, ವಿದುಷೀ; ಯಯಿವಸ್ + ಶಸ್ &c. = ಯಯುಷಸ್ &c.; ವಿದ್ವಸ್ and ಯಯಿವಸ್ + ಅಣ್ = ವಿದುಷ್ and ಯಯುಷ್ + ಅಣ್.

34. Before the affix ಙೀಪ್, penultimate ತ of a base ending in ಅ gravely accented should be changed into ನ if the base is expressive of color (IV. 1. 39.) *e. g.* ರೋಹಿತ + ಙೀಪ್ = ರೋಹಿಣೀ.

35. Before the affix ಆಪ್, the ಅ of a base is changed into ಇ if the ಅ is followed by a ಕ standing in an affix, provided that between the ಕ and the ಆಪ್ there is no intervening letter except a single letter for which by the rules of *sandhi* the ಆ of ಆಪ್ becomes a single substitute (VII. 3. 44.) *e. g.* ಕಾರಕ + ಆಪ್ = ಕಾರಿಕಾ; but ಶಕ + ಆಪ್ = ಶಕಾ, because ಕ here does not belong

to an affix but to the root ಶಕ್ ; ಧಾಕ + ಟ್ = ಧಾಕಾ because the ಕ is preceded by ಆ ; ರಥಕಟ್ಯ + ಆ = ರಥಕಟ್ಯಾ because the ಕ is followed by other letters than a single letter for which the ಆ of ಆಪ್ can become a single substitute by the rules of *sandhi*.

36. But the change as above said,

(*a*). if the base is the interrogative pronoun or pronoun of the 3rd person is prohibited (VII. 3. 45.) *e. g.* ಯಕಾ or ಸಕಾ = ಯಕಾ or ಸಕಾ, (not ಯಿಕಾ or ಸಿಕಾ)

(*b*). if the ಅ preceeding the ಕ is one that has come in place of the ಆ of an ಆಪ್ and is preceded by a ಕ or ಯ not being the ಯ or ಕ belonging to the end of a root, or derived by change from letters at the end of roots on account of *sandhi* or otherwise is optional (VII. 3. 46; Sid I. 213.) *e. g.* ಆರ್ಯಕ + ಆ = ಆರ್ಯಕಾ or ಆರ್ಯಿಕಾ; ಚಟಕಕಾ = ಚಟಕಕಾ or ಚಟಕಿಕಾ. But ಸಾಂಕಾಶ್ಯಕ + ಆ = ಸಾಂಕಾಶ್ಯಕಾ, because the ಅ before ಕ is not one that has come in the place of ಆ ; ಅಶ್ವಕ + ಆ = ಅಶ್ವಕಾ because that which precedes the ಅ is not ಕ or ಯ ; ಶುಭಂಯಕ + ಆ = ಶುಭಂಯಿಕಾ, because the ಅ before ಕ is not one which has come in place of ಆ of ಆಪ್ though it has come in the place of ಆ of the word ಶುಭಂಯಾ ; ಸುನಯಕ and ಸುಪಾಕಕ + ಆ = ಸುನಯಿಕಾ and ಸುಪಾಕಿಕಾ, because the ಯ and ಕ belong to the end of the roots ನೀ and ಪಚ್.

(*c*). if the base is a *non-bhàshitapumska* feminine base is optional though the ಅ may, instead of being left as ಅ or changed into ಇ, be optionally changed into ಆ (VII. 3. 48 ; VII. 3. 49) *e. g.* ಗಂಗಕ + ಆ = ಗಂಗಕಾ or ಗಂಗಿಕಾ or ಗಂಗಾಕಾ. But ಶುಭ್ರಕ + ಆ = ಶುಭ್ರಿಕಾ because this is a *bhàshitahumska* base.

CHAPTER VII.

FORMATION OF FEMININE BASES.

1. It will be seen that the feminine affixes, if their indicatory letters the chief object of which is the regulation of the accent are disregarded, take the form of either ಆ, ಈ, or ಊ. Feminine bases are formed therefore by ಆ, ಈ, or ಊ, as follows:—

From bases ending in ಅ.

ರೋಹಿತ + ಈ or ಆ = ರೋಹಿತ-*f* @ ನ್ for *p* + ಈ or ರೋಹಿತ-*f* + ಆ = ರೋಹಿಣೀ or ರೋಹಿತಾ ... ... (1)

ಸಾರಂಗ + ಈ = ಸಾರಂಗ-*f* + ಈ = ಸಾರಂಗೀ ... ... (2)

ಕಾರಕ + ಆ = ಕಾರಕ-*f* @ ಇ for *ap* + ಆ = ಕಾರಿಕಾ ... (3)

ಕ್ಷತ್ರಿಯಕ, ಮೂಷಿಕಕ, ಖಟ್ವಕ, + ಆ = ಕ್ಷತ್ರಿಯಕ &c.-*f* @ ಇ for *ap* + ಆ or ಕ್ಷತ್ರಿಯಕ &c.-*f* + ಆ = ಕ್ಷತ್ರಿಯಿಕಾ or ಕ್ಷತ್ರಿಯಕಾ ; ಮೂಷಿಕಿಕಾ or ಮೂಷಿಕಕಾ ; ಖಟ್ವಿಕಾ or ಖಟ್ವಕಾ ... ... (4)

ಕಕ or ಗಂಗ + ಆ = ಕಕ &c. -*f* + ಆ = ಕಕಾ or ಗಂಗಾ ... (5)

From bases ending in ಇ.

ದಾಕ್ಷಿ + ಈ = ದಾಕ್ಷಿ -*f* + ಈ = ದಾಕ್ಷೀ ... ... (1)
ಶಕಟಿ + ಈ or *nil* = ಶಕಟಿ -*f* + ಈ or *nil* = ಶಕಟೀ or ಶಕಟಿ (2)
ಮತಿ = ಮತಿ ... ... (3)

From bases ending in ಉ.

ಮೃದು + ಈ or *nil* = ಮೃದ್ವೀ or ಮೃದು ... ... (1)
ಕುರು + ಊ = ಕುರೂ ... ... (2)
ಧೇನು = ಧೇನು ... ... (3)

From bases ending in ಋ.

ಕರ್ತೃ + ಈ = ಕರ್ತ್ರೀ ... ... (1)

From bases ending in ತ.

ಭವತ್, (from ಭವತು *sarvanáma*) ರಕ್ತವತ್, ಗ್ಲಾನವತ್, ಯುವತ್, + ಈ = ಭವತೀ, ರಕ್ತವತೀ, ಗ್ಲಾನವತೀ, ಯುವತೀ ... ... (1)

ಪಚತ್, ದೀವ್ಯತ್, + ನುಂ + ಈ = ಪಚನ್ತೀ, ದೀವ್ಯನ್ತೀ ... (2)

ತುದತ್, ಯಾತ್, ಪಕ್ಷ್ಯತ್, ದೇವಿಷ್ಯತ್, ತೋತ್ಸ್ಯತ್, ಯಾಸ್ಯತ್, + ನುಂ or *nil* + ಈ = ತುದನ್ತೀ or ತುದತೀ ; ಯಾನ್ತೀ or ಯಾತೀ ; ಪಕ್ಷ್ಯಂತೀ or ಪಕ್ಷ್ಯತೀ ; ದೇವಿಷ್ಯನ್ತೀ or ದೇವಿಷ್ಯತೀ ; ತೋತ್ಸ್ಯಂತೀ or ತೋತ್ಸ್ಯತೀ ; ಯಾಸ್ಯಂತೀ or ಯಾಸ್ಯತೀ ... ... (3)

ಪರ್ಣಧ್ವತ್ = ಪರ್ಣಧ್ವತ್ ... ... (4)

From bases ending in ನ.

ದಾಮನ್ + ಆ of ಡಾಪ್ or *nil* = ದಾಮನ್ - *ti* + ಆ or ದಾಮನ್ + *nil* = ದಾಮಾ or ದಾಮನ್ ... ... (1)

ಪೀವನ್, ಚೇತ್ವನ್ + ಈ = ಪೀವನ್ &c. @ ರ್ for *f* + ಈ = ಪೀವರೀ, ಚೇತ್ವರೀ ... ... (2)

ರಾಜನ್ + ಈ = ರಾಜನ್ - *p* + ಈ = ರಾಜ್ಞೀ ... ... (3)

ಪಂಚನ್ or ಸಹಯುಧ್ವನ್ = ಪಂಚನ್ or ಸಹಯುಧ್ವನ್. ... ... (4)

ದಂಡಿನ್ + ಈ = ದಂಡಿನೀ. ... ... (5)

From bases ending in ಸ.

ವಿದ್ವಸ್ + ಈ = ವಿದ್ವಸ್ @ *sam. ap* + ಈ = ವಿದುಷೀ ... (1)

ಯುಯಿವಸ್ + ಈ = ಯುಯಿವಸ್ @ *sam. ap* – ಇ of the aug. ಇಟ್ + ಈ = ಯುಯುಷೀ ... ... (2)

ಸುಮನಸ್ = ಸುಮನಸ್ ... ... (3)

2. Explanation of the above models, when there are more than one, is as follows :—

(1). *As to bases ending in* ಅ.

USE. (1). when the bases are expressive of color and have ತ as their penultimate, the final ಅ of the bases being gravely accented.

(2). when ಈ is to be used as the affix in other cases than the above,

(3). in other cases than those referred to above when there is a ರ in the base with an antecedent ಅ and when the ಅ is therefore to be changed into ಇ invariably according to rules. (See above).

(4). when the change of ಅ into ಇ according to the rules above mentioned is optional; and

(5). in all other cases.

(2). *As to bases ending in* ಇ.

USE. (1). when ಈ is to be used as the affix always;

(2). when ಈ is to be used optionally; and

(3). in other cases.

(3). *As to bases ending in* ಉ.

USE. (1). when ಈ is to be used optionally as the affix;

(2). when ಉ is to be used as the affix; and

(3). in other cases.

(4). *As to bases ending in* ಡ.

USE. (1). when ಈ is to be used as the affix to bases not formed by the affix ಕ್ತ್ರ and to bases formed by the affix ಕ್ತ್ರ except as hereafter mentioned.

(2). when ಈ is to be used as the affix to words formed by the affix ಕ್ತ್ರ from roots which have taken ಕ್ತ್ರನ್ or ಕ್ತನ್.

(3) when ಈ is to be used as the affix to words formed by the affix ಕ್ತ್ರ from roots which have taken ಕ or ಸ್ಥ and

(4). in other cases.

(5). *As to bases ending in ನ.*

USE. (1). when the base ends in ಮನ್ ;

(2). when the base ends in ವನ್ and ಈ is to be used as the affix ;

(3). when the base ends in ಅನ್ and is otherwise than has been referred to in (2) and (4).

(4). when the bases are numerals and also in the case of other bases when they end in ವನ್ being formed by the affixes ಕ್ವನಿಪ್ and ವನಿಪ್ from roots ending in ಹಲ್ ; and

(5). in all other cases.

(6). *As to bases ending in ಸ.*

USE. (1). when the base is formed by affixes having indicatory ಉಕ್ (ಕ್ವಸು, ವಸು &c.) without the augment ಇಟ್.

(2). when the base is formed by affixes having indicatory ಉಕ್ with the augment ಇಟ್ ; and

(3). in all other cases.

3. The following summary explains more fully the feminine affixes appropriate to the different bases together with their indicatory letters.

BASES.	APPROPRIATE FEMININE AFFIXES AND EXAMPLES.
I. Bases ending in ಅ.	
(a) Bases which have an indicatory ಟ or are formed from roots having indicatory ಟ.	ಙೀಪ್ (IV. 1. 15). *e. g.* ನದಟ್ — ನದೀ ; ಸ್ತನನ್ಧಯಾ which is from root ಧೇಟ್ — ಸ್ತನನ್ಧಯೀ.

BASES.	APPROPRIATE FEMININE AFFIXES AND EXAMPLES.
(b). Bases which have been formed from affixes having indicatory ಷ. (IV. 1. 41.)	ಜೀಷ್ (IV. 1. 41.) *e. g.* ನರ್ತಕ which is from ನೃತ್ by ಷ್ವುನ್ = ನರ್ತಕೀ.
(c). Bases other than the above if expressive of early age.	ಜೀಪ್ (IV. 1. 20.) *e. g.* ಕುಮಾರ = ಕುಮಾರೀ; ವಧೂಟ = ವಧೂಟೀ.
(d) Bases other than the above if they are names of males employed to denote the female in virtue of her matrimonial union with the male	ಜೀಪ್ (IV. 1. 48.) *e. g.* ಗೋಪ = ಗೋಪೀ.
(e). Bases other than the above provided they are expressive of color and have the letter ತ as their penultimate, the ಅ being gravely accented.	ಜೀಪ್ or ಟಾಪ್ (IV. 1. 39.) *e. g.* ರೋಹಿತ = ರೋಹಿಣೀ or ರೋಹಿತಾ.
(f). Bases other than the above if they are expressive of color and have any other letter than ತ as their penultimate, the ಅ being gravely accented.	ಜೀಷ್ (IV. 1. 40.) *e. g.* ಸಾರಂಗ = ಸಾರಂಗೀ.
(g). Bases other than the above, provided they are *játi* words and are not invariably feminine and provided further they have not ಯ for their penultimate unless they are the words ಹಯ, ಗವಯ, ಮುಕಯ.	ಜೀಷ್ (IV. 4. 63. Sid I 238.) *e. g.* ಔಪಗವ = ಔಪಗವೀ; ಕಟ = ಕಟೀ. But ಬಲಾಕ does not take ಜೀಷ್, because it is invariably feminine. So is ಕ್ಷತ್ರಿಯ, because it has ಯ as its penultimate. But ಹಯ &c. = ಹಯೀ, ಗವಯೀ, ಮುಕಯೀ, (ಜೀಷ್.)
(h). Other bases if formed by the participle affix ಕ್ತ, if the sense conveyed by ಕ್ತ to	ಜೀಷ್ (IV. 1. 51.) *e. g.* ಅಭ್ರ ವಿಲಿಪ್ತೀ ದ್ಯೌಃ "a sky covered slightly with clouds," but

BASES.	APPROPRIATE FEMININE AFFIXES AND EXAMPLES.
the action gives the sense ot "little" in connection therewith.	ಚಂದನವಿಪ್ತಾಂಗನಾ "a female covered with sandla lessence."
(i). Bases other than the above.	ಟಾಪ್ (IV. 1. 4.) *e. g.* ದೇವದತ್ತ = ದೇವದತ್ತಾ.
***II.* Bases ending in ಇ.**	
(a). Bases denoting a race of men.	ಙೀಷ್ (IV. 1. 65.) *e. g.* ದಾಕ್ಷಿ = ದಾಕ್ಷೀ.
(b). Bases denoting members of animal body.	ಙೀಷ್ or *nil* (IV. 1. 45. Sid 1. 230. Note 85.) *e. g.* ಅಂಗುಲಿ = ಅಂಗುಲೀ or ಅಂಗುಲಿ.
(c). Other bases not being those referred to in *(d).*	ಙೀಷ್ or *nil* (B. 1354). *e. g* ರಾತ್ರಿ = ರಾತ್ರಿ or ರಾತ್ರೀ; ಶಕಟಿ = ಶಕಟಿ or ಶಕಟೀ.
(*d*). Bases formed by affixes having the force of ಕ್ತಿನ್.	*Nil.* (B. 1355). *e. g.* ಮತಿ = ಮತಿ.
***III.* Bases ending in ಉ.**	
(*a*). Bases being *guṇavachana* qualifying substantives and not having as penultimate a consonant which is preceded by another consonant.	ಙೀಷ್ or *nil* (IV. 1. 44. Sid 1. 230.) *e. g.* ಪಟುಃ=ಪಟು or ಪಟ್ವೀ but ಪಾಣ್ಡು = ಪಾಣ್ಡು.
(*b*). The word ಪಂಗು and other bases not being (*a*) and not having ಯು as their penultimate and being expressive of a race of men or of a genus of inanimate things except ರಜ್ಜು and ಹನು.	ಊಙ್ (IV. 1. 66. 68. Sid I. 239.) *e. g.* ಪಂಗು = ಪಂಗೂ; ಕುರು = ಕುರೂ; ಅಲಬು = ಅಲಾಬೂ; ಕರ್ಕನ್ಧು = ಕರ್ಕನ್ಧೂ. But ಅಧ್ವರ್ಯು = ಅಧ್ವರ್ಯು (ಯು penultimate) ವೃಕವಾಕು = ವೃಕವಾಕು (not inanimate) ರಜ್ಜು, ಹನು = ರಜ್ಜು, ಹನು (though inanimate).

BASES.	APPROPRIATE FEMININE AFFIXES AND EXAMPLES.
(*c*). Bases other than the above.	*Nil. e. g.* ಧೇನು = ಧೇನು.
IV. Bases ending in ಋ. *except the numerals* ತಿಸೃ *and* ಚತಸೃ.	ಜೀಪ್ (IV. 1. 5. 10.) *e. g.* ಕರ್ತೃ = ಕರ್ತ್ರೀ.
V. Bases ending in ತ.	
(*a*). Bases having indicatory ಉಕ್ without being formed by ಕ್ವಿಪ್ from roots having indicatory ಉಕ್, that is, bases which like ಭವತು have indicatory ಉಕ್ or are formed by affixes having indicatory ಉಕ್, such as ಶತೃ, ಕ್ತವತು, or ಕ್ನವತು.	ಜೀಪ್ (IV. 1. 6. Kás thereon. Sid I. 208.) ಭವತ್ from ಭವತು (*sarvanàma*) = ಭವತೀ; ಭವತ್ (ಶತೃ), ದತ್ತವತ್, (ಕ್ತವತು) ಗ್ಲಾನವತ್ (ಕ್ನವತು) = ಭವತೀ, ದತ್ತವತೀ, ಗ್ಲಾನವತೀ.
(*b*). Bases other than the above.	*Nil. e. g.* ಪರ್ಣಧ್ವತ್ = ಪರ್ಣಧ್ವತ್.
VI. Bases ending in ನ.	
(*a*). Bases ending in ಮನ್ (*i. e.*) in ನ್ with a preceding ಮ.	ಡಾಪ್ or *nil* (IV. 1. 11. 13.) *e. g.* ದಾಮನ್ = ದಾಮಾ or ದಾಮನ್.
(*b*). Other bases except when they are *shat* or are bases ending in ವನ್ being formed by the affixes ಕ್ವನಿಪ್ and ವನಿಪ್ from roots ending in ಹಶ್.	ಜೀಪ್ (IV. 1. 5. 7. 10; Sid I. 209.) *e. g.* ಪೀವನನ್ = ಪೀವರೀ; ಯಜ್ವನ್ = ಯಜ್ವರೀ; ರಾಜನ್ = ರಾಜ್ಞೀ; ದಂಡಿನ್ = ದಂಡಿನೀ. But ಪಂಚ = ಪಂಚ; ಸಹಯುಧ್ವನ್ = ಸಹಯುಧ್ವನ್.
VII. Bases ending in ಸ.	
(*a*). Bases formed by affixes having indicatory ಉಕ್ (ಕ್ವಸು ವಸು &c.)	ಜೀಪ್ (IV. 1. 6.) *e. g.* ವಿದ್ವಸ್ = ವಿದುಷೀ; ಗರೀಯಸ್ (ಈಯಸುನ್) = ಗರೀಯಸೀ.
(*b*). Bases other than the above.	*Nil. e. g.* ಸುಮನಸ್ = ಸುಮನಸ್.

4. It will be seen that while bases ending in ಅ or ಉ take some one or other of the feminine affixes, bases ending in ಇ and ಋ take the affixes only in certain cases; that bases ending in other than short vowels do not take the affixes at all; and that among bases ending in consonants only bases ending in ನ್, ತ, and ನ take the affixes, and this, not always.

5. It must be noted also that bases which do not take feminine affixes as seen above, though used in the feminine, do not differ from masculine bases of the same kind. *e. g.* ಸುಗಣ್ = ಸುಗಣ್ even in the feminine.

6. It has been however said that words ending in consonants except those which are *shaṭ* may, when they do not take any feminine affix according to the foregoing rules, take the feminine affix ಆಪ್ optionally (Sid. I. 205.) *e. g.* ವಾಚ್ = ವಾಚಾ or ವಾಚ್ ; ನಿಶ್ = ನಿಶಾ or ನಿಶ್ ; ದಿಶ್ = ದಿಶಾ or ದಿಶ್.

CHAPTER VIII.

FORMATION OF SECONDARY NOUNS.

1. There are three secondary affixes not belonging to the classes called *bha* and *pada*. *viz.* (1) ಬಹುಚ್, (2) ಅಕಚ್, and (3) ಚ್ವಿ. Of these the first may be dismissed simply with the remark already made that it is used only as a prefix. Thus, ಗುಡ + ಬಹುಚ್ = ಬಹುಗುಡ. So, ಬಹುಸುಚ್, ಬಹುಪಟು, ಬಹುಪ್ರಥಕ್, and ಬಹುಪೂರ್ವ.

2. The affix ಅಕಚ್ which is taken only by indeclinables and *sarvanàma* words, is to be placed before the *ṭi* of their bases (V. 3. 71.) except when they are pronouns of the 1st and 2nd person ending in ದ್ ; for in the case of these pronouns the affix is to be put before *ṭi* only when case affixes beginning with the vowel ಓ are to follow (Sid. I. 706. note 22.) thus :—

ಪ್ರಥಕ್ = ಪೃಥ್ + ಅಕ್ + ಅಕ್ = ಪೃಥಕಕ್ @ ದ for f = ಪ್ರಥಕೆದ್. ಧಿಕ್ = ಧ್ + ಅಕ್ + ಇಕ್ = ಧಕಿಕ್ @ ದ for f. = ಧಕಿದ. ಹಿರುಕ್ = ಹಿರ್ + ಅಕ್ + ಉಕ್ = ಹಿರಕುಕ್ @ ದ for f. = ಹಿರಕುದ. ... ... (1)

ಸರ್ವ = ಸರ್ವ್ + ಅಕ್ + ಅ = ಸರ್ವಕ ; ಉಭ = ಉಭಕ ; ಉಭಯು = ಉಭಯುಕ ; ಕತರ = ಕತರಕ ; ಅನ್ಯ = ಅನ್ಯಕ ; ನೇಮ = ನೇಮಕ ; ಪೂರ್ವ = ಪೂರ್ವಕ ; ತ್ಯದ್ = ತ್ಯಕದ್ ; ಸ್ಯ = ಸ್ಯಕ ; ತದ್ = ತಕದ್ ; ಸ = ಸಕ ; ಎತ = ಎತಕ ; ಎನ = ಎನಕ ; ಅ = ಅಕ ; ಇಯಂ = ಇಯಕಂ ; ಅಯಂ = ಅಯಕಂ ; ಇಮ = ಇಮಕ ; ಅನ = ಅನಕ ; ಅಸೌ = ಅಕಸೌ ; ಅದಸ್ = ಅದಕಸ್ ; ಅದ = ಅದಕ ; ಎಕ = ಎಕಕ ; ದ್ವ = ದ್ವಕ ; ದ್ವಿ = ದ್ವಿಕ ; ದ್ವಾ = ದ್ವಕಾ ; ಯುಷ್ಮದ್ = ಯುಷ್ಮಕದ್ ; ತ್ವದ್ = ತ್ವಕದ್ ; ತ್ವ = ತ್ವಕ ; ಯುವಾ = ಯುವಕಾ ; ಯೂಯಂ = ಯೂಯಕಂ ; ತ್ವಾ = ತ್ವಕಾ ; ಯುಷ್ಮಾ = ಯುಷ್ಮಕಾ ; ತ್ವಯ್ = ತ್ವಯಕ ; ತುಭ್ಯ = ತುಭ್ಯಕ ; ಯುಷ್ಮ = ಯುಷ್ಮಕ ; ತವ = ತವಕ ; ಯುವಯ್ = ಯುವಕಯ್ ; ಅಸ್ಮದ್ = ಅಸ್ಮಕದ್ ; ಮತ್ = ಮಕತ್ ; ಅಹ = ಅಹಕ ; ಆವಾ = ಆವಕಾ ; ವಯ್ = ವಯಕ ; ಮಾ = ಮಕಾ ; ಅಸ್ಮಾ = ಅಸ್ಮಕಾ ; ಮಯ್ = ಮಕಯ್ ; ಮಹ್ಯ = ಮಹ್ಯಕ ; ಅಸ್ಮ = ಅಸ್ಮಕ ; ಮಮ = ಮಮಕ ; ಆವಯ್ = ಆವಕಯ್ ; ತ = ತಕ ; ಕಿಂ = ಕಕಿಂ ; ಕ = ಕಕ ; ಉಚ್ಚೈಸ್ = ಉಚ್ಚಕೈಸ್. .... (2)

Use. (1). for indeclinables ending in ಕ; and (2) for other indeclinables and *sarvanáma* words.

3. The affix ಚ್ವಿ which after eliminating the indicatory ಚ is equal only to zero like the verbal affix ಕ್ವಿಪ್ produces words as follows :—

ಸರ್ವ (from ಸರ್ವಾ as well as ಸರ್ವ), ಶುಕ್ಲ, ದ್ವ (from ದ್ವಾ as well as from ದ್ವ) and ಖಟ್ವಾ = ಶುಕ್ಲ &c. @ ಈ for f + ಚ್ವಿ = ಶುಕ್ಲೀ ; ಸರ್ವೀ ; ದ್ವೀ ; ಖಟ್ವೀ ... ... (1)

ಶುಚಿ or ಪಟು = ಶುಚಿ &c. @ lf + ಚ್ವಿ = ಶುಚೀ or ಪಟೂ ... (2)

ಧಾತೃ = ಧಾತೃ @ ರೀ for f + ಚ್ವಿ = ಧಾತ್ರೀ ... ... (3)

ಲಕ್ಷ್ಮೀ, ವಧೂ, ರೈ, ಗೋ, ನೌ, ಸುಗಣ್, ಭವತ್ (from *sarvanáma* ಭವತೀ as well as ಭವತ್) + ಚ್ವಿ = ಲಕ್ಷ್ಮೀ, ವಧೂ, ರೈ, ಗೋ, ನೌ, ಸುಗಣ್, and ಭವತ್ ... ... (4)

USE. (1). for bases ending in ಅ or ಆ; (2) for bases ending in ಇ or ಉ; (3) for bases ending in ಋ; and (4) for all other bases.

4. We now come to secondary *bha* and *pada* affixes. But it must be premised that so for as the *vriddhiation* of the first vowel of the bases before affixes having indicatory ಞ್, ಣ್, and ಕ is concerned, there will be no distinct reference to it in the models to be given, and that neverthless the models should be suitably altered by *vriddhiation* when the first vowel of the bases admits of it, in addition to the changes indicated by the models, if the bases have the indicatory letters alluded to. Nor will the models directly refer to the reduction of feminine bases to the masculine form which some of the affixes under consideration require; for this reduction will be supposed to have been made when necessary, before the models are applied. Thus, when the affixes concerned are *bha* not being ಢಕ್, ಢಣ್, or ಢ್ರಕ್ we shall suppose the reduction to have been already made when necessary, and so also, in the case of *pada* affixes, so far as *sarvanàma* bases are concerned. And the supposition will be made in the case of *pada* affixes in respect of bases other than *sarvanáma* also. Still, as in the last mentioned case the rules relating to the reduction are somewhat complex, we propose to indicate when necessary the particular character of the affixes and bases concerned in this respect by signs placed after them as follows:—

A. *For Affixes.*

* = The reduction is necessary.

*1 = the reduction is necessary except when the bases are appellative or are *játi* words

*2 = the reduction is necessary. when the feminine bases end in ಆ except as above, and optional when they end in ಊ, havieg been previously formed by affixes having indicatory ಉಙ್.

* *g* = the reduction is necessary provided the bases are words called *guṇavachana*.

B. *For Bases.*

fá. = a base which stands for itself and for a feminine base in ಆ reduced to its masculine form

fí. = a base which stands for itself and for a feminine base in ಈ reduced to its masculine form

fío. = a feminine base in ಈ which optionally is reduced to the masculine form.

5. And although we propose to place at the top of the models the affixes to which they are believed to be applicable yet practically to all the affixes so shewn all the models may not equally apply, because words similar to some of the classes of bases referred to may not actually in practice be found to take some of the affixes, though there can be no bases taking any of the affixes in question that are not to be treated under one or other of the models given.

6. The *bha* affixes are attached to indeclinables as follows:—

ಬಹಿಸ್ + ಠಕ್ = ಬಹಿಸ್ - *ṭi* + ಇಕ = ಬಾಹಿಕ.
ಬಹಿಸ್ + ಈಕಕ್ = ಬಹಿಸ್ - *ṭi* + ಈಕ = ಬಾಹೀಕ.
ಬಹಿಸ್ + ಯಞ್ = ಬಹಿಸ್ - *ṭi* + ಯ = ಬಾಹ್ಯ.
ದೋಷಾ + ಠಕ್ = ದೋಷಾ - *ṭi* + ಇಕ = ದೌಷಿಕ.
ಉಪಧಾ + ಛ = ಉಪಧಾ - *ṭi* + ಈಯ = ಉಪಧೀಯ.

7. It will have been seen that for *bha* affixes coming after indeclinables the only alteration of bases required is the *lopation* of the *ṭi*, if we leave out the *vriddhiation* of the first letter required by the indicatory letters being ಕ್ &c. The *lopation* of the *ti* has therefore been pointed out above. Still the *vriddhiation* when necessary should take place in every word formed, as has been shewn in the case of ಬಹಿಸ್ and ದೋಷಾ in the examples above.

4 J

8. **From declinable words, *bha* affixes produce words thus :—**

(1). **Affixes having indicatory ಡ, *viz.* ಡಾಚ್, ಡಟ್, and ಅಣ್.**

ಪಟಪಟತ್ + ಡಾಚ್ = ಪಟಪಟತ್ - *ṭi* + ಆ = ಪಟಪಟಾ.

ಉಶನಸ್ + ಅಣ್ = ಉಶನಸ್ - *ṭi* + ಅ = ಔಶನಸ.

ದ್ವಾದಶನ್ + ಡಟ್ = ದ್ವಾದಶನ್ - *ṭi* + ಅ = ದ್ವಾದಶ.

(2) **ಢಕ್, ಢಞ್, and ಢ್ರಕ್.**

ವಿನತಾ, ರೋಹಿಣೀ, ಕಮಂಡಲೂ + ಢಕ್ or ಢಞ್ = ವಿನತಾ &c. - *f* + ಏಯ = ವೈನತೇಯ, ರೌಹಿಣೇಯ, ಕಾಮಂಡಲೇಯ ; ಕಾಣಾ + ಢ್ರಕ್ = ಕಾಣಾ - *f* + ಏರ = ಕಾಣೇರ.

(3) **ಇಷ್ಠನ್, ಈಯಸುನ್, and ಇಮನಿಚ್.**

ಶ್ರ, ಕನ್, ಸ್ರಜ್, ಸ್ರುಚ್ &c. = ಶ್ರ &c. + ಇಷ್ಠ &c. = ಶ್ರೇಷ್ಠ, ಕನಿಷ್ಠ, ಸ್ರಜಿಷ್ಠ, ಸ್ರುಚಿಷ್ಠ ; ಶ್ರೇಯಸ್, ಕನೀಯಸ್, ಸ್ರಜೀಯಸ್, ಸ್ರುಚೀಯಸ್ &c. (1)

ಪಟು &c. = ಪಟು - *ṭi* + ಇಷ್ಠ &c. = ಪಟಿಷ್ಠ, ಪಟೀಯಸ್, ಪಟಿಮನ್. .... (2)

USE. (1). for monosyllabio bases, and
(2). for other bases.

(4) **ಛ, ವುನ್, ವುಚ್, ಅ, ಆಹಿ, ಅಸಿ, ಅಸ್ತಾತಿ, ಆತಿ, ಅತಸುಚ್, ಅಯಚ್, ಅಡಚ್, ಇನಿ, ಘನ್, ಇಲಚ್, ಏನ, ಏಧಾಚ್, and ಇಕನ್.**

ಅಗ್ನಿಶರ್ಮನ್ &c. + ಛ = ಅಗ್ನಿಶರ್ಮನ್ &c. - *ṭi* + ಈಯ &c. = ಅಗ್ನಿಶರ್ಮೀಯ &c. .... (1)

ಆಶ್ವಪಥಿಕ, ರೋಹಿತಗಿರಿ &c. = ಆಶ್ವಪಥಿಕ &c. - *f* + ಈಯ = ಆಶ್ವಪಥಿಕೀಯ ; ರೋಹಿತಗಿರೀಯ. &c. .... (2)

ತಿಷ್ಯಪುನರ್ವಸು &c. = ತಿಷ್ಯಪುನರ್ವಸು &c. @ *gf* + ಈಯ &c. = ತಿಷ್ಯಪುನರ್ವಸವೀಯ. &c. .... (3)